ARCHIVES HISTORIQUES

DU POITOU

XXVIII

POITIERS
SOCIÉTÉ FRANÇAISE D'IMPRIMERIE ET DE LIBRAIRIE
TYPOGRAPHIE OUDIN ET Cie
4, RUE DE L'ÉPERON, 4

1898

SOCIÉTÉ

DES

ARCHIVES HISTORIQUES

DU POITOU

LISTE GÉNÉRALE

DES MEMBRES

DE LA SOCIÉTÉ DES ARCHIVES HISTORIQUES DU POITOU

ANNÉE 1896.

Membres titulaires :

MM.

ARNAULDET (TH.), ancien bibliothécaire de la ville de Niort, à Paris.
BARBAUD, archiviste de la Vendée, à la Roche-sur-Yon.
BARDET (V.), attaché à l'Inspection du chemin de fer d'Orléans, à Poitiers.
BARTHÉLEMY (A. DE), membre de l'Institut, à Paris.
BEAUCHET-FILLEAU (Paul), à Chef-Boutonne.
BLANCHARD (R.), membre de la Société des bibliophiles bretons, à Nantes.
BONNET (E.), professeur à la Faculté de Droit, conseiller général des Deux-Sèvres, à Poitiers.
BONVALLET (A.), agent supérieur du chemin de fer d'Orléans, ancien président de la Société des Antiquaires de l'Ouest, à Poitiers.
BOURALIÈRE (A. DE LA), ancien président de la Société des Antiquaires de l'Ouest, à Poitiers.
CESBRON (E.), ancien notaire, à Poitiers.

MM.

Chasteigner (Cte A. de), membre de plusieurs Sociétés savantes, à Ingrande (Vienne).

Delisle (L.), membre de l'Institut, à Paris.

Desaivre, docteur en médecine, ancien conseiller général des Deux-Sèvres, à Niort.

Drouault (R.), receveur de l'enregistrement à Saint-Pardoux-la-Rivière (Dordogne).

Frappier (P.), ancien secrétaire de la Société de Statistique des Deux-Sèvres, à Niort.

Ginot (Émile), bibliothécaire adjoint, à Poitiers.

Ledain, membre de l'Institut des provinces, à Poitiers.

Lelong, archiviste aux Archives Nationales, à Paris.

Lièvre, bibliothécaire de la ville, à Poitiers.

Marque (G. de la), à La Baron (Vienne).

Ménardière (de la), professeur à la Faculté de Droit, à Poitiers.

Musset (G.), bibliothécaire de la ville, à La Rochelle.

Richard (A.), archiviste de la Vienne, à Poitiers.

Richemond (L. de), archiviste de la Charente-Inférieure, à La Rochelle.

Sauzé (Charles), juge à Montmorillon.

Tranchant (Charles), ancien conseiller d'État, ancien conseiller général de la Vienne, à Paris.

Membres honoraires :

MM.

Babinet de Rencogne, à Angoulême.

Beauregard (H. de), au Deffend (Deux-Sèvres).

Bourloton (E.), à Paris.

Cars (Duc des), à Sourches (Sarthe).

Clisson (l'abbé de), à Poitiers.

Corbière (Mis de la), à Poitiers.

Desmier de Chenon (Mis), à Domezac (Charente).

MM.

Dubeugnon, professeur à la Faculté de Droit, à Poitiers.

Ducrocq (Th.), doyen honoraire, professeur à la Faculté de Droit de Paris, correspondant de l'Institut, à Paris.

Férand, inspecteur général honoraire des ponts et chaussées, à Poitiers.

Guérin (Paul), chef du secrétariat aux Archives Nationales, à Paris.

Horric de la Motte Saint-Genis (Mis), à Goursac (Charente).

Labbé (A.), à Châtellerault.

Laizer (Cte de), à Poitiers.

La Lande Lavau Saint-Étienne (Vte de), à Neuvillars (Haute-Vienne).

Le Charpentier (G.), ancien conseiller général des Deux-Sèvres, à Saint-Maixent.

Lecointre (Arsène), à Poitiers.

Moreau (J.), à Loudun.

Moranvillé (H.), à Paris.

Orfeuille (Cte R. d'), membre de la Société des Antiquaires de l'Ouest, à Versailles.

Oudin (Paul), éditeur, à Poitiers.

Paulze d'Ivoy (J.), à la Motte de Croutelle (Vienne).

Rochebrochard (H. de la), à Boissoudan (Deux-Sèvres).

Rochejaquelein (Mis de la), député des Deux-Sèvres, à Clisson (Deux-Sèvres).

Sorbier de Pougnadoresse (de), ancien sous-préfet, à Poitiers.

Surgères (Mis de), à Nantes.

Trémoille (Duc de la), à Paris.

Tribert (L.), sénateur, à Champdeniers.

Vernou-Bonneuil (Mis de), capitaine breveté au 18e dragons, à Meaux (Seine-et-Marne).

Bureau :

MM.

Richard, président.

Ledain, secrétaire.

MM.

Bonnet, trésorier.
de Chasteigner, membre du Comité
Desaivre, id.
de la Bouralière, id.
de la Ménardière, id.

NOTICE

sur

BÉLISAIRE LEDAIN

LUE A LA SOCIÉTE DES ARCHIVES HISTORIQUES DU POITOU

SÉANCE DU 18 NOVEMBRE 1897

Par M. Alfred RICHARD, Président de la Société.

Messieurs,

Il y a bientôt quarante ans, en 1858, parut à Poitiers un volume qui excita une certaine curiosité dans le public, malheureusement toujours trop restreint, qui s'inquiète de savoir quelles ont été dans le passé les péripéties de l'existence du pays où il vit. Ce volume voyait le jour en dehors des publications de la Société des Antiquaires de l'Ouest qui, dans cet ordre d'idées, centralisait, à cette époque, à peu près toutes les activités de la région, et il mettait en évidence un nom auquel ne s'attachait jusqu'alors aucune notoriété scientifique, celui de Bélisaire Ledain. C'était la production d'une histoire locale, d'une étude complète sur la vie d'une cité depuis les temps les plus reculés jusqu'à nos jours, venant continuer une tradition dont on peut signaler des manifestations dans notre Poitou à des intervalles plus ou moins éloignés. La dernière en date qui est, elle aussi, une publication individuelle, avait été l'*Histoire de Fontenay*, dont le premier volume parut seul en 1846 et dont le second restera toujours inachevé. C'était dans les deux cas le témoignage filial donné par un travailleur à ce coin de pays où il avait pris vie ; mais, par la suite des années, des modifications se produisirent dans les points de vue auxquels s'étaient primitivement placés les auteurs, qui au début avaient à peu près marché sur la même voie ; chez Fillon, l'*Histoire de Fontenay* a donné naissance à *Poitou et Vendée*, l'admirable étude artistique restée, elle aussi, en chemin, comme si l'art a des envolées qui ne peuvent longtemps se fixer sur le même objectif, tandis que chez Ledain, l'*Histoire de Parthenay* est devenue la *Gâtine historique et monumentale*, dont la deuxième édition apparaissait au moment même où s'éteignait son laborieux auteur.

C'est entre ces deux dates, 1858-1897, marquées par l'élaboration et la mise au point définitif d'une même œuvre, que s'est écoulée la vie scientifique de notre ami, vie dont les étapes sont nombreuses et que nous aurons de la peine à compter.

Bélisaire Ledain est né à Parthenay le 6 mars 1832. Son père, avocat au barreau de cette ville, usait rarement du droit qui lui était conféré, mais c'était un homme studieux et qui s'était formé une bibliothèque de livres sérieux et bien choisis, dans laquelle son fils devait puiser plus tard ses premières connaissances d'histoire et de littérature. A l'âge où ceux qui sont possédés du désir de savoir dévorent tout ce qui leur tombe sous la main, celui-ci passait son temps au milieu des livres paternels, subissant leurs bonnes ou leurs mauvaises influences, sans guide pour se diriger dans ses lectures, car M. Ledain fut enlevé aux siens lorsque Bélisaire avait à peine deux ans ; il était fils unique, mais sa mère, loin d'en faire le désœuvré, ce type qui pendant longtemps a été l'idéal de nos petites villes de province, voulut qu'il reçût une instruction complète. Elle le confia d'abord aux soins d'un prêtre libre, très éclairé (M. Drut), puis elle l'envoya prendre l'enseignement en commun d'abord au petit séminaire des Sables-d'Olonne, et enfin au collège ecclésiastique de Pons, qui jouissait alors dans l'Ouest d'une réputation méritée et d'où sont sortis tant de sujets brillants. Ledain y fit d'excellentes études, et quand elles furent terminées par l'obtention du diplôme de bachelier, il vint suivre à Poitiers le cours de l'école de droit. Là il assista à la grande évolution qu'un régime politique nouveau, concordant avec un intense mouvement scientifique, amena dans les esprits et dans les usages de la province ; il en fut peu touché et se contenta d'être un bon étudiant en droit, mais rien de plus, et fut reçu licencié le 8 août 1854.

Nous ne parlerons pas de sa thèse ; elle ressemble à toutes celles que faisaient alors les étudiants pour la licence et où le travail personnel est ce qui paraît le moins ; nous n'en retiendrons que ce fait, c'est qu'il la fit imprimer chez Bernard, l'imprimeur libéral, aux presses de qui s'adressaient la plupart de ceux qui n'avaient à leur disposition que cette protestation anodine contre le pouvoir du jour. Reçu avocat, il partagea son temps entre Parthenay et Poitiers, où il s'était fait inscrire au barreau de la Cour d'appel. Il avait pris cette détermination non point pour briguer quelque poste dans la magistrature ou l'administration, dont l'éloignaient au contraire ses tendances et les sentiments qu'il professait ouvertement, mais uniquement dans le but de profiter des ressources intellectuelles qu'il ne pouvait trouver qu'à Poitiers. Là il ne se contenta pas de continuer à être l'hôte assidu de la bibliothèque municipale; il s'enhardit jusqu'à se présenter à la Société des Antiquaires de l'Ouest, qui l'admit comme membre titulaire le 19 avril 1855, sous les auspices de MM. Ménard et Calmeil, secrétaire et vice-secrétaire de la Société.

Dans les réunions de la docte assemblée, il acquit ses premières notions d'archéologie, sur lesquelles la bibliothèque paternelle, composée d'œuvres d'historiens à qui cette science était à peu près inconnue, n'avait pu lui fournir que de rares connaissances ; toutefois il s'y tint à l'écart, écoutant beaucoup, prenant note de tout ce qui lui était révélé par les communications de ses confrères livrés alors plus spécialement aux études archéologiques, mais gardant un silence absolu sur le travail qu'il poursuivait alors avec ardeur et sur les trouvailles qui en avaient été la conséquence. C'est dans ces conditions qu'en 1858 il fit paraître sa première œuvre sous ce titre : *Histoire de la ville de Parthenay, de ses anciens seigneurs et de la Gâtine du Poitou, depuis les temps les plus reculés jusqu'à la Révolution.* Le volume, sorti cette fois encore de l'imprimerie Bernard, était orné d'une reproduction du portrait du maréchal de La Meilleraye, la principale illustration du pays, et surtout d'une carte précieuse des diverses subdivisions de la Gâtine.

Cette œuvre était en quelque sorte le cadeau de mariage qu'il mettait dans la corbeille de Mademoiselle Leclerc, avec laquelle il s'unissait le 28 décembre 1858, cadeau symbolique s'il en fut, car ce modeste volume, mêlé aux objets de parure que recevait la jeune fille, lui disait tout d'abord qu'elle devait s'attendre à un partage d'affection dans le cœur de son époux, et d'autre part qu'il était le premier bijou d'un écrin destiné à faire briller le nom qu'elle allait porter.

Cette histoire de Parthenay n'aurait pas déparé les publications de la Société des Antiquaires de l'Ouest ; la méthode de travail y est bonne, les sources sont suffisamment indiquées, le style est ferme et clair. Toutes les qualités de Ledain comme ses défauts se rencontrent dans cette première composition ; agencée comme il l'a faite, on n'y sent pas de lacunes ; pourtant il y en avait, et il s'en aperçut par la suite, à mesure que de nouveaux éléments d'information lui arrivèrent. Ce qu'il avait surtout négligé, c'était la partie archéologique et monumentale, sur laquelle les livres ou les documents manuscrits ne lui avaient à peu près rien fourni. Pour acquérir les connaissances qui lui faisaient encore défaut, il lui fallait voir et entendre les démonstrations de maîtres capables. Dans ce but, en 1864, il se fit recevoir membre de la Société française d'archéologie que M. de Caumont dirigeait encore avec la haute autorité que l'on sait ; il s'abonna au *Bulletin monumental*, et depuis ce jour il n'a cessé d'être le membre le plus assidu de ces Congrès archéologiques qui, tenus successivement sur les points les plus éloignés de la France, le mettaient en contact avec les hommes les plus éminents de chaque province, lui faisaient connaître les monuments les plus remarquables des contrées qu'il visitait et apprécier les signes caractéristiques qui les différenciaient les uns des autres. Là encore, pendant longtemps, il resta en dehors du mouvement actif, se contentant d'écouter, de voir surtout, s'inspirant de notions précises dont plus tard il fit soigneusement son profit. M. de Caumont, devinant en lui un collaborateur zélé, l'avait du reste, dès son admission, nommé inspecteur de la Société française pour le département des Deux-Sèvres.

Entre temps, en 1861, il était entré dans la Société de statistique des Deux-Sèvres, à laquelle l'amena un ami (Bardonnet), qui redonnait alors la vie à une entreprise aujourd'hui éteinte ; mais il ne prit presque aucune part à ses travaux ; son nom n'est rappelé que trois fois dans les volumes de la Société, qui eurent toutefois la primeur d'un des plus précieux documents que nous possédions en Poitou sur le seizième siècle, le *Journal* de Denis Généroux, qu'un ami de Ledain, M. Taudière, eut la chance de découvrir parmi les papiers provenant d'une ancienne famille de Parthenay et qu'il lui laissa l'honneur de mettre au jour.

C'est encore à la sollicitation d'un ami, qui était aussi son maître (Anatole de Barthélemy), qu'il se présenta en 1886 à la Société des Antiquaires de France, aux séances de laquelle, pendant ses fréquents séjours à Paris, il ne manquait jamais d'assister ; mais c'est à la Société des Antiquaires de l'Ouest, à cette assemblée qui, la première, l'avait accueilli dans son sein, qu'il réserva la plus grande part de son activité scientifique. Les circonstances contribuèrent, du reste, pour beaucoup à amener cette préférence.

Les péripéties de la vie politique de notre pays lui avaient en 1870 ouvert les portes de l'administration ; le 25 septembre de cette année, il fut nommé conseiller de préfecture à Niort et le 18 avril 1871 à Poitiers, où il avait toujours aspiré à faire son établissement définitif. Il ne tarda pas à en fournir la preuve, en achetant une maison à laquelle il donna par la suite les plus grands agréments, et particulièrement en y faisant établir ce sévère cabinet de travail, isolé du bruit qu'il détestait et où il passait journellement de longues heures, assis devant un bureau commode, d'où il ne se relevait que pour prendre un volume dans cette bibliothèque qui en tapissait les murs et dont les livres, tous reliés et rangés dans un ordre méticuleux, témoignaient si éloquemment des goûts et du tempérament de leur possesseur.

Ses fonctions administratives lui plaisaient, et il profita de sa situation pour faire prendre à l'administration préfectorale certaines décisions qui ont toujours été peu familières à celle-ci ; c'est ainsi qu'il rédigea et fit expédier par le préfet de la Vienne, le 15 novembre 1876, aux maires de son département une circulaire attirant leur attention sur les découvertes archéologiques qui pourraient se produire dans le sol de leurs communes, et leur recommandant expressément de l'en informer, afin que l'administration pût prendre les mesures de conservation qui lui paraîtraient à propos.

Mais en politique toute chose a son retour et quand, en 1877, tomba le régime auquel Ledain devait sa position officielle, il fut mis de côté sans rémission. Il venait pourtant de faire paraître une œuvre remarquable, la plus considérable qu'il ait accomplie et qu'il mena rapidement à bonne fin. Faisant appel à l'habile crayon du dessinateur Sadoux, attiré en Poitou par d'autres travailleurs qui n'ont pas eu sa persévérance et sont restés en chemin dans leurs entreprises, il lui fit soigneusement relever les monuments nombreux qui recouvraient encore le sol de cette contrée, si curieuse et si variée dans ses aspects, dont Parthenay est la capitale. L'œuvre ainsi élaborée fut produite en 1876, sous l'aspect d'un magnifique volume in-4°, dont le texte, qui a pour base l'Histoire de Parthenay, était accru de tous les matériaux accumulés depuis vingt ans et devait à une splendide illustration ce complément que la plume ne pouvait rendre.

L'Académie des Inscriptions et Belles-Lettres couronna l'œuvre en lui attribuant, cette même année, une de ses médailles d'honneur ; mais ce n'était pas la première fois que le nom de Ledain était proclamé à l'Institut. En 1859, la même Académie, qui décernait alors des prix sur un programme fixé par elle, avait proposé ce sujet à traiter aux érudits : « Faire connaître l'administration d'Alfonse, comte de Poitou et de Toulouse, d'après les documents originaux qui existent principalement aux Archives de l'Empire, et rechercher en quoi elle se rapproche et en quoi elle diffère de celle de saint Louis ». Un homme qui était tellement préparé pour traiter ce sujet, qu'on aurait pu croire qu'il avait été choisi à son intention, M. Boutaric, remporta le prix. Il n'eut qu'un concurrent, Ledain, qui se lança dans l'arène sans se douter qu'il était vaincu d'avance. Le travail méritoire auquel il se livra dans le bref délai qui lui était imparti n'a pas toutefois été perdu ; il l'a publié en 1869 sous le titre d'*Histoire d'Alphonse, frère de saint Louis, et du comté de Poitou sous son administration*, et on le lit avec grand plaisir à côté de l'œuvre plus complète et surtout plus savante de Boutaric. Le Ministre de l'Instruction publique, comme fiche de consolation, nomma Ledain correspondant de son ministère pour les travaux historiques, et ce mandat, depuis ce jour, n'a cessé de lui être renouvelé. Ce n'est pas que notre ami ait été un de ces pourvoyeurs qui alimentent le Bulletin des diverses sections du Comité des sociétés savantes ; ses communications en ce genre furent toujours rares, mais il se montra toujours très assidu aux réunions de la Sorbonne, où, surtout dans ces dernières années, il fit d'intéressantes communications. Son zèle fut récompensé en 1870 par les palmes d'Officier d'Académie et en 1887 par la rosette d'Officier de l'Instruction publique.

C'est encore pour satisfaire à ces sollicitations presque officielles adressées par le Ministère aux savants de province et qui exerçaient sur lui une certaine attraction, qu'il entreprit le Dictionnaire des noms de lieux du département des Deux-Sèvres, travail aride, minutieux, qui exige des années de patientes recherches et qu'il avait fini par amener à bonne fin. Des difficultés administratives qui lui furent pénibles firent traîner son manuscrit pendant trois ou quatre ans dans les bureaux du Ministère ; enfin, las d'attendre son tour d'impression, il reprit ses 2176 fiches et se mit en mesure d'éditer son œuvre lui-même. La mort est venue le surprendre au milieu de cette élaboration finale, et tous les amis de l'histoire du Poitou n'ont plus, hélas ! qu'à formuler le vœu de voir un collaborateur posthume entreprendre cette publication à laquelle il ne manque guère qu'une introduction, déjà largement ébauchée.

Jusqu'ici nous n'avons en quelque sorte parlé que de l'activité scientifique de Ledain en dehors de Poitiers ; or c'est aux associations savantes dont cette ville est le siège qu'il l'a surtout consacrée, particulièrement à la Société des Antiquaires de l'Ouest, dont il a été membre pendant 41 ans et où il a joué, surtout depuis 1871, un rôle si important. Réadmis comme membre résident en 1870, il entra cette même année dans le Conseil d'administration de la Société ; en 1872, il en devint le président, et cet honneur lui fut renouvelé en 1882 et en 1890. Entre temps, de 1878 à 1880, il remplit la charge de questeur, ce qui l'incita à publier le catalogue du Musée lapidaire de la Société (1884), et enfin en 1883 il remplaça M. Rédet dans le poste de bibliothécaire, qu'il garda jusqu'à son dernier jour, ne l'ayant quitté que pour remplir les fonctions présidentielles avec lesquelles il est incompatible. Son zèle pour le dépôt qui lui était confié alla jusqu'à suppléer aux ressources de la Compagnie en faisant établir à ses frais des casiers pour loger les livres de la bibliothèque dont le nombre ne cessait de s'accroître et qui provoquaient un encombrement préjudiciable au bon fonctionnement du service dont il avait assumé la régularité.

Nous ne pouvons entrer dans le détail de sa participation aux travaux de la Société ; il faudrait, pour ce faire, reproduire les articles déjà si longs portés à son nom dans les tables de chacun des volumes de Bulletins, et ce ne serait qu'une sèche énumération ; nous y renvoyons toutefois, et l'on y verra combien son attention était éveillée tant sur le rôle public que la Société des Antiquaires de l'Ouest pouvait être appelée à jouer dans les questions où l'histoire et l'archéologie du Poitou arrivaient à être en jeu, que sur le développement que cette association d'hommes, groupés sous une même inspiration, pouvait donner aux études que son nom symbolisait.

Un des sujets auxquels Ledain s'attacha avec le plus de prédilection, ce fut celui du séjour de Jeanne d'Arc à Poitiers, et s'il n'a pas assez vécu pour voir s'élever sur une place de cette ville le monument commémoratif dont il fut un des principaux promoteurs, il réussit du moins à déterminer l'emplacement de la maison où la Pucelle séjourna pendant qu'elle fut soumise à cet examen qui affirma le caractère de sa mission providentielle. La sagacité dont il donna la preuve dans cette circonstance, sagacité qui s'était beaucoup développée chez lui dans les dernières années de sa vie, lui fit encore découvrir à la voûte de la cathédrale de Poitiers cette date de 1167 qui en marquait l'achèvement, et qui était restée indéchiffrable aux curieux qui depuis trois siècles cherchaient à la reconnaître sous les signes variés qui la dissimulaient. Il faut encore rappeler son rapport sur la détermination de l'enceinte gallo-romaine de Poitiers qui lui valut en 1873 une mention honorable au concours des Antiquités nationales et qui fut le point de départ d'une polémique courtoise qu'il eut à soutenir dans divers congrès au sujet de la date à fixer à ces fortifications que l'on rencontre, absolument identiques, quant à leur structure, sur divers points de la France ; puis, dans le même ordre d'idée, ses communications nombreuses sur ces retranchements, que l'on désigne généralement sous le nom de Châteliers, et s'il n'a pas amené tous les érudits à partager sa manière de voir, il a tout au moins apporté un notable contingent d'informations à ceux qui tenteront d'arriver à leur détermination précise. Citons encore ses études persévérantes sur l'histoire municipale de Poitiers, qui ont eu pour point de départ un dépouillement minutieux des registres des délibérations de la commune et qu'il a condensées dans une chronologie historique des maires de la ville ; c'est par cette œuvre, restée malheureusement inachevée, qu'il clôtura sa carrière de travailleur, car le jour où il quitta Poitiers pour n'y plus jamais revenir, il venait de rédiger les dernières lignes de l'année 1608, à laquelle elle reste suspendue.

Du reste, Poitiers, qui lui est tant redevable, lui doit encore sa première histoire. Celle-ci n'est, à vrai dire, qu'une ébauche, mais sous son titre de Résumé, elle n'en contient pas moins la suite complète des notions générales que l'on possède sur la capitale de notre province. Par ce mémoire, il inaugura sa participation à la grande entreprise de M. Robuchon : *Les paysages et monuments du Poitou*. Sa collaboration y fut considérable, et celle-ci comme valeur scientifique doit être mise au premier rang. Il y décrivit près de la moitié du département des Deux-Sèvres sous les rubriques de Parthenay, de Bressuire, d'Argenton-Château, de Saint-Loup, de Thénezay et de Mazières-en-Gâtine ; il y adjoignit encore, dans la Vienne, Lusignan, Jazeneuil et Sanxay, sans compter son résumé de l'histoire de Poitiers.

L'étape que nous venons de parcourir est déjà bien longue et nous ne sommes pas encore au bout ; il y manque le relevé de la marche en avant que Ledain fit dans la voie de la science pure. Bien qu'il ait beaucoup fouillé les manuscrits des bibliothèques publiques et les dossiers des archives, il était resté, de ses études premières, un fervent du texte imprimé ; sa méthode de travail s'accommodait mieux du renseignement fourni par le livre, si facile à consulter, à telle page précise, surtout lorsque l'on a à sa disposition constante une bibliothèque telle que la sienne. Aussi songea-t-il de bonne heure, et pour sa propre utilité, à réclamer dans nos publications locales une part plus importante pour l'impression des textes manuscrits. Pour ce faire, à la séance du 29 décembre 1868 de la Société des Antiquaires de l'Ouest, proposa-t-il la publication de documents inédits qui paraîtraient par feuilles séparées à la suite de chacun des Bulletins trimestriels. Un mince volume, auquel il apporta sa part de collaboration, fut le résultat de cette entreprise qui ne pouvait réellement réussir, étant données les conditions défectueuses dans lesquelles elle se produisait. Il n'avait pas poussé la hardiesse jusqu'à rêver d'établir à côté de la Société des Antiquaires de l'Ouest un groupe spécial de travailleurs qui aurait pour unique objectif la mise au jour de textes inédits, mais quand surgit ce projet, il s'y rallia de tout cœur. Nous ne nous appesantirons pas ici sur les détails de la fondation de la Société des Archives historiques du Poitou ; nous dirons seulement que Ledain fut un des plus ardents propagateurs de l'idée première, et quand la Société se constitua définitivement le 24 décembre 1871, il fit aussitôt partie du bureau en qualité de trésorier. Lorsque la mort de notre regretté prédécesseur M. Rédet nous amena à la présidence, Ledain nous remplaça comme secrétaire, et depuis ce jour la confiance de nos confrères nous renouvela à l'un et à l'autre cette précieuse distinction.

Les vingt-huit volumes aujourd'hui parus de la Société des Archives disent assez le succès qu'elle a rencontré; et notre ami y a contribué pour sa bonne part. Bien qu'il ait eu quelque peine à renoncer à son idée de publication à outrance, sans ordre arrêté, n'ayant en vue que la mise en lumière d'un texte manuscrit, il finit par entrer dans la voie où s'était dès l'abord engagée la Société, et à laquelle elle doit en partie son renom scientifique, à savoir de grouper les documents sous une rubrique spéciale répondant à une idée précise ; il lui donna dès lors successivement en 1872 et en 1875 les Lettres des rois de France, princes et grands personnages à la commune de Poitiers; en 1882, 1883 et 1896 les Lettres adressées à Jean et Guy de Daillon, comtes du Lude, gouverneurs du Poitou, en 1884 les Journaux de Jean et de René de Brilhac, en 1889 les chartes de l'abbaye de la Trinité de Mauléon, enfin en 1895 les cartulaires et les chartes de l'Absie et l'enquête de 1247 ordonnée par saint Louis en Poitou et en Saintonge.

Il était déjà descendu dans la tombe quand lui arriva de Paris une nouvelle série de documents sur cette époque du XVIe siècle, dont la mine est loin d'être épuisée et pour l'exploration de laquelle il ne ménageait ni son temps ni son argent. Il ne put aussi voir l'achèvement d'une publication qu'il avait pendant longtemps vivement réclamée et qui sera un des titres d'honneur de la Société des Archives ; c'est celle du cartulaire de Raiz, de ce précieux volume, un des joyaux du trésor de Serrent, que M. le duc de la Trémoille, avec qui il entretenait des relations personnelles, a bien voulu confier à notre Société pour l'éditer.

Nous arrêterons ici notre relevé des témoignages multiples de l'activité de notre cher confrère ; il se comparait volontiers à ces bœufs de sa Gâtine qui, du matin au soir, de leur pas lent et méthodique, creusent de nombreux et profonds sillons, et c'était juste. Chez lui, la conception se faisait lentement, mais quand l'idée était fixée, les faits retenus par sa grande mémoire se casaient à leur ordre et à leur date dans son cerveau ; la phrase se formait ensuite, et il n'avait plus qu'à la transcrire sur le papier, de son écriture si posée et si nette. Il ne se corrigeait presque jamais, aussi toute refonte d'une page, toute modification apportée à une phrase, lui était pénible : c'était pour lui du temps perdu. Mais le fait récolté incidemment n'était pas rejeté ; loin de là, il était porté sur une feuille blanche placée avec soin dans une chemise étiquetée, et il se retrouvait plus tard, si les circonstances faisaient qu'il pût entrer dans une nouvelle édition de l'œuvre première.

Ledain collectionnait, mais sans rechercher ce que l'on est aujourd'hui convenu d'appeler de la curiosité. Sa riche bibliothèque était surtout composée en vue de ses travaux ; sous la même inspiration, il recueillit des monnaies, des bronzes, des poteries, des objets de toute nature, sortis pour la plupart du sol dont il étudiait les destinées, mais qu'il rassembla aussi avec le dessein d'avoir constamment à sa disposition des spécimens authentiques des monuments divers que le hasard de ses travaux archéologiques pouvait l'amener à étudier. Ces livres choisis, ces précieuses épaves des générations disparues, ne seront pas dispersés aux quatre vents de l'horizon ; ils resteront réunis, grâce à la sollicitude de l'épouse qui a su conserver au prix de sacrifices personnels ce qui avait fait le charme de l'existence de son mari ; pour satisfaire à ses intimes pensées, elle les garde précieusement, afin d'en doter le nouvel édifice que la ville de Poitiers doit consacrer à sa bibliothèque municipale et où le nom de Ledain s'inscrira le premier parmi ceux des bienfaiteurs qui viendront accroître les richesses de cet établissement.

Ce nom de Ledain devra aussi éveiller dans l'esprit de tous ceux qui le verront ainsi à cette place d'honneur le souvenir d'un homme qui ne s'est pas contenté d'être un pionnier de la science, mais qui, dans son existence trop courte, a donné un réconfortant exemple des vertus privées. Il ne nous appartient pas de lever le voile qui recouvre cette vie intérieure de la famille où le fils et l'époux se recommandaient également, mais nous pouvons parler de l'homme du monde, qui sous des dehors un peu réservés dissimulait un ami sûr, un confrère obligeant, un enthousiaste du bien. Il se passionnait pour les conceptions élevées et généreuses, et dédaignant de faire cet étalage journalier de ses sentiments religieux et politiques qui n'est pas toujours le propre des convictions sincères, il ne craignait pas de les manifester hautement quand le moment était venu d'affirmer ses croyances.

Notre ami, et nous employons ce mot à dessein, car nous pouvons, sans crainte d'être démenti, dire que nous étions du petit nombre de ceux-là à qui il dévoilait ses pensées intimes, est mort sur la brèche, en pleine intelligence, en pleine fièvre de travail. Il revenait des assises de la Sorbonne, quand un mal subit et qui n'a pas pardonné l'enleva en quelques jours, le 15 mai 1897, dans cette ville de Parthenay où il avait pris naissance et où il vint providentiellement terminer sa vie. L'œuvre qu'il a laissée est considérable ; la relever tout entière, c'est aider à faire connaître l'homme à qui elle est due ; nous pensons aussi que c'est l'hommage le plus sensible que nous puissions rendre à sa mémoire. Nous en donnerons donc ici l'énumération, faite avec tout le soin que nous avons pu y apporter, et qui représente les résultats de quarante années de labeur.

LISTE PAR ORDRE DE PUBLICATION DES TRAVAUX DE BÉLISAIRE LEDAIN.

Histoire de la ville de Parthenay, de ses anciens seigneurs et de la Gâtine du Poitou, depuis les temps les plus reculés jusqu'à la Révolution. Paris, Aug. Durand, 1858, in-8°, avec 1 portr., 3 tableaux généal. et 1 carte.

Notice sur une sépulture gallo-romaine découverte à Gourgé. — Mém. de la Société de statistique des Deux-Sèvres, 2° série, t. I, 1860-1861, avec 2 pl. et 3 fac-simile.

Examen d'une opinion nouvelle sur l'entrevue de saint Bernard et de Guillaume IX comte de Poitou, à Parthenay, en 1135. — Bull. de la Soc. des Antiq. de l'Ouest du 3° tr. de 1861, 1re série, t. IX, pages 472-488.

Souvenirs du Congrès archéologique de Saumur en 1862. — Bull. de la Soc. des Antiq. de l'Ouest du 3° tr. de 1862, 1re série, t. X, p. 86-100.

Note sur les sépultures de Gourgé. — Bull. de la Soc. des Antiq. de l'Ouest du 1er tr. de 1863, 1re série, t. X, p. 207-212, avec une planche.

Réflexions sur le nouveau plan d'alignement de la ville de Parthenay. Parthenay, octobre 1864. (Signé :) B. Ledain, Paul Taudière, Simonnet, notaire. Poitiers, impr. de N. Bernard, in-4° de 31 p.

Journal historique de Denis Généroux, notaire à Parthenay (1567-1576) Niort, L. Clouzot, 1865, in-8°. (Extrait des Mém. de la Soc. de statistique des Deux-Sèvres, 2e série, t. II, 1865.)

Histoire de la ville et baronnie de Bressuire. Bressuire, Baudry ; Niort, Clouzot, 1866, in-8°. (Extrait des Mém. de la Soc. des Antiq. de l'Ouest, 1re série, t. XXX.)

Notice sur l'église Saint-Laurent de Parthenay et sur un projet de restauration de sa partie antérieure. — Mém. de la Soc. des Antiq. de l'Ouest, 1re série, t. XXXII, 1867, p. 47-64, avec 4 planches.

Histoire d'Alphonse, frère de saint Louis, et du comté de Poitou sous son administration (1241-1271). Poitiers, H. Oudin, 1869, in-8°.

Notice archéologique sur l'église du Pin près Bressuire. — Bull. de la Soc. des Antiq. de l'Ouest du 4° tr. de 1869, 1re série, t. XII, p. 311-317.

Mémoire sur l'enceinte gallo-romaine de Poitiers, sa configuration, sa composition, son origine, sa destruction, par Bélisaire Ledain. Accompagné de planches dessinées et lithographiées par M. Amédée Brouillet. Poitiers, A. Dupré, 1872. Br. de 68 p. in-8° et un album in-4°. (Extr. des Mém. de la Soc. des Antiq. de l'Ouest, 1re série. t. XXXV, 1870-1871.)

Société des Antiquaires de l'Ouest. Séance publique du 10 avril 1872. Discours prononcé par M. Ledain, président de la Société. Poitiers, impr. Henri Oudin, in-8° de 16 pages. — (Procédure suivie pour la nomination du maire de Poitiers jusqu'en 1470.)

Dissertation sur le temple Saint-Jean. — Bull de la Soc. des Antiq. de l'Ouest du 4° tr. de 1872, 1re série, t. XIII, p. 296-306, avec 1 planche.

Discours prononcé à la séance publique annuelle de la Société des Antiquaires de l'Ouest, le 29 décembre 1872. — Mém. de la Soc. des Antiq. de l'Ouest, 1re série, t. XXXVI, p. 3. — (Services rendus à l'histoire par l'archéologie et note sur le séjour de Jeanne d'Arc à Poitiers.)

Lettres des rois de France, princes et grands personnages à la commune de Poitiers (1453-1559). — Arch. hist. du Poitou, t. I, 1872,

p. 142-201, et IV, 1875, p. 275-340.

Rapport sur les extraits des comptes et mémoriaux du roi René, publiés par M. Lecoy de la Marche. — Bull. de la Soc. des Antiq. de l'Ouest du 2ᵉ tr. de 1873, 1ʳᵉ série, t. XIII, p. 366-374.

Mémoires présentés au roi Charles VII par les délégués de la ville de Poitiers pour le détourner d'établir la gabelle en Poitou et en Saintonge (vers 1451). — Arch. hist. du Poitou, t. II, 1873, p. 258-284.

La pyramide de Saint-Cyprien de Poitiers, le clocher de Déols et la fontaine de l'abbaye de Beaulieu de Loches. — Bull. de la Soc. des Antiq. de l'Ouest du 1ᵉʳ tr. de 1875, 1ʳᵉ série, t. XIV, p. 170-172.

La Gâtine historique et monumentale, ouvrage accompagné d'eaux-fortes et de lithographies par M. E. Sadoux. Paris, impr. de J. Claye, 1876, gr. in-4°.

Rapport sur de nouvelles découvertes dans l'enceinte gallo-romaine de Poitiers. — Bull. de la Soc. des Antiq. de l'Ouest du 2ᵉ tr. de 1878, 2ᵉ série, t. I, p. 379.

Fouilles de deux tumulus et d'un dolmen près Bressuire. Poitiers, impr. Dupré, in-8, 10 p. et 1 pl. (Extrait du Bull. de la Soc. des Antiq. de l'Ouest du 4ᵉ tr. de 1878.)

Notice historique sur les seigneurs de Vernay, la Bernardière et la Ronde. Poitiers, Dupré, 1879, in-8°, 27 p. (Extrait du Bull. de la Soc. des Antiq. de l'Ouest du 1ᵉʳ tr. de 1879.)

Les inscriptions des autels de Saint-Savin sur Gartempe. — Bull. de la Soc. des Antiq. de l'Ouest du 3ᵉ tr. de 1879.

Trois églises antérieures au XIᵉ siècle : Châtillon-sur-Thoué, Saint-Clémentin et Voultegon. Poitiers, impr. gén. de l'Ouest, in-8° de 12 p. (Extrait du Bull. de la Soc. des Antiq. de l'Ouest du 4ᵉ tr. de 1880.)

Histoire de la ville de Bressuire, deuxième édition, revue, remaniée et très considérablement augmentée, suivie de l'*Histoire des guerres de la Vendée dans le district de Bressuire.* Bressuire, E. Landreau, 1880, in-8°, avec 3 pl. et 1 plan.

Fouille du tombeau de Pierre, premier abbé d'Airvault. Poitiers, impr. générale de l'Ouest, in-8°, 8 p. et 1 pl. (Extrait des Mém. de la Soc. des Antiq. de l'Ouest, 2ᵉ série, t. III, 1881.)

Découverte d'un autel portatif et de reliques de saint Rufin dans l'église de Moutiers (Deux-Sèvres). Poitiers, impr. génér. de l'Ouest, in-8°, 11 p. et 1 pl. (Extrait du Bull. de la Soc. des Antiq. de l'Ouest du 2ᵉ tr. de 1881.)

Découverte d'une statue romaine à Saint-Jacques de Montauban près Thouars. Poitiers, impr. gén. de l'Ouest, in-8°, 4 p. et 1 pl. (Extrait du Bull. de la Soc. des Antiq. de l'Ouest du 3ᵉ tr. de 1881.)

(Allocution prononcée en prenant possession du fauteuil de la présidence de la Société des Antiquaires de l'Ouest, séance du 19 janvier 1882.) — Bull. de la Soc. des Ant. de l'Ouest du 1ᵉʳ tr. de 1882, 2ᵉ série, t. II, p. 376-381.

Notice sur la vie et les travaux de M. de la Boutetière, lue à la séance du 16 avril 1882, Poitiers, impr. gén. de l'Ouest, 1882, in-8° de 11 p. (Extr. du Bull. de la Soc. des Antiquaires de l'Ouest du 1ᵉʳ tr. de 1882.) — Réimprimée dans : *Notices historiques,* par le comte de la Boutetière. Saint-Philbert-du-Pont-Charrault, 1883, p. x-xvi.

Notice sur la vie et les travaux de M. de Gennes, conseiller à la Cour de Poitiers, lue à la séance du 16 février 1882. — Bull. de la Soc. des Antiq. de l'Ouest du 1ᵉʳ tr. de 1882, 2ᵉ série, t. II, p. 405.

Nécrologie. Discours prononcé le 6 avril 1882 aux funérailles de M. Ménard, ancien proviseur du collège de Poitiers, ancien secrétaire de la Société des Antiquaires de l'Ouest. — Bull. de la Soc. des Antiq. de l'Ouest du 2ᵉ tr. de 1882, 2ᵉ série, t. II, p. 466.

Lettres adressées à Jean et Guy de Daillon, comtes du Lude, gouverneurs de Poitou (1543-1585). —

Arch hist. du Poitou, t. XII, 1882 (en entier) ; t. XIV, 1883, p. 1-188.

Des origines de la commune de Poitiers. Poitiers, impr. Oudin, 1883, in-12 de 29 p. (Extrait du *Courrier de la Vienne.*)

— Discours lu à la séance publique annuelle de la Société des Antiq. de l'Ouest, le 7 janvier 1883. — Mém. de la Soc. des Antiq. de l'Ouest, 2e série, t. V, 1882, p. 1.

Notice historique et archéologique sur l'abbaye de Saint-Jouin-de-Marnes. Poitiers, impr. Tolmer, 1884, in-8° de 88 p. (Extrait des Mém. de la Soc. des Antiq. de l'Ouest, 2e série, t. VI, 1883.)

Note sur deux tombeaux romains découverts en 1878 et en 1879 près Saint-Cyprien. — Bull. de la Soc. des Antiq. de l'Ouest du 2e tr. de 1884, 2e série, t. III, p. 261.

L'hypogée-martyrium des Dunes de Poitiers, analyse critique du Mémoire du P. de la Croix. — Bull. de la Soc. des Antiq. de l'Ouest du 4e tr. de 1884, 2e série, t. III, p. 410.

Musée de la Société des Antiquaires de l'Ouest. Catalogue de la galerie lapidaire. Poitiers, impr. Tolmer, 1884, in-8° de 87 pag. (Extrait des Mém. de la Soc. des Antiq. de l'Ouest, 2e série, t. VI, 1884.)

Journaux de Jean de Brilhac, conseiller en la sénéchaussée de Poitou, de 1545 à 1564, et de René de Brilhac, conseiller au présidial de Poitiers, de 1573 à 1622. — Arch. hist. du Poitou, t. XV, 1885, p. 1-49.

Découvertes archéologiques faites dans l'Ouest depuis 1870. — Mém. de la Soc. des Antiq. de l'Ouest, 2e série, t. VII, 1885, p. 131.

De l'origine et de la destination des camps romains dits châtelliers en Gaule, principalement dans l'Ouest. Poitiers, impr. G. Guillois, 1885, in-8° de 120 pag. (Extrait des Mém. de la Soc. des Antiq. de l'Ouest, 2e série, t. VII, 1885.)

Saint-Jouin-les-Marnes. (*Paysages et monuments du Poitou,* liv. 20 à 21, 1885, 7 pag. et 4 pl.)

L'inventaire du château de Thouars du 2 mars 1470. Saint-Maixent, impr. Ch. Reversé, 1886, in-8° de 24 pag. (Extrait des Mém. de la Soc. de statist. des Deux-Sèvres, 3e série, t. II, 1885.)

Parthenay et les châteaux de la Meilleraye, Hérisson et Tennesue. (*Paysages et monuments du Poitou,* liv. 34 à 38, 1886, 32 pag. et 16 pl.)

Epigraphie romaine du Poitou. Poitiers, imp. Blais, Roy et Cie, 1887, in-8° de 93 pag. (Extrait des Mém. de la Soc. des Antiq. de l'Ouest, 2e série, t. IX, 1886.)

Notice sur Jean Chasteigner, conseiller du roi Charles VII. Poitiers, impr. Blais, Roy et Cie, in-8° de 7 pag. (Extrait du Bull. de la Soc. des Antiq. de l'Ouest, du 2e tr. de 1887.)

Bressuire. Fontenay, A. Baud, 1888, in-8° de 88 p. (Réimpression de la notice publiée dans les *Paysages et monuments du Poitou,* liv. 63 à 68, 1887, 25 pag. et 13 pl.)

Les livres de raison et journaux historiques du Poitou. Lecture faite à la Sorbonne en 1887, au Congrès des Sociétés savantes. Niort, impr. A. Chiron, 1888, in-8° de 16 p. (Extrait de la *Revue poitevine et saintongeaise,* n° 47.)

Saint-Loup-sur-Thouet et son château. (*Paysages et monuments du Poitou,* livr. 89 à 91, 1888, 12 pag. et 7 pl.)

Les camps antiques. Réponse de M. B. Ledain à M. Louis de Fleury. — *Revue poitev. et saintongeaise,* n° 68, 15 août 1889, p. 336-341.

(Voy. *Une opinion nouvelle sur les camps dits châtelliers,* dans la même Revue, n° 94, 15 octobre 1891, p. 317-319.)

Inventaire des archives du chapitre de Sainte-Croix de Parthenay, dressé à la fin du XVIIIe siècle. Saint-Maixent, impr. Ch. Reversé, 1889, in-8° de 54 p. (Extrait des Mém. de la Soc. de stat. des Deux-Sèvres, 3e série, t. VI, 1889.)

Documents pour servir à l'histoire de la Trinité de Mauléon, 1090-1623. — Arch. hist. du Poitou, t. XX, 1889, p. 1-91.

Histoire sommaire de la ville de Poitiers. Fontenay, Aug. Baud, 1889, in-8°. — (Réimpression de la Notice publiée dans les *Paysages et monuments du Poitou*, Poitiers, Histoire, p. 15 à 70, liv. 121 à 127, 1889.)

(Allocution prononcée en prenant possession du fauteuil de la présidence de la Société des Antiquaires de l'Ouest, séance du 16 janvier 1890.) — Bull. de la Soc. des Antiq. de l'Ouest du 1er tr. de 1890, 2e série, t. V, p. 185.

(Circulaires relatives au legs fait par M. Rupert de Chièvres à la Société des Antiquaires de l'Ouest, du 25 janvier et du 3 février 1890.) — Bull. de la Soc. des Antiq. de l'Ouest du 1er tr. de 1890, 2e série, t. V, p. 197 et 200.

Lusignan. (*Paysages et monuments du Poitou*, livr. 170 à 174, 1890, 27 pag. et 8 pl.)

Essai de classification chronologique des châteaux féodaux de Poitou, du XIe au XIIIe siècle. Paris, E. Leroux, 1890, in-8° de 15 p. Mémoire lu au Congrès des Sociétés savantes. (Extrait du Bull. arch. du Comité des travaux historiques et scientifiques, 1890, p. 360-374.)

Savary de Mauléon, ou la réunion du Poitou à l'unité française. Discours prononcé à la séance publique annuelle de la Société des Antiquaires de l'Ouest, le 4 janvier 1891. Poitiers, impr. Blais, Roy et Cie, in-8° de 27 p. (Extrait des Mém. de la Soc. des Antiq. de l'Ouest, 2e série, t. XIII, 1890.)

Mazières en Gâtine. (*Paysages et monuments du Poitou*, pag. 29 à 34 et pl. 9 à 11 de la monographie intitulée : *Champdeniers et Mazières en Gâtine*, par MM. Léo Desaivre et Bélisaire Ledain, liv. 187 à 193, 1891.)

Jeanne d'Arc à Poitiers. Saint-Maixent, impr. Ch. Reversé, 1891, in-8° de 15 pag. (Extrait de la Revue poitevine et saintongeaise, n° 87, 15 mars 1891.)

Examen d'une brochure de M. l'abbé Donizeau intitulée Jeanne d'Arc à Poitiers. — Revue poitevine et saintongeaise, n° 89, 15 mai 1891, p. 149-154.

Les châteaux féodaux du Poitou du XIe au XIIIe siècle. — Revue poit. et saintongeaise, n° 91, 15 juillet 1891, p. 192-213.

L'église de Saint-Nicolas de Poitiers. Poitiers, impr. Blais, Roy et Cie, in-8° de 7 p. et 1 pl. (Extr. du Bull. de la Soc. des Antiq. de l'Ouest du 3e trim. de 1891.)

(Note concernant deux puits funéraires trouvés en démolissant le chœur de l'église des Jacobins de Thouars.) — Bull. de la Soc. des Antiq. de l'Ouest du 3e tr. de 1891, 2e série, t. V, p. 496.

La maison de Jeanne d'Arc à Poitiers. Saint-Maixent, impr. Ch. Reversé, 1892, in-8° de 12 pages. (Extrait de la Revue poit. et saintongeaise, n° 97.)

La maison de Jeanne d'Arc à Poitiers. — Bull. de la Soc. des Antiq. de l'Ouest du 1er tr. de 1892, 2e série, t. VI, p. 33.

Savary de Mauléon et le Poitou à son époque. Saint-Maixent, imp. Ch. Reversé, 1892, in-8° de 58 p. (Extr. de la Revue poit. et saintongeaise, n°s 101-107.)

Thénezay. Château de la Rochefaton. (*Paysages et monuments du Poitou*, 226e liv., 1893, 8 pag. et 2 pl.)

Jeanne d'Arc à Poitiers. Poitiers, H. Oudin, 1894, in-18 de 91 p.

Argenton-Château. (*Paysages et monuments du Poitou*, livr. 237 à 238, 1894, 19 pages et 3 pl.)

Cartulaire et chartes de l'abbaye de l'Absie. — Arch. hist. du Poitou, t. XXV, 1895, p. VII-XVI et 1-234.

Enquête ordonnée par le roi saint Louis en 1247 en Poitou et en Saintonge. — Arch. hist. du Poitou, t. XXV, 1895, p. 235-340.

Note sur l'architecte et la date de la cathédrale de Poitiers. — Bull. de la Soc. des Antiq. de l'Ouest du 2e tr. de 1895, 2e série, t. VII, p. 80.

Notice sur l'ancien couvent des Augustins de Poitiers. Poitiers, impr. Blais, Roy et Cⁱᵉ, in-8° de 20 p. (Extrait du Bull. du 1ᵉʳ trim. de 1896 de la Soc. des Ant. de l'Ouest).

Notice sur l'enceinte romaine de Saintes. Caen, Delesques, 1897, in-8° de 20 p. (Extrait du Compte rendu du LXIᵉ Congrès archéologique tenu en 1894 à Saintes et à la Rochelle.)

Note sur l'occupation de Poitiers par Duguesclin le 7 août 1372. — Bull. de la Soc. des Antiq. de l'Ouest du 3ᵉ tr. de 1896, 2ᵉ série, t. VII, p. 359.

Lettres du comte du Lude et autres personnages, relatives à l'administration du Poitou de 1559 à 1580 — Arch. hist. du Poitou, t. XXVII, 1897, p. 1-248.

La Gâtine historique et monumentale. — Seconde édition, revue, corrigée, augmentée. Parthenay, impr. pap. de Alphonse Cante, 1897, gr. in-4°, avec 1 portrait et 2 plans, de 316 p., plus 9 pages pour les appendices et 39 pages pour l'Essai sur la hiérarchie féodale de l'ancienne Gâtine et la table.

CARTULAIRE

DES

SIRES DE RAYS

(1160-1449)

PUBLIÉ PAR

René BLANCHARD

LAURÉAT DE L'INSTITUT

INTRODUCTION

Chartriers de Thouars, de Taillebourg et de Machecoul.

Le chartrier de Thouars, d'où provient le document que nous publions, est bien connu des érudits. Le bonheur a voulu qu'il échappât aux destructions systématiques de la Révolution, alors que tant d'autres étaient anéantis. Correspondances privées des La Trémoille, dont plusieurs ont joué un rôle important dans l'Etat, comptes, cartulaires, titres féodaux, pièces concernant la famille principale et celles qui ont pris alliance avec elle, tout cela a été sauvé. Aussi est-il peu d'archives particulières en France qui égalent en richesse celles dont M. le duc de la Trémoille est actuellement le possesseur.

Au siècle dernier, D. Fonteneau transcrivait au château de Thouars près de 150 documents [1]. Il y a une quarantaine d'années, M. Marchegay, alors archiviste de Maine-et-Loire, admis au château de Serrant où les titres étaient en dépôt, rappelait sur eux l'attention dans une série de publications que le duc actuel de la Trémoille a continuées avec le luxe d'un grand seigneur et la science d'un érudit. Les savants de l'Ouest et de la capitale ont eu communication des documents avec libéralité, et nombreuses sont les revues de Paris et de notre région qui se sont enrichies des textes conservés dans l'ancien chartrier de Thouars.

En épousant Louise de Coëtivy en 1502, Charles de la Trémoille réunit à son chartrier celui de Taillebourg, dont les Coëtivy étaient seigneurs. Louise était la petite-nièce de l'amiral Prégent de Coëtivy. Or celui-ci par son mariage, en 1442, avec Marie, fille du fameux Gilles de Rays, était devenu seigneur de

---

1. Ils remplissent la plus grande partie du t. XXVI de sa collection manuscrite à la bibliothèque de Poitiers.

Rays[1], par suite possesseur des archives de cette baronnie. C'est au château de Machecoul, son siège principal, qu'étaient alors réunis les titres des diverses châtellenies qui la composaient : Machecoul, Bourgneuf, Prigny, Bouin en partie, Vue, Pornic, Princé et la Benate.

A peine devenu l'époux de Marie, Prégent fit transporter de Machecoul à Taillebourg, qui lui appartenait en propre, les archives de Rays ; non pas toutes à la vérité, mais une bonne part, notamment les plus anciennes qui remontaient au commencement du XIIIe siècle, et les plus importantes : contrats de mariage, testaments, privilèges des souverains, etc., en un mot les papiers de famille proprement dits.

La preuve de cette assertion résulte d'un inventaire conservé aux archives de la Loire-Inférieure[2]. Rédigé en 1570, il décrit sommairement environ douze cents documents rendus à cette époque à Albert de Gondy, comte de Rays. Ces documents déposés depuis le commencement du siècle dans le trésor de Bretagne, où la duchesse Anne les avait fait transporter lors du séquestre mis sur la baronnie de Rays, retournèrent alors à Machecoul où ils ont péri à la Révolution. Or, parmi les nombreux titres inventoriés en 1570, les trois quarts étaient de la seconde moitié du XVe siècle, c'est-à-dire postérieurs à la mort de Prégent de Coëtivy. Dans le reste il n'y avait qu'une seule pièce du XIIIe siècle (4 sept. 1285) ; le surplus consistait en aveux des XIVe et XVe siècles et en quelques documents concernant pour la plupart[3] une famille de Machecoul dont les membres, seigneurs particuliers de Bourgneuf et de la Benate, se fondirent au début du XVe siècle dans les Laval qui relevèrent le nom de Rays.

A quels mobiles céda Prégent de Coëtivy en transférant à Taillebourg le chartrier du château de Machecoul ? Il est bien certain que l'amiral ne résida guère dans cette dernière place.

---

1. De nos jours on écrit Retz. Cette orthographe remonte seulement au temps des Gondi, à la fin du XVIe siècle. Bien que le nom du célèbre cardinal de Retz ait en quelque sorte consacré cette forme, il n'en est pas moins vrai que pour la période antérieure au milieu du XVe siècle, elle constitue un anachronisme. La leçon ici adoptée, à la suite de M. Marchegay dans sa *Table analytique* du cartulaire, est celle qu'on rencontre le plus souvent dans les textes du moyen âge, fertiles, on le sait, en variantes.

2. E 246; ancien Trésor des chartes de Bretagne V. B. 2.

3. La plupart, disons-nous; car nous pourrions signaler quelques actes qui ne sont point dans ce cas : notamment une donation du 5 août 1387 visée dans un titre du cartulaire du 5 février 1392 (n° CCXXXII) et dont elle n'aurait pas dû être séparée. Ce fut un oubli. Ajoutons dès maintenant qu'aucune pièce du cartulaire ne fait double emploi avec celles de l'inventaire.

Tout concourait d'ailleurs à l'en éloigner. L'exécution retentissante du terrible baron de Rays dont il venait d'épouser la fille, datait de deux années à peine, et le souvenir de ses crimes ne pouvait être éteint dans les familles du pays qui avaient fourni leur contingent d'enfants immolés aux sanglantes passions du maréchal. Catherine de Thouars, sa veuve, avait déjà quitté les provinces de l'Ouest pour convoler à une nouvelle union avec Jean de Vendôme, vidame de Chartres. Marie de Rays, sa fille unique, une enfant qui n'était pas encore majeure, dut à son tour abandonner le pays sans regrets.

Que les titres de sa femme fussent plus sous la main de Prégent à Taillebourg qu'à Machecoul ; que pour soutenir les causes ouvertes par la succession du maréchal, son gendre eût besoin de recourir aux archives de Rays, cela est incontestable. Mais la majeure partie des pièces qu'il emporta du chartrier n'étaient pas nécessaires pour la soutenance de ses procès. Aussi ne serions-nous point surpris que l'amiral n'eût obéi en partie dans la circonstance au goût qu'il paraît avoir eu pour les parchemins. C'est du moins ce que semble attester la note suivante écrite par lui-même au dos d'une lettre patente de Charles VII, du 26 janvier 1440 : « Don du roy à moy l'amiral, de la terre du Chay [1]. » Ce qui est certain, c'est que Prégent était un véritable bibliophile.

Prégent de Coëtivy bibliophile.

M. Marchegay a publié, d'après des fragments de comptes et d'inventaires [2], une liste de quelques-uns des manuscrits ayant appartenu à Prégent de Coëtivy. On n'y trouve pas moins de vingt-deux volumes, sans compter « une mappemonde couverte de damas roge broché d'or » et « une peau de parchemin en laquelle est figurée une ville. »

Le choix judicieux des ouvrages ne le cède en rien à leur richesse, autant que l'on peut juger de ce dernier caractère par les expressions d'un catalogue fort sommaire. Les Chroniques de France, celles des rois de la Grande-Bretagne, le Miroir historial, le Trésor des histoires, Tite-Live, Josèphe, voici pour

---

1. *Documents relatifs à Prégent de Coëtivy*, par Paul Marchegay. Tours, 1878, p. 6.
2. *Lettres missives originales du chartrier de Thouars, série du XV⁰ siècle*, dans *Bul. de la Société arch. de Nantes*, t. X, 1870-1871, p. 161-162.

la partie sérieuse ; puis Boccace, les romans de la Rose, de Tristan, de Lancelot et autres, voilà pour le délassement. Ajoutez à cela trois livres d'Heures. On nous permettra de reproduire ici la description de l'un de ces derniers : « Autres Heures d'or, bien belles, auxquelles est Nostre Dame très bien et richement esmaillée, ix enges de toutes pars et Nostre Seigneur par desus, qui luy met la couronne sur sa teste ; le tableau garny de xx grosses perles et de x rubis. » Au surplus, la plupart de ces livres semblent avoir été enrichis de reliures ou d'enveloppes de choix : en velours noir, vermeil, cramoisi. Les Grandes Chroniques étaient « vestues d'une chemise de soie vert brochée d'or. »

De cette bibliothèque il reste encore plusieurs volumes. Quatre d'entre eux portent toujours l'ex libris que Prégent y a transcrit de sa main : « Ce livre est à Prigent, s^{gr} de Rais, de Coictivy et de Taillebourg, conseillier et chambellan du corps du roy et admiral de France. » Ce sont les n°s 52 et 340 du fonds français à la Bibliothèque nationale, le n° 5077 de la bibliothèque de l'Arsenal et le n° 1179 du fonds Lansdowne au British Museum. Ce dernier forme le second volume du *Speculum historiale* de Vincent de Beauvais, traduction de Jean du Vignay, dont il contient les livres IX à XVI[1], tandis que le ms. 52 de la Bibliothèque nationale renferme la fin du même ouvrage, livres XXV à XXXII. Ces volumes sont, à n'en pas douter, deux des tomes du « Mirouer historial, en iv volumes couvers de velours noir, » dont il est question sur la liste publiée par M. Marchegay. Le Trésor des histoires (Arsenal) et le Livre du roi Meliadus de Leonnois (n° 340 de la Bibl. nat.) figurent également sur la même liste, le premier relié en velours vermeil, le second en cuir vermeil.

Quelques lignes plus loin, le catalogue dressé par M. Marchegay inscrit un « Boccace, Des melleures femmes. » Or on sait par une note inscrite sur un ms. du xve siècle : « Des Cas de nobles malheureux hommes et femmes, » de Jean Boccace (Bibl. nat., ms. fr. 228), que cet ouvrage venait des débris du pillage de la bibliothèque du château de Taillebourg[2]. S'agit-il ici, dans les deux cas, du même manuscrit ? Il ne semble pas : le célèbre auteur ayant écrit plusieurs ouvrages sur ce sujet. Toutefois il

---

[1] Pour la description de ce ms. voy. le rapport de M. Meyer dans *Archives missions*, 2° sér., III, 278.

[2] L. Delisle, *Le Cabinet des manuscrits de la Bibliothèque nationale*, t. II, 117, et *Catalogue des manuscrits français de la Bibl. nat.*, t. Ier, n 228.

n'était point hors de propos de rapprocher ces deux renseignements.

Tous les volumes dont nous venons de parler sont enrichis de miniatures et de lettres ornées.

Prégent non seulement possédait une belle et nombreuse bibliothèque, mais il en avait l'amour et le soin, témoin ce billet qu'il écrivait de Taillebourg à deux de ses officiers : « Envelopez très bien mes livres et les faites enfoncer en pippes, en et par maniere que s'ilz cheoient en l'eaue qu'ilz ne se puissent mouller ne gaster en aucune maniere. Et gardez bien que vous ne meslez ceulx qui sont chez maistre Jehan Festin avec ceulx qui sont chez Paoul, mais les faites mettre à part les ungs des autres en belles pippes, tellement que pour pluie ne eaue quelconque ilz ne se puissent gaster [1]. »

L'amiral de Coëtivy n'était pas d'ailleurs le seul membre de sa famille à avoir le goût des beaux livres, et la Bibliothèque nationale aussi bien que d'autres bibliothèques de l'Europe conservent des volumes de ses frères Alain, cardinal d'Avignon, et Olivier, de Charles son neveu et de ses nièces Marguerite, Gillette et Catherine [2].

Date du transfert à Taillebourg du chartrier de Rays.

Quoi qu'il en soit du motif qui décida Prégent de Coëtivy à faire enlever de Machecoul le chartrier qu'y avaient réuni les anciens seigneurs, il est certain que dès 1446 c'était un fait accompli et qu'aucun des documents transférés à Taillebourg par l'amiral ne revint en Bretagne. Dès 1446, disons-nous. En effet, le 24 septembre de cette année, Guillaume Rolland, garde du sceau royal établi pour les contrats à Saint-Jean-d'Angély, délivrait des vidimus de deux chartes relatives à un droit de garenne concédé le 1er octobre 1321 par le sire de Rays à l'abbé de la Chaume son voisin. Les originaux de ces pièces, d'après lesquels furent confectionnés les vidimus [3], étaient dès lors manifestement à Taillebourg, distant de 16 kilomètres de Saint-Jean-d'Angély dont il ressortissait. Le 1er octobre 1446, Rolland vidimait encore

---

1. Marchegay, *Lettres missives*, etc., vol. cité, p. 162.
2. Voy. *Notes sur quelques manuscrits français des bibliothèques d'Allemagne*, par Paul Durrieu (*Bibl. de l'Ecole des chartes*, 1892, p. 119-122).
3. Cf. la note 1 du n° CCXXIV du cartulaire.

un titre du chartrier de Rays, du 9 avril 1399, concernant l'île de Bouin [1].

Désormais il ne se passera point d'année que le garde du sceau de Saint-Jean-d'Angély ne soit appelé à sceller des titres de la baronnie de Rays déposés à Taillebourg. Le Trésor des chartes de Bretagne renferme en grand nombre des pièces concernant ladite baronnie vidimées sous ce sceau, pièces dont les ducs, à un moment quelconque, ont eu besoin pour soutenir des procès. De même, les sires de Rays étrangers à la famille de l'amiral décédé sans enfants, durent constamment avoir recours aux Coëtivy pour se faire délivrer des copies, et il fallut parfois les y contraindre judiciairement.

Le Cartulaire.

Le chartrier de Rays était à peine installé au château de Taillebourg que Prégent de Coëtivy entreprit d'en faire transcrire les « lectres et enseignemens [2]. » C'est le résultat de ce travail qui constitue le manuscrit auquel on a donné, à bon droit, le nom de *Cartulaire des sires de Rays*, manuscrit dont nous entreprenons aujourd'hui la publication. Du reste du chartrier de Rays il ne reste que quelques épaves dans les archives de M. le duc de la Trémoille ; mais par le cartulaire nous avons la connaissance d'une portion notable — et non la moins précieuse — des papiers de famille et de propriété d'une série de seigneurs qui n'a pas manqué d'illustrations.

Les feuillets du manuscrit constituant le cartulaire, au nombre de 353, mesurent 355 millim. de hauteur sur 260 millim. de largeur, soit à peu près le format d'un in-folio ordinaire. Le volume est écrit sur un épais parchemin dont M. le duc de la Trémoille a fait récemment réunir les cahiers par une reliure sévère et de bon goût en même temps que solide, comme il convenait pour un manuscrit assez pesant. De belles marges, de 40 à 60 millim., encadrent les pages écrites d'une bonne encre et tout d'une venue par une main sûre d'elle-même. Sans être l'œuvre d'un calligraphe et bien qu'il n'eût aucune ornementation, notre manuscrit était digne de figurer soit dans la bibliothèque, soit dans la

---

1. Cartulaire, n° LXVIII.
2. Le manuscrit n'a pas de titre ancien, mais le début de la table initiale est ainsi libellé : « S'ensuit la table des lectres et enseignemens de la seigneurie de Rays cy dedens enregistrées. »

meilleure place du chartrier du bibliophile qu'était Prégent de Coëtivy [1].

C'est bien lui en effet qui a fait exécuter notre cartulaire : sa date, facile à déterminer, le prouve surabondamment. L'amiral ne fut seigneur de Rays que pendant huit années : de 1442, époque de son mariage avec Marie de Rays, à 1450, qu'un boulet de canon l'emporta au siège de Cherbourg.

Bien que d'une seule main, le manuscrit peut cependant être divisé en deux parties distinctes. La première, de beaucoup la plus considérable, s'étend jusqu'au folio 301 inclus ; la seconde comprend les folios 302 à 353. Ce qui distingue les deux parties, c'est que dans la première toutes les pièces ont reçu, lors de leur transcription, des cotes sur lesquelles nous aurons à revenir, tandis que cette précaution n'a pas été prise pour les pièces de la deuxième partie. En outre, une table écrite par le copiste même du manuscrit et placée à son début, s'arrête également à l'acte qui se termine au folio 301, acte coté actuellement 277. Cette double particularité prouve que dans le principe le manuscrit n'avait que 301 feuillets [2] et 277 numéros, et que les cinquante et quelques folios de plus dont il se compose aujourd'hui ont été ajoutés postérieurement.

La première partie du registre a été compilée en 1446 ou 1447. Les trois lettres de 1446 qu'elle renferme y sont transcrites du f° 90 au f° 95 (n°s LXXX à LXXXII) ; le numéro LXVIII (f° 74), du 9 avril 1399, a été copié d'après un vidimus du 1er octobre 1446. D'autre part, comme on n'y trouve aucun acte de 1447, on est en droit de conclure qu'on ne saurait repousser plus loin que 1447 la fin de cette première partie et qu'elle a été commencée dans la deuxième moitié de 1446. Le n° XCVII où on lit que la pièce a été rescellée le 28 mai 1446, et le n° CCXXVII transcrit d'après un vidimus du 4 octobre de la même année, confirment les données précédentes.

La seconde partie est un peu postérieure à la première. Sur les soixante titres dont elle se compose, plus de cinquante sont des aveux rendus aux seigneurs de Rays; on avait sans doute d'abord négligé ces actes d'un intérêt secondaire. Les autres do-

---

1. Au siècle suivant, en 1522, un autre amiral bibliophile, Louis de Graville, ne dédaignera pas de faire enluminer un terrier de Marcoussis (*Bibl. de l'École des chartes*, 1867, p. 501).

2. Ajoutons que le f° 301 termine un cahier et qu'il n'est écrit que sur la moitié du recto : le verso, contrairement à la règle, étant resté complètement blanc.

cuments comprennent des mémoires juridiques, une série de trois chartes concernant l'aumônerie de Bourgneuf-en-Rays et une lettre du 2 mars 1449 relative à l'abbaye de la Chaume. Chronologiquement les pièces de cette seconde partie se répartissent ainsi : aveux et mémoires (1400 à 1415), aumônerie de Bourgneuf (1332 à 1427), lettre pour la Chaume (1449). Cette dernière, insérée vers le milieu de la partie dans laquelle elle se trouve, nous semble la dater assez exactement.

Entre la table initiale, remontant évidemment à l'époque de la première partie du registre qu'elle embrasse seule, et le document par lequel débute le cartulaire proprement dit, le copiste a transcrit deux pièces (A et B). La première est un mémoire généalogique faisant en partie double emploi avec le n° CCCXVI [1]. Les deux dernières lignes de ce mémoire primitivement écrites ont été grattées postérieurement et remplacées en surcharge par la mention du décès de l'amiral advenu le 20 juillet 1450. Le document B, d'un intérêt fort restreint, est un Etat des revenus d'une terre appelée le ténement Baudry, située sur les bords de la Logne, entre Rocheservière (Vendée) et Saint-Colombin (Loire-Inf.). La pièce est sans date ; mais, dans la dame de la Suze et de la Benate qui s'y trouve mentionnée et à laquelle le ténement en question devait appartenir, il n'est pas difficile de reconnaître Catherine de Machecoul, décédée en 1410 [2].

Le manuscrit n'a pas été paginé dans les siècles qui ont précédé le nôtre ; il ne l'a été que de nos jours et, selon toutes probabilités, par M. Marchegay, qui le premier l'a fait connaître aux érudits. Il compte 353 folios. On peut croire que le volume avait primitivement un titre ; celui qui existe actuellement est tout récent. Le f° 2, compris dans la table, a également été refait de nos jours. A la fin du registre il manque un ou plusieurs feuillets ; la charte qui le termine n'est malheureusement plus représentée que par un fragment qui s'arrête au bas de la page. Cette mutilation est d'autant plus regrettable qu'il eût été curieux de connaître la date de cette pièce intéressante à plus d'un titre, ainsi que nous aurons occasion de le dire ailleurs.

Si l'on s'est abstenu anciennement de paginer le cartulaire, du moins y a-t-on coté les documents. Les vingt-trois premiers ont été distingués par les lettres de l'alphabet de A à Z : l'I et l'U

---

1. Nous publierons, en note de ce numéro, la pièce A qui le complète.
2. Il n'a pas semblé nécessaire de publier ce texte peu important resté en dehors du cartulaire proprement dit.

étant supprimés à raison de la similitude qu'avaient autrefois ces lettres avec le J et le V. La pièce 24 a été marquée d'un double Z, les trois suivantes d'un signe ressemblant au chiffre arabe 9, répété deux fois pour le n° 26 et trois fois pour le n° 27. Le scribe a pris alors la mesure à laquelle il aurait dû s'arrêter tout d'abord : celle d'indiquer tous les actes par une seule série numérale. Par suite la pièce 28 a reçu le n° I, la pièce 29 le n° II, et ainsi de suite jusqu'à la pièce 277 (moderne) cotée XII^{xx} V (245). Le n° XLI a été omis, soit par mégarde, soit que le copiste ait eu dans le principe l'intention de transcrire sur un blanc (tout à fait insolite) existant entre les n°s XL et XLII un acte que dans la suite il aura oublié d'insérer à cette place. Les cotes mises par le scribe se sont donc élevées au chiffre de 271. Nous les avons retrouvées, les mêmes, au dos du petit nombre d'originaux ayant servi à la confection du cartulaire et qui ont été sauvés en même temps que lui.

En présence d'un numérotage aussi hétérogène, comprenant deux séries et laissant de côté toute la seconde partie du registre, M. Marchegay s'est cru autorisé à en pratiquer un autre sur le manuscrit. C'est ainsi qu'il est arrivé au total de 337 pièces ; mais il n'y en a en réalité que 336, le n° 283 ayant été sauté par mégarde. Au surplus, ce dernier nombre n'est-il pas rigoureusement exact, soit parce que des annexes ont reçu le même numéro que les actes qui les précédaient, soit au contraire parce que des documents de même nature, bien que distincts, ont été marqués d'un seul numéro ; c'est ainsi que nous avons XI *bis* et XI *ter* pour deux quittances analogues à celle qui est cotée XI. Quoi qu'il en soit, on peut considérer comme très approximatif le chiffre de 337, et comme il est consacré par le numérotage actuel du manuscrit, c'est ce numérotage qui a été suivi dans la présente publication.

Disons enfin que ce chiffre, admis matériellement pour le nombre des pièces transcrites, ne correspond pas au nombre réel des documents du cartulaire, attendu qu'une dizaine d'entre eux y ont été copiés deux fois, soit d'après l'original et un vidimus, soit d'après deux vidimus différents.

Le copiste du cartulaire.

Le manuscrit, avons-nous dit, est d'une seule main. C'est ce que prouvent l'examen de l'écriture aussi bien qu'une autre particularité intéressante ; le compilateur en effet a signé son travail. Or il l'a fait à trois reprises différentes, aux folios 15, 258 et 337 ; ce dernier feuillet étant compris dans la seconde partie du recueil, c'est donc bien le même personnage qui l'a écrit tout entier.

Nous avons été aussi heureux que surpris de faire la découverte — si minime soit-elle — du nom de notre copiste. Cette particularité semble avoir échappé à la sagacité de M. Marchegay ; du moins n'en a-t-il point parlé dans la publication qu'il nous a laissée relativement au cartulaire. Ce scribe se nommait Oudry.

Aux folios précités, sur la marge inférieure, il a tracé avec cette sûreté de main que les copistes et les notaires du temps possédaient si bien, un G de 25 mil. de hauteur ; une sorte d'H à peu près de même dimension s'enchevêtre horizontalement dans la boucle supérieure du G. Dans la partie inférieure de celui-ci, faite en forme de cartouche, on lit nettement le nom d'Oudry écrit en caractères minuscules. La triple répétition de la signature, avec de légères variantes dans le tracé des grandes lettres, ne laisse aucun doute de lecture. On peut, croyons-nous, regarder comme l'initiale du prénom de l'écrivain la première des majuscules. Quant à la seconde, si tant est que ce soit réellement une lettre, nous nous demandons si elle est afférente au prénom ou si elle ne constitue pas la première lettre du nom qu'il faudrait, dans ce cas, lire Houdry.

Nous n'hésitons pas à reconnaître dans cette signature celle du copiste du manuscrit. On ne voit pas en effet à quel personnage elle pourrait se rapporter : aucun possesseur autre que les Coëtivy ou les La Trémoille n'ayant eu à écrire son nom sur un volume qui n'a cessé de faire partie des chartriers de Taillebourg et de Thouars.

Qu'était cet Oudry ? Vraisemblablement un obscur officier de Prégent ou quelque clerc des environs de Taillebourg. En tout cas nous n'avons rencontré son nom, à un titre quelconque, sur aucun document, soit dans le cartulaire, soit dans les nombreuses pièces provenant de Thouars publiées par M. Marchegay.

Valeur du cartulaire.

La façon de procéder du scribe dans l'accomplissement de son travail a été des plus primitives. Il a transcrit les documents les uns après les autres, tels qu'il les rencontrait ou qu'on les lui fournissait, sans aucun classement préalable, se contentant de marquer au dos des actes copiés des cotes successives correspondantes à celles de son manuscrit. Nous trouvons bien çà et là réunies cinq ou six pièces concernant le même sujet [1]; mais le contraire arrive si fréquemment et dans des conditions telles, que nous y voyons la preuve que le plus grand désordre régnait dans le chartrier, par suite sans doute de son déplacement [2].

De quelle intelligence et de quel soin Oudry a-t-il fait preuve au cours de son labeur ? Nous avons pour le juger un excellent criterium : les originaux qui lui ont servi de modèles. Le bonheur a voulu que sur les 337 pièces qu'il a transcrites nous en possédions encore 31 ; elles suffisent amplement pour permettre de juger du mérite de l'exécutant.

D'une intelligence très ordinaire, le compilateur ne savait que médiocrement le latin; aussi les barbarismes et les solécismes qu'il a fait subir à ses modèles sont-ils assez fréquents. Nous n'en citerons qu'un exemple typique. Dans les participes et les gérondifs en *andus*, *andi*, *endus*, *endi*, sur les originaux la désinence est le plus souvent remplacée par une abréviation. Bien des fois le copiste a fait comme ses modèles, mais quand il a voulu les compléter, ç'a été fréquemment contre toute règle, au détriment du sens et pour l'embarras du lecteur.

D'une façon générale, dans les documents français, notre scribe a systématiquement rajeuni le style des originaux. De nos jours cet usage nous paraît déplorable ; c'était peut-être un mérite au XVe siècle, alors que l'érudition n'était pas fort en honneur. Encore Oudry aurait-il pu rajeunir les mots d'une manière rationnelle; mais il n'est pas rare de rencontrer dans le même texte l'expression du XIIIe siècle à côté de celle du XVe. Parfois le terme était assez vieilli pour que le copiste ne le comprît plus ; dans ce cas, ses modifications sont souvent fautives [3].

---

1. C'est ainsi que les chartes XXXVI à XL concernent toutes la terre de Château-Gontier dont était dame Emma, femme de Girard II Chabot, sire de Rays. De même encore les n[os] CCLIII à CCLIX sont tous relatifs à l'abbaye du Breuil-Herbaud.

2. Il suffira de citer à titre d'exemples : une vente à réméré du 20 juillet 1275, et une quittance du 2 février 1276 relative au retrait de cette vente, copiées, l'une au n° CLXXXVII, l'autre au n° II du cartulaire ; deux lettres de décembre 1276 et de février 1277 concernant le changement d'assiette d'une même rente, transcrites aux n°s VI et CCLV ; une série de documents de juin à sept. 1420 touchant des terres assignées au sire de Rays, éparses sous les n°s XV, XVI, LXX et CCXLIX.

3. Ainsi le terme *moties* (n° CCXXIII), participe passé féminin pluriel du verbe motir, au sens de déclarer, exprimer de mot à mot, a été rendu au cartulaire par *monstrées*. Ne trouvant pas d'équivalent pour le verbe *nammeier*

Oudry n'était pas très bon paléographe. Il a par-ci par-là laissé quelques mots en blanc dans son manuscrit; sur ce point nous ne saurions le blâmer de sa réserve : pareille chose peut arriver aux plus habiles. Mais dans maintes circonstances nous avons noté, là où le contrôle était possible, d'assez nombreuses erreurs de lecture.

Dans le seul n° CLXIII nous avons compté jusqu'à treize fautes [1]. Si nous voulions donner ici le relevé de tous les lapsus du copiste, cela nous entraînerait hors de toute limite [2]; nous devions cependant insister à ce sujet pour expliquer en partie les incorrections qu'on trouvera encore dans notre texte.

D'une instruction médiocre et paléographe insuffisant, Oudry a été — et c'est le seul reproche qu'on puisse sérieusement lui adresser — un copiste peu soigneux. Avec un degré d'attention de plus il aurait évité bien des fautes de lecture, et surtout n'eût pas sauté aussi fréquemment qu'il l'a fait des mots et des lignes entières [3]. Un labeur aussi long que la transcription du cartulaire peut expliquer les défaillances; il ne saurait toutefois les justifier. Evidemment le scribe n'a pas collationné ses textes.

Un cas où le défaut d'attention du copiste a eu des conséquences plus fâcheuses, c'est dans la transcription des dates. Sur une cinquantaine de chartes où la vérification pouvait être effectuée, nous avons relevé de ce chef cinq erreurs [4] : proportion consi-

---

(n° CVII), qui correspond au latin nammeare, namiare (cf. Du Cange, v° Namium), s'emparer d'un gage, le scribe a tranché la difficulté en supprimant ce mot sur sa copie.

1. Predicti, assignri, promiciones, soluciones, fine, cum, postremum, in dicta, etc., alors que d'après l'original on doit lire : predicto, assizivi, promittens, solucionis, fide, omni, posterum, judicio, etc.

2. A l'appui de notre dire il suffira de citer au hasard quelques exemples. N° CXXIX : le mot Radesiarum a été sauté; on a mis fluctus au lieu de fructus, ad à la place de a et de et. N° CXC : peticione, au lieu de peccunie. N° CXCIV : ut videbant, à la place de ut dicebant. N° CCXLII : Gefrei et Emme, de l'original, sont devenus Guetry et Anne sur le cartulaire. N° CCXIX : omission du titre de seigneur de Château-Gontier ; un nom propre, dont le modèle ne donnait que l'initiale G, a été remplacé par la leçon fautive Guillaume, alors qu'il aurait fallu Girard. N° CCXXXV : meings, avec le sens de néanmoins, a été remplacé par meulx (mieux), etc., etc.

3. Nous avons relevé des mots omis ou des lignes sautées par mégarde, notamment dans les n°s XXXVI, LXXIX, CLXXX, CCXIX, CCXXIV, CCXXVII, CCXXXV. Généralement nous signalons ces lacunes en note, mais non dans tous les cas. Il suffisait d'appeler ici l'attention sur ce point.

4. N° XIII : on a donné à une pièce vidimée dans le texte principal la date du XXIII ; elle est en réalité du XXIIII avril. N° L : d'après l'original le document est de « mil doux cenz quatre vinz e dez (1290); » le cartulaire dit : « mil IIc IIIIxx XII. » N° LII : la date « M. CC. sessante et qinze » de l'original a été rendue par « MCC soizante et quatre. » N° CCXXVI : la leçon « mil e douscenz e quatre vinz e quatorze » de l'original est remplacée par celle-ci : « mil IIc IIIIxx IIII. » N° CCLXI : la date mil IIIc LXXII du ma-

dérable. Par suite, quand dans les documents où les moyens de contrôle faisaient défaut, les synchronismes se trouvaient en désaccord avec les dates, nous étions fondés à contester les leçons d'Oudry [1]. Néanmoins il est très possible que dans le présent recueil il se soit encore glissé des dates erronées dont la responsabilité incombe à notre copiste.

Pour en finir avec la façon dont le scribe a accompli sa tâche et, par là même, bien mettre en relief la valeur relative de nos textes, il reste à parler d'un travail personnel au compilateur : la rédaction des sommaires placés en tête des chartes et celle de la table insérée au début du manuscrit.

En général la table ne reproduit pas textuellement les en-têtes des pièces ; le plus souvent, il est vrai, les modifications ne portent que sur l'agencement des mots, mais parfois l'analyse est plus étendue dans un cas que dans l'autre. La différence principale consiste dans la mention des dates qui ne figure jamais dans les résumés placés au début des actes et qu'on rencontre presque toujours dans ceux de la table, soit que le scribe en donne tous les éléments, soit qu'il se contente d'indiquer l'année.

Les défauts du copiste constatés plus haut se retrouvent ici. Dans la table, il lui arrive fréquemment ou de transcrire inexactement la date du cartulaire [2], ou d'indiquer celle du vidimus à la place de la date réelle du document [3]. Dans les sommaires on rencontre plus d'une fois des erreurs [4] ou des fautes de rédaction [5].

Nature du cartulaire.

Si le moyen âge nous a laissé nombre de cartulaires d'évêchés et d'abbayes, il nous est, par contre, resté relativement peu de

---

nuscrit est en opposition avec un synchronisme fourni par une autre pièce du cartulaire. Nous avons d'ailleurs la preuve que le n° CCLXI est en réalité de 1362.

1. Voy. les notes jointes aux n°ˢ XXV, CLXXXVIII et CXCVII.
2. N° VII : lundi après la S. Martin (cartulaire) ; jour de la S. Martin (table). N° XXXVIII : février 1267 (c.) ; février 1266 (t.). N° XLI : samedi après les octaves S. Michel (c.) ; samedi après la feste S. Michel (t.). N° CI : juillet 1243 (c.) ; juin 1243 (t.), etc., etc.
3. N°ˢ XLIII, XLV, LV, LXX, LXXXV, etc., etc.
4. N° XXXIII : Raoul, lisez : Girart Chabot. N° CCIII : Hospitaliers, lisez : Templiers. N° CCXXVII : II^c livres, lisez : II^c L livres.
5. N° CXXXV : le pré Gaignart, lisez : Michel Gaignart. N° CLVII : donna à son frère, lisez : reçut de son frère. N° CLXXXI : don par le vicomte de Thouars. La donation est faite par un Aimery de Thouars qui n'avait pas encore le titre de vicomte.

cartulaires féodaux. Les premiers renferment en quantité des pièces des XIIe et XIe siècles ; on y trouve même, bien qu'en moindre proportion, des actes du Xe siècle. Les seconds, et c'est le cas du nôtre, ne remontent pas aussi haut. A part un titre de 1160, complètement isolé au point de vue chronologique, il faut descendre de cinquante ans pour voir commencer la série de nos documents. Le second dans l'ordre d'ancienneté ne porte point de millésime, mais on peut le dater très approximativement de 1210. Puis, à partir du troisième (juin 1218), ils se succèdent sans discontinuer jusqu'à l'année 1446. Une pièce de 1449 a été transcrite dans la partie annexe du manuscrit.

L'ensemble des documents ainsi réunis forme un recueil bien homogène. En dehors d'une pièce qui leur est complètement étrangère (n° LXXIX) et d'une ou deux autres qui ne les touchent que de loin, tous les actes insérés dans le cartulaire se rapportent aux seigneurs de Rays. Tous les titres — bien que ce soit le plus grand nombre — ne les concernent pas directement, il est vrai ; mais tous ont trait soit à la famille principale, soit à des familles alliées ou parentes de celle de Rays, ou bien qui s'y sont fondues, soit à des propriétés ayant, à un moment donné, appartenu à l'une de ces familles.

L'appoint le plus considérable ajouté aux archives des diverses maisons qui ont possédé directement la baronnie de Rays, est fourni par une famille issue d'un puîné du duc de Bretagne, laquelle prit le nom de Machecoul, s'allia plusieurs fois aux sires de Rays et finit par s'y fondre par un mariage.

L'union d'un membre de cette famille de Machecoul, Louis, qui en 1341 épousa Jeanne de Bauçay, nous montre pourquoi une douzaine de pièces remontant au début du XIVe siècle se trouvent aujourd'hui dans notre cartulaire ; concernant le Poitou et l'Aunis, elles ont rapport à des terres possédées par les ascendants de Jeanne. On s'expliquera comment une charte de Savary de Mauléon (n° CLXVI), étrangère aux domaines des Rays, a pu se glisser dans nos archives, en songeant que Guillaume de Mauléon, oncle de Savary, avait épousé une Béatrix de Machecoul. De même, une charte de 1219 (n° CXXVII) concernant la collégiale de Blazon, est entrée au chartrier de Rays parce que, près de deux cents ans plus tard il est vrai, Guy de Laval, sire de Blazon, devint seigneur de Rays par son mariage.

On présume sans peine quels genres de documents peut renfermer un cartulaire féodal. Parmi les titres de famille nous voyons des contrats de mariage, des testaments, des partages, des assiettes de rente par les aînés à leurs cadets, des donations entre époux, des procurations. Nous y trouvons ensuite des actes de propriété, comme ventes, échanges, baux, quittances, comptes, et des titres féodaux, tels que hommages rendus ou reçus, aveux, retraits. Les difficultés inhérentes à la gestion d'un grand domaine ont nécessairement donné lieu à des contestations ; de là de nombreuses transactions, des sentences arbitrales, des arrêts de parlement, quelques lettres de requête, de main-levée, d'évocation. Une autre série, c'est celle des donations et des concessions faites à des vassaux, à des couvents, ou bien reçues des rois, des ducs et d'autres personnages. Outre les hommages, certaines concessions et les arrêts de parlement, les rapports entre les sires de Rays et leurs suzerains — rois de France, ducs de Bretagne et d'Anjou — se traduisent encore par des lettres de non-préjudice et par un mandement de nature toute spéciale [1]. Citons enfin quelques documents d'ordres divers : traité d'alliance avec le sire de Châteaubriant [2], associations de prières avec les religieux de Grandmont et de Cîteaux [3], absolution des censures ecclésiastiques [4], investiture d'un abbé [5], mémoires généalogiques [6].

On ne saurait attendre d'un recueil ainsi composé des faits nombreux concernant l'histoire générale ; il en est cependant quelques-uns. Mais ce qu'on y rencontre, c'est bien souvent, épars çà et là dans une concession, un testament, une pièce de procédure, des traits qui nous font pénétrer plus avant dans la connaissance du moyen âge. La vie avec ses luttes, ses expiations, ses œuvres de bienfaisance, se montre ici telle que nous l'ont fait connaître les milliers de textes mis au jour depuis soixante ans.

Nos documents ne nous font guère sortir du Bas-Poitou, de cette partie spécialement qui, rattachée politiquement au IXe siècle à la Bretagne dont elle est séparée par la Loire, n'en a pas moins gardé jusqu'à présent son caractère bien plus poitevin

---

1. Ordre du duc François Ier à Prégent de Coëtivy d'arrêter Gilles de Bretagne, son frère (LXXXI).
2. CLXXXVIII.
3. CXLVII et CXCII.
4. XXIV.
5. CCCXIII.
6. CCCXV et CCXVI.

que breton. Cette région c'est l'ancien pays de Rays qui attend encore son historien, auquel ce recueil fournira, pour la période qu'il embrasse, des documents nombreux, inédits pour la plupart.

Ce qu'on trouvera surtout dans nos textes, c'est un chapitre très documenté de l'histoire des seigneurs de Rays, parmi lesquels on compte, dans la suite des âges, deux amiraux [1] et trois maréchaux de France [2], de valeureux bannerets [3] et des dames illustres [4]. Sans doute les diverses familles qui ont possédé l'ancienne baronnie, constamment à titre héréditaire depuis l'origine de la féodalité jusqu'en 1778 qu'elle fut aliénée, n'ont pas manqué de généalogistes ; mais pour les siècles qu'il représente, notre cartulaire permet de redresser et de compléter largement les auteurs qui font encore autorité en la matière : Du Paz et Beauchet-Filleau pour la Bretagne et le Poitou, le P. Anselme pour la France. Nous espérons le démontrer dans un chapitre spécial de cette introduction.

Faits notables.

Nous ne saurions évidemment appeler ici l'attention sur tout ce qu'il peut y avoir de saillant dans notre recueil. Il suffira de le faire sur les principaux points.

En 1230, par un acte de métayage assez curieux [5], Aimery de Thouars, seigneur de Machecoul, concède à Pierre Letart la maison et les ténements de la « Vacherece, » à charge par celui-ci de donner la moitié des récoltes au seigneur qui devra fournir la moitié des semences ; pour les bestiaux Aimery en aura les deux tiers, le tenancier l'autre tiers, plus sa jument, non comprise dans le partage. Les fromages seront attribués moitié au maître, moitié au fermier, auquel reviendra en outre le lait et le « megue, » c'est-à-dire le petit-lait, recueillis les dimanches. La ferme de la *Vacherece*, aujourd'hui la Vacheresse, existe toujours dans la

---

1. Prégent de Coëtivy (1442-1450), Claude d'Annebaud (1527-1552).
2. Gilles de Laval-Rays (1415-1440), André de Laval-Lohéac (1450-1457), Albert de Gondi (1565-1602).
3. Il nous suffira de rappeler ici Girard V Chabot (1344-1371), le compagnon d'armes de Du Guesclin.
4. Claude-Catherine de Clermont (1562-1603), Paule de Gondi, duchesse de Lesdiguières (1676-1716).
5. N° CLXXXI.

commune de Machecoul, au milieu de ses marais où l'élevage du bétail constitue encore un des principaux revenus. Comme on peut le conjecturer d'après la présente charte, elle doit sans doute son nom à ses vacheries dont les produits, alors que les fromages de la Hollande et de la Suisse ne pénétraient vraisemblablement point jusque-là, étaient une ressource pour le pays en même temps qu'un fructueux rapport pour ses possesseurs.

En avril 1257, dans l'île de Bouin, à côté de moulins à eau actionnés par la mer, on trouve mentionné un moulin à vent [1].

Les testaments anciens abondent d'ordinaire en renseignements intéressants. Celui que fit Geoffroy de Pouancé en 1263 ne fait pas exception à la règle [2]. Parmi de nombreux legs aux couvents et aux églises notons-en un aux Sachets ou Frères des Sacs d'Angers. Cet ordre, supprimé dix ans plus tard [3], était alors assez répandu dans notre région ; il en existait des maisons notamment à Poitiers et à la Rochelle [4]. Une clause fréquente dans les testaments des seigneurs de cette époque, c'est une allocation plus ou moins considérable pour l'envoi en Terre sainte d'un ou de plusieurs chevaliers à la place du testateur ; mais ce qu'il est plus rare d'y rencontrer, ce sont les noms des mandataires, et surtout le luxe de précautions prises par Geoffroy de Pouancé pour l'accomplissement de ses dernières volontés. Il affecte 500 livres pour son vœu dont seront chargés deux chevaliers, un certain Geoffroy et Raoul « de Traba. » Si ceux-ci refusent, la mission sera confiée à Geoffroy « de Plessiaco » et à Pierre « Coille Avalle, » également chevaliers. Enfin, en cas de non-acceptation par ces quatre personnages, la somme sera remise aux Templiers par l'intermédiaire du commandeur d'Aquitaine.

Ecoles.

Ce même testament de Geoffroy de Pouancé nous apprend qu'il y avait alors à la Guerche un « magister scolarum ; » c'était Raoul, prêtre de Moussé.

Girard de Machecoul, lorsqu'il fonda les Cordeliers de Bourgneuf en 1332 [5], n'oublia point les écoles. Il voulut que le couvent

---

1. N° CLXV.
2. N° XLV.
3. *Chronographia regum Francorum*, t. I, p. 2.
4. Molinier, *Correspondance d'Alphonse de Poitiers*, n°ˢ 1021, 1022, 1110.
5. N° CCCXXXVI.

possédât « ung lecteur principal de theaulogie et ung bachelier qui y lise theaulogie ou Natures. »

Nous savons en outre, par un contrat de 1409 [1], que la ville de Machecoul était dotée d'une école à cette date. Une curieuse enquête, dont on a récemment publié des extraits [2], nous a même conservé le nom de l'un des élèves de ce primitif collège de Machecoul, précisément aux environs de 1409 ; il s'agit de Jean le Drapier, frère de lait de Gilles de Rays. Le Drapier fréquenta l'école de Machecoul pendant cinq ou six ans, devint plus tard le chapelain de Gilles, puis curé de Saint-Clément-de-la-Place au diocèse d'Angers.

Chasses et forêts.

Par son second mariage avec Jeanne de Craon, Girard II Chabot, sire de Rays, était devenu seigneur de Brion en Anjou. Girard, qui tenait sans doute beaucoup à ses privilèges de chasse, eut quelques difficultés à ce sujet avec son suzerain Charles Ier, roi de Sicile et duc d'Anjou. Celui-ci reconnut finalement à son vassal le droit de poursuivre avec chiens et lévriers sur les domaines du prince le gibier levé sur les terres de Brion, sans pouvoir y tendre pièges ou filets ; toutefois exception était faite sur ce point pour les loups, les lièvres et les renards. Les lettres du roi Charles sont de 1284 [3], de même qu'un acte où Jeanne de Craon fait à son époux, entre autres donations, celle de la chasse des bois de Brion comprenant toutes les bêtes sauvages et les sangliers [4].

Une garenne à lapins située à un kilomètre environ de leur château de Machecoul offrait aux sires de Rays de faciles ébats ; ils allaient y chasser en compagnie « o arcs, o chiens et bastons. » Limitrophe de l'abbaye de la Chaume, dont les puissants barons étaient fondateurs, cette garenne pouvait fournir aux abbés des ressources de plus d'une sorte. Girard III Chabot consentit à la céder, en 1321, à Nicolas de Tréal qui gouvernait alors le monastère [5]. C'était sans doute un ami personnel dont les goûts

---

1. N° CXXXVII.
2. *Gilles de Rais dit Barbe-Bleue, maréchal de France : sa jeunesse* (1404-1424), par l'abbé Ledru, dans *L'Union hist. et littéraire du Maine*, t. Ier, 1893, p. 284.
3. N° CCXLIV.
4. N° XLI.
5. N°° CCXXIV et CCXXV.

avaient de l'analogie avec les siens. En tout cas, Girard spécifie bien que la donation est faite non à l'abbaye, mais à Nicolas, en tant qu'il en sera le chef, et encore le seigneur se réserve-t-il le droit d'y « aler jouer » comme précédemment avec arcs et chiens.

Les sires de Rays d'ailleurs n'avaient que l'embarras du choix quand ils voulaient se livrer à l'agrément de la chasse. Les deux plus grandes forêts du pays, de nos jours encore assez étendues, leur appartenaient : celle de Chémeré ou de Princé et celle de Machecoul. Les droits d'usage dans la première donnèrent lieu en 1259 à un procès entre Girard II Chabot et les moines de Chémeré [1], et un acte de partage nous apprend qu'une pièce d'eau de ladite forêt s'appelait « l'estang ès biches [2]. »

La forêt de Machecoul, bien diminuée depuis le moyen âge par suite des défrichements, procurait à la fois plaisir et profit. Les seigneurs pouvaient même faire l'aumône avec ses revenus. C'est ainsi qu'en 1235 Béatrix de Machecoul autorisait les religieux des Fontenelles à prendre dans sa forêt tout le bois nécessaire à la construction et à l'entretien des halles de Machecoul qu'elle leur avait concédées [3]. Rentrés en possession des halles en 1283 [4], les sires de Rays continuèrent à tirer de la forêt les matières premières indispensables pour leur entretien ; cela résulte d'un compte de 1461-1464 notant les dépenses des forestiers et des charretiers employés à ce travail [5]. Au siècle dernier, un constructeur de vaisseaux à Nantes, qui s'était fait adjuger des bois de haute futaie dans la forêt de Machecoul, revendait les « fouteaux » à un sabotier [6].

Le cartulaire nous apprend qu'en 1284 Jean de Coché et Olivier II de Machecoul, son frère, étaient en désaccord au sujet de la forêt [7]. D'un autre côté, le gros gibier n'y faisait pas défaut ; en réglant le douaire de sa femme, Girard III Chabot autorisait celle-ci à chasser « ès cers, dès la Magdelene juques à la Sainte Croiz de septembre, e en porchoisons, dès la Tozsainz

---

1. N° CCVIII. Certains de ces droits d'usage étaient fort anciens. Il en est déjà question dans une charte de 1083 par laquelle Gestin II, sire de Rays, remettait aux religieux de Chémeré un droit de manger pour lui et pour ses chiens (Ar. Loire-Inf., H 206).
2. N° CCLII.
3. N° CXXXIII.
4. N° CXXII.
5. Arch. Loire-Inf., E 522.
6. Actes de sept. et oct. 1789 (Arch. Chambre des notaires de Nantes, Minutes de François Garaud).
7. N° CLXVII.

juques à Noel ¹. » De comptes et d'aveux des xvᵉ et xvɪᵉ siècles il ressort que, dans « la grand fourest, » on avait pratiqué des « fenestres à begaces, » pour lesquelles il était dû chaque année aux barons une certaine quantité de ces oiseaux ². En 1758, des garde-chasse veillaient encore à la conservation du gibier ³.

Guerres privées.

Le droit de guerre privée, de *chevauchée,* comme on disait alors, était une ancienne prérogative de la noblesse. Sans doute, à l'époque où commencent nos documents, les rois et l'Eglise avaient beaucoup fait pour prévenir et atténuer ce désordre, mais il fallait encore le réprimer parfois.

Pour des questions d'intérêt, Geoffroy de Châteaubriant et Girard II Chabot étaient en désaccord avec Maurice de Belleville. Par lettres du 7 septembre 1266, ils firent alliance « contre led. Morice, à y metre corps, terre, chatel et avis ⁴. » Les effets de ce traité ne se firent pas longtemps attendre ; il en résulta une chevauchée sur les terres du sire de Belleville, et les habitants de Challans et de Saint-Christophe-du-Ligneron eurent particulièrement à en souffrir. Le 15 juillet 1267, Alphonse de Poitiers prescrivait une enquête sur l'invasion violente des terres de Maurice, son vassal ⁵. De leur côté, Geoffroy et ses adhérents furent condamnés par la cour du roi (novembre 1267) à des dommages-intérêts montant à 1457 livres, 9 deniers, 3 marcs d'argent et une pierre précieuse « in uno jaspide ⁶. » Est-ce à raison de la même course que le seigneur de Châteaubriant était redevable à Alphonse de Poitiers de 2800 liv., tant pour le rachat de ses terres de Talmondais que pour une chevauchée « faicte en Poictou en la terre du sire de Belleville ? » Quoi qu'il en soit, Girard II se porta caution envers Alphonse, à l'occasion de la dette de Geoffroy, d'une somme de 2500 liv. (24 février 1269) ⁷.

Les méfaits de ce genre se renouvellent plus d'une fois dans l'histoire de nos seigneurs. Le 6 mars 1288, le roi de France

---

1. Contrat du 14 juillet 1299 (n° CIV).
2. Ar. Loire-Inf., B, Aveux de Rays, et E 522.
3. *Ibid.*, E 487.
4. N° CLXXXVIII.
5. « Gentes Giraldi Chaboti in feodis nostris cum armis noviter intrarunt » (A. Molinier, *Correspondance d'Alphonse de Poitiers,* n° 23).
6. *Olim,* t. Iᵉʳ, p. 259.
7. N° CXV

rendait au duc de Bretagne la connaissance d'une cause entre Olivier II de Machecoul et son demi-frère Jean de Machecoul, gendre de Girard II Chabot, à raison « cujusdam invasionis et calvacate » faite par Jean sur les terres d'Olivier avec lequel il était en procès d'héritage [1]. Le 27 avril 1318, le roi intervenait encore en enjoignant de sévir contre le sire de Rays — c'était alors Girard III Chabot, fils de Girard II — qui, sans déclaration de guerre préalable, avait envahi et saccagé la partie de l'île de Bouin appartenant à Hugues de Thouars [2].

Commerce maritime, droits de bris et de briefs.

Avec son étendue de côtes, la baronnie de Rays ne pouvait manquer d'avoir, dans ses divers ports : Pornic, Prigny, le Collet, Bourgneuf, Bouin, un commerce considérable, alors surtout que le tonnage des navires était assez faible et que la baie n'était pas envasée comme elle l'est de nos jours, au point que de tous les ports susdits Pornic seul est encore capable de recevoir une petite flottille de pêche.

Si haut que l'on puisse remonter, nous voyons les barons de Rays et les seigneurs de leur famille en possession de tous les droits maritimes. Dès le milieu du XI⁰ siècle les seigneurs particuliers de Prigny concèdent aux religieuses du Bourg des Moutiers, membre du Ronceray d'Angers, une partie des redevances qu'ils percevaient sur les rivages, notamment leurs cens sur les poissons et les oiseaux de mer [3]. En 1083, Gestin II, sire de Rays, investissait les moines de Saint-Serge d'Angers des dîmes qui leur avaient été octroyées sur les cargaisons des navires abordant à Pornic [4]. Aux environs de 1115, Garsire Ier remettait aux Fontevristes les coutumes qu'il percevait sur la mer et sur la Loire [5].

Le port de Bouin est plusieurs fois mentionné au cartulaire :

---

1. Arch. L.-Inf., E 112 ; anc. Trésor des chartes F. B. 16, et D. Morice, *Pr.* I, 1074.
2. Se conduisant en vrais pirates, les gens du sire de Rays avaient été jusqu'à l'incendie : « unam domum, igne per eos in ipsa projecto, combuxerunt » (Ar. nat., X²ᵃ 2, f° 55). Cf. Boutaric, *Actes du parlement de Paris*, n° 5362.
3. *Cartulaire du Ronceray*, n°ˢ 428 et 432.
4. « Dimidiam decimam cunctorum redituum littoris oppidi mei Porsniti, id est dimidiam decimam de omnibus navalibus mercimoniis ad jus ipsius oppidi pertinentibus » (Ar. Loire-Inf., H 206). Imprimé, Du Paz, *Hist. généal. de Bretagne*, p. 824, et D. Morice, *Pr.* I, 457-453.
5. *Clypeus Fontebraldensis*, t. Ier, Ire partie, p. 116.

en 1257, à propos des moulins à eau « in portu vel prope portum navium [1]; » en 1276, à l'occasion d'un curieux bail du passage situé entre le village de la Frette en l'île de Bouin et le continent : le fermier devant faire et entretenir la charrau et le seigneur défendre le port [2]; en 1342, où, dans les privilèges confirmés aux habitants par Miles de Thouars, suzerain de la partie poitevine de l'île, il est question de droits sur les sels, droits destinés à « curer les pors où les nez chargent [3]. » Déjà, avant 1266, les Chabot, seigneurs de la partie bretonne, avaient assigné à l'abbaye de Buzay une rente de dix livres sur leurs coutumes du rivage des nefs de Bouin [4].

Pour le port du Collet, nous possédons un précieux compte de 1383 dans lequel on peut suivre son mouvement jour par jour. On trouve là les noms des bateaux et de leurs ports d'attache, français ou anglais : Dieppe, Cherbourg, Saint-Malo, Harfleur, Newcastle, Westford, Bristol, Limerick [5].

L'une des coutumes auxquelles les sires de Rays tenaient le plus, c'était celle de bris et d'épaves, « de gueyf et pecey, » comme on lit dans nos chartes; mais, en sa qualité de droit régalien, il leur fut souvent contesté par les ducs de Bretagne.

Le 31 janvier 1194 v. st., le seigneur de Chémeré, en faisant un échange avec les moines de Buzay, se réservait le bris des nefs sur les côtes de Pornic [6]. En 1262, le duc de Bretagne était en contestation avec Girard Ier Chabot au sujet « des vaisseaux qui brisent en la mer quant ilz arivent en la terre à icelui Girart, c'est assavoir en la baronnie de Rays [7]. » En janvier 1265, le duc se croyait suffisamment en possession du droit de « gaif » dans la terre de Rays pour en faire l'abandon à Pierre, son fils cadet [8], qui, le 13 juin suivant, le cédait à son tour, dans un contrat d'échange, à Emma de Château-Gontier, femme de Girard II Chabot [9]. Celui-ci ne tarda pas à recevoir d'Emma « le guayf de la mer » (janvier 1266) [10].

Malgré ces donations, les souverains de la Bretagne revendi-

---

1. N° CLXV.
2. N° CCXI.
3. N° CLXXXII.
4. Charte de mars 1266 v. s. (Ar. L.-Inf., H 24).
5. N° CXCVI.
6. Ar. L.-Inf., H 44.
7. N° CLXI.
8. N° CCXVI.
9. N° CCXVII.
10. N° CCXIII.

quaient encore au xv⁰ siècle le droit d'épaves. C'est ce qui résulte de l'une des pièces les plus intéressantes du cartulaire [1], dans laquelle, à l'occasion d'un naufrage survenu le 4 mars 1408, nous voyons en conflit le duc, le sire de Rays et la dame de Bourgneuf. Après avoir parlé incidemment de « six grans daulphins » jetés à la côte sept années auparavant « par bris et nauffrage de la mer, » le mémoire nous signale une véritable flotte de 24 ou 25 « grosses heurques et autres vaisseaulx » qui était venue, à la Chandeleur 1408, mouiller dans la baie entre Bouin et le Collet, dans les eaux du seigneur de Rays. Leur chargement de sel effectué, les navires attendaient un vent favorable, quand survint la tempête du 4 mars où périt, malgré ses trois ancres de fer, un vaisseau de Quimper-Corentin monté par huit hommes. Il faut lire dans le document le récit de ce naufrage où se noyèrent six des mariniers, et celui du sauvetage ou plutôt du pillage du bateau. Il s'était tout simplement échoué, mais les riverains eurent tôt fait de le désemparer complètement, coupant le mât et les cordages, faisant main basse sur les provisions et sur les coffres de l'équipage.

Il y avait toutefois un moyen d'obvier en partie aux chances d'un naufrage ; pour cela il suffisait d'avoir un « brief de saulveté, » sorte de brevet ou de passeport que faisaient délivrer les sires de Rays. Il y en avait des grands qui coûtaient dix sous et des petits valant moitié moins ; ils étaient baillés à Prigny [2]. On en distribuait également à Pornic : ceux-ci constituaient un revenu suffisant pour entrer en ligne de compte dans la dot d'Eustachie Chabot [3] et, plus tard, pour être répartis en trois lots dont l'un devait faire partie du douaire de la veuve de Girard IV [4]. De même que les ducs de Bretagne avaient à Bordeaux et à la Rochelle des bureaux chargés de la délivrance des briefs pour leurs ports [5], pareillement les sires de Rays en faisaient expédier dans la dernière de ces villes où ils avaient un officier chargé d'en percevoir les profits [6].

Il semble du reste que le brief ne servait pas uniquement en cas de sinistre, mais qu'il fallait en être nanti pour séjourner un certain nombre de marées dans les ports de la baronnie. Pour ne

---

1. N° CCCXIV.
2. Compte de 1474 (Ar. L.-Inf., B, Aveux de Rays).
3. Actes de 1278 et de 1285 (n°ˢ CCXIX et CCXXXVI).
4. Acte de [1344-1350] (n° CCLII).
5. Hévin, *Questions féodales*, p. 344-353.
6. N°ˢ XXV et CLXXXIX.

s'être point conformé à cette obligation, un armateur de Saint-Savinien sut ce qu'il lui en coûta en 1327. Il vit confisquer à l'avantage du seigneur de Rays sa nef et les quarante tonneaux de vin qu'elle portait [1].

Nous ne terminerons pas cet exposé sommaire de la navigation sur les côtes de Rays au moyen-âge sans faire encore un emprunt à ce compte de 1474 cité à la page précédente.

Outre l'énumération des droits maritimes : bris, briefs, rivage, portage, quillage, ancrage, prélèvement sur les ventes de vaisseaux, redevances sur la pêche des esturgeons, des « morhenz et porcilles » (marsouins ou porcs de mer), des « jauzelles » (limandes), on trouve dans le registre, à propos du paiement de ces diverses coutumes, le mouvement des havres des châtellenies de Bourgneuf, Pornic et Prigny, avec les noms des navires qui les ont fréquentés, de leurs ports respectifs et de leurs capitaines. Le commerce était alors très florissant dans la baie. Il ne se passe pour ainsi dire pas de jour qu'il n'arrive quelque vaisseau de Saint-Pol-de-Léon, du Conquet, de Saint-Brieuc, de Penmarc'h, de l'Ecluse en Flandre, de Hambourg et d'ailleurs.

Sous la rubrique devoir d'ancrage, on lit ce qui suit : « De la flote qui vint le tiers jour d'avrill. » C'était en effet une véritable flotte composée d'un vaisseau de « Sellande, » de dix-sept de « Hollende, » de quatre « des parties de Campes » et de deux autres, en tout vingt-quatre voiles. Le 26 avril, huit bateaux allemands, flamands et hollandais faisaient leur entrée ; le 7 juin c'était le tour de quatorze navires danois. En plus des douze deniers d'ancrage, onze des « heurques » danoises acquittèrent dix sous pour leurs briefs.

Ces nombreuses flottilles faisaient, on le voit, un digne pendant à celle que les vents avaient retenue dans le golfe lors de la tempête de 1408.

Faits historiques.

Dans nos documents, d'un intérêt tout privé, les faits relatifs à l'histoire générale sont peu nombreux. On peut cependant en relever plusieurs, notamment quelques traits touchant cette lutte marquée par les massacres, le pillage et l'incendie qui a nom guerre de Cent ans, et dont la première période se fit plus cruel-

---

1. N° CCV.

lement sentir sur notre région, compliquée qu'elle était par la guerre de la Succession de Bretagne.

Le plus ancien fait marquant que nous ayons noté concerne l'expédition de Catalogne entreprise en 1285 par le roi Philippe le Hardi. Les généalogistes qui ont parlé de nos seigneurs, empruntant ce trait aux historiens bretons, avaient connu la participation de Girard II Chabot à ce voyage ; mais le cartulaire nous fait savoir la date précise à laquelle il prit la croix, ainsi que les noms de ceux de son entourage [1]. Nous pourrons même fournir un troisième témoignage relatif à cet événement de la vie de Girard en parlant plus loin de ce baron.

Le récit des hostilités qui mirent aux prises, d'un côté la France et les partisans de Charles de Blois, de l'autre l'Angleterre et les adhérents bretons de Jean de Montfort, a fourni à Froissart des chapitres pleins d'intérêt. Mais le célèbre chroniqueur n'a pas, que nous sachions, raconté le moindre des épisodes qui s'accomplirent alors dans la partie de la Bretagne située au midi de la Loire.

Vu l'intérêt du sujet, on nous permettra de grouper ici les faits relatifs à la lutte dans le pays de Rays ou dans son voisinage immédiat. Quelques-uns sont fournis par notre cartulaire, d'autres par des documents empruntés au chartrier de Thouars, un certain nombre enfin par des pièces fort éparses, manuscrites ou imprimées.

En juin 1342, Miles de Thouars, seigneur d'une partie de l'île de Bouin, autorisait les habitants à s'armer contre les « maliveas et autres gens de mer » qui les pillaient, et à construire « une tour ou prison fremée [2]. »

Dans le courant de 1342, les Espagnols abordèrent sur notre côte, où ils occupèrent le petit port du Collet au fond de la baie de Bourgneuf. Cette descente est attestée dans quatre comptes différents rendus à Girard de Machecoul par divers receveurs [3], qui notent des dépenses en vin « que les Espeignaux burent, » en pain et en poisson qu'on leur porta, une taille qui fut levée pour la circonstance. Malheureusement les receveurs n'indiquent point

---

1. N° V.
2. N° CLXXXII.
3. Chartrier de Thouars, Registre des comptes rendus à Girard de Machecoul, sgr de la Benate et de Bourgneuf, puis à Aliénor de Thouars, sa veuve (1341-1364).

l'époque précise de cet événement ; mais nous savons, par les dates extrêmes des comptes, qu'il se produisit entre le 7 janvier et le 7 novembre 1342.

Il n'est pas douteux que c'est en alliés et non en adversaires que les Espagnols avaient pris pied au pays de Rays. On connaît assez, par les témoignages contemporains, l'appui que la flotte espagnole prêta au début de la lutte au parti de Charles de Blois dans lequel s'étaient rangés les Chabot, sires de Rays, et les Machecoul, seigneurs de la Benate. Nos comptes confirmeraient au besoin l'attitude des Espagnols en cette occurrence, en nous les montrant mêlés aux Bretons [1] et en nous faisant voir Girard de Machecoul venant s'entendre avec eux [2].

Il est très probable que les bandes qui attérirent au Collet étaient celles que commandait Louis d'Espagne. La Chronique de Flandre nous montre ce capitaine gardant le port de Beauvoir, situé également dans la baie de Bourgneuf. Elle raconte même qu'un sanglant combat naval aurait eu lieu dans ces parages entre Louis d'Espagne et une flotte anglaise conduite par Robert d'Artois. Dans ses premières rédactions où il s'est davantage inspiré des Chroniques de Jean le Bel, Froissart, après avoir placé le théâtre de cette action à l'autre extrémité de la Bretagne, près de l'île de Guernesey, a fini, dans un travail plus personnel, par supprimer tout à fait le combat. Suivant les dernières informations du chroniqueur, Robert d'Artois serait descendu à Brest et à Hennebont sans coup férir, parce que les vents contraires avaient dispersé la flotte espagnole [3]. Celle-ci finit par se rallier, mais après le débarquement des Anglais, « à le Bai en Bretagne [4]. » C'est, à n'en pas douter, de la baie de Bourgneuf que Froissart veut parler ici, et nos comptes confirmeraient sa dernière révision.

Les Espagnols séjournèrent quelque temps dans la région, puisqu'il fut nécessaire d'imposer une taille sur les habitants pour subvenir aux frais de l'occupation. Ces faits, avons-nous dit, sont antérieurs au 7 novembre 1342.

---

1. « Mise de vin... : I tonea que les Bretons burent. »
2. Recette d'avoine faite par Girard au Bois-Onain (à 3 kil. du Collet), « quant nous y fumes por les Espeigneux. »
3. *Chroniques de Froissart*, 3ᵉ rédaction, ms. de Rome, dans édit. Luce, t. III, p. 208.
On ne voit pas d'ailleurs pourquoi les troupes anglaises se seraient dirigées sur Beauvoir, loin du centre de la guerre, du moins dans les conditions marquées par la Chronique de Flandre.
4. Froissart-Luce, 3ᵉ rédact., t. III, p. 212.

Cependant une division anglaise assiégeait Nantes (novembre 1342). De leur côté, les gens du pays de Rays étaient obligés de prendre les armes [1]; le fils de Girard de Machecoul dut s'équiper [2] et rejoindre l'ost [3]. Mais, dès avant le 5 décembre 1342, les barons du Bas-Poitou, parmi lesquels les sires de Clisson, de Rays et de Machecoul, avaient été obligés de se soumettre. Ils se « sont renduz à nostre pées, » dit le roi Edouard, avec « lour villes et forcelettes, qe sount droitement sour le fountz de Fraunce et de nostre duchée de Gascoigne [4]. » Qu'était-il advenu ? Les habitants du pays avaient sans doute subi un échec, car le roi d'Angleterre ajoute : « Quele chose homme tient une graunt esploit à notre guerre. »

Les renseignements fournis par le document officiel sont pleinement confirmés par nos comptes. Dans la région de Bourgneuf qu'ils concernent, on voit alors les Anglais agir en maîtres, enlevant ici cinq charges de sel, là un setier de froment, ailleurs buvant le vin ou l'emportant « por la guerre. » Le mémoire du fournier de Bourgneuf présente cette particularité intéressante de fixer la date et la durée de l'occupation anglaise [5], date qui concorde parfaitement avec celle que fournit la lettre d'Edouard III.

La trêve de Malestroit (19 janvier 1343) ne fut guère respectée et le pays de Rays était si peu sûr que, dès cette année même (entre le 23 mars et le 28 novembre), Girard de Machecoul faisait mener son vin, à cause des « maufetors, » de Frossay, bourgade ouverte, à Vue, petite place fortifiée [6]. Celle-ci ne tarda pas d'ailleurs à tomber au pouvoir de l'ennemi [7]. Comme Vue appartenait aux Chabot, sires de Rays, qui suivaient la bannière de Charles de Blois, les ennemis auxquels le texte fait allusion sont, à n'en

---

1. « XLV sous que l'an li doit dou temps de la guerre, qui furent baillez ès bonnes gienz de l'oust » (Chartrier de Thouars, Reg. de comptes, compte de 1342-1343).
2. Dépens pour aller « querre le harnays nostre filz Loys » (Ibid., compte antérieur au 13 janvier 1343 n. s.).
3. « XV s. por les despans au valet nostre filz Loys qui garda les faucons quant monsor Loys ala en l'ost » (Ibid., compte antérieur au 23 mars 1343 n. s.).
4. Lettre écrite à son fils, le 5 déc. 1342, par Edouard III alors au siège de Vannes (Robert de Avesbury, *De gestis Edwardi III*, édit. de 1889, p. 340).
5. Par suite du chômage du four banal de Bourgneuf, on fit la remise au fournier de « IIII liv. por VIII semaines que il dit que il choma pour la guerre des Englays, environ Noel l'an passé » (Compte rendu le 16 janvier 1343 v. s.).
6. Reg. de comptes.
7. « Si tost comme la terre de Veuz, qui à présent est occuppée par annemis, poura estre delivrée » (Cartul. n° CCLII). Cette phrase se lit dans un contrat de partage non daté. Celui-ci n'est pas antérieur à la fin de 1344, mais il n'y a pas lieu de le reculer beaucoup au delà. Cf. la note du n° CCLII.

pas douter, les partisans du comte de Montfort alliés aux Anglais, ou bien quelques-uns de ces « maufetors » qui faisaient cause commune avec eux.

C'était le moment où l'un de ceux-ci s'implantait dans le pays. Raoul le Caours, aventurier guérandais auquel Charles de Blois avait pourtant accordé, le 31 décembre 1344, des lettres de rémission à raison de ses excès pendant les guerres [1], s'était rangé de nouveau parmi les adversaires de Charles et, le 17 janvier 1347, Edouard III lui avait donné la lieutenance du pays de Rays [2]. Par lettres des 4 juillet et 9 août 1348, le même monarque lui assignait une pension de mille livres sur les terres conquises ou à conquérir « tam de terra de Rayes in Britannia, quam in Pictavia [3]. »

D'ailleurs les places de la région étaient occupées par des partis divers. En août 1345, le roi Philippe VI faisait don à Jean de Laval et à Rasse son frère, à chacun de la moitié de la terre de Saint-Père-en-Rays appartenant au comte de Montfort [4]. Pendant la captivité de Charles de Blois, l'intervention du roi de France se fit également sentir sur les domaines propres des seigneurs de Rays dont le représentant était alors en bas âge. Le 16 janvier 1350, Philippe VI gratifiait des terres de « Chastelmur et Deffens » son « amé et feal Louis de Machecoul, chevalier, pour consideration des grandes pertes et dommages que a soustenu pour nos ennemis à cause de nos guerres..., en la garde du chastel de Prugny qu'il a gardé et garde en nostre nom à ses despens [5]. » La surveillance générale du pays était alors dévolue à Foulques de Laval, qui s'intitule « capitaine souverain du roy... à la garde des terres de Belleville et de Rays » dans une série de quittances qu'il baille à ce titre en septembre et novembre 1350 et en juin 1351 [6]. Foulques paraît plusieurs fois à cette époque dans notre cartulaire comme tuteur de l'héritier de Rays, son petit-neveu Girard V.

A la fin de 1351, un bourgeois de Nantes, Maciot de Mareuil, s'emparait de Noirmoutier dont il restait maître pendant deux

---

[1]. Arch. nat., JJ 75, n° 154 ; cf. Guérin, *Trésor des chartes pour le Poitou*, t. III, p. 27, n.
[2]. « Capitaneum et locum nostrum tenentem in Pictavia ac in terra de Rays » (Rymer, *Fœdera*; édit. 1740, t. III, part. I, p. 3).
[3]. Rymer, *loc. cit.*, p. 35 et 38.
[4]. D. Mor., *Pr.* I, 1452, et B. de Broussillon, *La Maison de Laval*, n° 649.
[5]. Hay du Chastelet, *Hist. de Bertrand du Guesclin*, p. 289.
[6]. Bibl. nat., Pièces orig., vol. 1668, pièces 9, 10, 11, 13, 14, et *Archives hist. du Poitou*, t. XX, p. 272.

années, sans qu'on sache trop s'il agissait pour le parti de Blois ou pour celui de son adversaire [1].

Nous n'avons relevé, dans la région qui nous occupe, aucun fait de guerre qu'on puisse avec certitude attribuer aux années comprises entre 1352 et 1357. Un historien breton de la plus grande valeur croit que, de juillet 1357 à juin 1359, la Bretagne jouit d'un calme relatif; il révoque même en doute l'assertion des chroniqueurs qui nous montrent la province livrée pendant cette période aux pillages des bandes [2]. Pour ce qui est de la Bretagne proprement dite, nous n'y contredisons point; mais, pour la partie du duché située au sud de la Loire, il est certain que dès le milieu de 1358 elle eut beaucoup à souffrir.

Les comptes rendus à Aliénor de Thouars, veuve de Girard de Machecoul, dame du Loroux-Bottereau et du Bois-Onain (près Bourgneuf), sont formels à ce sujet. Si le château du Loroux, grâce aux nombreuses mesures de défense qu'on y prit [3] et aussi sans doute à ce qu'il ne fut point attaqué, parvint à se soustraire à l'envahisseur, il n'en fut pas de même pour la région où se trouvait le Bois-Onain. En effet, les Anglais entrèrent à Bourgneuf [4] et Aliénor dut se retirer d'abord à Fresnay, puis à la Garnache. En 1358 on ne put faire de sel [5] ni en lever le cens [6]. L'invasion dut se produire vers la mi-août; du moins est-ce à partir de cette époque qu'un receveur ne put lever les dîmes [7].

L'occupation anglaise ne se fit pas d'ailleurs sans résistance. C'est à cette époque qu'on doit rapporter la défaite de Maurice du Parc dans le pays de Rays où il commandait une bande tenant pour Charles de Blois [8]. Est-ce la défaite de Maurice du Parc

---

1. Guérin, *Trésor des chartes pour le Poitou*, t. III, p. 28, 105, 137.
2. A. de la Borderie, *La guerre de Blois et de Montfort*, dans *Revue de Bretagne et Vendée*, 1er sem. 1887, p. 342.
3. « Despens de IIII Genevois demorans endit chasteau l'an LVIII, le mois de septembre, et pour lor valez; » — instances auprès du duc pour que les gens « venisset au guet et garde; » — réparations aux portes du château, murage de certaines ouvertures, achat de poudre pour les canons, etc. (Chartrier de Thouars, reg. de comptes).
4. Remise à un receveur pour le pâturage des animaux depuis « que les Anglais entrerent en Bourcneuf » (Compte produit le 3 avril 1359).
5. « Ne compte pas de nous saux de l'an LVIII por ce que les ennemis estaent sur le païs » (Compte du 5 avril 1359).
6. « Ne conptet pas des cenz de sel de l'an LVIII por cause des ennemis qui sont sur le païs » (Compte du 1er avril 1359).
7. « Ne compte de nullez desmez depuis la me aoust l'an mil IIIc cinquante e oyct, ne des nez qui hont chargé durant le temps que les Anglais estoiet sur le païs » (Compte du 12 juin 1359).
8. « Mauricius de Parcu, miles, cum aliquibus gentibus armorum fuerat per Anglicos in terra de Radesiis devictus » (Enquête pour la canonisation de Charles de Blois, Bibl. nat., ms. lat. 5381, t. 1er, f° 308, et D. Mor., *Pr.* II, 23).

qu'un document postérieur qualifie de combat de Prigny [1] ? La chose n'est pas impossible. Quoi qu'il en soit, cette action était assez ancienne en 1389 pour qu'on pût dire que les biens en litige avaient été « longuement en gast par la guerre, » et pour que les souvenirs des témoins fussent peu précis quant à l'ancien état des choses contestées.

Les suites de l'invasion, on les prévoit sans peine. Ce qui s'était produit en 1358 se renouvela l'année suivante. Pendant que les uns étaient emprisonnés [2], les autres, de force ou par système, abandonnaient le pays [3]. Bien que les terres restassent en friche et les salines « en gast, » il fallait néanmoins payer les contributions de guerre [4].

Nous venons de citer le nom de Gautier Huet. C'est alors en effet que cet anglais, mentionné fréquemment par Froissart et dans les actes du temps, fut institué capitaine du Collet. Puis bientôt et « à ce que led. chastel soit bien gardez et la ville faite forte de murs, » le roi d'Angleterre l'autorisa à lever des rançons sur une trentaine de paroisses de l'intérieur, dont il fait l'énumération, depuis Fresnay et Saint-Hilaire-de Chaléons jusqu'à Rezé et Vallet, ainsi que le pratiquait Randekyn de Herewane, alors que ces paroisses « estoient en sa main. » En même temps il investissait Gautier de pouvoirs étendus sur les ports de la baie de Bourgneuf [5].

Puis, les premiers excès passés, on adopta un modus vi-

Dom Plaine (*La guerre de la succession de Bretagne*, dans *Revue hist. de l'Ouest*, II, 1886, p. 100) avait placé en 1363 ce fait d'armes, sans aucune date dans l'enquête qui le mentionne ; mais M. de la Borderie (*La guerre de Blois et de Montfort*, dans *Revue de Bretagne et Vendée*, 2ᵉ sem. 1887, p. 170, n. 2), le rapporte avec raison aux années qui précédèrent le traité de Brétigny.

1. Transaction du 25 août 1389 entre le recteur et la prieure du Bourg-des-Moutiers au sujet d'une pièce de terre revendiquée par chacune des parties, laquelle terre était plantée en vigne « paravant la guerre de Pruigné » (Arch. L.-Inf., H 361).

2. En avril 1359, le receveur Giraut « estoit en la prison des Anglais. »

3. Décharge de sel « de l'an LIX, pour ce que celui au les genz dou païs n'y demoroient point pour cause des anemis, e pour monsor Fouques de Laval qui, pour le temps que l'on devoit sauner, fit vuider le païs. » — Déficit de 47 liv. « de l'an LIX, lesquelles il n'a peu recevoir pour les ennemys qui estoient ou fort de Borcneuf, et estoit tout le pays veude de gens » (Comptes des 13 et 16 février 1361).

4. « XIII liv. XIII s. au sire de Rays por cause de la ranson de sa terre » (Compte du 6 avril 1359) ; — « pour la ransson dou païs baillez ès Anglois à Borcneuf ; » — produit des sels « païez pour cause de la rançon dou Colet ; » — « pour cause de la ransson Gautier Huet » (Comptes du 12 février 1361).

5. Lettres d'Edouard III, du 20 mars 1362 (Rymer, *Fœdera*, édit. 1816, t. III, part. II, p. 642). Gautier Huet garda longtemps le Collet, dont le duc Jean IV lui confirma la possession le 14 nov. 1366 (Arch. L.-Inf., E 154 ; anc. Trés. des chartes, K. E. 15).

vendi avec l'étranger. Celui-ci partagea les impôts avec les seigneurs [1]. Aliénor de Thouars dut même abandonner les pieds d'arbres du Bois-Onain pour fortifier le Collet [2].

Alors on respira un peu, mais Dieu sait de quelles ruines toute la région était couverte! A Bouin, le 24 septembre 1360, Girard V Chabot dégrevait partiellement un de ses vassaux d'une rente qu'il lui payait sur un moulin à vent, attendu que « led. moulin ayt esté ars et desolé pour le vymaire de la guerre [3]; » dégrèvement ayant pour but de permettre de « redifier de rechef ung molin en lad. place. » A Bourgneuf, dans la ville, il fallait décharger un receveur « por les chouses qu'il dit que sont fructez et gastez [4]. » A Noirmoutier, les religieux de la Blanche arrentent un emplacement vague, « in qua quedam platea condam fuerat domus que propter guerrarum turbines fuit concremata [5]. » Par mandement du 13 décembre 1382, le duc Jean IV exempte d'impositions les religieuses, vu « que le prieuré et la ville de Bourc de Moustiers aient esté ars et degastez par les guerres et comme destruiz [6]. »

Machecoul, la ville principale du pays, subit le sort commun et fut brûlée deux fois : « Tant... par le temps des guerres que par feu que la ville de Machecoul, apuis quarante anz, a esté arse par deux foiz et les moustiers abatuz. » Ce considérant était répété dans neuf lettres de même date (9 juin 1407), données par le duc Jean V en faveur d'une partie des abbayes (Buzay, la Chaume) et des prieurés (Pornic, les Moutiers, Chémeré, le Val-de-Morière, Quinquenavant, Saint-Philbert de Machecoul) du pays de Rays, qui avaient de la peine à produire leurs titres par suite de ces désastres [7].

Malgré les traités, la confiance n'était point parfaite et, en 1363, on était obligé d'affermer les salines « par tel conduyçon que

---

1. Sur le sel récolté en 1360 en diverses salines, la dame de Bourgneuf préleva 30 écus pour ses deux parts, « le tiers Gauter Huet osté » (C. du 16 février 1361). — Pour un sauvetage de sel, il « fut rebatu le tiers Gauter Huet et la part ès sauveurs » (C. du 10 janvier 1362).
2. « VI escuz, V leons pour la vente des cymaux (extrémités des branches) dou bois dou Bois Onain venduz à plusors genz qui estoient demorez ès Anglais, qui en orent les piés de nous pour porter au Colet à fere lor fort » (C. du 15 février 1361). — « Boays vendu des symaux dou Boays Oneign » (C. du 16 février 1361).
3. N° CLXXIV.
4. Compte du 7 janvier 1362.
5. Bail du 5 août 1365 (Titres de La Blanche de Noirmoutier, collect. Antonin Jacobsen).
6. Arch. L.-Inf., H 352.
7. R. Blanchard, *Lettres et mandements de Jean V, duc de Bretagne*, n°s 720 à 727.

ce il estoit empesché par cause des guerrez, que il n'estoient tenuz à paier [1]. » Comme preuve du défaut de sécurité nous citerons un trait.

Un lundi de Pentecôte (mai ou juin 1362-1365) [2], Guillaume Felton, alors sénéchal du Poitou, à la tête d'une troupe où se trouvait Gautier Huet, le maître du Collet, chevauchait par le pays de Rays. Quatre hommes d'armes de Girard V, sur la foi des trêves, se rendaient tranquillement d'une place à une autre quand ils furent arrêtés et dépouillés par Felton. Pour se venger, les gens de Girard s'emparèrent à leur tour d'Edmond de Heimegrave, alors qu'il descendait au Collet, se saisirent de ses armes, de ses chevaux, de ses bagages, puis, de Prigny, ils écrivirent au Prince Noir lui demandant justice : ils rendraient ce qu'ils avaient saisi à condition d'être remis eux-mêmes en possession de leurs biens. Cette curieuse missive, dernier écho des luttes au pays de Rays, provient du chartrier de Thouars. Elle a été éditée par M. Marchegay [3].

Au lendemain de la mort de Girard V, dans la crainte d'un retour possible de l'ennemi, le roi, par lettres du 16 novembre 1371, retint messire Brumor de Laval « au nombre de dix hommes d'armes pour la garde du pays à la dame de Rays. » Au début de l'année suivante, Brumor voyait continuer sa commission [4]. Proche parent de la dame de Rays, Brumor de Laval avait plus d'une fois fait ses preuves dans les guerres de cette époque.

Nous n'avons plus guère à signaler dans la région que des faits de représailles contre l'envahisseur et ses adhérents. Divers possesseurs de fiefs dans l'île de Bouin avaient pris parti pour l'Angleterre ; leurs terres confisquées par Charles V servirent à récompenser Jeanne Chabot, dame de Rays, à raison « des bons et agreables services » que Girard V son frère avait rendus au roi en ses guerres (3 novembre 1371) [5]. Un autre profit retiré par

---

1. Compte du 24 janvier 1364.
2. M. Marchegay, en publiant cette pièce, la date de 1364 ou de 1365 ; il a peut-être raison. Toutefois Guillaume Felton ne devint pas sénéchal du Poitou en 1364 seulement, comme il le dit ; il fut pourvu de ce poste le 23 sept. 1361 (Guérin, *Trésor des chartes pour le Poitou*, t. III, p. xxx). La chevauchée peut donc remonter à 1362, mais elle ne saurait être postérieure à 1365. Felton, il est vrai, ne fut tué qu'en mars 1367, mais à la Pentecôte 1366, Gautier Huet guerroyait en Espagne avec les Grandes Compagnies sous la conduite de Du Guesclin (Froissart-Luce, t. VI, p. 188, 211, 356, 368).
3. *Revue de Bretagne et de Vendée*, 1ᵉʳ sem. 1879, p. 267-269.
4. Moranvillé, *Étude sur la vie de Jean le Mercier*, p. 253 et 260.
5. Deux actes de même date, l'un au cartulaire de Rays, n° CXXI, l'autre dans Guérin, *op. cit.*, t. IV, p. 109-112.

Jeanne lui vint de la rançon de messire Jean le Boursier, un Anglais prisonnier du défunt sire de Rays : rançon fixée à dix mille francs. Toutefois Jeanne Chabot dut en partager le prix par moitié avec la veuve remariée de Girard, sauf l'indemnité revenant à la première pour les dépens du captif [1].

Les terres de Gautier Huet « ou terrouer de Rays » furent également confisquées. Charles V les avait données à Jacques et à Morelet de Montmort; mais Pierre de Craon, époux de Catherine de Machecoul, les revendiqua comme créancier des Montmort [2].

En traitant ailleurs de Girard IV et de Girard V Chabot, de Girard et de Louis de Machecoul, nous noterons encore quelques faits plus particuliers à ces seigneurs touchant la période de luttes dont nous venons de parler.

Un événement d'ordre privé plutôt que politique, empruntant toutefois à la situation de l'une des parties et à la gravité des faits assez d'importance pour que nos historiens bretons l'aient mentionné, ce fut l'occupation de la baronnie de Rays par le duc de Bretagne. Le fief tombé en quenouille tenta le souverain. Jean IV employa auprès de l'héritière les promesses, puis les menaces, et finit par en arriver à la violence. Le château de Princé où Jeanne Chabot faisait sa résidence habituelle fut envahi par des hommes d'armes, pillé et ses archives enlevées. Le duc en personne s'empara de Machecoul et des autres places fortes de sa vassale [3]. Finalement, après une occupation d'une vingtaine d'années, Jean IV se vit contraint de restituer à Jeanne sa baronnie. Notre cartulaire contient plusieurs pièces de ce long débat [4] et complète le dossier assez volumineux du Trésor des chartes de Bretagne [5].

Un petit fait d'histoire générale est visé dans deux de nos documents [6]. Il s'agit d'un voyage effectué par Guy, sire de Rays, en 1408, en compagnie de Jean V, duc de Bretagne, pour aller « en France. » Ce pays était alors en proie aux luttes entre Bour-

---

1. N° CCLX.
2. Acte du 10 mai 1372 (Arch. L.-Inf., E 183 ; anc. Trésor des chartes V. D. 28).
3. « Ipseque personaliter, cum eciam magna multitudine armatorum, ad predictum castrum de Machecoul, quod principale castrum predicti domini Radesiarum extitit, accesserat, illudque... ceperat et occupaverat » (n° CXXX).
4. Nos CII, CXXX, XII, CXXIX, XXIII, XI, XI bis, XI ter, XIII, CCXXXIII.
5. Ar. L.-Inf., E 172 et E 173.
6. Nos CCCXIV et XIV.

guignons et Armagnacs, et le souverain breton, gendre de Charles VI, ne pouvait, à cette date, soutenir que le dernier de ces partis.

Divers documents du cartulaire font allusion à l'attentat des Penthièvre contre le duc Jean V en 1420. Gilles de Rays, alors tout jeune, et Jean de Craon son grand-père et son tuteur, s'armèrent pour la délivrance du prisonnier. Ce ne fut pas sans frais ni dommages; le château de la Mothe-Achard, qui appartenait aux sires de Rays, fut même démoli. Des lettres de la duchesse, pendant la captivité de son mari, et de celui-ci après sa délivrance, récompensèrent Gilles et son aïeul avec des biens confisqués sur les partisans des Penthièvre [1].

En dehors des arrêts du parlement passés au nom du souverain, les actes émanés des rois de France conservés dans notre recueil sont assez peu nombreux [2]; la plupart d'ailleurs n'ont qu'un intérêt privé. Il en est un cependant d'une portée plus générale, mais il n'a qu'un rapport fort lointain avec nos sires de Rays. C'est une abolition du 16 mars 1446, octroyée par Charles VII au duc de Bretagne, à raison des faits répréhensibles auxquels lui et ses sujets auraient pu prendre part pendant les guerres [3].

De Pierre Mauclerc à François Ier, le cartulaire nous a gardé un assez grand nombre de lettres et de mandements émanés des ducs de Bretagne ou de leurs enfants. Presque tous n'ont trait qu'à des affaires particulières entre les ducs et nos seigneurs. Un seul, le dernier en date (19 juin 1446), a un intérêt politique. Il s'agit de l'ordre donné à Prégent de Coëtivy par François Ier pour l'arrestation de Gilles de Bretagne son frère [4].

Rapports des sires de Rays avec les gens d'église.

Abondants sont les actes du cartulaire où nous voyons les seigneurs de Rays en rapport avec les gens d'église. Favorables dans bien des cas, il n'est pas rare cependant de voir leurs relations troublées par des procès et même par des violences.

---

1. N°s XV, XVI, CCXLIX, LXX.
2. Lettres de Louis VIII, datées de la Rochelle, août 1224 (CXCV); de Philippe IV, Paris, 2 février et 10 août 1290 (CXI et CXCVIII); de Charles V, Paris, 3 nov. 1371 (CXXI); de Charles VI, Paris, 3 sept. 1393 et 30 déc. 1409 (CXXXI et XXVII); de Charles VII, Chinon, 13 janvier et 16 mars 1446 (LXXXII et LXXX).
3. N° LXXX.
4. N° LXXXI.

Fondée en 1055 par Harscoët Ier, l'abbaye de la Chaume près Machecoul était à la nomination des seigneurs de Rays. Le monastère et le château paraissent avoir vécu en bonne intelligence en dépit d'un désaccord survenu en 1292 au sujet de droits féodaux. Nous avons relaté [1] une gracieuseté de Girard III Chabot envers un des abbés. Nous reviendrons bientôt sur les chartes relatives à la Chaume fournies par notre manuscrit. Quoique peu nombreuses, elles ont une réelle importance pour l'histoire de ce couvent.

Le *Gallia* n'a pas su quand et par qui avait été érigée l'abbaye du Breuil-Herbaud. Toutefois il cite un certain Girard, abbé aux environs de 1130. Notre cartulaire, dans une charte de 1414 [2], dit formellement que ce furent les sires de Falleron, paroisse où se trouve le Breuil-Herbaud, qui fondèrent cette maison. Y eut-il dans le principe des seigneurs particuliers de Falleron auxquels serait due l'origine du monastère? Nous ne savons; mais à partir de 1160 et durant tout le moyen âge nous voyons les sires de Rays s'intituler seigneurs de Falleron. Ce fief confinait d'ailleurs à leurs autres terres de la Benate et de Touvois. Probablement fondateurs, en tout cas bienfaiteurs insignes du Breuil-Herbaud, les sires de Rays ont toujours été en bonnes relations avec ce petit couvent.

La charte la plus ancienne du présent recueil est une donation faite en 1160 au Breuil-Herbaud par Garsire II, s^{gr} de Rays [3]. Il confirme en même temps tous les droits octroyés aux religieux par ses prédécesseurs. En 1275, Girard II Chabot faisait à l'abbaye de nouvelles largesses et ratifiait celles qu'elle avait reçues antérieurement, de Raoul Ier, s^{gr} de Machecoul, notamment [4]. La charte de Raoul ne se trouve point au cartulaire; mais nous savons, par une citation de Du Paz [5], qu'elle était du 9 août 1161. Plusieurs contrats concernant le Breuil-Herbaud ont été insérés dans notre manuscrit [6] et deux d'entre eux mentionnent des abbés dont les noms viennent compléter le *Gallia*. La liste de celui-ci est d'une telle pauvreté qu'il ne signale que deux abbés avant le XVIIe siècle. Guillaume, en décembre 1276 [7], doit être le

---

1. Plus haut p. XVIII.
2. N° LV.
3. N° CCLIII.
4. N° CCLIV.
5. *Hist. généalogique de Bretagne*, p. 237.
6. N°^{s} VI, CCLV, CCLVI, CCLVII, CCLVIII, CCLIX et LV.
7. N° VI.

même que le personnage de ce nom indiqué en 1271 par le *Gallia*. Le 15 décembre 1414, un autre Guillaume était à la tête du monastère [1]. Nous croyons bien faire en ajoutant ici, d'après un inventaire, le nom d'un nouvel abbé du XVe siècle, frère Jehan le Roulx, lequel rendit aveu le 27 février 1476 à François de Chauvigny, alors baron de Rays [2].

La fondation de l'abbaye des Fontenelles en 1210 fut l'œuvre de Guillaume de Mauléon et de Béatrix de Machecoul, dame de ce lieu, de Luçon et de la Roche-sur-Yon.

C'est même aux Fontenelles que les fondateurs choisirent leur sépulture. Notre cartulaire a conservé des traces des libéralités de Béatrix pour ce monastère, qui, bien que situé près de la Roche-sur-Yon, par suite loin de Machecoul, reçut en 1235 des droits importants sur les marchés de cette dernière ville [3]. En 1268, Girard II Chabot confirma d'abord purement et simplement les donations de Béatrix [4]; puis, regrettant sans doute de voir les moines des Fontenelles jouir d'une partie de ses droits souverains dans sa cité principale, il transigea avec eux en les récompensant par ailleurs. Ces négociations ont donné lieu à quatre chartes comprises entre 1280 et 1285 [5]. Plus tard, l'abbé des Fontenelles s'étant rangé, de gré ou de force, parmi les partisans de l'Angleterre, vit ses biens confisqués par le roi Charles V et donnés en 1371 à la dame de Rays [6]. Un de nos actes (1285) [7], mentionne à la fois l'abbé Guillaume et Gérald de Nogaret, l'un de ses moines; celui-ci succéda à Guillaume en 1295. Le *Gallia* a connu ces deux personnages.

Il suffira d'indiquer les bons rapports entre les sires de Rays et diverses autres maisons religieuses : donations à l'abbaye de Pornic par Garsire III et Raoul II, d'après un contrat de 1248 [8]; rente attribuée par Girard II au chapelain de Saint-Nicolas de Machecoul [9]; échange et association de prières entre Girard II et l'ordre de Grandmont en 1277 et 1284, où sont nommés les prieurs Foucher et Pierre [10]; participation aux suffrages de l'or-

---

1. No LV.
2. Arch. Loire-Inf., E 246, registre non paginé.
3. No CXXXIII.
4. No CXXIII.
5. Nos CXXIII, CXXII, VII et CXXXII.
6. No CXXI.
7. No CXXXII.
8. No CLVI.
9. Quittance de 1284 (no III).
10. Nos CCXLVIII, LXIII et CXLVII.

dre de Cîteaux octroyée à Girard III en 1298 par l'abbé Ruffin, grâce à l'intermédiaire de l'abbé de Buzay [1]. C'est dans ce dernier monastère, le plus riche de la contrée, que nos seigneurs avaient leur enfeu. En 1415, Guy de Rays par son testament y faisait élection de sépulture aux côtés de Marie de Craon sa femme [2]. Déjà, par acte du 17 octobre 1405, le même Guy de Rays avait enjoint à son châtelain de Pornic de ne plus laisser en souffrance une rente de dix sous due à « l'abbaye et chappelle de N. D. de Buzay où nos predicesseurs sont ensepulturez [3]. » Le choix de ce monastère par nos seigneurs pour l'érection de leurs tombes était déjà ancien, puisque, dans un acte de mars 1266, Girard II constatait que sa mère Eustachie avait choisi ce lieu pour y être inhumée [4]. D'autre part, un inventaire [5] relate que l'un des Girard Chabot, sires de Rays, légua par testament 25 liv. de rente à Buzay pour être enterré en la chapelle où reposent ses prédécesseurs et devanciers et faire célébrer cinq messes hebdomadaires.

Notre cartulaire est néanmoins fort pauvre en titres relatifs à Buzay : un échange avec l'abbé Egidius en 1257 et la constatation des droits des religieux sur un domaine, en 1326 [6]. Mais le riche fonds de Buzay aux archives de la Loire-Inférieure contient nombre de faveurs octroyées aux moines par nos seigneurs dès la fondation de l'abbaye par saint Bernard en 1136. Harscoët III (1172-1207), Garsire III (1208-1225), Raoul II (1229-1248), puis tous les Chabot, la dotèrent richement les uns après les autres, principalement sur leurs domaines des Moutiers, de Pornic et de Bouin [7].

Les Templiers paraissent avoir possédé dès le XII° siècle plusieurs maisons dans le pays de Rays, notamment : aux Biais, à Pornic, à Bourgneuf et à Machecoul. Nos seigneurs leur firent de fréquentes largesses, ainsi qu'il résulte des actes du cartulaire de Coudrie [8], commanderie importante sise dans la paroisse de Challans [9]. Dès les environs de 1130 et de 1150, Garsire Ier et

---

1. N° CXCII.
2. N° CCLI.
3. Arch. L.-Inf., H 44.
4. *Ibid.*, H 24.
5. Bibl. nat., ms. fr. 8322, sous la cote R[1].
6. N°⁸ CLXV et CCXXVIII.
7. Arch. Loire-Inf., H 24, 25, 44.
8. Il a été publié au t. II des *Archives historiques du Poitou*.
9. Les cantons de Challans (Vendée et de Machecoul (Loire-Inf.) sont limitrophes.

Harscoët II, outre des biens en Pornic et en Bouin, léguaient, après leur mort, aux chevaliers du Temple leurs chevaux et leurs armes [1]. Bernard et Raoul de Machecoul faisaient à l'Ordre, au début du XIIIe siècle, de nouvelles donations [2]. Puis survinrent les contestations : d'abord avec Harscoët III, Stéphanie sa veuve, et Garsire III de Rays son fils [3]; plus tard, en 1252 et 1254, Girard Ier Chabot était obligé de recourir à un arbitrage pour terminer ses différends avec les mêmes religieux [4]. Toutes les maisons du Temple dans le pays de Rays semblent avoir relevé de la commanderie de Coudrie. La suppression de l'Ordre leur porta un coup fatal. A part la résidence des Biais dans laquelle les Hospitaliers se maintinrent jusqu'à la Révolution, les autres obédiences disparurent; et, en dehors de deux mandements du duc Jean V — l'un, du 10 juin 1407, exemptant du guet dans les places fortes du sire de Rays les hommes du prieur d'Aquitaine [5], et l'autre, du 14 décembre 1408, permettant au contraire à Guy, s^{gr} de Rays, de contraindre les vassaux des Hospitaliers à faire le guet dans ses châteaux, attendu qu'ils sont sur port de mer [6] — les représentants des ordres militaires n'ont plus guère laissé de traces dans la région, sauf toutefois dans les lieux dits [7].

En vertu du droit féodal de prise ou de réquisition, les seigneurs de Rays prenaient à crédit et faisaient enlever sur les marchés du Bourg des Moutiers les produits à leur convenance;

---

1. *Cartulaire de Coudrie*, n° 1.
2. *Ibid.*, n°^{s} 12, 23, 26, 27, 31.
3. *Ibid.*, n°^{s} 19, 22 et 57, et *Cartulaire de Rays*, n°^{s} CX et CCIII.
4. *Cartulaire de Rays*, n°^{s} VIII et CLVIII.
5. R. Blanchard, *Lettres et mandements de Jean V, duc de Bretagne*, n° 751.
6. N° CLXXV.
7. Pour Bourgneuf nous citerons : dans la ville, la rue des Templiers, à présent rue de l'Elinet, où, suivant la tradition, ces chevaliers avaient une résidence (Chevas, *Notes sur les communes de la Loire-Inférieure, canton de Bourgneuf*, 1852, p. 164, 169, 170); le *Vallis Templariorum*, délimitant un pré concédé à la fin du XIIe siècle par Raoul de Machecoul à la prieure des Moutiers (*Cartulaire du Ronceray*, n° 443); l'Hôpitau et le moulin de l'Hôpitau (Pinson, *Dictionnaire des lieux habités de la Loire-Inférieure*, p. 250).
Pour Machecoul nous trouvons : d'abord à l'orient de la ville, un endroit de la rivière du Falleron dénommé encore Jérusalem, situé entre le château et la chapelle de l'Espérance, où se desservait au XVIIIe siècle le bénéfice de Jérusalem; puis, à l'occident, une terre dite l'Hommée de Jérusalem (cadastre, section E, n°^{s} 592-596), voisine de la terre appelée de nos jours le Moulin-Rouge (*Ibid.*, n°^{s} 601-602), et dans laquelle « était autrefois construit le moulin du Sépulcre » (Etude de Me Gendreau, notaire à Machecoul, minutes de Savariau, 7 déc. 1737). La maison principale de l'obédience était, n'en pas douter, au village actuel de l'Hôpitau, à 4 kil. au sud de Machecoul. Pour qu'il ne reste aucune hésitation sur l'origine de ce nom d'Hôpital, il suffira de citer deux fermages, des 10 déc. 1733 et 3 déc. 1739, du « fief de l'Hopitau, paroisse de la Trinité de Machecoul, dépendant de la maison commendataire de Coudrie » (Arch. Chambre des notaires de Nantes, minutes de René Deluen).

il leur suffisait de donner tel gage que bon leur semblait. Des abus s'étant glissés dans l'exercice de cet usage, les abbesses du Ronceray, à cause de leur prieuré des Moutiers, obtinrent de Girard Ier la limitation du crédit (avril 1253) [1]. Déjà, en 1225, Garsire III reconnaissait qu'il avait fait des levées indues sur les vassaux de la prieure et transigeait avec elle à ce sujet [2].

Le conflit fut un peu plus grave avec les religieux de Saint-Serge d'Angers qui possédaient au pays de Rays le prieuré de Chémeré. Il s'agissait de droits d'usage dans la forêt de ce lieu, plus connue sous le nom de forêt de Princé. Le seigneur avait envahi les possessions des moines, consommé leurs provisions, fait couper et exploiter leurs bois ; on avait même égorgé et mangé trois de leurs porcs estimés dix marcs d'argent. Il ne fallut pas moins de six lettres (1258-1259) pour régler le litige, et peut-être ne nous sont-elles point toutes parvenues [3].

Une légère contestation entre Girard II Chabot et l'évêque de Nantes nous a valu un acte qui n'est pas sans intérêt. On sait qu'au moyen âge, le jour de leur première entrée solennelle dans la cité épiscopale, les nouveaux prélats étaient portés avec pompe dans leur cathédrale par quatre des principaux barons de leurs diocèses. On trouve cette coutume un peu partout en France, aussi bien à Paris et à Bordeaux, qu'en Bretagne et dans les diocèses voisins : Poitiers, Le Mans, Angers. En compensation, aux féodaux qui lui rendaient cet office, l'évêque faisait un don de joyeux avènement. A celui-ci il baillait son palefroi, à celui-là la vaisselle, à un autre le linge de table servant au repas d'installation. Le seigneur de Rays était un de ceux qui avaient l'honneur de porter le nouvel élu et à lui revenaient les nappes du festin. Il paraît que l'évêque — c'était Guillaume de Vern, nommé au plus tôt, quoi qu'on en ait dit, en février 1268 — fit des difficultés pour obtempérer aux réclamations de notre baron, puisque celui-ci produisait, le 4 août 1268, une requête afin de faire examiner son droit par des témoins impartiaux [4].

Travers [5], à propos d'un débat semblable que souleva en 1340 le seigneur d'Ancenis réclamant d'Olivier Saladin la vaisselle de sa table, s'exprime ainsi : « Olivier est le premier évêque de

---

1. N° CXCIV.
2. N° CLXXII.
3. N°* CCXII et CCVIII, et cf. une note du n° CCVIII où sont énumérées les diverses pièces du débat.
4. N° I.
5. *Hist. des évêques de Nantes*, t. Ier, p. 424-425.

Nantes que l'on trouve avoir été porté à son entrée par les barons d'Ancenis, de Chateaubrient, de Rais et de Pontchasteau. On ignore quand ce cérémonial pompeux a commencé à Nantes. » On voit qu'il remontait au moins à 70 années.

Le 20 mars 1384, Jean de Montrelais, récemment promu au siège de Nantes, requit le sire de Rays de remplir son office à son entrée solennelle. Or à cette date c'était Jean IV, duc de Bretagne, qui était titulaire de la baronnie dont il s'était emparé par des moyens que nous n'avons pas à apprécier. Le 4 avril 1384, le prélat compta donc au nombre de ses porteurs le souverain en personne. Celui-ci qui jouissait en même temps de la baronnie de Châteaubriant pour cause de rachat, fut obligé de se faire suppléer à ce dernier titre. Jean IV retira de cette cérémonie un double profit : le cheval de l'évêque comme sire de Châteaubriant et les nappes comme seigneur de Rays [1]. Le 3 novembre 1500, à la joyeuse entrée de Guillaume Guéguen, André de Chauvigny, alors baron de Rays, fut exempté personnellement pour cause de maladie grave [2].

A la mort du prieur de Saint-Philbert de Machecoul, Girard II avait saisi le temporel et taxé les vassaux. Une sentence du bailli de Touraine (1279) lui dénia le droit de main-mise [3].

Plus grave fut le conflit avec les religieuses de la Bademorière, aujourd'hui le Val-de-Morière (1278-1281). On s'était emparé de leurs domaines ; leurs droits de juridiction avaient été méconnus et leurs gens tellement malmenés que l'un d'eux y avait trouvé la mort. On alla même jusqu'à porter la main sur les religieuses. Hugues de Châtillon, choisi pour arbitre, innocenta Girard II Chabot ; mais comme Jean Thibaut et Jean Rondeau, l'un chevalier, l'autre sergent de Girard, avaient réellement fait des vilenies aux « nonains, » le sire de Rays dut payer une amende dont l'abbesse de Fontevraud, de qui relevait le prieuré de la Bademorière, donna quittance [4].

S'il n'y eut pas mort d'homme dans l'affaire survenue en 1284 entre le même Girard et l'abbé de Marmoutier, le caractère de l'insulté rendit néanmoins la cause fort grave. Robert, nouvellement préposé au gouvernement du monastère, s'était rendu au

---

1. Arch. Loire-Inf., E 88 ; anc. Trés. des chart. G. D. 23 et L. C. 18. — D. Morice, *Pr*. II, 448 et 439.
2. *Revue hist. de l'Ouest*, VII, 1890, p. 833.
3. N° CLIII.
4. N°ˢ CCVII, CCX, CXCIX et CCII.

prieuré de Saint-Martin de Machecoul pour en faire la visite. Il était d'usage, paraît-il, qu'à la première venue d'un abbé le seigneur revendiquât son palefroi.

La chose n'a rien d'extraordinaire. Nous venons en effet de voir l'évêque de Nantes obligé de céder sa monture au sire de Châteaubriant lors de sa première entrée à Nantes, et nous savons qu'en 1256-1257 Maurice de Belleville réclamait également le cheval de l'abbé de Marmoutier quand il visitait ses prieurés de la Roche-sur-Yon, Commequiers et Sallertaine [1]. Malgré les bonnes dispositions d'Alphonse de Poitiers, devenu peu après s^{gr} de la Roche-sur-Yon [2], l'abbé Etienne fut, en 1269, fort malmené par les sergents du prince qui le jetèrent à bas de sa monture et la lui enlevèrent [3].

En 1284, à Machecoul, les choses ne se passèrent pas autrement. L'abbé Robert reçut des injures, subit des violences, se vit ôter son palefroi. Girard II ne fut sans doute pas étranger aux voies de fait de ses gens. Il dut donner satisfaction à l'abbé et plusieurs de ses écuyers furent condamnés à suivre, en tunique et tête nue, deux processions, l'une à Machecoul, l'autre à Marmoutier [4]. L'on a dit que Girard fut, à raison de ces faits, obligé de prendre la croix pour le voyage d'Aragon [5]. La chose est possible, car le sire de Rays suivit en effet Philippe le Hardi en Catalogne l'année suivante ; mais aussi bien la charte de juillet 1284 notifiant la punition des écuyers, que la lettre de l'évêque de Nantes relatant la prise de croix par Girard [6], sont-elles muettes sur l'obligation qui lui en aurait été imposée.

Comme complément à ce que nous venons de dire au sujet des rapports entre les sires de Rays et le clergé, nous signalerons l'appoint fourni par nos textes au *Gallia christiana*.

On trouvera dans notre publication, en assez grande quantité, des noms d'évêques, d'abbés et d'abbesses : les uns ignorés jusqu'ici, les autres avec des dates ou des particularités rectifiant ou complétant leurs notices. D'ordinaire ces renseignements ont été signalés dans les notes. Ici nous n'insisterons que sur un point

---

1. *Cartulaires du Bas-Poitou* : La Roche-sur-Yon, n°⁸ 32, 33, 34, 36, 37.
2. *Ibid.*, n° 39.
3. A. Molinier, *Correspondance d'Alphonse de Poitiers*, n° 995 ; cf. n° 657.
4. N° CLXX.
5. *Le Val-de-Morière*, par Marchegay, dans *Revue des provinces de l'Ouest*, juin 1858, p. 632-633 ; cf. un compte rendu de J[ules] Q[uicherat] dans *Bibl. de l'École des chartes*, 4ᵉ sér., t. III, 1857, p. 459.
6. N° V.

concernant la série épiscopale de Nantes ; nous nous étendrons un peu plus sur la liste des abbés de la Chaume ; puis nous tâcherons de résoudre une contradiction soulevée par un de nos documents touchant la date de fondation des Cordeliers de Bourgneuf.

Evêques de Nantes.

Plusieurs évêques de Nantes sont mentionnés dans nos chartes, notamment Etienne [1], Galeran [2], Guillaume [3], Durand [4] ; mais toujours avec des dates rentrant dans les limites de leurs pontificats, tels qu'ils sont indiqués par les catalogues. Le fait sur lequel nous voudrions appeler l'attention est relatif à la date d'une vacance du siège, qui n'a pas été nettement précisée jusqu'ici.

Le cartulaire nous a conservé deux actes du mois de septembre 1260, transcrits l'un et l'autre d'après des vidimus du jeudi après la Purification de la Vierge 1267, c'est-à-dire du 9 février 1268 en nouveau style [5]. Ces vidimus ont été délivrés par l'official « sede vacante. » Il s'agit de la vacance qui se produisit entre l'épiscopat de Jacques et celui de Guillaume. L'annaliste Travers place à la fin de 1266 ou au commencement de 1267 le décès du premier et l'avènement du second [6]. Les Bénédictins font mourir Jacques le 11 février 1268 [7]. Le cartulaire, on le voit, contredit l'assertion de ces derniers en nous montrant le siège inoccupé au moins deux jours plus tôt. Le nouveau *Gallia* [8] donne, d'après Gaignières, l'épitaphe de Jacques qui serait décédé le 7 février 1267. Cet obit doit être considéré comme exact, mais à condition de le ramener à 1268 en style moderne. On n'a point tenu compte de la différence des styles dans le *Gallia*, où l'on voit Guillaume, successeur de Jacques, agir comme évêque de Nantes dès 1267. La lettre du 4 août 1268 [9] dans laquelle il est question de l'entrée solennelle de Guillaume, d'accord avec les numéros LXV et CXCIII du cartulaire, confirme la date fournie par l'épitaphe, sous bénéfice de l'observation précédente.

---

1. N° CLXXII.
2. Nos CCXII et CCVIII.
3. Nos CLXXXVII et II.
4. N° V.
5. Nos LXV et CXCIII.
6. *Hist. des évêques de Nantes*, t. Ier, p. 376-377.
7. Catalogue de D. Taillandier, p. XVII.
8. T. XIV, col. 822-823.
9. N° I.

Abbés de la Chaume.

La petite abbaye de la Chaume, fondée par les seigneurs de Rays non loin de leur château, sur l'emplacement même d'une assez vaste nécropole de l'époque mérovingienne, est celle des maisons religieuses qui a le plus bénéficié de notre recueil pour la liste de ses abbés. Si, de ce chef, les noms nouveaux ne sont pas nombreux, du moins pouvons-nous améliorer notablement le catalogue des Bénédictins bretons [1] qui a servi de base à celui du *Gallia,* paru seulement en 1856 [2].

Ces deux catalogues ne citent qu'un abbé pour le XIII° siècle : un certain Louis qui, d'après eux, vivait en 1292 et mourut en 1294. Or il n'y a point eu d'abbé Louis à la Chaume au XIII° siècle ; notre cartulaire le prouve surabondamment. En revanche il nous apprend l'existence à cette époque d'un abbé Pierre, qui, vivant le 21 janvier 1279 et le 25 août 1292, n'était plus à la tête du monastère le 19 juillet 1294.

A la première de ces dates [3], il vidimait une charte de 1230 par laquelle Aimery de Thouars et Béatrix de Machecoul avaient baillé une terre à cens perpétuel. Le 25 août 1292 [4], « Pierres, lores abbé de la Chaume, » transigeait avec Girard II Chabot au sujet de droits féodaux. Quatre jours après, Philippe de Beaumanoir, bailli de Touraine, ratifiait en la vidimant la transaction du 25 conclue entre Girard et « Pierres, lors abbé de la Chaume. »

Il est arrivé que le duc de Bretagne ayant eu besoin d'une copie de l'accord de 1292, le garde du sceau royal à Saint-Jean-d'Angély lui délivra, à la date du 24 septembre 1446, un vidimus de la ratification de Philippe de Beaumanoir, vidimus qui fut déposé dans le Trésor des chartes de Bretagne sous la cote V. D. 3. Cette copie n'existe plus, mais on peut en lire une analyse étendue dans l'Inventaire du Trésor des chartes rédigé en 1579. Or cette analyse relate la sentence du bailli de Touraine entre Girard Chabot et « Pierre Louys, abbé de la Chaume. » On voit la conséquence : Pierre, *lores, lors* (pour alors) abbé, est

---

[1]. Publié en 1756 par D. Taillandier d'après les matériaux de ses prédécesseurs, à la suite de l'*Hist. de Bretagne,* t. II, p. CX-CXI.
[2]. T. XIV, col. 851-853.
[3]. N° CLXXXI.
[4]. N° CCXXIII.

devenu Pierre *Louys* ; d'où l'insertion d'un Louis, abbé en 1292, qui dépare tout à fait les listes de la Chaume.

Là ne se sont point arrêtées les bévues des auteurs. Le même vidimus est devenu ailleurs une sentence du 24 septembre 1346 rendue par Philippe de Beaumanoir entre Girard Chabot et Pierre de Touyac : triple méprise, en prenant pour date de la sentence celle du vidimus, en ne donnant même pas exactement l'année de ce vidimus qui est de 1446, et en défigurant plus encore que la première fois le nom du pauvre abbé. Pierre de Touyac est à supprimer des catalogues où il a été inscrit à la date de 1346. Dans une monographie, M. de la Nicollière [1] a bien relevé l'erreur relative à Pierre de Touyac qu'il a retranché, à bon droit, mais il a appelé l'abbé de 1292 Pierre Louys, en faisant du dernier vocable un nom de famille. Il n'a point non plus utilisé le n° CLXXXI du cartulaire de Rays pour faire remonter jusqu'à 1279 l'abbatiat de Pierre.

Celui-ci fut remplacé en 1294 ; du moins, le 19 juillet de cette année, le siège de la Chaume était-il vacant, comme nous l'apprend le n° CCXXVI du cartulaire relatif à la nomination d'un nouvel abbé. Les Bénédictins et le *Gallia*, qui ont connu l'acte de 1294 par l'Inventaire du Trésor des chartes, où il est coté V. D. 7, ont fait mourir leur abbé Louis (lisez Pierre) en 1294. Cela n'est pas tout à fait exact : le document ne disant point que la vacance se soit produite par suite de décès. A la fin de sa *Table analytique* du cartulaire, M. Marchegay a publié *in extenso* la lettre de 1294 avec la date erronée du 17 juillet 1284. L'original de cette pièce retrouvé au chartrier de Thouars a démontré que le copiste de notre manuscrit s'était trompé dans la transcription de la date. La pièce est en réalité du lundi avant la Madeleine (19 juillet) 1294.

Le cartulaire a conservé deux actes du 1ᵉʳ octobre 1321 dans lesquels figure Nicolas de Tréal [2]. Les Bénédictins citent bien, en 1322 et 1324, un abbé Nicolas, mais ils ne donnent point son nom de famille que le *Gallia* a connu. Les deux chartes de 1321 avaient été, comme celle de 1292, vidimées à Saint-Jean-d'Angély le 24 septembre 1446 et les copies déposées au Trésor des chartes sous la cote V. D. 9. Ces vidimus aujourd'hui perdus sont analysés dans l'Inventaire de 1579 ; en 1667 ils existaient encore et

---

1. *L'Abbaye de N.-D. de la Chaume*, dans *Bul. de la Société archéol. de Nantes*, XVIII, 1879, p. 52-120.
2. Nᵒˢ CCXXIV et CCXXV.

servirent à faire de nouvelles copies pour le chartrier des Rohan déposé au château de Blain [1]. Les Bénédictins qui virent les copies de Blain ont pris maladroitement la date des vidimus pour celle des originaux et introduit fautivement dans leur catalogue, sous la date de 1446, un Nicolas de Tréal malencontreusement passé dans le *Gallia* [2]. Ainsi que Pierre de Touyac il faut rayer des listes Nicolas II de Tréal.

Un acte du 27 juillet 1410 [3] nous montre frère André de Lorme, prieur de l'Isle, comme ayant reçu quelque temps auparavant, au nom de Guy de Laval, sire de Rays, une somme de 222 livres 10 sols. Il ne nous paraît pas douteux que ce religieux, titulaire d'une obédience sise à un kilomètre à peine de l'abbaye principale [4], ne soit le même qu'André de Lorme, abbé de la Chaume, que les catalogues se contentent de nommer à la date de 1413.

Une pièce du 2 mars 1449 [5] nous fait connaître les noms de deux abbés : Jean Giresart et Alain Loret. Le 6 février 1449, le premier donnait procuration à Alain de la Boissière pour résigner et permuter, en son nom, l'abbaye de la Chaume contre le prieuré de Saint-Michel de l'île de Bremesen [6], dont était titulaire Alain Loret. Le 10 février, la résignation et la permutation étaient acceptées par Yves [le Sénéchal], abbé de Redon, en vertu de ses droits de prééminence sur la Chaume. Le 19 du même mois, Prégent de Coëtivy, en qualité de s^{ir} de Rays, informait par lettre l'abbé de Redon qu'il ratifiait l'échange des bénéfices et que, comme fondateur, il présentait Alain Loret à la place de Jean Giresart. Enfin, le 2 mars 1449, Yves le Sénéchal préposait Loret au gouvernement de la Chaume. Non seulement les phases, mais le fait même de ce changement d'abbé ont été ignorés des Bénédictins et du *Gallia*. Ils ont toutefois connu, en 1438 et 1441, un Jean Groilar qui doit être notre Jean Giresart, et, en 1456, Alain Loret.

Le document fort précis du cartulaire jette pour cette période un grand discrédit sur la liste bénédictine. Elle nomme successivement : Jean en 1428 et 1436 ; Jean Groilar en 1438 et

---

1. Ces copies se trouvent maintenant à la Bibl. de Nantes, ms. fr. 1543.
2. M. de la Nicollière, *op. cit.*, a fait des réserves à son sujet.
3. N° CXXXIV.
4. C'est de nos jours Saint-Michel-de-l'Ile, commune de Machecoul.
5. N° CCCXIII.
6. C'est le même qui, en 1410, était appelé prieuré de l'Isle, alors qu'André de Lorme en était pourvu.

1441[1]; Jean-Louis le Roux en 1448; Jacques Rousseau en 1453; puis Alain Loret en 1456. Le *Gallia* a fondu en un seul Jean et Jean Groilar — ce n'est pas nous qui lui en adresserons le reproche — et en a fait Jean III Groilar (1428-1441)[2], auquel succèdent Jean IV Louis Leroux en 1448 et Jean V Rousseau en 1453.

Usant du même procédé que l'auteur du *Gallia* et plus à l'aise que lui, par suite de la suppression de Nicolas de Tréal en 1446, nous serions fort tenté de fondre en un seul les trois ou quatre abbés susdits. Car si d'une part les noms de Groilar et de Giresart, de l'autre ceux de Le Roux et de Rousseau se ressemblent, on peut encore trouver une certaine consonnance et une certaine similitude de lettres entre Louis Le Roux, Rousseau et Giresart : la confusion ne serait guère plus forte que celle signalée plus haut où l'adverbe *lors* a été pris pour le nom propre *Louis*.

Cordeliers de Bourgneuf.

Le cartulaire des sires de Rays contient quatre pièces relatives aux Cordeliers de Bourgneuf: le n° XCIII et les trois documents par lesquels il se termine[3]. Du dernier nous n'avons même que le début, par suite de la perte des feuillets de la fin du manuscrit. Cette mutilation est d'autant plus regrettable que les clauses de la seconde partie de la charte, la date en particulier, eussent vraisemblablement permis de trancher sans débat certaines difficultés que nous allons exposer.

Les titres originaux des Frères mineurs de Bourgneuf ont péri, à la Révolution sans doute, et les archives de la Loire-Inférieure ne possèdent à leur sujet que sept baux à ferme, de 1625 à 1633, et autant de quittances, de 1721 à 1780. Le tout, sans importance, doit provenir du fonds de la Chambre des comptes de Bretagne[4].

Fort heureusement, à l'occasion d'un procès que les religieux soutinrent au siècle dernier contre les administrateurs de l'hospice de Bourgneuf, il fut fait en 1750 une copie notariée de plusieurs titres anciens des Cordeliers ; cette copie fut même imprimée

---

1-2. Nous omettons à dessein Nicolas de Tréal, intercalé ici sur la liste avec la date de 1446. Nous avons dit par suite de quelle erreur on avait transporté en 1446 un abbé de 1321 maladroitement dédoublé.
3. N°s CCCXXXV à CCCXXXVII.
4. Arch. Loire-Inf., H 281.

en 1757 à la suite d'un factum produit par l'une des parties, copie et factum encore existants dans les archives hospitalières de Bourgneuf.

Il ne s'agit point ici de faire un historique du modeste couvent de Bourgneuf, auquel se rattachent pourtant de lugubres souvenirs que n'a point relatés l'annaliste de la ville [1]. Nous voulons parler d'une évocation faite en 1440 dans le couvent même, en présence de son maître, par François Prelati, le magicien attitré de Gilles de Rays, lequel avoua du reste n'avoir ni vu ni entendu le diable [2], et du meurtre par le terrible maréchal d'un garçon de quinze ans, Bernard le Camus, de Brest, que ses parents avaient placé à Bourgneuf pour apprendre le français [3].

Ce que nous voudrions, c'est redresser une date du manuscrit que nous éditons — date erronée, à notre avis — et déterminer celle qui fait défaut dans la dernière pièce du cartulaire.

Le 13 juillet 1427, eut lieu une transaction entre Jean de Craon, s^{gr} de la Suze et de Bourgneuf, et les Frères mineurs de cette ville [4]. La difficulté était relative à un hôpital pour les pauvres que Girard de Machecoul et Aliénor de Thouars, sa femme, s^{gr} et dame de Bourgneuf et fondateurs des Cordeliers, auraient annexé à leur couvent, en affectant spécialement à l'édification et à l'entretien de l'hospice que les religieux devaient desservir, les revenus de 1300 aires de salines et de 50 hommées de pré, le tout sis en l'île de Bouin. D'après la transaction de 1427, les lettres de fondation du couvent, scellées des fondateurs et de Daniel, évêque de Nantes [5], auraient été données l'an 1306 et approuvées par une bulle de Jean XXII, dont ladite transaction n'indique point la date.

Ni les Cordeliers, ni les administrateurs de l'hospice, au XVIIIe siècle, ni Chevas, de nos jours, n'ont révoqué en doute l'exactitude de la date de 1306 comme étant celle des lettres de fondation. Nul cependant ne put produire ces lettres lors du

---

1. J. Chevas, *Notes sur les communes de la Loire-Inférieure, canton de Bourgneuf*, 1852.
2. Bossard et de Maulde, *Gilles de Rais, maréchal de France*, 1886, p. XXIII, et cf. p. XLVI, LI et LXX.
3. Le 23 août 1440, Gilles logeant chez les Cordeliers, selon son habitude lorsqu'il était de passage à Bourgneuf, ses sicaires lui livrèrent le jeune homme auquel il fit subir les derniers outrages. Après quoi, l'enfant fut mis à mort, son cadavre transporté à Machecoul, et, pour faire disparaître les traces du forfait, brûlé dans la chambre même du maréchal (Bossard, *op. cit.*, p. XXV-XXVI, LIV, LXXXVI-LXXXVII, XCVII et CXXIX).
4. Cartulaire n° CCCXXXV et arch. hospitalières de Bourgneuf.
5. De 1305 à 1338.

procès. Les pères des pauvres disaient que les religieux les cachaient intentionnellement parce qu'elles leur étaient contraires ; ceux-ci s'en défendaient en répondant que l'acte de 1306 n'avait été qu'un projet dont il ne restait rien. Comme la bulle de Jean XXII se trouvait encore au chartrier des Frères mineurs et qu'elle portait la date du 23 avril 1332, on admettait de part et d'autre un intervalle de plus de vingt-cinq ans entre le dessein et la réalisation de l'entreprise.

Les arguments des parties adverses sont loin d'être solides. Il est certain que dans les documents qui nous restent on ne sépare point la fondation primitive de l'approbation pontificale ; mais alors cette fondation ne saurait remonter à 1306, puisque Jean XXII ne fut élu qu'en 1316 pour mourir en 1334. M. Marchegay, en relevant cette anomalie qu'il attribue à une erreur de copiste [1], pense qu'au lieu de 1306 il faut lire probablement 1326. Ce n'est pas notre avis. La date de 1306 n'est point le fait du scribe du cartulaire de Rays ; son modèle portait bien cette année, puisqu'on la retrouve sur les copies des archives de Bourgneuf. Cette date ne nous en semble pas moins erronée ; le rédacteur de l'acte de 1427 a péché par distraction, soit en lisant, soit en transcrivant mal la date de l'original qu'il avait sous les yeux.

Voici ce qui ressort des documents. Le premier en date, du 10 février 1332 [2], est une lettre de Girard de Machecoul et d'Aliénor, sa femme, au général des Frères mineurs et à leur provincial de Touraine. Girard et Aliénor exposent qu'ils ont l'intention d'établir à Bourgneuf un couvent de leur ordre, si les supérieurs ont agréables les conditions des fondateurs. Le lieu est plantureux ; il n'existe aucune autre maison religieuse aux environs. Girard et sa femme feront enclore les bâtiments claustraux, le cimetière et le jardin ; on construira des « escolles, » les biens donnés aux frères seront dans le voisinage du couvent. De leur côté, les supérieurs seront tenus de mettre à Bourgneuf un nombre convenable de religieux, notamment un « lecteur principal de theaulogie et ung bachelier qui y lise theaulogie ou Natures. » Le seigneur et sa femme déclarent en outre que « par autres lettres » et « ordrenances que nous vous signifierons ou cas que vous vouldriez accepter le lieu, » ils ont pris leurs

---

1. *Cartulaire des sires de Rays*. *Table analytique*, p. 45, n. 1.
2. Nº CCCXXXVI.

mesures pour qu'en cas de décès des fondateurs leur projet reçoive son exécution. Ils terminent en pressant le général et le provincial de faire leur enquête sur l'opportunité des lieux, « car nous vouldrions desjà que les frères y fussent oud. convant. »

Le IX des calendes de mai, an XVI de son pontificat, c'est-à-dire le 23 avril 1332 (et non en 1333, comme on l'a dit plusieurs fois), par bulle [1] adressée à l'évêque de Nantes, Jean XXII informait celui-ci que Girard de Machecoul lui avait envoyé une requête afin d'être autorisé à établir dans sa ville de Bourgneuf un couvent de Frères mineurs, lesquels desserviraient l'église de Notre-Dame qu'il venait d'y édifier. Le pape ajoutait qu'il approuvait le projet, si toutefois l'évêque, après enquête, trouvait le lieu suffisant pour l'entretien de douze religieux et que, par dérogation à leurs statuts, il autorisait les frères à recevoir des legs et donations.

Il ressort manifestement de ces deux actes qu'au début de 1332 le couvent de Bourgneuf n'était pas institué ; on n'en était encore qu'aux pourparlers, et il est invraisemblable que si des lettres de fondation avaient été, dès 1306, rédigées et scellées comme le dit la transaction de 1427, on n'y eût fait aucune allusion en 1332.

Le 16 octobre 1332, Jean III, duc de Bretagne, donnait des lettres d'amortissement [2] en faveur d'une fondation faite par Girard de Machecoul en sa terre de Bourgneuf pour l'établissement d'un couvent de Frères mineurs, « si comme nous est apparu par lettres scellées dud. mons^r Gerard o la volunté et en l'assentement du sire de Rays [3]. »

D'où il suit que c'est entre le 23 avril et le 16 octobre 1332 que fut dressé l'acte de fondation. La date de 1332 est d'ailleurs celle qu'ont fixée pour la venue des Cordeliers à Bourgneuf les auteurs anciens les plus autorisés, fort à même de puiser aux sources : Du Paz en 1620 [4], Albert le Grand en 1637 [5], Toussaint de Saint-Luc en 1691 [6], et aussi l'annaliste de l'ordre, Wadding, dans son grand ouvrage [7].

Aux arguments qui précèdent en faveur de 1332 comme date

---

1. Archives hospitalières de Bourgneuf.
2. *Ibid.*
3. Girard III Chabot, sire de Rays, oncle et suzerain de Girard de Machecoul.
4. *Hist. général. de Bretagne*, p. 214.
5. *Vies des saints de Bretagne*, édit. 1637, p. 411.
6. *Mémoires sur l'état du clergé de Bretagne*, p. 107.
7. *Annales Minorum*, 2e édit., t. VII, p. 135-136.

de la fondation du couvent de Bourgneuf, à l'encontre de celle de 1306 donnée par le document de 1427, nous ajouterons les suivants : Il serait anormal de supposer la suspension du projet pendant un quart de siècle. Girard de Machecoul n'ayant succédé à Jean son père qu'en 1308, il serait irrationnel de lui attribuer l'établissement en question du vivant de ce dernier. Dans les actes de la fondation, les noms de Girard de Machecoul et de sa femme Aliénor de Thouars sont toujours associés ; or, leur mariage constaté en 1316 seulement ne paraît pas antérieur à 1315[1]. Lorsque les fondateurs appelèrent les Cordeliers à Bourgneuf, ils avaient plusieurs enfants, puisque leur fils aîné y donna son consentement ; or, ce fils nommé Louis ne contracta mariage que le 9 janvier 1341 : date beaucoup plus vraisemblable si l'on fait naître Louis en 1316 ou 1317, que si l'on reporte sa naissance aux premières années du XIVe siècle, époque qui s'impose si la fondation est de 1306.

Il ne nous paraît pas douteux que le dernier acte du cartulaire, si malencontreusement incomplet, ne soit précisément la charte de fondation visée dans les lettres de Jean III du 16 octobre et dans la transaction de 1427. Nous nous contentons dans notre recueil de lui donner la date d'année 1332: Il est possible cependant que, d'une façon plus précise, la pièce soit du 10 octobre 1332. C'est la date de l'introduction des Cordeliers à Bourgneuf d'après l'épitaphe placée sur le tombeau des fondateurs dans le chœur de la chapelle du couvent [2].

LES SIRES DE RAYS.

Nous croyons avoir appelé suffisamment l'attention sur les faits principaux que peuvent fournir aux érudits les textes que nous publions. Beaucoup, on a pu le voir, présentent de l'intérêt ; tous sont utiles pour l'histoire des seigneurs de Rays.

Afin d'en mieux faire saisir l'importance à ce point de vue, il nous a semblé opportun de coordonner ici les renseignements qui nous restent sur les personnages ayant possédé successivement la baronnie et sur les membres de leur famille. Nous nous arrête-

---

1. Cf. la note du n° CCXLIII.
2. Wadding, *Annales Minorum*, t. VII, p. 136; Bibl. nat., ms. fr. 28271, dossier 41276, pièce 8; Chevas, *op. cit.*, p. 80, note. Le ms. 28271 qui donne incomplètement l'inscription est d'accord avec Wadding sur la date du 10 octobre. Chevas dit le 1er octobre 1332.

rons naturellement au milieu du XVᵉ siècle, époque à laquelle se termine notre manuscrit ; mais en ne remontant pas au delà de 1160, date de la pièce la plus ancienne qu'il nous ait conservée, nous n'offririons qu'une étude tronquée. En laissant de côté la période toujours plus obscure des origines, nous aurions, il est vrai, diminué notre tâche, mais il eût été difficile de commencer le travail à une date arbitraire. D'autre part, il nous a paru indispensable de justifier comment le premier Garsire et le premier Harscoët de Rays mentionnés au cartulaire, pour ne citer que ceux-là, devaient s'appeler Garsire II et Harscoët III.

Au surplus, l'historien Du Paz[1] est-il le seul à avoir parlé jusqu'ici avec quelque détail de la première famille de Rays et des branches qui ont porté le nom de Machecoul. Nous n'étonnerons personne en disant que l'œuvre du laborieux érudit, venu le premier à une date déjà ancienne, n'est plus à jour à présent. Bien que le cartulaire de Rays ne fournisse de renseignements que sur les derniers degrés de cette famille, nous espérons, grâce à des documents plus abondants que ceux connus de Du Paz, compléter et améliorer ce qu'il a dit de nos premiers seigneurs. La branche des Chabot de Rays n'a pas été oubliée des généalogistes ; mais, à part le livre spécial et très documenté de M. Sandret[2] qui a utilisé notre cartulaire, l'histoire de cette famille est nécessairement fort écourtée dans les ouvrages généraux et, le plus fâcheux, déparée par des erreurs assez nombreuses.

La maison de Rays remonte aux environs de l'an mil à l'origine de la féodalité. Le premier personnage que l'on ait rattaché à nos seigneurs est un certain Gestin, qualifié uniquement de vicomte. Il est nommé dans trois chartes qu'on peut dater très approximativement de l'année 950 : deux provenant du cartulaire de Landévenec[3], la troisième de celui de Saint-Florent[4]. L'historien Travers[5], dans les copies qu'il nous a laissées de deux de ces actes, a fait suivre le mot *vicecomes* du mot *Radesiarum*. C'est de sa part une interpolation que des auteurs plus récents ont jugée acceptable. Des sires de Rays ont, il est vrai,

---

1. *Hist. généalogique de plusieurs maisons illustres de Bretagne.* Paris, 1620. In-f°, p. 203-208 et 237-241.
2. *Hist. généalogique de la maison de Chabot.* Nantes, 1886. In-4°, p. 51-95.
3. *Cartulaire de Landévenec* publié par A. de la Borderie, 1888, p. 156-158 et 164 ; D. Morice, *Pr.* I, 345 et 346.
4. D. Morice, *Pr.* I, 346.
5. *Concilia provinciae Turonensis*, t. II (Bibl. de Nantes, ms. lat. 85, folios 7 et 9).

porté au xie siècle le nom de Gestin ; mais il nous semble téméraire, sur une simple homonymie, de les rattacher au vicomte du xe siècle.

Dans une charte de l'an 1004 [1], que ne paraissent pas avoir connue les historiens bretons, nous voyons l'évêque de Nantes Heroicus (*alias* Herveus), Judicaël, comte de cette ville, ainsi que le comte Budic, fils et successeur de Judicaël, faire à l'abbaye de Déols ou de Bourgdieu diverses donations. Nous y relevons notamment des cens sur l'Ognon, des dîmes sur l'écluse de Pilaon placée sur le Tenu [2], une saline nommée *Pulcheu* et une autre appelée *Savigné*, « quæ fuit Attonis et Gestin filiis Ascuit [3]. » L'association de ces trois derniers noms, surtout dans les conditions de milieu où elle se présente ici, ne saurait passer inaperçue. Ascuit est une des nombreuses variantes du nom d'Harscoët, porté sûrement par trois sires de Rays ; celui de Gestin l'a été au moins par deux de nos seigneurs. Il n'est pas jusqu'au nom d'Atton (var. Haton) qu'on ne retrouve fréquemment parmi les parents [4] des premiers barons de Rays ; l'un d'eux a même été seigneur particulier de Chéméré au xiie siècle.

On a constaté maintes fois, sur divers points de la France, l'alternance dans les familles féodales des noms patronymiques de grand-père à petit-fils, et l'on verra cette règle suivie à plus d'une reprise dans les générations successives des sires de Rays. C'est un indice de parenté auquel on doit avoir égard. D'un autre côté, celui que nous allons tout à l'heure inscrire le premier sur la liste de nos seigneurs est un Gestin qui vivait précisément vers l'an mil.

Quoi qu'il en soit de la probabilité, nous n'avons pas cru devoir, avec une preuve basée en grande part sur l'homonymie, faire de cet Ascuit, père de Gestin et d'Atton, d'après la charte de 1004, et dont par suite l'existence pourrait remonter aux environs de 975, un Harscoët Ier sire de Rays.

Gestin Ier (*vers* 1000 — *vers* 1030).

Le nom de ce personnage ne nous est connu que par un seul

---

1. Orig. (Arch. nat., K 18, n° 2⁷) ; publié par Tardif, *Monuments historiques*, 1866, n° 245.
2. L'Ognon et le Tenu sont deux petites rivières du pays de Rays.
3. *Filiis Ascuit* sur l'original et non *filii Sascuit*, comme on l'a imprimé. De même il faut lire (15 lignes avant la fin) *do theloneum* et non *de theloneum*.
4. Consanguineus, cognatus (charte de Gestin II de Rays, de 1083, citée plus loin).

texte, abstraction faite, bien entendu, de celui de l'an 1004 nommant ce Gestin qu'on ne peut rattacher d'une façon absolument certaine à la famille de Rays. Ce texte est l'acte dans lequel Harscoët Ier, fondateur en 1055 de l'abbaye de la Chaume, est dit fils de Gestin [1].

Harscoët fut certainement seigneur féodal du pays de Rays : plusieurs actes le prouvent. En a-t-il été de même de son père Gestin Ier ? On ne saurait rien arguer à ce sujet de la charte de la Chaume, où ce Gestin n'est mentionné qu'incidemment. La question serait de savoir à quelle époque les fiefs ont été constitués dans notre région. Nous touchons là aux origines de la féodalité, sujet délicat et controversé, en tout cas hors de propos ici.

Harscoët Ier (vers 1030 — vers 1070).

De ce seigneur, fils du précédent, nous possédons plusieurs actes, mais un seul est daté d'une façon précise, celui de la fondation qu'il fit, le 6 juillet 1055, de l'abbaye de la Chaume près de son château de Sainte-Croix [2]. Le texte authentique de la charte-notice qui a gardé le souvenir de ce fait qualifie Harscoët simplement de « nobilissimus vir. » Une charte en forme solennelle [3] de la même fondation l'appelle : « Opidi Sanctæ Crucis dominus. » Nous croyons avoir démontré ailleurs [4] que le second document a été fabriqué à l'aide du premier, plus d'un siècle après sa date, dans un but intéressé qu'on devine et singulièrement travesti par des interpolations et des anachronismes. Mais si, de ce chef, le titre de seigneur de Sainte-Croix [5] ne peut être revendiqué par Harscoët, un second document non suspect le lui confère positivement.

En effet « Harscoit de Sancta Cruce » est signalé comme té-

---

1. *Cartulaire de Redon*, édité par A. de Courson. *Doc. inéd. de l'Hist. de France*, 1863, n° 312.
2. « Ante opidum Sancte Crucis » (*Cartul. de Redon*, n° 312).
3. La notice constitue le n° 312 du cartulaire de Redon ; la charte a été publiée par Du Paz (*Hist. généal.*, p. 204-206), précisément dans l'article qu'il consacre à notre Harscoët, et reproduite par les Sainte-Marthe (*Gallia christiana*, IV, 211).
4. *Airard et Quiriac, évêques de Nantes* (1050-1079). Vannes, 1895, p. 6-11 du tirage à part.
5. Sainte-Croix a été jusqu'à la Révolution l'une des deux paroisses de Machecoul. Au chevet de l'église on voit encore une motte féodale, siège du premier château transféré vers le XIe siècle à l'extrémité opposée de la ville, où le cours d'une petite rivière se prêtait mieux à sa défense.

moin dans une autre charte de Redon [1]. C'est, croyons-nous, la pièce la plus ancienne où il soit question de ce seigneur. Du Paz, qui l'a publiée le premier [2], nous dit bien qu'Harscoët qui l'a souscrite vivait sous le duc Alain III, de 1008 à 1039 [3], sous Gautier, évêque de Nantes, et sous Budic, comte de cette ville ; ces trois personnages sont en effet mentionnés dans la charte et ont à peu près les mêmes dates limitatives. Mais Du Paz fait du sire de Sainte-Croix, de cet acte, un Harscoët Ier, du seigneur qui a fondé la Chaume en 1055 un Harscoët II, et, comme ce dernier était fils d'un Gestin, il intercale celui-ci entre les deux. Le système de Du Paz ne serait admissible qu'au cas où la pièce pourrait être datée du commencement du règne d'Alain, c'est-à-dire vers 1008. Or c'est le contraire qui semble le plus près de la vérité.

D'abord Catwallon, abbé de Redon, dont il est question dans la charte, semble n'avoir été promu qu'aux environs de 1026 [4] ; en outre le texte relate une série de vexations de la part de Budic contre les religieux, et une suite de démarches du côté de l'abbé pour obtenir justice ; enfin, dans une charte du même Budic, datée du 16 juin 1038 [5], figurent quatre des témoins de celle de Redon : particularité qui rapproche l'un de l'autre ces deux documents. M. de Courson, l'éditeur du cartulaire, a placé entre 1038 et 1041 le n° 304 de Redon ; il est quelque peu antérieur, à notre avis [6]. Il y a donc toutes raisons pour reculer la pièce vers la fin du gouvernement d'Alain III, par suite pour ne faire qu'un seul personnage du seigneur Harscoët mentionné dans les n°s 304 et 312 du cartulaire de Redon.

L'acte le plus récent où figure Harscoët Ier [7] est postérieur à 1062, puisqu'on y trouve concurremment avec lui Almodius, abbé de Redon, élu cette année même. C'est une notice incomplète du commencement et de la fin. Nous n'hésitons pas néanmoins à reconnaître notre Harscoët dans *Harscuidus*, nommé deux fois avec le qualificatif de *major noster*. Il faut ajouter que les donations dont il est témoin concernent Prigny, « in territorio Pruniacensi, » dans le pays de Rays.

---

1. *Cartulaire*, n° 304.
2. *Op. cit.*, p. 204.
3. C'est en 1040 qu'Alain termina son règne.
4. *Cartul. de Redon*, n° 296 ; cf. *Gallia christ.* XIV, 947.
5. *Cartulaire du Ronceray*, n° 421.
6. Le duc Alain III mourut en 1040 et le comte Budic vers 1039.
7. Appendice au *Cartulaire de Redon*, n° 63.

Une charte de Saint-Serge d'Angers que nous ne saurions dater, mais qui se rapporte sûrement à Harscoët Ier, attendu qu'il y est nommé avec sa femme Ulgarde et son fils Gestin, l'appelle « Arscutus, senior provincie Radesii pagi [1]. » C'est la première fois qu'on rencontre ce qualificatif appliqué à nos seigneurs. Est-il postérieur à celui de seigneur de Sainte-Croix qui ne reparaîtra plus désormais après cet Harscoët? Nous n'oserions l'affirmer. En tout cas il est intéressant de constater que le même personnage les a portés tous deux.

C'est encore lui qui, à notre avis, est mentionné sans aucune épithète sous les formes *Asscutius*, *Ascutus* et *Ascodius* dans un titre du prieuré de Corsept, membre de Saint-Aubin d'Angers [2], et dans trois autres du Ronceray [3]; l'un de ces derniers est limité par les synchronismes entre 1039 et 1041. On trouve également son nom dans trois actes où il est dit père de Gestin II [4].

Harscoët Ier épousa Ulgarde ; celle-ci est nommée dans la charte de 1055 pour la Chaume, dans celle de Saint-Serge visée plus haut et dans une troisième de son fils Gestin pour Saint-Philbert de Machecoul. Outre Gestin II, Harscoët et Ulgarde eurent trois autres fils : « Urwoit, Halarius et Aldroin, » connus seulement par l'acte de fondation de la Chaume.

Gestin II (vers 1070 — vers 1093).

Fils aîné d'Harscoët Ier et d'Ulgarde, Gestin II est d'abord nommé en même temps que son père dans plusieurs documents : fondation de la Chaume en 1055, charte pour Saint-Serge déjà citée et n° 428 du Ronceray.

Comme son prédécesseur, c'est uniquement par des titres provenant des archives monastiques que Gestin se révèle à nous : fondations faites ou approuvées par lui, donations de ses vassaux qu'il a souscrites, ou tout au moins constatant son existence et sa suprématie.

Une pièce de l'année 1083 pour le prieuré de Chémeré, membre de Saint-Serge, est sans contredit la plus importante qui

---

1. Bibl. nat., ms. fr. 22329, p. 576, et D. Morice, *Pr.* I, 409-410.
2. Bibl. nat., ms. fr. 22329, p. 469.
3. Cartulaire, n°s 422, 428 et 430.
4. Actes de 1083 et de 1091, et charte de fondation de Saint-Philbert de Machecoul. La provenance de ces pièces sera indiquée plus loin.

nous soit restée de lui [1]. Utile pour la généalogie des seigneurs, elle abonde en renseignements intéressants pour la topographie du pays de Rays. C'est là qu'on trouve pour la première fois le nom moderne de Machecoul [2] ; là qu'il est question des cargaisons des navires abordant à Pornic [3]. Bien que nous ne puissions produire aucun acte positivement plus ancien, il est à croire qu'à la date de cette charte Gestin était depuis un certain temps déjà seigneur du pays : l'allusion qu'il fait à ses nombreux péchés, comme aussi la présence de ses deux fils Garsire et Raoul et de son neveu Harscoët, le font supposer.

Une autre pièce un peu postérieure à la précédente — les deux seules qu'ait citées Du Paz — qualifie Gestin de seigneur de Rays [4]. L'éditeur du cartulaire de Redon date ce document de 1081-1083 ; c'est 1083-1084 qu'il faut dire. Nous y voyons en effet un certain Renaud « de Mortuo Estero » faire une donation, étant à l'article de la mort. Or, ce Renaud figurant comme témoin dans le titre de Chémeré de 1083, celui de Redon est nécessairement postérieur au premier ; de peu en tout cas, limité qu'il se trouve d'autre part au mois d'avril 1084, date de la mort du duc de Bretagne Hoël, dont le nom figure en tête de la pièce sous forme de synchronisme.

Par acte daté de Nantes en 1091, Mathias, comte de cette ville, donnait une île de la Loire au monastère de Quimperlé [5]. Entre Gaudin de Clisson et Gaifier de Prigny nous voyons au second rang des témoins « Jestin filius Harscoidi. » Nous ne doutons pas qu'il ne s'agisse ici du seigneur de Rays : la date, la place occupée par Gestin et la qualification de fils d'Harscoët tendent à l'établir.

En dehors des trois documents concernant Gestin dont nous venons de parler, aucun autre ne renferme de synchronismes permettant de le dater approximativement. Ceux qu'il nous reste à signaler doivent donc se grouper entre les dates que nous assignons à ce seigneur. Un des plus importants est celui dans

---

1. Vidimus du XVe siècle (Ar. L.-Inf., H 206). Imprimé (Du Paz, *Hist. généal.*, p. 823-825 ; D. Mor. *Pr.* I, 457-458).
2. « Oppido meo Machecollo. »
3. « Dimidiam decimam cunctorum rodituum littoris oppidi mei Porsniti, id est dimidiam decimam de omnibus navalibus mercimoniis. »
4. « Justino Radesii dominatum jure paterno obtinente ; » et plus loin : « Justinus, dominus ipsius terre » (*Cartulaire de Redon*, n° 295).
5. Cartulaire de Quimperlé, Bibl. nat., nouv. acq. lat. n° 1427, f° 67. Edité par M. de la Borderie, *Actes inédits des ducs de Bretagne*, 1888, n° XXV, et par MM. Maître et de Berthou, *Cartulaire de Quimperlé*, 1896, n° LXXVIII.

lequel « Gestinus, Machicolensis dominus, » donne, dans son « castrum Machicol, » à Pierre, abbé de Tournus (1066-1105), une terre pour y fonder une obédience [1]. Nous assistons là aux origines du prieuré de Saint-Philbert de Machecoul, appelé depuis Saint-Blaise, plusieurs fois mentionné au cartulaire de Rays [2]. La charte de Tournus nomme le père et la mère de Gestin, ses trois fils : Garsire, Raoul et Josselin, et sa fille Agnès.

Nous ne ferons qu'énumérer les autres documents concernant Gestin II. Il est témoin d'une donation faite par Jarnegodius au prieuré de Saint-Martin de Machecoul [3]. Une concession de Main, fils de Gualon, au prieuré de Sainte-Opportune-en-Rays fut effectuée « apud Machicollum ante dominum Gestinum, qui terre illius capitalis dominus habebatur [4]. » Une autre, d'une certaine *Bonina*, au prieuré de Corsept, fut passée « in curia domini Gestini, ipso vidente et filio ejus Garsilio [5]. » « Gestinus de Raisio » approuve les largesses faites au même prieuré par Audren lorsqu'il devint moine [6]. Enfin, une charte d'Harscoët III rappelle l'octroi fait par son aïeul Gestin II, père de Garsire I*er*, d'un bourg situé près du château de Pornic [7]. On rencontre encore le nom de Gestin II dans plusieurs actes de Garsire I*er* où celui-ci est dit fils de Gestin.

Nous ne savons comment s'appelait la femme de Gestin II, mais il eut au moins trois garçons : Garsire I*er*, Raoul, Josselin, et une fille nommée Agnès. Deux de ses neveux, Harscoët et Geoffroy, sont également cités dans les chartes.

*Garsire I*er *(vers 1093 — vers 1141).*

Ce seigneur est nommé plusieurs fois du vivant de son père dans des documents concernant celui-ci et relatés déjà : charte de 1083 pour Chémeré, fondation du prieuré de Saint-Philbert de Machecoul, donations faites à Saint-Martin de Machecoul et à Corsept par Jarnegodius et Bonina, puis quelques autres encore.

Devenu suzerain, il est appelé indifféremment Garsire de Rays,

---

[1]. Chifflet, *Hist. de Tournus*, p. 322, et Juenin, *Nouvelle histoire de Tournus*, p. 133.
[2]. Cf. introduction, p. XL, et une note du n° CLIII.
[3]. Bibl. nat., ms. fr. 22322, p. 114.
[4]. *Ibid.*, ms. fr. 22329, p. 462, et D. Mor. *Pr.* I, 430.
[5]. *Ibid.*, ms. fr. 22329, p. 466, et D. Mor. *Pr.* I, 430.
[6]. *Ibid.*, ms. fr. 22329, p. 469.
[7]. Titre du prieuré de Pornic, membre de Saint-Serge d'Angers, Bibl. nat., ms. lat. 5446, p. 221, et ms. fr. 22329, p. 571.

Garsire s^gr de Rays, du nom du pays, ou bien Garsire de Machecoul, Garsire s^gr de Machecoul, du nom de sa ville principale.

Dans une charte de Saint-Aubin d'Angers pour le prieuré de Saint-Brévin, « Guarzilius, dominus de Razais, » est au rang des témoins [1]. L'intérêt principal de cette pièce pour la biographie de notre personnage, c'est qu'on peut la dater assez exactement. Très mal classée par D. Morice entre 1038 et 1049, M. de la Borderie place la charte de Saint-Brévin à la fin du XIe siècle, ou, d'une façon plus précise, entre les années 1082 à 1106 qui délimitent l'abbatiat de Girard à Saint-Aubin. La souscription des deux archidiacres de Nantes, Robert et Rivallon, va nous permettre de lui attribuer la date de 1104. En effet, un acte du 1er mars 1104 pour Saint-Florent de Saumur [2], émané de Benoît, évêque de Nantes, nomme les archidiacres Raoul et Robert. Nous connaissons ces dignitaires par diverses pièces, comprises entre 1076 et 1104 pour le premier, entre 1091 et 1104 pour le second. Leurs successeurs Rivallon (1104-1119) et Geoffroy (1104-1109) — il n'y avait à la fois dans le diocèse de Nantes que deux archidiacres — paraissent ensemble dans un titre du 6 avril 1104 [3] et dans un autre de la même année [4]. D'où il suit que la charte de Saint-Brévin souscrite par Garsire de Rays et par les archidiacres Robert et Rivallon est de 1104.

Jusqu'ici les sires de Rays ne se sont manifestés à nous que par leur intervention dans des fondations religieuses. Une longue charte-notice des plus curieuses va nous montrer Garsire dans son rôle de feudataire [5]. La série d'événements qu'elle relate doit se placer entre 1070 et 1104. Au début, nous voyons un

---

1. Extrait très tronqué (D. Mor., *Pr.* I, 389) ; in extenso (A. de la Borderie, *Actes inédits des ducs de Bretagne*, n° XXX).
2. Marchegay, *Chartes nantaises de Saint-Florent*, dans *Bul. archéol. de Nantes*, XVI, 1877, p. 74-76. Donné avec plusieurs fautes par D. Mor., *Pr.* I, 507.
3. Titre de Saint-Aubin d'Angers, d'après une copie (de la Borderie, *Actes inédits*, n° XXXI). La date de 1103 exprimée dans le texte doit, semble-t-il, être ramenée à 1104 en nouv. st. La charte de Saint-Florent est en effet antérieure à celle de Saint-Aubin, si l'on s'en rapporte aux noms des archidiacres figurant dans les deux pièces.
4. *Cartulaire de Redon*, n° 374. Bien que le texte n'exprime point la date, celle de 1104 que l'éditeur a placée en manchette est parfaitement exacte. Il faut même supprimer le point d'interrogation dont il l'a accompagnée. Tout l'établit : le synchronisme de Mathias, comte de Nantes, mort en 1104, empêchant de faire descendre la charte plus bas ; le synchronisme des archidiacres, qui ne permet pas de la faire remonter plus haut, et jusqu'à une interpolation du XVIe siècle fixant à la 44e année du roi Philippe Ier la date du document.
5. Orig. (Ar. L.-Inf., H 132, n° 12, f. du prieuré de Donges, membre de Marmoutier) ; imprimé avec lacunes (D. Lob. II, 241-243 ; D. Mor., *Pr.* I, 477-480).

soldat [1] donner au prieuré de Donges, fondé après 1064, la terre de *Vitreria*, sise en Saint-Viaud dans le pays de Rays [2]. Les religieux en jouirent un certain temps, « multis annis ; » puis survint une guerre qui désola le pays [3]. Il n'est fait mention nulle part ailleurs, que nous sachions, de cette guerre sur laquelle se taisent les chroniques et les historiens bretons.

A la suite, le domaine reste d'abord inculte, puis un habitant nommé Judicaël Petit s'en empare, le cultive et en demeure possesseur « multis annis. » Ces deux phases de la notice sont antérieures à 1092, car les incidents susrelatés s'étaient passés du temps de Frédor (*alias* Frioul), vicomte de Donges, et de son fils Rouaud. Or, en 1092, Frédor ne vivait plus ; Geoffroy, un autre de ses fils, lui avait succédé et le prieur Thébaud [4], qui avait régi sous Frédor l'obédience de Donges, la gouvernait encore [5].

Cependant, au temps où Garsire Ier se rendait en Espagne [6], les moines se ravisent enfin et demandent justice contre Petit. Représentés par Martin, alors prieur de Donges, ils s'adressent à Grafion et à Guégon, seigneurs du fief contesté. Le jugement est favorable aux religieux ; mais plus tard le frère du donateur revendique la terre à son tour. Il fallut recourir au suzerain. Garsire était revenu de sa campagne. Un jour qu'il se trouvait à Saint-Viaud, il est informé des faits [7] ; l'épreuve du fer chaud allait avoir lieu à Pornic, « apud castrum Porsniti, » quand une transaction amiable intervient.

Nous passons sur les détails intéressants de cette procédure pour nous arrêter à l'épisode le plus saillant : l'expédition du seigneur de Rays en Espagne. S'appuyant sur un passage de la chronique de Maillezais ou de Saint-Maixent [8], qu'on pouvait d'autant mieux invoquer dans la circonstance que cette chronique a été

---

1. « Miles soldearius nomine Taingui. »
2. Il existe encore en Saint-Viaud un domaine de la Verrière et des métairies de la Voirie, jadis la Verrie.
3. « Guerra illa que in Razezio exilium induxit insurgente. »
4. Thébaud n'est qualifié ici que de *monachus*, mais on sait autrement qu'il était alors prieur (Ar. L.-Inf., H. 132, n°s 5 et 11).
5. Ar. L.-Inf., H 132, n° 10.
6. « Sed eo tempore quo Garsias, Gestini filius, in Hispaniam pergebat cum exercitu christianorum. »
7. « Longe postea contigit ut domnus Garsias ad Sanctum Vitalem venit. »
8. « MLXXXVII. Ipso anno, Hildefonsus mandavit per omnes partes Franciae ut sibi et suis adjuvarent. Qua de causa multi perrexerunt in Hispaniam. » (*Chroniques des églises d'Anjou*, par Marchegay et Mabille).

rédigée dans notre région, des auteurs récents [1] ont fixé à 1087 le voyage de Garsire au delà des Pyrénées. Nous voyons à cela deux difficultés. La première, c'est qu'en 1087 Garsire n'était pas sire de Rays, puisque son père vivait encore en 1091. Toutefois Garsire, dans cette partie de la notice, étant appelé seulement « Garsias, Gestini filius, » on pourrait admettre à la rigueur que, lorsqu'il passa les monts, il n'était point encore seigneur du pays. La seconde objection est plus sérieuse. La notice place à la même époque l'expédition en Espagne et les premières réclamations du prieur Martin ; or celui-ci, nous l'avons vu, n'était pas encore préposé au gouvernement de l'obédience de Donges en 1092. Il semble donc plausible de reculer de quelques années après 1087 le départ de Garsire pour la péninsule où la lutte continua longtemps entre musulmans et chrétiens.

Nous attribuons aux environs de 1104 les derniers événements de la notice. Alors en effet Martin était encore à la tête du prieuré ; mais au temps du concile tenu à Nantes (en 1107) par le légat Girard, évêque d'Angoulême, c'est Lambert qui régissait l'obédience de Donges [2].

Après son expédition en Espagne, Garsire prit-il part à la première croisade d'Orient ? Alain Fergent, duc de Bretagne, s'y rendit avec un certain nombre de seigneurs du pays ; toutefois les chartes et les historiens ne nous ont conservé les noms que de quelques-uns d'entre eux. Seul, un auteur qui manque trop souvent de critique, a dressé une longue liste des Bretons qui auraient alors pris la croix, et le sire de Rays n'y est pas oublié [3]. Il suffira de dire que cette liste, empruntée à un document où figurent Bertrand du Guesclin et nombre de ses contemporains, est de la deuxième moitié du XIVe siècle et n'a aucun rapport avec les croisades.

Une charte, que D. Morice a classée sous l'année 1106 [4], nomme Garsirius de Radesio parmi les barons du comte (c'est-à-dire du duc de Bretagne) qui assistèrent, dans le chapitre même de Marmoutier, à la confirmation du prieuré de Sainte-Croix de

---

1. De Fourmont, *L'Ouest aux croisades*, 1864, t. Ier, p. 57; de la Nicollière, *Gérard Chabot, sire de Rays*, dans *Revue de Bretagne et Vendée*, 2e sem. 1870, p. 382, n. 1.
2. D. Mor., *Pr.* I, 524. Pour la date du concile, cf. l'ouvrage de l'abbé Maratu, *Girard, évêque d'Angoulême*, p. 25-27. Lambert n'est ici que « Lantbertus de Dongio, » mais ailleurs il est formellement appelé prieur.
3. De Fourmont, *op. cit.*, t. Ier, p. 82, et t. II, p. 51.
4. *Pr.* I, 512-513.

Nantes faite à cette abbaye par la duchesse Ermengarde et son fils Conan. Parmi les autres témoins nous indiquerons Maurice d'Ancenis, les abbés de Noyers, de Saint-Nicolas d'Angers et de Marmoutier : ce dernier, Guillaume, élu seulement en 1104 ou 1105. Un fait intéressant est rapporté dans l'acte : Conan revenait de conduire sa sœur (Agnès) vers le comte de Flandre [1]. On sait d'ailleurs que celle-ci épousa alors [2] Baudouin, fils du comte de Flandre. Conan eut sans doute pour compagnons de voyage quelques-uns de ceux qui ont souscrit la charte de Marmoutier.

En même temps que le fils du duc, Maurice d'Ancenis, par un autre document [3], confirma aux religieux de Marmoutier la remise du tonlieu qu'il leur avait octroyée antérieurement ; Garsire de Rays est encore mentionné dans ce nouvel acte. Bien que ce dernier ne fasse pas allusion au retour de Flandre, il est certain que les deux pièces sont du même jour : les témoins étant tous les mêmes.

Dans les chartes assez nombreuses qu'il nous reste à signaler, Garsire Ier ne fait guère qu'apparaître soit comme témoin, soit comme bienfaiteur de maisons religieuses. La donation de « Chevesché [4] » est fixée entre 1102 et 1113 par les dates extrêmes de l'abbatiat de Gautier à Saint-Serge d'Angers [5]. C'est entre 1100 et 1120 qu'on doit placer les actes suivants : concession par Garsire d'un pré sis à Pornic, cédé à l'abbaye de Saint-Serge par Barbotin de Rays [6] ; don au même monastère de la dîme de trois fours situés dans la ville de Pornic [7] ; donation de Sept-Faux à l'abbaye de Tiron [8] ; remise de coutumes sur la Loire et sur la mer octroyée à Fontevraud [9] ; cession d'une charruée de terre aux religieuses fontevristes de la Lande de Beauchêne [10]. Goscelin et Harscoët, frère et fils de Garsire Ier, sont nommés dans plusieurs de ces chartes.

---

1. « Conanus rediens à sorore sua quam nuptui tradiderat comiti Flandriae. »
2. Le P. Anselme fixe cette union à l'année 1105, aliàs vers 1105 (*Hist. généal.*, II, 719, et III, 49).
3. D. Mor. *Pr.* I, 508, et mieux, d'après le cartulaire de Liré ; Marchegay, *Archives d'Anjou*, t. II, p. 88.
4. Aujourd'hui Saint-Michel-Chef-Chef, Loire-Inf , ar. Paimbœuf, c[on] Pornic.
5. Du Paz, *Hist généal.*, p. 825 ; D. Mor., *Pr.* I, 458.
6. Du Paz, *op. cit.*, p. 825 ; D. Mor., *Pr.* I, 458.
7. Ar. L.-Inf., H 206, n°s 23 et 28.
8. Merlet, *Cartulaire de Tiron*, n° 286.
9. Bibl. nat., ms. fr. 22329, p. 664, et de la Mainferme, *Clypeus Fontebraldensis*, t. Ier, p. 116.
10. Bibl. nat., ms. fr. 22329, p. 663. Cf. *Gallia christiana*, t. II, col. 1316.

Le 23 octobre 1127, Garsire avec son fils Harscoët assiste à la réconciliation de l'abbaye de Redon [1]. Une notice, que son éditeur place aux environs de 1130 [2], nous montre « Garsirius de Macheco » et « Arcot, filius ejus, » constituant des rentes en Pornic et en Bouin aux chevaliers du Temple, auxquels ils lèguent en outre des chevaux et des armes. Béatrix, femme de Garsire, ajoute quelques libéralités à celles de son époux. Le 6 décembre 1138, « Garsilius, dominus de Macheco, » et son frère Goscelin paraissent dans une concession faite par le duc Conan III au prieuré de Sainte-Croix de Nantes [3]. Postérieurement au 1er août 1137, date de l'avènement du roi Louis VII, mais avant la fin de 1140, époque du décès de Guillaume Aleelme, évêque de Poitiers, Garsire Ier avec Harscoët et deux autres de ses enfants, Raoul et Garsire, qu'on rencontre ici pour la première fois, ratifie le don de la Jaunaie fait à l'ordre de Fontevraud [4].

Dans une charte, que M. de la Borderie [5] n'a pu limiter autrement que par les années extrêmes (1112-1148) du gouvernement du duc Conan III de qui elle émane, « Garsilius, dominus de Machecol, » est témoin avec son frère Goscelin. Il y est question de l'abandon de coutumes fait par le souverain en faveur du prieuré de Saint-Martin de Machecoul. Ceux qui ont souscrit la pièce sont assez nombreux pour qu'on puisse, croyons-nous, restreindre la date entre 1135 et 1141. En effet, Gestin d'Auray et Roland de Liré paraissent dans un acte du 17 novembre 1132 [6] et dans un autre du 6 décembre 1138 signalé plus haut ; Main de Guérande et Daguenet sont nommés dans deux autres chartes, émanées de Conan comme les deux précédentes. L'une d'elles, pour les Templiers de Nantes, est de 1141 [7] ; l'autre, pour l'abbaye de Tiron, est limitée avec raison par ses deux éditeurs entre 1132 et 1146 [8].

---

1. « Garsirio Radiensi cum filio suo Harcuido. » (*Cartulaire de Redon*, n° 347).
2. *Cartulaire de Coudrie*, n° 1, dans *Archiv. hist. du Poitou*, t. II, p. 154.
3. D. Mor. *Pr*. I, 577.
4. *Cartulaire de Libaud*, n° 2, dans *Arch. hist. du Poitou*, t. Ier, p. 57. Les synchronismes fixant la date de cette pièce se trouvent au n° 1 du même cartulaire, que le n° 2 reproduit en partie sous une autre forme.
5. *Actes inédits des ducs de Bretagne*, n° XL, d'après l'original (Ar. L.-Inf., H 135, n° 2).
6. D. Mor., *Pr*. I, 566, et *Cartul. de Tiron*, n° 161.
7. Geslin et de Barthélemy, *Anciens évêchés de Bretagne*, VI, 123. D. Mor. (I, 583) a donné cette pièce, mais il a omis les noms de *Daganetus* et de *Maino de Guerrandia*.
8. Merlet, *Cartul. de Tiron*, n° 216, et de la Borderie, *Actes inédits*, n° XXXV. La leçon Mainardus du *Cartulaire* ne vaut pas celle de Mainus des *Actes* ; par contre, on doit préférer à Bagan, des *Actes*, la variante Dagan, du *Cartulaire*, laquelle correspond à Daganetus et Daguenet.

Garsire Ier épousa une femme nommée Béatrix ; nous l'avons déjà rencontrée d'après une pièce de 1130 environ empruntée au cartulaire de Coudrie. Elle vivait encore le 2 juillet 1152, suivant une charte de Buzay que nous retrouverons plus loin à propos de son fils Raoul Ier.

Outre trois garçons : Harscoët II, Raoul Ier et Garsire II, qui lui succédèrent dans des conditions que nous ferons connaître, Garsire Ier eut également deux filles : Agnès, qualifiée du titre de vicomtesse dans les deux chartes qui la nomment [1], et Béatrix [2].

**

Les historiens et les généalogistes anciens et modernes ont accumulé les confusions possibles entre les membres des deux maisons bretonnes de Rays et de Rieux. La cause en est aux nombreuses variantes de chacun de ces noms dans les titres. Avec un peu d'attention il est facile de faire la part de l'une et l'autre famille.

Les premiers intrus — nous en retrouverons d'autres au XIVe siècle — sont deux Roland de Rays qu'on fait vivre l'un en 1112, l'autre en 1143 [3]. Hâtons-nous d'ajouter que Du Paz, à qui l'on doit cette double erreur, a lui-même réparé la première dans ses corrections [4] en supprimant le Roland de 1112, mais il a maintenu celui de 1143.

Un « Rollandus de Resis, » alias « Rollandus de Reis, » est témoin de deux chartes de Conan III, datées de 1146 [5] et de 1148 [6], par lesquelles le duc concède aux abbayes de Saint-Florent de Saumur et de Savigni des terres ou des droits d'usage en sa forêt de Rennes. Bien que le savant éditeur de ces actes ait, dans une note de l'un d'eux, rattaché ce Roland aux sires de Rays [7], nous ne croyons pas devoir nous ranger à cet avis.

---

1. Celle de Buzay du 2 juillet 1152, visée un peu plus haut, et une autre à peu près de la même époque (Ar. L.-Inf., H 135, n° 4).
2. Charte de 1153 (Ar. L.-Inf., H 135, n° 3).
3. Du Paz, *Hist. généal.*, p. 206 et 207.
4. *Ibid.*, p. 825.
5. D. Mor., *Pr.* I, 597, et A. de la Borderie, *Actes inédits*, n° XXXVIII.
6. *Actes inédits*, n° XXXIX.
7. D. Morice (Table des noms propres) a fait de Rollandus de Resis un seigneur de Rezé. Il a été suivi par M. de la Nicollière (*Anciens sires de Rezay*, dans *Bul. de la Soc. archéol. de Nantes*, 1893, p. 92). L'identification serait peut-être plausible si un acte de 1149 cité par ce dernier auteur était aussi précis qu'il le dit. D'après lui, un Roland de Rezé aurait été témoin en 1149 de la fondation des Couëts par Hoël, comte de Nantes. Or le texte allégué (D. Mor. *Pr.* I, 603) porte : K. de Rezaio, qui ne ressemble guère au Rollandus de Resis de 1146, encore moins au Rollandus de Reis de 1148.

D'abord, rien dans ces chartes ne motive l'intervention d'un sire de Rays ; en second lieu, on ne trouve aucun autre Roland dans la série de nos seigneurs, tandis qu'on en rencontre dans celle des sires de Rieux [1] ; enfin il est impossible de trouver une place à cette époque pour un sire de Rays appelé Roland : nom qui également n'a été porté par aucun cadet de cette famille.

Par suite, c'est au Roland de Rieux des chartes de 1146 et de 1148 qu'il faudrait, à notre sentiment, rapporter la fâcheuse aventure de la perte de sa tente, lors de la défaite infligée au pont de Visseiche par Robert de Vitré au duc Conan (1143). Cette aventure — dont l'exactitude n'est d'ailleurs pas certaine — a été jusqu'ici attribuée à un Roland de Rays par les historiens [2]. Ce serait encore un Roland de Rieux qui, le 15 octobre 1119, aurait assisté à Redon aux obsèques du duc Alain Fergent [3].

Harscoët II (vers 1145).

Fils aîné de Garsire Ier, Harscoët II succéda à son père. Il ne nous est resté aucun acte émané de lui et, de ce chef, nulle part il n'est qualifié de seigneur de Rays. Les documents qui nous le font connaître sont ou postérieurs à sa mort, ou bien du temps de son père.

Le plus ancien est la donation de « Chevesché, » antérieure à 1113 [4]. Là, il est le seul nommé parmi les enfants de Garsire,

---

1. Haculfus de Radiis (de Rays), Bernardus de Machequol et Rollandus de Reux (de Rieux : l'identification n'est pas douteuse) figurent sur la même liste des chevaliers bretons qui, vers 1207, devaient le service militaire au roi de France (*Historiens de France*, XXIII, 684). En 1225, Garsinus de Raies et Rollandus de Reus ratifient ensemble les privilèges de Saint-Aubin-du-Cormier (Ar. L.-Inf., E 157).

2. Le Baud, *Hist. de Bretagne*, p. 182, et *Chroniques de Vitré*, p. 23 ; d'Argentré, *Hist. de Bretagne*, édit. de 1668, p. 155 ; Du Paz, *Hist. généal.*, p. 207 et 54 ; Lobineau, *Hist. de Bretagne*, I, 135 ; de la Borderie, *Vitré et ses premiers barons*, dans *Revue de Bretagne et Vendée*, 2e sem. 1865, p. 441. Lobineau, tout en racontant cette campagne, n'est pas sans jeter sur elle le discrédit, lorsqu'il ajoute qu'on n'en connaît le détail que par les Chroniques fabuleuses de Vitré éditées par Le Baud. Un peu plus haut (p. 122), il a traité de conte une autre guerre dans laquelle serait intervenu le sire de Vitré.

3. Dans les Bénédictins, c'est le seigneur de Rais sans aucun prénom (D. Lob. I, 128 ; D. Mor., *Hist.* I, 90) ; mais dans Le Baud (*Hist.*, p. 176) et d'Argentré (*Hist.*, p. 154), c'est Roland de Rais. En 1119, Garsire Ier était sans conteste seigneur du pays et il n'y avait pas de Roland de Rays. Nous laissons aux historiens des sires de Rieux le soin de rechercher si, en 1119, ce fief était possédé par un Roland, alors qu'en 1112 et 1127 on trouve un Guéthenoc de Rieux (*Cartul. de Redon*, n°s 370 et 347).

4. Cf. plus haut p. LXI et n. 4 et 5.

ainsi que dans les trois actes suivants : donation de Sept-Faux à Tiron (1100-1120), réconciliation de Redon (23 octobre 1127), legs aux Templiers (vers 1130) [1]. Dans la concession de la Jaunaie à Fontevraud (1137-1140), son nom précède celui de ses deux puînés [2].

Il est établi néanmoins qu'Harscoët II fut pendant quelque temps seigneur de Rays après Garsire. La preuve en est dans une charte-notice de 1153 pour le prieuré de Saint-Martin de Machecoul, sur laquelle nous reviendrons bientôt [3]. Elle nous apprend que Garsire Ier avait, de son vivant, octroyé certaines exemptions aux colporteurs ; puis, qu'étant mort et, peu après, son fils Harscoët, celui-ci avait eu pour successeur, ainsi que le prescrivait le droit d'héritage, son frère Raoul [4]. De cette notice on peut encore tirer la conclusion qu'Harscoët II ne laissa vraisemblablement point d'enfants, puisque ce fut son frère qui lui succéda.

Du Paz [5] se trompe tout à fait quand il nous dit que cet Harscoët (qui pour lui est le IIIe du nom et sur lequel il ne nous apprend rien de particulier) fut père de Roland, lequel aurait eu lui-même pour fils Harscoët IVe du nom [6].

Raoul Ier (1152 — vers 1170).

Mentionné pour la première fois dans le don de la Jaunaie à Fontevraud (1137-1140), à côté de son père et de ses frères [7], Raoul était le second fils de Garsire Ier et de Béatrix. Il succéda à son frère Harscoët II.

Le 2 juillet 1152, Raoul, s^{gr} de Rays, par acte passé à Machecoul dans la maison de sa mère, libérait de toutes coutumes une grange et toutes les terres des moines de Buzay situées dans son fief « in honore suo [8]. » Au nombre des témoins figurent Béatrix, mère du donateur, Garsire son frère et Agnès la vicomtesse, sa sœur. A noter parmi les synchronismes de cette charte qu'elle

---

1. Cf. p. LXI et n. 8, et p. LXII et n. 1 et 2.
2. Cf. p. LXII et n. 4.
3. Voy. plus loin p. LXVI.
4. « Non post multum vero tempus, domino Garsilio defuncto, atque paulo post Arscoido filio suo, pro ut dictavit jus hereditarium, successit Radulfus in patrimonium; »
5. *Hist. généal.*, p. 207.
6. Roland est ce personnage que nous rangeons parmi les sires de Rieux. Quant à Harscoët IV de Du Paz, c'était un enfant de Garsire II.
7. Cf. p. LXII et n. 4.
8. Orig. (Ar. L.-Inf., H 46). Imprimé (D. Mor. *Pr.* I, 612).

fut donnée la première année de la chevalerie de Raoul [1]. En admettant que, selon l'usage qui semble le plus ordinaire, Raoul ait été créé chevalier à vingt et un ans, il serait né par suite vers 1130 et l'on s'expliquerait ainsi que, dans la majorité des actes de son père, on ne trouve cité à côté de celui-ci que son fils aîné Harscoët II. On remarquera en outre que, dans ce document, Raoul est dit s^{gr} de Rays [2]. C'est la seule fois que, dans un titre contemporain, il soit qualifié de la sorte, tandis que dans une dizaine d'actes postérieurs au précédent il est constamment appelé Raoul s^{gr} de Machecoul.

Dans les premiers mois de 1153 fut passée une charte [3] importante pour la généalogie de nos seigneurs. Nous en avons déjà relevé un passage à propos d'Harscoët II. Elle relate que Garsire Ier, « Garsilius de Machecollo, » du consentement de ses enfants Harscoët, Raoul, Garsire et Béatrix, avait exempté à perpétuité de tout péage et de toute coutume les colporteurs [4] passant sur le pont de Machecoul situé près de la porte de la Garnache, à raison de l'aide qu'ils avaient prêtée à la construction dudit pont ; puis, qu'après la mort de Garsire Ier et celle d'Harscoët II qui avait suivi de près, Raoul, devenu seigneur à son tour, avait confirmé l'exemption [5].

Le 9 août 1161, Raoul de Machecoul, s^{gr} de ce lieu, remettait aux moines du Breuil-Herbaud tous les droits qu'il possédait sur leur terre [6]. C'est cette concession que vise, le 4 juin 1275, Gi-

---

1. « Anno... Radulfi militie primo. »
2. « Dominus Radulfus Radesii dominus. »
3. Elle est datée de 1153, mais le synchronisme du pape Eugène III, mort au commencement de juillet, doit la faire attribuer à la première moitié de cette même année (Original, Ar. L.-Inf., H 135, n° 3).
4. *Collarios*; en vieux français coliers, couliers (Cf. Godefroy, *Dict. de l'ancienne langue française*), homme qui porte avec une bricole, colporteur. M. de la Borderie, (*Bul. de la Soc. arch. de Nantes*, VII, 1867, p. 126), analysant cette charte citée au *Glossarium* de Du Cange, où l'on définit *collarius* quelqu'un qui porte ses marchandises au cou, avoue ne pas bien voir l'analogie existant entre la profession de marchand ambulant et la construction d'un pont. La relation nous semble assez facile à saisir ; nous nous imaginons très bien les colporteurs, nombreux dans un siècle de transactions primitives, transformés en terrassiers avec leurs hottes (ou, si l'on veut, avec leurs brouettes suspendues par une bricole) comme instrument de travail. Nous croyons aussi que le pont fort ancien qui, de nos jours encore, relie Machecoul à la route de la Garnache en franchissant la rivière tout près du château, est ce même pont que les sires de Rays firent édifier dans la première moitié du XIIe siècle.
5. « Non post multum vero tempus, etc. ; » ci-dessus p. LXV, n. 4.
6. Du Paz, *Hist. généal.*, p. 237. Au dire de cet auteur, Raoul Ier et son fils Bernard auraient été également seigneurs de la Benate. Cette assertion est fort contestable, car, en 1189 et en 1212, Guillaume de Clisson s'intitulait seigneur de la Benate.

rard II Chabot, sire de Rays, en ratifiant les largesses faites au Breuil-Herbaud par Raoul et par ses autres prédécesseurs [1].

Les chartes de 1152, 1153 et 1161 sont les seules de Raoul ayant une date précise. Une autre qui a son importance est celle où nous voyons Raoul de Machecoul et Guillaume Talevat témoins de l'investiture du droit d'hesmage sur la Loire octroyé, à la suite d'une enquête, par Bernard, évêque de Nantes (1147-1169), aux religieuses de Saint-Georges de Rennes, sous le gouvernement d'une abbesse nommée Adélaïde [2]. L'éditeur, qui a songé à Adélaïde de Vitré (1169-1189), a daté de 1169 la charte de Bernard ; mais, à notre avis, elle est quelque peu antérieure au 24 septembre 1158, époque à laquelle le duc Conan confirmait le même droit d'hesmage aux religieuses [3]. Si l'on admet l'ordre relatif que nous donnons aux deux documents, le premier serait limité entre 1153, date initiale de l'abbatiat d'Adélaïde de Mathefelon (1153-1164), et 1158. L'intérêt du titre de Saint-Georges, c'est de nous montrer l'un près de l'autre Raoul de Machecoul et Guillaume Talevat. On sait d'ailleurs qu'ils étaient beaux-frères : Raoul ayant épousé Marie, sœur de Guillaume.

Il faut par suite avancer d'un quart de siècle deux actes placés aux environs de 1190 par M. Marchegay [4], dans lesquels Raoul de Machecoul et Guillaume Talevat apparaissent comme coseigneurs de la Roche-sur-Yon. Non seulement ils sont antérieurs à 1182 — Raoul avait alors cédé la place à son fils Bernard, nous le verrons plus loin — mais ils renferment en eux-mêmes des éléments qui doivent les faire remonter plus haut que ne l'a dit l'éditeur. La charte du Bois-Grolland où figure un abbé G., nous reporte au temps de l'abbé Giraud connu par des pièces de 1161 et de 1166 ; celle du prieuré de la Roche-sur-Yon met au rang des témoins le religieux Pierre Limousin, qui pourrait bien être le même que le frère de ce nom devenu en 1166 prieur d'Aizenay [5].

Il suffira d'énumérer les autres chartes où il est simplement question de Raoul de Machecoul, sans fournir d'éléments positifs pour préciser les dates de ce seigneur : remise d'un droit de re-

---

1. « A Radulpho de Machecou, quondam domino Radesiarum » (Cartul. de Rays, n° CCLIV).
2. *Cartulaire de Saint-Georges de Rennes*, édit. de la Bigne-Villeneuve, p. 181-182.
3. *Ibid.*, p. 182-183.
4. *Cartulaires du Bas-Poitou*. L'un de ces actes (p. 165) concerne le prieuré de la Roche-sur-Yon, l'autre (p. 240) l'abbaye du Bois-Grolland.
5. *Cartulaires du Bas-Poitou*, p. 163.

pas par « Radulfus, Machecolli dominus, » en faveur du prieuré de Saint-Martin de Machecoul : abandon consenti par Garsire et Agnès, frère et sœur de Raoul [1]; « Radulfus de Machicollo » souscrit, en même temps que Bernard, évêque de Nantes, et l'abbé Adam, une concession de Daniel « Soveigni » au monastère de Buzay [2]; Raoul appelé à juger à sa barre [3] un différend entre le prieur de Chémeré et plusieurs notables, renvoie la cause devant la cour de l'évêque Bernard ; donation d'un pré par « Radulphus, Machicolli dominus, » en faveur de Jeanne, prieure des Moutiers, sa belle-sœur [4]. Au dire, contesté du reste, de l'abbé de Nieuil-sur-l'Autize, Raoul [5] aurait octroyé à ce monastère une terre nommée la Lande-Roinard.

Raoul épousa Marie Talevat. Cette alliance, ignorée de presque tous les auteurs, est établie par trois textes provenant du chartrier de Geneston dont les sires de Machecoul furent les bienfaiteurs. Dans une charte pour cette abbaye, Bernard de Machecoul relate ainsi un don fait par ses parents : « Pater meus et Maria mater mea et Willelmus Talevaz avunculus meus dederunt [6]...; » dans une autre, de février 1270, Olivier de Machecoul rapporte la même donation de Bernard et de « Radulphus pater suus et Maria, mater ipsius Bernardi, et Guillelmus Thalevaz, avunculus ejusdem Bernardi [7]; » enfin, le nécrologe de Geneston marque au XIV des cal. d'avril l'anniversaire de « Radulphus pater Bernardi de Machecolio, » et au XIII des cal. d'avril celui de « Maria mater Bernardi de Machecolio [8]. » Ces témoignages fixent un point qui avait embarrassé M. Marchegay dans ses *Anciens seigneurs de la Roche-sur-Yon* [9]. Ayant trouvé Raoul de Machecoul et Guillaume Talevat qualifiés successeurs d'Hugues de la Roche-sur-Yon [10], il s'était demandé à quel titre : ne voyant aucune relation de parenté entre les cohéritiers et entre ceux-ci et leur prédécesseur. Il est évident que c'est du chef de Marie Talevat que Raoul de Machecoul tenait ses droits sur la Roche, qui, au siècle suivant, de-

---

1. Ar. L.-Inf., H 135, n° 4.
2. *Ibid.*, H 46. Adam n'étant plus abbé de Buzay en 1157, la pièce est antérieure à cette date.
3. « In curia domini Radulfi de Machico » (*Ibid.*, H 206, n° 2, f. de Chémeré).
4. « Johanna priorissa, soror uxoris mee » (*Cartulaire du Ronceray*, n° 443).
5. « Radulfus, dominus de Macheco » (*Ibid.*, n° 441 ; cf. n° 442).
6. Bibl. nat., ms. lat. 17092, p. 43 ; et ms. fr. 22319, p. 243.
7. *Ibid.*, p. 43 et 243.
8. Bibl. nat., ms. lat. 17092, p. 38.
9. *Revue des provinces de l'Ouest*, t. Ier, 2e partie, p. 255.
10. Dans les actes cités plus haut, p. LXVII et n. 4.

meura à ses seuls successeurs : Guillaume Talevat n'ayant vraisemblablement point laissé de descendance.

Une seule fois dans un acte contemporain (2 juillet 1152), avons-nous dit [1], Raoul est qualifié seigneur de Rays [2]. Toujours ailleurs — on a pu le remarquer par nos citations textuelles — il est appelé Raoul de Machecoul ou Raoul, s^{gr} de Machecoul. En soi la différence n'a pas une grande importance, et nous avons vu Garsire Ier prendre indifféremment l'un ou l'autre qualificatif sans que cela tirât à conséquence. Raoul lui-même, nonobstant le titre restreint qu'il prit pendant la presque totalité de son gouvernement, semble bien avoir dominé sur l'ensemble du pays de Rays; c'est ainsi que nous l'avons vu juger un différend relatif au prieuré de Chémeré et faire une donation à celui des Moutiers [3]. On peut admettre qu'il était également seigneur de Saint-Philbert-de-Grand-Lieu, son fils Bernard en ayant pris le titre. Quant à l'appellation de sire de la Roche-sur-Yon donnée à Raoul, il n'y a pas lieu d'insister, cette terre lui étant venue du chef de sa femme.

Raoul ainsi investi du pouvoir principal, comment se fait-il que, de son vivant (en 1160), son frère puîné Garsire II se soit intitulé seigneur de Rays ? que le fils de celui-ci, Harscoët III, et ses descendants aient constamment par la suite été appelés sires de Rays, et, dès cet Harscoët, possédé la suzeraineté sur la plus grande partie du pays, laissant seulement aux successeurs directs de Raoul l'aîné, Machecoul (le plus beau fleuron, il est vrai, de l'héritage paternel) et quelques terres de moindre importance ? Il y a là une anomalie apparente que la pénurie des documents ne permet point d'éclaircir suffisamment.

Cette anomalie n'a pas existé pour ceux de nos collègues qui ont le plus étudié l'histoire des premiers seigneurs de Rays, et nous sommes ici en désaccord avec eux.

M. de la Nicollière a publié un tableau généalogique qui est, dit-il, le résumé de l'excellent travail inédit de M. A. de la Borderie sur la première maison de Rays [4]. Les trois fils de Garsire Ier y sont bien indiqués dans l'ordre que nous leur avons assigné [5] : Harscoët II, Raoul Ier et Garsire, mais on n'y donne

---

1. Cf. p. LXV-LXVI.
2. Le document du 4 juin 1275 (ci-dessus, p. LXVII et n. 1) n'est pas contemporain et ne doit être cité que pour mémoire.
3. Cf. p. LXVIII et n. 3 et 4.
4. L'*Abbaye de la Chaume*, dans *Bul. de la Soc. archéol. de Nantes*, XVIII, 1879, p. 58.
5. Ci-dessus p. LXIII.

point de numéro à ce dernier auquel on ne reconnaît pas d'enfants. Le tableau énumère ensuite comme fils de Raoul Ier : Harscoët III, Gestin de Prigny et Bernard de Machecoul ; puis il passe à la postérité d'Harscoët III, parmi laquelle il a tort de compter un nouveau Gestin [1], et ne s'occupe point de celle de Bernard, étrangère au sujet. M. de la Nicollière n'hésite pas à voir dans Bernard un fils puîné de Raoul ; il y est revenu ailleurs à deux reprises [2].

D'après ce système, Harscoët III l'aîné héritait normalement de la plus grande partie des domaines de son père, et l'on se rendait très bien compte qu'il demeurât seigneur de Rays tandis que Bernard devenait seigneur particulier de Machecoul [3].

Mais cette manière de voir est en contradiction avec les textes. Ceux-ci ne nous font connaître qu'un seul enfant de Raoul : Bernard, et ils nous apprennent qu'Harscoët — et par suite son frère Gestin — étaient fils d'un Garsire. C'est ce qui résulte de la charte la plus ancienne du cartulaire de Rays (11 octobre 1160) [4], où nous voyons Harscoët, fils de Garsire, sgr de Rays, ratifier une donation de son père, et d'une autre pièce qui se place entre 1172 et 1184, relatant l'abandon d'un pressoir situé à Prigny, abandon fait en faveur du prieuré de Chéméré par « Harchodius, Garsirii filius [5]. » Il faut donc renoncer à voir dans Harscoët III un fils aîné de Raoul Ier dont il n'était que le neveu.

Le nécrologe de Geneston [6] marque l'anniversaire de Raoul de Machecoul au XIV des cal. d'avril, soit le 19 mars. Est-ce la date de sa mort ? On peut hésiter sur ce point quand on voit le même document mentionner au XVI et au XIII des cal. du même mois les commémorations de Bernard, son fils, et de Marie, sa femme : une telle coïncidence entre les dates des décès de trois membres de la famille paraissant peu vraisemblable [7].

---

1. La faute en est à une erreur de texte de D. Morice ; nous la relèverons plus loin (p. LXXIV, n. 1).
2. *Une pierre tombale de l'abbaye de Villeneuve*, dans *Bul. archéol. de Nantes*, 1860, t. Ier, p. 262, et *L'Abbaye de la Chaume*, loc. cit., p. 82.
3. Encore faudrait-il expliquer comment Gestin le cadet n'aurait eu qu'une part bien inférieure à celle de Bernard qu'on place après lui dans l'ordre de primogéniture.
4. No CCLIII.
5. Ar. L.-Inf., H 206, no 5, paragraphe 2 ; et D. Mor., *Pr.* I, 668.
6. Bibl. nat., ms. lat. 17092, p. 38, et *Bul. de la Soc. archéol. de Nantes*, XII, 1873, p. 156.
7. On doit d'autant plus douter de la concordance entre la date de la mort et celle de la commémoration que, dans le même document, on voit figurer

La mort de Raoul arriva entre 1161 [1] et 1182 ; à cette dernière date son fils Bernard apparaît en titre. Nous avons marqué son décès aux environs de 1170 [2], parce que, en 1172, Harscoët III avait déjà remplacé son oncle Raoul dans la suprématie sur Chémeré que celui-ci possédait de son vivant [3].

Les descendants de Raoul Ier ayant perdu le titre de sires de Rays pour devenir seigneurs particuliers de Machecoul, nous poursuivrons d'abord notre étude par celle des titulaires du fief principal. Nous reviendrons ensuite sur la première famille de Machecoul : le cartulaire de Rays nous ayant conservé de nombreuses pièces la concernant.

Garsire II (vers 1155 — vers 1170).

Ce seigneur était le dernier enfant mâle de Garsire Ier. Son ordre de filiation est parfaitement établi par les actes qui nous le font connaître. Nous avons eu déjà occasion de les signaler. Dans l'un d'eux (1137-1140), Garsire Ier est nommé « cum filiis (suis) Arcoit, Radulfo, Garsia [4]. » Dans la charte du 2 juillet 1152 où Raoul Ier est dit s[gr] de Rays, on a relaté l'approbation et la présence de son frère Garsirius [5]. En 1153, Garsiellus approuve la confirmation faite aux colporteurs par son frère Raoul d'une exemption de péage, de même qu'il l'avait déjà ratifiée lors de la première concession par leur père Garsire Ier [6]. Peu après, Garsilius consent à la remise d'un droit de manger octroyée par Raoul à Saint-Martin de Machecoul [7].

Jusqu'ici Garsire II n'a paru qu'au second rang, à côté de son père, puis de son frère. Nous ne connaissons plus qu'un seul acte de lui, mais il est d'importance. Le 11 octobre 1160, Garsire, s[gr] de Rays [8], confirmait à l'abbaye du Breuil-Herbaud les donations de ses prédécesseurs et son fils Harscoët approuvait l'acte. Le 9

---

respectivement aux 26 et 27 novembre les noms de Pierre de Dreux et de Marguerite sa femme. Or, celle-ci mourut bien à la dernière de ces dates ; mais son mari décéda entre avril et juin, au témoignage de Joinville et de divers nécrologes, lesquels varient toutefois sur le jour précis de sa mort.

1. Cf. p. LXVI-LXVII.
2. C'est aussi l'opinion de M. de la Borderie (Inventaire de Marmoutier, dans *Bul. archéol. de Nantes*, VII, 1867, p. 127).
3. Cf. p. LXVIII et n. 3.
4. *Cartulaire de Libaud*, n° 2 ; cf. p. LXII et n. 4.
5. Titre de Buzay (Ar. L.-Inf., H 46). Cf. p. LXV et n. 8.
6. Ar. L.-Inf., H 135, n° 3. Cf. p. LXVI.
7. *Ibid.*, H 135, n° 4. Cf. p. LXVIII et n. 1.
8. « Garsirius, dominus Radesiarum » (Cartul. de Rays, n° CCLIII).

août 1161, nous l'avons vu, Raoul Ier faisait à la même abbaye une concession analogue [1].

Il nous paraît impossible de ne pas identifier le frère puîné de Raoul, des premiers actes, avec le Garsire de Rays de notre cartulaire : les dates sont absolument concordantes. Si ce Garsire n'était pas le plus jeune des fils de Garsire Ier, sire de Rays et de Machecoul, à quel titre viendrait-il ici prendre place dans la série de nos seigneurs ?

Il faut donc admettre qu'entre 1152 et 1160, il y eut partage entre Raoul Ier et Garsire II. On n'en était pas encore au régime de l'Assise au comte Geoffroy (1185) qui, pour conserver l'intégralité des fiefs, favorisait les aînés. Quel fut le lot de chacun des deux frères ? La rareté des documents ne permet point de le préciser suffisamment ; mais, d'après ce que nous avons dit plus haut [2], il semble bien que, du moins au début, la part de l'aîné ait été la plus considérable [3]. Quoi qu'il en soit, Raoul ne s'intitulera plus que seigneur de Machecoul, son principal fief au pays de Rays, tandis que Garsire prendra le qualificatif plus générique de la région, titre qu'il transmettra à ses descendants.

Garsire II survécut-il quelque temps à Raoul ? Et, dans ce cas — Garsire se trouvant légalement pourvu du bail de son neveu Bernard, fils de Raoul, — ne pourrait-on y voir une des causes de la prépondérance d'Harscoët, fils de Garsire, sur des terres qui dans le principe étaient restées du domaine de Raoul ? Dans l'état de nos connaissances, nous ne saurions répondre à ces questions.

Nous ignorons le nom de la femme de Garsire II. Outre Harscoët III son successeur, dont la filiation est prouvée par la charte du 11 octobre 1160 et par celle de 1172-1184, dans laquelle Harscoët, alors seigneur de Rays, se dit fils de Garsire [4], ce dernier eut un autre garçon, Gestin. Plusieurs documents le disent frère d'Harscoët III, notamment deux actes de 1172 [5] et un autre antérieur à 1184 [6]. Dans un quatrième, Garsire III (1208-1225)

---

1. Cf. p. LXVI.
2. P. LXIX.
3. M. de la Borderie a établi que, à l'époque dont nous parlons, les puînés en Bretagne recevaient souvent dans l'héritage paternel une part considérable, parfois égale et même supérieure en étendue (c'est le cas des Rohan) à celle de leurs aînés (*Essai sur la géographie féodale de la Bretagne*, 1889, p. 66-67).
4. Cf. p. LXX.
5. Ar. L.-Inf., H 206, n{os} 3 et 4. Cf. p. LXXIV, n. 1 et 2.
6. Bibl. nat., ms. lat. 5446, p. 221, et ms. fr. 22329, p. 571.

faisant une donation à Buzay pour le salut de ses parents, cite parmi eux Gestinus de Pruniaco [1]. Ce Gestin de Prigny semble bien le même que celui dont nous parlons. Garsire III ferait ainsi allusion à son oncle, lequel aurait eu en apanage la terre de Prigny.

Harscoët III (1172-1207).

Fils aîné et successeur de Garsire II, ce seigneur est nommé deux fois seulement au cartulaire de Rays : le 11 octobre 1160, il ratifie les bienfaits de son père envers le Breuil-Herbaud; et, aux environs de 1210, nous voyons sa veuve Stéphanie en procès avec les Templiers relativement à des terres en Couëron qui constituaient son douaire [2]. Il n'en est pas moins connu par un grand nombre de chartes, le qualifiant toutes de seigneur de Rays [3].

Autant qu'on en peut juger, sa juridiction s'étendait sur les deux tiers environ de la baronnie et en comprenait toute la partie occidentale : Pornic, Prigny, Chéméré, l'île de Bouin. Il possédait en outre — du chef de sa femme, à n'en pas douter — des terres importantes sur la rive droite de la Loire, en Saint-Etienne-de-Mont-Luc et en Couëron notamment, terres qui demeurèrent longtemps dans la famille et servirent plus d'une fois à en doter les filles.

Avec les ports de la côte de Rays et les domaines qui lui appartenaient dans l'intérieur, Harscoët était un des grands seigneurs terriens de la Bretagne. Machecoul, fief principal de la baronnie, et Saint-Philbert-de-Grand-Lieu demeuraient, il est vrai, aux mains de Bernard, enfant de Raoul Ier, frère aîné de Garsire II, par suite cousin germain d'Harscoët III ; mais, comme étendue, ces châtellenies étaient loin de correspondre à l'héritage d'Harscoët, fils du puîné. Toutefois les seigneurs de Machecoul trouvèrent un ample dédommagement dans leurs alliances qui les rendirent maîtres de la Roche-sur-Yon et de Luçon.

Nous ne saurions énumérer ici — cela nous entraînerait trop loin — tous les actes mentionnant Harscoët III à un titre quelconque. Il suffira d'indiquer les principaux, soit qu'ils fixent les dates de ce seigneur, soit qu'ils relatent quelque circonstance plus

---

1. Ar. L.-Inf., H 34.
2. N[os] CCLIII et CX.
3. « Terre Radiensis dominus » (1172); « Radesii, Radesiensis dominus » (1172, 1175, 1187, 1200, 1207, etc.).

importante. 1172. Don aux religieux de Chémeré de la lande de Villeneuve [1] et confirmation par Robert, évêque de Nantes [2]. — 1175, 23 juin, au Pellerin. Harscoët est témoin d'une charte du même Robert relatant la renonciation d'Olivier de Begon, en faveur de l'abbaye de Buzay, de ses prétentions sur l'île Kyriole [3]. — [1187]. « Harcoidus, Radesii dominus, » du consentement de Garsire son fils, ratifie une donation du 9 avril 1187 faite à Buzay par Raoul de Chémeré [4]. — 1200 (n. st.), 15 janvier. Approbation d'un échange de marais salants dans l'île de Bouin [5]. — 1201, 25 juillet. Harscoët donne à Buzay Reinier Barduin son vassal, avec sa famille et ses biens [6]. — 1205. « Arcoildus de Radesiis » assiste à la cession de la terre de la Bouteillerie, faite aux religieux de Villeneuve par le duc Guy de Thouars [7]. — 1207. Octroi d'une rente de dix sous sur les moulins neufs de Pornic, en faveur de Buzay, par Stéphanie, femme d'Harscoët; celui-ci, ses fils Garsire et Olivier, ses filles Olive et Aalit y consentent [8]. — 1207, 28 avril. Cession à Buzay d'une saline jadis possédée par Hervé le médecin [9]. — 1207, 6 novembre, « in die sancti Leonardi. » Transaction entre les Templiers et Harscoët au sujet des moulins de Pornic [10].

Tous ces actes, empruntés aux archives monastiques, ne nous font voir le personnage que sous un côté ; précieux sans doute puisqu'il sert à fixer ses dates, ses titres, et à nous faire connaître sa famille et ses domaines, mais toutefois fort restreint.

Harscoët a-t-il joué le rôle politique que certains lui ont prêté? Et en premier lieu comme gardien, pour ne pas dire comme geôlier de Constance, duchesse de Bretagne?

Le Baud [11] et à sa suite d'Argentré et Du Paz rapportent qu'en

---

1. Orig. (Ar. L.-Inf., H 206, n° 3). D. Morice, qui donne en partie cette charte (*Pr.* I, 668), a fait suivre à tort, au début de l'acte, le nom de Gestin, frère d'Harscoët, du mot *filii*, au lieu du mot *fratris* qu'on lit dans l'original; plus bas D. Mor. donne la bonne leçon *frater*.
2. Orig. (*Ibid.*, H. 206, n° 4); imprimé (*Gallia christ.*, XIV, *Instr.*, col. 178).
3. Orig. (*Ibid.*, H 59).
4. Orig. (*Ibid.*, H 44).
5. Orig. (*Ibid.*, H 26); imprimé (D. Mor. *Pr.* I, 734).
6. Orig. (*Ibid.*, H 24).
7. D. Mor., *Pr.* I, 801, et mieux, A. de la Borderie, *Actes inédits des ducs de Bretagne*, n° LXXII.
8. Orig. (Ar. L.-Inf., H 44).
9. Orig. (*Ibid.*, H 24).
10. *Cartulaire de Coudrie*, n° XIX, dans *Arch. hist. du Poitou*, II, 172-174. Le sire de Rays est bizarrement appelé dans cet acte « dominum Archodium Regisheremi. »
11. *Chroniques de Vitré*, p. 30-31, et *Hist. de Bretagne*, p. 202.

1196 [1], à l'instigation de Richard Cœur-de-Lion, Raoul comte de Chester s'empara de Constance. Raoul avait été imposé comme époux à la duchesse ; mais peu après, les Bretons l'ayant chassé, le comte de Chester s'était attaché au roi Richard. Raoul s'étant donc saisi de sa femme par trahison, il « la bailla, dit Le Baud, en garde à messire Hascot de Raix son allié. » André de Vitré joua, pour obtenir la délivrance de la duchesse, un beau rôle que nous ne contestons pas ; mais les anciennes *Chroniques de Vitré* conservées par Le Baud contiennent des faits fort peu avérés, et Lobineau, nous l'avons dit déjà [2], les traite de fabuleuses et de roman. Roger de Hoveden [3] rapporte que Raoul de Chester, après avoir arrêté sa femme à Pontorson, la mena dans son château de Saint-James-de-Beuvron. Le chroniqueur ne fait aucunement intervenir Harscoët dans cette affaire, intervention des moins vraisemblables si l'on songe à l'éloignement de Saint-James-de-Beuvron par rapport aux domaines du sire de Rays. Il est vrai que Le Baud place à Teillé le lieu de l'arrestation de la duchesse ; mais il se trompe sur ce point aussi bien qu'en indiquant Nantes comme lieu du rendez-vous fixé par le roi Richard à Constance [4]. Les Bénédictins bretons, qui citent Roger de Hoveden, ne mettent point en cause ici Harscoët de Rays. On doit les suivre, croyons-nous.

En 1203, au lendemain de la mort du jeune duc Arthur Ier, les États s'assemblèrent à Vannes pour aviser à la situation. Sur la longue liste des barons présents, reproduite par tous les historiens bretons, on lit entre autres noms ceux d' « Hascot, sire de Raix, et (de) Garsuire son fils » et celui d' « Emery, sire de Machecou [5]. » Disons tout d'abord que ce n'est point un document diplomatique qui nous a conservé le souvenir de cette assemblée ; les Bénédictins ne l'ont connue que par Le Baud. Sans soulever ici la question de vraisemblance d'une réunion solennelle des trois États de Bretagne à une date aussi ancienne, nous ferons remarquer que la présence d'Aimery de Machecoul à l'assemblée constitue un anachronisme patent. Aimery de Thouars était bien seigneur de Machecoul en 1214 du chef de Béatrix de Machecoul

---

1. C'est la date donnée par Roger de Hoveden. D'après les Chroniques Annaulx et la Chronique de Paimpont (D. Mor. *Pr.* I, 105 et 153), c'est en 1198 que la duchesse aurait été emprisonnée.
2. Cf. p. LXIV, n. 2.
3. Extraits de Roger de Hoveden dans *Historiens de France*, XVII, 579.
4. Cf. Hévin, *Questions féodales*, p. 38.
5. Le Baud, *Hist. de Bretagne*, p. 210.

sa femme, mais il ne l'était point encore en 1213, date à laquelle Béatrix avait toujours pour époux Guillaume de Mauléon son premier mari. La présence d'Aimery de Machecoul sur la liste de 1203 y jette donc le discrédit ; par suite, nous ne pensons pas qu'elle soit une autorité suffisante pour attester d'une façon certaine la part prise par Harscoët et son fils à la réunion de Vannes.

De sa femme Stéphanie mentionnée dans une charte de 1187 environ [1], dans une autre de 1207 [2] et dans une troisième de 1210 à peu près, où, étant veuve, elle traite personnellement avec les Templiers [3], Harscoët III eut au moins deux fils et deux filles : Garsire III son successeur, Olivier, Olive et Aalit. Ils sont nommés tous quatre dans une pièce de 1207 en faveur de Buzay [4]. Les trois derniers sont en outre cités dans des actes de Garsire leur frère : Olive dans deux chartes de 1217, l'une pour Blanche-Couronne [5], l'autre pour Villeneuve [6] ; Olivier et A[alit] dans un document pour Buzay à peu près de la même époque [7].

Quant à Eustachie, autre fille d'Harscoët mentionnée par les auteurs, nous n'avons trouvé son nom dans aucune pièce d'archives. Du Paz [8] reproduisant Le Baud [9], en ayant soin toutefois de corriger la date erronée de 1180, relate que le 5 mars 1200 n. st. André II de Vitré épousa Eustachie, fille d'Harscoët de Rays, à laquelle celui-ci aurait donné pour dot les terres de Blain et de Héric, le rivage de Loire et tout ce qu'il possédait au Port-Durand, Vigneux, Saint-Etienne-[de-Mont-Luc] et Doulon. Que la seconde femme d'André se nommât Eustachie, on n'en saurait douter ; qu'elle fût fille du sire de Rays, la chose est fort possible. Quant à la constitution de sa dot qui paraît excessive, on peut admettre que les parents d'Eustachie lui firent assiette de rentes sur les terres énumérées plus haut [10]. Harscoët devait tenir de sa femme ses droits sur les domaines en question. Les trois derniers sont visés dans une pièce de notre cartulaire [11] et il y est plusieurs fois parlé du Port-Durand.

---

1. Ar. L.-Inf., H 44.
2. *Ibid.*, H 44 ; cf. p. LXXIV et n. 8.
3. Cartulaire, n° CX ; cf. p. LXXIII.
4. Ar. L.-Inf., H 44 ; cf. p. LXXIV et n. 8.
5. *Ibid.*, H 1.
6. Bibl. nat., ms. lat. 17092, p. 220, et ms. fr. 22319, p. 276.
7. Ar. L.-Inf., H 34.
8. *Hist. généal.*, p. 207.
9. *Chroniques de Vitré*, p. 35.
10. Il semble en effet qu'à la fin du XII° siècle Blain et Héric avaient des seigneurs particuliers portant le nom de ces terres.
11. Juillet 1243 (n° CI).

En 1210 et même dès 1208, croyons-nous, on le verra tout à l'heure, Harscoët III avait cédé la place à son fils Garsire III, c'est-à-dire qu'il était mort. La date du décès d'Harscoët suffirait, s'il en était besoin, pour montrer l'erreur de ceux qui, trompés par le rapprochement dans La Roque [1] d'une note relative à la bataille de Bouvines (27 juillet 1214) et d'une liste des féodaux qui devaient le service militaire au roi de France, du temps de Philippe-Auguste, ont voulu voir dans cette liste les noms de ceux qui auraient pris part en 1214 au glorieux fait d'armes de Bouvines. Le rapprochement de la note et de la liste est absolument fortuit dans La Roque. La corrélation entre l'une et l'autre ne ressort point du texte de cet auteur, et récemment le *Recueil des historiens de France* [2] a omis la note en rééditant les listes, sur la date précise desquelles il se tait d'ailleurs.

Nous aurions mauvaise grâce à signaler ici tous les auteurs de généalogies et d'histoires locales qui, en Bretagne seulement, depuis un demi-siècle [3], se sont fourvoyés en inscrivant à l'actif de divers seigneurs leur participation au combat de Bouvines en 1214. Et pourtant, le premier nom de la liste bretonne, celui du duc Guy de Thouars décédé en 1213, aurait dû leur montrer de prime abord, sans parler des autres raisons, qu'ils faisaient fausse route.

On ne saurait donc ranger « Haculfus, *aliàs* Harcodius de Radiis » (c'est notre Harscoët III), dont on lit le nom sur le catalogue en question à côté de celui de Bernard de Machecoul [4], parmi les combattants de Bouvines. Nous verrons plus loin que Bernard était lui-même décédé avant le 27 juillet 1214.

Garsire III (1208-1225).

Fils aîné d'Harscoët III et de Stéphanie, Garsire III est mentionné, du vivant de son père, dans des actes de 1187, 1200 et 1207. Devenu seigneur à son tour, nous le rencontrons dans six pièces de notre cartulaire [5] : cinq passées en 1220, 1224 et 1225 ;

---

1. *Traité du ban et arrière-ban*, édit. de 1735, p. 47.
2. T. XXIII (1876), p. 605 et suiv.
3. Nous en avons bien noté une douzaine. Quelques-uns de ces ouvrages sont estimés dans notre province, soit à raison de leur importance, soit à cause des noms de leurs auteurs.
4. *Historiens de France*, XXIII, 684 et 719 ; de la Roque, *op. cit.*, p. 50. La présence d'Harscoët sur la liste établit qu'elle a été dressée en 1207 au plus tard.
5. Nos CC, CXCI, CLXII, CLXXII, CCLII, CLVI.

l'autre, postérieure à son décès, relate une donation dudit Garsire à l'abbaye de Pornic. Deux d'entre elles [1] concernent des fiefs en Couëron sur la rive droite de la Loire, entrés vraisemblablement dans la famille, avons-nous dit, du chef de Stéphanie, mère de Garsire.

L'acte le plus ancien, daté d'une façon explicite, où il agisse comme sire de Rays, est la confirmation faite en 1210 par « nobilis vir Garsirius de Radesio » d'une transaction passée en 1207 avec les Templiers par Harscoët III [2]. Toutefois, il est une autre pièce sans millésime que nous n'hésitons pas à regarder comme antérieure à la précédente. Nous voulons parler de celle où « Garsias de Raeis, vir nobilis, » modifie une donation faite par sa femme Eustachie à l'abbaye de Talmond [3], et en donne l'investiture, en l'absence de l'abbé, à Raoul de la Peyratte, alors aumônier du monastère [4]. Nous ne savons pourquoi on a cru devoir interpoler un texte [5] qui n'en avait aucun besoin, pour arriver à le dater de 1210 environ, alors que sans le modifier on pouvait rationnellement le croire de 1208 ou du début de 1209. Le n° 76 du cartulaire du Bois-Grolland, dont nous parlons un peu plus bas, établit en effet que, dans les derniers mois de 1208, Raoul était aumônier de Talmond sous l'abbatiat de Guillaume son prédécesseur. D'autre part, Raoul de la Peyratte n'était pas encore abbé de Talmond au commencement de 1209, puisqu'une charte de janvier ou de février 1213 [6] est datée de la quatrième année de son gouvernement. Dès lors que les actes connus des sires de Rays ne nous apprennent point d'une façon positive lequel était seigneur en 1208, d'Harscoët ou de Garsire, il faut s'en tenir à la leçon primitive du cartulaire de Talmond que rien n'improuve et dater la pièce de 1208, des premiers mois de 1209 au plus tard. On n'a pas toujours la bonne fortune de pouvoir fixer

---

1. N°ˢ CXCI et CLXII.
2. *Cartulaire de Coudrie*, n° XXII.
3. *Cartul. de Talmond*, n° 403, au t. XXXVI des *Mém. des antiquaires de l'Ouest*.
4. « Investivit, loco abbatis qui absens erat, Radulphum de Parata tunc temporis elemosinarium de Thalemon. »
5. L'éditeur le rétablit ainsi : Garsire investit, à la place de l'abbé Raoul de la Peyratte absent, J. alors aumônier de Talmond. Pour justifier son interpolation, il nous dit que le texte du cartulaire « serait possible si cette charte doit être datée de 1208 ; mais (ajoute-t-il), cela est douteux, car Arcoyt, sgr de Rays, vivait encore en 1207, et nous n'avons trouvé mention de Garsire son fils que de 1210 à 1225. »
6. *Cartul. de Talmond*, n° 398. L'acte est daté simplement de 1213, mais le synchronisme de la 15ᵉ année du pontificat d'Innocent III établit qu'il est de janvier ou de février 1213.

ainsi par les synchronismes l'époque d'un document non daté.

Nous possédons une transaction entre les abbayes du Bois-Grolland et de Lieu-Dieu en Jard passée en 1208, mais comprise entre le 24 septembre et le 31 décembre de cette année [1]. Il y est dit notamment que, par suite des conventions, « nobilis vir Garsirius, dominus de Cathenis, » versera désormais au Bois-Grolland le cens sur des marais situés près de Longeville, cens qu'il payait antérieurement à Lieu-Dieu. *Cathenæ* c'est les Chaînes, la Chaîne, *aliàs* les Chesnes dans la paroisse de Longeville [2]. Si cette terre ne nous apparaît explicitement en possession de la famille de Rays qu'à la fin du XIVe siècle [3], il convient d'ajouter qu'à chaque fois qu'il en est question, son sort n'est jamais séparé de celui du domaine de la Morière [4]. Or, dès 1212, Garsire de Rays possédait la Morière, et il en est souvent parlé dans notre cartulaire à partir de 1269. Dans ces conditions, il ne semble pas téméraire d'identifier le Garsire, sgr des Chaînes, avec Garsire de Rays, et même de croire que les Chaînes et la Morière lui venaient de sa femme Eustachie. Celle-ci en effet ne nous est connue que par deux cartulaires de la Vendée, pays où se trouvaient ces fiefs.

Quand Garsire se qualifie sgr des Chaînes, était-il déjà sire de Rays ? Le fait n'aurait rien d'insolite ; mais, dans l'état de nos connaissances, on ne saurait l'affirmer.

Par acte daté de 1212, « Garcirius de Raes » abandonne à l'abbaye d'Orbestier cinq sous sur ses cens de la Morière [5]. Harscoët son fils et Tiphaine sa fille approuvent les largesses de leur père, en même temps que celui-ci ratifie un don de dernière volonté fait par sa feue femme Eustachie. Deux chartes de 1217 et une autre, de la même époque à peu de chose près, relatent des bienfaits de Garsire aux abbayes de Villeneuve [6], de Blanche-Couronne [7] et de Buzay [8]. La première, outre Harscoët et Tiphaine, mentionne une autre fille de Garsire, Aaliz, puis Olive, sœur dudit Garsire ; la seconde nomme encore cette dernière ; la troisième, son oncle Gestin, Olivier et A[alit] son frère et sa sœur.

---

1. A raison de l'indiction XII notée dans le texte (*Cartulaire du Bois-Grolland*, n° 76, dans *Cartulaires du Bas-Poitou*, p. 256-258).
2. Vendée, ar. Les Sables, con Talmont.
3. 12 déc. 1390 (n° CLIV).
4. Vendée, ar. et con Les Sables, cne Vairé.
5. « Apud vicum qui dicitur Menrriere » (*Cartulaire d'Orbestier*, n° 19).
6. Bibl. nat., ms. lat. 17092, p. 220, et ms. fr. 22319, p. 276.
7. Ar. L.-Inf., H 1.
8. *Ibid.*, H 34.

Il est question de Garsire III dans plusieurs actes de 1225. Nous n'en citerons que deux : celui par lequel « Garsirius, dominus Radesiarum, » donne des salines, des vignes, etc., dans l'île de Bouin, à l'abbaye de la Blanche de Noirmoutier [1], et un autre postérieur au 17 mai 1225. Cette pièce est, à notre connaissance, le seul acte politique où soit intervenu Garsire. Le 17 mai 1225, le duc Pierre Mauclerc avait confirmé les privilèges de Saint-Aubin-du-Cormier; une charte de ses principaux feudataires [2], datée seulement de l'année 1225, ratifia celle du prince.

Garsire se maria au moins une fois. Sa femme fut cette Eustachie dont nous avons parlé ; elle vivait encore, semble-t-il, en 1208 [3], mais elle était décédée en 1212 [4].

Il eut pour enfants : Harscoët, Tiphaine, Alix et Raoul. Le premier, qui ratifia en 1212 et en 1217 les chartes d'Orbestier et de Villeneuve visées plus haut [5], devait être mort en 1225, époque à laquelle Raoul est dit fils et héritier de Garsire [6]. Tiphaine, qui paraît au même titre qu'Harscoët dans les deux actes de 1212 et de 1217, était veuve en 1257 [7]. Alix n'est connue que par la charte de Villeneuve (1217). Quant à Raoul dont il n'est point question avant 1225, on peut se demander, à raison de ce silence et alors qu'Eustachie était déjà décédée en 1212, s'il ne serait point issu d'un second mariage.

Raoul II (1229-1248).

C'est surtout par le cartulaire de Rays que nous est connu ce personnage ignoré de Du Paz, lequel a sauté ici une génération.

Le 4 avril 1225, du vivant de son père, Raoul approuvait une transaction entre celui-ci et les religieuses des Moutiers [8]. L'acte le plus ancien où il apparaisse comme seigneur est visé dans

---

1. « Abbacie Insule Dei ; » c'est le nom ancien du monastère cistercien de Noirmoutier (Vidimus de 1457, collect. Antonin Jacobsen; copie, D. Fonteneau, I, 349).
2. Parmi lesquels « Garsinus de Raies » (Vidimus dans une confirmation ducale de 1409, Ar. L.-Inf., E 157; anc. Trés. des chartes E. E. 18; —D. Lob. II, 378; — D. Mor., *Pr.* I, 853).
3. *Cartul. de Talmond*, n° 403. Cf. p. LXXVIII.
4. *Cartul. d'Orbestier*, n° 19. Cf. p. LXXIX.
5. Cf. p. LXXIX.
6. N° CLXXII.
7. Ar. L.-Inf., H 34.
8. N° CLXXII.

un accord passé en juillet 1269 entre Girard II Chabot et les Fontevristes du Val-de-Morière. Au dire de cet acte, « Radulphus, dominus Radesiarum, » avait concédé aux religieuses un péage et la dîme de moulins et de vignes en Touvois et en Saint-Etienne-de-Mer-Morte [1]. Le texte de 1269 n'indique point la date de la libéralité de Raoul, mais le P. Anselme nous apprend que ce fut en 1229 [2]. En 1236, le sire de Rays abandonne divers droits à l'abbaye de Buzay [3].

On trouvera au cartulaire, sous les n°s CCXV, CLXXI, CCIV, CI et CLVI, des chartes d'ordre privé concernant ce Raoul ; elles portent les dates de 1237, 1238, 1243, et du 31 janvier 1248. Ce dernier acte est le plus récent que nous connaissions de lui. Les titres postérieurs où il est nommé : 27 août 1254, 1257, 1260 [4], 1269 [5], ne font plus que relater son décès et sa parenté avec ceux qui lui succédèrent. On peut admettre même que Raoul était déjà mort le 20 mars 1252 [6], car Girard Chabot son gendre n'eût point procédé personnellement à cette date contre les Templiers, si son beau-père avait encore vécu.

Raoul se maria à Salvagie, dame de la Mothe-Achard. Une charte de 1246, où elle s'intitule dame de Rays et de la Mothe, ne laisse aucun doute à cet égard [7]. La Mothe-Achard était encore dans la famille à la fin du xv° siècle et servit plus d'une fois d'apanage aux puînés et de douaire aux veuves. Salvagie décéda avant le 27 août 1254 [8], et le cartulaire d'Orbestier conserve le souvenir d'un legs fait par elle à ce monastère [9].

Les époux ne laissaient qu'une fille, Eustachie qui, en 1246, du vivant de ses parents, était déjà la femme de Girard I Chabot.

Girard I Chabot (1252-1265).

Puîné de l'importante famille poitevine des Chabot, fils de Sebrand Chabot et d'Agnès d'Oulmes, frère de Thibaud qui

---

1. Bibl. de Nantes, ms. fr. 1543.
2. *Hist. généal.*, IV, 559.
3. Ar. L.-Inf., H 31.
4. N° CLVIII ; — ar. L.-Inf., H 34 ; — n° CCXXXIV.
5. Bibl. de Nantes, ms. fr. 1543 ; cf. p. LXXXI et n° 1.
6. N° VIII.
7. N° CLXXIII.
8. N° CLVIII.
9. « Ratione legati nobilis Salvagie, quondam domine de Mota Achardi » (*Cartul. d'Orbestier*, n° 78, acte de mai 1280).

représentait alors la branche aînée, Girard devint seigneur de Rays du chef d'Eustachie sa femme, fille et héritière de Raoul.

La première mention de lui que nous connaissions est de 1218 ; il donne son assentiment, de même que sa mère Agnès et son frère Thibaud, à une donation de terrages faite par son père Sebrand au monastère de l'Absie [1]. En 1230, Girard approuve une concession faite en faveur de leur sœur Jeanne par Thibaud son aîné [2]. En mars 1231 v. st., une charte de ce dernier et de ses frères Girard et Sebrand nous les montre ratifiant les privilèges octroyés par leurs ancêtres à l'abbaye des Châtelliers [3].

C'est dans un document d'avril 1244 que le cartulaire de Rays [4] parle pour la première fois de Girard ; déjà chevalier, il ne devait pas encore être entré dans la famille de Rays. Une charte du 21 février 1245, dans laquelle « dominus G. Chabot, miles, » paraît comme exécuteur testamentaire d'Aimery de Moric [5], est également muette sur ce point. Mais, en 1246, le mariage de Girard avec l'héritière de Rays était un fait accompli, ainsi qu'il résulte d'un acte de Salvagie, mère d'Eustachie [6]. M. Sandret [7] cite des documents du 21 juin 1250 et du 25 mai 1251 dans lesquels intervient Girard.

Bien que nous n'ayons point rencontré avant le mois de janvier 1254 n. st. la qualification de « dominus Radesiarum » jointe au nom de Girard I [8], il est à croire que le 20 mars 1252 Raoul de Rays son beau-père était mort, et que lui-même était investi de la baronnie qui fut possédée pendant 150 ans par ses descendants directs [9]. Ceux-ci, suivant un usage assez fréquent au moyen âge, ont tous porté le prénom de Girard [10]. Cette particularité a causé plus d'une confusion chez les généalogistes et, les dates précises du décès de chacun des seigneurs faisant défaut, il n'est pas toujours facile de s'y reconnaître dans la série de ces Girard.

---

1. *Chartes de l'Absic*, dans *Arch. hist. du Poitou*, t. XXV, p. 147.
2. D. Mor. *Pr.* I, 867.
3. *Cartulaire de l'abbaye des Châtelliers*, dans *Mém. de la Soc. de statistique des Deux-Sèvres*, 2e série, t. VII, p. 54-55.
4. N° CLVII.
5. *Cartulaire du Bois-Grolland*, n° 129.
6. N° CLXXIII.
7. *Hist. de la maison de Chabot*, p. 53 et 257.
8. Bibl. nat., ms. lat. 17092, p. 226.
9. Cf. p. LXXXI.
10. C'est ainsi que le prénom de Guy était constamment donné aux aînés de la famille de Laval et que, pendant longtemps, le prénom de Geoffroy fut porté dans la descendance des barons de Châteaubriant.

Le premier, que nous trouvons marié à l'héritière de Rays en 1246 et seigneur en 1252, vivait sûrement encore en décembre 1260 [1]. Nous n'hésitons pas à retrouver le même personnage dans un accord du 27 août 1262 entre le duc de Bretagne et « messire Girart Chabotz [2], » aussi bien que dans le « dominus Giraldus Chabot » élu en 1262 pour l'un de ses exécuteurs testamentaires par Geoffroy de Châteaubriant [3]. Bien que dans ces deux actes il ne soit pas explicitement différencié de son successeur, il n'est guère admissible, dans le second, que Geoffroy eût choisi et nommé aux premiers rangs des interprètes de ses dernières volontés un jeune seigneur comme Girard II, qui en 1271 se qualifiera encore simplement d'écuyer ou de valet.

Postérieurement aux deux actes de 1262 il n'est plus question de Girard I. En disant qu'il dut mourir entre le 19 juillet et le mois de septembre 1264, l'auteur de la *Maison de Chabot* [4] a été induit en erreur. Le premier document n'est point, comme il le croit, du 19 juillet 1264, mais du 20 juillet 1275 [5] et par suite concerne Girard II. Quant à voir dans la transaction de septembre 1264 [6], passée entre ce même seigneur et Haouis sa belle-mère, la preuve du décès de Girard I, père du jeune homme, parce que ledit Girard I n'y est pas mentionné, on reconnaîtra que la preuve n'est pas concluante, d'autant que la pièce a pour objet des affaires particulières aux contractants.

Quoique nous perdions sa trace à partir de 1263, nous inclinons fort à reculer jusqu'aux premiers mois de 1265 le décès de Girard I. En effet, son fils, dans un contrat du 24 janvier 1265 [7], s'intitule uniquement sire de Château-Gontier. L'acte, il est vrai, concerne des biens qui lui venaient de sa femme, de laquelle il tenait cette seigneurie ; mais, dans des circonstances analogues, ce Girard n'hésitera pas, plus tard, à joindre ses deux titres de sire de Rays et de Château-Gontier [8]. Si donc, le 24 janvier 1265, le second Girard prend seulement le dernier de ces qualificatifs, c'est une présomption qu'il n'en pouvait encore faire autant pour l'autre ; par suite, que son père Girard I

---

1. N° CXLVIII.
2. N° CLXI.
3. D. Mor. *Pr.* I, 985-986.
4. P. 57-58.
5. N° LII.
6. N XXXVI.
7. N° CIX.
8. Notamment dans un acte de février 1268 (n° XXXVIII).

vivait toujours. Quoi qu'il en soit, celui-ci était décédé en mai 1265 [1], époque à laquelle la seigneurie de Rays avait pour titulaire un Girard Chabot, *valet* [2].

Tous les faits que nous connaissons relativement à Girard I sont d'ordre purement privé. Le plus notable sans contredit est la revendication entreprise par lui de l'importante châtellenie de Machecoul, chef-lieu de la baronnie, dont elle était distraite depuis un siècle. La branche des seigneurs particuliers qui, à la suite d'un partage, possédait cette terre et en portait le nom, n'avait pas tardé à tomber en quenouille. L'héritière Béatrix de Machecoul ne laissa, de son mariage avec Aimery de Thouars, qu'une fille Jeanne. Celle-ci transmit ses droits sur Machecoul à Maurice de Belleville son second mari. D'autre part, Marguerite de Montaigu, qui, après le décès d'Hugues de Thouars son premier époux, s'était remariée à Pierre Mauclerc, duc de Bretagne, s'intitulait dans une charte de juillet 1239 : « Margarita, domina Gasnapie, Montisacuti et *Machecolii* [3]. » Olivier son beau-fils se qualifie, en 1252, de seigneur de Machecoul, titre qu'il prend encore en 1256 et 1257 [4].

Le 10 mars 1258, les prétentions rivales d'Olivier et de Jeanne de Thouars sur Machecoul furent réglées d'un commun accord [5]. Jeanne, qui jusqu'alors ne s'était jamais appelée autrement que dame de la Roche-sur-Yon et de Luçon, obtint à titre d'héritage perpétuel la ville et le château de Machecoul et le tiers du revenu des terres. Son compétiteur demeurait avec les deux autres tiers des revenus et se trouvait dépossédé du titre de seigneur de Machecoul qu'il ne portera plus ; il se contentera désormais de l'appellation d'Olivier dit de Machecoul, ou simplement d'Olivier de Machecoul.

Sur ces entrefaites, Jeanne étant morte sans enfants vers le milieu de 1258 [6], Girard Chabot s'empressa, du chef de sa femme Eustachie, qui était non pas la sœur, comme on l'a dit [7],

---

1. N° CLXXXIV.
2. Il ne faut pas se laisser induire en erreur par un document que M. Marchegay (*Bibl. Ecole des chartes*, 1883, p. 288-289) a par inadvertance daté du 12 février 1265 n. st., alors que, d'après l'original qu'il nous a été donné de voir au chartrier de Thouars, il est en réalité du 14 février 1275. On ne saurait par suite y trouver la preuve que Girard II, dont il est question dans cet acte, fût à la fois sgr de Rays et chevalier dès le mois de février 1265.
3. Arch. L.-Inf., H 24.
4. Cf. plus loin la notice sur Olivier I de Machecoul.
5. N° CCXX.
6. Voy. plus loin l'article consacré à Jeanne de Thouars.
7. Sandret, *Hist. de la maison de Chabot*, p. 55.

mais la parenté assez éloignée de Jeanne, de revendiquer Machecoul. Dès le 6 octobre 1258 [1], Pierre de Bretagne s'engageait à appuyer les prétentions de Girard à l'encontre de celles de Maurice de Belleville, veuf de Jeanne de Thouars, et renonçait aux donations qu'Olivier dit de Machecoul, son oncle, lui avait pu faire sur la terre de Machecoul. Au mois de septembre 1260, Girard et sa femme étaient investis du château et d'une partie des terres de la châtellenie de Machecoul [2]. Mais les difficultés se prolongèrent bien au delà de l'existence de Girard I, tant avec Olivier qu'avec Maurice de Belleville, et ce ne fut que sous Girard II que la totalité de la seigneurie de Machecoul fut réunie à la baronnie de Rays pour n'en plus être séparée [3].

Girard I contracta deux unions : la première avec Eustachie de Rays, qui fit d'un puîné des Chabot l'un des grands feudataires de la Bretagne, la seconde avec Tiphaine de Montfort. Ce dernier mariage est prouvé par une charte du mois d'août 1266 [4], où l'on voit Eudes de Montfort, s^{gr} de Gaël, donner à l'abbaye de Buzay 50 sous de rente « pro salute dilecte Theophanie filie nostre, uxoris quondam nobilis viri Gerardi Chaboz, militis, quondam domini Radesiarum, » rente que Tiphaine avait assignée par testament sur les biens de son père.

Cette deuxième alliance, ignorée jusqu'à ces dernières années, a été notée par M. Sandret [5] ; toutefois, à l'encontre de cet auteur qui fait de Tiphaine la première épouse de Girard, nous la regardons comme la seconde. Si en effet Tiphaine avait été la première femme de Girard, ce n'aurait pu être qu'avant 1246, date à laquelle celui-ci était uni à Eustachie de Rays ; mais alors on pourrait avec raison s'étonner de voir Eudes de Montfort tarder plus de vingt ans à exécuter les dernières volontés de sa fille. En outre, pour qu'un legs de Tiphaine de Montfort à l'abbaye de Buzay — située dans l'évêché de Nantes, près des domaines des sires de Rays, au lieu même où ils élisaient d'ordinaire leur sépulture — soit admissible, il faut que la testa-

---

1. N° CVIII.
2. N°s CCXXXIV, LXIV, LXV, CXVI, CXCIII.
3. Au sujet de cette affaire, voy. encore les n°s CLXI, CLXXXIV, CLXXXVIII, CCXXII, CCXXI, XLVI et LIV.
4. Copie du XV° s. (Ar. L.-Inf., E 80; anc. Trésor des chartes P. F. 12, pièce 7). La copie du XVII° s. (Bibl. nat., ms. lat. 17092, p. 80) dont s'est servi M. Sandret, donne la date du mois d'août 1267.
5. *Op. cit.*, p. 51.

trice ait eu des liens d'attache avec ce monastère. Or ces liens sont inexplicables avant 1246 : Girard n'étant alors qu'un seigneur du Poitou et Tiphaine une demoiselle de l'évêché de Saint-Malo. Il en va tout autrement si la fille d'Eudes de Montfort remplaça près de Girard l'héritière de Rays.

Eustachie vivait encore en septembre 1260[1]. La seconde union de Girard fut par suite de peu de durée, même en prolongeant son existence jusqu'au début de 1265, ainsi que nous l'avons proposé.

Girard I laissa trois fils et deux filles, vraisemblablement nés tous de sa première femme : Girard II, Guillaume, Raoul, Belle-Assez et Eustachie. Les trois garçons sont nommés ensemble dans un acte du 9 mai 1279[2] par lequel Girard II constitue des apanages à ses puînés. La même pièce relate le décès de leur sœur Eustachie qui avait épousé Béraud de Maillé. Quant à Belle-Assez, mariée à Brient le Bœuf, ch^{er}, elle vivait encore le 27 février 1267, mais elle était morte avant le 20 juillet 1275[3]. Les frères et sœurs de Girard II sont également mentionnés dans quelques autres titres de notre cartulaire[4].

Girard II Chabot (1265-1295).

A son avènement dans les premiers mois de 1265[5], Girard était depuis peu marié à Emma de Château-Gontier, qu'il avait épousée entre le 4 mai 1263, date du testament de Geoffroy de Pouancé, premier mari d'Emma[6], et le mois de septembre 1264, époque d'une transaction entre Girard et Haouis, dame de Château-Gontier, sa belle-mère[7]. On peut croire qu'il était encore assez jeune, car, dans tous les documents de cette période, il n'est appelé que valet ou bien écuyer. Le 27 décembre 1270 et le 28 octobre 1271, il n'est toujours que Girard Chabot *valetus*[8]. Deux actes du 20 juillet 1275 sont les plus anciens du cartulaire où il prenne le titre de chevalier[9] ; mais une pièce du 21

---

1. N° CCXXXIV.
2. N° XXXIII.
3. N°s IV et LII.
4. On les trouvera indiqués dans la table du présent ouvrage.
5. Cf. p. LXXXIII-LXXXIV.
6. N° XLV.
7. N° XXXVI.
8. N°s XLVI et CXII.
9. N°s LII et CLXXXVII.

novembre 1274, étrangère à notre recueil, bien qu'elle provienne du chartrier de Thouars, le qualifie déjà de la sorte [1].

C'est ce Girard qui occupe la plus large place dans notre cartulaire ; on n'y trouve pas moins de 73 pièces le concernant [2].

Comme beaucoup de ses contemporains, Girard semble avoir été d'humeur assez batailleuse. Nous avons parlé ailleurs de ses conflits et de ceux de ses gens avec les hommes d'église : en 1268 avec l'évêque de Nantes, à propos du droit de nappes réclamé par le sire de Rays pour avoir porté le prélat lors de son entrée solennelle ; en 1278-1281 avec les religieuses du Val-de-Morière, conflit où il y eut mort d'homme ; en 1279 avec le prieur de Saint-Philbert de Machecoul ; en 1284 avec l'abbé de Marmoutier qui fut gravement insulté, mais obtint du moins une réparation fort humiliante pour les coupables [3].

Nous pourrions par contre citer divers actes où Girard fut bienveillant envers les moines, soit en leur faisant des donations, soit en réglant amiablement des questions de juridiction ou des contestations d'héritages. Il suffira de rappeler l'association aux prières de l'ordre de Grandmont qui lui fut conférée en novembre 1284, la donation octroyée en mai 1289 par Girard et sa troisième femme Marguerite aux Templiers de Lagny-le-Sec, et cette charmante lettre du 19 juillet 1294 où l'abbé de Redon appelle le sire de Rays son « ami e seignor [4]. »

Nous avons parlé déjà des difficultés relatives à la châtellenie de Machecoul [5]. Maurice de Belleville, veuf de Jeanne de Thouars héritière de cette seigneurie, ne pouvait se résoudre à la perte de ce riche domaine [6]. Un accord du 27 mars 1269, laissant à Maurice, sa vie durant, la ville de Machecoul, le château et une partie des terres, termina le différend [7]. Cependant, au cours des procès, la violence fut plus d'une fois à l'ordre du jour. Un meurtre ayant été commis dans les Marches, la connaissance en appartenait simultanément aux deux puissants voisins ; mais

---

1. Elle a été publiée par M. Marchegay (*Bibl. de l'Ecole des chartes*, 1883, p. 290). Cf. p. LXXXIV, n. 2, ce que nous disons d'un document où Girard II est appelé chevalier, document publié avec la date erronée de 1265, alors qu'il est en réalité de 1275.
2. La liste en sera donnée dans la table de la présente publication.
3. Cf. p. XXXIX à XLI.
4. N° CXLVII ; — Arch. nat., S 5173, n° 135 ; — n° CCXXVI.
5. Cf. p. LXXXIV-LXXXV.
6. Voy. p. LXXXV, n. 2 et 3, la liste des numéros du cartulaire qui traitent de cette contestation.
7. N° CCXXI.

Girard s'était, les armes à la main, « cum armis, » saisi du coupable. Par lettres du 23 février 1266 [1], Alphonse, comte de Poitiers, sur la plainte de Maurice, enjoignit à Girard de ne pas outrepasser ses droits. Rappelons enfin d'autres violences qui se produisirent entre les mêmes seigneurs et auxquelles fut mêlé Geoffroy de Châteaubriant, allié de Girard. Nous les avons exposées ailleurs [2].

Après la mort de Maurice de Belleville, Girard joignit souvent à son titre de sire de Rays celui de seigneur de Machecoul ; c'est dans un acte du 10 mai 1279 que nous avons constaté pour la première fois cette particularité [3].

En dehors des nombreuses pièces du cartulaire concernant Girard II, il en est resté beaucoup d'autres ayant rapport à lui. Dans son *Histoire de la maison de Chabot*, M. Sandret en a noté plusieurs ; mais il ne serait pas difficile d'en grossir le nombre. Il suffira de relater ici quelques événements d'un intérêt plus général dans lesquels intervint notre personnage.

Le 11 janvier 1276, à Nantes, Girard Chabot, sire de Rays, consentit, en même temps que divers autres chevaliers bretons, à la mutation du droit de bail en celui de rachat, mutation concédée par lettres du duc Jean Ier. L'original est encore muni du sceau équestre de Girard II [4].

En 1284, le roi de France se préparait à entrer en campagne contre le roi d'Aragon excommunié par le pape à la suite des Vêpres siciliennes. Une véritable croisade avait été prêchée pendant toute l'année ; le 22 septembre notamment, l'archevêque de Bourges avait distribué de nombreuses croix dans la cathédrale de Poitiers [5]. Le 23 mars 1285, jour du Vendredi saint, en plein sermon, Durand, évêque de Nantes, donna à son tour le même emblème pour le pèlerinage d'Aragon à Girard Chabot, Guillaume, s^{gr} de la Mothe-Achard, son frère, Guillaume le Borgne et Mathieu de la Plesse, chevaliers, et à tout un groupe de familiers et serviteurs du baron de Rays [6].

---

1. « Die martis post Cathedram sancti Petri MCCLXV. » Publié avec la date du 19 janvier 1266, d'après Bibl. nat., mss. Du Chesne, L, p. 481 (Marchegay, *Les anciens seigneurs de la Roche-sur-Yon*, dans *Revue des provinces de l'Ouest*, I, 1853-54, 2e part., p. 272. Cf. Anselme, *Hist. généal.* IV, 559, où le document est cité avec une interprétation erronée.
2. Cf. p. xx.
3. N° CLIII.
4. Ar. L.-Inf., E 151 ; anc. Trés. des chart. G. B. 30 ; publié (D. Mor. *Pr.* I, 1037-1039).
5. Baluze, *Miscellanea*, in-8°, IV, 219.
6. N° V.

Tous les historiens bretons ont relaté la part prise à cette campagne par nos compatriotes. En donnant les noms des principaux seigneurs qui se croisèrent, ils n'ont point omis celui de Girard, mais on ignorait les détails fournis par la charte de Durand. On a dit que l'obligation de prendre la croix avait été imposée au sire de Rays à cause de certains méfaits commis contre l'abbé de Marmoutier [1] ; rien ne le prouve et point n'était besoin de cette raison, alors que tant d'autres partaient en même temps que Girard. Toutefois on peut croire que c'est en prévision de son absence qu'il réglait, à la même date, des questions d'intérêt avec son gendre [2].

Quoi qu'il en soit, à la fin d'avril 1285, l'armée se trouvait à Narbonne où le contingent breton sous les ordres de Jean, fils du duc de Bretagne, reçut une importante distribution de vivres. En mai on était à Perpignan, au mois de juin en Catalogne ; c'est là qu'un pourvoyeur des troupes royales distribua « à la gent Mgr Guerart Chabot, de la gent dud. Mgr Jehan, » 8 sacs de froment, 8 sacs de farine, 14 sacs d'orge, 1 sac de fèves, 2 sommes de vin et 2 bacons : le tout montant à la somme de 63 liv. 6 sous [3]. Sur la même liste, à côté de Geoffroy d'Ancenis [4], d'Olivier de Rougé et d'autres, on trouve Maurice de Belleville, fils de celui que nous avons vu en contestation avec Girard II.

Le 19 août 1294, à Ploërmel, les barons de Bretagne firent au duc la déclaration de leurs obligations militaires : « Le seigneur de Rays dit qu'il doit, par raison de sa terre de Rays, v chevaliers d'ost ; et s'en doit enquerre de sa terre de Machecou si riens en doit et combien [5]. » Bien que ce texte ne désigne pas Girard II d'une façon explicite, il le concerne assurément ; c'est même le plus récent que nous connaissions à son sujet.

Girard en effet dut mourir entre le mois d'août 1295 et le mois d'août 1296 ; cela résulte d'un contrat passé à cette dernière date devant la cour de Nantes, « le bail durant de la terre monsor Gyrart Chaboz jadis chevalier, defunct [6]. » Comme en 1276 le droit de bail avait été changé en droit de rachat, et que le rachat durait un

---

1. Cf. p. XLI.
2. N° CCXXXVI.
3. Compte de Jean d'Ays (*Historiens de France*, XXII, 676).
4. « La gent Mgr Giefroi d'Anseigni. » C'est à tort que les savants éditeurs des *Historiens de France* ont supposé, dubitativement il est vrai, qu'il s'agissait du seigneur d'Acigné.
5. Livre des osts de Bretagne (Ar. Loire-Inf., E 132).
6. Titre de Blanche-Couronne (*Ibid.*, H 2).

an, il n'est pas téméraire d'interpréter ce texte ainsi que nous le faisons, d'autant que rien n'y contredit par ailleurs.

Girard II se maria trois fois. La première, avec Emma de Château-Gontier, à une date que nous avons précisée plus haut [1]. Elle vivait encore en décembre 1268, époque à laquelle elle donnait à son mari le tiers de ses biens, sa terre de Vue notamment [2]. Deux actes du 21 novembre 1274 sont relatifs aux conventions matrimoniales de Girard et de Jeanne de Craon sa seconde épouse [3]. Celle-ci, par lettres des 7 octobre et 9 décembre 1284 [4], prévoyant sa fin prochaine [5], faisait une donation à son mari et prenait des dispositions touchant le mariage de leur fille. Jeanne de Craon ne tarda pas à succomber, car, dès l'année suivante, le sire de Rays était remarié en troisièmes noces avec Marguerite des Barres. M. Grésy nous apprend en effet que les deux époux sont nommés dans un titre de 1285 [6]. L'union de Girard et de Marguerite est encore attestée par deux chartes du 28 avril 1289 [7] où les époux règlent entre eux des affaires de famille, et par une autre du mois de mai suivant où on les voit faire un don aux Templiers de Lagny-le-Sec [8]. Comme par son testament Girard faisait un legs à l'abbaye de Buzay pour les âmes de « fahue Amme de Chasteau Gontier et de fahue Johanne de Creion jadiz ses fammes, » sans nommer la troisième, on peut supposer que celle-ci lui survécut [9].

Girard II laissa plusieurs enfants. D'Emma nous connaissons une fille, Eustachie, laquelle épousa Jean de Coché qui prit plus tard le nom de Jean de Machecoul. Dès le 10 octobre 1271 [10] il est question des conventions de son mariage, et le cartulaire y revient à diverses reprises jusqu'en mars 1285 [11].

On a mal interprété un document de décembre 1268 où Emma

---

1. Cf. p. LXXXVI.
2. N° XL.
3. N° XIX et *Bibl. de l'Ecole des chartes*, 1883, p. 290.
4. Nos XLI et CXXVI.
5. « Ce fut à nostre derraine volenté » (n° CXXVI).
6. *Notice généalogique sur Jean des Barres*, dans *Mém. de la Soc. des Antiquaires de France*, t. XX (1850), p. 256.
7. Nos CCXXXV et CCXXXVII.
8. Arch. nat., S 5173, n° 135.
9. Nous n'avons pas retrouvé ce testament, mais il est visé dans une confirmation qu'en fit Girard III le 19 janvier 1330 (Ar. L.-Inf., H 25). Girard II avait, du vivant de sa seconde femme, fait un premier testament; celui-ci est mentionné dans un partage du 9 mai 1279 (n° XXXII).
10. N° CXIII.
11. N° CCXXXVI.

de Château-Gontier parle de son fils Thibaud[1]. On en a fait[2] un Thibaud Chabot mort jeune, fils de Girard II et d'Emma, alors qu'on doit le regarder comme un Thibaud de Pouancé, enfant du premier mariage d'Emma, le même vraisemblablement qu'un arrêt du parlement de la Toussaint 1279 nous montre tuteur d'Olivier II de Machecoul et qui devint évêque de Dol[3].

Girard II laissa de Jeanne de Craon : Girard III son successeur et Isabeau, mentionnés ensemble dans une pièce du 9 décembre 1284[4]. Isabeau Chabot fut fiancée avant l'âge nubile à Olivier II de Machecoul (7 juin 1284)[5]. Ce n'est point d'elle qu'il s'agit, ainsi qu'on l'a avancé[6], mais d'une Isabelle de Machecoul, dans un acte du 14 mars 1310[7].

Il n'y a pas lieu de révoquer en doute l'existence d'un autre fils de Girard II, nommé Guillaume, sgr de la Mothe-Achard, sans que nous puissions dire de quelle épouse il était né. Girard III l'appelle positivement son frère dans un contrat du 19 juin 1324, et c'est encore de lui qu'il est question le 14 octobre 1321, date à laquelle il était déjà décédé[8]. De ce Guillaume émane vraisemblablement une charte d'Orbestier du 29 juin 13[18][9].

Girard III Chabot (1295-1337).

La première mention de ce Girard date du 9 décembre 1284, dans une charte de sa mère Jeanne de Craon[10]. Devenu seigneur

---

1. « Theobaldus filius meus » (n° XL).
2. Marchegay, *Table analytique*, n° 55 ; Sandret, *op. cit.*, p. 77.
3. *Olim*, t. II, p. 148, et cf. plus loin l'article d'Olivier II de Machecoul.
4. N° CXXVI.
5. N° CLXVII.
6. Sandret, *op. cit.*, p. 77 et 78.
7. N° LIII.
8. N°s XX et LVI.
9. *Cartul. d'Orbestier*, n° 114. M. Sandret (*op. cit.*, p. 59) a contesté la date de cette charte et, au lieu de 1318, il avance sans preuve à l'appui qu'elle doit être de 1281. Cela tient à ce que l'auteur de la *Maison de Chabot* qui a bien cité parmi les fils de Girard I un Guillaume déjà défunt en 1287, n'en a pas inscrit un autre parmi les enfants de Girard II. Rien pourtant n'empêche qu'il n'y ait eu deux Guillaume, tous deux ayant reçu en apanage la terre de la Mothe-Achard. Le premier était décédé le 10 juillet 1287 (n° XXXV) ; le second épousa Marguerite de Bourgneuf. Il est impossible d'expliquer autrement la transaction du 14 oct. 1321 (n° LVI) postérieure de plus de trente ans à la mort du premier Guillaume. L'éditeur du cartulaire d'Orbestier semble, il est vrai, avoir hésité sur les deux derniers chiffres de la date de 1318, mais celui des centaines, hors de conteste, suffit pour infirmer le système de M. Sandret.
10. N° CXXVI.

de Rays, il est qualifié de valet en 1298 et en 1303 [1]; en 1310 il s'intitule chevalier [2]. Mort avant le 26 janvier 1338 [3], il existait encore au mois d'avril 1336 ou 1337 [4].

En août 1303, Girard fut convoqué une première fois par le roi Philippe le Bel pour prendre part à la guerre contre les Flamands [5]. A l'issue d'une trêve intervenue entre les belligérants, Philippe fit un second appel : le 30 mars 1304, il enjoignait à Girard et aux autres barons de se trouver à Arras pour le 19 mai suivant [6]. Le 8 juin 1304 le sire de Rays était encore à Nantes passant une transaction avec le prieur de Chémeré [7]; mais il put très bien rejoindre à temps l'armée royale qui ne paraît pas avoir atteint Arras avant le mois de juillet et gagna, le 18 août 1304, la bataille de Mons-en-Puelle. Ce fut le principal fait d'armes de la campagne.

Nous avons déjà signalé : une incursion entreprise par Girard sur les terres d'Hugues de Thouars qui partageait avec lui la suzeraineté de l'île de Bouin [8]; une curieuse charte par laquelle il autorisait l'abbé de la Chaume à chasser dans une garenne [9]; la confiscation à son profit d'une cargaison de vin [10].

C'est un curieux dossier que celui concernant la fréquentation habituelle, malgré l'éloignement, des foires de Champagne par les pourvoyeurs de l'hôtel du sire de Rays. Le 15 novembre 1317, Nicolas Mordecastel, marchand de Lucques, donne au baron de Rays une quittance générale. En mai 1335, une dette de 400 liv. contractée à Troyes en 1331 envers des drapiers florentins provoquait une menace de saisie sur le grand seigneur breton. En février 1336, Girard payait 100 liv. sur les 328 « parisis d'or » qu'il devait à Jacques et à Mathieu Scaremps. Ces trois pièces émanent des gardes des foires de Champagne et de Brie [11].

Presque tous les généalogistes ont donné à Girard III Chabot

---

1. Nos CXCII et CLXXXVI.
2. No LIII.
3. No CLX.
4. Nos XXX et XXXI. Les textes sont du mois d'avril 1336 v. st. En nouveau style, on peut hésiter entre 1336 et 1337.
5. Lettres des 5 et 21 août 1303 (*Historiens de France*, XXIII, p. 791 et 792; Guérin, *Trésor des chartes pour le Poitou*, t. II, p. 9, n. 1, et p. 10, n. 2).
6. Guérin, *op. cit.* t. I, p. 8.
7. Ar. L.-Inf., H 206.
8. Lettres pour la répression du délit (27 avril 1318); cf. p. XXI.
9. 1er oct. 1321; cf. p. XVIII-XIX.
10. 27 août 1327; cf. p. XXIII-XXIV.
11. Originaux (Chartrier de Thouars). Le second de ces documents a été publié par M. Marchegay (*Bul. de la Soc. archéol. de Nantes*, VIII, 1868, p. 315).

le sobriquet de « le Benest ou le Benoist [1]. » L'origine d'ailleurs en remonte plus loin qu'eux, car nous trouvons Girard déjà qualifié ainsi dans un arrêt de parlement du 21 juillet 1518 [2], où l'on a indiqué la filiation de nos seigneurs. Aucune pièce d'archives contemporaine — et il en reste encore un assez grand nombre — ne le surnomme de la sorte. Malgré l'autorité de l'arrêt de 1518, il y a, croyons-nous, dans cette appellation une double méprise : on a pris un nom de lieu pour un nom d'homme, et on en a gratifié indûment notre Girard à la place d'un autre.

Un texte du P. Anselme nous a mis sur la voie. Il est ainsi conçu : « Eleonor de Thouars épousa Girard de Machecoul dit le Benaste [3]. » Pour être exact, on aurait dû imprimer : Girard de Machecoul dit de la Benaste. Ce personnage en effet a réellement porté le titre de seigneur de la Benate ; de plus il a souvent été confondu avec son oncle et contemporain Girard III Chabot, s^{gr} de Rays et de Machecoul. Dès le XVe siècle nous avons constaté cette confusion des plus faciles entre un Girard, s^{gr} de Machecoul, et un Girard de Machecoul, s^{gr} de la Benate.

Par contrat du 14 juillet 1299 Girard III épousa Marie l'Archevêque, fille de Guillaume l'Archevêque, s^{gr} de Parthenay, et de Jeanne de Montfort. Outre ce contrat [4], le cartulaire renferme plusieurs documents concernant cette Marie [5], laquelle vivait encore le 8 octobre 1359 [6].

Girard eut trois enfants de Marie de Parthenay : Girard, Marguerite et Jeanne.

Le contrat de mariage de Marguerite avec Hervé de Léon (19 juin 1324) a été inséré au cartulaire, ainsi qu'une transaction du 16 novembre 1332 relative à sa dot [7] ; elle mourut en 1333 [8].

Touchant Jeanne surnommée la folle, à cause, dit-on, de sa mésalliance avec Jean de la Muce, Du Paz [9] a cité diverses pièces (1333-1334) ; il faut y joindre deux de nos documents

---

1. Du Paz, *Hist. généal.*, p. 209 ; Anselme, *Hist. généal.*, IV, 560 ; Beauchet-Filleau, *Dict. du Poitou*, I, 560, etc.
2. Bibl. de Nantes, ms. fr. 1471 ; publié *Annuaire de la Soc. d'émulat. de la Vendée*, VIII, 1861, p. 135-156.
3. *Hist. généal.*, IV, 196.
4. N° CIV.
5. N^{os} CVI, XXX, XXXI, CLX, CV.
6. N° XXIX.
7. N°s XX et XXXII.
8. Chroniques annaux, dans D. Mor. *Pr.* I, 113.
9. *Hist. généal.*, p. 209-210.

(1336 ou 1337) [1] tendant à rendre nulle l'exhérédation prononcée contre Jeanne par son père et par sa mère. En deuxièmes noces, Jeanne Chabot épousa Foulques de Laval. Celui-ci joua un certain rôle pendant la guerre de la Succession de Bretagne, fut chargé de la tutelle de ses petits-neveux Chabot [2], et ses descendants devinrent par la suite barons de Rays.

**

Girard, fils unique de Girard III, mourut avant son père. Les généalogistes qui l'ont compté au nombre des seigneurs de Rays ont donc eu tort. Du Paz avance qu'il fut tué le 20 juin 1347 au combat de la Roche-Derrien; pour d'autres, c'est son fils Girard IV qui périt dans cette action. L'une et l'autre assertion sont erronées. Du Chesne et le P. Anselme se contentent de dire qu'il mourut avant 1342 [3].

Notre cartulaire nomme une fois seulement ce Girard, et encore n'est-ce que dans un mémoire rédigé au XVe siècle [4] ; toutefois il y est implicitement désigné dans un autre document. Celui-ci, qui permet de faire remonter son décès avant le mois d'avril 1336 ou 1337 [5], du vivant de son père, nous apprend que Jeanne Chabot, fille de Girard III, pourra succéder à ses parents à défaut d'hoirs de « Girart Chabot [6], filz du filz aisné [7] dudit mons[r] de Rays [8]. »

Ce Girard, enfant de Girard III, épousa Catherine de Laval, fille de Guy IX et de Béatrix de Gavre, probablement en 1316 ; c'est en effet, au dire de Du Paz [9], la date d'une quittance de 500 liv. de rente baillée par Girard à ses beaux-frères Rases et Jean de Laval qui avaient consenti cette pension lors du contrat de mariage de leur sœur.

Un acte transcrit au cartulaire de Vitré [10] nous montre les jeunes époux renonçant à la succession des Laval sous le béné-

---

1. N°s XXX et XXXI.
2. Cf. p. XCVIII-C.
3. *Hist. de la maison de Chastillon*, p. 487, et *Hist. généal.*, IV, 560.
4. N° CCCXVI.
5. N° XXXI : texte d'avril 1336 v. st., laissant hésiter entre 1336 et 1337 en n. st.
6. C'est Girard IV, neveu de Jeanne.
7. C'est Girard, frère de Jeanne, celui dont nous parlons ici. Il est d'autant plus certain qu'il était mort lors de la rédaction de l'acte, qu'on y voit son fils pourvu d'un curateur : Raoul de Machecoul.
8. Mgr de Rays, c'est Girard III, père de Jeanne.
9. *Hist. généal.*, p. 210.
10. Copie moderne de l'original appartenant au duc de la Trémoille (Bibl. nat., nouv. acq. lat., n° 1229, pièce 69).

fice de certaines réserves. D'après le manuscrit qui nous a conservé ce texte, celui-ci serait du samedi après la Saint-Martin d'été (6 juillet) 1308. A priori cette date est contestable [1] : on a peine à croire en effet qu'un enfant de huit ans tout au plus — le contrat de son père, nous l'avons vu, est du 14 juillet 1299 — fût déjà marié le 6 juillet 1308. Du Paz, qui vise cette lettre de renonciation, rapporte qu'elle est de 1301 [2]. Au surplus, les dates de 1301 et de 1308 sont inadmissibles pour l'acte en question. Lorsqu'il fut rédigé, Béatrix de Gavre était morte [3]. Or Béatrix testa seulement le 27 août 1310 et fit encore un codicille en 1315 [4]. Selon toutes probabilités, la renonciation de Girard et de Catherine est du 9 juillet 1317 ou du 8 juillet 1318 [5].

Nommée au cartulaire de Rays dans le mémoire visé plus haut [6], Catherine de Laval l'est également dans un partage que nous datons de 1344-1350 [7]. On y voit figurer simultanément trois douairières de Rays : les veuves de Girard III, du présent Girard et de Girard IV. Catherine survécut donc un certain temps à son mari. On ne leur connaît pas d'autre enfant que Girard qui fut le quatrième baron de Rays de ce nom.

Girard IV Chabot (1337-1344).

Il est question de ce Girard, nous l'avons vu, dans un acte d'avril 1336 ou 1337 [8] relatif aux difficultés existantes entre Girard III et sa fille Jeanne. Girard IV avait alors déjà perdu son père ; aussi est-ce Raoul de Machecoul, son parent, qui agit en son nom comme curateur. Le 26 janvier 1338, Girard IV apparaît comme seigneur de Rays et de Machecoul [9] à la place de son grand-père Girard III. A cette date, assisté d'Olivier de Clisson son curateur, Girard faisait un échange avec Marie de Parthenay sa grand'mère.

De ce seigneur les anciens généalogistes n'ont relaté qu'une chose

---

1. Il ne faut pas perdre de vue que la source n'est point un original de l'acte.
2. La faute de Du Paz peut s'expliquer aisément par la confusion possible entre le mot *un* et les lettres numérales *VII*. Cf. la note 1 du n° CCXIV.
3. « Beatris jadis famme doudit noble seigneur de Laval. »
4. B. de Broussillon, *La Maison de Laval*, dans *Bul. hist. de la Mayenne*, 1896, p. 205 et 211, n°ˢ 572 et 578.
5. M. de Broussillon (*loc. cit.*, p. 213-215, n° 584) a publié l'acte de renonciation en lui attribuant la date du 6 juillet 1318.
6. N° CCCXVI ; cf. p. xciv et n. 4.
7. N° CCLII.
8. N° XXXI ; cf. p xciv et n. 6.
9. N° CLX ; cf. n° CV.

certaine : son alliance. Ceux qui se sont un peu plus étendus sur son compte lui ont attribué des faits controuvés ou bien concernant son fils. Le dernier historien des Chabot [1] a pu, à l'aide du cartulaire, préciser les dates extrêmes de Girard IV, mais il n'a pas su le rôle politique qu'il avait joué.

Les auteurs bretons, qui n'ont connu les Chroniques de Froissart que dans leur première rédaction, ont ignoré de précieux détails sur les combats livrés dans notre province. Grâce à l'édition de M. Siméon Luce, qui réunit les diverses révisions du chroniqueur, la participation du sire de Rays aux premières luttes de la guerre de la Succession de Bretagne est parfaitement mise en lumière. En 1341 (mai-juin), le s[gr] de Rays est personnellement convoqué par Jean de Montfort, qui, sans retard, tenait à se faire reconnaître des grands feudataires ; mais, comme la plupart d'entre eux, Girard Chabot refusa d'obéir et fit au contraire garnir ses châteaux pour résister à ce prétendant [2]. Pendant l'hiver de 1341-1342, Girard vient à Nantes rendre hommage à Charles de Blois [3]. Au printemps de 1342, le sire de Rays tient la campagne avec les partisans de ce dernier. Il assiste notamment à la prise de Rennes et au siège d'Hennebont (mai et juin 1342) [4].

Le témoignage de Froissart est parfois erroné, mais on ne saurait le suspecter dans la circonstance : un document officiel nous faisant voir Girard IV prenant part aux guerres de ce temps. Nous avons déjà cité ce document [5] duquel il résulte que nombre de seigneurs du Bas-Poitou, parmi lesquels divers barons, entre autres les sires de Rays et de Machecoul, avaient été contraints de faire leur paix avec le roi d'Angleterre. Il ressort de la lettre d'Edouard III (5 décembre 1342) qui relate ce fait et surtout des extraits de comptes que nous avons produits, que, cette fois, c'est sur ses propres domaines que Girard avait été obligé de lutter contre le parti de Montfort allié aux Anglais.

Nous ne saurions préciser le moment où le sire de Rays se rendit au château de Souché. Il y séjourna deux jours en compagnie de Girard de Machecoul, seigneur de ce domaine, et de

---

1. Sandret, *op. cit.*, p. 83-84.
2. Froissart-Luce, II, 270 et 291.
3. *Ibid.*, 322, avec la leçon corrompue *Crais* que M. Luce n'a pas hésité à exprimer par *Retz* (*Ibid.*, XLIII).
4. Froissart nomme encore le sire de Rays à quatre reprises différentes (*Ibid.*, 349, 364, 374 et 378).
5. Voy. p. XXVII.

Louis, fils de ce dernier [1]. Le 24 juillet 1343, Girard IV, en même temps que Marie de Parthenay son aïeule, plaidait en parlement contre Simon qui se disait fils de Guillaume Chabot, frère de Girard II, et revendiquait la succession de son père [2].

Il n'est point sans importance de fixer la date du décès de Girard IV. Au début de février 1344 il existait encore ; cela résulte d'un acte du 3 octobre de cette année [3], où il est question de sa fille, de sa veuve et de l'enfant que celle-ci portait dans son sein. Le baron de Rays était mort non seulement avant le 3 octobre, mais antérieurement au 15 septembre 1344. A cette date, Charles de Blois accordait une souffrance d'hommage à son « amée cousine la dame de Rays, tant en son nom que come garde de ses enffanz [4]. » Le 26 juillet 1345, les terres de Rays et de Machecoul étaient encore tenues en rachat sous Charles de Blois [5], et, comme le rachat durait une année, il faut en conclure que Girard décéda entre le 26 juillet et le 15 septembre 1344. Ces conclusions sont d'ailleurs confirmées par un texte plus précis encore. Un compte rendu à Aliénor de Thouars le 3 février 1345 [6] note des levées faites « durant le rachat de Raes, » ou bien, ce qui est la même chose, durant le « rachat de Bretaigne [7] : » rachat qui partait de la Saint-Gilles. Or la Saint-Gilles arrivant le 1er septembre, c'est de la veille que devait être décédé le sire de Rays [8].

La date de la mort de Girard IV, fixée en 1344 par un ensemble de témoignages aussi précis, réduit à néant l'assertion de tous les historiens anciens et modernes, qui, depuis Alain Bouchard, ont répété que le sire de Rays fut tué le 20 juin 1347 au combat de la Roche-Derrien. Ni Dagworth qui commandait les Anglais et a noté les principaux morts [9], ni les Grandes Chroniques de France, ni Guillaume de Saint-André, ni la Chronique de Saint-

---

1. Chartrier de Thouars, Reg. de comptes: compte du 15 nov. 1341 au 23 mars 1343.
2. Arch. nat., X1c6, pièce 57. Acte mal classé parmi ceux de 1352.
3. N° LXXIII.
4. Arch. L.-Inf., E 148 ; anc. Trés. des chart. Q. E. 67.
5. *Ibid.*, E 151 ; anc. Q. F. 1.
6. Chart. de Thouars, Reg. de comptes.
7. C'est-à-dire durant le rachat levé au nom du duc de Bretagne par suite de la mort du sire de Rays.
8. Pour faire cette hypothèse, nous nous basons sur un cas analogue et contemporain. Suivant son épitaphe, Girard de Machecoul, sgr de la Benate, mourut le 31 octobre 1343 ; d'après des comptes, c'est de la Toussaint que courait son rachat.
9. Robert de Avesbury, *De Gestis Edwardi III*, édit. 1889, p. 389.

Brieuc ne citent les sires de Rays, de Rieux et de Machecoul parmi ceux qui succombèrent. Lobineau, qui rapporte ces trois noms et d'autres d'après la *Chronique de Bretagne* [1], déclare fausse, deux lignes plus bas, une assertion de la même chronique d'après laquelle les enfants de Charles de Blois se seraient alors rendus à Tanguy du Chastel. Il paraît certain qu'aucun des trois seigneurs susnommés ne perdit la vie à la Roche-Derrien [2].

Girard épousa Philippe Bertrand, fille de Robert Bertrand, sire de Bricquebec, maréchal de France, et de Marie de Sully. Le guerrier français avait pu voir de près et apprécier les qualités du jeune baron de Rays. Le 21 novembre 1341, le maréchal était à Nantes, où, dans des lettres qui nous sont restées [3], il s'intitule capitaine pour le roi en Bretagne. Or c'est à cette époque que Girard vint dans cette ville rendre hommage à Charles de Blois, pour le compte duquel les troupes françaises étaient à Nantes. En 1342 (juin) Robert Bertrand et le sire de Rays se trouvèrent ensemble au siège d'Hennebont [4].

De sa femme, morte avant la fin de 1399 [5], mais qui vivait encore le 5 février 1392 [6], Girard IV eut une fille, Jeanne, et un fils posthume, Girard V.

Girard V Chabot (1344-1371).

Né à la fin de 1344 ou au début de 1345, Girard fut placé sous la garde de sa mère et sous la tutelle de Raoul de Machecoul, doyen, puis évêque d'Angers, et sous celle de Foulques de Laval. Le premier, qui avait déjà, dix ans plus tôt, rempli l'office de curateur auprès de Girard IV, lors de son avènement [7], était un parent assez rapproché du mineur; Foulques était doublement son grand-oncle : par sa sœur Catherine et par sa femme Jeanne Chabot, grand'mère et grand'tante de Girard V.

---

1. *Hist. de Bretagne*, 1, 340. Nous ne savons quel texte Lobineau a ici en vue.
2. Jean Ier, sire de Rieux depuis 1310, ne mourut qu'en 1357 ; quant à Guillaume de Rieux son frère, quoi qu'on en ait dit, il n'est pas prouvé qu'il périt dans cette rencontre. Nous aurons à parler ailleurs du personnage qui, en 1347, portait le nom de Machecoul sans en être le seigneur.
3. D. Mor. *Pr.* I, 1429.
4. Froissart-Luce, t. II, p. 364. Il n'est même pas impossible que Girard ait fait la campagne de Flandre (juillet-sept. 1340) avec le duc de Bretagne Jean III, qui mourut en en revenant, campagne à laquelle prit part Robert Bertrand.
5. Avant le décès du duc Jean IV, qui perçut le rachat de ses terres. Cf. nos *Lettres et mandements de Jean V, duc de Bretagne*, n° 720.
6. N° CCXXXII.
7. Cf. p. XCIV, n. 7, et p. XCV.

Jusqu'en 1359, dans tous les actes du cartulaire où il est question des affaires privées de Girard, on voit intervenir à côté de lui sa mère ou ses tuteurs [1]. Le 12 octobre de cette année, Foulques de Laval assiste encore le sire de Rays dans la ratification d'un accord conclu par Marie de Parthenay, sa bisaïeule [2].

Pendant cette période si troublée par les guerres, c'est Foulques qui, sous l'autorité du roi de France et du duc Charles de Blois, veille à la sûreté des terres de son pupille. Il intervient tellement alors dans les affaires de ce pays, que plusieurs s'y sont trompés et en ont fait un seigneur de Rays [3].

Après avoir failli, en novembre 1343 [4], payer de sa tête son attachement au parti de Montfort, Foulques s'était franchement rangé dans le camp opposé. En 1350, il fut l'un des négociateurs d'une convention conclue, au nom de Philippe VI, avec un chef de bande, Raoul le Caours. Celui-ci devait opérer la remise de diverses places du pays : Bouin et Beauvoir en particulier [5]. Le 2 juin 1351, Foulques date de Fontenay-le-Comte une quittance de gages, où il s'intitule gouverneur pour le roi des terres de Belleville et de Rays [6] ; en septembre 1350, à Paris, il avait délivré d'autres quittances au même titre [7]. En 1355-1356, Foulques de Laval a quitté notre région ; il est alors « capitaine général pour le roi ès comtés d'Anjou et du Maine ; » mais dans sa compagnie il a enrôlé un certain nombre d'écuyers du pays de Rays [8]. Fait prisonnier (décembre 1356), lors du siège de Rennes, Foulques ne tarda pas à recouvrer la liberté. En 1359 il était revenu sur les terres de son petit-neveu, alors fort foulées des Anglais. Nous avons cité [9] un texte de cette année qui montre

---

1. Nos XXV, XLIV, LXXIII, CXIX, CXX, CXXVIII. Cf. plus loin, à l'art. de Raoul de Machecoul, l'indication d'autres textes relatifs à cette gestion.
2. No XXIX bis.
3. Voy. notamment *Archiv. hist. du Poitou*, t. XVII, p. 29 et 174, notes, et t. XX, p. 272, note.
4. On sait que le 29 de ce mois, dix gentilshommes bretons furent exécutés sommairement à Paris (Froissart-Luce, t. III, p. x, n. 1). Deux autres, dont Foulques était l'un, furent épargnés. Ils étaient prisonniers avec les précédents lorsque, le 11 nov. 1343, par ordre du roi, on transféra ces douze seigneurs d'Angers à Paris (Bibl. nat., col. Clairambault, vol. 68, pièce 41).
5. Acte publié par MM. S. Luce, *Hist. de Bertrand du Guesclin*, p. 512-515, et P. Guérin, *Trésor des chartes pour le Poitou*, III, 26-32.
6. Bibl. nat., Pièces orig., vol. 1668, n° 18.
7. Cf. p. XXVIII et n. 6.
8. Voy. une montre du 15 nov. 1356 reçue à Paris (D. Mor., *Pr.* I, 1501), où figurent : Jean de la Clartière (en Machecoul), Jean de Chéméré, Jean de l'Auberaye (en Machecoul), Racachin de Fresnay, Girard Blanchard (sgr de la Blanchardais, en Vue), Pierre Goduz (châtelain de Machecoul en 1360). Grimaud et du Croizil sont également des noms du pays.
9. Cf. p. XXX, n. 3.

Foulques prescrivant l'abandon d'une partie du pays dont il était le chef effectif.

C'est le 28 juin 1360 que nous voyons pour la première fois Girard V agir personnellement. A cette date il rend hommage au vicomte de Thouars pour la Mothe-Achard et autres terres relevant de lui[1]. Du 24 septembre suivant il nous est resté un acte passé au nom de Girard, autorisant la construction de moulins[2] ; néanmoins le jeune seigneur déclare qu'il agit ainsi du « consentement et octroy » de sa mère, dont le sceau est seul annoncé au bas de la charte.

Girard n'avait pas encore vingt ans qu'il se trouva mêlé aux graves événements de son temps. Comme son père, comme la plupart des hauts barons de Bretagne, il suivit le parti de Charles de Blois. Le 12 juillet 1363, il est compris parmi les otages donnés par celui-ci à son compétiteur lors du traité d'Evran. Le 24 février 1364, « monsour Girard, sires de Rays, » avec la plupart desdits otages, se trouvait à Poitiers, où, en présence du prince de Galles, les deux prétendants au duché ne purent arriver à un accord[3].

A la bataille d'Auray (29 septembre 1364), Girard était l'un des chefs du quatrième corps qui devait servir de réserve. Malheureusement, au lieu d'imiter la tactique de la réserve anglo-bretonne qui se portait, suivant le besoin, au secours des autres divisions, celle de l'armée franco-bretonne ne put ou ne sut pas agir de même. Elle fut bientôt mêlée aux diverses troupes de son parti, et c'est à côté de Du Guesclin, qui commandait le premier corps, que Girard fut fait prisonnier par Chandos, non sans avoir combattu avec un vrai courage[4]. Les seigneurs d'Angleterre envoyèrent leurs prisonniers de marque en divers lieux du Poitou : Saintes, Lusignan, Niort[5]. C'est dans cette dernière ville que fut interné le sire de Rays. Là, le 18 janvier 1365, il se portait caution pour 20.000 fr. sur les 100.000 fr. auxquels Du Guesclin avait été rançonné par Chandos, son « maistre. » C'est ce qu'atteste une lettre du futur connétable,

---

1. N° X.
2. N° CLXXIV.
3. Ar. L.-Inf., E 165 ; anc. Trés. des ch. O. C. 22 ; D. Mor., *Pr.* I, 1565-1566.
4. « Messires Jehan Cambdos prist et fiancha de sa main un baron de Bretaingne que on appelloit le seigneur de Rays, hardi chevalier durement..., et qui moult longuement se combatit à m^{gr} Jehan Chandos » (Froissart-Luce, t. VI, p. 339 et 341).
5. *Ibid.*, p. 348-349.

datée également de Niort le 21 janvier suivant, lettre qui est une des pièces les plus précieuses du cartulaire de Rays [1]. A combien montait la rançon de Girard, nous l'ignorons ; mais ce que nous savons, c'est qu'en 1365 il versa lui-même à Chandos 1000 florins [2] : faible acompte sans doute, puisque deux ans plus tard il n'était pas encore libéré.

Cependant notre sire regagna ses foyers. Le 30 novembre 1366, dans un acte passé à Nantes et où il se qualifie de chevalier — la première fois à notre connaissance — Girard nommait des procureurs pour suivre un procès contre les religieux de Saint-Serge d'Angers au sujet du prieuré de Chémeré [3]. La même année, il faisait une fondation de trois messes en l'abbaye de Villeneuve [4].

La mort de Charles de Blois à Auray avait mis fin aux guerres de Bretagne ; d'autre part, une paix relative entre la France et l'Angleterre régnait depuis le traité de Brétigny. Du Guesclin, racheté de bonne heure, avait entraîné les Grandes Compagnies en Espagne au secours d'Henri de Trastamare. Girard V, prisonnier de Chandos sur parole, ne pouvait suivre Du Guesclin. Cependant le prince de Galles, pour soutenir le compétiteur d'Henri, s'apprêtait à passer les Pyrénées. Chandos marcha naturellement avec son souverain. Girard, pour se libérer, consentit à suivre le capitaine anglais son maître. Celui-ci, le 15 février 1367, au passage des défilés de Roncevaux, avait douze cents pennons sous ses ordres : « Là estoit li sires de Rays, bretons, qui servoit m^{gr} Jehan Camdos à une quantité de gens d'armes en che voiage, sur ses frès, pour se prise de devant Auroy [5]. » C'est sous la bannière de Chandos que Girard combattit à Navarette le 3 avril 1367 [6], du même côté qu'Olivier de Clisson, tandis que dans le camp opposé Du Guesclin était vaincu et fait prisonnier.

Après le licenciement des contingents anglais en septembre 1367, Girard gagna Beaucaire. C'est là que, le 7 octobre 1367, le

---

1. N° XXI.
2. « Quictence baillée par le connestable d'Aquitaine (Chandos) au sire de Rays, de la somme de mil florins d'Aragon, pour causes de la ranczon du sire de Rays prins par led. connestable, en dabte de l'an mil troys cens soixante cinq » (Inventaire du XVI° s. non paginé, Ar. L.-Inf., E 246 ; anc. Trés. des ch. V. B. 2).
3. Ar. L.-Inf., H 206, pièce 18.
4. *Ibid.*, E 246, inventaire précité.
5. Froissart-Luce, t. VII, p. 262. La première rédaction du chroniqueur fixe à trente lances la compagnie du sire de Rays (*Ibid*, p. 7).
6. *Ibid.*, p. 38 et 287.

duc d'Anjou, qui se tenait alors en Languedoc, reçut l'hommage du sire de Rays pour sa terre d'Avrillé en Anjou [1]. De retour en Bretagne, Girard prêta serment de fidélité à Jean IV, seul duc légitime depuis le trépas de Charles de Blois à Auray ; les lettres du serment (20 février 1368 n. st.) sont encore scellées du sceau du baron de Rays [2]. Le 15 juin 1368 Girard était à Nantes ; son nom figure parmi ceux des témoins de lettres de Jean IV faisant à Gautier Huet l'assiette d'une rente de 400 livres [3].

Le sire de Rays ne tarda pas à reprendre le chemin du midi. Les Compagnies étaient devenues un véritable fléau. Girard se mit à la tête d'une de ces bandes « pour mener et mectre hors du royaume certaines routes de gens d'armez bretons qui estoient en ycellui. » En décembre 1368 il était aux environs de Toulouse ; mais ce ne fut pas sans dommage pour la région, ainsi qu'en témoigne un mandement du 13 de ce mois adressé par le duc d'Anjou au trésorier des guerres, lui enjoignant de payer sans délai cent francs au sire de Rays pour qu'il « ne convegne plus lesd. bretons demourer ne porter dommage sur le pays [4]. »

Peu de temps après Girard avait gagné l'Espagne où nous le trouvons en compagnie de Du Guesclin. Le 4 février 1369, à Borja, il est témoin des lettres de l'hommage rendu au roi de Navarre par Bertrand [5]. Celui-ci resta au delà des monts jusqu'au milieu de 1370. Il en fut vraisemblablement de même pour Girard ; du moins n'avons-nous pas relevé de traces de sa présence en Bretagne pendant cette période. Rentré en France pour ceindre l'épée de connétable et lutter contre l'Anglais, Bertrand trouva encore à ses côtés le seigneur de Rays. Il fut des siens au glorieux combat de Pontvallain (4 décembre 1370) où Jean le Boursier, l'un des principaux lieutenants de Robert Knolles, devint le prisonnier de Girard [6]. Quelques jours plus tard, Du

---

1. N° CCXLV.
2. Ar. L.-Inf., E 142 ; anc. Trés. des ch. X. A. 6.
3. *Ibid.*, E 154 ; anc. K. E. 16.
4. Bibl. nat., ms. fr. 28911, dossier 54516, pièce 2.
5. Dom E. du Coëtlosquet, *Chartes de Pampelune et de Soria relatives à Du Guesclin*, dans *Revue hist. de l'Ouest*, VI, 1890, p. 607-609.
6. L'assistance de Girard au combat de Pontvallain est attestée par Cuvelier (*Chronique de B. du Guesclin*, édit. Charrière, II, vers 18313). L'assertion de ce chroniqueur, souvent suspect d'ailleurs, se trouve confirmée ici par la présence simultanée à Saumur de Girard et de Du Guesclin (voy. la note suivante). D'un autre côté, il est certain que Jean le Boursier a été le prisonnier de Girard ; sa rançon montant à dix mille francs n'était pas encore payée en 1377, époque à laquelle la veuve et la sœur de Girard en faisaient le partage n° CCLX).

Jean le Boursier n'était pas le premier venu ; le chiffre de son rachat le

Guesclin et notre baron, chassant l'ennemi, étaient à Saumur [1].

Le 28 janvier 1371, « messire Girart, sire de Rays, chevalier banneret, » monté sur un « cheval noir gris, » se tenait à Blois, ayant sous ses ordres 10 chevaliers bacheliers et 76 écuyers, prêt à servir le roi en ces présentes guerres en compagnie du connétable [2]. Après une chevauchée en Auvergne, marquée par une tentative contre Ussel (seconde quinzaine de février), Bertrand était de retour à Paris le 18 mars. A cette date, Girard est compris parmi les 120 hommes d'armes qui, sous la conduite de Du Guesclin, se préparent à accompagner le roi Charles V se rendant à Vernon pour une entrevue avec le roi de Navarre [3]. Charles V se trouva en effet à Vernon les 24 et 26 mars [4]. Girard resta cantonné à Dreux où, le 10 avril, il faisait une montre et, le 16 avril, donnait une quittance de gages [5]. Le 22 avril, des lettres royales retenaient le sire de Rays pour servir en ces « presentes guerres en la compagnie et sous le gouvernement de mes. de Cliçon, pour luy banneret, 5 chevaliers et 34 escuiers [6]. »

Trois jours après, Charles V restituait à Girard et à sa mère les droits qu'ils pouvaient avoir dans la ville de Honfleur [7]. Enfin, le 4 juin 1371, le seigneur de Rays délivrait au trésorier des guerres une quittance de 400 liv. dont il avait été gratifié « pour les bons et agreables services que nous avons faiz au roy nostre sire en ces presentes guerres, et espere que nous li facions ou temps avenir [8]. » Ce dernier acte, daté de Paris, prouve que notre

---

prouve d'ailleurs. En 1364, il combattait à Auray (Froissart-Luce, t. VI, p. 164 et 337). Froissart (*Ibid.*, t. VII, p. 233, 406, 416), d'accord avec les documents anglais publiés par Rymer (cf. Froissart-Luce, t. VII, p. xcv), le signale comme un des principaux lieutenants dans la chevauchée de 1370 qui fut rompue à Pontvallain, et, quelques jours encore avant la bataille (26 nov. 1370), le roi d'Angleterre nommait « Johan Burghchier, » en même temps que Robert Knolles et Thomas de Granson, l'un des conservateurs des trêves avec le roi de Navarre (Rymer, édit. 1740, t. III, part. II, p. 175). Froissart, il est vrai, n'indique pas J. le Boursier parmi les prisonniers du combat de Pontvallain, auquel n'assista point Knolles et où Granson tomba au pouvoir de l'ennemi. Mais le silence du chroniqueur ne saurait infirmer le document du cartulaire, et, d'autre part, la dislocation de l'armée d'invasion après la bataille ne permet pas de supposer la capture du chevalier anglais par Girard dans une action postérieure.

1. La présence du connétable y est signalée le 6 décembre (Froissart-Luce, t. VIII, p. VII, n. 1); celle de Girard le 7 décembre (Hay du Chastelet, *Hist. de du Guesclin*, p. 336).
2. Montre (Hay du Chastelet, *op. cit.*, p. 343-344 ; D. Mor., *Pr.* I, 1645-1646).
3. Montre (Hay du Chastelet, *op. cit.*, p. 347).
4. L. Delisle, *Mandements de Charles V*, nᵒˢ 759, 760, 762.
5. D. Mor., *Pr.* I, 1648 et 1659.
6. Moranvillé, *Etude sur la vie de Jean le Mercier*, p. 253.
7. Lettres du 25 avril 1371 (L. Delisle, *Mandements de Charles V*, nᵒ 771).
8. Bibl. nat., ms. fr. 28911, dossier 54516, pièce 3.

baron resta sous les armes jusqu'à la fin. En effet, il ne tarda pas à mourir, non toutefois sans avoir fait un testament dans lequel sa femme n'était point oubliée [1].

Le 3 novembre 1371, le sire de Rays avait cessé de vivre, ainsi qu'en témoignent deux lettres de Charles V octroyant à Jeanne, sœur et héritière de Girard, diverses terres confisquées sur des partisans de l'Angleterre, et ce en considération des services rendus par son frère, « en son vivant, en nos présentes guerres [2]. » Les historiens bretons, Hay du Chastelet et le récent auteur d'une monographie de notre personnage [3], se sont gravement mépris en faisant vivre Girard V jusqu'en 1377, trompés qu'ils ont été soit par les assertions d'un chroniqueur peu précis [4], soit surtout par une confusion malencontreuse entre le sire de Rays et un sire de Rieux mentionné dans les montres militaires après le décès de notre Girard [5].

Le baron de Rays épousa Marguerite de Sancerre. Parlant d'elle dans une circonstance où son second mari était éloigné de ses terres par une expédition contre les pirates Barbaresques (1390), et où Marguerite déploya beaucoup d'activité pour pourvoir à la défense de ses places, Froissart l'appelle « une moult vaillant dame et de grand prudence [6]. » On connaît incidemment quelques-unes des dispositions du contrat de mariage de la dame de Sancerre et du seigneur de Rays, parce qu'elles furent renouvelées dans celui qui fut rédigé peu d'années plus tard, lors de la seconde union de Marguerite.

Celle-ci, en effet, qui n'avait point eu d'enfants de Girard [7], se remaria avec Béraud II, comte de Clermont et dauphin d'Au-

---

1. Les lettres dudit testament sont visées dans l'acte du mariage contracté le 27 juin 1374 par la veuve de Girard. D'après cet acte, les legs et donations faits par le sire de Rays à son épouse entrèrent en ligne de compte dans la dot de celle-ci. Nous indiquons un peu plus loin la provenance de ce contrat.
2. Cartul. de Rays, n° CXXI, et Guérin, *Trésor des chartes pour le Poitou*, t. IV, p. 109-112.
3. *Gérard Chabot, sire de Rays*, par S. de la Nicollière, dans *Revue de Bretagne et Vendée*, 2º sem. 1870, p. 384.
4. Cuvelier dans sa *Chronique de du Guesclin*. M. Luce n'a pas craint de qualifier cet auteur de « rimeur romanesque » (*Du Guesclin en Normandie*, dans *Revue des questions hist.*, t. LIII, 1893).
5. Ce n'est pas la première fois qu'un sire de Rieux a été pris pour un sire de Rays. Nous avons eu déjà à signaler au XIIᵉ siècle un Roland de Rieux indûment classé parmi nos seigneurs (Cf. p. LXIII-LXIV). De Guillaume, sire de Rieux en 1308, on a fait un Guillaume de Rais (D. Lob., *Hist.* I, 294 ; D. Mor., *Hist.* I, 227). De même Jean Iᵉʳ et Jean II, sires de Rieux, ont été plus d'une fois assimilés aux sires de Rays. Cf. nos *Observations sur quelques dates du cartulaire des sires de Rays*, p. 23-34, et la note du n° CCLXI du présent recueil.
6. *Chroniques*, liv. IV, chap. XIV, édit. du *Panthéon littéraire*, t. III, p. 63.
7. N° CCCXVI.

vergne. Leur contrat, du 27 juin 1374, nous a été conservé [1]. Le 5 mars 1377, les deux époux transigeaient avec la mère et la sœur de Girard au sujet du douaire de Marguerite. Celle-ci obtenait, entre autres choses, la moitié de la rançon de Jean le Boursier, ce prisonnier de marque dont nous avons déjà parlé, tombé au pouvoir de son mari [2].

Nous pourrions citer diverses pièces concernant les relations entre la veuve de Girard V et les parents de son premier mari. Il suffira de mentionner une quittance de 700 livres délivrée le 4 août 1378 à Jeanne Chabot par Béraud et Marguerite [3].

Jeanne Chabot (1371-1407).

Girard V étant mort sans enfants, Jeanne sa sœur recueillit son héritage. Elle était plus âgée que lui, comme en fait foi l'acte d'hommage rendu le 3 octobre 1344 par Raoul de Machecoul au nom « de la fille aisnée » de feu Girard IV et d'un autre enfant dont on attendait la naissance [4].

Nous avons précédemment cité [5] deux lettres du 3 novembre 1371 par lesquelles le roi Charles V octroyait à Jeanne 500 liv. de rente sur des domaines confisqués dans l'île de Bouin aux partisans de l'Angleterre. Ce sont les actes les plus anciens que nous connaissions à son sujet comme dame de Rays. Quelques jours après, par lettres royales du 16 novembre, Brumor de Laval était retenu « au nombre de dix hommes d'armes pour la garde du pays à la dame de Rays [6]. »

Avec les pièces la concernant, soit dans notre cartulaire, soit dans le chartrier de Thouars et dans le Trésor des chartes de Bretagne, il serait facile de reconstituer la biographie de Jeanne Chabot. Cette étude a tenté un de nos collègues [7]; on pourrait toutefois doubler aisément le nombre des pages de sa notice. Trois faits principaux ont absorbé la vie de cette femme : difficultés relatives à ses unions, luttes avec le duc de Bretagne qui con-

---

[1]. Arch. nat., R² 2 ; imprimé (Baluze, *Hist. de la maison d'Auvergne*, t. II, *Pr.* p. 366-371).
[2]. N° CCLX. Cf. plus haut, p. CII.
[3]. Original (Chartrier de Thouars).
[4]. N° LXXIII.
[5]. P. CIV et n. 2.
[6]. Moranvillé, *Etude sur la vie de Jean le Mercier*, p. 253. Brumor, qui était l'oncle à la mode de Bretagne de Jeanne Chabot, vit, au début de l'année suivante, prolonger son service de garde au pays de Rays (*Ibid.*, p. 260).
[7]. S. de la Nicollière, *Jeanne de Rays*. Nantes, 1869, in-8°, 24 p. Extrait du *Bulletin de la Soc. archéol. de Nantes*.

voitait son héritage, règlement de sa succession ; le tout agrémenté de procès dont les archives du parlement de Paris renferment encore plus d'un incident ignoré.

Le cartulaire nous a conservé un contrat de mariage du 8 juin 1379 entre la dame de Rays et Jean l'Archevêque, fils aîné de Guillaume l'Archevêque, s^{gr} de Parthenay [1]. On y prévoit les difficultés qui pourraient contrarier cette union, tant à cause de la parenté des conjoints qu'à raison d'un mariage antérieur entre Jeanne et Roger de Beaufort. On sait dans quelles circonstances glorieuses celui-ci perdit la liberté au siège de Limoges dont il était un des capitaines. Le prince de Galles mit la ville à sac (septembre 1370) et la valeur seule des chefs assiégés, en forçant l'admiration du vainqueur, les sauva de la mort [2]. Bien que prisonnier, Roger sollicita la main de Jeanne Chabot et leur union fut convenue [3]. Le sire de Beaufort avait dû rencontrer Girard V Chabot sur les champs de bataille de l'Auvergne ou du Limousin et la vaillance du futur autant que son illustre parenté [4] en faisaient un parti fort honorable pour Jeanne. Nous connaissons au moins deux actes où il est appelé son mari [5]. Mais la prolongation de la captivité de Roger avait fini par lasser sa fiancée ; aussi avait-elle contracté une union, effective cette fois, avec Jean l'Archevêque.

Les époux étant parents — Marie l'Archevêque avait, nous l'avons vu, épousé Girard III Chabot — et le mariage *per verba* de Jeanne avec Roger considéré comme légitime, Jeanne fut excommuniée et sommée de se séparer de son second mari. Elle se soumit d'ailleurs à l'Église, ainsi que nous l'apprennent des lettres du 18 août 1381 relatives à son absolution ; ce sont elles qui nous ont fourni les détails qui précèdent. Il faut y noter également cette particularité que Roger était encore captif lors de leur rédaction [6].

Jeanne ne chercha point à contracter d'autres liens, et c'est par suite d'une confusion que M. Guérin avance [7], à la suite de

---

1. N° LXXI.
2. Roger eut l'honneur, dans la défense de la cité, de croiser personnellement le fer avec le comte de Pembroke, gendre du roi d'Angleterre (Froissart-Luce, t. VII, p. 251-252 et 427).
3. « Rogerio tunc... captivato matrimonium per verba de presenti contraxisset » (n° XXIV).
4. Il était le neveu et le frère de deux papes : Clément VI et Grégoire XI.
5. 13 juillet et 26 sept. 1375 (originaux au chartrier de Thouars).
6. N° XXIV.
7. *Trésor des chartes pour le Poitou*, t. IV, p. 111, n. 1.

Beauchet-Filleau [1] et d'autres, qu'elle épousa François de Chauvigny. Celui-ci se maria bien à une Jeanne de Rays, mais un siècle plus tard [2].

Nous avons parlé ailleurs des graves et longs débats entre le duc Jean IV et la dame de Rays pour la possession de la baronnie tombée en quenouille, et signalé les pièces du cartulaire de Rays qui ont trait à ce différend. Nous avons dit aussi les devoirs que le duc fut obligé de rendre comme sire de Rays au nouvel évêque de Nantes en 1384 [3]. Il n'y a donc pas lieu d'y revenir.

Rentrée en possession de ses domaines, Jeanne voulut en régler le sort. Deux familles briguaient son héritage : 1° une branche cadette des Laval-Montmorency représentée par Guy, fils de Brumor, petit-fils de ce Foulques dont nous avons parlé [4], lequel avait épousé Jeanne Chabot, fille de Girard III ; 2° Jean de Craon, s^{gr} de la Suze, comme fils de Catherine de Machecoul, laquelle se rattachait aux Chabot par Jean de Machecoul son bisaïeul, époux d'Eustachie Chabot, fille de Girard II.

Guy de Laval était manifestement plus rapproché d'un degré que Jean de Craon, et déjà, dans une lettre du 9 janvier 1382, Brumor de Laval était dit « hoir presumtif » de la dame de Rays [5]. Le 29 septembre 1401, Jeanne Chabot reconnaissait Guy pour son héritier, et celui-ci s'engageait à relever le nom et les armes de Rays [6]. Dès le 2 novembre 1401 nous trouvons « Guy de Laval à present sire de Rais [7] » et le cartulaire a gardé deux aveux de cette période où il prend ce titre [8].

Néanmoins, se basant sur une renonciation à la succession paternelle obtenue de la femme de Foulques de Laval [9], Jean de Craon parvint à se faire reconnaître de Jeanne comme son héritier et, le 24 mars 1403, par un acte que Du Paz a longuement analysé et dont le cartulaire nous a conservé un fragment [10], la dame de Rays déclarait Jean de Craon son parent le plus proche et le plus apte à lui succéder. Les pièces de procédure se multiplièrent,

---

1. *Dict. des familles du Poitou*, t. Ier, p. 560.
2. Cette Jeanne, nièce du célèbre maréchal et fille de René de Rays, succéda à son père en 1473.
3. Cf. p. XXXIII et XL.
4. Cf. p. XCVIII-C.
5. N° CII.
6. Anselme, *Hist. généal.*, III, 632.
7. Ar. L.-Inf., E 173 ; anc. Trés. des ch. M. C. 2.
8. 5 déc. 1402 et 22 janvier 1403 (n°^{s} CCLXXXVI et CCLXXIX).
9. On sait d'ailleurs que cette renonciation faite par une mineure fut invalidée. Cf. p. XCIII-XCIV.
10. N° CCCXV. Cf. Du Paz, *Hist. généal.*, p. 215-217.

mais bientôt tout se termina heureusement par un mariage entre Guy de Laval et Marie de Craon, fille de Jean.

Jeanne continua à se dire dame de Rays, mais elle n'en avait plus que le titre et ses héritiers lui servaient une pension [1]. Elle mourut d'ailleurs peu après, le 16 janvier 1406, dit le P. Anselme [2]. On peut croire exactes les dates de jour et de mois données par cet auteur, mais il faut sûrement interpréter la date d'année en vieux style, et Jeanne serait alors décédée le 16 janvier 1407 [3].

Guy de Laval, dit de Rays (1401-1415).

En vertu de sa parenté, dont le degré a été rapporté précédemment, Guy de Laval devint le successeur de Jeanne. Dès 1401, avons-nous dit, il s'intitule seigneur de Rays. Son union avec Marie de Craon, fille de son compétiteur, le laissa sans conteste en possession du riche héritage des Chabot. Le cartulaire renferme un accord du 5 février 1404 réglant les prétentions rivales, en vue du futur mariage de Guy. Quelques jours plus tard, le 17 février, un second contrat plus solennel, passé devant la cour d'Angers en présence des parties et d'un certain nombre de témoins, achevait de préciser les droits des futurs époux et de leurs héritiers, en cas de prédécès ou de défaut d'hoirie [4].

On trouvera dans notre recueil une grande quantité de pièces concernant Guy ; mais presque toutes sont des aveux ou des contrats de vente d'un intérêt secondaire. A son titre de sire de Rays il joint fréquemment ceux de seigneur de Blaison (en Anjou) et de la Mothe-Achard (en Poitou).

Le 21 mars 1407, la baronnie étant en rachat par suite de la mort de Jeanne Chabot, décédée le 16 janvier précédent, Guy octroyait à Jean V, duc de Bretagne, des lettres de non-préjudice « pour ce que, (comme) nous n'avions aucun lieu convenable où nous peussions demorer durant led. rachat en nostred. terre et baronnie de

---

1. N° XXII.
2. *Hist. généal.*, IV, 560. Cette date est reproduite par tous les modernes biographes.
3. Comme preuve du décès de Jeanne postérieurement au 16 janvier 1406, nous citerons plusieurs lettres du duc de Bretagne, des 12 février, 21 mars et 9 juin 1407, où il est question du rachat de Rays. Le rachat ne durant qu'une année, il s'ensuit qu'aux dates correspondantes de 1406 Jeanne n'était pas encore décédée. Cf. nos *Lettres et mandements de Jean V, duc de Bretagne*, n°s 427, 468, 720 à 727. En outre il existe un mandement de Jeanne, dame de Rays, adressé au mois d'oct. 1406 à son châtelain de Machecoul (orig. au chartrier de Thouars).
4. N° CCL et original au chartrier de Thouars.

Raes, il a pleu à mond. s^gr... nous bailler et delivrer le chastel et forteresce de Machecoul pour y demorer et nous loger durant sond. rachat [1]. » Le mêmejour, le duc mandait à Alain de Saffré, capitaine de Machecoul, de remettre la place à Guy [2]. Celui-ci, d'août à novembre 1408, accompagna Jean V dans un voyage « en France, » au moment des luttes entre Bourguignons et Armagnacs [3]. Le document du cartulaire qui nous a transmis ce détail est un curieux factum que nous avons déjà signalé [4]. Le 14 décembre 1408, le sire de Rays prenait part aux Etats de Vannes où furent unanimement écartées les prétentions des Penthièvre au duché [5]. A la même date, le duc autorisait Guy à contraindre au besoin les vassaux des Hospitaliers à faire le guet dans ses châteaux, attendu qu'ils « sont sur port de mer et en peril et avenement des annemis [6]. » Peu après, le souverain permettait au baron de lever un fouage de vingt sous par feu « en ses fiefs et terrouers, » à raison surtout des frais qu'il avait faits pour le suivre [7] : allusion probable au voyage de France.

Le 18 février 1411, Guy souscrit des lettres de Jean V données à Ploërmel [8] pendant le général parlement qui s'y tint depuis cette date jusqu'au 28 février [9]. En mai suivant, en son château de Princé, le sire de Rays donnait au seigneur de Châteaubriant une quittance de vingt livres, prix auquel il lui avait cédé « un mast de neff pour le balliner » dudit seigneur [10]. Le 23 mai 1412, Guy jurait solennellement dans l'église de Bouin de respecter les franchises des habitants, qui, de leur côté, s'engageaient à lui rendre les devoirs auxquels ils étaient astreints [11].

Le 28 septembre 1415, le baron de Rays datait un mandement de son château de Machecoul [12]. C'est là que les 28 et 29 octobre suivants il dictait son testament accompagné d'un codi-

---

1. Orig. (Ar. L.-Inf., E 173 ; anc. Trés. des ch. D. B. 6) ; D. Mor. *Pr.* II, 783.
2. *Lettres de Jean V*, n° 468.
3. Cf. p. XXXIII-XXXIV.
4. N° CCCXIV ; cf. p. XXIII.
5. D. Morice, *Pr.* II, 815-816.
6. *Lettres de Jean V*, n° 1047.
7. 5 janvier 1409 (*Ibid.*, n° 1050).
8. *Ibid.*, n° 1105.
9. *Ibid.*, n°° 1105 à 1114.
10. Compte de la châtellenie des Huguetières (Ar. L.-Inf., E 500, f° 133).
11. Luneau et Gallet, *Documents sur l'île de Bouin*, p. 269-272.
12. N° XLIII.

oille [1]. Cette longue pièce est des plus intéressantes. Elle nous apprend en particulier que Marie de Craon, femme de Guy, était déjà décédée et inhumée dans l'abbaye de Buzay [2]. Le testateur veut que maîtres Georges de la Boussac et Michel Fontenay continuent à rester près de ses enfants et soient leurs fidèles conseillers [3]. Enfin Guy choisit, comme tuteur de ses fils Gilles et René, son cousin Jean Tournemine et nomme ses exécuteurs testamentaires.

Guy de Rays s'intitulant écuyer dans un contrat du 15 janvier 1407 [4], on peut croire qu'il mourut jeune. Il fut inhumé, ainsi qu'il l'avait prescrit par l'acte de ses dernières volontés, dans la chapelle des sires de Rays en l'abbaye de Buzay. Le mémoire qui donne ce détail fixe le décès de Guy en 1415. Nous savons d'ailleurs que sa terre était en rachat le 1ᵉʳ février 1416 [5]. Il laissait de Marie de Craon deux garçons : Gilles et René.

Gilles de Rays (1415-1440).

Fils aîné de Guy, Gilles succéda à son père sous la garde de Jean de Craon, son grand-père, qui paraît fréquemment dans les actes à côté de son pupille. Gilles est un personnage historique, moins encore par son titre de maréchal de France que par sa fin tragique et retentissante. C'est dire assez qu'il a été très étudié et, en publiant les pièces de son procès, on lui a consacré, ces années dernières, un gros volume [6].

Gilles naquit au plus tôt à la fin de 1404, puisque ses parents n'étaient pas encore mariés, non seulement le 5 février 1404, mais encore le 17 du même mois. Deux actes passés à ces dates [7] parlent constamment du mariage au futur [8] et ne laissent aucun doute sur ce point. D'autre part, il ne semble pas qu'on puisse

---

1. Nº CCLI.
2. Ainsi est démontrée l'erreur de ceux qui, faisant survivre Marie à son époux, veulent qu'elle se soit remariée à Charles d'Estouteville (Anselme, *Hist. généal.*, t. III, p. 632 ; Bossard, *Gilles de Rais*, p. 13 ; L. Merlet, *Catherine de Thouars*, dans *Revue de Bretagne et Vendée*, 1ᵉʳ sem. 1891, p. 96-97).
3. Tous deux paraissent à diverses reprises dans des pièces du chartrier de Thouars ; le premier, plusieurs fois mentionné au cartulaire, était prêtre, licencié ès lois et finit par devenir chanoine de Blaison.
4. Ar. L.-Inf., E 179 ; anc. Trés. des ch. D. B. 18.
5. Nºˢ CCCXVI et XLIII.
6. E. Bossard et R. de Maulde, *Gilles de Rais, maréchal de France, dit Barbe-Bleue* (1404-1440). Paris, 1886.
7. Cf. p. CVIII et n. 4.
8. « En faveur dud. mariage à estre fait et acompli et consommé... Procurera que led. mariage sera acompli et consommé. »

reculer de beaucoup plus d'un an après l'union de ses parents la venue au monde de Gilles ; car, même dans ce cas, le sire de Rays paraît tellement jeune aux débuts de sa carrière militaire, pour arriver bientôt aux plus hauts grades, que certains ont fait remonter sa naissance au delà de l'époque que lui assignent les documents incontestables du 5 et du 17 février 1404. S'il fallait prendre à la lettre la déposition d'un sergent dans l'enquête dont nous allons parler, Gilles ne serait né qu'en 1407 ; mais le témoin est peu précis lorsqu'il dit (en 1462) que la naissance de Gilles remontait à 55 ans *environ* ; d'autre part, il assigne au décès de Jean de Craon une date erronée.

Une déclaration de 1462, récemment découverte [1], est venue révéler des détails fort curieux sur les premières années du futur maréchal. Plusieurs témoins déposent qu'il naquit au château de Champtocé ; l'un d'eux précise en disant que ce fut « en une chambre appellée la Tour noire. » C'est à l'église paroissiale qu'il fut baptisé et il eut pour « principal parrain » Jean de Craon son aïeul. Guillemette la Drapière lui servit de nourrice et Jean, fils de celle-ci, après avoir été le compagnon d'enfance, devint le chapelain de Gilles ; lors de l'enquête dans laquelle il déposa, il était curé de Saint-Clément-de-la-Place, au diocèse d'Angers. Il n'est pas jusqu'à un certain Macé Garsenlen qui ne vienne attester, qu'étant jeune serviteur, il « alloit par chascun jour querir du laict aux villaiges pour faire la bouyllie aud. feu messire Gilles. »

Le cartulaire a conservé un premier contrat de mariage, du 4 janvier 1417, entre le sire de Rays et Jeanne Paynel, fille de feu Foulques IV, s^{gr} de Hambye et de Bricquebec [2]. La fiancée n'avait pas quatre ans encore ; mais, comme c'était une riche héritière, il avait été question dès l'année précédente de la marier à un autre enfant, Guyon de la Roche-Guyon. Le parlement avait cassé un contrat conclu entre des mineurs non nubiles par des parents intéressés. C'est alors que fut projetée l'union entre Jeanne Paynel et Gilles de Rays, âgé d'une douzaine d'années. Des raisons analogues à celles qui avaient empêché le premier mariage causèrent vraisemblablement la rupture du second. En tout cas, ce ne fut point, comme on l'a avancé, le décès préma-

---

1. Volumineuse enquête originale aux archives du château de Serrant. Extraits publiés par M. l'abbé Ledru (*Union hist. et littéraire du Maine*, t. 1er, 1893, p. 276-284).
2. N° XVIII.

turé de la future dès 1417, puisque celle-ci vivait encore en novembre 1421 [1].

Quoi qu'il en soit, le contrat du 4 janvier 1417 n'eut pas de suites et bientôt après il en fut rédigé un nouveau pour unir Gilles à Béatrix de Rohan. Ce second acte, passé solennellement au château de l'Hermine à Vannes, en présence du duc et d'une notable assistance, le 28 novembre 1418 [2], n'ayant pas eu plus d'effet que le précédent, il fut, paraît-il, dressé le 30 novembre 1420 un troisième contrat entre le jeune baron et Catherine de Thouars. Ce document, connu seulement par une mention du P. Anselme [3] que tous les biographes ont reproduite, est vraisemblablement perdu. Cela est d'autant plus regrettable que l'union de Gilles avec celle qui devait être sa femme semble avoir été contractée d'une façon insolite.

En effet, M. Lucien Merlet, archiviste d'Eure-et-Loir, a retrouvé dans le dépôt confié à ses soins deux pièces intéressantes. On y voit que les deux jeunes gens, qui étaient parents à un degré prohibé, s'étaient mariés sans dispense et sans bannies, hors de leur église paroissiale, et qu'un religieux les avait bénits dans une chapelle particulière. Excommuniés, Gilles et Catherine s'adressèrent au pape pour régulariser leur situation. Le 24 avril 1422, un de ses représentants prescrivait à l'évêque d'Angers de séparer les époux, de les absoudre d'inceste, d'interdire tout mariage ultérieur au survivant (cette clause ne fut point observée) ; puis de les unir de nouveau canoniquement et de reconnaître la légitimité de leurs enfants [4]. En conséquence, le 26 juin 1422, au château de Chalonnes, l'évêque d'Angers donna une nouvelle bénédiction nuptiale au sire de Rays et à sa femme [5].

Le cartulaire contient à peine une dizaine d'actes relatifs à Gilles. Nous en avons signalé plusieurs concernant ses premiers faits d'armes en 1420 [6]. Sa carrière, on le sait, fut d'abord brillante : levée du siège d'Orléans aux côtés de Jeanne d'Arc, promotion à la dignité de maréchal de France, assistance au sacre de Charles VII, luttes glorieuses contre les Anglais. Elle

---

1. Au sujet de ce premier projet d'union pour Gilles de Rays, voy. l'intéressant article de M. Luce, *Jeanne Paynel à Chantilly*, dans *Mém. de l'Académie des inscriptions et belles-lettres*, XXXIV, Ir⁰ partie, 1892.
2. L'original existe encore (Bibl. de Nantes, ms. fr. 1531) et D. Morice l'a publié (*Pr.* II, 975-976).
3. *Hist. généal.*, t. III, p. 632.
4. L. Merlet, *Catherine de Thouars*, loc. cit., p. 100.
5. *Ibid.*, p. 95.
6. Cf. p. XXXIV.

se continua dans la prodigalité, la débauche, la sorcellerie et le meurtre [1], pour finir par le gibet le 26 octobre 1440, et non le 23 ou le 25 décembre, comme l'ont dit Du Paz et le P. Anselme.

Gilles ne laissait pour héritière qu'une fille : Marie de Rays.

Marie de Rays et Prégent de Coëtivy (1440-1457).

On aurait pu croire que le supplice infamant du maréchal de Rays aurait nui à l'établissement des siens. Il n'en fut rien. Sa veuve Catherine de Thouars ne tarda pas à se remarier avec Jean de Vendôme, vidame de Chartres, et l'on voit fréquemment les deux époux intervenir dans les nombreux procès provoqués par les dilapidations de Gilles. Cette union eut lieu, a-t-on dit, dès 1441 ; en tout cas, elle est antérieure au 24 mai 1442, date d'une procuration citée un peu plus loin. Catherine mourut le 2 décembre 1462, d'après un arrêt du parlement [2].

Suivant une lettre de Charles VII, du 13 janvier 1446, Marie, fille unique de Gilles de Rays, n'aurait eu que quatre à cinq ans à la mort de son père [3] ; elle serait donc née en 1435 ou 1436. Comme elle contracta mariage dès 1442, cet âge a paru invraisemblable ; aussi MM. Marchegay [4] et Bossard [5] lui donnent-ils environ quinze ans à cette dernière date, et même le second regarde l'âge assigné à Marie par les lettres royales comme une faute évidente de copiste. Il est certain que la fille du maréchal n'était pas aussi jeune que le disent les lettres; mais nous voyons là plutôt l'erreur d'un scribe mal informé qu'une faute de copiste. Marie en effet vivait déjà le 28 décembre 1434, date à laquelle son père, dans une procuration des plus larges, autorisait son cousin Roger de Briqueville non seulement à vendre telles terres qu'il jugerait à propos, mais encore qu'il « lui loise faire, troicter, acorder et passer le mariage de madamoiselle Marie de Rays, fille dud. s^{gr} constituant, ovecques quelque personne que ce soit, » et à lui assigner telle dot « que bon lui samblera [6]. » Si jeune qu'on suppose l'enfant quand le maréchal donna cette singulière autorisation, il faut croire qu'elle avait déjà quelques

---

1. Cf. p. XLVII, où il est question de faits de ce genre accomplis dans le couvent des Cordeliers de Bourgneuf.
2. Merlet, *Catherine de Thouars*, loc. cit., p. 107.
3. N° LXXXII, p. 231.
4. *Documents relatifs à Prégent de Coëtivy*, p. 49, note.
5. *Gilles de Rais*, p. 371, n. 2.
6. Ar. L.-Inf., E 174 ; anc. Trés. des ch. M. C. 18.

années et ne pas oublier que l'union de ses parents remontait à 1420. Il nous semble toutefois que l'erreur du document de 1446 est moins considérable qu'on ne l'a cru, parce que le mariage contracté en 1442 ne fut réellement accompli qu'en 1444, et parce que l'époux prenait encore le titre de curateur de sa femme en 1448.

Que Marie de Rays eût alors une quinzaine ou seulement une douzaine d'années, le 24 mai 1442 Prégent de Coëtivy donnait procuration pour contracter mariage en son nom avec la fille du maréchal [1].

D'une petite famille bretonne, Prégent devait sa fortune à sa valeur et aux bonnes grâces de Charles VII ; celui-ci l'avait créé amiral de France. En vertu des interdictions qui, du vivant de Gilles, avaient frappé de nullité les aliénations qu'il ferait, Marie pouvait être considérée comme une riche héritière.

La procuration du 24 mai 1442, datée de Limoges [2], fut bientôt suivie d'un contrat de mariage passé le 14 juin [3] suivant, au nom de Prégent, par son fondé de pouvoirs, en présence de Catherine de Thouars, de Jean de Vendôme et de René de Rays, mère, beau-père et oncle de la fiancée [4].

Le mariage ne suivit pas de près le contrat, comme on l'a dit [5]. Marie n'était encore qu'une enfant et Prégent, alors auprès du roi, séjourna pendant près d'un an avec lui en Guyenne et en Languedoc : le cartulaire aussi bien que les actes du Charles VII souscrits par l'amiral le démontrent assez. Le 18 octobre 1442, c'est par procureur que Prégent rend hommage au vicomte de Rohan [6]. Trois lettres datées de Toulouse les 25 et 31 mars et le 2 avril 1443 attestent que Coëtivy était alors en cette ville [7]. Les 5 et 9 juillet 1443, l'amiral se trouvait à Poitiers toujours à la suite du roi [8]. Enfin, le 26 juillet 1443, le nouveau seigneur de Rays, de retour dans ses domaines, faisait à Tiffauges, d'accord avec les parents de sa fiancée, des modifications à leur contrat de

---

1. *Documents relatifs à Prégent de Coëtivy*, p. 48-49.
2. C'est manifestement par suite d'une faute qu'on a imprimé 1441. On sait d'ailleurs que Charles VII se trouvait précisément à Limoges en mai 1442 et que Prégent l'accompagnait en son voyage dans le Midi.
3. Deux inventaires du XVe s. donnent la date du 13 juin (Ar. L.-Inf., E 219 et chartrier de Thouars).
4. *Doc. relatifs à Prégent de Coëtivy*, p. 47-53.
5. Marchegay, *Recherches sur les s^{gs} de Tiffauges*, dans *Annuaire de la Soc. d'émulation de la Vendée*, XIX, 1872, p. 201, et Bossard, *Gilles de Rais*, p. 373.
6. N^{os} XC et CCXXXI.
7. N°s LXXV à LXXVII.
8. *Titres de la maison ducale de Bourbon*, n°s 5705 et 5706.

mariage, notamment en ce qui concernait le port du nom et des armes de Rays [1].

Dès lors commença pour Prégent une longue suite de difficultés dans le but de recouvrer l'héritage de sa femme, Champtocé et Ingrandes surtout, difficultés qui se prolongèrent bien au delà de l'existence de l'amiral.

Cependant, Marie de Rays venant vraisemblablement d'atteindre l'âge nubile, le mariage put être célébré. Par un acte du 5 juillet 1444 qui a échappé aux savantes recherches de M. Marchegay, l'évêque de Saintes autorisait le recteur de l'église paroissiale de Taillebourg à faire et recevoir les épousailles de Prégent et de Marie qui avaient obtenu la dispense des bans [2]. Ce fut donc non à Tiffauges, comme le supposait M. Marchegay [3], mais à Taillebourg que fut célébrée l'union des époux. Ceci d'ailleurs concorde parfaitement avec ce que nous avons dit au début de cette étude [4] au sujet du transfert, dans cette dernière ville, des archives des sires de Rays déposées au château de Machecoul.

Nous avons longuement parlé du goût de Prégent de Coëtivy pour les beaux livres, en traitant ailleurs de la confection du cartulaire de Rays entreprise à son instigation [5]. Parmi la douzaine d'actes de ce recueil concernant l'amiral, il n'y en a guère qu'un qui présente un caractère général : c'est l'ordre que, le 19 juin 1446, lui donna le duc de Bretagne pour l'arrestation de son frère Gilles [6].

Prégent est un personnage historique. Il servit vaillamment la France et finit par une mort glorieuse. Il fut tué en 1450 d'un coup de canon pendant le siège de Cherbourg [7], le 20 juillet d'après une note contemporaine [8].

Il ne laissait point d'enfants de sa jeune femme. Celle-ci remariée dès 1451 à André de Laval, sgr de Lohéac, maréchal de France, termina sa vie le 1er novembre 1457, sans lignée de son second époux.

---

1. *Doc. relatifs à Prégent de Coëtivy*, p. 58-62.
2. Vidimus du 18 juillet 1455 (Ar. L.-Inf., E, titres du Pordor, non classés, et Inventaires du XVe s., l'un aux Arch. L.-Inf., E 219, l'autre au chartrier de Thouars).
3. *Recherches sur les srs de Tiffauges*, loc. cit., p. 201.
4. Cf. p. II et V.
5. Cf. p. III à VI.
6. N° LXXXI.
7. *Chronique de Jean Chartier*, édit. Vallet de Viriville, t. II, p. 231-232.
8. Cartulaire de Rays, pièce A ; en note du n° CCCXVI.

Pendant près d'un siècle les procédures se poursuivirent devant toutes les juridictions au sujet des héritages de la fille du maréchal de Rays. Les Coëtivy, puis les La Trémoille leurs héritiers, d'une part, en revendiquaient une partie, de l'autre c'étaient René de Rays et ses successeurs. L'extinction rapide de la postérité directe de René, oncle de Marie et seigneur après elle de la baronnie de Rays, ne contribua pas peu à entretenir cet état de choses.

SEIGNEURS PARTICULIERS DE MACHECOUL. 1re FAMILLE.

Bernard de Machecoul (vers 1170-1212).

Ce Bernard, avons-nous dit [1], est le seul enfant que l'on connaisse de Raoul Ier, sgr de Rays, et de Marie Talevat. Son père, ainsi que nous l'avons exposé, tout en restant le seigneur supérieur de la baronnie, semble avoir, de son vivant, abandonné le qualificatif de sire de Rays à son frère puîné Garsire II qui le transmit à sa postérité, tandis que Raoul retenait seulement le titre de sgr de Machecoul.

A côté de son cousin Harscoët III, sgr de Rays, Bernard de Machecoul pouvait néanmoins faire grande figure. En plus de Machecoul, le fief principal du pays, il y possédait le domaine de Saint-Philbert-de-Grand-Lieu. On trouve en effet dans deux titres de Geneston : « Bernardus Machecolli dominus et Sancti Philiberti [2]. » Il était également sire de la Roche-sur-Yon. Son père en avait été seigneur partiel conjointement avec Guillaume Talevat son beau-frère, mais on ne voit pas que Bernard ait partagé avec un autre ce dernier fief.

L'acte le plus ancien à date certaine où nous ayons rencontré Bernard est de 1182 [3] ; il y figure comme témoin d'une transaction passée devant le sénéchal de Nantes, au sujet de biens situés dans cette ville et aux environs. Toutefois il n'est pas téméraire de faire remonter plus haut le gouvernement de Bernard ; car, suivant un bref de Lucius III qu'on doit dater de 1182 [4], ce

---

1. Cf. p. LXX.
2. Bibl. nat., ms. lat. 17092, p. 43, et ms. fr. 22319, p. 243.
3. « Bernardus de Machecol » (Ar. L.-Inf., H 23, f. de Buzay).
4. *Cartulaire du Ronceray*, n° 441. L'acte a été donné à Vellétri le 4 juin. Lucius fut élu en sept. 1181 et mourut en nov. 1185 ; son itinéraire ne nous le montre à Vellétri, au début de juin, qu'en 1182 et 1183. Comme le bref est antérieur au n° suivant du cartulaire du Ronceray, daté de 1183 (et non de 1163 par suite d'une faute évidente), l'année 1182 ne paraît pas contestable pour la date du bref.

— CXVII —

seigneur avait donné aux religieuses du Ronceray, plusieurs années auparavant, « post plures annos, » une terre qu'on leur contestait alors.

Le 26 décembre 1184, « Bernardus, Machecolli dominus, » se trouvant dans l'abbaye de la Chaume, autorisait, en qualité de suzerain, les donations faites par Geoffroy Mainguy au Ronceray pour doter sa fille qui se faisait religieuse au prieuré des Moutiers. Parmi les témoins il faut noter Roland, doyen de Rays, et Philippe, abbé de la Chaume [1].

En 1185, « Bernardus, dominus Machecoli, » faisait une donation importante au prieuré de Saint-Lazare près Machecoul, membre de l'abbaye de Nieuil-sur-l'Autize, entre les mains de l'abbé Aimery Denyssum [2]. Sont en outre mentionnés dans l'acte : Aenord, femme de Bernard, Raoul, Bernard et Béatrix, ses enfants, les seuls qu'on lui connaisse et qu'on rencontre ici pour la première fois.

Pendant le cours de l'année 1204, Bernard alors malade [3] octroya à l'abbaye de Geneston un cens annuel de cinq sous. En 1211, « Bernardus, dominus Machecolli, » se trouvait à Machecoul « in magna mea camera, » où, du consentement de Raoul son fils, il confirmait tous les dons faits ou à faire aux Templiers sur toute sa terre [4]. C'est le dernier acte explicitement daté que nous possédions de Bernard ; mais il nous en est resté un assez

---

1. *Cartulaire du Ronceray*, n° 444. La façon anormale « anno MCVIII° IIII° » dont cette charte a été datée a causé des méprises. Les Bénédictins bretons ayant lu 1112, ils ont mis à cette date, sur leur liste des abbés de la Chaume, un Philippe Ier, erreur que le t. XIV du *Gallia* a consacrée. Mabillon (*Annales O. S. Benedicti*, t. IV, p. 677) qui cite incidemment l'acte de Bernard, et M. Marchegay, en note de l'édition du *Cartulaire du Ronceray*, ont dit avec raison que cette date répond à MCLXXXIV. Il est bien certain que VIII° doit être interprété par octogesimo : les synchronismes du seigneur Bernard et de Roland, doyen de Rays, ne laissent aucun doute à cet égard. L'abbé de la Chaume que les Bénédictins et le *Gallia* ont emprunté à Mabillon et placé sous l'année 1184, en l'appelant Philippe II, est le seul de ce nom dans la série des abbés de la Chaume, et Philippe Ier doit être supprimé. Cf. de la Nicollière, *L'abbaye de la Chaume*, dans *Bul. de la Soc. arch. de Nantes*, 1879, p. 81-83.

2. Copie de 1462 (Ar. L.-Inf., E 78 ; anc. Trés. des ch. P. F. 9). Ce document, que n'a point connu M. Arnauld, auteur d'une *Hist. de l'abbaye de Nieuil*, permet de compléter la liste du *Gallia* qui a ignoré cet abbé. M. Arnauld publie bien une charte de 1196 (reproduite dans les *Arch. hist. du Poitou*, XXV, 136-137) mentionnant Aimery, mais il n'a pas su que son abbatiat remontait à 1185. Le nom de famille de cet abbé, donné par la charte de Bernard, prouve de plus qu'il faut l'identifier avec le personnage de même nom, qu'une pièce sans date qualifie simplement de chanoine de Nieuil (*Cartul. de l'Absie*, dans *Arch. hist. du Poitou*, XXV, 50).

3. « In infirmitate positus » (Bibl. nat., ms. lat. 17092, p. 45).

4. *Cartul. de Coudrie*, n° 23.

grand nombre d'autres dans lesquels il figure à des titres divers : les uns sans notations chronologiques [1], les autres datés de 1200, 1201 [2], 1208 [3].

En 1201, le seigneur de Machecoul fut témoin de la charte de fondation de l'abbaye de Villeneuve, octroyée par la duchesse Constance [4], et, en 1210, il ratifiait l'érection du monastère des Fontenelles fondé par Guillaume de Mauléon, son gendre, et Béatrix de Machecoul, sa fille [5]. Mais ce sont surtout les Templiers, qui avaient une maison tout près de Machecoul [6], et les moines du Bourg-Saint-Martin, petit prieuré de Marmoutier joignant son château, qui semblent avoir le plus profité des libéralités de Bernard. Nous ne possédons pas moins de quatre chartes de celui-ci relatives au Bourg-Saint-Martin. Aucune ne porte de date, mais on doit les ranger dans la période de 1195 à 1210 [7]. Dans ces pièces fort intéressantes, le seigneur relate qu'ayant fait couper un pont « propter turbationem guerrae, » il autorise les religieux à le rétablir pour leur commodité ; il leur permet également de bâtir un bourg qui subsiste encore sous le nom de faubourg Saint-Martin, et leur fait la concession d'une foire ayant les mêmes coutumes que celles dont jouissent les foires de Saint-Lazare et de Saint-Nicolas.

Bernard épousa une femme appelée Eléonore — Aenord, Aanor, dans les textes —. En 1185, d'après un titre que nous avons cité, elle était déjà mère de tous les enfants qu'on connaisse d'elle et de son mari. Elle paraît également avec eux dans trois des actes

---

1. Nous n'en citerons qu'un assez important. Il s'agit de conventions entre Bernard et Pierre de la Garnache fixant, envers chacun de ces seigneurs, les obligations respectives des habitants de Bois-de-Cené compris dans les Marches ; Raoul, fils de Bernard, approuve (Ar. L.-Inf., E 186 ; anc. Trés. des ch. M. E. 15).
2. Titres de Buzay (Bibl. nat., ms. lat. 17092, p. 80 et 89).
3. Titre du prieuré de la Roche-sur-Yon (*Cartul. du Bas-Poitou*, p. 222).
4. « B. Machicolli domino » (D. Mor., *Pr.* I, 785-786, et mieux A. de la Borderie, *Actes inédits des ducs de Bretagne*, n° LXVIII).
5. *Gallia christiana*, t. II, *Instr.*, 419-420.
6. Cf. p. XXXVIII, n. 7. On trouvera indiqués (*ibid.*, n. 2) les actes du *Cartulaire de Coudrie* où figurent Bernard et son fils.
7. Ar. L.-Inf., H 135, n°s 5, 6, 7, et D. Morice, *Pr.* I, 769. Par une inconséquence regréttable, cet auteur qui a bien rangé cette dernière pièce dans son recueil, a attribué aux années 1118-1120 le n° 5 de la cote H 135, qu'il publie également (I, 541). Hamon, abbé de la Chaume, qui y figure comme témoin, a par suite été mal classé aux environs de 1120 sur la liste des abbés de ce monastère, tant celle des Bénédictins que celle du *Gallia* (XIV, 851). L'erreur a déjà été signalée (de la Nicollière, *L'abbaye de la Chaume, loc. cit.* p. 83). Toutefois ce n'est pas, comme le dit cet auteur, vers 1213 ou 1214 qu'il faut placer nos chartes passées du vivant de Bernard (décédé avant ces dates), mais antérieurement à 1212.

relatifs à Saint-Martin de Machecoul, qui se classent, avons-nous dit, entre 1195 et 1210. Il résulte d'un document de 1217 [1] que Béatrix de Machecoul, fille de Bernard (et d'Eléonore, on le sait par ailleurs), était la petite-fille de Raoul le Vieux, s^{gr} de Tonnay [2], et la nièce de Raoul le Jeune, s^{gr} de Tonnay et de Luçon. L'épouse de Bernard de Machecoul se nommait donc Eléonore de Tonnay [3], et c'est de son chef que le fief de Luçon advint aux héritiers de son mari.

Le nécrologe de Geneston [4] marque au XVI des cal. d'avril l'anniversaire de Bernard de Machecoul. Il est probable que c'est aussi la date de son décès [5]. Comme il vivait encore en 1211 et que son fils apparaît en 1212 avec le titre de seigneur de Machecoul, c'est vraisemblablement le 17 mars 1212 que Bernard finit ses jours.

Le nom de « Bernardus de Machequol » précède celui de son cousin Harscoët de Rays sur le catalogue des féodaux astreints au service militaire envers le roi de France [6]. En parlant d'Harscoët, nous avons relevé l'erreur de ceux qui ont voulu voir dans ce catalogue les noms des seigneurs qui avaient pris part à la bataille de Bouvines le 27 juillet 1214 [7]. De même qu'Harscoët, on voit que Bernard était mort avant cette dernière date.

D'Eléonore de Tonnay, Bernard de Machecoul laissait trois enfants : Raoul, Bernard et Béatrix.

Raoul de Machecoul (1212-1213).

Fils aîné de Bernard, Raoul apparaît pour la première fois en 1185 avec ses puînés dans une charte de son père [8]. Mentionné

---

1. *Cartul. du Bois-Grolland*, n° 86.
2. Tonnay-Boutonne.
3. Le P. Anselme a noté l'alliance de Bernard avec une de Tonnay ; il a seulement ignoré le prénom de celle-ci (*Hist. généal.* IV, 193).
4. Bibl. nat., ms. lat. 17092, p. 38, et *Bul. de la Soc. arch. de Nantes*, 1873, p. 156.
5. Nous avons relevé ailleurs (cf. p. LXX) la coïncidence singulière entre les trois anniversaires de Bernard, de Raoul son père et de Marie sa mère, marqués respectivement au nécrologe sous les dates des 17, 19 et 20 mars, et nous nous sommes demandé si c'étaient bien là les dates réelles des trois décès. Nous inclinons à le croire pour Bernard ; les commémorations de Raoul et de Marie rappellent leur degré de parenté avec Bernard, et nous ne serions pas surpris que ce fût lui qui eût fondé les trois obits.
6. La Roque. *Traité du ban et arrière-ban*, édit. de 1735, p. 50 ; *Historiens de France*, XXIII, 683 et 719.
7. Cf. p. LXXVII.
8. Cf. p. CXVII et n. 2.

encore avec eux dans trois chartes de Saint-Martin de Machecoul (1195-1210) [1], et dans la fondation des Fontenelles (1210) [2], il ratifie seul deux actes de Bernard de Machecoul, le premier sans date [3], le second de 1211 [4].

Du vivant de son père, Raoul devint seigneur de Luçon, en 1206 vraisemblablement. En effet, par un acte du 7 avril de cette année, Raoul de Tonnay, sire de Luçon, étant gravement malade, faisait aux moines du Bois-Grolland l'abandon de dîmes à Champagné [5]. Puis, une autre charte du Bois-Grolland [6] nous montre « Radulfus de Machecou, miles et dominus Lucionensis, » confirmant la donation du susdit Raoul de Tonnay. Cette pièce [7] ne nous apprend point à quel titre Raoul de Machecoul avait succédé dans la seigneurie de Luçon à Raoul de Tonnay ; mais on sait, par le document de 1217 visé plus haut [8], que le premier était le neveu du second. L'oncle mourut sans doute de la maladie dont il était atteint le 7 avril 1206, et le fils du seigneur de Machecoul, héritant dès lors de Luçon, s'empressa de ratifier les dernières volontés de son prédécesseur. En 1211 on trouve encore « dominus Radulphus de Macheco, dominus Lucionii [9]. »

Bernard son père étant mort — le 17 mars 1212 selon toutes probabilités — Raoul devint alors seigneur de Machecoul. Il nous reste trois chartes de 1212 où ce dernier, qualifié « dominus Machacolli, » fait des largesses aux Templiers [10]. La première est approuvée par Bernard, frère de Raoul ; parmi les considérants de la seconde on lit ce qui suit : « Pro redemptione animæ fratris mei Bernardi. » D'où il faut conclure que ce Bernard mourut en 1212. En décembre 1213, Raoul de Machecoul fut témoin d'une donation de Guillaume de Mauléon aux religieux d'Orbestier [11]. On sait par d'autres actes du même mois que Guil-

---

1. Cf. p. CXVIII et n. 7.
2. *Gallia christiana*, II, *Instr.* 419-420.
3. Cf. p. CXVIII, n. 1.
4. Cf. p. CXVII et n. 4.
5. *Cartul. du Bois-Grolland*, n° 92.
6. *Ibid.*, n° 91.
7. Dans l'Index chronologique des chartes du Bois-Grolland, M. Marchegay a donné au n° 91 la date : circa 1205. Ce numéro est forcément postérieur au 7 avril 1206. D'autre part il est antérieur à 1210, car, à cette date, Ostencius et Pierre II, abbés de Moureilles et du Bois-Grolland, témoins dans la charte en question, étaient remplacés respectivement par Pierre I et par Guillaume I (*Gallia christ.* II, 1396 et 1439).
8. *Cartul. du Bois-Grolland*, n° 86 ; cf. p. CXIX.
9. *Cartul. de Talmond*, n° 435.
10. *Cartul. de Coudrie*, n°ˢ 31, 26 et 27.
11. *Cartul. d'Orbestier*, n° 21.

laume, beau-frère de Raoul, était alors gravement malade au château d'Olonne [1].

La charte d'Orbestier est le dernier document où il soit question de Raoul de Machecoul. Il mourut, dit M. Marchegay, « au commencement de 1214, laissant de sa femme, Eustache de Mauléon, une fille en bas âge qui lui survécut une année à peine [2]. » Pour l'époque du décès de Raoul, on peut se ranger à l'opinion du savant auteur : Béatrix, qui succéda à son frère comme dame de Machecoul, prenant ce titre dès 1214. Quant à son union avec Eustachie de Mauléon, elle reste fort problématique : M. Marchegay ne citant aucun texte à l'appui de son assertion [3]. Ce qu'il y a de certain, c'est que Guillaume de Mauléon, oncle d'Eustachie, fut l'époux de Béatrix de Machecoul, sœur de Raoul [4].

Quoi qu'il en soit du mariage de ce dernier, ce fut Béatrix qui recueillit son héritage.

Béatrix de Machecoul et Aimery de Thouars (1214-1235).

Fille de Bernard de Machecoul et sœur de Raoul qui précède, Béatrix se montre d'abord à nous dans des actes de son père : pour Saint-Lazare de Machecoul en 1185, pour Saint-Martin de la même ville en 1195-1210 [5].

En 1208, nous la trouvons mariée à Guillaume de Mauléon, s^{gr} de Talmond [6]. Celui-ci avait épousé antérieurement Catherine de Montaigu dont il était déjà veuf en 1201 [7]. Bernard de Machecoul, qui tenait de son père la seigneurie de la Roche-sur-Yon, la donna en dot à sa fille, ainsi que la terre des Lucs. Cette

---

1. *Cartul. de Talmond*, n°s 436 et 438.
2. *Les Anciens seigneurs de la Roche-sur-Yon*, dans *Revue des provinces de l'Ouest*, 1853, 2° part., p. 256.
3. M. de la Boutetière (*Cart. de Talmond*, 1872, p. 395, n. 1) et M. Ledain (*Cart. et chartes de l'Absie*, 1895, p. 163, n. 1) ont également noté l'alliance de Raoul et d'Eustachie ; mais uniquement sur le témoignage de M. Marchegay. M. Ledain avait bien voulu nous écrire qu'Eustachie de Mauléon ayant, à la fin du XII° siècle, épousé Hugues, vicomte de Châtellerault, et s'intitulant, en 1239 et en 1244, jadis vicomtesse de Châtellerault, son union avec Raoul de Machecoul lui paraissait douteuse, pour ne pas dire improbable.
Il n'est peut-être pas hors de propos de faire remarquer que la femme de Garsire III, s^{gr} de Rays, parent et contemporain de Raoul de Machecoul, avait précisément le prénom d'Eustachie. Cf. p. LXXVII et suiv.
4. « Radulphus de Macheco cujus sororem dominus Guillelmus de Malleone tunc in uxorem habebat. 1211 » (*Cart. de Talmond*, n° 435).
5. Cf. p. CXVII à CXIX.
6. *Cartulaires du Bas-Poitou*, p. 222.
7. *Tables des manuscrits de D. Fonteneau*, p. 179, d'après un titre de la Grenetière.

donation est rappelée dans divers documents [1] et Guillaume de Mauléon prend parfois dans les chartes le titre de ces terres.

Les actes où Béatrix figure à côté de son époux sont assez nombreux ; presque tous ont trait à des largesses faites à des maisons religieuses. Plusieurs de ces actes sont visés dans la note précédente ; il suffira d'appeler l'attention sur la fondation de l'abbaye des Fontenelles, faite en 1210 par Guillaume et sa femme, dans leur forêt de la Roche-sur-Yon [2].

Par lettres portant la date de 1213, mais qui sont en réalité du début de 1214 en nouveau style, Béatrix, dame de la Roche-sur-Yon, accordait une exemption de tailles au prieuré du Luc « ob remedium anime domini Guillelmi de Malleone, sponsi mei nuper defuncti [3]. » En même temps qu'elle restait veuve, Béatrix perdait son frère aîné Raoul, s[gr] de Machecoul. Bernard le cadet, nous l'avons vu [4], était décédé en 1212, avant Raoul. Ses deux frères ne laissant point d'enfants, Béatrix devenait par suite une riche héritière. Déjà dame de la Roche-sur-Yon et des Lucs, Machecoul et Luçon lui faisaient retour par la mort de Raoul.

Aussi ne tarda-t-elle point à trouver un nouvel époux. Dès 1214 elle était unie à Aimery, fils puîné d'Aimery VII, vicomte de Thouars, ainsi que l'attestent deux chartes de cette année en faveur du prieuré de Saint-Martin de Machecoul. De teneur analogue, elles émanent l'une de « Beatrix, domina de Macheco, » l'autre de « Aimericus de Thoarcio, dominus de Macheco [5]. »

Nous ne saurions énumérer tous les actes où, sous ses titres divers, apparaît Béatrix; tantôt seule [6], tantôt à côté d'Aimery de Thouars. Nous citerons seulement ceux qui se rapportent au pays de Rays, ou bien ceux dans lesquels Béatrix est qualifiée dame de Machecoul : 1217. « Beatriz, filia Bernardi de Macheco, ejusdem castri de Macheco et de Lucionio domina, » et charte correspondante de « Aimericus, dominus de Machecollo et de Lu-

---

1. « Bernardi de Machecou qui terram illam (Roche) cum filia sua mihi dedit » [1208] (Cartul. du Bas-Poitou, p. 221); « Beatricis per quam terram Rochae et Luci possidebamus » [1210] (Gallia christ. II, Instr. 419-420). Cf. également les n°s 17 et 18 du Cartul. d'Orbestier, datés de 1212.
2. Gallia christ., II, Instr. 419-420.
3. Cartul. de Talmond, n° 439.
4. Cf. p. cxx.
5. Originaux (Ar. L.-Inf., H. 135, n°s 8 et 8 bis). Le premier a été publié par les Bénédictins (D. Lob., II, 175 ; D. Mor., Pr. I, 826).
6. Souvent dans ce cas, une autre charte d'Aimery reproduit celle de sa femme, mutatis mutandis.

cionio ¹. » — 1219. « Ego Aimericus de Toarcio et ego Beatris, domina de Macheco et de Lucionio ². » — [1214-1219]. Charte de « Beatrix, Machicolli domina, » faisant don à Hervé Golart et à ses hoirs d'un ténement au marais [de Machecoul] près de la Vacheresse, et charte similaire de « A. de Thoart, Machecolli dominus ³. » — [1214-1219]. Charte de « A. de Thoarcio, Machecolii dominus, » donnant « cum Beatricis uxoris mee assensu, » un ténement près de la Vacheresse à A. de la Porte ⁴. — 1230. Aymericus de Toarcio, dominus Machicolii et ego Beatrix uxor sua ⁵. »

L'année 1235, la dernière de Béatrix, fut marquée par plusieurs donations. Se trouvant près de mourir ⁶, elle laissa aux moines des Fontenelles le marché, le minage et la cohue de Machecoul. Nous avons parlé ailleurs ⁷ des négociations nécessitées par ce legs important, quand les successeurs de Béatrix voulurent racheter leurs droits de marché. En juillet, Béatrix abandonnait aux susdits religieux les devoirs qu'elle levait sur les foires et marchés de la Roche-sur-Yon ⁸. Enfin, par son testament en date du 17 août, la dame de Machecoul faisait élection de sépulture aux Fontenelles ⁹.

Nous devons signaler encore les quelques actes ayant un caractère politique auxquels se trouvèrent mêlés Béatrix et, du vivant de sa femme, Aimery de Thouars son époux : 1214. Béatrix est obligée de remettre ses places fortes au roi d'Angleterre, la Roche-sur-Yon notamment ¹⁰. — 1225. Aimery ratifie les privilèges octroyés à la ville de Saint-Aubin-du-Cormier, le 17 mai de cette année, par le duc Pierre Mauclerc ¹¹. — Juillet 1235, à Melun. Aimery rend l'hommage lige au roi

---

1. *Cartul. du Bois-Grolland*, nᵒˢ 86 et 85.
2. *Ibid.*, nᵒ 87.
3. Titres de l'abbaye de Villeneuve (Bibl. nat., ms. lat. 17092, p. 228 et 216-217). Le donataire de ces chartes est nommé dans d'autres pièces des années 1192, 1211 et 1219.
4. *Ibid.*, p. 221.
5. Cartul. de Rays, nᵒˢ CXVII et CLXXXI.
6. « In extrema voluntate posita » (*Ibid.*, nᵒ CXXXIII).
7. Cf. p. XXXVI.
8. *Gallia christ.*, II, 1434-1435.
9. Le Grip, *Hist. des Fontenelles*, dans *An. de la Soc. d'émul. de la Vendée*, XXIV, 1877, p. 192.
10. Marchegay, *Les Anciens seigneurs de la Roche-sur-Yon, loc. cit.*, p. 256.
11. La charte émane d'une soixantaine de feudataires, parmi lesquels « Emericus de Machecoul. » Elle a été publiée dans leurs *Preuves* par D. Lobineau (II, 373) et par D. Morice (*Pr.* I, 853) ; mais, par suite d'une distraction, trois noms se suivant — celui d'Aimery entre autres — ont été oubliés. Dans son *Histoire* (I, 217), Lobineau a bien cité Emeri de Machecou, conformément au texte original encore existant (Ar. L.-Inf., E 157 ; anc. Tr. des ch. E. E. 18). Cf. p. LXXX.

saint Louis pour ses châteaux de Luçon et de la Roche-sur-Yon [1].

La dame de Machecoul fut inhumée dans l'abbaye des Fontenelles, et l'on y voit encore un tombeau qu'on dit être le sien. On sait que Béatrix, la dame des Fontenelles, est l'héroïne d'une sanglante légende qui n'a aucun fondement [2].

Quelques années après la mort de sa femme, en 1242, Aimery devint vicomte de Thouars, par suite du décès de son frère aîné Guy Ier. Il termina ses jours en 1246 [3].

Au dire de M. Marchegay [4], c'est de Béatrix de Machecoul que Guillaume de Mauléon aurait eu un fils nommé Ebles. Celui-ci est en effet mentionné à côté de Béatrix dans une pièce de 1208 [5]. L'assertion de M. Marchegay semble probable, mais le texte n'étant pas formel sur ce point, il est permis de se demander si Ebles ne serait point un enfant de la première union de Guillaume avec Catherine de Montaigu. D'après une charte de 1212, Ebles devait alors avoir cessé de vivre [6].

Quant à un certain P. de Mauléon, que Guillaume appelle « mon fils » dans une charte du mois de février 1213 (v. st.), son existence n'est révélée que par ce document [7]. On peut d'ailleurs, au sujet de sa mère, poser la même question que pour Ebles. Quoi qu'il en soit, Guillaume de Mauléon eut pour successeur Savary son neveu, et il n'est plus question de ses enfants.

D'Aimery de Thouars la dame de Machecoul eut un fils nommé Aimery comme son père. Il est parlé de lui dans deux chartes de 1218, l'une de sa mère, l'autre de son père, en faveur du prieuré de la Roche-sur-Yon [8]. Les termes de ces documents laissent à croire qu'il était déjà décédé. Jeanne, autre enfant d'Aimery et de Béatrix, recueillit leur succession.

---

1. Publié d'après un cartulaire de Philippe-Auguste, Marchegay, *Anciens seigneurs de la Roche, loc. cit.*, p. 262.

Nous avons signalé ailleurs (p. LXXV-LXXVI) un anachronisme mis en avant par Le Baud et reproduit par les historiens bretons. D'après eux, Emery, sire de Machecoul, aurait assisté en 1203 à une réunion solennelle des Etats de Bretagne rassemblés à Vannes. C'est en 1214 seulement qu'Aimery de Thouars devint seigneur de Machecoul, et, s'il y eut réellement une tenue d'Etats en 1203, ce personnage ne put y prendre part avec le titre qu'on lui confère.

2. Cf. *Annuaire de la Soc. d'émul. de la Vendée*, XXI, 1874, p. 162.
3. Cf. Hugues Imbert, *Hist. de Thouars* 1871, p. 112-113.
4. *Anciens seigneurs de la Roche, loc. cit.*, p. 256.
5. *Cartul. du Bas-Poitou*, p. 222.
6. *Cartul. de Talmond*, n° 423.
7. C'est seulement par une copie de l'historien Besly que l'on connaît ce fils de Guillaume de Mauléon, dont le prénom n'est marqué que par son initiale. Besly avait emprunté la charte au cartulaire de Maillezais. M. Marchegay s'est contenté d'en donner une traduction française (*An. de la Soc. d'émul. de la Vendée*, XXV, 1878, p. 6-7).
8. *Cartulaires du Bas-Poitou*, p. 163 et 163-169.

Jeanne de Thouars (1235-1258).

Le consentement de Jeanne à deux donations faites en 1230 par ses parents atteste son existence à cette date [1].

Il semblerait que Jeanne dût, sous la garde de son père, succéder sans conteste à sa mère comme dame de ses diverses seigneuries, lorsque Béatrix mourut en 1235. Il n'en fut rien. L'enfant était mineure, paraît-il. On sait que le roi de France mit en sa main la terre de la Roche-sur-Yon, dont Jeanne ne tarda pas d'ailleurs à être remise en possession [2]. Qu'advint-il pour Machecoul ? Nous n'avons trouvé aucun texte formel à cet égard; mais il est prouvé qu'en juillet 1239, une certaine Marguerite prenait le titre de « domina Machecolii. » Qui était cette Marguerite, nous le dirons bientôt. Quant à Jeanne, elle n'est jamais qualifiée, que nous sachions, de dame de Machecoul.

On connaît cependant diverses particularités de son existence. Unie d'abord pendant quelque temps à Hardouin de Maillé, elle en était veuve quand, en mars 1243, elle rendit hommage à Alphonse de Poitiers [3]. En novembre 1246, alors remariée à Maurice de Belleville, Jeanne et son époux faisaient hommage au même prince pour Luçon [4]; en avril 1249, ils transigeaient encore avec lui [5].

Bien qu'ils eussent renoncé aux titres de seigneur et de dame de Machecoul, dont d'autres se qualifiaient à cette époque, Maurice et Jeanne n'en revendiquaient pas moins cette châtellenie. Une transaction intervint. Ses clauses importantes nous ont été conservées dans des lettres de notification qu'en donna, le 10 mars 1258, le duc de Bretagne [6]. Nous en avons déjà indiqué les dispositions principales [7]. Il suffira de rappeler que Machecoul était octroyé héréditairement à Jeanne et probablement, si son existence se fût quelque peu prolongée, nous la retrouverions avec le titre porté par ses ancêtres, ainsi

---

1. N^{os} CXVII et CLXXXI.
2. Marchegay, *Les Anciens seigneurs de la Roche-sur-Yon*, loc. cit., p. 257.
3. « Johanna, domina Ruppis super Oyon et Lucionii » (Marchegay, *Ibid.*, p. 262, d'après Arch. nat., J 192, n° 7).
4. *Ibid.*, p. 263, d'après Ar. nat., J 189, n° 89.
5. *Ibid.*, p. 264-265, d'après Ar. nat., J 192, n° 3, et J 190, n° 34. Dans ces actes, aussi bien que dans plusieurs autres de 1256 et de 1257 concernant le prieuré de la Roche-sur-Yon (*Cartul. du Bas-Poitou*, p. 172 à 176, 224-225), Jeanne ne s'appelle jamais que dame de la Roche et de Luçon.
6. N° CCXX.
7. Cf. p. LXXXIV.

que la transaction lui en donnait le droit [1]. Jeanne décéda en effet peu de temps après. Le 17 juin 1258, étant à l'article de la mort [2], elle faisait une fondation dans l'abbaye des Fontenelles et le 6 octobre elle avait cessé de vivre [3] sans laisser d'enfants.

Son mari essaya bien de retenir dans sa famille le lot adjugé solidairement aux deux époux ; mais le cas de déshérence avait été prévu en faveur des compétiteurs survivants. Après de longues procédures, Maurice de Belleville dut se contenter d'avantages viagers, et jamais on ne le trouve qualifié de seigneur de Machecoul.

SEIGNEURS PARTICULIERS DE MACHECOUL. 2e FAMILLE.

Marguerite de Montaigu (1235-1241).

On est peu d'accord sur la famille de cette dame, qu'en notre siècle on a appelée indistinctement Marguerite de Vihiers [4], de Belleville [5], de Montaigu [6]. On en a fait aussi la fille de Pierre IV de la Garnache [7], sans doute parce qu'à partir de 1213 elle s'intitule dame de ce lieu. Dom Lobineau [8] et le P. Anselme [9] la disent fille de Brient, s^{gr} de Montaigu et de la Garnache. En supprimant le second qualificatif, ces auteurs doivent être dans le vrai ; mais il faut bien spécifier qu'il s'agit d'un Brient Ier, s^{gr} de Montaigu, époux d'Agathe, décédé avant 1195, et non d'un Brient II, mari d'Agnès, lequel vivait encore en 1225 [10].

Une charte de 1201, qui mentionne à la fois Brient I et Brient II,

---

1. Dès ce moment, Olivier de Machecoul, compétiteur de Jeanne, cessa de prendre le titre de seigneur de cette terre.
2. « In extremis posita » (*Gal lia christiana*, II, 1435).
3. N° CVIII. Le décès de Jeanne n'est pas explicitement mentionné dans la pièce ; mais on n'en saurait douter en voyant son époux nommé seul de sa partie dans la charte du 6 oct. 1258. En sept. 1260 (n° CCXXXIV), Jeanne est expressément dite défunte.
4. Imbert, *Hist. de Thouars*, p. 109.
5. De la Nicollière, *Une pierre tombale de l'abbaye de Villeneuve*, tirage à part, p. 7.
6. De la Nicollière, op. cit. p. 8 ; Douët d'Arcq, *Collection de sceaux*, t. II, n° 3705 ; B. de Broussillon, *La Maison de Craon*, t. Ier, p. 93 ; etc.
7. Piet, *Recherches sur l'île de Noirmoutier*, 2e édit., p. 475 ; de l'Estourbeillon, *Documents pour servir à l'histoire des anciens s^{grs} de la Garnache*, dans *Revue hist. de l'Ouest*, I, 2e part., p. 18.
8. *Hist. de Bretagne*, I, 237.
9. *Hist. généal.*, I, 447.
10. D'après M. de Sourdeval, Marguerite aurait été la fille de ce Brient II ; celui-ci ne fut seigneur ni de Montaigu, ni de la Garnache, quoi qu'en dise l'auteur (*Le Château et les seigneurs de la Garnache*, dans *Revue des provinces de l'Ouest*, I, p. 467).

émane d'un fils du premier et père du second, appelé Maurice, alors seigneur de Montaigu¹. Celui-ci, dans le préambule de l'acte, ne nomme pas moins de quatorze de ses ascendants et descendants, et s'il est réellement le frère de Marguerite, on a pu de prime abord s'étonner de ne point voir cette dernière figurer sur la liste des parents de Maurice. A cette première objection contre le rattachement de Marguerite à la famille de Montaigu, un des auteurs que nous avons cités² en ajoute une seconde : c'est que, entre 1212 et 1225, cinq documents donneraient à Maurice et à Brient la qualification de seigneurs de Montaigu, pendant que Marguerite en prenait elle-même le titre de dame. Mais la dernière objection n'est pas fondée ; les personnages en question, dans les actes cités, sont appelés uniquement Maurice et Brient de Montaigu, s^{grs} de Commequiers. Quant à la première, nous ferons remarquer que dans la charte de 1201, Maurice I, s^{gr} de Montaigu, énumère d'abord douze de ses parents afin d'obtenir pour eux des suffrages, d'où l'on peut conclure qu'ils devaient être décédés. Les deux autres, Maurice II et Brient II, les futurs seigneurs de Commequiers, fils de Maurice I, ne figurent dans l'acte de leur père que pour l'approuver. Dans ces conditions, on ne saurait être surpris outre mesure de l'omission du nom d'une sœur vivante.

Quoi qu'il en soit, Maurice I, s^{gr} de Montaigu en 1195, 1201, 1202, 1203³, ne l'était plus dès la fin de cette dernière année, date à laquelle on trouve « Hugo, dominus Montis Acuti tunc temporis⁴. » Un acte de 1205 précise la situation. Nous y voyons « Hugo de Thoarcio, dominus Montis Acuti, » faire une donation approuvée par « Margarita Montis Acuti... que tunc temporis erat heres legitima Montis Acuti⁵. » On sait, par nombre d'autres textes, que Marguerite était la femme d'Hugues de Thouars, et celui de 1205 établit formellement son nom et son origine.

En présence du fait de la succession légitime, au fief de Montaigu, de Marguerite à la place de Maurice I, au détriment du fils aîné de ce dernier Maurice II, demeuré seigneur de Commequiers, si l'on se demande à quel titre, la réponse n'est pas sans embar-

---

1. « Mauricius, Montis Acuti dominus » (*Cartul. du Bas-Poitou*, p. 145).
2. B. de Broussillon, *op. cit.*, p. 94.
3. Chartes de Commequiers dans *Cartul. du Bas-Poitou*, p. 144, 145, 146, et titre de Buzay (Bibl. nat., ms. lat. 17092, p. 95).
4. D. Mor. *Pr.* I, 797, et ms. lat. 17092, p. 214.
5. D'après D. Fonteneau (*Archiv. hist. du Poitou*,   , p. 81-82).

rasser. Si Marguerite n'eût pas été la sœur de Maurice I, il n'y aurait eu aucune raison pour qu'elle succédât à celui-ci ; si elle l'était, faut-il donc voir là une application du droit de *viage et retour*, usité en Bas-Poitou pour les biens nobles, droit en vertu duquel la jouissance du fief appartenait aux frères puînés du seigneur avant qu'il ne passât à l'aîné de ses enfants ? Mais cet usage spécial à la région, parfaitement établi en ce qui concerne les garçons, ne paraît pas avoir été appliqué pour les filles [1].

On s'explique moins bien encore comment Marguerite de Montaigu devint héritière et dame de la Garnache [2], dont, à partir de 1213, elle et son mari portèrent constamment le titre [3]. L'examen de cette question serait d'ailleurs hors de propos ici.

Hugues, époux de Marguerite depuis 1203 au moins, fut à son tour et suivant son ordre de primogéniture, vicomte de Thouars en 1226. Il mourut en 1229 ou 1230. Sa veuve contracta une seconde union avec Pierre de Dreux, duc de Bretagne, avant le mois de janvier 1235, dit le P. Anselme [4] ; mais c'est en 1236 seulement qu'un texte précis en fait foi. En effet, il existe une charte de cette année où « Petrus, dux Britanie, comes Richemundie, dominus Gasnapie, et Margarita uxor ejus, » ratifient les donations faites à l'abbaye Blanche de Noirmoutier [5]. Par autre charte de 1239, « Margarita, uxor nobilis viri Petri de Brana, Montis Acuti et Gasnapie domina, » réitère seule la confirmation précédente [6].

Dans l'intervalle compris entre ces deux derniers actes, il s'était produit un fait important. En 1237, Jean Ier, fils de Pierre de Dreux et d'Alix sa première femme, héritière de la Bretagne, atteignit sa majorité. Or, comme Pierre n'avait été duc, depuis la mort d'Alix, que par représentation de son fils dont il avait le bail, à partir de cette majorité, le mari de la dame de Montaigu ne s'appela plus que Pierre de Braine, du nom d'un fief qu'il tenait de sa famille.

---

1. Cf. G. d'Espinay, *Le droit d'aînesse en Poitou*, dans *Nouvelle revue hist. du droit français et étranger*, 1896.
2. « Margarita, Montis Acuti et Ganaspie domina et heres » (Actes d'avril 1240 et du 27 nov. 1241 cités plus loin).
3. Voy. les objections formulées à cet égard par M. de Broussillon, *op. cit.*, p. 93-94.
4. *Hist. généal.*, I, 447.
5. « Insule Dei » (c'était alors le nom de Noirmoutier). Plusieurs vidimus du xve s. (Collect. Ant. Jacobsen) ; impr. (D. Mor., *Pr.* I, 901 et 860, la seconde fois avec la date erronée de 1226).
6. Vidimus de 1315 (Même collection) ; copie (D. Fonteneau, I, 365) ; extrait (D. Mor., *Pr.* I, 860-861 ; avec la date malencontreuse de 1229).

Ici se place l'acte ignoré et inédit, croyons-nous, qui nous a fait mettre Marguerite en tête de la deuxième série des seigneurs particuliers de Machecoul. Par charte de juillet 1239, « Margarita, domina Gasnapie, Montis Acuti et Machecolii, » confirmait aux moines de Buzay le don d'une portion de marais que leur avait fait le curé de Bouin [1]. Aucune pièce autre que celle-ci ne donne à Marguerite la qualification de dame de Machecoul ; mais sa parenté avec son successeur ne laisse aucun doute sur la légitimité de cette appellation.

A quel titre la dame de Montaigu et de la Garnache eut-elle la jouissance du fief de Béatrix de Machecoul décédée en 1235 ? Celle-ci avait en effet laissé d'Aimery de Thouars une héritière, Jeanne, mineure et non encore mariée, mais dont le père vivait toujours. Sans doute Aimery de Thouars était le neveu d'Hugues, premier époux de Marguerite ; mais ces alliances ne constituaient pas une parenté entre Marguerite et la dame de Machecoul.

Lors du décès de Béatrix, dame Machecoul et de la Roche-sur-Yon, nous avons vu le roi de France saisir cette dernière terre qui relevait de son domaine [2]. Pierre, duc de Bretagne, aurait-il agi de même à l'égard de Machecoul placé sous sa suzeraineté, puis en aurait-il gratifié sa femme comme d'une sorte de douaire ? Le fait serait possible. En tout cas, Jeanne, qui récupéra assez promptement la Roche et ses domaines poitevins, ne put rentrer que vingt années plus tard en possession de sa terre de Bretagne, et encore dut-elle en laisser une large part au successeur de Marguerite.

En avril 1240, cette dernière confirmait aux moines de Buzay les donations qui leur avaient été faites sur ses fiefs [3]. Le 27 novembre 1241, par acte de dernière volonté [4], en présence et du consentement de son mari, Marguerite octroyait à l'abbaye de Geneston une rente de cent sous assise sur les revenus des ports de la châtellenie de la Garnache. Le même jour et avec des considérants identiques, elle attribuait une rente de même valeur aux religieux de Noirmoutier [5]. Dans ces trois actes, la donatrice s'intitule : « Mar-

---

1. Orig. (Ar. L.-Inf., H 24) ; copie (Bibl. nat., ms. lat. 17092, p. 69).
2. Cf. p. cxxv.
3. Ar. L.-Inf., H 24.
4. « In ultimae voluntatis articulo constituta » (Bibl. nat., ms. lat. 17092, p. 45, et ms. fr. 22319, p. 245 ; publié *Bul. de la Société archéol. de Nantes*, XII, 1873, p. 148, et A. de la Borderie, *Actes inédits des ducs de Bretagne*, n° CXVII).
5. D. Fonteneau, I, 367, et D. Mor., *Pr.* I, 921.

garita, Montisacuti et Gasnapie domina et heres. » Elle mourut, selon toutes probabilités, le jour même où elle faisait les deux derniers legs, car c'est précisément au 27 novembre que l'obituaire de Geneston marque son anniversaire [1].

Pierre de Braine continua à résider sur les domaines de sa femme et à les gérer. En 1243, il ratifiait le don fait à l'abbaye de Villeneuve d'une portion de moulin situé près de la porte de Montaigu [2]. En 1244, son domicile habituel était la Garnache [3]. Le 21 juin 1246, « Petrus de Brana, miles..., dominus quondam Gasnapie, » confirmait une sentence de Guillaume Enjoubaut, son sénéchal de la Garnache [4], en même temps qu'il approuvait toutes les donations faites en faveur de Buzay « a dilecta domina Margareta uxore quondam nostra [5]. » On sait que Pierre mourut en 1250 en revenant de la croisade.

Olivier I de Machecoul (1250-1279).

A propos de la dalle funéraire de ce personnage, on a écrit sur lui une notice assez étendue [6]. Il ressort nettement de cette étude un fait qu'on n'avait pas assez remarqué jusqu'alors : l'identité entre Olivier, fils du duc Pierre de Dreux, signalé sous le nom d'Olivier de Bretagne, dit de Braine [7], et un Olivier de Machecoul, connu par des textes assez nombreux, et dont a parlé Du Paz dans sa généalogie des sires de Machecoul [8]. Nous pourrions aisément multiplier les preuves de cette identité ; il suffira d'en noter une passée sous silence par l'auteur de la notice : la transmission du titre seigneurial de Machecoul de Marguerite à Olivier.

---

1. « v kal. decembris, Margareta Montisacuti et Gasnapie domina » (Bibl. nat., ms. lat. 17092, p. 40).
2. *Ibid.*, p. 218, et cf. D. Mor., *Pr.* I, 915.
3. Tandis qu'on devait déposer à Sucinio une assignation à comparoir faite au duc Jean Ier, c'est à la Garnache, « apud Gasnapiam, » qu'on était tenu de remettre celle destinée à son père, et la publication en était faite « in ecclesiis parochialibus dictorum locorum » (D. Mor., *Pr.* I, 923-924).
4. « Senescallus noster in terra Gasuapie. »
5. Orig. (Ar. L.-Inf., H 26). D. Morice (*Pr.* I, 930) n'a imprimé que le premier quart de cette charte.
6. S. de la Nicollière, *Une pierre tombale de l'abbaye de Villeneuve. Olivier de Machecoul*, dans *Bul. de la Soc. archéol. de Nantes*, I, 1859-1861, p. 258-275, tirage à part, 19 p.
7. Anselme, *Hist. généal.*, I, 447 ; *Art de vérifier les dates*, II, 902.
8. *Hist. généal.*, p. 236 et suiv.

Par quels liens se rattachaient l'un à l'autre ces deux personnages ? Les auteurs ont dit qu'Olivier était fils du duc Pierre et de Marguerite de Montaigu [1]. Cette assertion ne nous semble pas établie. Si les textes qualifient Olivier de fils et de frère du duc de Bretagne, aucun, à notre connaissance, ne dit qu'il était né de Pierre et de Marguerite. Il y a plus ; une épitaphe de Villeneuve était ainsi conçue : « Cy gist dame Nicolle, la mère monsour Olivier de Machecou [2]. » Or il n'y a eu que deux Olivier de Machecoul et la mère du second fut certainement Eustachie de Vitré, deuxième femme d'Olivier I [3]. Il faut donc que Nicole ait été la mère de ce dernier. Comme d'autre part Olivier I était le fils de Pierre de Dreux, c'est de Nicole et non de Marguerite que le duc aurait eu cet enfant. Deux raisons confirment cette manière de voir : en 1235, date approximative de son union avec le duc de Bretagne, la veuve d'Hugues de Thouars devait approcher de la cinquantaine [4] ; ensuite, il n'est guère admissible qu'un fils né de ce mariage fût déjà chevalier en août 1253.

Les anciens auteurs n'ont point signalé cette union entre le duc Pierre Mauclerc et Nicole. Un écrivain de notre siècle [5], s'appuyant sur l'épitaphe de Villeneuve, l'a bien indiquée ; mais il fait de Nicole une épouse illégitime du duc. L'hypothèse est en tout cas gratuite ; nous la trouvons même peu probable, étant donnés les rapports qui ont existé entre Olivier et les membres de la famille ducale : Isabeau de Dreux, sa tante, et le duc Jean Ier, son frère, en particulier. Rien ne s'oppose à ce qu'il y ait eu un mariage légitime entre Nicole et Pierre. On sait que celui-ci perdit sa première femme Alix en 1221. Entre cette date et celle de 1235 qu'il épousa Marguerite, il y a largement la place pour une autre union de laquelle serait né Olivier.

En septembre 1242, Isabeau de Dreux donna à son neveu Olivier tout ce qu'elle possédait à Mareuil et à Ay en Champagne [6]. En 1252, il est question d'un accord passé en présence de « Oliverius, dominus Machecolii, » et de son sénéchal [7]. C'est le plus ancien document où nous ayons rencontré notre personnage avec le

---

1. D. Lobineau, I, 237 ; Anselme, *loc. cit.* ; de la Nicollière, *op. cit.*, etc.
2. Bibl. nat., ms. fr. 22329, p. 717 ; cf. Du Paz, *Hist. généal.*, p. 237.
3: N° CLXVII.
4. Cf. p. CXXVII où il est établi que Marguerite était déjà mariée à Hugues en 1203.
5. Piet, *Recherches sur l'île de Noirmoutier*, 2e édit. (1863), p. 476-477.
6. Anselme, *Hist. généal.*, I, 447 ; cf. D. Lobineau, I, 237.
7. Titre de Villeneuve (Bibl. nat., ms. lat. 17092, p. 222.

titre de seigneur de Machecoul. Sans doute, cette châtellenie importante, après avoir été donnée à Marguerite de Montaigu [1], sera devenue un apanage pour Olivier, soit avant, soit après le décès de son père.

« Oliverius, dominus Machecolii et Sancti Philiberti, miles, » notifiait, au mois d'août 1253, une donation octroyée à l'abbaye de Geneston par Guillaume de Jahanneau [2]. En 1256, « Oliver, le frère le comte, seignor de Macheco et de Seint Philibert de Grant Leu, » faisait une concession aux moines de Villeneuve. Par charte du mois de mars 1257 (n. st.), « Oliverius, filius comitis, miles, dominus de Macheco et de Sancto Philiberto de Grandi Loco, » ratifiait un don fait au même couvent par un de ses vassaux [3]. Enfin par un autre document de même date, « Oliverius, dominus de Machecou, » transigeait avec les religieux de Buzay [4].

Nous ne connaissons point d'autres actes de ce seigneur pour la première période de son existence, la seule où il ait porté le titre de sire de Machecoul. Les qualificatifs de frère et de fils du comte s'expliquent d'eux-mêmes : Olivier étant le frère du comte ou duc de Bretagne Jean Ier, alors régnant, et le fils de son prédécesseur. Tous ces actes, on le voit, appellent Olivier seigneur de Machecoul.

C'est alors qu'intervient la transaction du 10 mars 1258. Nous en avons déjà exposé l'économie [5] : Olivier renonçait à la ville et au château de Machecoul et, par suite, à la qualification de seigneur de cette châtellenie, qualification qu'on ne lui trouvera plus ; mais il gardait les deux tiers du revenu de la terre.

Qui donc le dépossédait ainsi d'un titre passé depuis vingt ans dans sa famille ? C'était Jeanne de Thouars, fille et héritière de Béatrix de Machecoul, dame de ce lieu, laquelle en avait été privée on ne sait pas bien pourquoi [6]. Jeanne de Thouars, nous l'avons vu, avait épousé avant 1246 Maurice de Belleville. Or, Maurice était le petit-neveu de Marguerite de Montaigu, belle-

---

1. Cf. p. CXXIX.
2. Bibl. nat., ms. lat. 17092, p. 46 ; publié (*Bul. de la Soc. archéol. de Nantes*, XII, 1873, p. 148-149).
3. Bibl. nat., ms. lat. 17092, p. 230 et 216.
4. Ar. L.-Inf., H 47. Une déchirure a enlevé une partie notable de la charte. Comme la date d'année 1256 est précédée du mot *Jerusalem*, il y a tout lieu de croire que sur le texte complet on lisait : *Letare Jerusalem* ; la pièce serait ainsi du mois de mars 1257 en n. st.
5. Cf. p. LXXXIV et CXXV.
6. Cf. p. CXXIX.

mère d'Olivier [1]. Il était même son héritier le plus proche pour les terres qui lui appartenaient en propre ; aussi dès le mois de juin 1255 se qualifiait-il non seulement de seigneur de Commequiers, titre qu'avaient porté avant lui son frère Jocelin, son père Brient II et son oncle Maurice II, mais encore de ceux de seigneur de Montaigu et de la Garnache, terres qu'il transmit sans conteste à sa postérité [2].

Ainsi des trois châtellenies que Marguerite de Montaigu avait possédées de son vivant, et sur lesquelles Pierre de Dreux son mari retint l'autorité pendant quelque temps après la mort de sa femme, Maurice de Belleville obtint héréditairement Montaigu et la Garnache [3], tandis que du chef de sa femme il pouvait revendiquer Machecoul contre Olivier.

Mais la mort de Jeanne de Thouars, décédée sans hoirs dans le courant de 1258, vint modifier la situation quant à la possession de Machecoul. Eustachie, dame de Rays, parente assez éloignée de Jeanne de Thouars, et Girard I Chabot son époux, réclamèrent Machecoul, la ville la plus importante de leur baronnie, qui en était distraite depuis un siècle. Dès le 6 octobre 1258 [4], Girard et Eustachie avaient mis dans leurs intérêts Pierre de Bretagne, neveu d'Olivier de Machecoul, et, au mois de sep-

---

1. On a fait indistinctement de ce Maurice le frère ou le neveu de Marguerite. On a dit aussi que c'était un fils de son premier mariage. A l'aide des nombreux cartulaires publiés de nos jours, il est possible de rétablir son état civil. Brient I, époux d'Agathe, fut le père : 1° de Maurice I, sgr de Montaigu en 1195 et jusqu'en 1203 ; 2° de Marguerite de Montaigu, dame de ce lieu à partir de 1203, de la Garnache et de Machecoul (cf. p. CXXVI et suiv.). Maurice I eut pour fils : Maurice II (1203-1212)* et Brient II de Montaigu (1212-1225), seigneurs successifs de Commequiers. Par suite de son union avec Agnès de Belleville (*Cartul. du Bas-Poitou*, p. 166), Brient II a pu prendre et a pris en effet le nom de Brient de Belleville (*Cartul. de Talmond*, n° 448), bien que dans la majorité des cas il ait conservé son nom patronymique. Mais ses enfants Jocelin (1230, 1235) et Maurice III (celui qui fait l'objet de la présente note) abandonnèrent définitivement le nom de Montaigu, dont momentanément ils ne possédaient plus la terre, pour celui de Belleville, dont le fief était entré dans leur famille.

2. *Cartul. du Bas-Poitou*, p. 195.

3. Quoi qu'en aient dit le P. Anselme (I, 44), l'*Art de vérifier les dates* (II, 902) et d'autres après eux, Olivier de Bretagne ou de Machecoul ne fut point sgr de Montaigu et de la Garnache, qui passèrent régulièrement à Maurice de Belleville.

4. N° CVIII.

* La date de 1220 qu'on lit dans la charte 52 du cartulaire de Coudrie où figure Maurice II de Montaigu, sgr de Commequiers, est en contradiction avec tous les autres documents connus. Brient II, son frère puîné, paraît, en effet, comme sgr de Commequiers en 1212, 1218, 1225 (*Cartul. de Coudrie*, n° 25 ; *Arch. hist. du Poitou*, t. Ier, p. 89 ; *Cart. du Bas-Poitou*, p. 147). Il n'est guère présumable que les deux frères aient été co-seigneurs de Commequiers, et comme Maurice II ne paraît pas ailleurs postérieurement à 1212, il est plus rationnel d'admettre que la date MCCXX est erronée ; c'est celle de MCCXII qu'il faut vraisemblablement lui substituer.

tembre 1260¹, ils étaient substitués aux droits de Jeanne de Thouars et de son mari : ceux d'Olivier de Machecoul sur la portion qui lui avait été assignée par la transaction du 10 mars 1258 restant d'ailleurs les mêmes.

Olivier de Machecoul demeurait encore assez bien loti. Tant de son côté que de celui de sa femme Marquise de [Coché, dame de] la Benate, il était seigneur de la Benate et de Saint-Philbert-de-Grand-Lieu. Il possédait des terres et des droits féodaux en Machecoul, Bois-de-Céné, Bouin, Saint-Cyr, et quand, par suite de l'extension de son commerce maritime, la petite ville de Bourgneuf sera devenue assez importante pour constituer le siège d'une châtellenie, ses héritiers directs en deviendront les seigneurs.

Olivier de Machecoul paraît avoir vécu en bonne intelligence avec ses nouveaux suzerains les sires de Rays Girard I et Girard II Chabot. En mai 1267, une transaction intervient entre ce dernier et Olivier au sujet de droits en Bouin ². En octobre 1268³, ils renouvellent les actes de 1258 et de 1260 qui avaient réglé le modus vivendi entre Girard I et Olivier. Celui-ci est, en avril 1269, l'un des arbitres désignés pour arranger un différend entre le sire de Rays et Maurice de Belleville. Finalement un mariage réunit les deux familles : Jean de Coché, fils d'Olivier de Machecoul, épousa Eustachie Chabot, fille de Girard II. Plusieurs actes de notre cartulaire sont relatifs aux préliminaires et aux clauses de cette union ⁴.

Olivier figure dans un certain nombre de chartes provenant des abbayes de Villeneuve et de Geneston dont il fut un des principaux bienfaiteurs. Par ailleurs, un document du 22 février 1273 mérite une mention spéciale parce qu'il nous fait voir Olivier en relations avec la famille ducale dont il était issu. A cette époque, Jean, fils du duc Jean Ier, se trouvant en Morée, faisait une fondation dans un de ses domaines du comté de Richemont ; les sommes destinées par Jean à cette œuvre pie devaient être versées entre les mains de sa mère et d'Olivier de Machecoul ⁵. Le 11 janvier 1276, ce dernier approuvait et scellait l'acte important

---

1. N° CCXXXIV.
2. N° CCVI.
3. N° CCXXII.
4. Nos CXIII, CXII, CXIV, CCXVIII, XCII, CCXIX, CVII ; cf. nos CCXIV, CCXXXVI.
5. Ar. L.-Inf., E 114 ; anc. Trés. des ch. V. C. 4.

par lequel le duc changeait en rachat l'ancien droit de bail [1].

L'épitaphe d'Olivier fixe son décès en 1279 [2] et les obituaires de Villeneuve et de Geneston marquent son anniversaire l'un au 18, l'autre au 19 décembre [3]. Ces dates concordent avec celles que font connaître les pièces diplomatiques, où nous voyons Olivier vivant encore en 1278 et décédé en 1280.

Olivier de Machecoul se maria deux fois. Une première avec une dame nommée Marquise. Dans la transaction du 10 mars 1258, on la voit intervenir à côté d'Olivier. C'est elle que le nécrologe de Geneston appelle « domina Marquisa de Banasta, » dont il fixe l'obit au 25 mars [4]. Son époux a porté, au moins depuis le mois d'octobre 1265, le titre de seigneur de la Benate, châtellenie qui, pendant tout le XIV° siècle, resta dans sa famille. Marquise était sans doute la fille d'Olivier de Coché, s^{gr} de la Benate en 1232, 1234 et 1238, et l'on aurait ainsi l'explication du nom porté par Jean, fils d'Olivier et de Marquise, pendant la première partie de son existence. M. de la Nicollière en a judicieusement fait l'hypothèse ; mais Amicie de Coché, qu'il identifie avec Marquise, devait être plutôt sa sœur, car on sait qu'Amicie était en 1238 la femme de Brient de Varades [5], lequel vivait encore en 1254 [6].

C'est en 1269, qu'au dire de Du Paz [7], Olivier épousa Eustachie de Vitré. Le 14 juin 1273, les conjoints vendaient une rente de 50 liv. perçue par eux sur la coutume de Vitré [8]. Eustachie est mentionnée au cartulaire de Rays dans des actes de 1282 et de 1284 [9] ; elle l'est encore dans des titres de Villeneuve des 18 et 21 octobre 1288 [10]. Cette année fut celle de son trépas, suivant son épitaphe que Du Paz a reproduite. M. de Broussillon a donné récemment, d'après la collection Gaignières, deux dessins de sa tombe érigée dans l'abbaye de Villeneuve [11].

De Marquise [de Coché] Olivier laissa Jean de Coché. Quo

---

1. Ar. L.-Inf., E 151 ; anc. G. B. 30. D. Mor. *Pr.* I, 1037-1039.
2. « Il transit en l'an de grace MCC quatre vinz un meins. » Cf. de la Nicollière, *op. cit.*
3. Du Paz, *Hist. généal.*, p. 238 ; Bibl. nat., ms. lat. 17092, p. 40.
4. Bibl. nat., ms. lat. 17092, p. 38.
5. *Ibid.*, p. 45.
6. Ar. L.-Inf., H 26, f. de Buzay.
7. *Hist. généal.*, p. 238.
8. Cartulaire de Vitré (Bibl. nat., Nouv. acq. lat., n° 1229, p. 26-28) ; cf. Du Paz, *loc. cit.*, et B. de Broussillon, *La Maison de Laval*, n° 505.
9. N°^{s} CCXIV et CLXVII.
10. Bibl. nat., ms. lat. 17092, p. 224 et 222.
11. *La Maison de Laval*, t. I, p. 309 et 311.

qu'en aient dit Du Paz et d'autres après lui, Jean n'était certainement pas l'enfant d'Eustachie de Vitré. On n'en saurait douter quand on voit Jean appeler Eustachie la femme de son père, et quand on rapproche la date de l'union d'Eustachie avec Olivier en 1269 d'une charte de mai 1267 où il est déjà question de Jean [1].

De sa seconde femme, Olivier I de Machecoul eut au moins trois enfants : Olivier II, Thomasse et Isabelle, mentionnés tous les trois au cartulaire de Rays. De Thomasse il est question en 1284, et Du Paz dit qu'elle existait encore en 1333 [2]. Isabelle était l'épouse du seigneur de Châteaubriant dès 1290 [3]. Nommée en 1310 dans notre recueil, elle décéda le 23 septembre 1316 [4].

On donne généralement une autre fille à Olivier et à Eustachie de Vitré. Elle est appelée tantôt Anne, tantôt Louise de Machecoul, et l'on en fait la femme de Guillaume de Rieux. Albert le Grand [5] leur attribue la fondation des Cordeliers de Nantes en 1296, assertion que nombre d'auteurs ont répétée. Nous n'avons point rencontré de pièces d'archives établissant ou contredisant la descendance de cette fille d'Olivier ; mais ce que nous pouvons affirmer, c'est que son mari et elle ne fondèrent point le couvent de Nantes à la date qu'on indique. Notre cartulaire parle des Frères mineurs de cette ville dès 1263 et 1284 [6], et nous connaissons des actes de 1247 et de 1253 où il est déjà question d'eux [7].

Olivier II de Machecoul (1279-1288).
Jean de Machecoul (1279-1308).

Frères de père seulement, les deux fils d'Olivier I de Machecoul durent partager son héritage. Jean eut la châtellenie de la Benate [8] que sa mère avait apportée en dot. Il semble que la seigneurie de Saint-Philbert-de-Grand-Lieu, possédée en propre

---

1. N°s CCXIV et CCVI.
2. Cartul., n° CLXVII; Du Paz, *Hist. généal.*, p. 239.
3. N°s CXI et CXCVIII.
4. Cartul., n° LIII ; Du Paz, *Hist. généal.*, p. 239.
5. *Vies des saints de Bretagne*, édit. 1637, p. 410.
6. N° XLV, p. 115, et n° CXXVI.
7. Geslin et de Barthélemy, *Anciens évêchés de Bretagne*, IV, 128 ; D. Mor., Pr. I, 953-954.
8. Il s'en intitule seigneur en mars 1285 (n° CCXXXVI); par suite du vivant de son frère.

par son père, ait été le lot principal d'Olivier II [1]. Celui-ci est toujours nommé Olivier de Machecoul et parfois qualifié de *valet*, tandis que son frère aîné, de 1271 à 1285, n'est jamais appelé autrement que Jean de Coché, du nom de sa mère.

Ce qu'on sait d'Olivier se borne à peu de chose. Placé sous la tutelle de Thibaud de Pouancé, évêque de Dol [2], on le voit, sitôt le décès de son père, en procès avec les uns et les autres : avec les religieux de Villeneuve [3], avec le sire de Rays qui lui réclamait l'hommage, avec son demi-frère pour une question d'héritage [4]. Il ne paraît pas d'ailleurs que les deux fils d'Olivier I aient vécu en bonne intelligence ; car, en 1284 [5] et en 1288, ils plaidaient encore l'un contre l'autre, toujours au sujet de la succession paternelle, et Jean avait été jusqu'à envahir violemment les domaines d'Olivier [6].

Deux documents du cartulaire (7 juin et 9 décembre 1284) [7] ont trait aux conventions matrimoniales d'Olivier avec Isabeau Chabot, fille de Girard II, sire de Rays. La consommation du mariage fut empêchée, d'abord par le jeune âge des fiancés, puis par le décès d'Olivier survenu avant le 2 février 1290 [8].

Quant à Jean, mentionné déjà dans une charte de mai 1267 [9], nous sommes on ne peut mieux renseignés sur les conditions de son mariage. Celle qui devait devenir sa femme avait été, suivant un usage du temps, rapprochée de lui et confiée à la garde de son futur beau-père. A raison de cette particularité et du contrat proprement dit, il fut passé plusieurs transactions, en octobre 1271, janvier 1276 et octobre 1278 [10]. Celle qu'épousait Jean de Coché était Eustachie Chabot, fille du premier lit de Girard II, sire de Rays, tandis qu'Isabeau, la fiancée d'Olivier II, était elle-même une enfant du second lit de ce baron. C'est cette union de Jean avec une fille de Girard, qui, au début du XVe siècle, lors de l'extinction de cette branche des Chabot, permit à

---

1. On peut le supposer par suite de ses dissensions avec les moines de Villeneuve, dont l'abbaye était située dans le ressort de Saint-Philbert.
2. Au sujet de ce Thibaud, cf. p. XC-XCI.
3. Bibl. nat., ms. lat. 17092, p. 230. Le ms. donne seulement le début de la charte sans indiquer le sujet du litige.
4. *Olim*, t. II, p. 148 et 176.
5. N° CLXVII.
6. 6 mars 1288 n. st. « Occasione cujusdam invasionis et calvacate » (Ar. L.-Inf., E 112 ; anc. Trés. des ch. F. B. 16 ; D. Mor. *Pr.* I, 1074).
7. N°s CLXVII et CXXVI.
8. N° CXI.
9. N° CCVI.
10. N°s CXIII, CXII, CXIV, CCXVIII, XCII, CCXIX, CVII.

une descendante directe de Jean de devenir en même temps dame de Rays et de Machecoul.

A la mort de son père, le fils aîné d'Olivier I était encore mineur, et c'est sous l'autorité de Geoffroy Brient, son curateur, qu'en février 1282 il faisait des arrangements avec Girard, son suzerain et son beau-père [1]. En mars 1285, celui-ci, au moment de prendre la croix, réglait définitivement avec son gendre la dot d'Eustachie [2]. Dans cet acte Jean est encore appelé Jean de Coché et qualifié de valet et de s^{gr} de la Benate ; mais, le 6 mars 1288, il est devenu « Johannes de Machicolio, miles [3]. » C'est ainsi qu'invariablement on le rencontrera dénommé par la suite. Dans le document de mars 1288, Jean et son frère paraissent simultanément, tous deux avec le nom de Machecoul : preuve que Jean n'attendit pas, pour opérer ce changement, la mort de son puîné. Du reste, le trépas d'Olivier II, décédé peu après sans héritiers, laissait Jean en possession incontestée du nom de son père. Il n'en fut pas de même des biens d'Olivier II, que disputèrent à Jean sa demi-sœur Isabelle et le sire de Rays [4].

Le 21 juin 1291, Jean de Machecoul est témoin d'une donation faite à Girard II Chabot [5]. Le 5 août 1303, il est admonesté par le roi de France pour se rendre à Arras en vue de la campagne contre les Flamands [6], et son nom figure encore sur la liste des « barons et grans chevaliers du roi, » dressée en 1304 à la même occasion [7]. Nous avons parlé de ces événements à l'article de Girard III Chabot [8]. Les deux beaux-frères durent partir ensemble ; du moins trouve-t-on Jean à Nantes le 8 juin 1304 remplissant le rôle d'arbitre dans la transaction que nous avons signalée à propos de ce Girard.

En 1305, le duc de Bretagne Jean II se rendit à Lyon pour assister au couronnement du pape Clément V. On sait qu'il périt dans cette ville d'une mort tragique. Un compte du temps nous a conservé en partie l'itinéraire du duc. On y voit que le dimanche 12 septembre il dîna à Souché, d'où il alla coucher à Touffou. Il

---

1. N° CCXIV.
2. N° CCXXXVI.
3. Ar. L.-Inf., E 112 ; anc. F. B. 16.
4. N°s CXI et CXCVIII.
5. N° CCIX.
6. *Historiens de France*, XXIII, 791. Le texte porte : « Johan de Macheclou » et, en variante, « Mateclon. » Ce sont manifestement de mauvaises leçons au lieu de Machecoul.
7. Sous la forme : « Jehan de Machecourt » (*Ibid.*, p. 804).
8. Cf. p. XCII.

est probable que Jean de Machecoul se trouvait dans son manoir de Souché quand son souverain lui fit l'honneur d'y prendre son repas [1].

D'après le nécrologe de Villeneuve, Jean mourut le 28 novembre 1308 et, le 1ᵉʳ décembre, il fut inhumé dans cette abbaye [2].

De sa femme Eustachie Chabot il laissait cinq garçons : Girard, Jean, Guillaume, Raoul et Brient. Il en eut également plusieurs filles.

Par contrat du 2 novembre 1318 Jean de Machecoul épousa Jeanne de la Gaisne [3]. Le 4 novembre 1342, un nommé Rape, receveur de Girard son frère aîné, fournissait à celui-ci un compte « por Johan de Machecoul [4]. » Il dut mourir vers cette époque, si nous interprétons bien l'article suivant d'un autre compte rendu au même Girard le 16 janvier 1343 : « Vin : II tonneaux à Peres Lanbert, en descontant de ceu que nous li devions de l'exqucion nostre frère monsor Johan de Machecoul [5]. » Pierre Lambert était un officier de Girard [6] et l'exécution dont il est cas doit être celle du testament de Jean de Machecoul. La femme de ce dernier vint en 1343 passer quinze jours au Loroux-Bottereau chez son beau-frère [7].

Guillaume est qualifié clerc dans un exploit du 1ᵉʳ février 1329 dont nous parlerons à propos de son frère Girard. Il résidait alors à Souché, l'un des domaines dudit Girard. Les comptes rendus à celui-ci nomment Guillaume à huit reprises différentes en 1342 et 1343 : le plus souvent à propos d'allocations à lui faites. On le voit à Souché et au Bois-Onain exerçant une sorte d'intendance dont on lui sait gré [8].

C'est par un document du cartulaire [9] que Raoul nous est

---

1. « Le dimenche emprès la Nativité Nostre Dame, dînée à Czouché et geu à Touffou » (A. de la Borderie, *Derniers jours et obsèques du duc Jean II*, (1880), p. 33). Czouché, Coché, Souché (Loire-Inf., arr. Nantes, cᵒⁿ Bouaye, cᵐᵉ Saint-Aignan) avait été apporté dans la famille de Machecoul par Marquise, première femme d'Olivier I. Jean de Machecoul, leur fils, fut longtemps appelé, nous l'avons vu, Jean de Coché ou de Souché. Un acte de 1329, relaté plus loin, nous montre Girard de Machecoul, fils de Jean, faisant sa résidence habituelle à « Czouché. »
2. Du Paz, *Hist. généal.*, p. 329.
3. Arch. L.-Inf., E 246 ; anc. Trés. des ch. V. B. 2, registre non paginé.
4. Chartrier de Thouars, Reg. de comptes.
5. *Ibid.*
6. « XXXII solz por doues pannes à sercot à Perres Lanbert e à Guillaume Rouxeau » (Compte du 21 mars 1343).
7. « XL s. por les despans Johane de la Gayne e un valet, de XV jors que elle fut au Loror » (Compte clos le 19 nov. 1343).
8. « XXX s. X d. por I chevreau e I chappon e XIX gelines que il envoya au Boys Onain por Guillaume nostre frère » (Compte du 19 mars 1343).
9. Nᵒ XXXI.

tout d'abord signalé (avril 1336 ou 1337); maître Raoul de Machecoul était alors curateur de Girard IV Chabot, son neveu à la mode de Bretagne [1]. En 1342, la recette de la terre assignée à Raoul par Girard de Machecoul, son aîné, était confiée à un comptable de celui-ci [2]. Du reste, comme son frère Guillaume, Raoul paraît avoir secondé Girard dans la gérance du bien patrimonial. Par ordre de Raoul, un receveur versa une petite somme aux « bonnes gienz de l'oust, » lors d'une prise d'armes au pays de Rays en novembre 1342 [3]. A Bouin, en 1343, il s'occupe d'obtenir des lettres relatives aux marches ; au Loroux, on le trouve en compagnie de divers membres de sa famille [4]. Lors du décès de Girard IV Chabot, Raoul, à ce moment doyen d'Angers, fut chargé de la curatelle de ses enfants comme il l'avait été de la sienne. Il reste encore, tant au cartulaire [5] que dans les registres du parlement [6], plusieurs actes relatifs à cette administration qu'il partagea avec Foulques de Laval. Raoul fut appelé à de hautes destinées. En 1356, il devint évêque d'Angers. Suivant le *Gallia*, qui le fait à tort fils d'un Girard de Machecoul [7], il mourut le 3 décembre 1358 [8]. Peu de temps avant son décès, Aliénor de Thouars, sa belle-sœur, avait envoyé prendre de ses nouvelles [9].

Brient de Machecoul, clerc, conseiller du roi et maître des requêtes de son hôtel, a, de ce chef, donné plusieurs mandements et quittances, datés d'Angers en 1348 [10], 1349 [11], 1350 [12]. Ce sont les comptes de Girard son frère, où il est nommé deux fois en 1342 [13], qui nous ont permis d'établir l'état civil de ce personnage que les généalogistes ont omis, ainsi d'ailleurs que Guillaume de Machecoul.

---

1. Cf. p. xcv.
2. « Recepte de la terre nostre frère Raoul » (Compte du 28 février 1342 au 16 janvier 1343).
3. Cf. p. xxvii, n. 1.
4. Chart. de Thouars, Reg. de comptes.
5. Nos XXV, LXXIII, CXIX, CXX, CXXVIII.
6. Arch. nat., X1a 12, fo 89 ; X1c 4, no 57 ; X1c 5, no 55 ; X1c 6, nos 58 et 59.
7. T. XIV, col. 594, à l'article des doyens d'Angers.
8. *Ibid.*, col. 578.
9. Dépens « pour aler savoir de l'estat monseignor de Angiers » (Compte ouvert le 7 sept. 1358).
10. Hay du Chastelet, *Hist. de Bertrand du Guesclin*, p. 288, et D. Mor. *Pr.* I, 1462. Le premier donne la date de 1343 ; nous préférons celle de 1348 fournie par le second, qui, à tort, qualifie Brient de chevalier et non de clerc.
11. 14 août (Bibl. nat., pièces orig., ms. fr. 27137, dos. 15353, pièce 2).
12. 15 mai (Bibl. nat., col. Clairambault, vol. 68, pièce 19).
13. « IIIIxx libvres à Brient e à Guillaume, nous frères, par lor memoriaux donez de l'an XLII » (Compte du 8 déc. 1343). — Dépens « de Raoul e Brient e de nostre seur » (Compte du 16 janvier 1343).

Le dernier texte que nous venons de citer en note établit qu'en 1342 il existait encore une sœur de Girard, fille par suite de Jean de Machecoul ; son prénom n'est pas indiqué.

On trouve aussi, d'après une épitaphe de l'abbaye de Villeneuve, une « Loyse, fille monsour Jehan de Machecou, qui trespassa le jour de la Tiephaine MCC[C]III [1]. »

Suivant Du Paz [2], Girard de Machecoul avait une sœur appelée Isabeau. On peut l'en croire, d'autant qu'il cite une transaction de 1320, entre ledit Girard d'une part, Isabeau et Olivier Tournemine, s^{gr} de la Hunaudaye, son mari, d'autre part. Ces derniers fondèrent les Augustins de Lamballe en 1337 [3]. Si, comme le dit Du Paz, Isabelle mourut cette même année, il faut nécessairement la distinguer de la fille de Jean de Machecoul qui vivait encore en 1342.

Girard de Machecoul (1308-1343).

Dès 1309 nous rencontrons un aveu rendu à ce seigneur [4]. Les conventions de son mariage avec Aliénor de Thouars et leur accomplissement ont donné lieu à plusieurs documents [5] émanés, les uns d'Hugues de Thouars, s^{gr} de Pouzauges et de Tiffauges, les autres de Gaucher de Thouars, père et frère d'Aliénor. Il y est surtout question de l'assiette des 500 liv. de rente attribuées à la femme de Girard sur les revenus de l'île de Bouin, dont les sires de Pouzauges étaient seigneurs en partie. Le premier de ces documents, sorte de minute, est incomplètement daté. Nous exposons ailleurs [6] les raisons qui militent en faveur de la date de 1315, et rien ne s'oppose à ce que cette année soit aussi celle du mariage de Girard. Les actes complémentaires donnés par Gaucher sont de 1320 et de 1326.

Il est resté, dans divers fonds d'archives, un assez grand nombre de pièces relatives à l'administration des domaines de Girard de Machecoul. Contentons-nous de citer un accord du 19 février 1326 entre lui et Daniel, évêque de Nantes, au sujet de dîmes

---

1. Bibl. nat., ms. fr. 22329, p. 716. Le ms. porte : MCCIII, erreur manifeste. Villeneuve était, à cette dernière date, en voie de fondation et il n'y avait dans la famille de Machecoul aucun seigneur du nom de Jean.
2. *Hist. généal.*, p. 150 et 214.
3. Cf. Albert le Grand, *Vies des saints de Bretagne*, édit. 1637, p. 746.
4. Arch. L.-Inf., E 246, Inventaire du XVIe siècle.
5. N^{os} CCXLIII, CCXXVII, CCXXVIII, et un acte du 16 mars 1316 au chartrier de Thouars. Cf. la note du n$_o$ CCXLIII.
6. En note du n° CCXLIII.

en Saint-Cyr-en-Rays. En 1290, Durand, prédécesseur de Daniel, avait acquis ces dîmes de Jean de Machecoul, père de Girard [1], et celui-ci voulait, en 1326, en opérer le retrait. L'importance de cette charte est de bien établir la filiation de ce Girard, à l'encontre de Du Paz et d'autres qui le font, à tort, fils d'un autre Girard [2].

Le 21 décembre 1328, le roi Philippe VI faisait ajourner Girard de Machecoul pour prouver son droit d'appel au parlement du roi, droit contre lequel s'élevait le duc de Bretagne [3]. Le 1er février 1329 [4], le sergent chargé de l'assignation relatait que, pour accomplir sa mission, il s'était, le vendredi 20 janvier, présenté « à Czouché, manoir de monsour Girart de Machecou, chevaler, où estoit son menage et sa propre manssion. » En l'absence du seigneur et bien que sa femme se trouvât au château, ce fut Guillaume, clerc, frère de Girard, qui reçut l'exploit des mains du sergent. Celui-ci revint à Souché le dimanche suivant et, cette fois, y rencontra le chevalier qui se tint pour dûment ajourné. Le 9 janvier 1341, à l'occasion du contrat de mariage de son fils Louis de Machecoul, Girard se trouvait à Limoges.

Deux faits notables ont marqué la carrière de ce seigneur : la fondation d'un couvent de Cordeliers dans sa ville de Bourgneuf, et sa participation aux premiers combats de la guerre de Succession de Bretagne. Nous avons longuement parlé ailleurs [5] de la fondation de 1332 ; il n'y a pas lieu d'y revenir.

Grâce aux comptes rendus à Girard de Machecoul et à sa veuve — nous leur avons déjà fait de nombreux emprunts dans une autre partie de ce travail [6] — nous sommes bien renseignés sur les deux dernières années de ce Girard. La Benate, le Bois-Onain près de Bourgneuf, le Loroux-Bottereau, Souché étaient ses principaux domaines.

De ce que Froissart n'a point cité le nom de Girard de Machecoul en même temps que celui de Girard IV Chabot, sgr de Rays, son suzerain et son neveu à la mode de Bretagne, il ne s'ensuit pas que le premier n'ait point, aux côtés du second, effectué la première campagne de 1342 marquée par la prise de Rennes et

---

1. « Johannes de Machecolio, miles, pater predicti Girardi » (Travers, *Concilia provinciae Turonensis*, t. III, Bibl. de Nantes, ms. latin, n° 36, f° 316).
2. Du Paz, *Hist. généal.*, p. 209, 213-214, 239.
3. Ar. L.-Inf., E 112 ; anc. Q. F. 77.
4. *Ibid.*, même cote.
5. Cf. p. XLVI-L.
6. Cf. p. XXV à XXXII.

le siège d'Hennebont[1]. Quoi qu'il en soit, Girard fut certainement mêlé aux derniers faits de guerre de cette année. Lors de la descente des Espagnols au Collet, dans les conditions que nous avons indiquées plus haut[2], il se rendit au Bois-Onain où un certain nombre de ses vassaux lui fournirent au delà de huit setiers d'avoine. Durant toute cette période on le voit constamment aller et venir : à Machecoul, à Challans, à Bois-de-Cené, à Beauvoir, au Loroux à la sûreté duquel il pourvoit[3], à Nantes où on lui envoie des provisions[4] et d'où il revient à Souché au temps des semailles, à la Benate où il héberge l'abbé de Nieuil-sur-l'Autize[5].

Cependant les Anglais menacent le pays : le fils de Girard se rend à l'ost, Raoul son frère et Boetel son sénéchal fournissent, en son nom, des subsides aux gens de guerre. Nous avons noté ailleurs[6] l'issue de cette prise d'armes. Le sire « de Machecoille »[7] fut obligé, en même temps que les sires de Rays, de Clisson et autres, de se soumettre avec ses forteresses au roi d'Angleterre et d'en subir les conséquences.

Les Anglais partis, Girard de Machecoul put vaquer à la rentrée de ses recettes : à la Benate du 13 au 18 janvier, au Bois-Onain du 19 au 25 mars 1343. A Machecoul même, qui appartenait aux sires de Rays, Girard possédait un petit domaine avec une maison. Celle-ci était sans doute de peu d'importance ; en tout cas la salle de réception était insuffisante pour une nombreuse assemblée de convives. Le sire de la Benate y étant venu aux environs de la Trinité (8 juin), *aliàs* de la Saint-Jean 1343, donna un festin[8] qui nécessita la démolition d'un mur[9]. Les affaires de Girard de Machecoul l'appelèrent à Paris. Son fils aîné l'accompagna vraisemblablement, car, en plus d'une selle pour monsei-

---

1. Cf. p. XCVI.
2. Cf. p. XXV-XXVI.
3. « XVI s. pour claveures e clez mis à nostre chasteau dou Loroux...; XXVI s. por les despans à l'espie » (Compte clos le 16 janvier 1343).
4. « LXVI s. por pain porté à nous à Nantes... Vin : I pipe envoié à nous à Nantes » (même compte).
5. « V s. IIII d. por un chevrea e un chapon e doux posins quant l'abé de Nyoil fut à la Benaste » (Compte du 13 janvier 1343).
6. Cf. p. XXVII.
7. Pour la source de ce document, voy. p. XXVII, n. 4. Au pied de la lettre, Girard de Machecoul n'était pas seigneur de Machecoul, puisque cette châtellenie appartenait alors à Girard IV Chabot, sire de Rays ; mais c'est une subtilité dont il n'y a pas à tenir compte dans le cas actuel.
8. « Vin : IIII pippes bues quant Mgr fut... à Machecoul » (C. du 8 déc. 1343).
9. « XX s. por adouber le mur qui fut abatu por les chevaliers qui dignèrent o nous » (même compte).

gneur et d'une « selle à malle, » on fit emplette d'une malle pour son « filz Loys. » Parti de Nantes où l'un de ses receveurs lui versa 182 liv. 10 s., Girard passa par Angers, où l'on acheta de la cire, et par Meung-sur-Loire [1].

« Environ Saincte Croez de septembre, » le seigneur rentra à la Benate [2]. Il ne tarda pas à y mourir [3]. Son corps fut transporté à Bourgneuf où on lui fit de solennelles obsèques [4]. L'épitaphe de Girard dans l'église des Cordeliers de cette ville marquait son décès au 31 octobre [5] : date que tous les documents confirment.

Rappelons pour mémoire ce qui a été dit plus haut [6] au sujet de la confusion qui s'est souvent produite entre ce Girard de Machecoul, sgr de la Benate, et Girard III Chabot, sire de Rays et de Machecoul, qu'on a mal à propos surnommé le Benest ou le Benoist.

Après la mort de son mari, Aliénor de Thouars se vit constituer un douaire qui n'était pas sans importance. Renonçant au titre de dame de la Benate dont la seigneurie fut dévolue à son fils aîné, elle ne garda plus que celui de dame du Bois-Onain ; mais on sait, par les comptes des receveurs, que le Loroux et la Jamonière lui furent encore assignés. Le 26 juillet 1345, la dame du Bois-Onain obtenait de Charles de Blois une lettre pour la sauvegarde de ses droits [7]. Pendant la seconde invasion du pays de Rays (1358-1360), Aliénor dut quitter le Bois-Onain. Retirée d'abord à Fresnay, elle reçut ensuite asile au château de la Garnache, alors entre les mains de son fils. C'est là que, du 1er au 6 avril 1359, le 7 janvier 1360, les 10 et 11 juin de la même année, ses officiers allèrent lui rendre leurs comptes ; puis elle revint au Loroux. Nous la suivons jusqu'au 25 janvier 1364 n. s., qu'un de ses sergents compte avec elle [8]. Elle mourut le 26 février 1364 n. s., d'après le nécrologe des Cordeliers de Bourgneuf et son

---

1. C. du 24 nov. 1343.
2. C. du 21 nov. 1343.
3. « XLIII chappons repceuz avant Noel quant mgr estoit malade. » — Dépense d'avoine « faite ou temps de la sepulture mgr jusques au partir de la Benaste »(C. du châtelain de la Benate, clos le 19 nov. 1343).
4. Un seul receveur paya 284 l. 14 s. pour « l'ansepulture mgr ; » sans compter les lumières, les peintures, les sonneries de glas pendant huit jours, l'estrade « por chanter les clers, » les robes noires fourrées, trois douzaines « de verges d'aune à fere les torches, » etc. (Comptes divers).
5. Voy. notamment Albert le Grand, *Vies des saints de Bretagne*, édit. 1637, p. 411.
6. Cf. p. XCIII.
7. Arch. L.-Inf., E-151 ; anc. Trés. des chart. Q. F. 1.
8. Chart. de Thouars, Reg. de comptes.

épitaphe dans l'église de leur couvent où elle fut inhumée [1].

Girard de Machecoul et Aliénor de Thouars laissèrent trois garçons : Louis, Jean et Girard, et plusieurs filles, notamment Marguerite, Isabeau et Aliénor.

Quelques jours avant la mort de leur père, Jean et Girard furent envoyés à Bourgneuf [2]. De ce Girard nous n'avons relevé qu'une autre mention dans un compte de 1342, lequel en revanche cite plusieurs fois Jean. Celui-ci semble avoir été mêlé d'une façon active à la défense du château du Loroux, lors de la prise d'armes de 1358-1360. Il épousa Achine de Vivonne. Cette alliance le fit le vassal des Anglais en Poitou et, à ce titre, il prêta serment de fidélité et rendit hommage au prince de Galles, le 17 février 1364 [3]. Du Paz [4] veut qu'Eschive de Vivonne — c'est ainsi qu'il l'appelle — n'ait été que la seconde femme de ce Jean de Machecoul qui aurait d'abord été marié à Jeanne de Guisine. C'est une erreur. Jeanne de la Gaisne (et non de Guisine) fut l'épouse d'un autre Jean de Machecoul, oncle de celui-ci [5]. Jean, fils de Girard, fut la tige des Machecoul seigneurs de Vieillevigne. L'étude de cette branche — aucune pièce du cartulaire ne la concernant [6] — ne rentre pas dans notre cadre.

Marguerite de Machecoul [7] se maria avec Guy de la Forêt [8]. M. Guérin la mentionne plusieurs fois en même temps que son époux, notamment en 1378 et en 1379 [9]. Le 23 août 1392 elle était veuve [10]. Son décès arriva entre le 14 mai 1416 et le 15 mai 1417, dates extrêmes d'un compte qui relate le rachat de diverses terres de « dame Marguerite de la Fourest [11]. »

Isabeau de Machecoul épousa Guy de Chemillé. Elle avait déjà perdu son mari le 23 janvier 1352, date à laquelle, comme tutrice de sa fille Louise, elle s'accordait en parlement avec Thomas de Chemillé son beau-frère [12]. On s'explique ainsi pourquoi

---

1. Bibl. nat., ms. fr. 28271, dos. 41276, pièces 7 et 8.
2. « XIIII s. VII d. en menue mise por la venue Johan e Girart nous enfans, le lundi enprès Saint Lucas [20 oct. 1343] » (Chart. de Thouars, Reg. de comptes).
3. Delpit, *Documents français qui se trouvent en Angleterre*, n° 92.
4. *Hist. généal.*, p. 239.
5. Cf. p. CXXXIX.
6. Le nom de Jean de Machecoul figure accidentellement au n° X. Ce seigneur y paraît comme témoin.
7. « Por Margarite nostre fille » (Compte rendu le 14 janvier 1343 à Girard de Machecoul).
8. « Vin : x pippes à nostre filz de la Fourest » (C. rendu le 3 avril 1359 à Aliénor de Thouars).
9. *Trésor des chartes pour le Poitou*, t. IV, p. 125, n. 1.
10. H. Imbert, *Cartulaire de Chamton*, n° 77.
11. Ar. L.-Inf., E 501.
12. Arch. nat., X 1a n°s 63 et 64.

Louise et Thomas figurent dans une pièce du cartulaire de Rays[1]. La preuve que cette Isabeau était bien une fille de Girard et d'Aliénor de Thouars, se tire d'un compte rendu à cette dernière le 3 avril 1359, où, sans toutefois la désigner par son prénom, elle est appelée « nostre fille de Chemillé. »

« Aliennor nostre fille » est mentionnée dans des comptes de sa mère, des 3 avril 1359 et 14 février 1361. Il y est également question de « nostre fille de la Lande » (1342-1343)[2].

On sait aussi qu'une sœur de Louis de Machecoul, dont le prénom n'est pas indiqué, épousa Thibaut Chabot, sgr de la Grève, et que son frère lui avait assigné en dot la terre du Coutumier[3]. Nous n'avons rien trouvé qui permette d'identifier la femme de Thibaut, soit avec Aliénor, soit avec la demoiselle de la Lande.

En ce qui concerne « nostre fille de la Voste » (1343) et « nostre fille de Leon » (1358-1359), nommées dans les comptes, il est permis de ne pas prendre au pied de la lettre cette appellation : celle de fils donnée par ces comptes à Guy de la Forêt y autorise suffisamment. La première ne peut être que Jeanne de Bauçay, femme de Louis de Machecoul de 1341 à 1349. On sait en effet qu'un fief de la Voste (la Voûte) relevait de la châtellenie de Chénèché. Or Foucaud, père de Jeanne, était issu des Bauçay de la branche de Chénèché. Si nous ajoutons que la Voste, restée dans la famille de Machecoul, ne fut aliénée qu'au xv° siècle par Gilles de Rays[4], on croira comme nous que cette terre fit partie de la dot de Jeanne de Bauçay et que c'est elle qui est désignée sous ce titre.

Pour « nostre fille de Leon, » nous serons loin d'être aussi affirmatif. Ce pouvait être une enfant propre de Girard. Nous hasarderons pourtant une hypotèse. On verra bientôt que Louis de Machecoul était, en 1355, remarié à une seconde épouse dont on ignore la famille. Ne serait-ce point la demoiselle de Léon ? La concordance des dates permet en tout cas de le supposer.

Louis de Machecoul (1343-1360).

Il est question pour la première fois de ce personnage en l'année 1332, qu'il ratifia la fondation des Cordeliers de Bourgneuf

---

1. N° LXXVIII.
2. Bois pour « fere la meson nostre fille de la Lande ; » — « vin : une pippe à nostre fille de la Lande, l'an XLII ; deux pippes à nostre fille de la Lande, l'an XLIII. »
3. Arch. nat., X¹ⁿ 31, f° 96
4. N° LXXXII.

faite par ses parents. En octobre 1338, son oncle Raoul de Machecoul lui abandonnait ses possessions dans la paroisse de Saint-Jean-sur-Couesnon [1].

Le 9 janvier 1341, Louis, en présence de son père, contractait mariage à Limoges avec Jeanne de Bauçay, fille et héritière de feu Foucaud de Bauçay. Girard remettait à son fils, en avancement d'hoirie, le château et la châtellenie du Loroux-Bottereau [2]. Les terres dont Jeanne héritait de Foucaud ne sont point spécifiées sur son contrat ; mais, de ce que nous avons dit un peu plus haut, il résulte que le fief de la Voste, dont on lui donnait le titre, faisait partie de sa dot.

Du vivant de Girard de Machecoul, son fils prit une part active aux premiers faits d'armes de la guerre de Cent ans. Nous avons relaté ailleurs que, lors de la première descente des Anglais sur le territoire de Rays, Louis, laissant de côté ses faucons, envoya quérir son harnais de guerre et rejoignit l'ost en compagnie des bonnes gens du pays [3]. On a vu l'issue malheureuse de cette affaire.

Peu après, Louis de Machecoul perdait son père. Le douaire de sa mère assigné, il demeurait à son fils aîné la seigneurie de la Benate dont il prit le titre, la terre de Souché et d'autres en Bretagne. Du chef de sa femme, Louis se trouvait encore possessionné dans la châtellenie de Benez. Les époux ayant vendu à Guillaume de Verne, chevalier, ce qu'ils y possédaient, cette cession a nécessité plusieurs lettres insérées au cartulaire ; ces actes s'échelonnent entre le 14 août 1344 et le 29 octobre 1349 [4].

Nous avons cité des lettres du 16 janvier 1350 [5] relatant les dommages causés par les guerres au sire de la Benate. En le gratifiant des terres de Châteaumur et des Deffends jusqu'à une valeur de 500 livres de rente, Philippe VI ajoutait, en parlant de Louis, qu'il gardait alors Prigny « en nostre nom et à ses despens. » Dès l'avènement du roi Jean II, « le sire de Machecoul [6] » figure sur la liste des barons « à qui fut escript par le roy pour venir à son mandement quant mestier seroit [7].

---

1. Extrait, d'après les arch. de Vitré (Bibl. nat., ms. fr. 22325, p. 345).
2. Orig. (Bibl. de Nantes, fonds Bizeul); D. Morice, *Pr.* I, 1410-1411.
3. Cf. p. XXVII et les textes cités, notes 1, 2, 3.
4. Nos CXLIII, CXLIV, CXLV.
5. Cf. p. XXVIII.
6. Le titulaire de la seigneurie de Machecoul était alors un enfant de cinq ans, Girard V Chabot. C'est d'ailleurs sous leur titre plus important de sires de Rays que les membres de cette famille sont alors constamment désignés. Ici, comme plus haut à propos de Girard de Machecoul (cf. p. CXLIII, n. 7), il ne peut être question que de Louis de Machecoul.
7. La Roque, *Traité du ban et arrière-ban*, édit. 1735, p. 112.

Bien que les 500 liv. de rente assignées à Louis sur Châteaumur et les Deffends par Philippe VI lui eussent été confirmées par son fils, il paraît que le seigneur de la Benate ne parvenait point à en être payé. D'autre part, comme il n'avait « oncques eu nuls gages ny profits » et avait entretenu à ses frais à la garde de Prigny « quantité de gens d'armes et de pied, » un pareil état de choses lui était devenu très onéreux. Finalement, Châteaumur et les Deffends ayant été rendus par le roi au sire de Laval, le gage de Louis de Machecoul se trouvait anéanti, sans compter que ce dernier avait dépensé 800 écus à la poursuite de ses droits. La requête où le seigneur de la Benate exprime ses doléances en exposant les faits qui précèdent, se terminait en demandant qu'on lui assignât sa rente sur la terre de la Garnache [1]. Cette requête n'est pas datée, mais nous aimons à croire qu'elle ne précéda pas de beaucoup les lettres du 8 octobre 1355 par lesquelles Jean II, rappelant les principaux traits de la supplique et faisant droit aux réclamations de son sujet, établissait la rente de 500 liv. sur les recettes d'Anjou, du Maine et du Poitou [2]. Cette fois du moins la faveur royale fut effective, car il nous est resté une quittance du 12 juin 1356 où Louis de Machecoul, qui s'y intitule « capitaine et gouverneur de la terre de Belleville, » reconnaît avoir reçu 250 liv. du receveur de Poitou [3].

La terre de Belleville dont le sire de la Benate était gouverneur appartenait aux Clisson ; mais elle était présentement confisquée au profit du roi de France. Il n'est pas douteux que Louis ne détînt également alors, au même nom, la place de la Garnache, autre fief des Clisson. C'est là en effet, nous l'avons dit [4], que s'était retirée Aliénor de Thouars, la mère de Louis, pendant que les Anglais occupaient ses domaines de Bourgneuf.

Louis de Machecoul mourut le 6 septembre 1360. On ne saurait contester cette date fournie et par le nécrologe des Cordeliers de Bourgneuf et par son épitaphe dans leur église [5]. C'est donc à tort que Du Paz et Beauchet-Filleau [6] fixent son décès au 7 septembre 1366.

---

1. Hay du Chastelet, *Hist. de Bertrand du Guesclin*, p. 342.
2. Bibl. nat., ms. fr. 28271, dossier 41276, pièce 2.
3. *Ibid.*, pièce 3.
4. Cf. p. CXLIV. On y verra qu'en avril 1359, janvier et juin 1360, Aliénor résidait à la Garnache.
5. Bibl. nat., ms. fr. 28271, dos. 41276, pièces 7 et 8.
6. *Hist. généal.*, p. 214. — *Dict. des familles du Poitou*, I, 236.

Le sire de la Benate se maria deux fois : une première en 1341 avec Jeanne de Bauçay. Celle-ci finit ses jours le 2 avril 1349 n. s.[1] et fut inhumée aux Cordeliers de Bourgneuf auprès de son beau-père. Appuyée par les documents du cartulaire de Rays, qui nous montrent Jeanne vivant encore le 20 mai 1348 et décédée le 23 février 1353[2], cette date est incontestable. D'où il suit que Du Paz et ceux qui l'ont suivi[3] se sont trompés en marquant au 2 avril 1344 le trépas de Jeanne ; de même aussi Chevas qui donne la date du 2 avril 1364[4].

Bien que les auteurs ne l'aient point signalée, il est certain que Louis de Machecoul prit une seconde épouse, laquelle vivait le 14 février 1355. A cette date, le sire de la Benate fondait en l'abbaye de Villeneuve trois messes par semaine « pour le salut de l'arme de nous (et) de *nos fames*, » avec cette clause : qu'« emprès le deceps de nostre compengne *ore vivante* » une des trois messes sera de *Requiem*, et tout ce « pour le salut de nostre arme et de *nosdites compengnes*[5]. » Comment se nommait cette seconde femme ? Le seul texte qui en fasse mention ne le dit point. Nous avons à ce sujet émis plus haut une hypothèse[6]. Si elle est fondée, ce serait une fille de la maison de Léon qu'aurait épousée en secondes noces Louis de Machecoul.

Celui-ci ne paraît pas avoir eu d'autre enfant que Catherine son héritière, née de sa première union.

Une chronique bretonne, assez mal informée par ailleurs et citée par Lobineau[7], semble avoir été la source première d'une assertion, fréquemment reproduite, qui fait périr au combat de la Roche-Derrien (20 juin 1347) les sires de Rays, de Rieux et de Machecoul. Ce dernier ne peut être qu'un membre de la famille de Machecoul que nous étudions ici et dont les représentants ont été plus d'une fois indûment qualifiés de seigneurs de Machecoul.

Nous avons démontré déjà[8] qu'aucun sire de Rays n'avait été

---

1. « Le segond jour d'apvril l'an mil CCCXLVIII » (Bibl. nat., ms. fr. 28271, dos. 41276, p. 8); cf. la p. 7 qui donne la même date.
2. Nos CXLV et LXIX.
3. *Hist. généal.*, p. 214 ; Beauchet-Filleau, *Dict. des familles du Poitou* I, 236 ; et, d'après cet auteur, *Archiv. historiques du Poitou*, XVII, 381.
4. *Notes sur les communes ; canton de Bourgneuf*, p. 80.
5. Bibl. nat.; ms. lat. 17092, p. 228-229.
6. Cf. p. CXLVI.
7. Cf. p. XCVII-XCVIII.
8. Cf. *Ibid*.

tué à la Roche-Derrien, ajoutant qu'il en était de même pour le seigneur de Rieux. L'affirmation relative à la mort dans ce combat d'un membre de la famille de Machecoul, n'a pas plus de fondement. En effet, ce n'a pu être Girard décédé le 31 octobre 1343 ; non plus son fils Louis mort en 1360. Du Paz [1], qui a voulu pourvoir à ce que la chronique avait d'impersonnel, a mis en avant le nom d'un Jean de Machecoul ; mais il n'appuie d'aucun texte son hypothèse. Il est certain que Jean, frère cadet de Louis, ne put être tué à la Roche-Derrien puisqu'il vivait encore en 1364 [2] et même en 1383. Quant à Jean de Machecoul, frère puîné de Girard, il semble bien qu'il était déjà décédé en 1343 [3] ; en tout cas rien ne prouve qu'il ait péri au combat du 20 juin 1347.

Catherine de Machecoul (1360-1410).

Seule représentante de la branche de sa maison, qui, au temps d'Olivier I son ascendant en droite ligne, avait possédé la seigneurie de Machecoul, Catherine vécut assez pour voir ses descendants directs rentrer en possession de cette terre, en même temps qu'ils devenaient barons de Rays.

Il est question de Catherine pour la première fois dans une procuration du 23 février 1353 donnée par son père, en son nom personnel et au nom de la fille de lui et de feue Jeanne de Bauçay [4]. Sur la fin de 1360, Aliénor de Thouars, son aïeule, lui faisait don de deux pipes de vin [5]. Nous la retrouvons le 5 mai 1362, à côté de Pierre de Craon son mari, passant un accord avec un certain Jean Baraud [6].

L'union de Catherine, déjà dame de la Benate par le décès de son père, lui permit de prendre en outre les titres de dame de la Suze au Maine et de Champtocé en Anjou [7]. Les deux époux paraissent ensemble dans divers documents : un notamment par

---

1. *Hist. généal.*, p. 239.
2. Voy. ce que nous en disons p. CXLV.
3. Cf. p. CXXXIX.
4. No LXIX.
5. « Vin : II pipes baillées à nostre fille de la Benaste » (Chart. de Thouars, compte clos le 15 février 1361).
6. Invent. du XVIe s. (Arch. L.-Inf., E 246).
7. Dès le principe Pierre de Craon s'intitule s[gr] de la Suze. Dans un acte du 10 mai 1372, déjà signalé (p. XXXIII et note 2), il se nomme : « Pierre de Craon, sire de la Suse et de Chantocé et de la Banaste. »

lequel, les 22 juin et 21 juillet 1368, ils affermaient des domaines leur appartenant dans l'île de Bouin [1].

Ayant perdu son mari au mois de novembre 1376, Catherine resta veuve pendant 34 ans. Elle avait eu de son union deux fils : Jean et Pierre, nommés ensemble dans un arrêt du 10 décembre 1389 que nous a conservé le cartulaire de Rays [2]. Celui-ci renferme beaucoup de pièces où figure Catherine : procédures, arrentements, ventes, aveux, le tout d'une importance secondaire. On n'y trouve guère qu'un long mémoire, au sujet de ses droits maritimes dans la baie de Bourgneuf, qui présente un réel intérêt [3].

En dehors du cartulaire, dans les nombreux documents qui concernent Catherine, nous ne trouvons à signaler qu'un fait marquant : la fondation d'une aumônerie créée par elle dans sa ville du Loroux-Bottereau. En plus d'une maison pour les pauvres et les malades, elle fit construire une chapelle, donnant à l'une du linge et des ustensiles, à l'autre un « calice d'argent doré, missel complet, graduels notez et autres ornemens. » La date de cette fondation ne nous est point connue ; il ne semble même pas qu'on en ait rédigé de lettres, mais ses dispositions sont tout au long relatées dans un document du 26 novembre 1432 par lequel Gilles de Rays, arrière-petit-fils de la fondatrice, requérait l'autorité ecclésiastique d'approuver l'institution de son aïeule [4].

Catherine finit ses jours le 21 juillet 1410, ainsi qu'en fait foi le préambule d'un compte de rachat pour la terre de Bourgneuf, « advenue au seigneur de Rays par le decès de dame Katherine de Machecol qui deceda le XXI° jour de juillet mil IIII^c et dix [5]. »

Cependant Jeanne Chabot, dame de Rays, restée sans enfants après l'insuccès de ses deux mariages [6], s'occupait de régler sa succession. Nous avons dit ailleurs [7] quel était le degré de parenté

---

1. Original portant encore le sceau de Catherine de Machecoul, écartelé de Craon et de Machecoul (Ar. L.-Inf., E 219; anc. D.B. 8), et extrait fort incomplet (D. Mor., *Pr.* I, 1622). M. de Broussillon (*La Maison de Craon*, t. II, p. 56), qui n'a pas connu d'acte plus ancien que celui de 1368 témoignant du mariage de Pierre, avait conjecturé — à propos, on le voit — que son union était antérieure à 1362.
2. N° XCVII.
3. N° CCCXIV.
4. Copies des XVII° et XVIII° s. (Ar. L.-Inf., H 481); publié (*Revue des provinces de l'Ouest*, 1re an., 2° part., p. 49-55).
5. Inventaires du XV° s., f° 64 v° (Chartrier de Thouars).
6. Cf. p. CVI.
7. Cf. p. CVII-CVIII.

entre Jeanne et les deux prétendants à son héritage, et comment l'affaire se termina par un mariage entre les deux branches rivales. Il suffira de rappeler ici que Jean de Craon, fils de Catherine de Machecoul et l'un des compétiteurs, fut le père de Marie de Craon, laquelle devint dame de Rays en épousant Guy de Laval par un double contrat des 5 et 17 février 1404 [1]. Les enfants de Guy et de Marie étant restés orphelins en 1415, ce fut Jean de Craon leur aïeul qui en eut la tutelle. Un des pupilles de Jean de Craon fut le fameux Gilles de Rays, maréchal de France. On sait que les débordements du petit-fils eurent en partie leur cause dans la faiblesse du grand-père à son égard. Celui-ci fréquemment nommé dans notre cartulaire, soit à raison de ses domaines particuliers de Bourgneuf et de la Benate, soit en qualité de tuteur des enfants mineurs du sire de Rays, mourut le 25 novembre 1432.

.

Travaux auxquels le cartulaire a donné lieu. Chartes publiées.

Le manuscrit que nous publions ne saurait être considéré comme absolument inédit. C'est aux environs de 1856 qu'il fut découvert par M. Marchegay, alors archiviste de Maine-et-Loire, dans le chartrier de Serrant. Sur le désir de ses propriétaires, M. le comte et Mme la comtesse de Serrant, M. Marchegay s'empressa de faire connaître une source jusqu'alors ignorée des érudits. Il analysa soigneusement toutes les chartes, sauf les moins importantes du XVe siècle qu'il se contenta de mentionner, et publia le résultat de son travail dans la *Revue des provinces de l'Ouest*, 3e et 4e années. Le tirage à part, paru en 1857, porte le titre de *Cartulaire des sires de Rays. Notice, tables analytique et alphabétique, choix de documents, liste des sires de Rays*. Cela forme une plaquette de 97 pages in-8°, fort rare, vu son tirage restreint.

A l'aide uniquement du travail de M. Marchegay, nous avons fait paraître en 1877 un opuscule intitulé : *Observations sur quelques dates du cartulaire des sires de Rays* [2]. L'auteur de la *Table analytique* avait relevé plusieurs erreurs dans les dates du

---

1. Cf. p. CVIII.
2. In-8, 36 p. ; extrait du *Bul. de la Société archéologique de Nantes*.

texte qu'il avait compulsé. L'étude que nous avions entreprise sur les actes des seigneurs de Rays nous mettait à même d'en signaler d'autres. Tel était le but principal de nos *Observations* que l'examen du manuscrit original a généralement confirmées. Nous avons eu plus d'une fois à citer dans les notes de la présente édition les *Observations* de 1877.

Ainsi que le constatait M. Marchegay, c'est à peine si une demi-douzaine des pièces du cartulaire avait été publiée d'après d'autres sources avant sa découverte. L'érudit archiviste put donc, grâce aux copies qu'il avait exécutées en même temps qu'il faisait ses analyses, enrichir nombre de Revues parisiennes et provinciales de documents intéressants provenant du précieux manuscrit. Outre les huit que M. Marchegay avait donnés comme spécimens dans la *Revue des provinces de l'Ouest*, à la suite de la *Table analytique*, ce recueil en publia deux autres [1]. La *Bibliothèque de l'Ecole des chartes*, la *Revue des sociétés savantes*, l'*Annuaire de la Société d'Emulation de la Vendée*, le *Bulletin de la Société archéologique de Nantes* et bien d'autres périodiques ont édité, d'après les copies de M. Marchegay, une certaine quantité de nos chartes.

La libéralité de M. le duc de la Trémoille, possesseur actuel du manuscrit, a permis depuis à deux ouvrages différents de s'enrichir chacun d'un assez grand nombre de pièces du cartulaire. L'*Histoire généalogique de la maison de Chabot* par M. Sandret n'en a pas donné moins de quatorze [2] et, dans nos *Lettres et mandements de Jean V, duc de Bretagne* [3], nous avons recueilli neuf lettres de ce prince.

Somme toute, cinquante à soixante actes du cartulaire de Rays ont été mis au jour ; mais, épars comme ils sont, reproduits parfois avec des fautes et des lacunes, on ne saurait les considérer comme une édition partielle du manuscrit original, et la présente publication n'en conserve pas moins l'intérêt d'un document inédit.

Nous avons indiqué en note les titres déjà parus ; mais il est fort possible que quelques-uns aient échappé à nos recherches.

---

1. Nos XXI et CCVII.
2. Nantes, 1886. In-4. Nous devons à la vérité de dire que sur les 14 chartes éditées dans cet ouvrage, 6 avaient déjà paru dans différents recueils.
3. Nantes, 1889-1895. 5 vol. in-4.

Plan de la publication.

Nous avons dit ailleurs comment Oudry, copiste de notre manuscrit, avait accompli sa tâche, constaté ses fautes et ses omissions[1]. Nos jugements étaient basés sur la comparaison de ses transcriptions avec le texte des originaux. En effet, par suite de circonstances heureuses, 31 des pièces qui ont servi de modèle au scribe se sont conservées dans le chartrier de Thouars et elles ont été mises à notre disposition. D'autre part, une vingtaine d'actes insérés au cartulaire se sont retrouvés en originaux ou en copies anciennes dans divers fonds d'archives, celles de la Loire-Inférieure et du Parlement de Paris en particulier.

Etant donnés les défauts notoires des transcriptions d'Oudry, il n'y avait point à hésiter : le texte de ses modèles a été substitué au sien dans la présente publication. Nous en avons agi de même pour les originaux d'autre provenance. Quant aux copies, nous n'avons fait généralement que les utiliser pour améliorer ou compléter celles du cartulaire.

Pour les documents où nous n'avons pas eu les ressources précédentes, c'est-à-dire pour le plus grand nombre, nous avons autant que possible respecté le texte du manuscrit. Dans les actes en langue vulgaire, où le français a été rajeuni systématiquement par le scribe, mais où les retouches n'ont pas été effectuées d'une façon rationnelle — les mots et les expressions des XIIIe et XIVe siècles se mêlant à ceux du XVe — il a bien fallu, sous peine de tout bouleverser, suivre les errements du copiste. Pour les textes latins, dès lors que le sens n'était pas affecté, nous avons reproduit les barbarismes et les autres incorrections du manuscrit. Il est évident que sur le nombre de ces fautes, les unes sont le fait du transcripteur, les autres de ses modèles. La correction eût alors été tout à fait arbitraire et il nous a paru préférable de laisser les choses en l'état. Le lecteur prévenu n'aura qu'à en tenir compte. Il n'y a que pour les lapsus évidents que nous nous sommes permis de modifier les leçons, et encore l'avons-nous, la plupart du temps, indiqué en note.

Pour permettre aux travailleurs de tirer plus facilement parti de textes, d'importance très inégale, mis à leur disposition

---

1. Cf. p. X-XIII.

dans l'ordre fourni par le manuscrit — ordre qui s'imposait sous peine d'enlever à celui-ci tout son caractère — par suite, sans aucun classement, soit méthodique, soit chronologique [1], il a paru indispensable de faire précéder la publication d'une table analytique où les documents ont été placés dans l'ordre chronologique. Notre travail a quelque analogie avec celui de M. Marchegay ; mais, comme il est accompagné du texte des chartes, nous devions procéder d'autre manière. Très importantes ou moins importantes, qu'elles fussent du XIIIe siècle ou du XVe, toutes les pièces sont uniformément présentées. Aux résumés très développés de notre prédécesseur pour les actes les plus anciens nous avons substitué des sommaires où, tout en donnant la substance du document, nous avons tâché d'être précis.

Nous avons attribué à chacune de nos analyses un numéro d'ordre avec renvoi à celui du recueil. Dès lors, la table défectueuse et d'ailleurs incomplète [2] dressée par le copiste dans le même ordre que les documents, n'avait plus sa raison d'être ; elle a été supprimée.

Nous avions d'abord songé à ne donner qu'une analyse des aveux. Ces actes, au nombre d'une cinquantaine, sont en général d'un intérêt restreint. Mais, outre qu'ils sont presque tous assez courts, la suppression des nombreux noms propres de personnes et de lieux-dits qu'ils renferment pouvait avoir ses inconvénients. Il n'en était pas de même pour quinze lettres d'arrentement, des années 1400, 1401 et 1403, comprises sous les nos CCLXIII à CCLXXVII du cartulaire. Les formules s'y répètent avec une monotonie désespérante pendant de longues pages. Il a semblé suffisant de donner in extenso le premier de ces actes et des extraits des suivants.

Nous avons supprimé de notre recueil et remplacé par une note un document publié déjà et regardé comme faux [3]. Véritable hors-d'œuvre dans un cartulaire des sires de Rays, il n'a aucun rapport, même lointain, avec ces seigneurs, et seule sa rencontre fortuite au chartrier, à l'état de copie, l'a fait insérer dans le manuscrit.

Entre les rubriques rédigées par le scribe et le commencement

---

1. Cf. p. X-XI.
2. Cf. p. VII et XIII.
3. No LXXIX.

des actes nous avons donné les dates ramenées en style moderne.

Disons à ce propos que la chronologie de notre cartulaire ne présente pour ainsi dire point de difficultés. La charte la plus ancienne mise à part, où, supprimant l'année, on a marqué la date par la férie, le jour des ides, celui de la lune, l'indiction, l'épacte et le souverain pontificat [1], notre manuscrit ne contient aucune pièce antérieure à 1218 [2]. Sans doute les styles ont varié d'une province à l'autre, et le cartulaire renferme des documents concernant la Bretagne, l'Anjou et le Poitou, sans parler de quelques autres de provenances diverses; mais, en 1218, le style de France qui faisait commencer l'année à Pâques, était déjà établi en Bretagne et en Anjou [3]. Pour le Poitou, M. Richard a fixé à l'année 1225 l'époque à laquelle le style de Noël, généralement suivi jusqu'alors, a été remplacé soit par celui de France, soit par l'usage anglais qui faisait partir du 25 mars (Annonciation) le commencement de l'année [4].

Or, ce n'est pas avant 1252 que, dans notre recueil, on rencontre une charte poitevine où il y ait lieu de distinguer les styles [5], et, dès lors qu'il ne s'agit plus du style de Noël qui peut présenter un écart de quatre mois avec celui de Pâques, mais seulement du style de l'Annonciation où l'écart n'est guère que d'un mois, les cas embarrassants deviennent peu communs. Aussi, dans notre cartulaire, où les chartes poitevines sont en nombre restreint, il n'y a pas, que nous sachions, de circonstance où cette difficulté se soit présentée.

Dès lors que nous pouvions considérer le style de France comme ayant été suivi partout pour ainsi dire dans nos chartes, il ne reste pas de difficulté sérieuse de chronologie. Il nous est arrivé seulement, pour quelques actes où la mention *avant* ou *après Pâques* a été omise, d'hésiter entre deux années consécutives.

Citons pour mémoire une charte de Charles Ier, duc d'Anjou [6], où, suivant l'usage du royaume de Naples sous les princes angevins, on a employé le style de Noël ou bien celui de la Circoncision.

---

1. N° CCLIII. Cette charte est du 11 oct. 1160.
2. Le n° CX qui ne porte aucune date se place aux environs de 1210.
3. Cf. Giry, *Manuel de diplomatique*, p. 115.
4. *Archiv. hist. du Poitou*, t. XVI, p. XXXIV-XXXV.
5. N° VIII.
6. N° CCXLIV.

En terminant, nous ne saurions passer sous silence le profit que nous avons tiré des copies exécutées par le savant auquel aurait dû revenir l'honneur de la présente publication. Une centaine de pièces, les plus anciennes du manuscrit, avaient été transcrites par M. Marchegay. Par l'intermédiaire de M. Lièvre, la Société des Archives historiques du Poitou a obtenu de Mme Marchegay la communication de ces copies. Grâce à elles, nous avons pu élucider plus d'une lecture douteuse.

M. Guérin, des Archives nationales, qui publie avec le talent que l'on sait les documents du Trésor des chartes concernant le Poitou, a bien voulu rechercher pour nous, dans les registres du Parlement qu'il connaît si bien, les arrêts de cette cour insérés dans le cartulaire et nous mettre ainsi à même d'améliorer le texte d'une dizaine de nos pièces.

M. Richard, archiviste de la Vienne et président de la Société des Archives historiques du Poitou, nous a constamment aidé de son expérience, tant pour la collation des passages difficiles des actes, la revision des épreuves, que pour l'identification des noms de lieu du Haut-Poitou.

Nous devons des remercîments spéciaux à M. le duc de la Trémoille, possesseur du cartulaire original, qui, non content d'en autoriser la publication, a consenti à s'en dessaisir pendant longtemps pour permettre la transcription, puis la collation des documents. Il n'a pas été moins libéral à nous communiquer les dossiers des anciens seigneurs de Rays gardés dans ses archives. On a pu voir le profit que nous en avons tiré dans la présente introduction.

TABLE ANALYTIQUE

1. — 1160, 11 octobre. — Garsire II, s^{gr} de Rays, confirme les donations faites à l'abbaye du Breuil-Herbaud par ses prédécesseurs. Il abandonne en outre aux religieux ses droits sur diverses terres en Falleron et en Froidfond et sur leurs acquêts dans ses domaines. — 253.

2. — Vers 1210. — Sentence arbitrale entre les Templiers et Stéphanie, dame de Rays, veuve d'Harscoët III, s^{gr} de Rays, au sujet de terres en Couëron attribuées en douaire à Stéphanie. — 110.

3. — 1218, juin. — Savary de Mauléon, du consentement de Belle-Assez, sa femme, donne à Lysée l'Hermite son chevalier, en récompense de ses services, un château neuf et diverses terres situées près de Parthenay, d'Hérisson et de Chantemerle. — 166.

4. — 1219, 29 mars. — Thibaud, s^{gr} de Blazon et de Mirebeau, autorise les chanoines et les chapelains de Blazon à disposer par testament des revenus d'une année de leurs prébendes et de leurs objets mobiliers. — 127.

5. — 1220, août, à Nantes. — Lettres de non-préjudice octroyées par Pierre, duc de Bretagne, à Garsire III, s^{gr} de Rays, à raison d'un bail que celui-ci avait donné dans sa terre à Geoffroy de Couronce, à la prière du duc. — 200.

6. — 1220, 12 octobre. — Vente par Alain de Saffré, ch^{er}, à Garsire III, s^{gr} de Rays, de la moitié de ce qu'il possédait dans le fief de Garsire en la paroisse de Couëron. — 191.

7. — 1224, août, à La Rochelle. — Lettres de Louis VIII, roi de France, notifiant que Guillaume de la Mothe lui a rendu hommage lige à raison d'une rente de 100 liv. t^s. — 195.

8. — 1224, novembre. — Transaction en vertu de laquelle Guillemet, fils d'Aimery de la Forêt, renonce aux prétentions qu'il avait émises sur l'hébergement du Port-Durand appartenant à Garsire III, s^{gr} de Rays. — 162.

9. — 1225, 4 avril, à Nantes. — Charte d'Etienne, évêque de Nantes, notifiant une transaction entre Garsire III, s^{gr} de Rays, du consentement de Raoul, son fils et son héritier, d'une part, et l'abbesse de Ste-Marie (le Ronceray) d'Angers et la prieure du Bourg-des-Moutiers, d'autre part, au sujet de certaines dettes du sire de Rays et des droits levés par celui-ci sur les vassaux des religieuses. — 172.

10. — 1225. — Transaction entre Garsire III, s^{gr} de Rays, et Girard de Breies, maître des Templiers d'Aquitaine, du consentement d'Etienne, commandeur de Coudrie, au sujet d'une maison que les chevaliers du Temple faisaient construire sur la chaussée de Pornic, près des moulins. — 203.

11. — 1230. — Aimery de Thouars, s^{gr} de Machecoul, et Béatrix sa femme, du consentement de leur fille Jeanne, concèdent à Bertrand le Tur la moitié d'un ténement près du chenal de l'Ile, moyennant 12 s. 6 d. de cens. — 117.

12. — 1230. — Aimery de Thouars, s^{gr} de Machecoul, et Béatrix sa femme, du consentement de leur fille Jeanne, concèdent à Pierre Letart la maison et les ténements de la Vacheresse, à charge par celui-ci de donner au seigneur la moitié des blés et des fromages et les deux tiers des bestiaux. — 181.

13. — 1231, à Angers. — Charte de saint Louis contenant un traité entre lui et Pierre Mauclerc, duc de Bretagne. — 79.

14. — 1235. — Charte testamentaire de Béatrix, dame de Machecoul et de Luçon, donnant aux religieux des Fontenelles le marché, le minage et la cohue de Machecoul, le droit de prendre dans la forêt de ce lieu le bois nécessaire à l'entretien de la cohue, et son serf Huslequin ; celui-ci et ses héritiers n'auront à payer aux moines que 5 sous de cens pour toute charge. — 133.

15. — 1237, mai. — Transaction entre Raoul II, s^{gr} de Rays, et Olivier de Coché, ch^{er}, au sujet des revenus de l'ile de Bouin dont ils auront chacun la moitié, sauf les baillies qui appartiendront à Raoul ; celui-ci pourra en outre convoquer les hommes de Bouin à la garde de son château de Prigny. — 215.

16. — 1238, 11 février. — Obligation de Pierre de Braine, [jadis duc de Bretagne], envers Raoul II, s^{gr} de Rays, de ne pas réclamer pendant la vie de celui-ci les 1000 l. qu'il lui doit, et de laisser Raoul démolir, si bon lui semble, son château de Saint-Etienne-de-Mer-Morte. — 171.

17. — [1238]. — Olivier de Coché, ch^{er}, reconnait qu'en vertu d'autres lettres le port de Bouin doit rester à Raoul II, s^{gr} de Rays, pendant deux ans, à partir de la Saint-Georges (23 avril) 1238. — 204.

18. — 1243, juillet. — Guillaume de Rezé, ch^{er}, déclare qu'il ne pourra entrer en jouissance qu'après la mort de Raoul II, s^{gr} de Rays, des biens et rentes en Doulon, Saint-Etienne-de-Mont-Luc et Vigneux, dont led. Raoul l'a gratifié à raison de ses services. — 101.

19. — 1244, avril. — Accord entre Thibaud Chabot et ses frères Girard I et Sebrand Chabot. Thibaud cède à Girard notamment les terres de Saint-Hilaire-le-Vouhis et de la Chapelle-Themer, et à Sebrand les droits que ses frères avaient en Saint-Maixent. Par contre, Girard et Sebrand ne feront aucune opposition au douaire que Thibaud constitue par les présentes à sa femme Ainor, à l'assignation de 200 l. de rente dont il dotera ses filles Agnès, Olive et Marguerite, et à certains avantages qu'il octroie à son fils Thibaudin. — 157.

20. — 1246. — Charte de Salvagie, dame de Rays et de la Mothe-Achard, contenant une transaction entre Girard I Chabot et Eustachie, son gendre et sa fille, d'une part, et Geoffroy de Lusignan, sgr de Sainte-Hermine, et sa femme Almodis, d'autre part. Girard et Eustachie renoncent à la terre des Pineaux ; mais ils auront la moitié des terrages de Thiré et certains droits de mainmorte en Corps et en Frosse. — 173.

21. — 1248, 31 janvier. — Remise à Raoul II, sgr de Rays, par les religieux de Pornic, de trois rentes qu'il leur devait tant de son chef que de celui de Garsire III, son père, attendu que Raoul leur a fait l'abandon des levées qu'il prenait sur leurs possessions dans les paroisses de Sainte-Marie-de-Chef-Chef, de Sainte-Marie-de-Pornic et du Clion. — 156.

22. — 1252, 20 mars. — Promesse de Foulques de Saint-Michel, maître des Templiers d'Aquitaine, et de Girard I Chabot, en son nom et en celui de sa femme, de s'en rapporter à l'arbitrage de l'abbé de N.-D.-la-Grande de Poitiers au sujet de tous leurs différends, celui relatif au Plessis-Raffin en particulier. — 8.

23. — 1252, 26 avril. — Obligation d'Aimery, vicomte de Thouars, envers Girard I Chabot pour une somme de 110 l. que celui-ci a payée en son acquit au sire de Clisson. — 17.

24. — 1253 (ou 1254), avril. — Charte d'Alice de la Roche, abbesse de Sainte-Marie (le Ronceray) d'Angers, notifiant un accord entre Girard I Chabot et Eustachie sa femme, d'une part, et la prieure du Bourg-des-Moutiers, d'autre part, en vertu duquel les achats à crédit faits au Bourg-des-Moutiers par les seigneurs ne pourront excéder la somme de 50 l. — 194.

25. — 1254, 27 août. — Sentence de l'abbé de N.-D.-la-Grande de Poitiers, arbitre d'un procès entre Girard I Chabot et Eustachie sa femme, fille et héritière de défunts Raoul de Rays et Salvagie son épouse, d'une part, et les Templiers de l'autre, au sujet du Plessis-Raffin autrefois octroyé aux religieux par Raoul et Salvagie. Le Plessis sera rendu aux seigneurs qui s'engagent, par suite, à donner aux Templiers une somme principale de 100 l., plus 6 l. pour des revenus que ceux-ci n'ont pu lever, enfin à les indemniser des dommages causés aux vassaux des religieux à Bourgneuf. — 158.

26. — 1257, avril. — Cession par l'abbé de Buzay à Girard I Chabot et à sa femme Eustachie, dame de Rays, moyennant une rente de 50 s., de la moitié qui appartient aux moines dans les moulins à eau du port de Bouin. Le moulin à vent que les religieux possèdent à Bouin leur demeure en toute liberté. — 165.

27. — 1258, 10 mars, à Aigrefeuille. — Charte de Jean I, duc de Bretagne, notifiant un accord entre Olivier [de Bretagne], son frère, et sa femme Marquise, d'une part, et Maurice de Belleville, à raison de Jeanne sa femme, dame de la Roche-sur-Yon et de Luçon, d'autre part, au sujet des châtellenies de Machecoul et de Saint-Philbert-de-Grand-Lieu. Maurice et Jeanne posséderont, eux et leurs hoirs, le château et la ville de Machecoul et le tiers du revenu des terres ; Olivier aura les deux autres tiers dudit revenu. — 220.

28. — 1258, 6 octobre, à Nantes. — Charte de Pierre, fils de Jean I, duc de Bretagne, s'engageant envers Girard I Chabot, s^{gr} de Rays, à l'aider judiciairement contre Maurice de Belleville dans ses revendications sur le château de Machecoul, et renonçant en faveur dudit Girard à ce qu'Olivier I de Machecoul avait donné à lui Pierre sur les terres de Machecoul et de Saint-Philbert-de-Grand-Lieu. — 108.

29. — 1259, septembre. — Lettre de Nicolas, abbé de Saint-Serge d'Angers, à Galeran, évêque de Nantes, lui notifiant qu'il s'en rapporte à ses conclusions dans le litige survenu entre Girard I Chabot, ch^{er}, s^{gr} de Rays, et Eustachie sa femme, d'une part, et les moines de Saint-Serge, d'autre part, à raison de leur prieuré de Chémeré. — 212.

30. — 1259, octobre. — Charte arbitrale de Galeran, évêque de Nantes, réglant les litiges entre l'abbaye de Saint-Serge d'Angers, à cause de son prieuré de Chémeré, et Girard I Chabot, ch^{er}, et sa femme Eustachie, touchant l'usage du bois et le pacage des bestiaux dans la forêt de Chémeré, la saisie et les déprédations commises au préjudice des religieux par les gens de Girard. — 208.

31. — 1260, septembre. — Charte de Jean I, duc de Bretagne, notifiant un accord entre Girard I Chabot et Eustachie sa femme, fille de feu Raoul II de Rays, d'une part, et Olivier I dit de Machecoul, de l'autre, au sujet des terres de Machecoul et de Saint-Philbert-de-Grand-Lieu. Girard et Eustachie posséderont, eux et leurs hoirs, le château de Machecoul et les terres précédemment abandonnées par Olivier à Maurice de Belleville et à Jeanne sa femme, en vertu d'une transaction entre ces derniers et ledit Olivier. — 234.

32. — 1260, septembre. — Lettres d'Olivier I de Machecoul à Guillaume de Fresnay, Guillaume de Thoré, Raoul Manguy, ch^{ers}, et à ses autres hommes qui doivent garde ou estage au château ou dans la ville de Machecoul, leur prescrivant de faire désormais foi et hommage à Girard I Chabot à raison desd. garde et estage. — 64 et 193.

33. — 1260, septembre. — Obligation d'Olivier I dit de Machecoul s'engageant à remettre à Rainier, sénéchal de Nantes, et à Hamon Chenu les lettres de l'accord par lui conclu avec Maurice de Belleville et Jeanne, sa femme, [au sujet des terres de Machecoul et de Saint-Philbert-de-Grand-Lieu]. — 65 et 116.

34. — 1260, décembre. — Charte de Girard I Chabot notifiant que Durand Goyais a cédé son hébergement de Belle-Ile, en Saint-Donatien de Nantes, à Alain, vicomte de Rohan, qui en retour lui a abandonné la rente d'un denier par muid qu'il levait sur les denrées passant en bateau sur la Loire. — 148.

35. — 1262, 27 août, à Paris. — Accord entre Jean I, duc de Bretagne, et Girard I Chabot : 1° touchant la mainmise éventuelle du duc sur les terres de Machecoul et de Saint-Philbert-de-Grand-Lieu contestées entre Girard et Maurice de Belleville, et au sujet desquelles il y a procès pendant au parlement de Paris ; 2° relativement aux bris de mer dans la baronnie de Rays. — 161.

36. — 1263, 4 mai, à Martigné. — Testament de Geoffroy de Pouancé, premier mari d'Emma de Château-Gontier. — 45.

37. — 1264, septembre, à Angers. — Transaction entre Haouis, dame de Château-Gontier, veuve de James, sire de Château-Gontier et de Nogent-le-Rotrou, d'une part, et Girard Chabot et sa femme Emma, dame de Château-Gontier et de Pouancé, fille de James et d'Haouis, d'autre part, au sujet du douaire d'Haouis et des dettes dudit James et d'Etienne, frère d'Emma. — 36.

38. — 1265, 24 janvier. — Vente par Girard Chabot, s^{gr} de Château-Gontier, à Jean Pommays, pour 90 l., de l'exploitation pendant cinq ans de son bois de Gratte-Cuisse près Chemiré-sur-Sarthe. — 109.

39. — 1265, janvier. — Lettres de Jean I, duc de Bretagne, par lesquelles il donne à son fils Pierre la terre de Vue, à condition de n'y pouvoir faire aucune place forte sans son consentement. Il lui donne en outre le droit de *gaif* (épaves) dont il jouissait sur les côtes de la seigneurie de Rays. — 216.

40. — 1265, mai. — Don par Girard II Chabot à Hamon Chenu, à raison de ses bons services, d'une des *prises* en la paroisse de Machecoul, à l'exception de celles affectées aux gens de Maurice de Belleville par le traité conclu entre Girard et lui touchant la terre de Machecoul. — 184.

41. — 1265, 13 juin. — Lettres de Pierre, fils puîné de Jean I, duc de Bretagne, par lesquelles il cède à Emma de Château-Gontier, dame de Nogent-le-Rotrou, femme de Girard II Chabot, la châtellenie de Vue, la terre de Maumusson et son droit d'épaves sur les côtes de la seigneurie de Rays. Pierre reçoit en échange les château et terre de Nogent-le-Rotrou. — 217.

42. — 1266, janvier. — Lettres de Jean I, duc de Bretagne, notifiant le don de la châtellenie de Vue et du droit d'épaves fait à Girard II Chabot, son second mari, par Emma de Château-Gontier, veuve de Geoffroy de Pouancé. — 213.

43. — 1266, 7 septembre. — Lettres de Geoffroy, sire de Châteaubriant, par lesquelles il fait alliance avec Girard II Chabot, sire de Rays et de Château-Gontier, à l'encontre de Maurice de Belleville avec lequel ils étaient en discussion : Girard pour la terre de Machecoul, Geoffroy pour celle de Montaigu. — 188.

44. — 1266, 18 novembre, à Paris. — Compromis entre Louis, vicomte de Beaumont, et Girard II Chabot, au sujet de la succession de Geoffroy de Pouancé, dont la fille et héritière Jeanne de Pouancé avait épousé le fils de Louis, et dont la veuve Emma de Château-Gontier s'était remariée avec Girard. — 118.

45. — 1267, 27 février. — Lettre de Brient le Bœuf, ch^{er}, et de sa femme Belle-Assez, à Rialan du Temple, sénéchal de Nantes, l'informant qu'ils approuvent les démarches de Girard II Chabot, [leur beau-frère et frère], à l'encontre de Guillon le Roy qui lui contestait des biens en Couëron : la dot assignée à Belle-Assez en cette paroisse restant hors de cause. — 4.

46. — 1267, 13 mars, à Angers. — Transaction entre Haouis, veuve de James de Château-Gontier, d'une part, et Girard II Chabot et sa femme Emma, fille de James et d'Haouis, d'autre part, au sujet : 1° des dettes desdits James et Haouis et de leur fils Etienne ; 2° du douaire d'Haouis. — 37.

47. — 1267, mai. — Charte de Geoffroy, sgr de Châteaubriant, arbitre d'un différend entre Girard II Chabot et Olivier I de Machecoul au sujet des pourchas et baillies de l'île de Bouin. Ces droits appartiendront désormais à Girard et à ses héritiers, moyennant le paiement d'une rente de 30 l. à Olivier et à ses hoirs. — 206.

48. — 1268, février, à Angers. — Transaction entre Louis, vicomte de Beaumont, au nom de [sa belle-fille] Jeanne de Pouancé, fille et héritière de feu Geoffroy de Pouancé, d'une part, et Girard II Chabot, sgr de Rays et de Château-Gontier, et sa femme Emma, jadis femme dudit Geoffroy de Pouancé, d'autre part, au sujet des terres de la Guerche, Pouancé et Segré. Emma jouira, à titre de douaire, du tiers des biens de Geoffroy, son premier mari ; Jeanne, comme fille et héritière dudit Geoffroy, aura les deux autres tiers. — 38.

49. — 1268, 3 juillet, à Angers. — Transaction entre Girard II Chabot, à raison de sa femme Emma, fille de feu James, sgr de Château-Gontier, d'une part, et Gilbert de Prulay et Guérin Chevreul, maris d'Alix et d'Aliénor, filles dudit James, d'autre part. Alix et Aliénor renoncent à toutes revendications dans l'héritage paternel moyennant le paiement à chacune d'elles d'une rente de 25 l. par Girard et sa femme. — 39.

50. — 1268, 4 août, à Nantes. — Requête de Girard II Chabot à l'évêque de Nantes pour faire examiner par des gens impartiaux son droit de prendre les nappes du repas donné par l'évêque le jour de sa première entrée à Nantes. — 1.

51. — 1268, octobre. — Charte d'Olivier I de Machecoul et de Girard II Chabot notifiant un accord entre eux au sujet du château de Machecoul et des châtellenies de Machecoul et de Saint-Philbert-de-Grand-Lieu. Olivier possédera les deux tiers des châtellenies ; Girard aura l'autre tiers desdites châtellenies, le château et la ville de Machecoul, ainsi que les tenait viagèrement Maurice de Belleville avant le présent accord. — 222.

52. — 1268, 10 décembre. — Girard II Chabot vidime et confirme les donations faites en 1235 par Béatrix, dame de Machecoul, aux religieux des Fontenelles. — 123.

53. — 1268, décembre. — Emma, dame de Château-Gontier, donne à Girard II Chabot, son mari, le tiers de tous ses biens, y compris notamment sa terre de Vue. De toute façon Girard aura l'usufruit dudit tiers et si Thibaud, fils d'Emma, meurt sans enfants légitimes, le même Girard en aura la propriété héréditaire. — 40.

54. — 1269, 24 février. — Lettres de Geoffroy de Châteaubriant par lesquelles il reconnaît que Girard II Chabot s'est porté caution pour lui d'une somme de 2500 liv. sur les 2800 liv. qu'il doit à

Alphonse, comte de Poitiers, tant pour rachat de sa terre de Talmondais qu'à raison d'une chevauchée faite sur les terres du sire de Belleville. — 145.

55. — 1269, 27 mars, à Vieillevigne. — Charte de Maurice de Belleville, s^{gr} de la Garnache et de Montaigu, et de Girard II Chabot notifiant leur accord au sujet de Machecoul. Maurice jouira, sa vie durant, du château et de la ville de Machecoul, ainsi que de la partie des terres de Machecoul et de Saint-Philbert-de-Grand-Lieu détenue par lui. A la mort de Maurice, Girard entrera en possession des susdits héritages. — 221.

56. — 1269, avril, à la Mothe-Achard. — Serment d'Arnaud de Leiac de se comporter avec droiture dans l'office de sénéchal de la Mothe-Achard et de la Morière dont l'a investi Girard II Chabot. — 185.

57. — 1269, 28 avril. — Sentence arbitrale rendue par Hugues l'Archevêque, s^{gr} de Parthenay, et Olivier I de Machecoul, s^{gr} de la Benate, dans un différend entre Maurice de Belleville, s^{gr} de la Garnache et de Montaigu, et Girard II Chabot au sujet d'une somme de 500 livres. — 190.

58. — 1270, 27 décembre. — Quittance de Maurice de Belleville, s^{gr} de la Garnache et de Montaigu, à Girard II Chabot de 300 liv. qu'il lui devait à raison de leur accord au sujet de Machecoul, et libération des cautions de Girard pour ladite somme. — 46.

59. — 1271, 10 octobre, à Nantes. — Obligation d'Olivier I de Machecoul, s^{gr} de la Benate et de Saint-Philbert-de-Grand-Lieu, envers Girard II Chabot qui lui a confié sa fille Eustachie en vue de la marier avec Jean de Coché, fils dudit Olivier. En cas du décès de Jean avant la célébration du mariage, Eustachie sera rendue, libre de toutes autres obligations matrimoniales, à son père ou aux représentants de celui-ci. — 113.

60. — 1271, 28 octobre, à Nantes. — Nouvelle obligation d'Olivier I de Machecoul envers Girard II Chabot au sujet du mariage de leurs enfants. De teneur analogue à la précédente du 10 octobre 1271. — 112.

61. — 1274, 21 novembre, à Angers. — Assiette par Isabeau, dame de Champtocé, sur ses conquêts dudit lieu, des 50 liv. de rente qu'elle a données à Jeanne de Craon sa fille, en la mariant avec Girard II Chabot; toutefois les époux ne jouiront de cette rente qu'après le décès d'Isabeau. — 19.

62. — 1275, 4 juin, à Machecoul. — Girard II Chabot confirme à l'abbaye du Breuil-Herbaud les donations qui lui avaient été faites par Raoul I, s^{gr} de Machecoul et de Rays, et par ses autres prédécesseurs. Il leur abandonne en outre diverses terres avec les droits de juridiction. — 254.

63. — 1275, 20 juillet. — Charte de Durand Goymer, de Nantes, notifiant qu'il accepte la mutation d'assiette d'une rente de 20 liv. faite à Jeannot son fils par Girard II Chabot. Assignée présentement sur son fief de Saint-Michel-Chef-Chef, Girard pourra dans les trois ans affecter ladite rente sur ses revenus du Port-Durand ou de Couëron. — 52.

64. — 1275, 20 juillet. — Vente par Girard II Chabot à G[uillaume], évêque de Nantes, pour 150 liv., des dîmes en vins, laines et céréales qu'il levait dans les paroisses de Couëron et de Vue. — 187.

65. — 1276, 30 janvier. — Girard II Chabot et Olivier I de Machecoul, sgr de la Benate, s'en remettent à l'arbitrage de Brient le Bœuf et de Rialan du Temple au sujet de l'obligation antérieure d'Olivier de rendre Eustachie, fille de Girard, libre de liens matrimoniaux, en cas de prédécès de Jean de Coché son fiancé ; obligation au sujet de laquelle Girard élevait des difficultés. — 114.

66. — 1276, janvier. — Girard II Chabot, à l'occasion du mariage d'Eustachie sa fille avec Jean de Coché, fils d'Olivier I de Machecoul, sgr de la Benate, donne aux époux : 1° les terres et rentes au Port-Durand, à Couëron et à Chef-Chef qui avaient fait partie de la dot de feue Belle-Assez Chabot, sœur de Girard ; 2° 200 liv. de rente qu'il leur assiéra sur Château-Gontier ou sur sa terre de Rays. — 218.

67. — 1276, janvier. — Olivier I de Machecoul, sgr de la Benate, auquel Girard II Chabot a abandonné pendant 5 ans 400 liv. de ses revenus de Bouin, comme remboursement d'un prêt de 2000 liv. fait par Olivier à Girard, reconnaît que le compte desdits revenus devra être rendu à ce dernier. Olivier remet en outre la première annuité d'une rente de 200 liv. que Girard devait payer à Jean de Coché, son gendre et fils d'Olivier. — 92.

68. — 1276, 2 février. — Quittance de G[uillaume], évêque de Nantes, à Girard II Chabot de 70 liv. payées par celui-ci à fin de retrait de dîmes en Couëron et en Vue qu'il avait précédemment vendues audit évêque. — 2.

69. — 1276, avril. — Lettres de Guy, vicomte de Thouars, remettant à perpétuité à Girard II Chabot et à ses hoirs les droits de suzeraineté qu'il levait sur les terres de la Mothe-Achard, Saint-Hilaire-le-Vouhis, Falleron, Brandois et la Morière appartenant à Girard. — 180.

70. — 1276, 23 août, à Bouin. — Girard II Chabot et Olivier I de Machecoul, sgr de la Benate, concèdent à Jeannin Guérin le passage maritime de la Frette entre l'île de Bouin et le Coutumier, à charge d'une redevance annuelle de cinq sous et de l'entretien d'une voie d'accès de treize pieds de largeur. — 211.

71. — 1276, 25 décembre. — Vente par Guillaume de Mermande à Girard II Chabot, pour le prix de 15 sous, des 6 den. de cens annuel qu'il levait sur l'étang de Girard situé près du château de Saint-Etienne-de-Mer-Morte. — 176.

72. — 1276, décembre. — Guillaume, abbé du Breuil-Herbaud, reconnaît que Girard II Chabot a changé l'assiette de 5 sous de rente donnés aux religieux par ses prédécesseurs. La rente sera désormais assignée sur les cens de Touvois au lieu de l'être sur le moulin de *Proiea*, situé sur le Falleron en la paroisse de Saint-Etienne-de-Mer-Morte. — 6.

73. — 1277, 21 février. — Girard II Chabot notifie qu'il a changé l'assiette d'une rente de 5 sous donnée par ses prédécesseurs à l'abbaye du Breuil-Herbaud. Ladite rente sera désormais assignée sur les cens de Touvois au lieu de l'être sur le moulin et la pêcherie de *Proiea*. — 255.

74. — 1277. — Remise par frère Foucher, prieur de Grandmont, à Girard II Chabot, de la rente de 50 sous représentant 20 liv. léguées au correcteur de Bandouille par Eustachie, sœur de Girard, pour la célébration de son anniversaire ; attendu que, de son côté, Girard a fait remise audit correcteur d'une rente de 5 muids de vin. — 248.

75. — 1278, 10 mars. — Girard II Chabot promet de s'en rapporter à l'arbitrage d'Hugues de Châtillon au sujet du procès intenté à lui, à Jean Thibaut, ch^{er}, et à Jean Rondeau, sergent, par l'abbesse de Fontevraud au sujet de violences contre les religieuses du Val-de-Morière, membre de Fontevraud. — 207.

76. — 1278, 30 octobre. — Sentence d'Hugues de Châtillon, arbitre d'un procès entre Girard II Chabot, Jean Thibaut et Jean Rondeau, d'une part, et l'abbaye de Fontevraud, d'autre part, au sujet de violences commises à l'égard des religieuses du prieuré du Val-de-Morière. Girard est déclaré non coupable ; Thibaut et Rondeau paieront 160 liv. à raison des faits incriminés. — 210.

77. — 1278, 31 octobre. — Obligation d'Hugues de Châtillon envers l'abbaye de Fontevraud pour une somme de 160 liv. qu'ont été condamnés à payer aux religieuses Jean Thibaut et Jean Rondeau, coupables de violences contre les religieuses du prieuré du Val-de-Morière. — 199.

78. — 1278, octobre. — Accord entre Girard II Chabot et Olivier I de Machecoul, s^{gr} de la Benate et de Saint-Philbert-de-Grand-Lieu, au sujet de la dot d'Eustachie, fille de Girard et de feue Emma Château-Gontier, mariée à Jean de Coché, fils d'Olivier. Girard déclare que la dot primitive d'Eustachie se composait : 1° du chef de sa mère, de 200 liv. de rente qu'il lui assiet aujourd'hui, moitié sur Château-Gontier, moitié sur des terres en Bretagne et en Anjou; 2° du chef de son père, de 120 liv. de rente sur le Port-Durand, Couëron et Chef-Chef, dont les époux sont actuellement en jouissance. Par les présentes, Girard ajoute à cette dot une rente égale aux revenus de la terre de Vue ; toutefois cette dernière rente, assise sur les sceaux ou briefs de Pornic, ne sera payée aux époux qu'après son décès. — 219.

79. — 1278, octobre. — Accord entre les mêmes Girard et Olivier au sujet de ladite dot. Clauses complémentaires touchant les 100 liv. de rente spécialement assignées sur Château-Gontier. — 107.

80. — 1279, 9 mai. — Constitution d'apanage par Girard II Chabot à Guillaume de la Mothe et à Raoul Chabot, ses frères puînés. Ils jouiront viagèrement, le premier, de la Mothe-Achard, du Fief-Maqueau et de la Morière ; le second, de la terre de Saint-Hilaire-le-Vouhis, de la part attribuée sur la Morière à feue Eustachie Chabot, leur sœur, lors de son mariage avec Béraud de Maillé, de 30 liv. de rente sur la Mothe-Achard que lui servira ledit Guillaume de la Mothe ; puis, quand il sera reçu chevalier, de 60 liv. de rente sur les corvaiges de Pornic. — 33.

81. — 1279, 10 mai. — Sentence du bailli de Touraine en faveur du prieuré de Saint-Philbert de Machecoul, dont Girard II Chabot avait saisi le temporel à la mort du prieur. Désormais les seigneurs de Rays ne pourront faire mainmise sur les revenus de Saint-Philbert lors du décès ou de la mutation du prieur. — 153.

82. — 1280, 20 mars. — Lettre de Guillaume, sgr des Bretesches, à Denis de Parée, bailli de Touraine, certifiant qu'il est d'usage que les hommes de Saint-Cyr charroient le foin des Prés-au-Seigneur ; qu'il en a été ainsi sous Maurice de Belleville et Olivier I de Machecoul et actuellement sous Girard II Chabot. — 54.

83. — 1280, décembre. — Transaction entre Girard II Chabot et les religieux des Fontenelles, en vertu de laquelle la cohue de Machecoul autrefois léguée à ceux-ci par Béatrix, dame de Machecoul, reviendra à Girard. Ce dernier donne aux moines une rente de 30 l. dont il leur fera l'assiette. — 123.

84. — 1280, décembre. — Lettre d'Adam, vicomte de Melun, à Girard II Chabot, le priant de recevoir, à cause de la seigneurie de Brion, l'hommage de Pierre Dorée, de Saumur. — 155.

85. — 1281, juillet. — Quittance de Marguerite, abbesse de Fontevraud, à Girard II Chabot des 160 l. qu'il lui devait en vertu d'un accommodement fait entre eux au sujet de violences contre les religieuses du prieuré du Val-de-Morière. — 202.

86. — 1282, février. — Donation à Girard II Chabot par Jean de Coché, du consentement de Geoffroy Brient son curateur, mais seulement au cas où ledit Jean mourrait sans enfants et encore s'en réserve-t-il l'usufruit, du tiers de la succession qui lui revient de feu Olivier I de Machecoul, son père. Ce tiers est affecté sur des biens en Saint-Cyr formant à présent le douaire d'Eustachie, veuve d'Olivier. — 214.

87. — 1282, mai. — Lettre d'Adam, vicomte de Melun et sgr de Montreuil-Bellay, à Girard II Chabot, le priant de recevoir, à cause de sa seigneurie de Brion, l'hommage de Pierre Dorée, bourgeois de Saumur, auquel ledit Adam a cédé par échange la voirie et toutes ses possessions en la terre de Brion. — 183.

88. — 1283, 8 octobre. — Echange entre Girard II Chabot et les religieux des Fontenelles. Ceux-ci cèdent la cohue, le marché et le minage de Machecoul que leur avait jadis donnés Béatrix, dame de Machecoul, et reçoivent en compensation des marais salants dans l'île de Bouin. — 122.

89. — 1284, 10 mars, à Paris. — Lettres de Charles Ier, roi de Jérusalem et de Sicile et comte d'Anjou, reconnaissant, tout en le réglementant, le droit que Girard II Chabot possède de chasser dans sa forêt de Brion. — 244.

90. — 1284, 7 juin, à Angers. — Contrat de mariage entre Olivier II de Machecoul, fils [d'Olivier I et] d'Eustachie de Vitré, dame des Huguetières, et Isabeau, fille de Girard II Chabot et de Jeanne de Craon. Girard assigne en dot 220 liv. de rente à sa fille, laquelle demeurera avec Eustachie de Vitré jusqu'à ce qu'elle soit en âge d'épouser Olivier ; en cas de prédécès du futur, Isabeau sera rendue à sa famille, libre de tous autres engagements matrimoniaux. — 167.

91. — 1284, 24 juin. — Quittance des 40 sous de la rente donnée par Girard II Chabot à Geoffroy d'Albene, à raison de la chapellenie de Saint-Nicolas de Machecoul. — 3.

92. — 1284, 23 juillet. — Quittance de Guillaume de Derval, ch^{er}, au sergent du s^{gr} de Rays à Bouin, de 20 l. qui lui sont dues sur la taille de Saint-Gervais à raison de son mariage. — 49.

93. — 1284, juillet. — Robert, abbé de Marmoutier, reconnaît que satisfaction lui a été donnée par Girard II Chabot au sujet des violences exercées contre lui Robert, lorsqu'on voulut prendre son palefroi quand il vint faire la visite du prieuré de Machecoul. Les écuyers de Girard seront astreints à suivre, en simple tunique et tête nue, deux processions, l'une à Machecoul, l'autre à Marmoutier. — 170.

94. — 1284, 7 octobre. — Donation par Jeanne de Craon, dame de Rays, à Girard II Chabot son mari, du tiers de tous ses biens, de tous les conquêts faits durant leur mariage, de la coupe et du droit de chasse dans ses bois de Brion, enfin des meubles qui resteront après l'exécution de son testament. — 41.

95. — 1284, 13 novembre, à Princé. — Girard II Chabot notifie l'abandon fait par Jean Dieu-le-Fit de la plainte formée par celui-ci contre l'abbaye des Fontenelles au sujet du marais Dieu-le-Fit, situé dans l'île de Bouin. — 7.

96. — 1284, 27 novembre. — Vidimus et confirmation par Pierre, prieur de Grandmont, d'une charte de 1277 par laquelle Foucher, alors prieur de Grandmont, son prédécesseur, et Girard II Chabot s'étaient fait mutuellement une remise de rentes. — 63.

97. — 1284, novembre. — Pierre, prieur de Grandmont, associe aux prières de son ordre, de leur vivant et après leur mort, Girard II Chabot, sa femme et Eustachie sa fille. — 147.

98. — 1284, 9 décembre. — Charte testamentaire de Jeanne de Craon, dame de Rays, ratifiant les conditions du mariage d'Isabeau, fille d'elle et de Girard II Chabot, avec Olivier II de Machecoul ; attendu qu'Isabeau renonce à toute réclamation dans la succession de ses père et mère, à moins que Girard Chabot son frère ne meure sans postérité. — 126.

99. — 1285, 23 mars, à Nantes. — Charte de Durand, évêque de Nantes, relatant que le jour du Vendredi saint, pendant le sermon, il a donné la croix pour le pèlerinage d'Aragon à Girard II Chabot, Guillaume de la Mothe son frère, Guillaume le Borgne et Mathieu de la Plesse, ch^{ers}, et à un certain nombre d'autres; avec remise de leurs péchés comme il en est pour ceux qui vont outre-mer au secours de la Terre sainte. — 5.

100. — 1285, mars. — Conventions entre Girard II Chabot, d'une part, et Jean de Coché, sgr de la Benate, et Eustachie sa femme, fille de Girard, d'autre, touchant la dot de celle-ci. Girard reconnaît avoir donné aux époux : 1° sur le Port-Durand, Couëron et Chef-Chef, 120 l. de rente dont ceux-ci ont la jouissance ; 2° une rente sur les sceaux ou briefs de Pornic, équivalente aux revenus de la terre de Vue, dont l'évaluation sera effectuée avant la Pentecôte 1286, mais qu'ils ne lèveront qu'après la mort de Girard. Jean et Eustachie déclarent de leur côté qu'assiette leur a été faite des 200 l. qui leur avaient été assignées sur Château-Gontier, Saint-Jean-sur-Couesnon et la maison de Brecigné à Angers. — 236.

101. — 1285, 3 avril. — Requête de Guillaume, abbé des Fontenelles, à Philippe III, roi de France, le priant de confirmer un échange fait le 8 octobre 1283 entre son abbaye et Girard II Chabot. — 132.

102. — 1287, 22 février. — Donation faite par Aimery Hamon, son fils et sa belle-fille, à Girard II Chabot, de leur hébergement de la Morière, en la paroisse de Vairé, et d'une rente de 8 l. assise près dudit hébergement. — 177.

103. — 1287, 10 juillet, à la Roche-sur-Yon. — Accord devant le bailli de Touraine entre Girard II Chabot et les exécuteurs testamentaires de Guillaume de la Mothe, frère de Girard, au sujet de l'exécution du testament dudit Guillaume. Au lieu des quatre années du revenu de la terre de Guillaume que réclamaient ses exécuteurs, Girard paiera la somme de 650 liv., plus 187 l. pour divers objets mobiliers que Girard s'est appropriés. — 35.

104. — 1288, 22 juillet. — Quittance de Jean du Breuil, clerc, aux exécuteurs testamentaires de feu Raoul Chabot, cher, de tout ce qui lui était dû pour ses services et dépens. — 34.

105. — 1289, 28 avril. — Marguerite des Barres donne à Girard II Chabot, son mari, le tiers de ses terres et rentes, tant en France qu'en Normandie ; elle s'en réserve toutefois l'usufruit. — 235.

106. — 1289, 28 avril. — Obligation de Marguerite des Barres envers Girard II Chabot, son époux, de 4000 l. t^s que celui-ci a payées pour elle à l'occasion de dettes antérieures à leur mariage. — 237.

107. — 1290, 2 février, à Paris. — Mandement du roi Philippe IV au bailli de Touraine de mettre le sire de Châteaubriant et Isabelle de Machecoul, sa femme, en jouissance des terres de feu Olivier II de Machecoul, frère d'Isabelle, à l'encontre des prétentions de Girard II Chabot et de Jean de Machecoul : réservés néanmoins les droits féodaux du premier et les droits de propriété du second. — 111.

108. — 1290, 10 août, à Paris. — Lettres de Philippe IV, roi de France, en faveur du sire de Châteaubriant condamné à rendre hommage à Girard II Chabot pour les terres dont il avait hérité d'Olivier II de Machecoul du chef de sa femme [Isabelle de Machecoul]. La reddition d'hommage par le sgr de Châteaubriant ne lui préjudiciera point touchant les indemnités qu'il réclame à raison des dommages que lui a causés Girard. — 198.

109. — 1290, 21 août, à Angers. — Jean Petrau, bourgeois de Brion-en-Vallée, reconnaît que Girard II Chabot lui a arrenté à perpétuité la terre d'Eschangon, en la paroisse de Brion, pour 4 l. 10 s. de cens. — 50.

110. — 1291, 21 juin. — Donation faite à Girard II Chabot par Guillaume Bernard, Jean Rabeau, clerc, et consorts, de ce qu'ils possédaient entre le chemin de Prigny à Arthon et la garenne de Prigny, dite la Taillée, à l'exception d'un champ en garenne. — 209.

111. — 1292, 29 août. — Lettres de Philippe de Beaumanoir, bailli de Touraine, vidimant et ratifiant une transaction du 25 août précédent entre Girard II Chabot et Pierre, abbé de la Chaume, au sujet des droits féodaux de Girard sur le temporel de l'abbaye. Les religieux renoncent à leurs oppositions envers le seigneur dont les droits sont reconnus et précisés. — 223.

112. — 1294, 19 juillet. — Lettre de Jean, abbé de Redon, à Girard II Chabot, le priant de nommer sans retard les trois moines parmi lesquels ledit Jean doit choisir l'abbé de la Chaume. — 226.

113. — 1298. — Lettre de R[ufin], abbé, et du chapitre général de Cîteaux octroyant à Girard III Chabot, qui en a fait faire la demande par l'abbé de Buzay, le bénéfice des prières de leur ordre. — 192.

114. — 1299, 14 juillet. — Contrat de mariage entre Girard III Chabot et Marie, fille de Guillaume l'Archevêque, sgr de Parthenay et de Vouvent. Marie pourra réclamer ce qui lui revient de Jeanne de Montfort sa mère; le douaire de Marguerite de Thouars, épouse à présent de Guillaume l'Archevêque, est réservé. — 104.

115. — 1302, 31 janvier, à Mirebeau. — Vente de dîmes en la paroisse de Neuville faite par Guyart Pennet à Guy de Bauçay, cher, pour la somme de 37 l. — 57.

116. — 1302, 23 mars, à Mirebeau. — Vente par Jean de la Cheverrie et Jeanne Lusanau à Guy de Bauçay, cher, pour le prix de 6 l., d'une rente de deux setiers de froment. — 58.

117. — 1302, 8 novembre. — Lettres de non-préjudice octroyées par Arthur, fils aîné du duc de Bretagne, à Girard III Chabot qui l'avait autorisé à lever un emprunt sur ses vassaux. — 179.

118. — 1303, 1er octobre. — Lettres de Girard III Chabot exemptant, moyennant une somme de 10 l., ses vassaux de l'Espay de Bouin d'aller moudre à ses moulins de l'île de Bouin. — 186.

119. — 1309, 8 mai. — Vente par Perrot Jalet, valet, à Guy de Bauçay, cher, pour le prix de 8 l. 3 s., d'une rente de deux setiers de froment à la mesure de Chénéché. — 59.

120. — 1309, 6 décembre. — Vente par Jean Prévôt, sgr de Fonbodoire, à Guy de Bauçay, ch^{er}, pour le prix de 27 l., de diverses rentes en céréales, en argent et en volailles. — 463.

121. — 1310, 14 mars. — Nomination d'arbitres pour régler les différends entre Girard III Chabot et Isabeau de Machecoul, dame des Huguetières et de Vioreau. — 53.

122. — 1312, 19 janvier. — Obligation de Pierre de Vauvert en faveur de Guy de Bauçay, ch^{er}, pour une somme de 692 l. 5 s. 3 d. — 60.

123. — 1314, 16 décembre. — Obligation d'Aimery des Prés, de Vouillé près Niort, envers Guy de Bauçay, s^{gr} de Chéneché, pour une somme de 629 l. 4 s. 6 d. ; plus 86 setiers de froment et autres céréales. — 61.

124. — [1315], octobre, au Loroux-Bottereau. — Conventions matrimoniales entre Girard de Machecoul et Aliénor, fille d'Hugues [de Thouars], s^{gr} de Pouzauges. Aliénor aura pour dot 500 l. de rente à asseoir dans l'île de Bouin ; en cas de survivance, son douaire sera de 500 l. de rente avec la terre de Souché. — 243.

125. — 1317, 20 juin. — Donation par Aimery Boereau à Guy de Bauçay, ch^{er}, de ce qu'il avait acquis à Andillé et à Puy-Lizet de Bernard de Marteaus, bourgeois de Saint-Jean-d'Angély, pour le prix de 310 l. — 62.

126. — 1320, 3 février. — Assiette par Gaucher de Thouars, s^{gr} de Pouzauges et de Tiffauges, à Girard de Machecoul, s^{gr} de la Benate et du Bois-Onain, mari d'Aliénor de Thouars, de terres et de salines en l'île de Bouin pour une valeur de 168 l. 15 s. 3 d. de rente. Cette assiette constitue la partie non encore assignée des 250 l. de rente qui devaient l'être en Bouin à Aliénor, en vertu de son contrat de mariage conclu entre ledit Girard de Machecoul et Hugues de Thouars, père de Gaucher et d'Aliénor. — 227.

127. — 1321, 1er octobre. — Lettres de Girard III Chabot faisant don à Nicolas de Tréal, tant qu'il sera abbé de la Chaume, de sa garenne à lapins située entre Machecoul et la Chaume. Le seigneur se réserve d'y chasser. — 224.

128. — 1321, 1er octobre. — Lettres de Nicolas de Tréal, abbé de la Chaume, reconnaissant les conditions auxquelles Girard III Chabot lui a donné la susdite garenne. — 225.

129. — 1321, 14 octobre. — Transaction entre Girard III Chabot, d'une part, Jean de Bourgneuf, Marguerite sa fille et Guyard de Surgères, son gendre, d'autre part, touchant la succession de Guillaume Chabot, s^{gr} de la Mothe-Achard, premier mari de Marguerite. — 56 et 103.

130. — 1324, 12 mars. — Sentence de Girard III Chabot décidant que la seigneurie de la garenne de Tharon appartient à Guillaume de la Muce, malgré les prétentions rivales d'Henri Chenu. — 169.

131. — 1324, 19 juin. — Contrat de mariage entre Hervé de Léon, fils ainé d'Hervé de Léon, sire de Noyon, et Margot, fille de Girard III Chabot. Celle-ci aura pour dot 1300 l. de rente, dont 1000 l. seront assises er l'île de Bouin. En cas de décès du futur avant son père, Margot aura pour douaire 600 l. de rente en Normandie. — 20.

132. — 1326, 5 juin. — Lettres de Gaucher de Thouars, sgr de Pouzauges et de Tiffauges, relatant : 1₀ le don de 500 l. de rente fait à Aliénor de Thouars, sa sœur, par Hugues de Thouars, leur père, en la mariant avec Girard de Machecoul, sgr de la Benate ; 2° l'assiette de ces 500 l. dans l'île de Bouin, effectuée tant par Hugues que par Gaucher ; 3° une modification d'assiette : un ténement précédemment assigné aux époux ayant été reconnu appartenir à l'abbaye de Buzay. — 228.

133. — 1327, 28 août. — Regnaut Barenger, maître de la nef Saint-Nicolas d'Aubeville, reconnaît qu'ayant navigué sans brief en due forme dans les ports de Girard III Chabot, sa personne, son navire et sa cargaison composée de 40 tonneaux de vin sont acquis audit Girard. — 205.

134. — 1329, 7 février. — Vente par Girard III Chabot à Jean Couperie, chanoine de Notre-Dame de Nantes, titulaire de la prébende fondée par André du Temple, clerc, des dîmes qu'il possède dans les paroisses de Bouin, Prigny et autres, évaluées 32 l. de rente, et ce pour le prix de 200 l. Girard se réserve pendant trois ans le droit de retrait. — 99.

135. — 1332, 10 février. — Lettre de Girard de Machecoul, sgr du Bois-Onain et de la Benate, et d'Aliénor de Thouars son épouse, au ministre général des Frères Mineurs et au ministre provincial de Touraine, au sujet du couvent qu'ils veulent fonder dans leur ville de Bourgneuf. En retour des bienfaits des seigneurs, les religieux devront dire pour eux un certain nombre de messes chaque semaine. — 336.

136. — [1332]. — Début[1] des lettres de Girard de Machecoul, sgr de la Benate, et d'Aliénor de Thouars sa femme, relatives à la fondation dans leur ville de Bourgneuf d'un couvent de Frères Mineurs. — 337.

137. — 1332, 16 novembre. — Transaction entre Girard III Chabot et Hervé de Léon le jeune, au sujet des arrérages de la rente de 1000 l. que celui-ci devait lever sur les revenus de Bouin à raison de son mariage avec Marguerite de Rays, fille de Girard. Ce dernier s'engage à payer à son gendre la somme de 2000 l. par annuités de 200 l. — 32.

138. — 1332, 19 décembre. — Arrêt du parlement de Paris condamnant Jean l'Archevêque, sgr de Parthenay, à payer à Marie sa sœur, femme de Girard III Chabot, cher, une rente de 500 l. pour sa part dans l'héritage de Jeanne de Montfort, leur mère. — 106.

139. — 1336 (ou 1337), avril. — Lettres arbitrales d'Olivier, sgr de Clisson, déclarant qu'il n'y a aucune raison pour Girard III Chabot et sa femme de priver de leur succession Jeanne de Rays leur

---

1. Cet acte, le dernier du cartulaire, est incomplet par suite de la perte de feuillets à la fin du manuscrit.

fille ; que celle-ci est apte à hériter et même à succéder en cas de déshérence, malgré les lettres d'exhérédation des parents et de renonciation de la fille. — 30.

140. — 1336 (ou 1337), avril. — Lettres arbitrales d'Olivier, s^{gr} de Clisson, déclarant sans valeur l'exhérédation de leur fille Jeanne, épouse de Jean de la Muce, faite par Girard III Chabot, s^{gr} de Rays, et sa femme Marie de Parthenay, au profit de Girard Chabot, petit-fils dudit Girard III, de Girard de Machecoul et de Raoul de Machecoul, attendu que la renonciation à l'héritage paternel consentie par Jeanne et son mari, l'a été par peur et pendant la minorité de ladite Jeanne. En conséquence les sire et dame de Rays paieront une rente de 400 l. à leur fille, laquelle pourra même leur succéder en cas de déshérence. — 31!

141. — 1338, 26 janvier. — Contrat d'échange entre Marie de Parthenay, dame de Saint-Etienne-de-Mer-Morte et de la Mothe-Achard, et Girard IV Chabot, sire de Rays et de Machecoul ; ce dernier assisté d'Olivier de Clisson, son curateur. — 160.

142. — 1338, 14 mars. — Lettres de Marie de Parthenay, de Girard IV Chabot et d'Olivier de Clisson, celui-ci comme curateur de Girard, notifiant le précédent contrat d'échange. — 105.

143. — 1342, juin. — Lettres de Miles de Thouars, s^{gr} de Pouzauges et de Bouin, confirmant les anciens privilèges des habitants de l'île de Bouin, et les autorisant en outre à lever 4 den. par charge de sel sur les navires, à être munis d'armes pour se défendre contre les écumeurs de mer, à réduire la mesure qui sert pour les blés et à construire une prison. — 182.

144. — 1344 (?), 10 janvier. — Raoul Huet, chapelain et procureur du s^{gr} de Rays, reconnaît avoir reçu d'Hector de Fontaines, bourgeois de la Rochelle, de la cire et du papier destinés aux briefs dudit s^{gr}, pour une valeur de 8 l. — 189.

145. — 1344, 14 août. — Faculté de retrait pendant trois ans accordée par Guillaume de Verne, ch^{er}, à Louis de Machecoul et à Jeanne de Bauçay, sa femme, qui lui ont vendu ce qu'ils possédaient en la châtellenie de Benet et 40 l. de rente sur un hébergement près de Dompierre en Aunis. — 144.

146. — 1344, 3 octobre. — Foi et hommage rendu à Louis, vicomte de Thouars, par Raoul de Machecoul, doyen d'Angers, comme tuteur des enfants de feu Girard IV Chabot, pour les terres de Falleron, la Mothe-Achard, la Morière, la Sauzaie et le Fief-Maqueau. — 73.

147. — [1344-1350]. — Répartition en trois lots des revenus et héritages de feu Girard IV Chabot pendant son mariage avec Philippe Bertrand, afin de constituer le douaire de celle-ci. — 252.

148. — [1345, 22 mars — 1350, 23 mars], à Machecoul. — Mandement de Foulques de Laval, ch^{er}, et de Raoul de Machecoul, doyen d'Angers, comme tuteurs des enfants de [feu Girard IV Chabot, s^{gr} de] Rays, adressé au receveur des briefs de Rays à la Rochelle, pour payer à Philippe Bertrand, leur nièce et mère desdits enfants, à raison de son douaire, le tiers des revenus desdits briefs depuis la mort de son mari. — 25.

149. — 1347, 4 août. — Faculté de retrait jusqu'à Noël 1348 octroyée par Guillaume de Verne, cher, à Louis de Machecoul et à Jeanne de Bauçay, sa femme, pour la vente qu'ils lui ont faite d'une terre en la châtellenie de Benet. — 143.

150. — 1348, 20 mai. — Faculté de retrait jusqu'à Noël 1349 accordée aux mêmes par le même. — 145.

151. — 1349, 29 octobre. — Faculté de retrait jusqu'à Noël 1350 octroyée aux mêmes par le même. — 145.

152. — 1352, 15 mars. — Arrêt du parlement de Paris homologuant un accord entre Jean Baritaud, écuyer, et Raoul de Machecoul, doyen d'Angers, comme tuteur de Girard V Chabot, sire de Rays, au sujet des fiefs de Fontaines et de divers hommages en Talmondais. — 119.

153. — 1352, 15 mars. — Arrêt du parlement de Paris homologuant un accord entre Simon, soi-disant Chabot, cher, et le même Raoul de Machecoul, audit nom, relativement à certaines terres sises dans les châtellenies de la Mothe-Achard, la Morière, Falleron et Saint-Hilaire-le-Vouhis. — 120.

154. — 1353, 5 mars. — Accord entre Louis de Machecoul, sgr de la Benate, en son nom et en celui de Catherine, fille de lui et de feue Jeanne de Bauçay, d'une part, et Pierre Mehé, à cause de sa femme Hersende de Vair, Hélie Couvreterre et Perrotin d'Ardaine, d'autre part, au sujet de l'hébergement et du treuil de l'Aleu. — 69.

155. — 1357, 14 novembre. — Conclusion d'un compte rendu par Geoffroy Goion, châtelain de Machecoul, à Girard V Chabot, sgr de Rays, en présence de [Philippe Bertrand] sa mère. — 44.

156. — 1359, 8 octobre. — Accord entre Marie de Parthenay, dame de Saint-Etienne-de-Mer-Morte et de la Mothe-Achard, et Guillaume l'Archevêque, sgr de Parthenay, son neveu, au sujet de 200 l. de rente assignées en dot à ladite Marie et dont l'assiette était insuffisante. — 29.

157. — 1359, 12 octobre. — Ratification du précédent accord par Marie de Parthenay, Girard V Chabot, sire de Rays, et Foulques de Laval, tuteur dudit Girard. — 29 *bis*.

158. — 1360, 28 juin, à Talmont. — Foi et hommage lige rendu à Louis, vicomte de Thouars, par Girard V Chabot, pour les terres de la Mothe-Achard, le Fief-Maqueau, la Morière, Falleron et la Sauzaie. — 10.

159. — 1360, 24 septembre. — Lettres de Girard V Chabot, autorisé par sa mère, réduisant de 10 sous la rente de 60 s. que payait Etienne Giquellet sur un moulin à vent qu'on lui avait permis d'édifier dans l'île de Bouin, attendu que ledit moulin a été brûlé par suite des guerres. Outre le moulin incendié, Giquellet pourra en construire un autre en payant pour chacun d'eux 50 s. de rente. — 174.

160. — [1361-1370], 31 décembre, à Machecoul. — Apurement de comptes par Etienne Giquellet, châtelain dans l'île de Bouin pour Girard V Chabot. — 128.

161. — 1363, 24 février. — Transaction entre Girard V Chabot, sire de Rays, et Philippe Bertrand, dame de Rays et de Ronsseville, mère dudit Girard, au sujet du douaire de Philippe. — 261.

162. — 1363, 26 juillet. — Don par Marguerite de Bauçay, dame de Chéneché, à Simon Burlé, ch^{er}, pour les bons services qu'il lui a rendus, des terres autrefois assignées par Philippe, roi de France, à Guy de Bauçay. — 66.

163. — 1364, 16 octobre. — Contrat d'échange entre l'abbaye du Breuil-Herbaud et Perrot Dupont et Jeanne Viollelle sa femme, paroissiens de Touvois. Ceux-ci abandonnent aux religieux le huitième du ténement de la Charrau et reçoivent en retour deux journaux de pré en la paroisse de Saint-Jean-de-Mont. — 256.

164. — 1365, 21 janvier, à Niort. — Lettres de Bertrand du Guesclin garantissant à Girard V Chabot les 20.000 francs pour lesquels celui-ci s'est porté caution envers Jean Chandos, dont Bertrand est le prisonnier, et auquel il doit 100.000 francs de rançon. — 21.

165. — 1365, 1er septembre. — Contrat d'échange entre l'abbaye du Breuil-Herbaud et Catherine, veuve de Jean Guenard. Celle-ci cède aux religieux trois parts dans la moitié du ténement de la Charrau et reçoit en retour 4 journaux de pré dans le fief au s^{er} des Bouchaux et 3 journaux de pré en *Royre*. — 257.

166. — 1367, 7 octobre, à Beaucaire. — Mandement de Louis, duc d'Anjou, à ses officiers d'Anjou et du Maine, leur notifiant que ce jour Girard V Chabot lui a rendu hommage pour Avrillé. — 245.

167. — 1368, 18 février, à Loudun. — Transaction entre Marguerite de Bauçay, dame de Chéneché, et Guillaume de la Voste, écuyer. Celui-ci renonce à 300 l. de rente que lui avait données feu Pierre de Bauçay, frère de Marguerite, et reçoit en compensation diverses terres et rentes, lesquelles reviendront à la dame de Chéneché si Pierre meurt sans postérité. — 168.

168. — 1370, 18 février. — Lettre de Pierre d'Avoir, s^{er} de Château-Fremont, reconnaissant que c'est à titre viager seulement que Girard V Chabot, son cousin, lui a baillé la possession de son hébergement d'Avrillé. — 146.

169. — 1371, 3 novembre, à Paris. — Lettres de Charles V, roi de France, faisant don à Jeanne Chabot, dame de Rays, de biens confisqués dans l'île de Bouin sur des partisans du roi d'Angleterre, jusqu'à la valeur de 500 livrées de terre ou rente. — 121.

170. — 1377, 5 mars. — Transaction entre Béraud, dauphin d'Auvergne, comte de Clermont, et Marguerite de Sancerre sa femme, d'une part, et Jeanne Chabot, dame de Rays, et Philippe Bertrand, la première sœur, la seconde mère de feu Girard V Chabot, premier époux de Marguerite, d'autre part. Celle-ci jouira du tiers des biens de Girard pour son douaire et aura la moitié des 10.000 francs montant de la rançon de Jean le Boursier, prisonnier anglais. — 260.

171. — 1379, 8 juin. — Contrat de mariage entre Jean l'Archevêque, fils ainé de Guillaume l'Archevêque, s^{gr} de Parthenay, et Jeanne Chabot, dame de Rays. On y règle notamment les difficultés qui pourraient advenir soit à cause de la parenté des futurs, soit parce que Jeanne a été précédemment fiancée à Roger de Beaufort. — 71.

172. — 1381, 14 juillet. — Lettres de non-préjudice octroyées par Jean IV, duc de Bretagne, à Jeanne Chabot, dame de Rays, à raison du fouage qu'elle l'a autorisé à lever sur ses vassaux pour payer les 200.000 francs que le duc doit au roi de France. — 178.

173. — 1381, 18 août, à Avignon. — Commission de Jean, évêque de Préneste, à l'abbé de Saint-Gildas-des-Bois, pour absoudre Jeanne, dame de Rays, fiancée à Roger de Beaufort, puis mariée à Jean l'Archevêque, son parent à un degré prohibé, attendu que le premier mariage n'a pas été consommé et qu'elle s'est séparée de son second époux sitôt que l'autorité ecclésiastique lui en a fait l'injonction. — 24.

174. — 1382, 9 janvier, à Nantes. — Lettres de non-préjudice octroyées par Jean IV, duc de Bretagne, à Brumor de Laval, héritier présomptif de Jeanne, dame de Rays, à raison des contrats relatifs aux héritages de Rays passés entre ladite Jeanne et le duc. — 102.

175. — 1382, 31 août. — Jean de Lescrein autorise Jeanne, dame de Rays, à racheter dans un délai de deux ans les 100 l. de rente qu'elle lui avait vendues et assignées sur les paroisses de Falleron et de Froidfond. — 26.

176. — 1383, 29 avril à 22 août. — Recettes d'Henri de Bouin sur les navires qui ont fréquenté le port du Collet. — 196.

177. — 1386, 10 septembre. — Transaction entre Jeanne, dame de Rays, et Jeanne Alexandrine au sujet de 300 l. que devait à sa mort Donat Alexandrin, châtelain de Bouin. La dame de Rays donne mainlevée ; mais, jusqu'au paiement, elle percevra les revenus de 15 journaux de pré et de 140 aires de salines appartenant à la fille du châtelain. — 100.

178. — 1389, 13 novembre. — Vente par Jeanne, dame de Rays, à Guy, sire de Laval et de Vitré, de sa terre et châtellenie de Brion-en-Vallée, au prix de 3000 francs d'or. — 98.

179. — 1389, 10 décembre. — Arrêt du parlement de Paris homologuant un accord au sujet de la succession de Craon, conclu entre Jean de Craon, sire de la Suze, en son nom et pour Catherine de Machecoul sa mère, et Pierre de Craon son frère, d'une part, et Isabelle de Craon, dame de Sully et de Craon, Marie de Sully sa fille et Guy de la Trémoille, s^{gr} de Sully, son gendre, d'autre part. En vertu de cet accord, Jean de Craon obtient Briollay et Tiercé et est maintenu en possession de Champtocé et d'Ingrande. — 97.

180. — 1390, 12 décembre, au château de Talmont. — Acte du retrait opéré par Jeanne, dame de Rays, moyennant 1250 francs d'or, de son hébergement de la Chaîne qu'elle avait vendu à Tristan, vicomte de Thouars, et à Perrinelle son épouse. — 154.

181. — 1392, 5 février, à Vernon. — Acte en vertu duquel Guy, sgr de la Roche-Guyon, s'engage à observer une transaction entre lui et Guillaume Paynel, sgr de Hambye, d'une part, et Jeanne Chabot, dame de Rays, d'autre part. Lesdits sgrs renoncent en faveur de ladite dame, fille de Philippe Bertrand, au don que cette dernière leur a fait du tiers de tous ses biens lorsqu'elle sera décédée, à condition que Jeanne ne pourra aliéner ces biens qui resteront dans la succession de la famille de Philippe. — 232.

182. — 1392, 6 mars. — Accord entre Bertrand de la Haye, sgr de Passavant et de Mortagne, d'une part, et Louis l'Archevêque, sgr de Taillebourg, et Jeanne de Beaumont, sa femme et mère dudit Bertrand, d'autre part, au sujet de la gestion des biens de ce dernier dont le sgr de Taillebourg avait eu le bail et tutelle. Pour mettre fin à toute réclamation, les époux abandonnent la châtellenie de Mallièvre à Bertrand et renoncent au bail de celui-ci. — 28.

183. — 1393, 1er février. — Arrêt du parlement de Paris retenant par devers lui la cause de Jeanne Chabot, dame de Rays, à laquelle Jean IV, duc de Bretagne, avait enlevé la terre de Rays dont elle avait hérité de Girard V Chabot, son frère, notamment les châteaux de Machecoul, Princé, Prigny, Pornic, Vue et Saint-Etienne-de-Mer-Morte. — 130.

184. — 1393, 3 septembre, à Paris. — Mandement du roi Charles VI au premier sergent requis de maintenir Jeanne Chabot, dame de Rays, dans son droit de ban-vin en la ville de la Mothe-Achard. — 131.

185. — 1395, 15 février, à Brissac. — Assiette de 180 l. de rente sur la châtellenie de Brissac en faveur de Catherine de Machecoul, dame de la Suze et de la Benate. — 67.

186. — 1395, 12 novembre, à Legé. — Donation à l'abbaye du Breuil-Herbaud par Aimery Reyneau et Jamet son fils, clerc, paroissiens de Touvois, de diverses rentes en seigle sur des terres en Froidfond, afin de participer au bénéfice des bonnes œuvres des moines. — 258.

187. — 1396, 4 mars. — Arrêt du parlement de Paris en faveur de Jeanne Chabot, dame de Rays, condamnant Jean IV, duc de Bretagne : 1° à restituer à Jeanne ses places fortes et tous ses autres domaines ; 2° à lui payer 8000 fr. pour le revenu de ses terres pendant chacune des années dont il en a joui, et 60,000 fr. pour les biens meubles dont elle a été dépouillée ; 3° à exempter de la juridiction ducale la baronnie de Rays, durant la vie de Jeanne et celle du duc ; 4° à payer les frais du procès. — 12 et 129.

188. — 1396, 30 juin. — Ferme par [Catherine de Machecoul], dame de la Suze, de la Benate et de Cloué, aux frères Marot et à Huguet Faure, paroissiens de Cloué et de Latillé, de la dîmerie et terragerie des blés de la présente année croissants à Cloué, Lepaud et Muron, moyennant 150 provendées de blé. — 164.

189. — 1396, 5 août. — Quittance d'Hue de Donquerre, bailli de Caux, à Jeanne, dame de Rays, de 592 fr. pour avoir vaqué pendant 74 jours à l'exécution d'un arrêt du parlement rendu en sa faveur contre Jean IV, duc de Bretagne. — 23.

190. — 1397, 5 novembre. — Quittance de Jean la Personne, vicomte d'Acy, à Jeanne, dame de Rays, de 3500 l. payées par celle-ci pour amortir une rente de 350 l. assise sur sa terre d'Offoy. — 9.

191. — 1398, 16 juillet. — Quittance de Jean Moreau, huissier de parlement, à Jeanne, dame de Rays, de 60 écus d'or à valoir sur ses vacations en Bretagne et ailleurs pour exécuter un arrêt en sa faveur contre Jean IV, duc de Bretagne. — 11.

192. — 1398, 18 juillet. — Quittance de Nicolas Rouzier, sergent à cheval du Châtelet, à Jeanne, dame de Rays, de 20 écus d'or à valoir sur les frais de son voyage en Bretagne pour ajourner le duc. — 11 ter.

193. — 1398, juillet. — Quittance de Soutil, Malengrève et Duvers, sergents à cheval du Châtelet, à Jeanne, dame de Rays, de 72 écus d'or à valoir sur leurs dépens d'un voyage en Bretagne pour le profit de ladite dame. — 11 bis.

194. — 1399, 9 avril, au château du Loroux-Bottereau. — Extrait des comptes rendus entre 1335 et 1339 à Girard de Machecoul, s^{gr} de la Benate, par Virée, son receveur en l'île de Bouin. — 68.

195. — 1399, 16 mai, à Paris. — Lettres de Jeanne, dame de Rays, confirmant en la vidimant une sentence arbitrale du 24 avril 1399 rendue en sa faveur par Philippe, duc de Bourgogne, à l'encontre de Jean IV, duc de Bretagne. Celui-ci devait notamment rendre à Jeanne toutes ses terres et lui payer 16.000 fr. — 13.

196. — 1400, 19 avril. — Arrentement par Catherine de Machecoul, dame de la Suze et de la Benate, à Clément Gerbaut et Colin Dargnon, de la moitié du terrage des blés au quarteron de la Dormière, en la paroisse de Bouaine, pour six boisseaux de seigle par an. — 267.

197. — 1400, 19 avril. — Arrentement par la même à Jean Tueleau et consorts, de la moitié du terrage des blés croissants dans le tiers du quarteron de la Brodurière, en Saint-Pierre-du-Luc, pour quatre boisseaux de seigle par an. — 269.

198. — 1400, 19 avril. — Arrentement par la même à Perrot Savariau et Etienne Fèvre, de la moitié du terrage des blés croissants dans le quart du quarteron de la Chausse-Bouère, en Saint-Etienne-du-Bois, pour deux boisseaux de seigle et un truleau d'avoine par an. — 271.

199. — 1400, 19 avril. — Arrentement par la même à Perrot Laurent et consorts, de la moitié du terrage des blés croissants dans le tiers du quarteron du Grand-Pré, en Saint-Pierre-du-Luc, pour deux boisseaux de seigle et un truleau d'avoine par an. — 275.

200. — 1400, 19 avril. — Arrentement par la même à Guillaume

Martin et consorts, du quart du terrage des blés croissants dans la moitié du quarteron Brenon, en Saint-Pierre-du-Luc, pour trois boisseaux de seigle et deux truleaux d'avoine par an. — 276.

201. — 1400, 19 avril. — Arrentement par la même à Guillaume Giraut et consorts, de la moitié du terrage des blés croissants dans le trentième du quarteron de la Chausse-Bouère, en Saint-Etienne-du-Bois, pour un boisseau de seigle par an. — 277.

202. — 1400, 16 juillet, à Paris. — Lettres de Philippe, duc de Bourgogne, rappelant que par sentence d'avril 1399 le duc de Bretagne Jean IV a été condamné à restituer toutes ses terres à Jeanne, dame de Rays, et à lui payer 16,000 fr. d'indemnité. Par les présentes il prescrit en outre à la duchesse, veuve de Jean IV décédé dans l'intervalle, de verser à la dame de Rays 4000 fr. pour dépens et intérêts. — 233.

203. — 1400, 26 juillet. — Arrentement perpétuel consenti par Jeanne, dame de Rays, à Jean Saxot et sa femme Robine, d'un airal de maison sis à Machecoul dans la Grand'Rue, pour quatorze s. de rente et sous l'obligation d'y édifier une maison. — 308.

204. — 1400, 31 août. — Arrentement par Catherine de Machecoul, dame de la Suze et de la Benate, à Jean Fouquerand, sieur de la Chalonière, et consorts, de la moitié du terrage des blés croissants dans le quart du quarteron de la Cornetière, en Saint-Pierre-du-Luc, pour deux boisseaux de seigle par an. — 264.

205. — 1400, 31 août. — Arrentement par la même à Jean Biret, du quart du terrage des blés au ténement de la Vreignaye, en la paroisse de Bouaine, pour quatre boisseaux de seigle et un truleau d'avoine par an. — 272.

206. — 1400, 31 août. — Arrentement par la même à Jean Fouquerand, sieur de la Chalonière, et consorts, de la moitié du terrage des blés au quarteron de l'Argaudière, en Saint-Pierre-du-Luc, pour six boisseaux de seigle par an. — 274.

207. — 1401, 9 janvier, à Angers. — Remise à Pierre Goyon, procureur de Jeanne, dame de Rays, par Robert le Borgne de la Heuse, cher, de quatre lettres cancellées relatives à des donations de terres sises en Bretagne et en Poitou, faites audit Robert par la dame de Rays. — 246.

208. — 1401, 30 mars. — Arrentement par Catherine de Machecoul, dame de la Suze et de la Benate, à frère Jean Brugeois, prieur des Ardilliers, du huitième du terrage des blés au ténement de l'Anterie, en Saint-Etienne-de-Corcoué, pour deux boisseaux de seigle payables de deux ans en deux ans. — 263.

209. — 1401, 30 mars. — Arrentement par la même à Michel Savariau et consorts, du quart du terrage des blés au ténement de Bexons, en Saint-Etienne-du-Bois, pour six boisseaux de seigle et deux truleaux d'avoine par an. — 265.

210. — 1401, 30 mars. — Arrentement par la même à Aimery Rouereau et consorts, de la moitié du terrage des blés au quarteron de la Peissonnière, en Saint-Etienne-du-Bois, pour sept boisseaux de seigle par an. — 266.

211. — 1401, 30 mars. — Arrentement par la même à Maurice Girard et consorts, du quart du terrage des blés au ténement de la Queterie, en Saint-Etienne-de-Corcoué, pour quatre boisseaux de seigle par an. — 270.

212. — 1401, 31 mars. — Arrentement par la même à Guillaume Ferron et consorts, de la moitié du terrage des blés au quarteron de la Pecouletière, en Saint-Etienne-du-Bois, pour six boisseaux de seigle par an. — 268.

213. — 1401, 27 juin. — Retrait féodal au nom de Catherine de Machecoul, dame de la Suze, pour 4 l. et 40 s., des deux rentes de 18 den. et un boisseau de seigle et de 2 s. que Perrot de Vauze avait acquises de Guillaume Seignorin, de Saint-Michel-Chef-Chef. — 48.

214. — 1401, 1er août. — Perrot de Vauze reconnaît que Catherine de Machecoul, en vertu de son droit de retrait féodal, l'a remboursé du prix d'achat d'une rente de 2 s. qu'il avait acquise de Guillaume Seignorin, de Saint-Michel-Chef-Chef. — 47.

215. — 1402, 1er mars. — Colin Thébaut, châtelain du sgr de Pouzauges dans l'île de Bouin, reconnaît que Catherine de Machecoul a droit de lever 301 l. 10 s. de rente sur les dîmes du sel vendu dans l'île. — 242.

216. — 1402, 5 mai. — Aveu rendu à Catherine de Machecoul, par Guillaume Nau et Macé Martie pour un hébergement en Saint-Michel-Chef-Chef. — 51.

217. — 1402, 5 décembre. — Aveu rendu à Guy de Laval, sgr de Rays, par frère Guillaume Morin, prieur de la Guerche, pour son fief de Sainte-Vierge en Saint-Michel-Chef-Chef. — 286.

218. — 1403, 22 janvier, à Blanche-Couronne. — Aveu rendu à Guy de Laval, sgr de Rays, par Guillaume de la Pasqueraye, abbé de Blanche-Couronne, pour ce qu'il tient dudit sgr au pays de Rays, dans la paroisse de la Plaine, châtellenie de Pornic. — 279.

219. — 1403, 25 février. — Arrentement par Catherine de Machecoul, dame de la Suze et de la Benate, à Jean Pechin, de la moitié du terrage des blés au ténement de la Martinière, autrement dit le Moulin-Neuf, en la paroisse de la Grolle, pour quatre boisseaux de seigle et quatre truleaux d'avoine par an. — 273.

220. — [1403, 24 mars]. — Fragment d'un mémoire généalogique faisant ressortir les causes pour lesquelles la succession de Jeanne, dame de Rays, doit être dévolue à Jean de Craon, sire de la Suze, et non à Guy de Laval. — 315.

221. — 1404, 5 février. — Accord entre Jean de Craon, sire de la Suze et de Champtocé, et Guy de Laval, sire de Rays, au sujet de leurs mutuelles prétentions sur la baronnie de Rays. Guy épousera Marie de Craon, fille de Jean, laquelle aura en propre le tiers de ladite baronnie ; clauses en cas de prédécès de l'un des futurs époux. — 250.

222. — 1404, 24 juillet, à Palluau. — Lettres de Jeanne, dame de Rays, consentant à recevoir de Guy de Laval, sire de Rays, son neveu, 60 écus d'or par mois en attendant la fixation par arbitres de la rente qui doit lui être assignée par suite de la cession qu'elle a faite à Guy de la baronnie de Rays et des terres de la Mothe-Achard, les Chaines et la Morière. — 22.

223. — 1404, 20 septembre. — Aveu à Guy de Laval, s^r de Rays, par Bertrand de Geul, des fiefs qu'il tient en Saint-Cyr, Saint-Hilaire-de-Chaléon, Sainte-Croix-de-Machecoul. — 310.

224. — 1404, 14 décembre. — Transaction entre Catherine de Machecoul, dame de la Suze et de la Benate, et Guillaume Goyau, Colin Guillaud, paroissiens de Legé, en la Marche de Bretagne et Poitou, au sujet d'une corvée hebdomadaire avec deux bœufs et une charrette. La dame consent une diminution des jours de corvée moyennant une rente en argent. — 262.

225. — 1404, 28 décembre. — Aveu à Guy de Laval, sire de Rays, par Jean Macé pour diverses rentes à lui dues dans la châtellenie de Pornic. — 293.

226. — 1405 (?), 6 janvier, à Chéneché. — Aveu à Catherine de Machecoul, dame de la Suze et de la Benate, par Etienne Raymon, prieur de Chéneché. — 197.

227. — 1405, 25 janvier. — Aveu à Guy de Laval, s^r de Rays, par Perrot Tabari, de la Plaine, pour ses héritages en Pornic et Sainte-Marie. — 284.

228. — 1405, 2 mars. — Aveu au même par Thomas Feré, du Clion, pour ce qu'il possède dans la châtellenie de Prigny. — 285.

229. — 1405, 4 mars. — Aveu au même par Thébaut de la Raoulière pour ce qu'il tient à la Plaine et Sainte-Marie, sous la châtellenie de Pornic. — 281.

230. — 1405, 9 mars. — Aveu au même par Thébaut Doulcet et consorts pour ce qu'ils tiennent à Arthon et ailleurs sous les châtellenies de Pornic et de Prigny. — 298.

231. — 1405, 23 mars. — Aveu au même par Alain de Beauchesne, à cause de sa femme, pour ce qu'il tient en Arthon. — 288.

232. — 1405, 27 mars. — Aveu au même par Jean Bourget à raison de 15 sous de rente qui lui sont dus en la ville de Pornic, et pour lesquels il doit 15 jours de garde au château quand il en est requis. — 302.

233. — 1405, 4 mai. — Aveu au même par Guillaume Pelerin, à cause d'Eléonore de la Raoulière sa femme, pour ce qu'ils tiennent en Sainte-Marie, sous la châtellenie de Pornic. — 287.

234. — 1405, 14 mai. — Aveu au même par Colin Saunier et Olivier Regnaud pour un hébergement près du château de Princé, sous la châtellenie de Pornic. — 303.

235. — 1405, 27 juin. — Aveu au même par Nicolas de Volvire, s^r de la Motte-Alman, pour ce qu'il possède en la Plaine et le Bourg-des-Moutiers. — 294.

236. — 1405, 3 juillet. — Aveu au même par Jean Millon pour diverses terres et rentes en Arthon et Chauvé, sous la châtellenie de Pornic. — 299.

237. — 1405, 27 juillet. — Aveu au même par Mahé Cadoret et sa femme Guillote pour ce qu'ils possèdent en le Clion. — 296.

238. — 1405, 29 juillet. — Aveu au même par frère Jean de la Ceraudière pour son prieuré de Sainte-Opportune-en-Rays, sous la châtellenie de Pornic. — 306.

239. — 1405, 30 juillet. — Aveu au même par Alain Brochereul et Jeanne sa femme, à cause d'elle, pour ce qu'ils possèdent en Arthon et le Clion, sous les châtellenies de Pornic et de Prigny. — 289.

240. — 1405, 23 août. — Aveu au même par Jean André pour ce qu'il tient en la Plaine, sous la châtellenie de Pornic. — 297.

241. — 1405, 16 novembre. — Aveu au même par Jean le Gallegre pour sept boiselées de terre en Saint-Brévin. — 280.

242. — 1405, 16 novembre. — Aveu au même par Jean le Gallegre, comme curateur de Robert de Mareil, pour ce que celui-ci possède en Chauvé et en Sainte-Marie. — 292.

243. — 1406, 17 février. — Aveu au même par Guillaume Crozon et Jeanne sa femme pour ce qu'ils tiennent en Arthon, Sainte-Marie et Rouans, sous la châtellenie de Pornic. — 307.

244. — 1406, 19 février. — Lettres de Jean Thomas, paroissien de Froidfond, ratifiant la donation par lui faite le 23 janvier précédent à l'abbaye du Breuil-Herbaud d'un pré de 4 journaux pour la célébration de son obit. — 259.

245. — 1406, 19 avril, à Blanche-Couronne. — Aveu rendu à Guy de Laval, ser de Rays, par Guillaume de la Pasqueraye, abbé de Blanche-Couronne, pour ce qu'il tient de lui au pays de Rays, dans la paroisse de la Plaine notamment. — 278.

246. — 1406, 9 mai. — Aveu au même par Jamet de la Ville pour ce qu'il tient en Chauvé sous la châtellenie de Pornic. — 305.

247. — 1406, 15 mai. — Arrêt du parlement de Paris en faveur de Catherine de Machecoul, dame de la Suze et de la Benate, au sujet d'une rente de 300 l. sur Brissac qu'elle réclamait contre Jean Amenard, tuteur des enfants de Berthelot de la Haye, ser de Passavant, Guy Amenard, ser de Chanzé, Geoffroy de la Gresille, Jean de Brezé, ser de la Varenne, et Thomasse de Brezé, héritiers de feue Aliette de Chemillé. — 78.

248. — 1406, 1er septembre. — Aveu rendu à Guy de Laval, ser de Rays, par Alain, sire de Saffré et de Sion, sous les châtellenies de Pornic et de Prigny, à raison de ce qu'il tient en Saint-Brévin, Corsept, Saint-Michel-Chef-Chef, la Plaine et Sainte-Marie. — 291.

249. — 1406, 2 septembre. — Aveu au même par Thomas Giqueau pour partie d'une maison au bourg de la Plaine. — 300.

250. — 1406, 2 septembre. — Aveu au même par Jean Bouestier.

de Corsept, pour une rente de 12 sous à lui due par les héritiers d'Etienne Bernart, paroissiens de Chauvé. — 301.

251. — 1406, 2 septembre. — Aveu au même par Gillet Bertrand, au nom de ses enfants, pour ce qu'ils tiennent en Chauvé, sous la châtellenie de Pornic. — 304.

252. — 1407, 16 janvier, à Angers. — Le chapitre d'Angers autorise Guy de Laval, s^{gr} de Rays, Georges de la Boussac et Jean de Maretes à racheter une rente de 40 l. qu'ils avaient constituée audit chapitre. — 42.

253. — 1408, 20 août. — Aveu à Guy de Laval par Agnès d'Assé, prieure du Bourg-des-Moutiers, pour ce qu'elle tient de lui aux Moutiers et au Clion. — 290.

254. — 1408, 29 août, à Nantes. — Vente par Michel Gaignart, de Montbert, à Catherine de Machecoul, dame de la Suze et de la Benate, pour 60 écus d'or, de diverses tailles sur les bestiaux et de 37 s. 6 d. de rente qu'il levait en la paroisse de Legé. — 135.

255. — 1408, 21 octobre. — Certificat des trois bannies faites « en la ville de la Benaste » du précédent contrat de vente. — 136.

256. — 1408, 14 décembre, au château de l'Hermine. — Lettres de Jean V, duc de Bretagne, permettant à Guy de Laval, s^{gr} de Rays, de contraindre les vassaux des Hospitaliers à faire le guet dans ses châteaux. — 175.

257. — 1408 (fin de). — Mémoire pour Guy de Laval, sire de Rays, contre Catherine de Machecoul, dame de la Suze et de Bourgneuf-en-Rays, au sujet des droits maritimes et autres usurpés par celle-ci. — 314.

258. — 1409, 5 janvier, à Nantes. — Lettres de Jean V, duc de Bretagne, octroyant à Guy de Laval, sire de Rays, la jouissance d'un fouage de 20 s. par feu sur ses terres, en compensation des frais qu'il a faits pour venir à ses mandements. — 14.

259. — 1409, 9 janvier. — Aveu rendu à Guy de Laval, s^{gr} de Rays, par Jean, sire de la Muce, pour ses domaines de la Muce en Pornic, et de Tharon en Saint-Michel-Chef-Chef, et pour ses autres biens sous la châtellenie de Pornic, situés en Pornic, Sainte-Marie, la Plaine, Saint-Michel, Saint-Viaud, Chauvé et Arthon. — 295.

260. — 1409, 16 janvier. — Aveu au même par Perrot Gauguet pour ce qu'il tient en Chauvé, sous la châtellenie de Pornic. — 282.

261. — 1409, 12 octobre. — Lettres de Pierre d'Amboise, vicomte de Thouars, notifiant que Guy de Laval, sire de Rays, lui a fait foi et hommage pour ses terres de la Mothe-Achard, du Fief-Maqueau, de la Morière, de la Sauzaie et de Falleron. — 72.

262. — 1409, 13 décembre, à Nantes. — Vente par Jean Geffroy, de la Trinité de Machecoul, à Guy de Laval, sire de Rays, pour le prix de 15 l., de plusieurs rentes qu'il levait à Machecoul et montant à 16 s. — 137.

263. — 1409, 30 décembre, à Paris. — Mandement du roi Charles VI au premier sergent requis de maintenir Guy de Laval, s^{gr} de

Rays, dans ses droits, notamment dans celui de chevaux traversants dont il jouit au fief de Jauzac à raison de ses seigneuries de la Mothe-Achard, la Morière et les Chênes. — 27.

264. — 1410, 4 janvier. — Aveu rendu à Guy de Laval, s^{gr} de Rays, par Jean Fouquerand, valet, à cause de Jeanne Vincendeau sa femme, pour ce qu'il tient dudit s^{gr} à raison de sa châtellenie de Falleron. — 311.

265. — 1410, 8 janvier. — Quittance de Jeanne de Rigné, prieure de Guesnes, à Guy de Laval, s^{gr} de Rays et de Blazon, de la rente de 8 l. sur les coutumes de Vallée qu'il doit à son prieuré. — 201.

266. — 1410, 4 mars. — Arrêt du parlement de Paris homologuant un contrat du 26 janvier 1410, par lequel Guillaume de Lesnerac, héritier d'Eon de Lesnerac son oncle, avait rétrocédé pour 1250 l. à Guy, sire de Rays, héritier de Jeanne, dame de Rays, lequel voulait en opérer le rachat, une rente de 100 l. vendue le 30 août 1382 par Jeanne de Rays à Jean de Lesqueren, rente acquise le 5 mai 1384 par Eon de Lesnerac. — 124.

267. — 1410, 27 juillet. — Quittance de Guillaume, s^{gr} de Lesnerac, à Guy, sire de Rays, de 785 l. à valoir sur une somme de 1250 l. que lui devait ledit sire de Rays. — 134.

268. — 1410, 7 septembre. — Lettres de Jean, s^{gr} d'Acigné et du Bois-Joli, promettant de tenir la foire que Guy de Laval, s^{gr} de Rays, lui a concédée au bourg de Chauvé, aux conditions qu'y a mises ledit s^{gr} qui s'en est réservé la juridiction. — 138.

269. — 1410, 24 septembre. — Aveu à Guy de Laval, sire de Rays, par Jean... [1], pour ce qu'il tient de lui en Bourgneuf-en-Rays. — 326.

270. — 1410, 3 décembre. — Aveu au même par Agnès, veuve d'Etienne Allart, de Saint-Cyr-en-Rays, pour ce qu'elle tient sous la châtellenie de Bourgneuf. — 323.

271. — 1410, 3 décembre. — Aveu au même par Guillaume Rollent, paroissien de Saint-Cyr-en-Rays, pour ce qu'il tient en la châtellenie de Bourgneuf. — 327.

272. — 1410, 3 décembre. — Aveu au même par Maurice Lambert, paroissien de Saint-Cyr, pour ce qu'il tient de lui en Bourgneuf-en-Rays. — 330.

273. — 1410, 6 décembre. — Aveu au même par Guillaume Merceteau et consorts, de Saint-Cyr, pour des salines, terres et vignes qu'ils possèdent sous la châtellenie de Bourgneuf. — 331.

274. — 1410, 10 décembre. — Aveu au même par Jean Pastoureau et consorts, de Saint-Cyr, pour ce qu'ils tiennent sous la châtellenie de Bourgneuf. — 322.

275. — 1410, 10 décembre. — Aveu au même par Thomas Pasqueau, de Saint-Cyr, pour ce qu'il tient sous la châtellenie de Bourgneuf. — 324.

---

1. Le nom est resté en blanc.

276. — 1410, 10 décembre. — Aveu au même par Thomas Morice de Saint-Cyr, pour ce qu'il tient sous la châtellenie de Bourgneuf. — 325.

277. — 1410, 10 décembre. — Aveu au même par Jean Perrin pour ce qu'il tient sous la châtellenie de Bourgneuf-en-Rays. — 328.

278. — 1410, 10 décembre. — Aveu au même par Etienne Rolant, de Saint-Cyr, pour ce qu'il tient sous la châtellenie de Bourgneuf. — 329.

279. — 1410, 12 décembre. — Aveu au même par Jean Bouyer, de Saint-Cyr, pour ce qu'il tient sous la châtellenie de Bourgneuf. — 320.

280. — 1410, 12 décembre. — Aveu au même par Jean Rousseau, de la Frazelière en Saint-Cyr, pour ce qu'il tient sous la châtellenie de Bourgneuf. — 321.

281. — 1410, 15 décembre. — Aveu au même par Bertrand de Geul pour ce qu'il tient dans les paroisses des Moutiers, le Clion, Arthon, sous les châtellenies de Pornic et de Prigny. — 309.

282. — 1410, 30 décembre. — Aveu au même par Perrot Amorous pour ce qu'il tient sous la châtellenie de Bourgneuf-en-Rays. — 319.

283. — 1411, 31 janvier. — Aveu au même par Jamet Hernault, de Saint-Cyr, pour les terres et salines qu'il tient sous la châtellenie de Bourgneuf. — 334.

284. — 1411, 2 février. — Aveu au même par Maurice Ora, de Saint-Cyr, pour son hébergement en la ville de Bourgneuf. — 332.

285. — 1411, 3 février. — Aveu au même par Etienne Morice et Thomas Leroy, de Saint-Cyr, pour ce qu'ils tiennent sous la châtellenie de Bourgneuf. — 333.

286. — 1411, 4 juin. — Aveu au même par Olivier Maynart, de Saint-Cyr, pour ce qu'il tient sous la châtellenie de Bourgneuf. — 317.

287. — 1411, 17 juin. — Aveu au même par Guillaume de la Noe, sgr de la Noe de Fresnay, pour ce qu'il tient de lui sous la châtellenie de Bourgneuf. — 318.

288. — 1412, 22 septembre. — Abandon par Guy de Laval, sgr de Rays, en faveur de Jean Thebaut, du retrait féodal qu'il avait opéré sur la vente de 120 aires de salines en l'île de Bouin, vente consentie par Colin Thebaut, père de Jean, à Jean Picart. — 139.

289. — 1412, 22 septembre. — Transaction entre Guy de Laval, sgr de Rays, et Jean Thebaut, de Bouin, en vertu de laquelle celui-ci rachète, pour 300 fr. d'or et une rente de 6 l., les 20 l. de rente sur tous ses biens vendues par Colin, père dudit Jean Thebaut, à Pierre Lespevrer auquel avait été substitué Guy de Laval. — 141.

290. — 1412, 22 octobre. — Mainlevée par le sénéchal de Falleron pour Guy de Laval, sgr de Rays, en faveur de Nicolas Amouroux, des biens qu'on lui avait saisis pour n'avoir pas rempli son office de sergent, attendu qu'il s'en est acquitté pendant les présentes assises. — 91.

291. — 1413, 28 janvier. — Procuration de Colin Thebaut à Jean son fils, pour aliéner 205 aires de salines qu'ils possèdent en l'île de Bouin. — 140 *bis*.

292. — 1413, 6 février. — Vente par Jean Thebaut, de Bouin, à Guy de Laval, sire de Rays, du ténement Fortin en la paroisse de la Chapelle-Achard, moyennant 400 écus d'or. — 142.

293. — 1413, 7 février. — Echange entre lesdits Jean Thebaut et Guy de Laval. Celui-ci rétrocède à Thebaut le ténement Fortin en la Chapelle-Achard et reçoit 205 aires de salines en l'île de Bouin. — 140.

294. — 1413, 5 mars. — Aveu rendu à Guy de Laval, sgr de Rays, par Perrote Mainguy pour ce qu'elle tient en Saint-Cyr, sous la châtellenie de Machecoul. — 312.

295. — 1413, 3 juillet. — Echange entre Jean de Craon, sire de la Suze, et Robert Brochereul. Le premier abandonne la terre de Saint-Michel-Chef-Chef et reçoit en échange diverses terres et rentes dans les paroisses de Champtocé, Ingrande et Ville-Moisan. — 149.

296. — 1413, 8 juillet. — Echange entre Guy de Laval, sire de Rays, et Robert Brochereul, sgr de Cens. Celui-ci abandonne la terre de Saint-Michel-Chef-Chef qu'il avait depuis peu acquise de Jean de Craon, sire de la Suze, et reçoit en échange 100 l. de rente assises sur les châtellenies de Falleron et de la Mothe-Achard. — 151.

297. — 1413, 9 juillet. — Robert Brochereul promet à Guy, sire de Rays, que ses filles n'useront pas du droit de prémesse qu'elles pourraient revendiquer à raison du précédent échange. — 150.

298. — 1413, 12 novembre, à Ingrande. — Lettres de Jean V, duc de Bretagne, concédant à Jean de Craon, sire de la Suze et de la Benate, deux foires annuelles et un marché hebdomadaire à la Benate. — 125.

299. — 1414, 24 mars, à Vannes. — Lettres de Jean V, duc de Bretagne, évoquant de la cour de la prévôté de Nantes aux plaids généraux, une cause entre Jean de Craon, sire de la Suze et de Champtocé, et les bourgeois de Nantes, au sujet de la vente en détail dans cette ville des vins de la terre de Souché appartenant au sire de la Suze. — 159.

300. — 1414, 5 mai, à Nantes. — Vente par Robert Brochereul, sgr de Cens, à Guy de Laval, sire de Rays, des 100 l. de rente sur Falleron et la Mothe-Achard que celui-ci avait échangées avec Robert le 8 juillet 1413; ladite vente faite pour le prix de 1700 fr. — 152.

301. — 1414, 11 juillet, à Vannes. — Mandement de Jean V, duc de Bretagne, évoquant de sa cour à celle de Nantes une cause entre les Cordeliers de Bourgneuf et Jean de Craon, sire de la Suze et de Champtocé, fils de Catherine de Machecoul, au sujet de prés et de salines en l'île de Bouin qu'auraient donnés aux Cordeliers Girard de Machecoul et Aliénor de Thouars, sa femme. — 93.

302. — 1414, 11 juillet, à Vannes. — Mandement de Jean V, duc de Bretagne, à ses officiers de Nantes de laisser Jean de Craon, sire de la Suze et de Champtocé, vendre en détail, à Nantes, ainsi qu'il en a le droit, les vins de sa terre de Souché. — 94.

303. — 1414, 19 juillet. — Lettres exécutoires du mandement précédent en faveur de Jean de Craon. — 95.

304. — 1414, 2 décembre. — Lettres de Pierre d'Amboise, vicomte de Thouars, remettant aux religieux du Breuil-Herbaud le droit de rachat qu'il possède à raison de sa châtellenie de Falleron, à charge par les moines de célébrer divers services religieux pour le donateur.

— 1414, 15 décembre. — Acte d'assentiment par Guillaume, abbé du Breuil-Herbaud. — 55.

305. — 1415, 21 avril. — Adjudication à Jean de Craon, sire de la Suze, de la terre du Bois-Baudet, en la paroisse de la Chapelle-Saint-Florent : ledit sire substitué au chapitre de Saint-Pierre d'Angers qui, en 1406, avait acquis pour 50 l. une rente de 100 s. sur les biens de Jean Petit-Clerc, alors s^{gr} du Bois-Baudet. — 96.

306. — 1415, 28 mai. — Lettres de Tristan de la Lande, chambellan et grand maître d'hôtel de Jean V, duc de Bretagne, certifiant que ce jour Guy de Laval, sire de Rays, a rendu hommage au duc pour sa terre de Saint-Michel-Chef-Chef. — 74.

307. — 1415, 28 septembre, au château de Machecoul. — Mandement de Guy de Laval, s^{gr} de Rays, exonérant provisoirement de tous devoirs Sauvage du Bois à raison du tort à lui causé par les travaux faits à la chaussée de l'étang de Saint-Etienne-de-Mer-Morte. — 43.

308. — 1415, 28 et 29 octobre, au château de Machecoul. — Testament et codicille de Guy de Laval, s^{gr} de Rays et de Blazon. — 251.

309. — [1415]. — Mémoire généalogique remontant à 1299 pour expliquer comment la seigneurie de Rays échut à Guy de Laval, s^{gr} de Blazon, époux de Marie de Craon. — 316.

310. — 1417, 4 janvier. — Contrat de mariage entre Gilles, sire de Rays et de Blazon, et Jeanne Paynel, fille de feu Foulques Paynel, s^{gr} de Hambye et de Bricquebec. — 18.

311. — 1420, 6 juin, à Vannes. — Lettres de Jeanne, duchesse de Bretagne, faisant don à Jean de Craon, sire de la Suze, de tous les sels déposés sur ses terres et sur celles de Gilles, s^{gr} de Rays, son petit-fils, appartenant aux complices de la rébellion d'Olivier de Blois, comte de Penthièvre. — 15.

312. — 1420, 10 juillet, à Oudon. — Lettres de Jean V, duc de Bretagne, confirmant la donation précédente du 6 juin 1420, faite par la duchesse sa femme au sire de la Suze, de tous les sels confisqués aux rebelles sur les terres de Rays. — 16.

313. — 1420, 11 juillet, à Nantes. — Lettres de Jean V, duc de Bretagne, faisant don à Jean de Craon, sire de la Suze, et à Gilles, sire de Rays, son petit-fils, de toutes les terres et rentes possédées dans la seigneurie de Rays par les partisans des Penthièvre. — 249.

314. — 1420, 28 septembre, à Vannes. — Lettres de Jean V, duc de Bretagne, faisant don à Jean de Craon, sire de la Suze, et à Gilles, sire de Rays, à raison des dommages qu'ils ont subis à son occasion, notamment par la prise et la démolition du château de la Mothe-Achard, de 100 l. de rente confisquées sur Ponthus de la Tour, et autres revenus confisqués sur des rebelles ; avec restrictions aux lettres de donation générale qu'il leur avait octroyées le 11 juillet 1420. — 70.

315. — 1427, 13 juillet. — Transaction entre Jean de Craon, sgr de la Suze, et les Cordeliers de Bourgneuf. Pour se conformer aux clauses de leur fondation par Girard de Machecoul et Aliénor de Thouars, les religieux renoncent à 1300 aires de salines et à 50 hommées de pré spécialement affectées à l'édification d'un hôpital annexé à leur couvent, afin que ledit hôpital puisse être construit et doté. — 335.

316. — 1428, 18 septembre. — Aveu rendu au seigneur de Rays par Bertrand de Dinan pour sa châtellenie des Huguetières. — 241.

317. — 1430, 26 janvier. — Lettres de Gilles, sire de Rays, maréchal de France, faisant remise à Thebaut de la Clartière, à raison de ses services, de rentes que celui-ci lui doit montant à 4 l. 8 s. 7 d. — 247.

318. — 1434, 25 janvier, à Nantes. — Assignation d'héritages pour une valeur de 3000 l. de rente, faite par Gilles, baron de Rays, à René de Rays son frère puîné, pour la partie lui revenant dans les successions de leurs père, mère, aïeul et aïeule. — 89.

319. — 1442, 1ᵉʳ juillet. — Retrait féodal des seigneuries de Souché, les Jamonières, Saint-Etienne-de-Mer-Morte et partie de l'île de Bouin, consenti par Geoffroy le Ferron en faveur de Prégent de Coëtivy, époux de Marie de Rays ; lesdites seigneuries précédemment acquises par Geoffroy de Gilles de Rays, père de Marie. — 88.

320. — 1442, 18 octobre, à Ploërmel. — Lettres d'Alain, vicomte de Rohan, certifiant que ce jour, par procureur, il a reçu la foi et hommage de Prégent de Coëtivy, sire de Rays, pour ce qu'il tient de lui en l'île de Bouin, sous sa châtellenie de la Garnache. — 90 et 231.

321. — 1443, 25 mars, à Toulouse. — Lettres de René, roi de Sicile et duc d'Anjou, notifiant l'hommage à lui rendu pour sa terre de Champtocé par Prégent de Coëtivy, sire de Rays et de Champtocé. — 76 et 230.

322. — 1443, 31 mars, à Toulouse. — Lettres de René, roi de Sicile et duc d'Anjou, remettant à Prégent de Coëtivy, époux de Marie, fille de feu Gilles de Rays, les amendes et autres peines adjugées au profit de lui René à raison des délits commis contre sa seigneurie d'Anjou par Jean de Craon, Gilles et René de Rays. — 75.

323. — 1443, 2 avril, à Toulouse. — Mandement de René d'Anjou à ses officiers d'Angers de laisser Prégent de Coëtivy, sire de Rays, jouir de la terre de Champtocé pour laquelle il lui a rendu hommage. Il accorde en outre à Prégent six ans de répit pour en fournir les aveux. — 77.

324. — 1443, 17 septembre, à Redon. — Lettres de François I*er*, duc de Bretagne, accordant à Prégent de Coëtivy, s*gr* de Rays, un répit de deux ans pour lui rendre hommage à raison de ses terres de Rays, Saint-Etienne-de-Mer-Morte, Bourgneuf, la Benate, Souché, les Jamonières et partie de l'île de Bouin ; de plus il lève sa mainmise sur lesdites terres. — 83.

325. — 1443, 2 octobre, à Redon. — Lettres de François I*er*, duc de Bretagne, notifiant l'hommage à lui rendu par Prégent de Coëtivy, s*gr* de Rays, pour ses terres de Rays, Saint-Etienne-de-Mer-Morte, Bourgneuf, la Benate, Souché, les Jamonières et partie de l'île de Bouin, et levant sa mainmise sur lesdites terres. — 86 et 238.

326. — 1444, 21 janvier, à Vannes. — Lettres de jussion de François I*er*, duc de Bretagne, prescrivant l'accomplissement de ses lettres du 2 octobre 1443 quant à la mainlevée qu'il avait donnée à Prégent de Coëtivy des terres de sa baronnie de Rays. — 84 et 239.

327. — 1445, 7 janvier, à Vannes. — Mandement de François I*er*, duc de Bretagne, à ses officiers de Nantes leur notifiant qu'il donne mainlevée de la saisie par lui faite de la châtellenie des Huguetières, et que le rachat en appartient bien à Prégent de Coëtivy, comme s*gr* de Rays, et non au duc. — 85 et 229.

328. — 1445, 4 novembre. — Lettres de Jean Hingant, chambellan de François I*er*, duc de Bretagne, attestant que ce jour Prégent de Coëtivy, s*gr* de Rays, a personnellement fait foi et hommage au duc pour les terres de sa baronnie de Rays dont précédemment Geoffroy le Ferron avait rendu hommage comme procureur de Prégent. — 87 et 240.

329. — 1446, 13 janvier, à Chinon. — Mandement du roi Charles VII au premier sergent requis de faire restituer à l'amiral Prégent de Coëtivy, s*gr* de Rays, et à Marie sa femme, fille de feu Gilles, s*gr* de Rays, maréchal de France, toutes les terres aliénées par celui-ci, attendu que les contrats qu'il en fit sont entachés de nullité. — 82.

330. — 1446, 16 mars, à Chinon. — Lettres d'abolition données par Charles VII, roi de France, à François I*er*, duc de Bretagne, à raison des faits répréhensibles auxquels auraient pu prendre part pendant les guerres, son père, lui-même et ses sujets. — 80.

331. — 1446, 19 juin, à Razilly-lès-Chinon. — Lettres de François I*er*, duc de Bretagne, notifiant qu'il a enjoint à l'amiral Prégent de Coëtivy, sire de Rays, de se rendre au Guildo pour s'emparer de Gilles de Bretagne son frère, à cause de sa rébellion, et de le lui amener prisonnier. — 81.

332. — 1449, 2 mars, au Plessis-de-Bains. — Lettres d'Yves, abbé de Redon, investissant Alain Loret de l'abbaye de la Chaume que celui-ci a échangée contre son prieuré de l'Ile de Bremesen avec

Jean Giresart : ladite investiture en suite des lettres de présentation de Prégent de Coëtivy, s^{gr} de Rays. — 313.

333. — [1450]. — Mémoire généalogique remontant à 1299 pour faire connaître comment la seigneurie de Rays advint à Guy de Laval, s^{gr} de Blazon. — 316 (A).

CARTULAIRE

DES

SIRES DE RAYS

1

Procès du droit des nappes de l'evesque de Nantes, apartenans à mons^{gr} de Rays à la recepcion dud. evesque [1].

4 août 1268.

Testes Girardi Chaboz, armigeri, domini Radesiarum, ad inquirendum inter reverendum patrem episcopum Nannetensem [2], ex una parte, et dictum Girardum, ex altera, utrum idem Girardus vel ancessores ipsius seu aliquis de dictis ancessoribus fuerit in pocessione habendi mappas super quibus comeditur, in curia reverendi patris episcopi Nannetensis, in die recepcionis sue Nannetensis, vel quod dicte mape ad dictum Girardum de jure pertinent, seu de consuetudine vel de usu. Et protestatur idem Girardus quod non se affugit ad omnia [et] singula premissorum probanda, sed solum ad ea que sibi sufficiant de premissis; et supplicat vobis, reverende pater, idem Girardus ut vos testes ex parte dicti Girardi productos super premissis seu eorum producendos, per viros discretos, neutri parti sus-

---

1. Publié, *Hist. généalogique de la maison de Chabot*, par Sandret, p. 264-265.
2. Guillaume de Vern (1268-1277).

pectos et de quibus non posset eidem Girardo suspicio suboriri, inquiri cum diligencia faciatis super singulis articulis prenotatis. Datum Nannetis, die sabbati post festum beati Petri ad Vincula, anno Domini millesimo II^c LX° octavo.

II

Quictance de l'evesque de Nantes à mons^{gr} de Rays.

2 février 1276.

Universis presentes litteras inspecturis, G.[1] miseracione divina episcopus Nannetensis, salutem in Domino. Notum facimus universis quod cum nobilis vir Girardus Chabot, miles, dominus Radesiarum, nobis omnes et singulas decimas suas quas habebat et percipiebat in parrochiis de Coyron et de Veuz nobis tradidisset et vendidisset, precio septem vingiti et decem libras turonenses, sub tenore quarumdam litterarum[2] quas ab ipso Girardo habemus super premissis, sigillo nostro et sigillo dicti Girardi sigillatas, quod nos de septem vingiti et decem libris turonensibus predictis habuimus et recepimus Nannetis, a dicto Girardo vel ejus mandato, sexaginta et decem libras turonenses, in bona peccunia numerata, de quibus tenemus nos bene et integre persolutos. Sciendum est enim quod nos, racione dictarum litterarum seu virtute earumdem, nichil amodo reclamare aut petere possumus in decimis de parrochia de Coiron predictis, quum ad dictum Girardum recte et integre revertentur. Et hoc omnibus quorum interest significamus per presentes litteras sigillo nostro sigillatas. Datum in die Purificacionis Beate Marie, anno Domini M° CC° LXX° quincto.

---

1. Guillaume de Vern, évêque de 1268 à 1277.
2. Ces lettres, du 20 juillet 1275, forment le n° CLXXXVII du cartulaire.

III

Quictance pour mons⁸ʳ de Rays.
24 juin 1284.

Noverint universi quod ego Petrus Giraudi, clericus, habui et recepi in peccunia numerata, die nativitatis beati Johannis Baptiste, nomine et racione magistri Gaufridi de Albena, per manum dicti Candes [1], tunc temporis castellani de Machecoul pro nobili viro domino Girardo Chaboz, tunc temporis domino de Machecoul et Radesiarum, quadraginta solidos monete curentis quos idem nobilis dedit et legavit in puram et perpetuam elemosinam eidem magistro Gaufrido, nomine sue cappellanie Sancti Nicholai de Machecoul, perpetuo possidendos. Et hec omnibus quibus significandum est significo per presentes litteras sigillo meo proprio sigillatas. Datum die nativitatis beati Johannis predicta, anno Domini M° II° LXXX° quarto.

IV

Consentement de messire Brient Beuf de certain apointement fait entre mons⁸ʳ de Rays et Guillon le Roy.
27 février 1267.

A sage homme, à dum [2] Rialain du Temple, seneschal

---

1. Candes, *aliàs* Cande ou Candé, nous semble préférable à la leçon *Caude ou La Queue* adoptée par M. Marchegay dans sa *Table analytique* (nᵒˢ 92 et 94). En dehors des deux pièces du cartulaire de Rays : celle-ci le qualifiant de châtelain de Machecoul, et une autre du mois suivant (n° CLXX), lui donnant le titre d'écuyer, nous avons rencontré deux autres fois le même personnage avec la dénomination de châtelain de Machecoul : la première, en août 1284, date à laquelle sa femme Jeanne et lui donnent à l'abbaye de Buzay une place sise près du port de Bouin (Arch. Loire-Inf., H 24) ; la seconde, le 20 juillet 1287 ; Cande y figure comme témoin d'une quittance octroyée par Pierre Guillaud, de Bouin, à Girard II Chabot, sire de Rays (Chartrier de Thouars).
2. Sic ; *dum* est manifestement un titre honorifique. Plus loin en effet (n° CXIV) nous trouverons : *don* Rialan du Tample. Cf. au n° LIV la formule : « A pourveable homme et saige, à *sire* Denis de Parée, baillif de Touraine. »

de Nantes, et à ses alouez, Brient le Beuf, chevalier, et Bellassez, sa femme, salut en Nostre Seigneur. Sachez que nous avon ferme et estable ce que noble homme Girart Chaboz, valet, seigneur de Rays, a fait ou fera encontre Guillon le Roy ou encontre tous les quer[ans], des masures et des autres choses des quelles il a esmeu content par devant vous ou entent à esmouvoir; c'est assavoir de ce qu'il dira ou a dit que lui apartient en la parroisse de Coiron, hors ce que me fu assegné en mariage et avon esté en saesine par celle mesme raison; et si la chose nous apartient en rien, de tant comme elle nous apartient hors nostre mariage, nous voulon ce que il en sera, porte fin de tant comme à nous apartient. Et ce nous vous faisons savoir par cestes presentes, seellées de seel ma femme et de nostre contre seel, pour ce que je n'avoie mon grant seel. Cc fu fait au dimanche avant les Cendres, l'an de Nostre Seigneur mil ij^c Lx° vj°.

V

Comment mons^{gr} de Rays print congé de son prelat pour le veage d'Aragon [1].

23 mars 1285.

Universis presentes litteras inspecturis et audicturis, Durandus [2] miseracione divina episcopus Nannetensis, salutem in Domino. Noveritis quod nos, anno Domini M° CC° octogesimo quarto, die Veneris in Parasceve, in pleno sermone, tradidimus et concessimus signum sancte crucis peregrinacionis in Arragoniam nobili viro Gerardo Chabot, domino Radesiarum, Guillelmo de Mota, ejus fratri, Guillelmo le Borgne et Matheo de la Plesse, militibus, Petro

---

1. Publié, en omettant un certain nombre des noms de ceux qui prirent la croix, *Hist. généalogique de la maison de Chabot*, par Sandret, p. 267-268.
2. Durand, évêque de Nantes (1279-1292).

de Sainte Flayve, Hardoyno de Avoir, dicto Clarenbaut, Gaufrido le Breton, Johanni de Heneville, Hanrico Blanchart, Mauricio de Liré, Johanni Rondeau, Colino Toto, Guillelmo Cappellano, et quibusdam aliis servientibus dicti nobilis, sub tali condicione seu convencione super hoc expresse apposita quod, non alibi profecturi nec alias accepturi crucem predictam, ut dicebant, a die qua iter arripient iidem nobilis et ejus familia de domo ipsius, vel a die a domino legato statuenda in predictam peregrinacionem, pro suorum remedio et salute peccaminum, indilate dirigent iter suum; et quod a die predicta usque ad annum perfecte complendum, in dicto Dei servicio morabuntur, si tanto tempore duraverit peregrinacio supradicta; idque fideliter prosequentur sicut et ceteri hujusmodi peregrini, ita tamen quod si, favente divina gracia, usque ad dicti anni vixerint complementum, vel antea cesset dicta peregrinacio, ex tunc, sine mora ulteriori et absque peregrinacione alia, liceat eis ad propria remeare; et sic eis, auctoritate domini Martini pape quarti, juxta tenorem litterarum ipsius, quarum coppiam sigillatam sub sigillo domini legati recepimus et habemus, illam suorum peccaminum, de quibus corde contricti et ore confessi sunt, veniam concessimus, que concedi transfrectantibus in Terre Sancte subsidium, secundum Lateranensis statuta consilii consuevit. Datum Nannetis, die et anno predictis.

VI

Quictance à monsgr de Rays de v sols de rente sur ung moulin de Faleron [1].

Décembre 1276.

Universis presentes litteras inspecturis, Frater Guillel-

---

1. Cf. n° CCLV.

mus [1], humilis abbas monasterii de Brolio Arbaudi ejusdemque loci humilis conventus, salutem in Domino sempiternam. Cum nos, ex donacione predecessorum nobilis viri Girardi Chabotz, militis, domini Radesiarum et de Thoveya, consuevissemus percipere quinque solidos monete curentis annui redditus super molendinum dictum de Proiea, situm in riparia dau Faleron, in parrochia Sancti Stephani de Mala morte, et piscacionem quocienscumque vellemus in ejusdem aqua molendini, noveritis nos, de communi assensu, dictos quinque solidos et piscacionem dicto nobili quietavisse, tali scilicet condicione quod idem nobilis voluit et concessit nobis, dedit eciam et assignavit in recompassacionem predictorum quinque solidorum et piscacionis predicte, quod nos habeamus et percipiamus in perpetuum de cetero quinque solidos annui redditus, tam ab ipso quam successoribus suis, in vigilia Natalis Domini, apud Thoeiam, in censibus suis ejusdem castellanie, per manum baillivi sui vel receptorum dictorum censuum annuatim. Et ut hec omnia maneant inconcussa, dedimus licteras dicto nobili, ad peticionem ejusdem, sigillo nostro quo unico utimur sigillatas. Datum mense decembris, anno Domini millesimo cc° lxx° sexto.

VII

Lettre faisant mencion du grant maroys Delefist, en l'isle de Boign, apartenant à l'abbé des Fontenelles [2].

13 novembre 1284.

[A tous ceulx qui cez pres]entes lettres verront e orront,

---

1. Le *Gallia* (t. II, col. 1433), excessivement pauvre sur le Breuil-Herbaud, puisqu'il ne nomme que deux abbés antérieurs au xvii° siècle, a cependant connu ce Guillaume dont il cite un acte de 1271.
2. Original mutilé au chartrier de Thouars. Publié d'après cet original; les passages entre crochets sont empruntés au cartulaire.

Girart Chaboz, seigneur de Rays e de Maicheco, saluz [en Nostre Seigneur. Sachent] touz que en nostre presence personaument establi Johan dit Dex le Fist, de Boig, de [sa bonne volenté, sans en] estre porforcié, se delessa de l'appleigement qu'il aveit fet par la cort le rei à [la Roche sur Yon cont]re l'abbé e le covent des Fontenelles ou contre lour commandement, par reson dou [grant maroys qui] est appelé le grant mareis Deus le Fist, assis en l'isle e en la parroisse Nostre Dame de Boig, e [vost et octroya par] davant nous, e encores veost e ottreiet e consent que les diz abbé e le covent ayent, tien[gnent et es]pleittent tote celle partie qui à lui apparteneit ou poeit appartenir en celui mareis davant dit [et en lou]r bocis e en toutes les appartenances de celui mareis, en perpetuauté, à touz jourz mès, par la baillée que nous lour en avons fette, sanz ce que le dit Johan puisset mès venir encontre. E est assaveir que cestes choses tenenz, demeurent au dit Johan ses resons totes sauves envers Poncet, de aveir recour dou dit Poncet sus ses autres choses qu'il a en Boig par reson de la ditte tier[ce] partie dou dit mareis, si le dit Poncet i esteit tenu en tot ou en partie. E à totes cestes choses [dessus] dittes e checune tenir e garder, aconplir e enteriner, e non venir encontre pour sei ne pour autres, le dit Johan s'est soumis quant à ce à nostre juridicion, e a obligié sei e ses heirs e touz ses biens meubles e non meubles presenz e à venir, e a juré à les tenir sanz venir encontre; e nous, lui present e à ce consentent, l'avons condampné à ce tenir e jugé pour le jugement de nostre cort; e avons mis en cestes presentes lettres nostre seiau, à sa requeste, en tesmoignaige de verité. E en plus grant force de garantie, le gardien des frères menors de Nantes, le [prieur de Chemeré et ledit] Deus le Fist ont mis en cestes lettres lour seiaus, à sa requeste, [ensemblement o le nostre. Donné à Prinçay, le lundi après la saint Martin d'yver, l'an de grace mil iie iiii^{xx} et quatre.]

VIII

Compromis entre mons^{gr} de Rays et les Tampliers, touchant le Plesseix Raffray [1].

20 mars 1252.

Johannes, Dei gracia Pictavensis episcopus, et capitulum Pictavense, universis presentes litteras inspecturis salutem in Domino. Noverint universi quod in nostra presencia constituti personaliter, die mercurii ante Ramos Palmarum, venerabilis vir frater Fulcho de Sancto Michaelle, preceptor milicie Templi in Acquitania, ex una parte, et nobilis vir Girardus Chaboz, ex altera, compromiserunt dictus preceptor, pro se et hominibus suis, et dictus nobilis, pro se et uxore sua et hominibus suis, de contencionibus que vertebantur inter ipsos, tam super Plesseio Raffini et pertinenciis quam super omnibus aliis, in venerabilem virum abbatem Beate Marie Majoris Pictavensis ; promictantes dictus preceptor pro se, et dictus nobilis pro se, sub pena ducentarum librarum, actendere, observare et facere et procurare, videlicet dictus preceptor erga fratres et homines predictos, et dictus nobilis erga uxorem suam et homines predictos, quod dicti fratres, homines et uxor actendent et observabunt quidquid per dictum abbatem super predictis, pace vel judicio, fuerit diffinitum seu ordinatum, sive diebus non servatis sive feratis, qui ob necessitates hominum sunt introducti ; et prima die, omissis dilatoriis excepcionibus, fiet lite contestari, et jurabitur de calumpnia hinc inde, et procedetur ulterius quantum de jure fuerit, sine differagio. Fuit eciam condictum in premisso quod qualibet die assignanda ab arbitro predictis partibus qua alteram partem deficere contingat,

---

1. Publié par M. de la Boutetière à la suite du *Cartulaire de Coudrie*, dans *Archives hist. du Poitou*, t. II, p. 210-212.

pars deficiens solvet, pro qualibet die qua deficiet, centum solidos pro sumptibus litis illius diei parti comparenti coram arbitro, nisi pars deficiens se ad arbitrium dicti arbitri poterit legitime excusare. Fuit eciam actum in dicto compromisso quod qualibet pena predicta, commissa vel non commissa, soluta vel non soluta, ratum nichilominus maneat compromissum. Promisit siquidem dictus nobilis quod ipse faciet et procurabit erga uxorem suam, sub pena predicta, quod ipsa jurabit coram vicario Cholem [1] infra dominicam qua cantabitur *Misericordia Domini*, se tenere firmiter et servare omnia et singula supradicta; de quo juramento, si fecerit dicta uxor, dictus vicarius certifficabit dictum arbitrum per patentes litteras sigillo suo sigillatas. Et quantum ad predicta dictus preceptor supposuit se juridicioni nostre pro se et fratribus suis, renuncians pro se et dictis fratribus privilegiis suis quo ad predicta. Actum eciam et condictum fuit in dicto compromisso quod omnes res hominum predictorum preceptoris et fratrum extantes, quas ipse cepit vel de mandato et voluntate sua capte fuerunt, recredet dictus nobilis eisdem hominibus sub fide sua. Et si astatuerit per sentenciam dicti arbitri ipsum nobilem cepisse vel capi fecisse res predictas dictorum hominum utendo jure suo, reddentur dicto militi; si autem non apparuerit ipsum nobilem cepisse vel capi fecisse res dictorum hominum utendo jure suo, remanebunt dictis hominibus, et rerum captarum que consumpte fuerint vel non extiterint estimacionem reddet hominibus supradictis, ad valorem quam ipsi proprio juramento declarabunt, coram arbitro supradicto. Et hec omnia et singula promiserunt, fide data, dicti preceptor et nobilis actendere, observare, facere et procurare prout superius sunt expressa. Datum dicta die mercurii, anno Domini millesimo iie quinquagesimo primo.

---

1. *Sic*, avec un trait abréviatif sur l'm.

IX

Quictance de messire Jehan la Personne, viconte d'Acy, pour madame de Rays.

5 novembre 1397.

A tous ceulx qui ces presentes lettres verront, Jehan la Personne, viconte d'Acy, conseiller et chambellan du roy nostre sire, salut. Comme noble et puissante dame madame de Rays et de Ronsseville et d'Offoys, nous fust tenue et obligée en troys cens et cinquante livres parisis de rente annuelle et perpetuelle, par elle à nous vandue par cinq paires de lettres passées soubz le seel de la prevosté de Paris, c'est assavoir sur son chastel, chastellenie, terre et appartenances dud. lieu d'Offoys, et generalement sur ses autres terres quelconques, Savoir faisons que, au jour dui v^e jour de novembre l'an mil III^c IIII^{xx} xvii, et durant le temps du rachapt que donné lui avions de rachater lad. rente, nous avons eu et receu de lad. dame, par les mains de maistre Flammant de Martray, docteur en theologie, messire Guillaume Gruyau, presbtre, et Jehan le Saintier, la somme de troys mil cinq cens livres parisis que paié lui avions pour le principal de lad. rente, et deux cens IIII^{xx} quinze livres, huit sols parisis pour la reste que lad. dame nous povoit devoir des arrerages escheuz de lad. rente, de tout le temps passé jusques au jour duy; et parmy ce, lui avons randu lesd. lettres de lad. rente, et avecques ce quictons icelle dame et ses hoirs de lad. rente et de tous arrerages d'icelle. En tesmoign de ce, nous avons fait seeller ces presentes lettres de nostre seel. Fait et donné le jour et an dessusdit.

X

Recepcion des hommages de la Mothe Achart, du fey Maqueau, de la Mauriere, de Faleron, de la Sauzaye, faiz à m*g*r de Thoars par m*r* de Rays.

28 juin 1360.

Sachent que le jour du dimenche après la Nativité saint Jehan Baptiste, à nous Loys, viconte de Thouars, sires de Thalemont, offrit Girart, sire de Rays et de Machecoul, les foys et les hommages, c'est assavoir : la foy et hommage lige de la Mothe Achart et des apartenances, à cause de nostre chasteau et chastellenie de Thalemont ; et la foy et hommage plain du Fié Maqueau et des apartenances, à cause de nostred. chastel et chastellenie; et la foy et hommage lige de la Mauriere et des apartenances, à cause de nostre chastellenie de Brandoys ; et la foy et hommage lige de Faleron et des apartenances, à cause de nostred. chastellenie de Brandoys; et la foy et hommage lige de la Sauzaye et des apartenances, à cause de nostred. chastellenie de Brandoys; protestans led. Girart que, par lesd. offres ne par les faccions desd. hommages, il ne veult ne n'est son entente renuncier à ung aplegement de refus fait de sa partie encontre nous à la court du roy à Fontenay le Conte. Lequel Girart, sire de Rays, nous avons receu à tous et chascuns les foys et hommages dessusd., et iceulx nous a fait led. Girart en la maniere que dit est, sauve nostre droit et l'autruy ; et avons voulu qu'il fust sauve que par lesd. faccions il n'eust renuncié à sond. aplegement, protestans que, par ceste volunté et assentement, il ne nous tourne à dommage ne prejudice que nous ne puissons user de toutes et chascunes noz deffences encontre led. applegement à toutes fins, si aplegement y a, et en avoir tout le proufit que nous devrons par raison ou coustume de païs. Donné soubz nostre propre seel, à Thalemont, l'an mil IIIe LX, et le jour dessusd. Presens : messire Jehan de Machecoul, messire Jehan Joceaume, chevaliers, et Phelipot Leûbat, cappitaine de Thalemont, et Guillaume Prevost, seneschal de Thalemont.

XI

Ensuit troys cedules des sergens qui esploicterent contre le duc de Bretaigne et pour madame de Rays.

16 juillet 1398.

Sachent tuit que je Jehan Moreau, huissier de parlement du roy nostre sire, confesse avoir eu et receu de noble et puissant dame madame de Rays et de Ronceville, par les mains de messire Guillaume Gryau, son chappelain, procureur et receveur, la somme de soixante escuz d'or du coign du roy nostred. sg^r, sur mon salaire que je doy avoir et desservir, de marché fait au feur de quatre solz parisis pour jour, chascun jour que je vacqueray et entenderay, alant, venant et sejournant ès parties de Bretaigne et ailleurs, pour mectre à execucion certaines lettres roiaulx passées aud. parlement au prouffit de mad. dame à l'encontre du duc de Bretaigne. De laquelle somme de LX escuz d'or dessusd. je me tiens pour content et en quicte mad. dame, sond. chappelain et tous autres. Tesmoign ceste presente quictance seellée de mon propre seel duquel je use, faicte et escripte le xvie jour de juillet, l'an mil iii^c iiii^{xx} xviii.

XI bis

Une autre quictance.

Juillet 1398.

Sachent tuit que nous Jehan Soutil, Estienne Malengreve et Gillet Duvers, sergens à cheval du roy nostre sire en son Chastellet de Paris, confessons avoir eu et receu de noble et puissant dame madame Jehanne, dame de Rays et de Ronceville, par la main de venerable et discrete personne messire Guillaume Gryau, presbtre, chappelain de lad. dame, soixante et doze escuz d'or, c'est assavoir à chascun xxiiii escuz d'or, sur nos salaires et despens d'aler en Bretaigne pour lad. dame ; desquelx soixante et doze escuz d'or nous tenons pour contens. Tesmoign noz seaulx mis à ceste quictance, le (*en blanc*) jour de juillet, l'an de grace mil iii^c iiii^{xx} xviii.

XI *ter*

Une autre quictance.
18 juillet 1398.

Sachent tous que je Nycolas Rouzier, sergent à cheval du Chastellet, congnois et confesse avoir eu et receu de très noble et puissant dame, madame de Rays et de Ronxeville, par la main de messire Guillaume Gryau, son chappelain et receveur, la somme de xx escuz d'or sur le voiaige et commission d'aler en Bretaigne en la compagnie de Jehan Morel, huissier de parlement, et de pluseurs autres pour adjourner le duc de Bretaigne, en deduiant et rabatant de mon salaire, tant en alant que en venant. De laquelle somme de xx escuz je me tiens pour bien content et poié. Et en tesmoign de ce, je ay donné ceste cedule seellée de mon seel dont je use en mon office, le xviiie jour de juillet, l'an mil iii^c iiii^{xx} xviii.

XII

Extrait de l'arest donné en parlement au prouffit de madame Jehanne de Rays contre le duc de Bretaigne.
4 mars 1396 [1].

---

1. L'arrêt du Parlement répondant à ce numéro a été transcrit deux fois au cartulaire. Ici le scribe n'a eu à sa disposition qu'un Extrait collationné des registres du Parlement, qui, tout en donnant la date de temps, a omis: au début, les titres royaux, et, à la fin, la date de lieu et l'année du règne. La même pièce ayant été copiée au n° CXXIX du cartulaire d'après une expédition en due forme, c'est à cette cote que nous publierons les présentes lettres.

XIII

Coppie de l'apointement fait entre le duc de Bretaigne et madame Jehanne de Rays [1].

16 mai 1399.

Jehanne, dame de Rays et de Ronxeville, A tous ceulx qui ces presentes lettres verront, salut. Comme sur pluseurs debaz, pieça meuz entre monsgr le duc de Bretaigne d'une part, et nous d'autre, et tant sur aucuns arrests que nous lad. dame avons obtenuz en la court de parlement et à nostre prouffit contre mond. sgr le duc, comme autrement, certain traictié et appointement ait esté parlé et fait par très hault et puissant prince monsgr le duc de Bourgoingne, conte de Flandres, d'Artois et de Bourgoingne, duquel traictié et appointement la teneur s'ensuit :

C'est l'appointement fait par Mgr le duc de Bourgoingne, conte de Flandres, d'Artois et de Bourgoingne, sur certains debaz pieça meuz entre le duc de Bretaigne, d'une part,

---

1. Nous publions le présent document d'après l'orig. scellé en cire rouge sur double queue du sceau armorial de la dame de Rays (Arch. Loire-Inf., E 172; anc. Trésor des chartes D. A. 11). L'appointement du duc de Bourgogne, qu'il confirme en le vidimant, est du 24 avril et non du 23, ainsi qu'on lit au cartulaire, par suite d'une erreur du copiste, lequel a également quelque peu défiguré les noms du notaire et de deux témoins. Un original de l'appointement du 24 avril 1399 existe encore (Ibid., anc. D. A. 9). Son texte présente trois ou quatre variantes avec celui qu'on trouvera ici. Elles sont de très peu d'importance, sauf une relative à la date de la restitution des terres de Rays et du paiement de l'indemnité : date fixée primitivement à la Saint-Jean et renvoyée ici à la Madeleine. Ce premier original fut vraisemblablement remplacé par un autre que nous n'avons pas retrouvé, et portant les légères modifications qui ont passé dans tous les actes où il a été inséré. Nous n'en connaissons pas moins de quatre : 8 mai 1399, Ratification par le duc de Bretagne (Ibid., anc. K. E. 22) ; c'est ce texte qu'a utilisé D. Morice, lequel a publié seulement la sentence du 24 avril (Pr., II, 691-693). — 16 mai 1399, Ratification par la dame de Rays (c'est la pièce éditée ici). — 28 juin 1399, Ratification par le roi de France (Arch. L.-Inf., E 172; anc. M. C. 14). — 22 juillet 1399, Quittance de la dame de Rays (Ibid., anc. M. C. 21).

Le compilateur du cartulaire avait à sa disposition un vidimus du 17 novembre 1401 délivré par la prévôté de Nantes.

et la dame de Rays, d'autre part, du consentement et accordement desd. parties.

Premierement, que royaument et de fait led. duc de Bretaigne rendra et restituera, ou fera rendre et restituer à lad. dame de Rays ou à ses commis et procureurs de par elle, tous les chasteaulx, terres et appartenances qu'il tient et a tenu appartenans à lad. dame, dedens le jour de la Magdelenne prouchain venant. Item, que ycelle dame, ses chasteaulx, terres et subgiez, lui vivant, demourront exemps dud. duc jusques à deux ans prouchains ensuivans, à commencier du derrenier jour de may prouchain venant. Et après lesd. deux ans passez, lesd. gens et subgiez d'icelle dame respondront doresenavant et obeiront à la court dud. duc, selon raison et la coustume du païs. Et en ce que lad. dame aura à faire à la court dud. duc pour sesd. subgiez et terres, lad. dame pourra comparoir par procureur ; et quant à la personne d'icelle dame et en accions personneles, elle sera exempte dud. duc sa vie durant. Item, que en deducion de tout ce en quoy led. duc puet estre tenu à lad. dame à cause du contenu en l'arrest, icellui duc paiera à lad. dame de Rays la somme de seze mille frans, aux termes et par la maniere qui s'ensuit : C'est assavoir la moitié d'icelle somme montant à huit mille frans, dedens le jour de la Magdelenne prouchain venant, renduz et paiez en ceste ville de Paris à lad. dame, et l'autre moitié dedens lad. feste de la Magdelenne en un an après ensuyvant, renduz pareillement en ceste ville. Item, quant au demourant des interests, dommages et despens, et autres choses en quoy led. duc, ses gens et officiers pourroient ou peussent estre tenuz envers lad. dame de Rays en quelque maniere que ce soit, pour le cas dessusd., lesd. parties entendront et acompliront sans ressort tout ce que mond. seigneur de Bourgoingne, seul arbitre à gré esleu entre eulx, en ordenera et determinera dedens le terme de Noel qui vient en un an, soit en presence ou en absence des parties. Et se dedens ycellui terme, par le default d'icellui duc, n'en estoit ordonné, ycelle dame pourra retourner à poursuir son droit ainsi qu'elle faisoit et povoit faire par avant led. appointement. Item, que ou cas que aucun default auroit, tant de delivrer les chasteaulx et terres devantd. dedens le terme dessus declairré, comme de paier lesd. sommes de deniers et par la maniere que dit est, lad. dame semblablement pourra poursuir son droit et à ycellui retourner comme par avant ceste presente ordenance et appointement elle faisoit et povoit faire. Et tout ce que dessus est dit sans aucune innovacion dud. arrest ne de l'execucion et criées d'icellui oud. cas. Item, pour plus seurement et deuement ces choses dessusd. estre tenues et acomplies de l'une partie et de l'autre, pour bien de paix, prouffit et honneur d'icelles, led. duc envoiera sur ce, incontinent après la recepcion de cestuy appointement, ses lettres patentes par deça, esqueles sera incorporé de mot à mot cest present appointement, par lesquelles aussi il appreuve, consente et promette ced. appointement tenir, acomplir et enteriner, par la forme et maniere que dit est. Et pour ce que mond. seigneur ne pourra pas adonc estre en cested. ville, il a ordené que lesd. lettres dud. duc seront baillées à reverent père en Dieu l'evesque de Noyon et à messire Amaulry d'Orgemont, lesquelz, par l'ordenance de mond. seigneur, ne delivreront ycelles lettres dud. duc de Bretaigne à lad. dame de Rays jusques ycelle dame leur baillera sur ce ses lettres, esqueles semblablement sera incorporé de mot à mot ced. appointement, pour icelles bailler et delivrer aud. duc ou à ses commis de les recevoir pour lui. Et fu fait ced. appointement à Paris, par mond. seigneur en son conseil, le xxiiiie jour d'avril l'an mil ccc iiii^{xx} et dix neuf.

Savoir faisons que ycellui traictié et appointement ainsi fait, traictié et appointié comme cy dessus est dit, nous confermons, louons et approuvons, et promectons loyaument tenir, enteriner et acomplir de nostre partie et en tant comme il nous touche et puet touchier, sans fraude ne mal engin; et se aucun debat ou obscurté avoit sur les poins et articles dud. appointement et traictié, nous lad. dame avons voulu et voulons et à ce nous consentons qu'il soit entendu et determiné à l'interpretacion, dit et sentence de mond. sg^r le duc de Bourgoingne, sans ressort et non d'autre, soit en presence ou en absence de mond. sg^r le duc de Bretaigne et de nous. Et en tesmoing de verité, nous avons fait seeller ces presentes de nostre seel. Donné à Paris, le xvie jour de may, led. an mil ccc iiii^{xx} et dix neuf.

G. Gruau, passe, du comendement de madame de Rays. Presens : Le Borgne de la Huse, mestre Jahan de Boissay, Guillaume Sauvage et pluseurs autres.

XIV

Don fait par le duc de Bretaigne à m^{gr} de Rays [1].
5 janvier 1409.

Jehan, duc de Bretaigne, conte de Montfort et de Richemont, Savoir faisons que comme nous aions nagueres ordonné en nostre païs ung fouaige de vingt solz par feu, nous, considerans les froiz et missions que nostre très chier bien amé cousin et feal, le sire de Rays, a faiz et soustenuz à venir dever nous à noz mandemens en pluseurs lieux, en recompassacion d'iceulx et pour autres causes à ce nous mouvans, nous lui avons donné et octroié, donnons et octroions par ces presentes, et voulons qu'il face lever et recevoir led. fouaige de xx solz par feu en ses fiefz et terrouers et qu'il en joisse. Auquel nostred. cousin, ses of-

---

1. Publié par René Blanchard, *Lettres et mandements de Jean V, duc de Bretagne*, n° 1050.

ficiers, commis et deputez quant à ce, nous avons donné et donnons par ces presentes, plain povoir de celui fouaige recevoir, lever et cuillir deuement, sans ce que à lui, sesd. officiers, hommes et subgiez, ne à l'un d'eulx, nous en puissons, ou temps advenir, aucune chose querir et demander. Si mandons et commandons à noz receveur[s] general et particuliers dud. fouaige, que de nostred. don et octroy ilz laissent et seuffrent nostred. cousin joir et user, sans sur ce lui mectre ne souffrir estre mis aucun empeschement, car ainsi le voulons et nous plaist, et ces presentes ou coppie vauldront garant et descharge à touz ceulx qui mestier en auront. Donné en nostre ville de Nantes, le v⁰ jour de janvier, l'an mil iiii⁰ et huit.

Par le duc, de son commandement et en son conseil, presens : Vous, l'evesque de Nantes et maistre Olivier de Chamballen. — Ainsi signé : G. Bruneau [1].

XV

Donnoison de la duchesse de Bretaigne à monsᵍʳ de la Suze.
6 juin 1420.

Jehanne, aisnée fille du roy de France, duchesse de Bretaigne, contesse de Montfort et de Richemont, Savoir faisons que nous, considerans les grans pertes, maulx et dommages que nostre très cher et amé cousin le sire de la Suze a soustenu et lui ont esté faiz ès terres de lui et de nostre très cher et amé cousin le sire de Rays, son filz [2], par Olivier de Blays nagueres conte de Penthevre, ses aliez

---

1. Gruneau sur le ms. Ce secrétaire se nommait Guillaume Bruneau. L'enchevêtrement des deux initiales sur les originaux explique la leçon fautive du cartulaire.
2. Le sire de Rays, dont il est ici question, était le fameux Gilles de Rays, depuis maréchal de France, célèbre par ses crimes. Le sire de la Suze, dont notre texte le dit *filz*, se nommait Jean de Craon et était en réalité le grand-père de Gilles.

et complices, et les fraiz et missions que il a soustenuz pour le fait de Mgr puis la prinse de sa personne faicte par led. Olivier, faulcement et desloiaulment et par traïson, à ycelui nostre cousin de la Suze, pour lui aider aucunement à suporter lesd. charges, dommaiges, fraiz et missions, avons donné et octroié, donnons et octroions par cez presentes tous les saulx generalment estans ès terres et seigneuries de lui et de sond. filz de Rays, qui estoient, pourroient et pevent apartenir à quelconques personnes que ce soient qui aient tenu et tiengnent le party dud. Olivier de Blays, à en joir led. sire de la Suze et en faire comme de sa propre chose. Si mandons par cez presentes, en absence de Mgr, à tous officiers à qui de ce peut et poura toucher et apartenir, de cest nostre present don et octroy faire, laisser et souffrir joïr et user nostred. cousin, sans sur ce lui faire ne souffrir estre fait, mis ou donné aucun ennuy ou empeschement. Et si par avant ce jour, ce avoit esté fait ou est par quelconque personne que ce soit, ce neantmoins mandons et commandons à tous justiciers et officiers à qui ce peut et doit toucher et apartenir, touz arestz, ennuiz ou empeschemens estre du tout anullez et ostez, lesd. saulx et mis à plaine delivrance, obstant quelconques opposicions faictes ou à faire au contraire. Et par cez mesmes presentes avons donné povoir, congié et licence à nostred. cousin de iceulx saulx faire esplecter, vandre, desplacer et emporter et en faire ainsi que bon lui semblera, par ses gens et officiers ou autres qu'il lui plaira, sans que aucun reproche ou demande en puisse estre fait à lui ne à ceulx qui de par lui le feront. Et cez presentes ou coppie voulons que vaillent de ce garant, deffence et descharge à tous ceulx qui mestier en auront. Donné à Vennes, le vi^e jour de juign, l'an mil iiii^c et vingt.

Ainsi signé : Par la duchesse, de son commandement. G. Coglays.

XVI

Lettres du duc de Bretaigne confirmatoires du don fait par la duchesse à mons^{gr} de la Suze [1].

10 juillet 1420.

Jehan, par la grace de Dieu duc de Bretaigne, conte de Montfort et de Richemont, Savoir faisons que comme nostre très chere et très amée seur et compagne la duchesse, considerant les grans pertes, maulx et domages que nostre très cher et amé cousin le sire de la Suze avoit soustenu et lui avoient esté faiz ès terres de lui et de nostre très cher et amé cousin le sire de Rays, par Olivier de Blays, ses aliez et conplices, et les froiz et misions que nostred. cousin de la Suze avoit soustenu pour nostre fait, puis la prinse de nostre personne faicte traiteusement et en mauvaise maniere par led. de Blays, ayt donné, durant nostre absanse, à nostred. cousin de la Suze, pour lui aider à suporter aucunement lesd. charges, dommaiges, froiz et misions, tous les saulx generalment estans ès terres et seigneuries de lui et de sond. filz de Rays, qui estoient, pourroient et peussent apartenir à quelconques personnes que ce fussent, qui eussent tenu et teinssent le party dud. Olivier de Blays ; et depuis aions entendu que nostre bien amé feal Jehan Perio, nostre receveur general des terres confisquées à nostre main, qui furent aud. de Blays et ses adherez, s'efforce par lui, ses commis et deputez, empescher nostred. cousin de la Suze sur le joissement desd. saulx, et les lever à nostre prouffit, non obstant lad. donnoison faicte à nostred. cousin de la Suze, ainsi que dit est, lequel, pour ceste cause, nous a supplié et requis de lui vouloir pourveoir convenablement. Pour quoy nous, considerans

---

1. Publié par René Blanchard, *Lettres et mandements de Jean V, duc de Bretagne*, n° 1405.

et aians esgard à la donnoison faicte par nostred. compagne la duchesse à nostred. cousin de la Suze, laquelle donnoison très bien nous plaist, avons confermé, loué et ratiffié lad. donnoison, voulons et octroions que nostred. cousin en joisse ; et encores de nouvel, en tant que mestier est, lui donnons et octroions lesd. saulx, en mandant et commandant et par cez presentes mandons et commandons aud. Perio, Eonnet Guiolle et autres à ce commis et depputez, mesmement à noz amez et feaulx les gens de la chambre de noz comptes et à tous autres nos officiers à qui de ce peut apartenir, laisser et souffrir joïr par nostred. cousin de la Suze desd. saulx, selon la forme de lad. donnoison, sans empeschemens quelconques lui donner ; et s'aucune main mise a esté mise de par nous, la sourdons, levons et hostons, en inposant et de fait imposons ausd. Perio, Guiholle et autres quelconques noz officiers silence perpetuel, à cause desd. saulx ; car ainsi le voulons et nous plaist. Donné à Oudon, le xe jour de juillet, l'an mil iiii^{c}xx.

Ainsi signé : Par le duc. — Par le duc, de son commandement, presens : le viconte de Rohan, le sire de Reux, l'arcediacre de Rennes, m^e Olivier de Chambellan et autres. — Ivete.

XVII

Obligacion de mons^{gr} de Thouars à mons^{gr} de Rays.
26 avril 1252.

Universis presentes litteras inspecturis, Aymericus, vicecomes Thoarcensis, salutem in Domino. Noveritis quod nos debemus reddere domino Girardo Chabot centum et decem libras monete curentis ad hoc instans pagamentum beati Florencii de Salmuro, de quibus nos deliberavit erga dominum Clicii ; et si ob moram solucionis dicto termino non facte aliquod dampnum habuerit, tenemur eidem omne deperditum resarcire sub presentium nostrarum testimonio litterarum. Datum teste sigillo nostro, die veneris post festum beati Marchi euvangeliste, anno Domini millesimo II° L° secundo.

XVIII

La lettre du mariage de monsgr de Rays avecques ma damoiselle de Hambye [1].

4 janvier 1417.

En la prolocucion de mariage et en traictant icelui d'entre nobles et puissans le sire de Rays et de Blazon, d'une partie, et noble damoiselle Jehenne Peynel, fille et heritiere principal pour le tout de nobles et puissans messire Foucques Peynel, chevalier, en son vivant sire de Hambie et de Bricquebec, d'autre partie, a esté traictié et apointé entre nobles et puissans messire Jehan de Craon, sire de la Suze et de Champtocé, requerant led. mariage pour et ou nom dud. sire de Rays et de Blazon, et comme tuteur et aïeul maternel et proche amy d'icelui sires de Rays, et nobles et puissans messire Charles de Dinan, sire de Chasteaubrient, ayeul de lad. damoiselle, et noble dame dame Margarite de Dinan, fille dud. de Chasteaubrient et mère de lad. damoiselle, en la maniere qui s'ensuit :

Premier, ou cas qu'il plaira à la noble court de parlement de France, soubz la main et en la garde de laquelle court mad. damoiselle est en garde pour le present, et o l'assentement des amys charnelz de mad. damoiselle en la lingne de par les père et mère d'elle, mond. sgr de Chas-

---

[1]. Publié par Siméon Luce, *Jeanne Paynel à Chantilly*, dans *Mémoires de l'Académie des inscriptions et belles-lettres*, t. XXXIV, 1re partie (1892), p. 387-390.

teaubrient et mad. dame sa fille voudront et consentiront
led. mariaige. Item, en faisant led. mariaige et icelui fait,
mond. s^{gr} de Chasteaubrient et mad. dame de Hambie, sa
fille, voudront et se consentiront que mond. s^{gr} de la Suze
ait la garde, gouvernement et administracion de mad.
damoiselle de Hambie et de ses biens, terres, forteresses,
seigneuries et possessions. Item, aura lad. dame Margarite son douaire ès heritaiges qui apartenoient aud. s^{gr} de
Hambie et de Bricquebec, en principal et en arrerages,
selon la coustume des païs où lesd. heritaiges sont situés;
et ainsi l'a voulu led. sires de la Suze oud. nom, et led.
mariaige fait et en le faisant, en donnera et fera donner
consentement et octroy valable. Item, et pour ce que
mond. s^{gr} de Chasteaubrient a fait pluseurs et grandes
mises afin de mectre mad. damoiselle et ses terres et pocessions hors des mains d'aucuns qui les tenoint et en
joïssoint des fruiz et revenues, sans aucunement les apli-
quer au prouffit de mad. damoiselle, et ce avoient fait en
faveur d'aucun mariaige de mad. damoiselle, quel mariaige n'estoit aucunement à l'oneur ne proufit d'elle, ne
n'avoit esté o le consentement des amis d'elle, et que que
soit en la lingne de par la mère, en laquelle poursuite
mond. s^{gr} de Chasteaubrient a fait pluseurs mises, tant
vers la court de parlement que ailleurs; est apointé entre
mesd. s^{grs} et oud. nom, que mond. s^{gr} de Chasteaubrient
aura et lui seront paiez de mond. s^{gr} de la Suze le numbre
et sommé de quatre mil frans en paiement d'escuz ou
monnoie à la value, à estre paiez dedens la fin du premier
an après les espousailles faictes dud. sires de Rays avecques mad. damoiselle de Hambie, et que la garde, gouvernement et administracion de mad. damoiselle et de ses
biens et terres lui aura esté baillée et delivrée. Et de ce
seront faictes lettres valables telement que mond. s^{gr} de
Chasteaubrient sera contenpté de sad. mise, aux termes et
comme dit est, pourveu que si mond. s^{gr} de Rays ou

mad. damoiselle ou l'un d'eulx decederoient durant led an et par avant icelui acompli, que Dieu ne veille, mond. s^{gr} de la Suze ne led. m^{gr} de Rays ne seront tenuz paier à mond. s^{gr} de Chasteaubrient d'icelle somme de quatre mil frans, fors par autant comme ilz ou l'un d'eulx auront levé ou peu lever des biens et revenues de mad. damoiselle; et se poié en avoient plus que n'en auroient levé ou peu lever, mond. s^{gr} de Chasteaubrient est tenu le leur randre et restituer. Item, comme mond. s^{gr} de la Suze ayt baillé à mond. s^{gr} de Chasteaubrient mil livres, de quoy mond. s^{gr} de Chasteaubrient lui a baillé obligacion en confessant les avoir eues à cause de prest, est dit que icelles mil livres seront mises en rabat et deducion et vaudront acquit et descharge sur lad. somme de quatre mil frans, en cas que mond. s^{gr} de Rays et mad. damoiselle seroient fiancez et espousez, et que, pour cause des moiens et apointemens dessusd., mond. s^{gr} de la Suze seroit tenu paier lad. somme de quatre mil frans : ou quel cas mond. s^{gr} de Chasteaubrient sera et demour[r]a quicte vers mond. s^{gr} de la Suze desd. mil livres, et sera tenu lui en randre l'obligacion qu'il en a sur lui. Item, a esté traictié et apointé entre mesd. s^{grs} et oud. nom, que de tout ce que mad. damoiselle, ses tuteurs et curateurs et autres, ou nom d'elle, pourroint demander à mond. s^{gr} de Chasteaubrient, à cause des errerages de rente, pour cause de la promesse faicte au mariage fesant entre mad. dame Margarite et mond. s^{gr} de Hambie, et autrement à cause de arrerage de rente, mond. s^{gr} de Chasteaubrient et ses hoirs en seront et demour[r]ont quictes envers mond. s^{gr} de Rays et mad. damoiselle, pour tant que leur peut et poura toucher. Item, des choses et chascune dessusd. seront faictes lettres et obligacions valables, tant pour l'une partie que pour l'autre, en la meilleure forme que ce poura estre, et seront aprouvées par decret en tant que mestier sera. Et cestes choses et chascune ont promis lesd. s^grs de Chasteaubrient et de la Suze et lad. dame Margarite, chascun pour ce que lui touche, tenir et acomplir en bonne foy sans jamès venir encontre. Et en tesmoign de ce, ont mis et aposé lesd. s^grs leurs propres seaulx à cez presentes, savoir est led. s^gr de Chasteaubrient pour lui et lad. dame Margarite, sa fille, à la requeste d'elle, et led. sire de la Suze pour lui, le quart jour du moys de janvier l'an mil iiii^c et seze.

XIX

Lettre du mariaige de mons^gr de Rays avecques Jehanne, fille mons^gr de Craon.

21 novembre 1274.

Sachent tuit presens et advenir que en nostre court en droit establie madame Ysabeau, dame de Champtocé, confessa que en la porparlance du mariaige à faire entre mons^gr Girart Chaboz, d'une partie, et entre damoiselle Jehenne de Craon, fille d'icelle dame, que celle dame donna, bailla et octroia à lad. Jehenne o led. Girart, en mariaige, cinquante livres de annuel rente; lesquelz celle dame assiet et assigne dès hores aud. Girart et à Jehenne et à leurs hoirs sur les conquestz d'icelle dame assizes à Champtocé et au plus près de Champtocé, au dit et au pris de mons^r Olivier Baderan et de mons^r Lucas de Saint Aignen, chevaliers; sauf et retenu toutesvoies icellesd. cinquante livres de rente à lad. Ysabeau, tant comme elle vivra. Et ainsin celle dame bailla en yceulx Girart et Jehenne, par raison d'icelle Jehenne, et en leurs hoirs, par la baillance de cest present escript, toute la pocession et toute la proprieté, tout le demaine, toute la seigneurie, toute la saesine et tout quanque elle avoit et povoit avoir en celles L livres de rente; cessant en la maniere davantd. aud. Girart et à Jehenne et à leurs hoirs davantd. touz les droiz, toutes les accions, toutes les demandes qui à lad. dame advenoient et povoient advenir par raison d'icelles cinquante livres de rente, retenu et sauve à celle dame, tant comme elle vivra, son usufruit en icellesd. cinquante livres de rente. Auquel garantir et deffendre et delivrer de tout et contre tout, selon les usages et les coustumes d'Anjou aprovées, et segont droit, aud. Girart et à Jehenne et à leurs hoirs davantd., a lad. dame obligé soy et ses hoirs et tous ses biens meubles [et] inmeubles, presens et advenir, espiciaulment et expressement ; renunciant lad. dame à toutes excepcions, raisons et allegacions de tout droit escript et non escript, à excepcion de fraude et de decepvance, à privilege de croix donné et à donner, et à tous autres privileges. Et nous icelle dame, en nostre court en droit presente et consentante, jugeon ausd. choses enteriner, et en est tenue par son serment fait en nostre court sus saintes euvangilles. Ce fut fait à Angers, jugé et seellé du seel de nostre court, à la requeste d'icelle dame, ou jour de mecredi davant la feste sainte Catherine, en l'an de grace mil II^c LXXIIII.

XX

Lettre faisant mencion du mariaige Hervé de Leon, s^{gr} de Noion, avecques Margot, fille messire Girart Chaboz, s^{gr} de Rays [1].

19 juin 1324.

A touz ceux qui cestes presentes lettres verront e orront, Hervé de Leon, sire de Noion, e Girart Chabot, syre de Rays e de Marchecoul, chevalers, saluz en Nostre Seyngnour. Sachent touz que en la prolocucion du mariage feire entre Hervé de Leon, nostre fiuz esné e principal hayr, d'une part, et damaysele Margot, fille aud. Girart, de l'autre, Nous Girart desusd., en faisant led. mariage et

---

1. Publié d'après l'original du chartrier de Thouars.

pour le faire, avons doné, livré et baillé, et donons, livrons e baillons aud. Hervé de Leon o lad. nostre fille, treyze cenz libvres de rante à value, levables e poiables par chacun an, en la forme e en la maniere qui sevent : C'est à savoir mil libvres de rante à prandre e à lever par la main aud. Hervé ou ceux qui cause auroynt de luy et de lad. damaysele, en l'isle de Boing, en noz rantes, terres e coustumes en lad. yle, quitemant e franchement. Et puest e pourra led. Hervé constreindre plenerement les hommes qui devent et devront lesd. rantes, coustumes e devoirs, à se faire poier des mil libvres de rante à value, comme dit est par desus, et ceux qui seront ou seroyent rebelles desd. rentes, coustumes et devoirs payer, punir, nammeyer, vandre les gages, tasser du deffaut de paier lesd. rentes, coustumes e devoirs e les restrere amantes, les queles amantes seront comptées à nous valoir ou poiement desd. mil libvres segont ce que elles seront tassées et levées. E si il avenaist que aucuns de ceux qui devront ou devroient lesd. rantes, coustumes e devoirs, forfeissent ou feissent injures de faist ou de dist en la propre persoene doud. Hervé, de son sergent ou de son alloué, par maniere de injure, l'amante desd. injures ou forfez sera levée e prise par led. Hervé, ne ne sera de ryens comptée en lad. somme de mil libvres de rante. E Nous Girart aurons nostre senechal ou lieu tenant en lad. yle, lequel deliverra et tendra noz plez, nostre justise e noz causes comme il a esté acoustumé, exceptez les cas desusd. qui sont reservez et demorent o led. Hervé. E les amantes qui seront jugées par led. senechal ou lieu tenant seront levées par l'aloué aud. Hervé, comme seingnour, quant esd. mil libvres de rante, à valoir ou poiement de la somme desd. mil libvres de rante ce que il en vosdra lever. E ce que led. Hervé ne vosdroiet lever demorra o nous, e prandra ou pourra prandre led. Hervé ou son alloué le remenant de sa somme jusques tant que lesd. mil libvres ly soient parpayées ès rentes e choses desusd.; e ne pourrons desd. rentes, coustumes, amantes e devers ryen lever jusques tant que lad. somme de mil libvres soit parpayée aud. Hervé quitement e franchement comme desus est dit. E lad. somme eue et poiée aud. Hervé par chacun an comme desus est dit, le remenant nous demorra e deist demorer o nous paysiblement, sanz ce que led. Hervé puisse rien espletier jusques à la revolucion de l'an, si n'est en poursevant les forfez e les injures qui ly seraynt ou seront faiz en sa propre persoene ou à ses sergenz ou allouez, qui li seraynt commancez ou faiz avant que lad. somme de mil libvres sayt parpoiée. E si aucuns desd. hommes resorteynt dud. Hervé ou de son alloué, le resort vendra devant nous ou nostre lieu tenant, segont la coustume dou pays, pour tout le debast aud. Hervé; e des choses desusd. enterra led. Hervé, le mariage fait entre eux, par la reson de lad. damoysele, e volons que il entre en la fay et en l'omenage de la seingnorie e en la seysine, comme heriter, jusques à la somme desd. mil libvres de rante. E Nous Girart desusd. aurons un sergent comme il est acoustumé, à lever les rantes qui par nostre main devent estre poiées au syre de la Benaste e ès autres à qui l'an a acoustumé à poyer, dont nous ne pourrons rien retenir à nous jusques tant que lad. somme de mil libvres soit parpoiée aud. Hervé, comme desus est dit. E les trois cenz libvres de rante demorans de lad. somme de treze cens libvres de rante, promestons e semes tenuz pour nous e pour noz hers, assigner e assayr aud. Hervé o lad. damaysele, après nostre descès ou après diz anz après le mariage fait entre eux, au choys dud. Hervé, en noz terres e rentes en value, responanz à la barre de Nantes. E là où l'en commancera à assoyer lesd. trois cenz libvres de rante, l'en fournira de proschien en proschien. E commancera led. Hervé à lever lesd. mil libvres de rante à Noel proschien venant pour l'anné que le mariage sera fait, toutesvays son poiement desd. mil libvres li sera achevé dedänz le jour e l'an du temps des esposailles chantées entre eux; e led. an acompli, led. Hervé levera e pourra lever lad. somme de mil libvres d'ileques en continuant par chacun an jusques à tant que il ait eue lad. somme de mil libvres comme desus est dit; e sera compté ce que led. Hervé auroyt levé ou pourroyt avoir levé en la somme desd. mil libvres du temps de dit Noel jusques à la finement de l'an; et ce que il n'auroyt levé dedanz le eschefemant dud. an des esposailles, nous sommes tenuz à li parfaire sus toutes noz autres choses en lad. yle; et se il avenoyt que lad. yle de Boyng ne souffiseyt à poier lad. somme de mil libvres de rante par chacun an aud. Hervé, nous sommes tenuz à la parfaire aillours en noz terres, rantes, ès lieus responanz à la barre de Nantes.

Item, greons e acordons que led. Hervé de Leon aura e doit avoir, par cause de prest, nostre herbregement de la ville du chatieu de Pruyngné, pour luy e pour sa gent, le mariage fait entre luy e nostred. fille, jusques à tant que nous li aiens baillé menayer convenable o sexante libvres de rante au mayens; à value desqueles sexante libvres de rante ou plus, si nous ly baillons, decherront de la somme de mil libvres de rante, nous vivant; e après nostre descès ou après les diz ans, comme dit est desus, seront comptées à nous valoir et tenir aquist en la somme desd. trois cenz libvres de rante demoranz de la somme desd. treze cenz libvres de rante; e einsi demorront lesd. mil libvres de rante en lad. yle, comme desus est dit. Et greons e acordons que si led. Hervé veult prandre ou ly plet mieuz prendre toute le escheiste par heritage qui nous vint de par Guillaume Chabot, chevaler, nostre frère, o son feis et sa charge, o son profist et son haneur, en quelquel leu que ce soit ou soient, il les pourra prandre pour toutes les choses desusd., assignées e donées, e promises e assises e asseyer, les queles nous retorneront quitement e franchement comme ils esteyent paravant ceste assignacion, si led. Hervé prent lad. escheite, lequel choys deit led. Hervé faire dedanz dous anz après les esposailles chantées entre eux; et si il ne choesisseyt dedanz led. temps, il se tendra à l'assignacion desusd.

E Nous, syre de Leon et de Noyon desusd., mariant led. nostre fiuz comme nostre principal hair à lad. damayse[le], greons e prometons e sommes tenuz que si il avenoyt que nostred. fiuz morut avant nous, après le mariage fait entre eux, assigner e asseyer à lad. damaysele pour son douayere, sis cenz libvres de rante en Normandie, en assieste segont la costume dou pays, ou à value, ou au choys de lad. dameysele, ou son droit en toute nostre terre en quelquel lieu que ce soit, par reson de douaiere e au choys de lad. damoeysele, segont la coustume de chacun terroier. E toutes les choses desusd. comme elles sont parlées, grées et acordées, Nous Hervé de Leon, sire de Noyon, e Nous Girart, sire de Rays et de Marchecoul devantd., prometons e jurons sur les saintes euvangeles, pour nous e pour noz hairs e noz successeurs, bien e loyemant tenir, acomplir e fornir en tant comme à chacun de nous appartient, et encontre non venir par nous ne par autres, ne doner occasion ne matere de venir par quelquele voie ne reson, engin ou soutenance; e obligons nous e noz hairs, noz successors e touz noz biens meubles e non meubles, presenz e à venir, en quelquel lieu que ils soient, pour lesd. choses tenir, fournir e acomplir, à vandre e à despandre en quelequele partie que celuy vouldra à qui l'autre sereit deffaillant de fournir e acomplir ce que il a premis. E sommes tenuz l'un à garantir l'autre e lesd. noz anfanz, tant comme à chascun de eux appartient, sur totes les choses desusd., en noz propres despens, et dedomager l'un l'autre, si couz, missions ou despens fesoit en deffandant ou porsevant les choses desusd. comme elles sont parlées e grées; e à oter en noz propres despens toutes manieres d'anpechemanz, troubles e pledoyeriees qui pourroient sourdre ou pourroient estre opposées ès choses desusd., c'est asavoir celuy de quel costé le torble ou l'enpechement en vendroiet, ou par lui ou par autre, par la reson desd. choses. E volons, que pour nous que pour noz hairs e successors, que nous ne soiens oïz ne receuz à aplegement ne contre aplegement, ne alongement de terme faire ne querre, ne dilacion nulle contre la tenor de ces presentes lettres, les queles nous voulons estre receues pour plaine preuve sur toutes les choses desusd., en toutes courz et devant touz juges. E renonçons à toutes excepcions de fraude, barast, decepcion, circonvencion e à toutes autres barres, deffanses e dilacions peremptoieres e dilatoieres, tant de fait que de droit et de costume generale ou especiale, à touz privileges de croiz prise ou à prandre, à touz statuz e ordinacions de prince, donez e à doner qui pourroient estre opposées ou obicées contre ces presentes lettres; e jurames e encore jurons, pour nous e pour noz hairs et successors, toutes les choses devantd. tenir, fournir e acomplir, e contre non venir ne par nous ne par autres. E en tesmoing de ce e à nostre supplicacion e priere, nous avons fait metre le seel à treis haut prince nostre syre le roy de France, dont l'en use en la senechaucie de Poytou, jadis establi à la Roche sur Oyon, ensemble o le seel establi pour les contraz au duc de Bretaingne à Vanes, o noz propres seeux à nous dous e à chacun de nous, Nous e chacun de nous, pour nous e pour nozd. hairs, nous sometons aès jurisdicions desd. nostre syre le roy e le duc de Bretaingne. Ge adescertes André de la Bochere, clerc, garde en celuy temps dud. seel, à la requeste e à la supplicacion des desusd. e de chacun de eux, et à la fayalle relacion Guillaume Vincendeau, clerc, mon juré, qui lesd. choses registra et les parties desusd. et chacun de eux par la maniere desud. e à lour requeste, par le jugement de la court le roy nostre seingnour desusd.,

sentencia e condempna, apposé led. seel à cestes presentes
lettres en tesmoing des choses desusd., sauf le droit nostre
syre le roy e l'autruy. Presenz à cez grez : monsour Alain
de Coetdiles, monsour Morice de Coetqrieou, chevalers,
le syre de Reux e monsour Raoul de Leon, officer [1] de
Nantes, et pluseurs autres. E ge Henri le Parisi, garde auxi
au temps des seux des contraz monseignor de Bretaingne
à Vanes, fui present à cestes choses, e, as requestes e prieres
desd. parties, mis le seel desd. contraz, en tesmoing de
verité. Donné le mardi après la feste du Sacremant, c'est
asavoir le mardi avant la saint Jehan Baptiste, l'an mil III^c
et vint et quatre anz. — G. VINCENDEA.

XXI

Lettre obligatoire sur messire Bertran de Cloaiqin.
21 janvier 1365 [2].

A tous ceulx qui cez presentes lettres verront et orront,
Bertran de Guerclin, conte de Longueville et s^{gr} de Bro-
non, salut et dileccion. Sachent tous presens et advenir
que comme mons^{gr} Girart, s^{gr} de Rays, à nostre priere et
requeste, se soit obligé pour nous en certaine obligacion
en laquelle nous mesmes sommes obligez envers mons^{gr}
Jehan Chamdos, viconte de Saint Sauveur et connestable
d'Acquitaine, nostre maistre, et au quel nous sommes vroy
prinsonnier, pour certaines choses et par certains poins
contenuz en lad. obligacion, en abregent et faisant le fait

---

1. C'est-à-dire official de l'église cathédrale de Nantes. On sait d'ailleurs, par un texte du 27 avril 1325, que « Radulphus de Leonia » était chanoine de cette église (Arch. Loire-Inf., G 97).

2. L'ayant daté par mégarde de 1375 au lieu de 1365 n. s., M. Marchegay a mal classé ce document dans sa *Table*. Il a été publié avec sa véritable date, en 1857, par M. Benjamin Fillon, dans la *Revue des provinces de l'Ouest*, t. IV, p. 629. Cet éditeur a fait précéder la publication des lettres de Du Guesclin d'une courte notice pour en signaler l'importance. M. Sandret a donné de nouveau cette pièce en 1886 (*Hist. généalogique de la maison de Chabot*, p. 274-277).

de nostre delivrance; de laquelle obligacion dud. sire de Rays, de nous mesmes et chascun pour le tout, la forme ensuit :

A tous ceulx qui cez lettres verront, Bertrand de Guerclin, conte de Longueville, et Girart, sire de Rays, salut. Sachent tous que comme nous dit Bertrant soions tenuz et obligez à noble homme messire Jehan Chamdos, viconte de Saint Sauveur et connestable d'Acquitaine, pour la prinson et finance de nostre corps, en la somme de cent mille francs de fin or et loial poais, du coign du roy de France, aians cours au temps du roy Jehan derrenier mort, dont Dieux ayt l'arme, assavoir est que nous Bertrant et sire de Rays devantd., de nostre bon gré et volunté, promectons et sommes tenuz chascun de nous en tout, en renunciant au benefice de division et à la constitucion de deux obligeans chascun pour le tout, nous faire et curer en effect vers m^{grs} le duc d'Orleans, le conte d'Estampes, le s^{gr} de Craon, que eulx ou l'un d'eulx ou autres seigneurs du roiaulme de France ou du principaulté d'Acquictaine, qui suffisent à nostred. maistre, donront et accorderont lettres bonnes et souffisans, seellées du seel de celui ou ceulx qui se obligent, et du seel de m^{gr} le prince estably à Bordeaux ou à Poictiers, dedens la feste de Penthecoste prouchain, contenant que [pour] led. messire Bertran, mort ou vif, obligent eulx, leurs hoers et successeurs, tous et chascuns leurs biens meubles, inmeubles, presens et advenir, à randre et paier aud. viconte en la ville de Bordeaux, dedens la feste de Penthecoste qui sera l'an mil iij^c lxvj, la somme de xx^m francs, en deducion et rabat de la somme des cent mille francs davantd., ou randre le corps dud. messire Bertran, s'il est en vie ; lesquelles dictes lettres randrons en la ville de Bordeaux dedens la feste prochaine de Penthecoste. Et ou cas que nous dit Bertran serions en vie, et nous ou led. sire de Rays n'aurions randu aud. messire Jehan

Champdos ou à autre, en non de lui, à la prochaine feste
de Penthecoste, lesd. lettres obligatoires, comme dit est,
nousd. sire de Rays serons tenuz et promectons, en celui
cas, randre et paier aud. messire Jehan Chamdos la somme
desd. xx^m francs dedens la feste de Penthecoste qui sera
l'an mil iij^c lxvj, ou le corps dud. m^{gr} Bertran, s'il est en
vie. Et est assavoir que pour [que] les choses contenues
en cez presentes ne face ne portet aucun prejudice aud.
m^{gr} Jehan Chamdos, ne aux lettres à lui octroiées de
nousd. Bertran, sur le fait de nostre finance de lad. somme
des cent mille francs devantd., ny icelles en aucune partie de-
roguer, ne à leur effect, par maniere d'innovacion ou autrement, mès sont et demeurent, de nostre consentement, en
leur force et vertu, et toutes et chascunes les choses dessusd. si comme elles sont dessus specifiées et declairées, à
tenir, faire, garder et acomplir sans aucune fraude ou mal
engin, nous Bertran et Girart dessusd. avons obligé et
obligeons aud. viconte, son certain atourné ou avans
cause, nous et chascun de nous, noz hoirs et successeurs
et tous noz biens quelconques, meubles et inmeubles,
presens et advenir, sans faire ne venir encontre en aucune maniere, et par les sermens de noz corps sur ce
donnez, manuelment touchant le Livre ; soubz lesquelx
sermens et obligacion devantd. nous avons renoncié et
renuncions à toutes excepcions de dol, de mal, de fraude,
de lesion, machinacion, circonvencion, d'une chose faicte
et autre escripte, de plus fait et moins escript et au contraire, de excepcion de droit priz, à touz respiz de debtes,
à tous privileges de roy et d'autre prince quelconques, au
privilege de la croix prins et à prandre, à toutes dispens-
sacions de foy et de serment de pape et d'autres prelaz de
sainte eglise queulxconques, et à tous autres privileges et
benefices de droit civil et canon, usage et coustume de
païs, et de droit disant general renunciacion non valoir,
pour quoy ces presentes pouroint estre enfraintes, destruites

ou anullées. En tesmoing des quelles choses nous avons apposé à ces presentes, et chascun de nous, noz propres seaulx et supplié de vive voiz, en noz propres personnes, à honnorable homme Jehan de Luserche, garde du seel de m^{gr} le prince d'Acquitaine establi aux contractz à Niort, que, à plus grant fermeté, il appose led. seel à cez presentes, à la juridicion et cohercion duquel et de tout autre comme à nostred. maistre plaira, nous et chascun de nous avons soubzmis, et noz biens et de noz hoirs. Et nous seelleur dessud., à la requeste des dessusd. m^{grs} Bertrant et Girart à nous faicte de leurs propres personnes, led. seel avons aposé à sez presentes, et sur ce les avons jugez et condampnez par le jugement de la court dud. seel. Donné et fait soubz les seaulx de nous et de chascun de nous Bertran et Girart dessusd., le xviij^e jour de janvier, l'an mil iij^{c}lxiiij.

Nous led. Bertrant promectons et nous obligeons aud. s^{gr} de Rays et qui de lui aura cause, sur l'obligacion de nous, de noz hoirs et de tous noz biens meubles et inmeubles, presens et avenir, en quelque partie et seigneurie qu'ilz soient, ycelui s^{gr} de Rays et qui de lui aura cause, de lad. obligacion garantir, delivrer et deffendre de tous maulx, cousts, dommages, missions et interestz, sur lesquelz led. sire de Rays sera creu à sa simple parolle pour toute preuve. Et s'il advenoit que, par nostre deffault, il encourist pour nous en la somme desd. xx^m francs, renuncions à jamès ne nous armer sans son congé, jusques à tant que loiaulment et entierement l'en aions acquité et desdommagé sans aucune fraude ne mal engin. Et quant à ce tenir, garder et acquiter, delivrer et entierement acomplir, sans venir encontre par nous ny par autre en aucune maniere, nous sommes obligé et obligeons, sur l'obligacion dessusd. et par la foy et serment de nostre corps sur ce fait et manuelment touchant le Livre ; soubz lequel serment nous avons renuncié et renoncions à toutes et chascune les renonciacions dessus escriptes, à tout droit et constitucion en faveur de chevaliers et gens d'armes, et au droit disant generale renunciacion non valoir, comme bien acertainé sur ce, et à toutes autres coustumes quelconques par quoy la teneur de cez presentes pouroit estre destruite, enfrainte ou anullée en tout ou en partie. En tesmoing des quelles choses, nous avons mis et aposé nostre seel propre à cez presentes, ensemble o le seel de mons^r Raoul de Quoaiquen, nostre cousin, à maire confirmacion. Donné à Nyort, le xxie jour de janvier, l'an mil iii^c lx et quatre.

XXII

Accort entre madame Jehanne de Rays et Guy de Rays, son nepveu[1].
24 juillet 1404.

A tous ceulx qui ces lettres verront, Jehanne, dame de Rays et de Ronxeville, salut. Comme nagueres nous aions baillié, quicté, cedé et delessé et transporté à nostre très cher et amé nepveu Guy, sires de Rays et de Blazon, et à ses aians cause, touz et chascuns les fruiz, prouffiz et esmolumens des chastellenies, terres et baronnie de Rays en Bretaigne, et des terres et chastellenies de la Mothe Achart, des Chaynnes et de la Maurriere en Poictou, pour nous en randre et paier de nostred. nepveu et de ses aians cause par chascun an, nostre vie durant seulement, ce que par nostre bien amé Jehan de Silans, arbitre esleu pour nous, et par maistre Georges de la Bossac, arbitre esleu pour nostred. nepveu, et Guillaume Sauvage, mediateur en cas de discort, diront et ordonneront que lesd. terres valent et povent valoir, justement deduites et rabatues premierement et avant toute euvre les charges, pansions, debtes et autres mises qui raisonnablement devront estre deduites, si

---

1. Publié, *Hist. généal. de la maison de Chabot*, par Sandret, p. 280-281.

comme ce apert et est plus à plain contenu ès lettres sur ce faictes entre nostred. nepveu et nous. Et il soit ainsi que pour ce que lesd. arbitres et mediateur ne pevent pas de present vacquer ne entendre à discerner et ordonner quelles sommes de deniers nous aurons et devrons avoir de nostred. nepveu par chascun an à cause des choses dessusd., Savoir faisons que, en actandant que lesd. arbitres et mediateur puissent entendre et vacquer en lad. besongne et qu'ilz en aient discerné et ordonné comme faire le doivent, a esté pacifié et accordé entre nostred. nepveu, d'une part, et nous, d'autre, que doresenavant, par chascun moys, il nous paiera la somme de saixante escuz d'or, pour les fruiz, prouffiz et revenues desd. terres de Rays, jusques à ce que lesd. arbitres, et mediateur en cas de discort, aient ordonné quelle somme nous en aurons. Et pour paiement de ce present moys commançant au jourduy, confessons avoir eu et receu de nostred. nepveu, par la main de Perrot Goion, la somme de soixante escuz valans xxii s., vi d. la piece, dont nous nous tenons pour contente et bien paiée, et en quictons nostred. nepveu et tous autres à qui quictance en peut et doit apartenir. En tesmoign desquelles choses dessusd. nous avons mis et apousé nostre propre seel à ces presentes. Donné à Paluyau, le xxiiie jour du moys de juillet, l'an mil quatre cens et quatre.

XXIII

Quictance du bailly de Caux à madame de Rays.
5 août 1396.

A tous ceulx qui cez presentes lettres verront et orront, Huc, sire de Donquerre, chevalier, chambellan du roy et bailly de Caux, salut et dileccion. Comme le roy nostred. seigneur nous eust mandé par ses lettres closes, ou moys de may derrain passé, à Caudebec, que tantost et sans delay sesd. lettres veues, nous veinssons devers lui pour certaines choses qu'il nous avoit à dire ; et nous venu dever lui, nous eust chargé et commis de aler en Bretaigne en la compagnie de nobles hommes et saiges maistre Jehan de Boissay et maistre Robert Cordelier, ses conseillers et maistres des requestes de son hostel, pour executer certain arest de parlement rendu et pronuncié pour madame de Rays à l'encontre du duc de Bretaigne ; ouquel voiaige de Paris nous demourasmes par l'espace de xxiiii jours, venant, demourant à Paris et retournant aud. lieu de Caudebec où il nous convenoit retourner pour certaines choses touchant nostre office de bailliaige ainçoys que nous peussons aler oud. voiaige de Bretaigne. Et semblablement fussions parti dud. lieu de Caudebec pour aler en icelui voiaige de Bretaigne, le jeudi xvie jour de juign derrain passé ; ouquel voiaige nous avons vacqué depuis led. jour, alant, demourant en Bretaigne et retournant à Paris pour faire relacion dud. fait, et aussi retournant aud. lieu de Caudebec, jusques au iiiie jour de ce present moys d'aoust exclus, où il a cinquante jours, lesquelles journées se montent en somme toute, pour les deux voiaiges dessusd., lxxiiii jours. Savoir faisons que nous confessons avoir eu et receu de lad. dame de Rays, par la main de messire Guillaume Griau, prestre, son procureur, et par Pieres Goion, pour chascun des jours dessusd., la somme de huit frans, qui sont en somme toute pour les lxxiiii jours dessusd., cinq cens iiii^{xx} et doze fr. De laquelle somme nous nous tenons pour content et bien paié, et en quictons lad. dame et tous à qui il peut apartenir. En tesmoign de ce nous avons seellé cez presentes du seel dud. bailliaige. Ce fu fait l'an mil iii^c iiii^{xx} et seize, le ve jour du moys d'aoust.

XXIV

Absolucion pour madame Jehanne de Rays pour le mariaige d'elle et de messire Jehan Larcevesque [1].

18 août 1381.

Johannes, miseracione divina episcopus Penestrinus [2], Religioso viro abbati monasterii Sancti Gildasii de Nemore [3], ordinis sancti Benedicti, Nannetensis diocesis, salutem in Domino. Ex parte nobilis mulieris Johanne, domine Radesiarum, dicte diocesis, nobis oblata peticio continebat quod licet ipsa olim cum quodam Rogerio, tunc et nunc captivato, matrimonium per verba de presenti contraxisset, carnali nondum copula subsecuta ; postmodum tamen ipsa cum nobili viro Johanne Archiepiscopi, milite, eidem Johanne tercio et quarto consanguinitatis gradibus, ex eodem stipite provenientibus, actinente, scienter matrimonium per verba de presenti, licet nullum, de facto et clandestine contraxit, carnali copula inde subsecuta prole tamen non procreata ; postea vero per officialem loci ordinarii fuit ipsis inhibitum ne deinceps insimul cohabitarent, sicut nec ipsa Johanna ex tunc dicto militi cohabitavit ; super quibus suplicari fecit humiliter ipsa Johanna sibi per sedem apostolicam de absolucionis debite beneficio misericorditer provideri. Nos igitur, auctoritate domini pape cujus primarie curam gerimus, discrecioni tue, cum ordinarium suum habeat in hac parte suspectum, commictimus quatenus, si ita est, ipsam

---

1. Cette charte a été publiée par M. de la Nicollière-Teijeiro (*Bulletin de la Société archéologique de Nantes*, t. IX, 1869, p. 130-131), et par M. Sandret (*Hist. généalogique de la maison de Chabot*, p. 279-280).
2. Jean de Cros, cardinal, évêque de Préneste, aujourd'hui Palestrina près Rome (1376-1383), précédemment évêque de Limoges (1348-1372).
3. Hervé du Port, abbé de Saint-Gildas-des-Bois (1363-1385).

Johannam a generalibus excommunicacionum sentenciis quas propter hoc incurrit et hujusmodi incestus reatu, ac excessibus et peccatis suis aliis que tibi confitebitur, nisi talia sint propter que merito sit sedes consulenda predicta, absolvas hac vice in forma ecclesie consueta, et injungas inde sibi, auctoritate predicta, pro modo culpe penitenciam salutarem et alia que de jure fuerint injungenda. Datum Avinioni, xv° kalendas septembris, pontificatus domini Clementis VII anno tercio.

XXV

Lettre faisant mencion des briefs de Rays estans en la Rochelle.

[22 mars 1345 à 23 mars 1350] [1].

Sachent tous que en nostre court de Nantes avons veu, leu, tenu et diligenment regardé de mot à mot unes lettres non cancellées, non malmises, non viciées ne corrompues en aucune partie d'elles, mès bonnes, saines, entieres et bien seellées en cire vermoille des seaulx nobles hommes monsʳ Foucques de Laval, chevalier, et de monsʳ Raoul de Machecoul, doien d'Angers, tuteurs et gardes des enffans de Rays, comme par lesd. lettres et par l'impression desd. seaulx apert plus plainement, contenans la forme qui s'ensuist :

---

1. La date donnée à cette charte par le cartulaire est manifestement erronée. En effet, il ressort de son texte que Philippe Bertrand était alors veuve de Girard [IV Chabot], sire de Rays. Or, le mardi après la Saint-Benoît 1342 (25 mars 1343 n. st.), celui-ci vivait toujours. Dans notre introduction, à l'article de ce seigneur, nous avons cité des actes établissant que Girard IV existait encore le 24 juillet 1343 et au mois de février 1344. Il ne mourut qu'en 1344, le 31 août, selon toutes probabilités.

On ne saurait, d'un autre côté, reculer la présente charte au delà de 1355, époque à laquelle Raoul de Machecoul, encore doyen d'Angers d'après notre document, devint évêque de cette ville. Dans la date adoptée ici, nous ne descendons pas plus loin que 1349 en v. st., pour ne pas modifier sans raison le chiffre des dizaines fourni par le manuscrit.

Foucques de Laval, chevalier, et Raoul de Machecoul, doien d'Angers, tuteurs et gardes des anffans de Rays, Au cuilleur et recepveur des briefs de Rays à la Rochelle, salut. Nous avons voulu et voulons que nostre très chere et amée niepce, dame Phelippe Bertran, mère desd. enffans, ait et reçoive la tierce partie de tous les esmolumens et prouffiz desd. briefs depuis la mort de feu mons^r Girart, jadix s^{gr} de Rays, chevalier, son seigneur et père desd. enffans, et semblablement au temps advenir, pour le droit à elle deu en ceste partie à cause de son douaire; pour quoy nous vous prions et neantmoins mandons que à nostred. niepce vous delivrez et baillez lad. tierce partie sans aucun empeschement. Donné à Machecoul, le mardi après la feste saint Benoist, l'an de grace mil iii^c xlii.

Donné cest vidisse ou coppie soubz le seel establi ès contractz de nostred. court, le lundi avant la Chandeleur, l'an dessusd. Ainsi signé : Faicte a esté collacion par moy Jehan Goyon.

XXVI

Quictance de Jehan de Lescrein à madame Jehanne de Rays.
31 août 1382.

Sachent tous que par nostre court de Nantes, en droit present et personelment establi Jehan de Lescrein, escuier, lequel congneut et confessa par davant nous, que comme noble damme Jehanne, dame de Rays, lui ayt vandu [1] à jamès perpetuelment, à heritaige, cent livres en deniers de rente, pour la somme de mil francz, sur ses terres, rentes et revenues, seigneurie, juridicion des parroisses de Falleron et de Froidefons, en la chastelenie de la Mauriere, et se soit obligée lad. dame de les parfaire et faire valoir aud.

---

1. Cf. le n° CXXIV. Il nous apprend que la vente dont il est ici question avait été faite le 30 août 1382 par Jeanne, dame de Rays, à Jean de Lesqueren (sic) et à Tiphaine du Verger, sa femme.

Jehan de Lescrein et à ses hoirs en lad. chastelenie de la Mauriere, ou cas que ne seroient bien assises sur les rantes et revenues desd. parroisses de Faleron et de Froidefons, si comme plus à plain est contenu ès lettres de la venczon de lad. rante; et le parsommet de cent livres de rente, si parsommet y a sur la recepte desd. parroisses, lad. dame le recevra ou fera recevre par la main du receveur que led. Jehan de Lescrein commetra, par lui ou par autres sur lesd. lieux; led. Jehan de Lescrein a octroié par nostred. court à lad. dame, pour elle et cause aiant d'elle, que, ou cas que lad. dame ou autre pour elle, ou aucun portant cestes lettres feroint paiement aud. de Lescrein ou à qui cause aura de lui, dedens deux ans prouchains emprès cest dabte, de la somme de mil francz, avecques les arrerages qui de celle rante pouroient estre deuz au temps du paiement, et avecques les coustz et missions que led. de Lescrein aura eu et soustenu par deffault du contenu et acomplissement de lad. venczon, lad. damme et de le ayans cause soit et demeure quicte perpetuelment desd. cent livres de rente et desd. mil francz, sans ce que led. de Lescrein ne autres pour lui en puissent jamès rien querre ne avoir. Et en oultre, a octroyé led. escuier à lad. dame et cause ayant d'elle, que elle se joisse par qui il lui plaira de tout l'oustreplus des rantes et revenues desd. parroisses, oultre lesd. cent livres de rente premierement paiées aud. escuier par la main du receveur dud. escuier. Et quant ès choses et chascune dessusd. tenir, fournir et acomplir sans venir encontre, par lui ne par autres, au temps advenir, fut led. Jehan de Lescrein present et consentant par son serment, et par le jugement de nostred. court jugé et condampné; donné sauf nostre droit et l'autruy. Tesmoign le seel establi ès contractz de nostred. court, avecques le seel dud. escuier à maire fermeté, le derrain jour d'aoust, l'an mil IIIe IIII^{xx} II.

 Ainsi signé : Passé par JEHAN DE LA CHESNAYE.

XXVII

Mandement du roy pour m^gr de Rays touchant les terres de la Mothe Achart, des Chesnes et de la Mauriere.

30 décembre 1409.

Charles, par la grace de Dieu roy de France, au premier nostre sergent qui sur ce sera requis, salut. Receue avons la grief complainte de nostre amé Guy, seigneur de Rays, de la Mothe Achart, de la Mauriere et des Chesnes, contenant que comme lesd. lieux, terres et chastellenies de la Mothe Achart, la Mauriere et des Chesnes soient tenues à foy et hommage du viconte de Thoars, lesquelles terres et chastellenies sont nagueres cheues en rachat, et d'icelles terres et chastellenies soit led. complaignant entré en foy et hommage et fait son devoir envers led. viconte de Thouars; esquelles terres et chastellenies de la Mothe Achart, de la Mauriere et des Chesnes ait pluseurs vassaulx, hommes de foy et autres subgietz d'icelles terres et chastellenies qui sont tenus faire et paier, à cause des terres et fiez qu'ilz tiennent, pluseurs droiz, services et devoirs seigneuriaulx; et en especial, toutes et quantesfoiz que les choses cheent en rachat, il loise au seigneur d'avoir les fruiz, prouffiz, revenues et esmolumens des terres et fiefz ainsi tenuz à foy, par ung an enterin et acompli, et de prandre et avoir desd. vassaulx et sur leurs terres ung certain devoir ou service appellé chevaulx traverssains, et autres droiz à declarer plus à plain quant temps sera, et par especial sur le sire de Jauzac. Et combien que à certain et juste tiltre, causes et moiens à declairer en temps et en lieu, led. complaignant ait droit et à lui compete et apartiengne d'avoir, prandre, cuillir, lever et percevoir les droiz dessusd. sur led. fief de Jauzac, par droit et tiltre de rachat, c'est assavoir le cheval ou chevaulx traverssains, et plusieurs autres devoirs seigneuriaulx à declerer en temps et en lieu; en pocession et saisine, aux tiltres et moyens dessud., de prandre, saisir et mectre en sa main led. fief de Jauczac pour avoir led. rachat et pour estre paié, joir et user des droiz, prouffiz et revenues d'icelui, et pour led. cheval ou chevaulx traversains; en pocession et saisine que après ce que led. complaignant, à la cause dessusd., a mis sa main oud. fief pour les causes dessusd., que aucun ne peut ne doit ycelui fié exploicter, ne prandre les fruiz et revenues d'icelui par dessus lad. main mise, sans en demander et avoir la delivrance, recreance ou desliance, et s'aucun fait le contraire, de le contredire et empescher et de le faire reparer et amander; et des droiz, pocession et saisines dessusd. et autres pertinens au cas, à declerer quant temps sera, ait led. complaignant, aux tiltres, causes et moiens dessusd., joy et usé paisiblement, tant par lui que par ses predecesseurs et ceulx dont il a le droit et cause en ceste partie, par tel et si long temps qu'il n'est memoire du contraire, ou au moins qu'il suffist et doit suffire à bonnes pocessions et saisine avoir acquise, garder et retenir, au veu et au sceu de tous ceulx qui l'ont voulu voir et sçavoir et par les decretz et exploiz. Neantmoins, après ce que led. complaignant, aux tiltres et moyens dessusd., a prins, saisi et mis en sa main lesd. fief et terres de Jauzac pour les causes dessusd., Marie Lunelle, veufve de feu Jehan Girart, jadis chevalier, Jehan Templeron et chascun d'eulx, et autres ou nom et de par eulx, depuis ung an ença, se sont boutez oud. fief de Jauzac, et ycelui ont exploicté et, sans en demander ne requerir la delivrance ou recreance, en ont prins, cuilli et levé les fruiz, prouffiz, revenues et esmolumens, et en ont fait à leur plaisir et fait plusieurs autres exploiz contre le gré et volenté dud. complaignant, en enfraingnant lad. main mise et en le troublant en sesd. pocession et saisine, à tort, sans cause, indeuement et de nouvel, et ou grant grief, prejudice et dommage dud. complaignant, si comme il dit, requerant sur ce nostre provision.

Pour quoy nous, cez choses considerées, te mandons et commectons que, apellez ceulx qui seront à apellez à comparoir par davant toy sur ung des lieux dud. fief de Jauzac, pour tous autres lieux contencieux, tiens et garde de par nous led. complaignant en sesd. pocessions et saisines, et d'icelles et de chascune d'icelles le fay, seuffre et laisse joir et user paisiblement, en ostant tout empeschement et nouvelleté que tu trouveras avoir esté mis au contraire, en contraignant à ce tous ceulx qui pour ce seront à contraindre, par toutes voies et manieres deues et raisonnables, et à cesser doresenavant desd. troubles et empeschemens et de tous autres, et, en cas d'opposicion, le debat et choses contencieuses prinses et mises en nostre main comme souveraine, la nouvelleté hostée et les lieux restabliz de tout ce que prins et levé aura esté, premierement et avant toute euvre, actendu que par prevencion la congnoissance des cas de nouvelleté nous apartient ou à nos juges, et que les choses contencieuses sont assises ou bailliaige de Touraine et ou ressort d'icelui, et que par devant le bailly dud. bailliaige et des ressors et exempcions d'Anjou, du Maine et de Poitou, les causes du lieu où lesd. choses contencieuses sont assises ont acoustumé de ressortir et estre determinées par devant led. bailly de Touraine ou son lieutenant à son siege de Chinon, et non pas par devant le gouverneur de la Rochelle où lad. Lunelle pouroit avoir moult grant port et faveur, tant à cause des parens et amis de sond. feu mary qui estoit ung des grans dud. lieu de la Rochelle, et son filz qui est ou nagueres estoit maire de lad. ville de la Rochelle, et qui ont tous ou la plus grant partie des conseilz de leur cousté aud. lieu, posé ores que led. lieu fust plus prochain ; et affin d'oster toute occasion de soupeçon et plus briefment venir à la verité de la besongne et sans faveur, adjourne les opposans à certain et compectant jour par devant led. bailly ou sond. lieutenant, aud. lieu de Chinon, pour dire les causes de leur opposicion, respondre aud. complaignant de et sur les choses dessusd., leurs circonstances et deppendences, tant en cas de saesine et de nouvelleté comme autrement, proceder et aler avant en oultre comme de raison sera, en certiffiant suffisanment aud. jour led. bailly ou sond. lieutenant dud. adjournement et de tout ce que fait auras sur ce; auquel nous mandons et pour les causes dessusd. commectons que aux parties, ycelles oyes de jour en jour, en assise et dehors, face bon et brief acomplissement de justice. Car ainsi nous plaist il et volons estre fait, non obstant coustume de païs quant à actandue d'assise, et quelconques lettres subreptices empetrées ou à empetrer à ce contraires, mandons et commandons à tous noz justiciers, officiers et subgiez que à toy, en ce faisant, oboïssent et entendent diligenment. Donné à Paris, le xxx° jour de decembre, l'an de grace mil iiii° et neuf, et de nostre regne le xxx°.

Ainsi signé : Par le roy, à la relacion du conseil, GAUTIER.

XXVIII

Accort fait entre le sire de Taillebourg, d'une part, et Berthelon de la Hayé, sire de Passavant, d'autre.

6 mars 1392.

Saichent tous presens et avenir que comme contemps, ploiz et debaz fussent meuz [ou] en esperance de esmouvoir entre nobles personnes Bertran de la Haye, escuier, s^{gr} de Passavant et de Mortaigne, demandeur, d'une part, contre messire Loys Larcevesque, chevalier, s^{gr} de Taillebourg, contre dame Jehanne de Beaumont, sa femme, et contre chascun d'eulx pour tant comme à chascun touche, deffendeurs, d'autre part, sur ce que led. de la Haye disoit et proposoit que led. mons^gr Loys avoit eu la tutelle, curaterie, bail, garde et administracion de lui et de ses biens meubles, inmeubles et heritaux, et que d'iceulx biens, prouffiz, revenues et esmolumens de lad. tutelle et curaterie il ne luy avoit rendu aucun compte, ainçois en avoit eu, prins et levé par long temps lesd. prouffitz et revenues, et iceulx avoit et detenoit encores par devers soy, ou au moins en avoit fait et ordonné à son plaisir. Et aussi disoit et proposoit led. Bertran que led. messire Loys et sad. femme avoient eu et receu de messire Jehan de Bueil la somme de v^c frans d'or, lesquelz estoient siens et luy appartenoient, et avoit promis iceluy messire Loys les luy rendre et paier, luy venu à aaige de demender ses drois, toutes fois qu'il les leur requerroit. Et autressi disoit led. Bertran que led. messire Loys et sad. femme avoient et detenoient la terre et chastellenie de Mallelievre, laquelle luy appartenoit par la suscession de feu messire Bertran de la Haie, son père, et en avoient pris et levé les cuilletes, prouffiz, revenues et esmolumens. Et avecques ce disoit led. Bertran que led. messire Loys et sa femme avoient le bail, garde, tutelle et administracion de luy et de ses biens, terres et chastellenies, comme dit est, avoient laissé cheoir les chasteaulx, forteresces, housteux, demaines, terres, vignes et autres choses d'iceluy bail, gastes, froustes et en ruyne. Et, en oultre ce, disoit que lesd. messire Loys et sa femme avoient laissé perdre aucuns de ses droiz par faulte de les debatre et deffendre; et pluseurs autres choses disoit led. Bertran contre lesd. conjoins par raison des choses dessusd., et en faisoit ses conclusions si comme il appartient en tel cas.

Et lesd. messire Loys et sa femme disoient et proposoient pluseurs fais, causes et raisons à ce contraires. Et mesmement, en tant comme touche lad. tutelle, disoient qu'ilz en avoient bien et deuement compté avecques led. Bertran et en avoient bonne quictance de luy. Et quant est des cinq cens frans dessusd., disoient qu'ilz les avoient mis et convertiz à la deffence des ploiz et debatz dud. Bertran. Et en tant que touche lad. terre et chastellenie de Mallelievre, disoient que ce estoit l'eritaige de lad. dame Jehanne, et que feu messire Pierre de Beaumont l'avoit acquis, et depuis l'avoit donné ou mariaige faisant dud. feu messire Bertran de la Haie et de lad. damme Jehanne, si comme ilz s'oulfroient à monstrer plus à plain par lettres et tesmoings tant qu'il suffiroit. Et en tant que touche la ruyne et demolicion des chasteaux et autres choses, comme dessus est faicte mencion, disoient que si aucuns desd. chasteaulx et housteux estoient cheuz, que ce n'estoit pas leur faulte, ains estoit par ce qu'ilz estoient vielz, fresles et desrompuz par la guerre. Et quant est d'avoir laissé perdre les droictures dud. Bertran, disoient que bien et convenablement ilz avoient traictié et gouverné les ploitz et droictures dud. Bertran, et y avoient mis du leur grandement en oultre ce qu'ilz en avoient receu de ses terres; et pluseurs autres choses disoient lesd. conjoins contraires aux fins et conclusions dud. Bertran. En la parfin, après pluseurs debatz, altercacions et raisons sur ce euz et promeuz d'une partie et d'autre, sont venues lesd. parties, o le conseil et advis de pluseurs leurs amis et parens, des debaz et contenz dessusd., à bonne paix et accort en la fourme et maniere qui s'ensuit.

En nostre court d'Angers, en droit par devant nous personnelment establiz lesd. Bertran de la Haye, auctorisé suffisanment de messire Hugues de Beaumont, chevalier, son curateur, par devant nous quant ad ce, d'une part, et Jehan Brassart, procureur suffisanment fondé pour led. messire Loys Larcevesque, aiant povoir de passer, enteriguer et acomplir les chouses qui s'ensuivent, si comme par lettres de procuracion peut plus à plain apparoir, desquelles la teneur s'ensuit.

Saichent tous presens et avenir que nous Loys Larcevesque, chevalier, s^{gr} de Taillebourg, tant en nostre propre et privé nom que comme aiant le bail, garde et administracion de Bertran de la Haye, s^{gr} de Passavant, confessons avoir fait, constitué, establi et ordonné, et par ces presentes faisons, constituons, establissons et ordonnons nos bien amez messire Hugues de Beaumont, chevalier, maistre Jehan Pineau, Jehan Charruau, Jehan Brassart, Guillaume Remondin, Georges de la Bouczac et mons^r Jehan Raymondin, presbtre, mes procureurs generaulx et certains messagiers especiaulx, et chascun d'eulx pour le tout, ainsi que la condicion de l'occupant ne soit pas la meilleure, mais tout ce qui sera fait ou commencié par l'un d'eulx puisse estre poursuy et mis à fin par l'autre; aux quelx noz devantd. procureurs et à chascun d'eulx pour le tout, nous avons donné et donnons plain povoir, auctorité et mandement especial de transsiger, pacifier, acorder et compromectre, vendre, aliener, quicter, cesser et transporter, bailler, livrer et mectre au delivre, dès maintenant et à present, aud. Bertran de la Haye, le chastel et chastellenie de Mallelievre, tout enteringnement comme ilz se poursuivent, avecques toutes et chascunes les cens, rentes, revenues, prouffiz, obeissances, appartenances et esmolumens desd. chastel et chastellenie, telz et par la maniere qu'y y avoit et povoit avoir feue dame Thomasse de Chemillié, aïeulle dud. Bertran, au temps qu'elle fut mariée au sire de Passavant, aïeul dud. Bertran, sans y retenir aucune chose de l'eritaige, et appartenans aud. chastel et chastelenie d'ancienneté; et avecques ce, donner, laisser, quicter, transporter, vendre et aliener tout le douaire et droit d'iceluy que nostre bien amée compaigne et espouse Jehanne de Beaumont, mère dud. Bertran, avoit et povoit avoir en et sur toutes les terres de Passavant, dud. lieu de Mallelievre, de Mortaigne, de Broichessac et d'autres terres appartenans aud. Bertran quelxconques. Et en oultre, de cesser, quicter, bailler et mectre au delivre, dès à present paisiblement, aud. Bertran tous et chascuns les chasteaulx, chastellenies, possessions, saisines et appartenances de Passavant, de Broichessac et autres terres et rentes quelzconques que nous avons tenues et gouvernées à cause dud. bail, par raison de nostred. compaigne et espouse, mère dud. Bertran, et de renuncier plainierement et de fait auxd. chastel et chastellenie de Mallelievre et auxd. douaire et droit de bail des choses dessusd. et chascune d'icelles, donner et passer remissions, transsactions, accors, dons et quictances, et de approuver et louer toutes et chascune les choses dessusd. par maniere et en fourme de chose jugée, et de et sur toutes les choses que nous povons avoir à faire avecques messire Jehan de Bueil et led. Bertran de la Haye et autres personnes et chascun d'eulx. Et generalment de faire et procurer toutes et chascune les choses que nous ferions et faire pourrions si presens y estions en nostre propre personne, jasoit ce que mandement especial y conviegne, protestant que par la constitucion des devantd. procureurs nous ne entendons pas revocquer le povoir de noz procureurs autresfois establiz ; promectans sur l'obligacion de tous et chascuns noz biens meubles et immeubles, où qu'ilz soient, à avoir ferme, estable et agreable tout ce que par noz devantd. procureurs et par chascun d'eulx sera fait et procuré ès chouses dessusd. et circonstances et despendences d'icelles, tant pour nous comme contre nous, et à paier pour eulx et pour chascun d'eulx le jugie ou jugiez, si mestier est. Et toutes et chascune les choses dessusd. nous certiffions estre vraies, par ces presentes saellées de nostre propre seel et du seel establi aux contractz de Chemillié, lequel y a esté mis et appousé à nostre requeste à plus grant confirmacion. Donné et fait le quart jour du mois de mars, l'an de grace mil ccc iiii^{xx} et onze.

Et lad. dame Jehanne de Beaumont, avant à ce povoir et auctorité dud. messire Loys Larcevesque, quant à faire, passer et accorder les chouses qui s'ensuivent, si comme nous avons veu par lettres seellées de son seel, desquelles la teneur s'ensuit.

Saichent tous presens que je Loys Larcevesque, chevalier, s^{gr} de Taillebourg, en mon propre nom et comme aiant le bail, garde et administracion de Berthelon de la Haye, s^{gr} de Passavant, à cause de ma très chiere et amée espouse Jehanne de Beaumont, mère dud. Berthelot, ay donné et octroié, et encores par ces presentes donne et octroie plain povoir, auctorité et mandement especial, congié et licence de transsiger, pacifier et accorder, pour et en mon nom et ou nom de elle, avecques messire Jehan de Bueil et led. Bertran et chascun d'eulx, de et sur toutes les chouses que moy et mad. compaigne et espouse, tant en noz propres noms et de chascun de nous que comme aians le bail dud. Berthelon, avons et pourrions avoir à faire avecques lesd. de Bueil et de la Haye, et mesmement et expressement de transporter, cesser, quicter et aliener, bailler, livrer et mectre au delivre dès à present le chastel et chastellenie de Mallelievre, avecques tous et chascuns les droiz de proprieté et de saisine, terres et rentes, possessions, prouffiz et esmolumens quiconques appartenans anciennement ausd. chastel et chastellenie, et que y avoient et avoir povoient Thomasse de Chemillié et Berthelon de la Haie, aïeulle et père dud. Bertran, et de vendre et aliener, cesser, quicter et transporter plainierement et de fait aud. Berthelon, son filz, tous et chascuns ses droiz et prouffiz et actions de tout et tel douaire comme lad. Jehanne de Beaumont, ma compaigne, a et peut avoir ou lui pourroit et devroit appartenir en et sur toutes les terres, chasteaulx et chastellenies dud. feu Bertran, appartenans à present aud. Berthelon son filz, et de bailler, transporter et livrer aud. Berthelon tous et chascuns les drois, donacions, possessions et saisines des choses dessusd., realment et de fait; et promet et fais foy, par le serment de mon corps et sur l'obligacion et ypoteque de tous et chascuns mes biens presens et avenir, à avoir, tenir et garder ferme et estable toutes et chascune les choses qui sur ce seront faictes, accordées et passées par lad. Jehanne, ma bien amée espouse, sans jamais venir, obbicer, ne moy opposer encontre par quelque maniere ou temps avenir. Et tout ce je certiffie et fais assavoir à ceulx à qui il peut appartenir, par ces presentes seellées de mon propre seel, en tesmoing de verité. Donné et fait le quart jour du moys de mars, l'an mil iii^c iiii^{xx} et onze.

Soubmectans lesd. parties eulx, avecques tous leurs biens presens et avenir, ou povoir, destroit et juridicion de nostred. court, quant aux chouses cy dessus contenues faire et enteriginer, confessent lesd. procureurs et dame Jehanne, tant en son nom comme ou nom que dessus, avoir baillé, quicté, cessé et delaissé, et encore par ces presentes et par davant nous baillent, quictent, cessent et delaissent dès maintenant et à present, à tousjours mès perpetuelment à heritaige, aud. Bertran de la Haie, pour luy, ses hoirs et successeurs et pour ceulx qui de luy auront cause, le chastel, chastellenie dud. lieu de Mallievre, avecques toutes et chascune les appartenances d'iceluy et despendences, c'est assavoir ce qu'ilz en ont et tiennent, qui anciennement fut à dame Thomasse de Chemillié, ès lieux dud. Bertran, et aud. feu messire Bertran son père, en ce comprins soixante dix livres de rente que messire Pierre de Beaumont avoit sur lad. terre de Mallelievre, tant par acquest, donnoison comme autrement; à laquelle rente lad. dame Jehanne, led. procureur et messire Hugues de Beaumont, filz de feu messire Pierre de Beaumont, à ce present et consentent, ont renuncié et renuncient expressement par ces presentes, sans riens y retenir, et ont promis bailler aud. Bertran les lettres qu'ilz ont à cause de ce, si aucunes en ont, sans riens comprendre de la foy, filliere et appartenances d'iceluy et autres chouses qui furent de l'eritaige feu messire Pierre de Beaumont. Et en oultre, baillent, quictent, cessent et delaissent dès maintenant, à tousjours mès, aud. Bertran et à ses hoirs et successeurs, tout ce que à lad. dame Jehanne de Beaumont et aud. messire Loys, à cause d'elle, peut compecter et appartenir en et sur toutes les terres dud. Bertran, de Mortaigne, Mallelievre, Passavant, Broichessac, Chemillié et autres quelzconques qui sont dud. bail, ou du droit du douaire ou autrement, sauf et excepté lad. foy, filliere et acquests que lad. dame Jehanne a faiz ès terres dessusd. Desquelles toutes [et] chascune choses dessusd. ainsi baillées, lad. dame Jehanne et led. procureur, ès noms que dessus, se en sont despoillez, desvestuz et dessaisiz, et en ont vestu et saisi, et encore en vestent et saisissent par ces presentes, dès maintenant et à present, à tousjours mais perdurablement, led. Bertran de la Haie et les aians cause de luy, en luy transportant dès maintenant la saisine, la possession, le fons et la proprieté, le domaine et la seigneurie, avecques tous et chascuns les drois, noms, actions, raisons, peticions, demandes et droiz d'avoir, d'avouer et de demander, que lesd. conjoins y avoient et povoient avoir, tant à cause du douaire de lad. Jehanne, bail et gouvernement desd. choses, comme autrement, sans riens y retenir d'aucun droit commun ou especial, pour en faire doresenavant, à tousjours mais perdurablement, dud. Bertran de la Haie et de ses hoirs, toute leur plaine voulenté, comme de leur propre chose à eulx acquise par droit heritaige. Et parmy cest accort, led. Bertran acquite et quitte à tous temps mès lesd. espoux et chascun d'eulx, leurs hoirs, successeurs et les aians cause d'eulx, de tous les fruiz, prouffiz, yssues, revenues et esmolumens qu'ilz, ou autres ne ou nom d'eulx, ont prins et levé en et sur les terres et chastellenies de Mortaigne et de Mallelievre, et des appartenances et despendences d'icelles, ensemble et de tous les fruiz et revenues de lad. tutelle et du compte d'icelle, et aussi de ce qu'il disoit ou pourroit dire avoir perdu aucune de ses terres par faulte de la poursuite et gouvernement d'eulx ou de leurs gens et officiers, et aussi de toutes et chascune les choses en quoy ilz et chascun d'eulx, ou autres pour ne ou nom d'eulx, lui sont ou pourroient estre tenuz, à cause et raison dud. bail et de l'aministracion d'icelui, et de la ruyne et demolicion des chasteaulx, forteresces, maisons, vignes, terres et autres choses quelzconques qui sont dud. Bertran, tant à cause dud. bail que de lad. tutelle. Et avecques ce les a quictez et quicte de lad. somme de cinq cens frans d'or dont dessus est faicte mencion, et d'icelle les a promis à tenir et faire quicter envers led. messire Jehan de Bueil et tous autres qui aucune chose leur en pourroient demander ou temps avenir en aucune maniere, sans ce que jamais leur en soit fait question ne demande. Et mesmement et semblablement des debaz et choses que le conte d'Alençon, la dame de la Suze, la dame de Monte Jehan, la dame d'Orreval, messire Jehan de Bueil et les heritiers feu messire Jehan de Ver pourroient et vouldroient demander ausd. conjoins à cause desd. choses ou autrement; envers lesquelz demandeurs et chascun d'eulx, leurs hoirs et successeurs et envers tous autres, led. Bertran a promis, doit et est tenuz tenir quittes des charges, et desobliger et delivrer lesd. conjoins et les aians cause d'eulx, de toutes et chascune les choses quelxconques que, par raison, à cause et occasion desd. bail et tutelle et des terres dud. Bertran, ilz leur demandent, pourroient ou vouldroient demander ou temps avenir en aucune maniere; et generalment sont et demeurent quictez à touz temps mès led. Bertran et lesd. conjoins, leurs hoirs et successeurs, les uns vers les autres, de toutes accions, peticions, demandes réelles, personnelles et mixtes, dont ilz eurent oncques afaire ensemble et dont ilz se entrepeussent faire demande, de tout le temps passé jusques aujourduy. Et est parlé et accordé entre lesd. parties, que lesd. conjoins ne pourroient demander les restes qui sont deuz desd. rentes et cens desd. terres, du temps passé, ne de yceulx mectre en terme, si non devant le juge qui tendra les assises dud. Bertran ou devant reverent père en Dieu l'evesque d'Angiers, sauf et excepté les choses qui sont ouvertes et pendent en la court de Thouars, lesquelz, lesd. conjoins pourront poursuir en lad. court ou ailleurs où bon leur semblera, et lesquelz restes seront et demourront ausd. conjoins. Ausquelles toutes les choses dessusd. tenir, enterigner, parfaire et acomplir d'une partie et d'autre, sans enfraindre ne jamais venir encontre, par aplegement, contrapplegement, opposicion, ne autrement en aucune maniere, et lesd. choses ainsi baillées, comme dit est, garentir, sauver, deffendre et delivrer aud. Bertran et aux aians cause de luy, de touz quiconques empeschemens, envers touz et contre toutes gens, à touz temps mès perdurablement, c'est assavoir du fait desd. conjoins tant seulement, et garder led. Bertran et ses hoirs sur ce de tous dommaiges, obligent lesd. dame Jehanne de Beaumont, tant en son nom comme ou nom que dessus, led. procureur et led. Bertran de la Haye, les uns vers les autres, chascun en tant comme luy touche, eulx, leurs hoirs et les hoirs dud. messire Loys Larcevesque, et tous leurs biens meubles et immeubles presens et avenir, où qu'ilz soient, renuncians par davant nous quant ad ce à toute excepcion, decepcion de mal, de fraude, de barat, de lesion, de circonvencion, à decepvance faicte oultre moictié de juste pris, à tout droit escript et non escript, canon et civil, coustume, usaige, us, stille, lettres de grace, d'estat et de respit, barres peremptoire et declinatoires, à toute condempnacion faicte de non leur juge, à tout fait de refformacion, especialment led. Bertran à mineur aaige, et mesmement lad. femme au beneffice du droit Velleien et à touz autres drois fais et introduiz en faveur des femmes, et à toutes et chascune les choses qui de fait, de droit et de coustume pourroient estre dictes, proposées ou obbicées encontres ces presentes en aucune maniere. Et de tout ce que dessus est dit, tenir et acomplir d'une partie et d'autre sans jamais venir encontre, sont tenuz lesd. parties par les fois de leurs corps sur ce données en nostre main, et condampnez par le jugement de nostred. court à leur requeste. Presens à ce : messire Jehan des Roches, s^{gr} dud. lieu, et messire Jehan Sorpillon, chevalier. Ce fut donné et passé en double, d'assentement desd. parties, le siziesme jour du moys de mars, l'an de grace mil III^c IIII^{xx} et onze.

Ceste lettre a esté faicte et rendue pour noble dame Katherine de Machecou, dame de la Suze et de la Benaste, par le commendement Estienne Bernier, sergent ordinaire du roy nostre sire, fait à Jehan Fromont, fermier et garde des seaulx et escriptures establiz aux contraz de la ville d'Angiers et du ressort, et Jehan Preudomme, notaire juré de la court desd. contraz, par vertu de certaines lettres du roy nostred. seigneur, données à Paris le xxvie jour du mois de fevrier, l'an mil CCC IIII^{xx} et doze, et des lettres de honnourable homme et saige Jehan le Pevrier, lieutenant à Angiers et ou ressort de mons^r le seneschal d'Anjou et du Maine, données le xII^e jour de mars l'an dessusd. Et en a esté collacion faicte avecques les autres lettres faictes pour les parties contenues en icelles.

XXIX

Accort entre dame Marie de Partenay et messire Guillaume Larcevesque touchant II^c livres de rente, lesquelles luy furent baillées entre autres choses en mariaige à messire m^{gr} de Rais.

8 octobre 1359.

A tous ceulx qui ces présentes lettres verront et orront, Jehan de Montleri, garde du seel establi aux contraiz à Fontenay le Conte pour m^{gr} le conte de Poictiers, salut en

Dieu perdurable. Saichent tous que en la presence de Jehan Beriaut, clerc, notaire et juré de la court dud. seel, en droit personnelment establiz Jehan Brideau, en nom et comme procureur de noble dame madame Marie de Partenay, dame de Saint Estienne de Malemort et de la Mote Achart, d'une part, et Nicholas Sarcier, en nom et comme procureur de noble et puissant homme mons^r Guillaume Larcevesque, s^{gr} de Partenay, d'autre part, avans povoir lesd. procureurs et chascun d'eulx en tant comme à chascun touche, entre les autres clauses, de transigier, pacifier et accorder, si comme par la teneur des procuracions cy dessoubs escriptes et incorporées est apparu, confesserent que comme contens et debaz qui estoient meuz ou en esperance de mouvoir entre lad. madame Marie de Partenay, fille jadis de noble et puissant s^{gr} mons^r Guillaume Larcevesque, s^{gr} de Partenay, et de madame Jehanne de Montfort, sa femme, d'une part, et led. mons^r Guillaume Larcevesque, filz et heritier de mons^r Jehan Larcevesque, nagueres s^{gr} de Partenay, frère de lad. madame Marie, d'autre, Sur ce que lad. madame Marie disoit et proposoit contre led. mons^r Guillaume, son nepveu, que en traicté et proloqucion du mariaige de mons^r Girart Chabot, deffunt, jadis sire de Raix et espoux de lad. madame Marie, led. mons^r Guillaume Larcevesque, son père, luy avoit donné et promis entre ces autres choses, mil livres en deniers une fois à paier, et cinq cens livres de rente, desquelles, trois cens luy avoient esté assises en certains lieux, dont elle se tenoit à paiée, et pour les deux cens livres de rente demourans luy avoit esté baillée la terre de Boys Groller et cinquante livres de rente en deniers, en peages de Partenay, par ainsi que si lad. terre de Bois Groller et cinquante livres en deniers ne valoient les deux cens livres, prefait luy devoit estre en la terre de sond. père. Et disoit que lad. terre de Boys Groller ne valoit pas plus de cinquante et cinq livres de rente ou environ, et requeroit que le demourant desd. deux cens livres luy feust prefait et assis, et les arreraiges des années dès illecques enschuz, renduz et paiez ensemblement ou lesd. mil livres en deniers qui encores luy estoient deuhes, et deux mille quarante et huit livres de forte monnoye que led. mons^r Larcevesque, son frère, s'estoit confessé devoir et avoit promis rendre et paier, par certaines et justes causes, aud. mons^r Girart Chabot, son seigneur espoux; lesquelles sommes de deniers et arreraiges luy appartenoient à demender et avoir comme à sourvivant, selon la coustume du païs, si comme elle disoit. Encores disoit et proposoit lad. dame que lad. madame Jehanne de Montfort, sa mère, estoit morte vestue et saisie dame et proprietaire de pluseurs baronnies et autres terres, et que, par la coustume du païs où lesd. terres et baronniés sont assises, luy estoit escheu et devoit avoir emprès la mort de sad. mère, comme heritiere d'elle, la diziesme partie du tiers desd. terres et baronnies, et que depuis la mort de lad. madame Jehanne, mons^r Hugues Larcevesque, et, depuis la mort de luy, led. mons^r Jehan, son frère et heritier et père dud. s^{gr} de Partenay qui ores est, avoient tenu, levé, possidé et exploictié, chascun à son temps, lesd. baronnies et terres entierement; et que, par arrest de parlement donné entre led. mons^r Girart son seigneur et elle, pour raison de lie, et led. mons^r Jehan Larcevesque, avoit esté dit et declairé que elle auroit telle partie et porcion comme il luy povoit et devoit appartenir esd. terres et baronnies, selon le nombre des enffans qui estoient au temps de la mort d'elle, avecques les fruiz et levées qui estoient cheuz au temps dud. arrest; et requeroit que led. mons^r Guillaume, son nepveu, luy baillast et delivrast lad. partie et porcion qu'il luy appartenoit esd. baronnies et terres de lad. madame Jehanne, sa mère, et qui, par led. arrest, luy avoit esté adjugée, et les fruiz et levées tant compris oud. arrest que autres cheuz depuis, avecques les cens, interès, missions et despens que elle et sond. seigneur avoient soustenu en ceste partie, et mesmement en la poursuite des besongnes dessusd., tant en parlement que ailleurs. Et faisoit encore lad. dame Marie pluseurs autres demendes royaulx et personnelles à sond. nepveu, lesquelles elle decleroit plus à plain. Led. s^{gr} de Partenay, qui ores est, disans et proposans luy non estre tenuz aux choses dessusd., pour pluseurs causes et raisons qu'il declairoit. A la parfin, par le conseil de pluseurs leurs amys, fut paciffié et accordé en la maniere qui s'ensuit entre lesd. procureurs :

C'est assavoir que lad. terre de Bois Groller et appartenances et les autres pieces, si aucunes en y a, sont et demeurent perpetuelment à lad. dame Marie, en la maniere que elle les a tenu et acoustumé à exploicter en Gastine ou temps passé, sans ce que led. s^{gr} de Partenay puisse mectre empeschement; et aud. s^{gr} de Partenay sont et demeurent, dès ores en avant à tousjours, lesd. cinquante livres de rente que avoit acoustumé à prendre et avoir et qui luy avoient esté assises oud. peage de Partenay, o tous les droiz que lad. dame Marie avoit ou devoit avoir esd. cinquante livres de rente, soit par prise, veniance ou autrement et par raison d'icelles, sans ce que lad. dame y puisse jamais aucune chose avoir ne demender. Item, led. s^{gr} de Partenay baillera, asserra et assignera à lad. dame à tousjours, à Vrenou et ès appartenances, soient fons, rantez, justicez haulte, moyenne et basse, hommaiges, estans, garennes et autres choses, trois cens livres de rente, c'est assavoir cent cinquante livres en rentes et demaines à forte assiete selon la coustume du païs, et cent cinquante livres en deniers, ou en autres choses en value de deniers ; et se preferoit de l'une en l'autre en cas qu'il n'y auroit tant de deniers que elles s'i peussent prefaire, et d'icelles lui baillera saisine et possession vuide et paisible ; en quelles trois cens livres de rente sera pris et precompté le herbergement de Vrenou par tant comme il pourra valoir. Et mectra dès maintenant lad. dame Marie, à son peril, receveur et gouverneur en lad. terre de Vrenou, qui des fruiz et levées lui respondra, sans ce toutesvoies que par tant led. s^er de Partenay soit en rien dessaisiz de lad. terre de Vrenou et des appartenances, ne lad. dame saisie, jusques à tant que lad. terre ait esté precomptée et assise à lad. dame Marie ; et nientmoins demourra led. s^er de Partenay quicte et deschargez des fruz et levées desd. trois cens livres de rente, en cas que tant pourroit valoir lad. terre de Vrenou o ses appartenances ; et, combien que tant ne vaille, si luy porteroit quictance de tant comme elle peut valoir, durant le temps que led. seigneur ne empescheroit en lad. terre lad. dame, en privant lesd. fruiz et levées d'icelle terre ou en deboutant led. receveur de la recepte et gouvernement d'icelle. Et en cas que lad. terre de Vrenou, par led. precompte et assiete qui en doit estre faicte, ne seroit trouvée valoir lesd. trois cens livres de rente, ce qui en deffaudra sera prefait en biens dud. seigneur, convenablement au pris de lad. terre de Vrenou, en telle noblesce comme lad. terre de Vrenou. Et tiendra lad. dame et les siens dud. s^er de Partenay lad. terre de Boys Groller, et les choses qui en et par l'assiete desd. trois cens livres luy seront baillées en gariment, selon la coustume du païs. Et demeure à lad. dame la levée des boys de lad. terre de Vrenou, qui en sad. assiete lui seront baillez sans cheoir en nul precompte ; et neantmoins prendra elle en lad. assiete chascun arpant desd. bois par assiete tele comme arpant doit valoir selon la coustume du païs. Et rendra et paiera led. s^er de Partenay et a promis rendre et paier, à Partenay, à lad. dame ou à ses gens, deux mille escuz d'or, du coign du roy Jehan nostre sire, par les termes qui s'ensuivent : c'est assavoir, quatre cens escuz à la prouchaine feste de Pasques, et quatre cens escuz à l'autre prouchaine feste de Pasques ensuivant, et aux autres festes de Pasques ensuivans, à chascune, quatre

cens, jusques à tant que de lad. somme desd. deux mille
escuz soit entierement satisfait lad. dame. Et parmy ceste
paix et acort led. s^{gr} de Partenay est et demeure quicte,
deschargiez et desobligez, et ses biens et tous autres possesseurs desd. biens et à qui demende en pourroit estre
faicte, et tous ceulx à qui led. s^{gr} seroit tenu à en faire
garimens de toutes et chascunes les choses dessusd. que
demendoit ou povoit demender lad. dame Marie, et de
tous dons et promesses en faisant et acomplissant les choses
dessusd., et de toutes autres demendes, actions et obligacions en quoy led. s^{gr} de Partenay povoit estre tenu envers
lad. dame Marie, si aucun en y a. A avoir, tenir, user,
possider et exploicter lesd. choses que l'une partie a baillé
à l'autre ou baillera, perpetuelment, franchement et quictement, sans ce que l'une partie empesche l'autre en dicte
chose par le temps avenir ; et cessa et transporta le procureur de lad. dame, en nom d'elle, en dit s^{gr} de Partenay,
tous les droiz, noms, raisons et actions qu'elle avoit ès
choses qu'elle demandoit par dessus ; et aussi le procureur dud. s^{gr} de Partenay, en nom et comme procureur de
luy, cessa et transporta en lad. madame Marie de Partenay et en ses heritiers, et qui cause ont ou auront d'elle,
tous les droiz, noms, raisons et actions que led. seigneur
avoit et povoit avoir et devoit esd. choses qui sont et
seront baillées et assignées à lad. dame, sauve aud. s^{gr} de
Partenay la souvereintté et ressort que il doit avoir sur
lesd. choses, pour ce qu'elles sont tenues de luy en gariment. Et a promis le procureur de lad. dame, en nom
d'elle, rendre aud. s^{gr} de Partenay les lettres de l'arrest
donné en parlement sur la partie ou porcion que demendoit
lad. dame en la terre de sad. mère, et les lettres de l'arrest
desd. deux mille quarante et huit livres, forte monnoye,
et la lettre dont appendit led. arrest desd. deux mille quarante et huit livres, en cas que elle pourra estre trouvée,
lad. assiete faicte et acomplie desd. trois cens livres de

rente, et d'icelles saisie baillée à lad. dame. Et promistrent lesd. procureurs, pour lesd. parties, garir l'une à l'autre, c'est assavoir le procureur de lad. dame en nom d'elle, les choses qu'elle demendoit par la succession de sad. mère, des empeschemens de son fait, et les autres choses touchant meubles qu'elle demendoit par dessus, ensemblement ou lesd. cinquante livres de rente dud. peage, de toutes evictions, obligacions à alienant, vers toutes personnes à touzjours mès, et le procureur dud. s^{gr} de Partenay, en nom de luy, les choses qui par lesd. trois cens livres de rente doivent estre baillées et assignées à lad. dame, de evictions, obligacions à alienant, vers toutes personnes à tousjours mès.

Et à toutes et chascunes les choses dessusd. tenir, garder, enteriner et loyaument poursuivre et acomplir sans jamais venir encontre, par eulx ne par autres, lesd. procureurs et chascun d'eulx ont obligé et obligent, c'est assavoir le procureur de lad. dame, tous et chascuns les biens meubles et immeubles presens et avenir d'icelle, et aussi le procureur dud. s^{gr} de Partenay, tous les biens meubles et immeubles presens et avenir dud. seigneur ; lesquelz procureurs, c'est assavoir le procureur de lad. dame, en l'ame d'elle, et le procureur dud. s^{gr} de Partenay, en l'ame dud. son seigneur, ont juré et chascun d'eulx aux sains evangiles Nostre Seigneur, toutes et chascunes les choses dessusd. tenir, garder, enteriner et acomplir sans jamais venir encontre par eulx ne par autres, comme dit est ; lesquelx procureurs et chascun pour soy, pour leursd. parties, ont renuncié et renuncient à toutes excepcions, decepcions de fraude, de barat, de lesion, de circunvencion, à touz privilegez de croiz pris et à prendre, à toutes graces et respis de prince, à toutes lettres d'estat, à tout droit canon et civil, escript et non escript, et au droit disant general renunciacion non valoir, à tous establimens de roy et de prince faiz ou à faire, et à toutes et chascunes les choses qui de droit ou de coustume leur pourroient aider à venir contre la teneur de ces presentes lettres, et à toutes opposicions et allegemens qui contre la teneur de ces presentes pourroient estre dictes ou alleguées, pour lesquelles elles pourroient estre enffraintes ou adnullées en tout ou en partie. En tesmoing desquelles choses, lesd. procureurs ont accordé et donné l'un à l'autre, ès noms que dessus, ces presentes lettres seellées et doublées, à leur requeste, du seel dessusd. ; à la juridicion et cohercion duquel, lesd. procureurs ont soubmis et soubmectent tous les biens desd. s^{gr} et dame, par le jugement de la court duquel seel lesd. procureurs et chascun par soy, ont esté jugiez et condampnez et de leur consentement par Jehan Beriaut, notoire dessusd., si comme il nous a rapporté, auquel nous adjoustons plainiere foy. Nous adecertes, Johan de Montleri, garde du seel dessusd., à la requeste desd. procureurs et relacion dud. notaire, led. seel à ces presentes avons mis et apposé. Donné garens à ce presens, requis et appellez : mons^r Fouques de Laval, mons^r Aymeri d'Argenton, mons^r Jehan de Bec, chevalier, maistre Morice Raclet, Jehan Omart, Pierre Mignot, Jehan Rambaut, Jamet Hastelou, Pierre Beriaut, mons^r Estienne Farci, presbtre, et Jehan Chevalier, le viiie jour du mois d'octobre, l'an de grace mil ccc cinquante et neuf.

S'ensuit la teneur de la procuracion du procureur de lad. dame Marie : Saichent tous preseus et avenir que nous Marie de Partenay, dame de Saint Estienne de Malemort et de la Mote Achard, en toutes et chascunes nos causes et negoces, meuez et [à] esmouvoir contre tous et chascuns nos adversaires, par devant tous jugez ecclesiastres ou seculiers, de quelconque povoir fondent ou usent, faisons, ordennons et establissons noz procureurs generaux et messagers especiaulx, Jamet Hastelou, mons^r Estienne Farci, Jehan Chevalier, Jehan Brideau, Jehan Raynea et Clemens

Masson, et chascun d'eulx pour soy et pour le tout, ainsi que la condicion de l'occupant ne soit pas la meilleur, et que tout ce que l'ung d'eulx aura commancié l'autre pourra parachever et mectre à fin ; et donnons et octroions à nozd. procureurs et à chascun plain povoir et mandement especial de demender pour nous et en nom de nous principal et despens, et de nous deffendre, de jurer en l'ame de nous de la calumpne ou verité, deposer, articler, de respondre ès poinctz, interrogatoires et articles de excepcions, repliquer, dupliquer et trippliquer, de appleger et contrappleger, d'appeler et contrappeler, poursuivre, de pacifier, transigier et accorder où nos adversaires, de nos causes, negoces et demendes, meues ou à esmouvoir, de nous excuser, de veriffier nos excuses, de demender l'obbeissance et retournée de noz hommes et subgiez et la delivrance de noz biens, de faire monstrées, veues et decepvance de demendes, avoir et recevoir principal et despens, et de les jurer en l'ame de nous, et de faire toutes autres manieres de seremens que ordre de droit requiert de faire, et prandre garant, et generalment de faire toutes et chascunes les choses que nous ferions et faire pourrions et devrions ainsi comme si presens estions, jasoit ce que le cas requiert mandement especial. Et avons et aurons ferme et estable tout ce que sera fait ou procuré par nozd. procureurs et par chascun d'eulx, tant pour nous que contre nous, et promectons en oultre paier le jugie ou jugies pour nozd. procureurs, si mestier est, sur l'obligacion de tous noz biens ; et ce nous faisons assavoir à tous ceulx à qui il puet et doit appartenir, par ces presentes lettres seellées de nostre propre seel. Donné le semadi avant la Nativité Nostre Dame, l'an de grace mil ccc cinquante et neuf.

S'ensuit la teneur de la procuracion du procureur dud. s^{gr} de Partenay : Sachent tous presens et avenir que nous Guillaume Larcevesque, s^{gr} de Partenay, en toutes et chascunes noz causes et negoces, meues ou à mouvoir contre tous et chascuns noz adversaires, par devant tous jugez ecclesiastrez ou seculiers, de quelconque povoir fondent ou usent, faisons, ordonnons et establissons noz procureurs generaulx et messagiers especiaulx, Nicholas Sarcier et Jehan Bloy, et chascun d'eulx pour soy et pour le tout, ainsi que la condicion de l'occupant ne soit pas la meilleur, et que tout ce que l'un d'eulx aura commancié l'autre pourra parachever et mectre à fin ; et donnons et octrions à nozd. procureurs et à chascun plain povoir et mandement especial de demender pour nous et en ñom de nous principal et despens, et de nous deffendre, de jurer en l'ame de nous de la calumpne ou de verité, deposer, de articler, de respondre ès poinctz, interrogatoires et articles de excepcions, de repliquer, duppliquer et trippliquer, d'appleger, de contrappleger, d'appeler et contrappeler, poursuyvre, de pacifier, transigier et accorder ou noz adversaires, de noz causes, negoces et demendes, meues et à mouvoir, de nous excusser, de veriffier noz excuses, de demender l'obbeissance ou retournée de noz hommes et subgiez et la delivrance de noz biens, de faire monstrées, veues et decevance de demendes, avoir et recevoir principal et despens, et de les jurer en l'ame de nous, et de faire toutes autres manieres de seremens que ordre de droit requiert de faire, et prandre garant, et generalment de faire toutes et chascunes les choses que nous ferions et fere pourrions ou devrions ainsi comme si presens estions, jasoit ce que le cas requeist mandement especial. Et avons et aurons ferme et estable tout ce qui sera fait et procuré par nozd. procureurs et par chascun d'eulx, tant pour nous que contre nous, et promectons en oultre paier le juge ou juges pour nozd. procureurs, sur l'obligacion de touz noz biens ; et ce nous faisons assavoir à tous ceulx à qui il puet et doit appartenir, par ces presentes lettres seellées de nostre propre seel. Donné le lundi septieme jour du moys d'octobre, l'an mil ccc cinquante et neuf.

XXIX *bis*

S'ensuist une lettre annexée avecques la lettre davantdicte.

12 octobre 1359.

Saichent tous que nous Marie de Partenay, jadis femme de noble et puissant seigneur mons^r Girart Chabot, sire de Raix, dame de Saint Estienne de Malemort et de la Mote Achart, Fouques de Laval, tuteur ou curateur et garde de Girart, à present sire de Raix, et nous led. Girart, o l'auctorité, assentement et volunté de nostred. tuteur ou curateur et garde, avons veu et fait lire de mot à mot en nostre presence les lettres aux quelles ces presentes sont annexées, et, sur les choses contenues en ycelles eue plaine deliberacion et conseil o pluseurs noz amis et saiges, non deceuz ne parforciez, ne à ce par aucune machinacion induiz ne autrement indeuement, mais comme bien conseillé et avisé de nostre fait, avons voulu, loué, ratifié, confermé et aprouvé, louons, ratifions, confermons et aprouvons, pour nous et pour noz hoirs et successeurs à tousjours mès, lesd. lettres en toutes leurs clauses et chappitres; et les choses contenues et comprinses par dedens et que elles portent et pevent porter voulons qu'elles soient vallables et tenables et en bonne force et vigueur à tousjours mès. Et avons promis et juré, et promectons et jurons par noz seremens, toché manuanment les sainctes evangilles, tenir, garder et acomplir, par tant comme il nous touche et peut toucher, les choses contenues esd. lettres et non venir encontre, obligans à ce nous et noz hoirs et successeurs et tous et chascuns noz biens presens et futurs, renuncians, sur le serement devantd., à toute excepcion de fraude, de machinacion, de lesion et de une chose faicte et autre escripte, de plus faicte et moins escript, et du contraire, au benefice de Velleien; et mesmement nous, led. Girart, au benefice de mineur aage, et à touz autres droiz introduiz en faveur des femmes et de meneurs, desquelz nous avons bien esté acertenez, et à tous autres droiz, aides et benefices de droit civil et canon, usaiges et coustumes, mesmement au droit disans generau renunciacion non valoir, pour quoy ces presentes lettres pourroient estre destruittes, viciées ou anullées en tout ou en partie. En tesmoing desquelles choses nous avons fait apposer à ces presentes le seel de monsgr le conte de Poictiers, jadis establi à la Roche sur Ion, ès contractz de la seneschaucie de Poictou, à la juridicion et cohercion duquel nous avons soubmis et soubmectons nous et noz biens. Et adcertes, Aymeri Gaicter, garde dud. seel, à la foy et relacion de Jamet Vincendea, clerc, notaire juré de la court dud. seel, lequel sur les choses dessusd. a jugié et condempné les dessusd. et chascun d'eulx par le jugement de lad. court, avons mis et apposé led. seel à ces presentes lettres en tesmoing de verité. Et aussi nous lad. Marie et Fouques, en nom que dessus, lesd. lettres de noz propres seaulx avons seellé. Fait et donné, garens presens : monsr Estienne Farcy, prestre, et Jehan Chevalier, le jour du semadi après la Saint Denis, l'an de grace mil iiic cinquante et neuf.

XXX

Lettre de monsgr de Clisson par laquelle il declaire que il n'y a nulle cause par quoy Jehanne de Rays, fille de messire Girart Chabot, ne puisse venir à la succession de ses père et mère [1].

Avril 1336 (ou 1337).

A tous ceulx qui cez lettres verront, Guillaume, sgr de Tingnonville, chevalier, conseiller et chambellan du roy

---

1. Publié : 1° Marchegay, *Recherches historiques sur le département de la Vendée*, dans *Annuaire de la Société d'Emulation de la Vendée*, 10e année, 1864, p. 119-120; 2° Sandret, *Hist. généal. de la maison de Chabot*, 1886, p. 273-274.

nostre sire, garde de la prevosté de Paris, salut. Savoir faisons que nous, l'an mil quatre cens et ung, le dimanche xii° jour de mars, veismes unes lettres seellées, si comme il aparoit, du seel dont en icelles est faicte mencion, contenant ceste forme :

Sachent tous que comme nous Olivier, s^{gr} de Cliczon, fussons chargez de ordonner et declairer à Jehanne de Rays, fille de noble homme Girart Chabot, sires de Rays, ce que nous plairoit de la succession et terres dud. sires de Rays, et de ce que lui peust avenir et escheoirs des terres aud. sires de Rays, tant par la succession dud. sires que de ses hoirs et successeurs, que de noble dame la dame de Rays et des siens, et lad. Jehanne fust liée, y eust renuncié et pour aucunes causes soupousées, et donné et passé lettres de renunciacions que elle ne peust jamès riens avoir ne demander desd. successions, par succession, porcion ne autrement, fors ce que nous lui en declerons; et lesd. sires de Rays et dame fussent liez que riens à lad. Jehanne n'en peussent donner, fors ce que nous ordonnerons; eu sur ce advis et deliberacion o plusieurs sages et prodes hommes, et nostre conscience enformée des merites de tout le fait, considerans les perilz où nous pourions cheoir en faulte de lad. declaracion faire, desirans à aleger nostre conscience, ne vayons que lad. Jehanne dayons desheriter, ne aussi ne trouvons cause pour quoy, anczois avons declairé et declairons que lesd. sire de Rays et dame puissent donner à lad. Jehanne et ses hoirs, à leur volenté, de leurs meubles, de leurs heritaiges, et lad. Jehanne et ses hoirs les tenir et avoir, nonobstant les renunciacions et lettres données desd. sires et dame de Rays et de lad. Jehanne, aussi et en la maniere comme si lesd. renunciacions et lectres ne eussent onc esté. Item, avons voulu et voulons, declairé et declairons que s'il defailloit [hoir] dud. sires de Rays [et] de lad. dame, et de Girart Chabot, hoir desd. sire et dame de Rays, et led. Girart decedast sans hoir de sa chair, que lad. Jehanne et ses hoirs puisse et doye succeder aud. Girart et ausd. sires de Rays et dame, nonobstant aucunes renunciacions et lettres sur ce faictes et aucunes causes suposées, et que lad. Jehanne et ses hoirs puissent lesd. choses tenir et avoir aussi comme si lesd. renunciacions et lettres ne eussent oncq esté faictes. Et en tesmoing de ce et que ce vaille et tiengne en memoire perdurable, le faisons assavoir par cestes presentes lettres seellées en nostre propre seel. Fait et donné ou moys d'avril, l'an mil iiie xxxvi.

Et nous à ce present transcript avons mis le seel de lad. prevosté de Paris, l'an et le jour dessus premiers diz.

XXXI

Comment monsgr de Cliczon ordonna que Jehanne, fille de messire Girart Chabot, sgr de Rays, et de dame Marie de Parthenay sa femme, peust venir à la succession de sesd. père et mère.

Avril 1336 (ou 1337).

A tous ceulx qui cez lettres verront, Guillaume, sgr de Tingnonville, chevalier, conseiller et chambellan du roy nostre sire, garde de la prevosté de Paris, salut. Savoir faisons que nous, l'an mil iiiie et ung, le samadi umze jours du moys de mars, veismes unes lettres seellées, si comme il aparessoit, du seel dont en icelles est faicte mencion, contenant ceste fourme :

Nous Olivier, sgr de Cliczon, faisons savoir à tous que comme Jehan de la Muce, vallet, et damoiselle Jehanne de Rays, sa femme, fille de noble homme messire Girart Chabot, sgr de Rays et de Machecoul, et de noble dame Marie de Partenay, dame de ceulx lieux, sa femme, eussent renuncié, si estre peust de raison, eulx et chascun d'eulx et pour leurs hoirs, à toutes successions, descences, venues et à venir, dud. sire de Rays et de lad. sa femme et de chascun d'eulx; et Girart Chabot, messire Girart de Machecoul, s^gr de la Benaste, maistre Raoul de Machecoul, en son nom et se portant curateur dud. Girart Chabot, pour tant comme à chascun en peut atoucher, et par convenant fait à ceulx, si estre peust de raison, ne peussent lesd. Jehan de la Muce et Jehanne sa femme ne leurs hoirs, prandre, occuper, tenir, ne avoir aucuns des biens meubles ou inmeubles desd. sire de Rays et dame ne de leur succession, descensse, ou d'aucun autre de leur lingnage, fust par droicte lingne ou colateral, en saesine, ne en proprieté, ne autrement. Et eussent lesd. Jehan de la Muce et lad. Jehanne de Rays sa femme, pour eulx et leurs hoirs, fez pluseurs autres renunciacions, si de raison estre peust, et desd. descensses et biens, et sur ce pluseurs lettres données et passées, si nous Olivier, s^gr de Cliçon davantd., ne leur en voulons declairer ou ordonner, laquelle declaracion ou ordinacion nous povions faire hault et bas, à joïr faire ou non faire, parties presentes ou absentes, en lieu saint ou hors saint, ordre de droit gardée, si comme led. sire de Rays et sad. femme eussent volu que tele ordinacion ou declairacion comme seroit par nous faicte à lad. Jehanne de Rays leur fille, teinst en toutes choses et fust ferme et estable, tant de meuble que de heritaige, pour toutes les successions d'eulx et de chascun d'eulx, et que jamès ou temps avenir aucuns de leurs heritaiges ne lui donneraint si par nous n'estoit declairé, ou fors tant comme par nous declairé ou baillé lui seroit; eussent lesd. sire de Rays et dame leurd. fille tenue, eue pour porcionnée en meubles et en heritaiges pour tele declaracion comme nous lui en ferons, et fors tant comme declarer lui en ferons; Avons consideré et considerons lad. Jehanne de Rays estre minore et soubz aage de xv ans au temps desd. renunciacions, combien que led. Jehan et lad. Jehanne le congneussent autrement, et lad. Jehanne ou pouvoir de sond. père, combien que davant ung tabellion, hors face de jugement, deist led. son père que il la emancipast sans garder solempnité de droit et de coustume, et mesmement à ce que les contractz et convenances desd. renunciacions se feissent o led. Girart Chabot, o mons^r Girart de Machecoul et o maistre Raoul de Machecoul, ès noms que dit est, eussent lesd. Jehan de la Muce et Jehanne sa femme esté amenez par paour, par crainte et par menaces; lesquelx Jehan de la Muce et lad. Jehanne de Rays sa femme estoient convenancez ensemble par nom de mariaige, de par avant lesd. convenances et renunciacions ung an et plus, si comme nous sommes bien et leaulment informez; et mesmement avons consideré que laisser le droit de lad. Jehanne et ses hoirs, dont nous sommes chargez, sans leur en faire declaracion, espicialment le droit que descent de père et mère à leur enffant, seroit en grant dampnacion de l'arme de nous, et en grant grief, prejudice, dommage et exheredance de lad. Jehanne et ses hoirs; sur ce, eu conseil et longue deliberacion o pluseurs sages dignes de foy et de creance, et pluseurs autres bonnes et loiaulx raisons, considerans combien que lesd. Jehan de la Muce et lad. Jehanne de Rays sa femme, causes non raisonnables à eulx supposées et non vraiees, et par paour, crainte et menasses à ce amenez, comme dit est, et eust congneu avoir commis exheredance, et verité ce raison fust au contraire, avons declairé et ordonné, et encquores declairons et ordonnons à lad. Jehanne et à ses hoirs quatre cens livres de rente, en terres de sond. père et mère, c'est assavoir IIIe livres de rente estre assises en la terre devers lad. sa mère, et cent livres de rente ès terres de sond. père, non obstant aucune revocacion faicte dud. Jehan de la Muce et de lad. Jehanne sa femme, declarées ou à declairer, exprimées ou à exprimer, fez desd. Jehan et Jehanne o lesd. Girart Chabot, mons^r Girart de Machecoul, maistre Raoul de Machecoul, ès noms que dit est, ou o aucunes autres personnes, aussi comme si lesd. convenances et renunciacions ne eussent oncques esté. Et avons volu et ordonné, et encquores voulons et ordonnons que non obstant ce que led. sire de Rays et sad. femme eussent volu par leurs sermens que ilz ne peussent donner à lad. Jehanne leur fille aucuns de leurs heritaiges, fors ce que par nous lui en seroit declairé et baillé, et que tele declaracion comme par nous en seroit faicte, tant en meuble que en heritaige, tiendroit, puissent lesd. s^{gr} de Rays et dame à lad. Jehanne leur fille et à ses hoirs bailler et assigner lesd. iiii^c livres de rente comme dit est, selon que lesd. s^{gr} de Rays et dame le peussent faire de par avant lesd. grez et convenances, et que lad. Jehanne et ses hoirs s'en peussent joïr à tous jours mès. Et s'il avenoit que Girart Chabot, filz du filz aisné dud. mons^r de Rays et dame, et leur hoir principal, decedast sans hoir de sa chair engendré en mariaige, nous avons volu et voulons et declarons que lad. Jehanne de Rays puisse venir à la succession de tous les heritaiges et meubles desd. s^{gr} de Rays et dame, et dud. Girart et de ses hoirs, non obstant lesd. renunciacions, et en la maniere que ilz peussent et deussent faire de par avant icelles renunciacions. Et voulons que ceste declaracion et ordonnance vaille et tiengne en tous, et si en touz de droit et de coustume ne povoit tenir, nous voulons que elles tiengnent en tant comme droit et coustume le pevent souffrir. Et en tesmoign de verité et pour ce que les choses dessusd. soient fermes et estables, nous Olivier, s^{gr} de Cliczon dessusd., avons à cestes presentes lettres apposé nostre seel. Fait et donné ou moys d'avril, en l'an de grace Nostre Seigneur mil iii^c xxxvi ans.

Et nous à ce present transcript avons mis le seel de lad. prevosté de Paris, l'an et le jour dessus premiers diz.

XXXII

Accord entre mons^{gr} de Rays et messire Hervé de Leon à cause du mariaige dud. Hervé avecques Margot de Rays.

16 novembre 1332.

Sus le debat et discort meu entre mons^r Girart Chabot, sire de Rays, d'une partie, et messire Hervé de Leon le plus jeune, d'autre, sus le pourcompte d'aucuns arrerages deuz aud. messire Hervé, par raison de mil livres que il devoit prandre et lever par chascun an, par raison de son mariaige, sus les rantes, levées et esmolumens apartenans aud. sire de Rays en l'isle de Boign, si comme plus à plain est contenu en lettres contenantes plus à plain les liens et obligacions dud. mariaige [1], congneurent et confesserent les dessus nommez estre venuz à paix et à acort par nostre court de Nantes, en la maniere qui ensuist : C'est assavoir que par fin pourcompte fait entre eulx de tout le temps passé jusques à la Saint Jehan l'an mil iii^c et trente, tant d'arrerages, de dommages que de afferue de monnoie de forte à feble et de feble à forte, et d'aucun sel autresfoiz vandu aud. mons^r Hervé par raison desd. arrerages et de toutes autres choses quelconques, et occasion desd. arrerages; pour lesquelles choses led. sire de Rays fut consentant devoir aud. messire Hervé deux mil livres de bonne monoye courant, à la value d'ores, et led. messire Hervé en fut content. Et furent d'acort lesd. parties que les paiemens desd. deux mil livres se feront par dix ans prouchains ensuivans la dabte de cest accort, c'est assavoir, à chascun Noel ii^c livres, duquel an paiement desd. ii^m livres, ainsi toutesvoies que ou cas que dame Margarite de Rays, femme dud. messire Hervé, vendra au mesnage dud. sire de Rays pour y demourer, comme a esté parlé en

---

1. Voy. ci-dessus, n° XX, ces lettres datées du 19 juin 1324.

cest accort, ung an, s'il plaist aud. mons' Hervé, commançant en cest an prouchain, et que led. sire la tiendra en son mesnaige à ses propres coustz touchans despens de bouche, à certain nombre de gens, là où la demeure de son mesnaige sera tant seulement, en estat ailleurs parlé et acordé par le sire de Derval; le premier du paiement desd. II^{m} livres commencera à Nouel l'an mil III^{c} xxxi, de quoy doit faire responce certaine, ou elle vendra ou non, dedens la quinzaine devant Nouel prouchain. Et ou cas où elle ne viendroit cest an, elle poura venir ung autre an quant lui plaira dedens les dix ans, et pour celui an que elle viendra aud. mesnage demourer, le paiement desd. II^{c} livres sera alongé sus la fin du terme, einsi que il ne pourroit demander plus de deux cens livres par an. Et paier lesd. II^{m} livres ainsi comme est dit dessus, est obligé principaulment led. sire de Rays et tous ses biens presens et futurs, et tous ses hoirs et successeurs, et espiciaument y obligea led. sires les levées, essues et esmolumens de la chastelenie de Pornit, et les receveurs, chastellains et leveurs d'iceulx, à prandre et contraindre, par prinse de biens et autrement, les termes cheuz, comme il apartient; et jureront et se obligeront les leveurs, chastelains ou receveurs de Pornit qui pour le temps desoresmès y seront mis et establiz de quelconques auctorité, faire lesd. paiemens desd. II^{c} livres ausd. termes. Et parmy cest accort n'est fait nulle derogacion ne prejudice aux lettres qui furent faictes au mariaige dud. messire Hervé et de lad. dame Margarite, que ilz n'aient vertuz et leur effect par tout quant ès autres cas, fors tant comme touche arrerages, sel et dommages, passez par avant le dabte de cestes lettres tant seulement. Et par cest accort sont et furent lesd. parties à final et à agreable pourcompte, et par tant est delivrée la terre aud. sires et ses gens de toutes saisines mises sur sa terre, et de toutes autres obligacions et achesons, pour les causes des arrerages devantd., jusques au jour dui, dabte de cestes lettres; et randront toutes lettres que ilz avoient sur led. s^{gr} et sur ses gens touchans obligacions d'arrerages, dommages et sel, ou lettre de quictance là où lesd. lettres ne pouroient estre trouvées, et sauf à leur faire raison selon leurs lettres de la Saint Jehan derrain passé en avant, et quant leur sera deu aucune chose de leur rente, selon la forme d'icelui. Et à toutes les choses dessusd., toutes et chascunes d'icelles tenir, enteriner, acomplir par touz et chascuns articles, promirent ceulx sire de Rays et messire Hervé en bonne foy, et se soubzmist led. messire Hervé quant à ce à nostre juridicion, et renuncia à menour eage; et à toutes les choses dessusd. et à chascune d'icelles tenir, sans venir encontre, furent ceulx sire de Rays et messire Hervé, à leurs requestes, par le jugement de nostre court jugez et condampnez. Donné tesmoing le seel estably ès contractz de Nantes, ensemblement o les seaulx aud. sire de Rays et messire Hervé mis à cez lettres à maire fermeté. Et oultre est accordé que si lad. dame ne venoit au mesnage cest an present, comme dit est, le premier paiement des deux cens livres commancera à cest Noel prouchain. Donné le jour de lundi après la Saint Martin d'iver, l'an de grace mil iii^c xxxii.

XXXIII

Transcript des bienffaiz messire Girart Chabot [1].

9 mai 1279.

Transcript. — Sachent tuit que nous Girart Chabot, chevalier, s^{gr} de Rays, pensé et pourveu le commun profit de nous et de Guillaume de la Mothe et de Raoul Chabot, noz chers frères, de nostre bonne volenté, à leur requeste, o le conseil de nos amys et de mains prodes hommes,

---

1. Le copiste a mis fautivement Raoul Chabot au lieu de Girart.

avon baillé et octroié, baillons et octroions ausd. Guillaume et Raoul, par non et par raison de bienfait, de toute nostre terre qui nous apartenoit devers père et devers mère, en Poictou, en Bretaigne, en quelconques lieux, en quelconques seigneuries, en quelconques fez lesd. terres soient et soient assises, devers père et devers mère, tant en Poictou, en Bretaigne et en tous autres lieux ; C'est assavoir aud. Guillaume, tous les fruz, toutes les levées, toutes les yssues, tous les pourvenz de toute nostre terre de la Mothe Achart et de ses apartenances, et du Fief Maqueau [et] de la Mauriere o ses apartenances, assis en Poictou, en fiez et en seigneuries deviseement aux nobles hommes Guy, viconte de Thoars, messire Geffroy, s^{gr} de Chasteaubrient, messire Guillaume d'Apremont, chevaliers, en Thalemondois, en Brandois, et du Fié Maqueau, son viaige tant seulement, sauve aud. Raoul le mariage madame Eustaice, jadis femme messire Berault de Maillé, chevalier, mors, nostre seur deffuncte, assis en fié de la Mauriere, si comme il se siet, et sauve aud. Raoul trente livres d'ennuau rente, lesquelles led. Guillaume de la Mote paiera et sera tenuz de rendre et de paier chascun an aud. Raoul ou à son certain commandement, en deniers contens, par deux termes l'an, sus les tailles de la Mauriere et sus les essues de la cohue de la Mote, c'est assavoir quinze livres à la Chandeleur et xv livres à la Magdelaine prouchaine ensuivant. Et sera le sergent dud. Guillaume jurez aud. Raoul, quiconques il soit, de randre et de paier yceulx d. deniers aux termes dessus devisez, aud. Raoul ou à son certain commandement ; et si lesd. deniers n'estoient paiez, led. Raoul ou son certain commandement se pouroit vangier sus led. Guillaume de la Mote et à la Mauriere, les termes passez, par deffaulte de chascun terme, et pour les dommages qui se suivroient ensement ; desquelx dommages led. Raoul ou son certain commandement doit estre creuz par son simple serment, sans autre preuve.

Et est assavoir que ensement nous avons baillé et octroié, baillons et octroions et assignons aud. Raoul, nostre frère, par non et par raison de bienfait, de toute la terre dessusd., son viage tant solement, tous les fruiz, toutes les levées, toutes les essues et tous les pourvenz de Saint Hillaire le Voy et des apartenances, de tant comme nous en avion en nostre main, assis en Poictou, en fiez de Maruil, et de tout le dessusd. mariage feue Heustaice, nostre seur dessusd., assis en fief de la Mauriere, et trente livres de annuau rente par la main Guillaume de la Mothe, ès lieux dessusd., si comme il est dessus devisé, et soixante livres d'annuau rente quant led. Raoul sera chevalier, randuz et paiez chascun an sur noz corvages de Pornit, o temps qui seront levez, des premiers deniers receuz desd. corvaiges, par la main de nostre sergent qui lesd. corvaiges levera et recevra. Et sera led. sergent jurez aud. Raoul de rendre et paier lesd. lx livres aud. Raoul ou à son certain commandement, en bonne monnoye courant, chascun an, des premiers deniers levez, si comme dessus est dit, à paine de xx livres de monnoye courant, randant parsommet lesd. lx livres aud. Raoul ou à son certain commandement, par nom et par raison de paine commise, toutes les foiz que nous deffaudrons de tenir et enteriner aud. Raoul ou à son commandement, ou de faire enteriner le devis et l'ordinacion de cestes lectres; et parsommet tous les dommages qui s'en ensuivroient par deffault de paiement, à son simple serment, sans autre preuve.

Et est assavoir que nous Girart Chaboz avons baillé et baillons toutes les choses dessusd. aux dessusd. Guillaume et Raoul, si comme elles sont devisées, et à chascun d'eulx pour soy, à avoir et à tenir et à esploicter et à faire tous les fruiz, les essues, les pourvenz enterinement de toutes les choses dessusd. et de chascune, ès fiez et en dommaines, en paiz et sans contens, si comme elles sont dessus specifiées et devisées aud. Guillaume de la Mote et aud. Raoul, noz frères, à leur commandement et à en faire leurs volentez, o tout le droit et la seignourie et la pocession que nous y avions et avoir y poions et devions, tout le long de leur viaige tant seulement ; en tel maniere que yceulx Guillaume et Raoul dessusd., et chascun d'iceulx pour soy, pourront prandre et avoir yceulx fruiz, essues et levées de toutes les choses dessusd., si comme elles sont dessus specifiées et devisées, s'il leur plaist, jusques à quatre ans ensuivans et prouchainement continuez après leur decès, pour faire l'execucion de leur testament et de leurs derrenieres voluntés ; et en tel maniere que ès biens dessus devisez, yceulx Guillaume et Raoul dessusd. et chascun d'eulx pour soy, pourront donner cent solz d'annuel rante pour l'arme de nostre cher père et de nostre chere mère, et de nous et d'eulx, s'il leur plaist, les quelles nous leur avon desjà ordonnées à asseoir ès lieux dessus devisez, en lieux convenables, en tel maniere qu'ilz ne puissent des choses dessusd. riens plus donner ne obliger ne aliener en nulle maniere, fors chascun d'eulx les cent solz perpetuaulx, et les quatre années après leur mort.

Et est assavoir que nous aurons [et] remendron ès fiefz et ès oboissances de la Mote Achart dessusd. o toutes ses appartenances, et auron les fiefz et les hommages de tous les hommes liges et plains d'iceulx lieux, et led. Guillaume, comme usefruytier tant seulement ; et entrera et sera pour nous et en nostre nom et en nostre lieu en la foy messire Guy de Thoars, de la Mauriere et de ses apartenances, et en la foy messire Guillaume d'Apremont, et aura et tiendra en la maniere davantd. les fiez et les hommaiges de celui fié, son viaige tant seulement, faisant toutesvoies les fruiz sous des choses dessusd., son viaige tant seulement, si comme il est dessus dit, en paiant aud. Raoul ou à son certain commandement les trante livres de rante dessusd., si comme dessus est dit, en tel maniere que, non contrestant droit et usage et toute coustume de terre et de païs, toutes les choses dessusd. et chascune remaindroient et retourneroient à nous ou nostre hoir après le decès dud. Guillaume de la Mote, s'il mouroit avant nous et avant led. Raoul, et entrerions en la foy de lad. Mauriere et r'aurions les fiez et les hommaiges dessusd., sans nul destourbement ne empeschement que led. Guillaume ne son hoir ne led. Raoul y puissent mectre par eulx ne par autres ; tenant toutesvoies le devis de cestes lettres, sauve le droit aud. Raoul, si comme il est en cestes lettres specifié et devisé.

Et ensement led. Raoul comme usefruitier, son viaige tant seulement, entrera et sera pour nous et en nom de nous en la foy à le hoyr de Maroil, et en la foy de celui qui cause aura de Saint Hillaire le Voy et de ses appartenances, et aura les fiez et les hommages liges et plains, feisans les fruiz siens des choses dessusd., si comme dessus est dit ; en tel maniere que s'il advenoit que led. Raoul morist avant nous et avant led. Guillaume, toutes les choses dessusd. et chascune nous demourroient, remaindroient et retourneroient enterinement, sans nul destourbement et sans nul empeschement que led. Raoul ne son hoir, s'il l'avoit, ne led. Guillaume ne son hoir y peussent mectre, par eulx ne par autres, sauve aud. Raoul tout ce que nous lui avons octroié par le devis de cestes lettres, por le salut de noz parens et de ly et pour faire l'execucion de son testament ; et sauve aud. Guillaume les trante livres de rente qu'il rent par sa main, qui retourneroient aud. Guillaume s'il vivoit ; et, non contrestant droit et usage et toute coustume de païs, nous entrerions et serions, ou nostre hoir, en la foy à le hoir de Maroil, ou de celui qui cause aura de lui, de Saint Hillaire le Voy et de ses apartenances dessusd., et r'aurions les fiez et les hommages et les oboissances de tous les hommes liges et plains après le decès dud. Raoul sans nul destourbement, si comme il est dessus dit.

Et est assavoir que toutes les choses dessusd. et chascune par soy, nous Girart Chabot promecton et sommes tenu à garir et à enteriner et à deffendre aus dessusd. Guillaume et Raoul de tous et contre tous, soubz l'obligacion de tous nos biens presens et avenir, meubles et non meubles, selon us et coustume de païs, c'est assavoir que si nous mourions avant eulx, iceulx ou celui qui sorvivroit après nostre decès, ou tous ensemble ou chascun d'eulx par soy, ou leur hoir pouroient demander à nostre hoir l'eschoiste de nostre père et de nostre mère et des noz, s'il leur plaisoit, en tout ce que droit et usage et coustume de païs leur pouroit donner et aporter, ou leur peust paravant lesd. convenances, non contrestant les convenances dessusd., raportant ce que nous leur avon baillé par bienfait, si comme dessus est dit. Et sont tenu led. Guillaume et Raoul à tenir le devis et l'ordinacion de nostre testament que nous avon jà fait, sans le muer en riens, sans rapeler et sans venir encontre par eulx ne par autres ; et nous sommes tenu à tenir le testament d'iceulx qui sont jà fet, selon ce que nous y sommes obligez ès choses octroiées par le devis de cestes lettres ; et ce nous Guillaume et Raoul avon graié et octroié. Et est assavoir que nous Girart, Guillaume et Raoul Chaboz, frères dessus nommez, et chascun de nous par soy, avon promis et sommes tenu, soubz l'obligacion de tous noz biens meubles et non meubles, à tenir et garder et enteriner et poursegre bien et loiaulment toutes les convenances et chascune par soy, ainsi comme elles sont specifiées et devisées en cestes lettres. Et avon renuncié en toutes cestes devantd. convenances et chascune par soy, à toute force et à toute aide de loys et de canon, et à tout droit escript et non escript, et à tous les droiz et à toutes les loys, et à toutes les raisons et à toutes autres choses, enterinement et à chascune par soy, qui de fait ou de droit ou de coustumes ou d'usages, ou d'establiemens faiz et à faire, nous pourroient aider à venir encontre, fust en court d'eglise ou en court laye; et avons juré sus les sains euvangilles Nostre Seigneur touchez corporaulment, et chascun de nous par soy, que nous jamès contre les convenances de cestes lettres, ne contre aucune d'icelles par soy, ne viendron ne n'aissairon à venir encontre, en dit ne en fait, par nous ne par autres en nulle maniere. En garentage de cestes choses dessusd., nous Girart, Guillaume et Raoul Chaboz, frères, chevaliers, dessus nommez, avon donné et octroié l'un à l'autre cestes lettres, seellées du seel nostre seigneur le roy de France establi en la senechaussie de Poictou à la Roche sur Yon; et requismes nous davantd. frères, Pieres le Bourgongnon, tenant en celui temps et gardant led. seel au davantd. lieu, que il le davantd. seel en cestes presentes lettres meist en tesmoingnaige de verité. Et je led. Pierres, à la requeste des davantd. nobles Girart, Guillaume et Raoul Chabot, chevaliers, frères, ay apposé le davantd. seel en cestes presentes lettres, sauve la droicture nostre seigneur le roy de France et l'autrui, en tesmoingnaige de toutes les choses dessusd.; et les davantd. nobles Girart, Guillaume et Raoul Chabot, frères, ay jugé par le jugement de la court nostre seigneur le roy de France à tenir et garder feaulment et leaulment toutes les convenances dessusd., et à ce faire et garder je les condempnay. Tesmoings à cestes choses appellez et presents furent: messire Guy, viconte de Thouars, Hamon Chenu, Symon Sauvestre, chevaliers. Ce fut fait et donné l'an de l'Incarnacion Nostre Seigneur Jhesu Crist mil II^{c}LXXIX, le mardi avant l'Ascension Nostre Seigneur, ou moys de may.

Cest transcript fut donnez par la main Guillaume d'Escuroles, clerc, tenant et gardant le seel dessusd. en celui temps, le vendredi après *Letare Jherusalem*, l'an de grace Nostre Seigneur mil II^{c}III^{xx} et six (24 mars 1287).

XXXIV

Quictance pour les executeurs du testament messire Raoul Chabot.
22 juillet 1288.

Universis presentes litteras inspecturis, Johannes de Brolio, clericus, salutem in Domino. Noveritis me perpetuo quictasse et domino Radulpho Chabot militi, deffuncto, heredibus et executoribus testamenti seu ultime voluntatis sue, omnes acciones et querelas quascumque quas habebam et habere poteram et debebam contra dictum deffunctum et heredes executoresque suos quoquo modo, tam racione servicii a me eidem impensi quam causis et racionibus quibuscumque. Hanc autem quictacionem promicto tenere firmiter et inviolabiliter observare, et ad hoc obligo me, heredes successoresque meos et omnia bona mea presencia et futura, et de non veniendo contra per me vel per alios in futurum, fide super hoc prestita corporaliter; et renuncio, in facto et in virtute fidei prestite, omni excepcioni decepcionis et circonvencionis cujuscumque, auxilio juris canonici et civilis, privilegio crucis indulto vel indulgendo, omnibus constitucionibus et statutis factis aut faciendis, et omnibus aliis racionibus, peticionibus, deffencionibus et allegacionibus que contra tenorem presencium possunt obici vel opponi. In cujus rei testimonium, requisivi presentes litteras sigillari sigillo senescaucie Pictavensis apud Rocham super Yon pro domino rege Francie, salvo jure domini regis Francie et quolibet alieno. Et ad premissa tenendum et observandum, eumdem Johannem de Brolio, clericum, presentem et ad premissa consencientem, judicio curie domini regis Francie judicavi et condempnavi ; testibus hiis presentibus et vocatis : Petro Gunter et Herberto Guiner, clericis. Datum die jovis in festo beate Marie Magdalene, anno Domini millesimo cc° octogesimo octavo.

XXXV

Accord entre les executeurs du testament messire Guillaume de la Mote et messire Girart Chabot, son frère, s^{gr} de Rays.

10 juillet 1287.

Universis presentes litteras inspecturis, baillivus Turonensis, salutem. Cum contencio seu discordia verteretur et esset coram nobis inter Radulphum de Chatenno [1], Hugonem de Albiniaco, milites, et Gaufridum Adam, valetum, executores testamenti deffuncti Guillelmi de Mota, quondam militis, ex una parte, et nobilem virum dominum Girardum Chabot, militem, fratrem dicti deffuncti Guillelmi, ex altera ; super eo quod dicti exequtores petebant a dicto Girardo sibi dimicti quatuor annuatas proximo futuras terre quam idem Girardus dederat et tradiderat dicto deffuncto Guillelmo, fratri suo, pro victu suo ; quas quatuor annuatas ipse deffunctus Guillelmus, ut dicebant dicti executores, ceperat ad exequcionem sui testamenti faciendam, una cum omnibus bonis suis mobilibus, quorum bonorum nobilis idem Girardus aliqua perceperat et levaverat post decessum dicti deffuncti Guillelmi ; que idem executores petebant a dicto Girardo sibi reddi et restitui, ut dictum testamentum dicti deffuncti possent execucioni debite demandare ; dicto Girardo in contrarium asserente et dicente se ad hec non teneri. Demum in assizia que fuit apud Rocham super Yon, anno Domini millesimo ii^c lxxx^o septimo, die jovis post estivale festum beati Martini, dicte partes, nobis medientibus, super dicta discordia pascificaverunt in hunc modum : Videlicet quod ipse Girardus, pro dictis quatuor annuatis dicte terre, tenetur reddere et solvere dictis executoribus sexcentas et quin-

---

1. Le texte du cartulaire porte Chateno, avec un signe d'abréviation au-dessus de l'e.

quaginta libras turonenses, vel monete curentis ; item de bonis mobilibus dicti deffuncti que habuit et percepit, videlicet pro quadraginta uno sextariis avene, quinquaginta libras ; pro duobus equis, quatuor vingiti et decem septem libras ; pro quadam quadragata feni, vingiti solidos ; pro quodam dolio vini, sexaginta solidos ; et pro quibusdam aliis bonis minutis, tringinta sex libras. Summa pro bonis mobilibus : nonies vingiti et septem libras ; summa totalis, [tam] pro dictis quatuor annuatis dicte terre quam pro bonis mobilibus supradictis : occies centum et tringinta septem libras ; quas occies centum et tringinta septem libras idem Girardus gagiavit et promisit se redditurum dictis executoribus, vel eorum certo mandato secum presentes litteras defferenti, hiis terminis, videlicet medietatem infra festum Omnium Sanctorum proximo venturum, et aliam medietatem infra festum Omnium Sanctorum inde proximo sequentem, anno revoluto, sub pena centum librarum monete curentis pro quolibet termino in quo deffecerit in solucione peccunie supradicte ; volens et concedans idem Girardus quod si deffecerit in solucione dicte peccunie ad dictos terminos aut eorum aliquem, faciendum quod pro quolibet termino in quo deffecerit, solvat et ad solvendum compellatur centum libras monete curentis, medietatem regi et medietatem parti, racione manente nichilominus principali. Pro quibus premissis solvendis et reddendis ut dictum est, idem Girardus obligavit, coram nobis dictis executoribus, se et heredes suos universos et singulos et omnia bona sua mobilia et inmobilia, presencia et futura, ubicumque poterint inveniri, specialiter et expresse omnia bona mobilia et inmobilia que habet et possidet in vicecomitatu Thoarcensi ; que bona specialiter obligata idem Girardus ex nunc posuit in manu domini regis, ad hoc ut si deffecerit in solucione alicujus dictorum terminorum, possint vendi, distrahi, et explectari usque ad valorem predicte peccunie summe, et pene si eam contingerit commicti. Et renunciavit in hoc facto idem miles excepcioni decepcionis et circumvencionis cujuscumque, et rei ita non geste, omni privilegio et auxilio crucis, indulto et indulgendo, et omni auxilio juris scripti et non scripti, tam canonici quam civilis, omni usui et consuetudini et statuto et omnibus aliis excepcionibus, deffensionibus, tam juris quam facti, per quas posset venire contra premissa vel aliquid premissorum, et per quas posset solucio dicte peccunie ultra dictos terminos vel eorum aliquem differri seu eciam retardari. Ad que premissa omnia et singula tenenda et reddenda, ut dictum est, judicate fuerunt dicte partes per judicium curie nostre et in assiza supradicta. In cujus rei testimonium et munimen, presentibus litteris sigillum domini regis, quo utitur apud Rocham super Yon, fecimus apponi. Datum anno, die et in assiza supradictis.

XXXVI

Accord entre madame Haouis de Chasteau Gontier et mons[r] de Rays [1].

Septembre 1264.

Saechent tuit que come contenz fut meuz par devant nous entre Hauis, noble dame de Chastiau Gontier, jadis feme feu James, sire de Chastiau Gon[tier et de Nogen le] Rotro, d'une partie, e Girart Chabot, escuer, e Ame sa feme, dame de Chastiaugontier e de Poencé, fille e her dud. James e de lad. Hauis, d'autre partie, Sus [ce que celle Hauis, mère] de lad. M. (sic), demendoit e requeroit par devent nous aud. Girart e à lad. M., que il li tenissent e enterinassent dous peres de letres saelées ou seau

---

1. Publié d'après l'original jadis scellé d'un sceau sur double queue, sauf pour les mots mis entre crochets. Ces mots sont empruntés au cartulaire : une mutilation ayant fait disparaitre toutes les fins de ligne de l'original.

[de lad. M., desquelles] l'une se commence einsi : A touz ceus qui verrunt cestes presentes lettres, M., dame de Poencé e de Chastel Gontier, salut en Nostre Segnor. Saichent tuit cil [qui sunt et qui advenir seront] que je ai baillié e otroié à noble dame Hauis, mère de moi dite M., feme jadis feu James, sire de Chastel Gontier, por son doaire de la terre de Chastel [Gontier ; et einsi se define :] Ensorquetot j'ai doné la foi de mon cors que contre les devantd. choses par nule reson ne vendré ; e en tesmoin de ce, j'ai doné à lad. Hauis ces presentes lettres [seellées en mon seel. Ce] fut feit l'an Nostre Segnor mil e dous cenz e sexante trois, ou mois de genvier. E l'autre se commence einsi : A touz ceus qui cestes presentes lettres verrunt [et orront, M., dame de] Chastelgontier e de Poencé, salut en Nostre Segnor. Saichent tut que je ai baillié e otroié à noble dame ma dame Hauis, ma mère, tot lou mariaige louquel mon segnor [mon père et celle Hauis ; et einsi] se define : J'ai doné à cele Hauis ma foi e mes letres seelées en mon seel. Cestes letres furent donées ou mois de genvier en l'an Nostre Segnor mil e douz [cenz LXIII. A la] parfin, par le consoil de prodesomes, fut fete pez par devant nous entre cele dite Hauis e led. Girart e lad. M., sa feme, sus les devantd. contenz, en ceste [maniere : Que pour bonne paix] e por les deventd. lettres tenir e garder desorenavant e chascun article contenu as devantd. letres, excepté ce que les lettres e les covenances qui ont [esté faictes entre lad. H.] e lad. M., sa fille, devant ceste covenance, ne nuisent pas aud. Girart e à lad. M., que les suers de lad. M. ne soient tenues de paier e de rendre [leurs parties des debtes qui] estoient dehues au tens que feu James lor père e Estievre lor frère morurent, einsi totevoies que led. Girart e lad. M. sunt tenu de les porchacier à lor [coustz, et en est lad. Hauis] nient obligée, mès totevoies led. Girart e lad. M. sunt tenu de delivrer e d'aquiter lad. Hauis de totes les detes qui estoient dehues ou tans que [led. James son seigneur] e led. Estievre lor filz morurent. Icele Hauis a doné e quicté aud. Girart e à lad. M. totes les choses les queles li cuens de Blois ou ses gens ont levé ou [fait lever en la terre] du Perche, tant ou doaire de ce Hauis quant an la partie à ses dous filles, c'est à savoir Elyote e Phelipe, e ne puet cele Hauis, par reson de cele Elyote, ne de cele Phe[lipe, ne d'elle, riens de]mender aud. Girart ni à lad. M. ès chose que li cuens de Blois a levé ou fet lever dou tens qui est passé, ni en la terre de Chastelgontier, par la reson de celes [deux filles, tant comme] eles serunt en sa garde. E est asavoir que cele Hauis desorenavant doit metre les rentes des parties d'iceles dous filles qu'ele a en sa garde, en aquict à p[aier les debtes pour leur] partie de la dete que lor père e icele Hauis lor mère devoient ou tens que celi James lor père e Estievre lor frère morurent, tant comme eles serunt en sa g[arde ; et se ainsi estoit] que lesd. filles exissent de la garde lor mère, led. Girart e lad. M. lor porroient demander lor partie des detes lor père e lor mère e lor frère, ain[si comme ilz faisoient avant] ceste peix, san ce que ceste presente paix poit nuire aud. Girart e à lad. M., exceptées quarante livres que cele Hauis aura chascun an...[1] serunt en sa garde. E leise e quicte cele Hauis aud. Girart e à lad. M. ce que li devoient de la ferme que cele Hauis avoit baillée à Jamet S[evin et à ses compagnons], à aidier à paier les devantd. detes, tant comme le terme durra de la devantd. baillée, c'est asavoir jusqu'au darien samadi de mai prochein à [venir ; et quicte celle] Hauis aud. Girart e à lad. M., de son doaire du Perche, le coing de la monoie de Noigent lou Rotro, à avoir e à tenir celi coing e [les apartenances aud.] Girart e à lad. M. tant comme cele Hauis vivera, einsi comme cele Hauis le tenit par re-

---

1. Le copiste du cartulaire ayant ici sauté une ligne de l'original, nous ne pouvons suppléer à la lacune de cette fin de ligne.

son de son doaire. E est à enquerre, par l'asentement d[es davantd. parties], de la meteierie de Bozeilles e de la meteierie de la Chaleinpnerie e des apartenences des devantd. choses, par dous prodes homes, c'est asavoir par l'ar[ceprestre d'Angers et par] mon segnor Robert lou Voier, chevaler, savoir s'eles furent aquises ou tens du mariaige doud. James e de lad. Hauis, ou einceis qu'ele fut sa f[emme ; et s'il peut trou]ver par lor enqueste qu'eles fussent acquises ou tens du mariaige dud. James e de lad. Hauis, es demeurent e demorrunt o l[es fruiz et o les essues à] lad. Hauis, e se eles furent aquises devant lou mariaige, aud. Girart e à lad. M. demorrunt ; e doit estre fette ceste enq[ueste dedens la Tous]sainz procheine avenir. E à tenir e à garder lealment totes lesd. choses sanz aler encontre, les devantd. parties par devant nous [s'en estreindirent par le] soirement de lor cors ; e nous, les lettres vehues e oïes des queles il est fete mention en cest present escript, e la devantd. M. [recognoissant en jugement] par devant nos les devantd. letres estre fetes de son bon gré e de son asentement, e saelées en son sael, les queles chos[es led. Girart avoit] ferme e estable, par devant nous, à eus estre obligiez à tenir e à garder lealment totes les choses qui sunt contenues ès devantd. [lettres, de toutes les] choses contenues en cest present escript e ès devantd. lettres, nous, par le jugement de nostre cort, les devantd. parties avon jugiés [à tenir et à garder des]orenavent ; e se einsi estoit que lad. Hauis ou Girart ou lad. M. alassent encontre ces choses en aucune des choses, par eu[lx ou par autres, par aucune] reson, nostre baillif ou celi qui seroit en son leu les porroient porforcier à fere, tenir e à garder totes les devantd. choses s[ans aucun contredit.] Ce fut fet à Angers e saelé de nostre sael as causes, à la requeste desd. parties, par devant nos, presenz e consentent, ou mois [de septembre, l'an] de grace mil dous cenz sexante quatre. — HUG.

XXXVII

Accord entre Haouis, dame de Chasteau Gontier, et monss[r] de Rays [1].

13 mars 1267.

Sachent tuit presenz e avenir que comme contenz fust meu en noutre cort en dreit, entre madame Haouys, jadis femme feu James de Cheteau Gontier, chevaler, d'une partie, e entre Gyrart Chabot e madame Emme sa fame, fille des davant diz James e Haouys e lor heir, sus ce que la dite Haouys demandot au diz Gyrart e à Emme, par reson d'icele Emme, qu'il la delivrassent de toutes les detes qui estaient deues à quiconques ce fust, ou tens que feu Estienvenot, jadis fiz des diz feu James e Haouys, morit, par reson des diz James et Haouys et Estienvenot ; e sus ce qu'ele demandot à iceus le tierz des deniers de la vente dou bois de Coudrey que le dit Gyrart aveit vendu, qui esteit en son douayre. E sus ce que ladite Haouys demandot à iceus Gyrart e à Emme neuf cenz libvres de torneys, lesqués icelui Gyrart aveit euz et receuz, si comme ele diseit, de mon seignor le rey de France pour les herrerages des rentes de Meson Maugis e de Mont Ysembert, lesqués avaient esté levez ou tens doudit feu James, si comme il disaient. E sus ce que ladite Haouys demandot à aveir d'iceus Gyrart e Emme treze cenz libvres qu'ele aveit paiées des detes davant dites, par defaute desdiz Gyrart e Emme, si comme ele diseit, lesqueles il li estaient tenuz à rendre, e sus plusors autres chouses. E sus ce que les diz Gyrart e Emme sa fame, par reson d'icele Emme, demandoent à ladite Haouys les gages qui estaient chés les Lambarz de Nogent, juqu'à la value de dous cenz mars

---

1. Publié d'après l'original du chartrier de Thouars jadis scellé d'un sceau sur double queue.

d'argent, si comme disaient iceus Gyrart e Emme, lesqués il avaient desgagiez, e lesqués icele Haouys aveit euz. E sus ce qu'il disaient que ladite Haouys aveit eu e receu trais mille libvres de la vente dou grant bois de Perchet, qui audiz Gyrart e à Emme devaient devenir puis la mort dou dit feu Estienvenot, e lesqués ele aveit levez puis la mort dou dit feu Estienvenot, si comme il disaient, lesqués il demandaient à aveir por les detes aquiter. E sus ce qu'il disaient contre ladite Haouis, que ele aveit eu e receu tant des ventes des bois comme de la terre Elyote e Felipe, ou des essues d'icele filles des diz James e Haouys, cinc cenz libvres, lesqués il demandoent à aveir por aquiter les detes, e sus plusors autres chouses.

En la parfin, enprès mout de contenz euz entre les dites parties, fut peceié e acordé en forme de pez entr'eus, par conseil de prodes homes, en cete maniere : C'est assaveir que ladite Haouys est tenue à paier e à aquiter toutes les detes quesques saient, qui sont deues à quiconques ce seit, en France, en Chartrein, en Bleseis, ou Perche, en Normendie, en Duneys e en toutes les terres qui sont par delà le Mans, par reson des diz feuz James e Estienvenot e de ladite Haouys, esqués icelui Gyrart e icele Emme estaient ou povaient estre tenuz, ou par fet ou par dreit, exceptée la dete qui est deue à Escu à Coul le Lambart, e à Camte son fiz, e à lor compeignons, demoranz à Nogent ou tens que ladite dete fut prise, ou tens que ledit feu Estienvenot morit, o les couz que ladite dete a puis cousté, e quarante e neuf libvres qui sont deues à Jofrey de Chartres, par reson de lui e de feu Renoul son frère e de la feme à celui feu Renoul, lesqués detes exceptées iceus Gyrart et Emme sa fame sont tenuz à paier ; einsint que les diz Gyrart e Emme ne sont pas tenuz à paier as Lambarz dete, fors cele qui fut baillée ou dit tens par la mein dou dit Escu à Coul e de Camte son fiz, ou de lor commandement. E les diz Gyrart e Emme sont tenuz à rendre e à paier les detes qui sont deues par reson des davant diz feuz James e Estienvenot e Haouys, dou dit tens, au Mans e par deça le Mans, à Tours et par deça Tours, en Anjou, en Peitou e en Bretaigne, à quiconques persones e par quiconques resons qués saient deues, c'est assaveir dou tens que les diz feuz James e Estienvenot morirent, esqués icele dite dame Haouys esteit ou povet estre tenue, ou par fet ou par dreit. E à ladite Haouys demeurent les obligacions qu'ele aveit ou poet aveir ou que ledit Gyrart e ladite Emme, par reson d'icele Emme, avaient ou povaient aveir vers Gyllebert de Prulai e vers Aaliz sa fame, par reson de cele Aaliz, e vers Guerin Chevreul e vers Elyote sa fame, par reson de cele Elyote, de tele partie comme il estaient tenuz à paier des davant dites detes, par reson de lor partie de la terre dou Perche. E sont tenuz les diz Gyrart e Emme à rendre à cele Haouys sept cenz libvres de torneis por paier e por aquiter les detes esqués ladite Haouys est tenue par desus, si comme il est dit par desus, c'est assaveir dedenz paiement de la mi quaresme prochene avenir, unze vinz libvres de torneys, e dedenz paiement de l'Angevine prochene avenir, douze vinz libvres, e dedenz la feste de la Nativité seint Johan Baptiste ensevant enprès, autres douze vinz libvres de torneys. E demeurent à ladite Haouys les homages de son mariage de la terre de Champaigne, comme à usufructiere, ensemble o celui mariage, à tenir sa vie tant soulement, senz ce qu'ele le puisse mermer ne aliener en aucune meniere par qu'il ne revienge enterement à ladite Emme e à ses heirs enprès la mort de ladite Haouys. E demeure encores à ladite Haouys, par reson de son douayre de la terre de Cheteau Gontier, de Seint Johan sus Coinon, de Gratequesse e d'Angers, touz les molins assis en l'escluse de Cheteau Gontier, e l'omage de Guillaume le mornier, de la mornerie d'iceus molins, e la fey d'icelui Guillaume, e le molin qui est nommé de la Barre à Miroaut, o toute la mosture e o les molanz, lesqués les seignors de Cheteau Gontier ont acoustumé à aveir ès davant diz molins, e la peicherie de ladite escluse e de l'eve desus l'escluse, à peschier e affeire peschier à sa volenté por le e por ses amis. E est tenue ladite Haouys à tenir les diz molins en bon estat e en laial. E demeure encores à cele Haouys, par reson dou dit douayre, l'anonerie de Cheteau Gontier e les essues de cele anonnerie, e les estalages e le cohuaje de la neuve hale de Cheteau Gontier, e quesque chouse peut estre eue en la hale neuve de Cheteau Gontier par reson d'estalage ou de cohuage ; e le borc de Coudrey o totes les apartenances, e dous moiterries assises environ, c'est assaveir la moiterrie de la Tenardiere o toutes les apartenances, e la moiterrie qui fut as moinnes de Clermont o totes les appartenances, e la terre e les rentes e quiconques chouses le seignor de Cheteau Gontier aveit e poet aveir à Gratequesse, c'est assaveir prez, vignes, meiterries, molins ou assises à molins, e garennes ou garenne, e cens, e vint e cinc libvres de rente chescun an ou chemin de Cheteau Gontier ou en la rente d'icelui chemin, c'est assaveir vint libvres por son douaire e cent souz por l'eschange de la moiterrie de la Chalonerie e por la vigne assise davant ladite moiterrye ; à aveir e à recevre chescun an iceles vint e cinc libvres, par le serement de celui qui recevra la rente dou dit chemin, en la feste de Touzseinz, toutes autres solucions e toutes autres baillées arriere mises, jusqu'à tant que les davant dites vint e cinc libvres saient paiées à ladite Haouys ou à son commandement, au terme desus dit. E demeurent toutes cetes chouses à ladite Haouys o toute juridicion e o tout destreit, exceptiez les feyz e les rachaz e les chevaus de servige que ele n'aura pas. E li demeure son usage ès bois des dites terres, c'est assaveir ou bois de Gratequesse, en pesseaus affeire ses vignes, e en fleye à rapareillier les molins quant mestier en sera, usage touteveis sofesant as chouses qui sont contenues ou douaire, e à ses conquestes que ele a en la chastelenie de Cheteau Gontier, e le parnage à ses poairs. E demeure à cele Haouys en douayre le herbergement de Cheteau Gontier en eschange dou herbergement de Peile Geline que ele aveit en son douayre, lequel herbergement de Peile Geline demeure audit Gyrart e à ladite Emme, einseint toteveis que s'il aveneit que guerre sordist ou païs ou en la terre d'Anjou, qui apartenist au prince ou audiz Gyrart e à Emme ou as heirs de lad. Emme, ladite Haouys sereit tenue à baillier audiz Gyrart e à Emme ou as heirs de ladite Emme ledit herbergement de Cheteau Gontier, sans les meubles de ladite Haouys. E meintenant que ele lor aureit baillié ledit herbergement de Cheteau Gontier, lesdiz Gyrart e Emme ou les heirs d'icele Emme seraient tenuz à li baillier, en avenant estat, le herbergement de Peile Geline, e s'il n'esteit en avenant estat, ladite Haouys ne sereit pas tenue à lor delivrer ne baillier le herbergement de Cheteau Gontier, ainz retorret à sa sesine dou herbergement de Cheteau Gontier, à le tenir segont la forme devant dite. E s'il aveneit que ladite Haouys se mariast, il sereit en la volenté desdiz Gyrart et Emme ou des heirs de ladite Emme de li baillier le herbergement de Cheteau Gontier ou de li baillier celui herbergement de Peille Geline; e ne poreit le mari de ladite Haouys entrer ou herbergement de Cheteau Gontier juqu'à tant que lesdiz Girart et Emme ou ceus qui auraient cause d'eus eussent esté requis sus ce. E s'il aveneit que ladite Haouys morist avant que les detes d'outre le Mans, esqués ele est tenue, si comme il est dit par desus, fussent rendues en tout ou en partie, e les autres heirs de ladite Haouys ne rendaient ce que sereit à paier de ladite dete, dedenz dous anz enprès la mort de ladite Haouys, iceus autres heirs requis avant dedenz les dous anz qu'il paiassent ce que remeindreit de la dete, par ledit Gyrart ou par ladite Emme ou par lor certein commandement, à veue de justice, e il ne paiassent, ladite Haouys voust e otraiea expressement que la partie de la terre de Herovile, tele comme ele avendreit à iceus autres heirs, seit e demerge à heritage audiz Gyrart e à ladite Emme e as heirs de cele Emme, en solucion e en recompensacion de ladite dete ; laquele dete iceus Gyrart e Emme e les heirs d'icele Emme seraient tenuz à paier ; e de cele terre iceus Gyrart e Emme, par reson de ladite Emme, ou les heirs d'ele prendront, auront e tendront la sesine emprès la mort de ladite Haouys, juqu'à tant que ledit paiement sait fet, si comme il est dit par desus, salve la dreiture au seignor dou fé ; laquele terre, o fez e o dommaines, oblige à ce icele Haouys audit Girart e à cele Emme e as heirs d'icele Emme, especiaument e expressement, sen ce que la partie de l'eschaeste de cele terre qui deit venir à ladite Emme e à ses heirs en seit de riens chargée ne obligée. E de ce est tenue ladite Haouys à doner ses letres seelées de son seel audiz Girart e à Emme, ensemble oles letres seelées dou seel au seignor de Mont Morence, seignor dou fé où siet icele terre. E ne porra icele Haouys riens aveir ne demander en la terre de Cheteau Gontier, par reson de Felipes sa fille, tant comme ele sera en sa garde, e doit e est tenue ladite Haouys metre la rente de la partie Felipes sa fille qu'ele a en sa garde, en aquit à paier les detes, por la partie à icele Felipes, des detes que feu James, son père, e icele Haouys devaient ou tens que celui James e Estienvenot, frère de cele Felipes, morirent, tant comme ele sera en sa garde, exceptiez vint libvres qui remeignent à icele Haouys pour la porveance à cele Felipes. E si einsint esteit que ladite Felipes eissist de la garde sa mère, ledit Gyrart e ladite Emme li porraient demander sa partie de la dete son père e sa mère e son frère, ausint comme il peussent feire avant cete pez, dès lores qu'ele sereit hors de sa garde. E ne pevent lesdiz Gyrart e Emme ne lor heirs dès hore en avant riens aveir ne demander à ladite Haouys de riens qu'ele ait levé ne fet lever, par reson d'ele o de ses filles, ne par nule autre reson ; ne ladite Haouys ne peut riens aveir ne demander audiz Gyrart e à Emme ne à lor heirs de riens qu'il aient levé ou eu dou tens trepassé jusqu'à la date de cetes presentes letres.

E obligent ladite Haouys, por sa partie, e lesdiz Gyrart e Emme, pour lor partie, eus é lor heirs e touz lor biens meubles, inmeubles, presenz e avenir, où que qu'il saient, especiaument e expressement, à toute cete pez et à toutes cetes chouses e chescune par sey, si comme el sont moties e devisées, feire, tenir, garder e acomplir, chescun por sa partie, bien e laiaument senz maumetre. E de toutes cetes chouses e chescune tenir, feire, garder e acomplir, e que encontre ne vendront dès hores en avant, par eus ne par autres, par reson de douayre ou de don por noces ou d'aumorne, ou par ce que aucun d'eus aient esté deceuz en cete pez, ou autrement par quiconques reson ; en renonciant à toutes excepcions e à toutes allegacions de tout dreit escrit e non escrit, au benefice de Velleien e à touz privileges, e à touz establissemenz e à toutes coustumes, iceus Haouys, por sa partie, e Gyrart e Emme, por la lor partie, sont tenuz par les seremenz de lor cors fez en noustre cort, de lor bones volentez, sus saintes evangiles. Lesqués, Haouys, Gyrart e Emme, chescun por sa partie, en noustre cort en dreit presenz e consentanz, e les chouses davant dites en dreit requenoissanz, jugeames e condampnames à toutes les dites chouses e chescune par sey feire, tenir, garder e acomplir, le jugement de noustre cort sus ce eu e receu. En tesmoig e en garantise de laquele chouse, nous meimes à cetes presentes letres le seel de noutre cort d'Angers, à la requeste des parties. Ce fut fet à Angers, le jor de dimainne que l'en chante *Reminiscere*, ou mois de marz, l'an de grace mil dous cenz seixante e seix. — Joh[an].

XXXVIII

Accort entre le viconte de Beaumont et mons^gr de Rays.

Février 1268.

Sachent tuit present et advenir que comme content fust meu entre noble homme Loys, fiz au roy Jehan de Jerusalem, viconte de Beaumont, par raison de Jehanne de Poencé, fille et hoir feu Jeffroy de Poencé, ch^er, d'une partie, et entre Girart Chabot, s^gr de Rays et de Chasteaugontier, et Emme sa femme, jadis femme dud. feu Jeffroy, d'autre partie, sus la terre de la Guierche et de Pouencé et de Segré, et sus les rentes et sus les essues d'icelles terres et des apartenances d'icelles ; En la parfin, après moult de content euz entre lesd. parties, fut paceié et accordé entre eulx en tele maniere et en tele forme sus lesd. choses. C'est assavoir que toutes les ventes des forestz d'Anjou et de Bretaigne, qui furent dud. feu Geffroy, courront dès hores en avant en acquit des debtes dud. feu Jeffroy par la main dud. viconte, excepté le chaable du vent et les herbages et les parnages, et toutes les autres essues desd. forestz, sauves toutesvoies lesd. ventes qui remaingnent aux debtes dud. feu acquiter ; esquelx chables, herbages, parnages et essues led. viconte prandra et aura les deux pars par raison de lad. Jehanne, et lesd. Girart et Emme prandront et auront la tierce partie, par raison du douaire à lad. Emme ; et tendront et exploicteront si comme ilz fesoient par avant la partie que le conte de Bretaigne leur fist en la terre de la Guerche, par raison du douaire à lad. Emme, tant comme le bail durra de lad. Jehanne, et demourra led. Girart ès foiz et ès hommaiges desd. terres esquelles il est expressement, tant comme led. bail durra. Et aura et prandra led. Girart le tiers des levées et des essues de toute la terre d'Anjou qui fut dud. feu Jeffroy, par raison du douaire de lad. Emme, et là où il prandra le tiers, il metra le tiers ; et les deux pars desd. levées et essues de la terre d'Anjou qui fut dud. feu Geffroy, couront en acquit des debtes dud. feu Geffroy acquiter, et en rapareiller les herbregemens et les molins et les pons et les chaussés qui furent dud. feu Geffroy, et à la pourveance de lad. Jehanne souffisanment, par la main dud. viconte. Et est tenu led. viconte à deffendre et à delivrer et à garantir lesd. Girart et Emme vers les aumosniers dud. feu Geffroy et vers toutes autres gent des debtes dud. feu Geffroy et de toutes les choses qui apartiennent à son testament; et se ainsi advenoit que led. viconte ne tenist la terre d'Anjou dessusd. tant que les debtes dud. feu Geffroy fussent acquitées, il ne seroit tenu à randre fors tant comme il auroit levé, sauf ce que lad. terre d'Anjou que led. feu Geffroy tint, aura cousté à garder et à deffendre. Et quant lesd. debtes dud. feu Jeffroy randues seront, lesd. Girart et Emme auront douaire ès forestz dessusd., selon la coustume de la terre où celles forestz sont assizes.

Et est tenu led. Girart à randre compte de ce qu'il a levé de la terre dessusd. qui devoit tourner en acquit de la debte dud. feu Geuffroy, exceptée la premiere année qui court en rachat des seigneurs, et sera la preuve faicte de ce que led. Girart aura levé par ses sergens qui ont levé et receu les rentes et les essues de lad. terre et par ceulx qui ont paié. Et les aumosniers du testament dud. Geffroy icelui viconte est tenu à amener à loial compte aud. Girart de ce qu'ilz ont eu et receu des rentes de lad. terre et des essues d'icelle et des forestz. Et si led. Girart y a mis aucuns sergens qui aient plus receu desd. rentes et des essues qu'il n'avoit randu, led. Girart est tenu à le randre ; et si aucun sergent fayé avoit plus receu ou levé qu'il n'a randu, led. viconte et led. Girart s'en tourroient à celui sergent feyé sans autre. Et s'il convenoit que preuves y fussent amenées contre lesd. sergens, lesd. viconte et Girart veulent que l'arcediacre Guillaume et l'arceprestre d'Angers reçoivent les garans, et que ilz puissent connoistre et juger sus ce ; et si celui arcediacre et arceprestre estoient à discort, yceulx viconte et Girart veulent et octroient que l'evesque d'Angers soit moienneur sus ce. Et s'il est prouvé que led. Girart ayt plus paié que les deux pars de lad. terre et les forestz ne montent, led. viconte veult et octroye que il lui soit randu sur les deux pars ; et de ce que a esté mis à lad. terre tenir, garder et servir du temps passé, veulent et octroient lesd. viconte et Girart que il soit conté et randu les deux pars sus les deux pars, et la tierce partie sus la tierce partie. Et veulent et octroient lesd. viconte et Girart que les seneschaulx qui tandront les droiz, et les sergens qui recevront les rentes communaulx, que ilz soient mis et jurez par commun accort d'eulx deux, et que les vandeurs desd. forestz soient tenuz par leur serment rendre loial compte aud. viconte, aven.[1] dud. Girart ou de son aloué, de ce que ilz auront vandu d'icelles forestz ; et s'il avenoit que, par meffait desd. seneschaulx ou sergens, fust faicte amande au souverain seigneur ou à autre, en usant de leurs offices, led. viconte seroit tenu à mectre les deux pars et led. Girart la tierce, et ensement à la terre tenir, garder et deffendre. Et si led. viconte tenoit lad. terre par raison du bail, après que lad. Jehanne seroit en eage, par raison de la foy où est led. Girart, icelui viconte seroit tenu à randre aud. Girart cent mars d'argent, s'il tenoit tant la terre que il les en peust avoir euz et levez, sauf à icelui viconte les coustz et les mises qu'il auroit mis à celle terre garder et deffendre. Et si ainsi avenoit que le tiers aud. Girart fut prins et saesy par raison de la debte dud. feu Geffroy, durant led. bail, icelui viconte seroit tenu à lui delivrer et à lui randre ce que en auroit esté levé. Et fut ainsi fait en ceste paix que d'endroit les meubles qui estoient

---

1. *Sic*, avec un trait d'abréviation.

present ou temps que led. feu Geffroy morit, que led. viconte n'est pas tenu en delivrer vers les aumosniers dud. feu Geffroy, lesd. Girart ne Emme sa femme.

Et sorquetot, en nostre cort en droit establi, Morice de la Haye Jollein, Estienne Tranchant, Hues des Pins, chevaliers, et Jehan des Baus, escuier, recongneurent qu'ilz s'establirent pour led. viconte grez et principaulx debtours de toutes cestes choses pour la partie dud. viconte enteriner et acomplir bien et leaulment; et renoncierent led. viconte et les greez davant nommez, pour leur partie, et led. Girart et Emme, sa femme, pour la leur partie, à toutes excepcions et à toutes allegacions de tout droit escript et non escript, et à privilege de croix donné et à donner, et à touz autres privileges et à touz establissemens et à toutes coustumes, et à l'epistre de Divi Adrien et de diviser les accions; et de la partie à lad. Emme fut renoncié au benefice de Velleien, et en fut faicte certaine. Et renoncierent ensemble, chascun pour sa partie, à toutes celles choses qui contre cestes presentes lettres ou contre la fourme ou contre la substance d'icelles pourroient, de droit ou de fait, estre dictes, obicées ou proposées especiaulment et expressement, et se submirent du tout en tout, quant à ce, à nostre juridicion; et obligerent led. viconte et greez davant nommez, et chascun pour le tout, et led. Girart et Emme pour leur partie, chascun pour le tout, eulx et leurs hoirs, c'est assavoir led. viconte et led. Girart et Emme et lesd. grez, eulx et touz leurs biens meubles, inmeubles, presens et avenir, où que qu'ilz soient et quelz qu'ilz soient, espiciaulment et expressement. Et de toutes cestes choses et chascune par soy, tenir, faire, garder et acomplir, et que encontre ne viendront par aucune raison, lesd. viconte pour sa partie, et Girart et Emme, pour leur partie, sont tenuz par la foy de leurs corps donnée en nostre main, en se soubmetant du tout en tout, quant à ce, à nostre juridicion; lesquelx viconte et ses greez davant nommez, et lesquelz Girart et Emme, en nostre court en droit presens et consentans et les choses davantd. en droit regehissans, jugeasmes et condampnasmes diffinitivement, par le jugement de nostre court, aux choses davantd. enteriner. Et en tesmoign de verité et que ce soit ferme et estable, nous avons mis à cestes presentes lettres, à la requeste des parties, le seel de nostre court d'Angers, ensemble o les seaulx dud. viconte et de Girart et de Emme sa femme. Ce fu fait et octroié à Angers, ou moys de fevrier, l'an de grace mil deux cens soixante et sept.

XXXIX

Accort entre Gillebert de Prullay, Guerin Chevreul et monsgr de Rays sus la seigneurie de Chasteaugontier [1].

3 juillet 1268.

Sachent tuit presenz e avenir que comme contenz fust meu de longuement en dr[oit en nostre] cort, entre Gillebert de Prulay, par reson de Aliz sa fame, entre Guerin Chevreul, par reson de Alienor sa fame, filles jadis de noble home feu James, seignor de Cheteau Gontier, d'une partie, e entre Girart Chaboz, seignor de Rays e de Cheteau Gontier, par reson de Emme sa fame, fille doudit feu James, d'autre partie, Sus ce que il demandaient audit Girart e à Emme, par reson d'eles [à a]veir partie en la baronie de Cheteau Gontier e ès apartenances, e en la terre de Seint Jahan sus Coinon e ès apartenances d'icele terre, laquele partie il demandaient à aveir par reson de frareiche d'iceles fames. En la parfin, enprès mout de contenz euz entre les dites parties, fut peceié e acordé entr'eus sus celui contenz, par conseil de prodes homes, en cete meniere e en cete forme : C'est assaveir que toutes lesdites chouses e chescune

---

1. Publié d'après l'original scellé en cire verte sur double queue du sceau de la cour d'Angers.

par sey, o les apartenances d'iceles e o les chouses qui apartiennent au mariage madame Haouys, mère d'iceles fames, assises en Anjou e ou Meinne e, en Bretaigne, remeignent e sont à heritage audit Girart e à Emme sa fame, par reson d'icele, e as heirs cele Emme, affeire toute lor volenté pesiblement e en pez, senz contredit e senz empeichement d'iceus Gillebert e de Aliz sa fame, e de Guerin e de Alienor sa fame, e de lor hers ; e sen ce que il, en celes chouses, puissent riens aveir ne demander ne lor hers, si ce n'esteit par reson d'eschaeste qui avensist à eus ou à lor hers ; einsint toutevois que icelui Gillebert e Aaliz sa fame e les heirs d'ele, e ledit Guerin e Alienor sa fame e les hers d'ele prandront e auront chescun an, le jor de la feste de la Touseinz, par la mein doudit Girart e de Emme sa fame, ou des hers d'icele Emme, sus le paage de Cheteau Gontier, cinquante libvres de monaie corant de rente, c'est assaveir à chescun d'eus dous, par reson de lor fames devant dites, vint e cinc libvres de monaie corant, paine de dez souz de monaie corant mise, c'est asaveir à paier doudit Girart ou de Emme ou des hers d'icele Emme, à chescune desdites dous parties, cinc souz de monaie corant, por chescun jor que il defaudraient de paier ladite rente outre le jor de la feste de la Touseinz ; ouquel jor icelui Girart e Emme e lor hers qu'il obligent à ce, sont tenuz rendre iceus cinquante libvres de rente e les garantir e defendre de touz et contre touz, segont les usages e les coustumes d'Anjou aparues audiz Gillebert e Aaliz e as hers d'icele, e audiz Guerin e Alienor e as hers d'icele, en franc parage, tant comme il durra. E obligent iceus Girart e Emme sa fame e chescun por le tot, eus e lor hers e touz lor biens meubles, inmeubles, presenz e avenir, en quel que leu que il saient, e le paage davant dit, especiaument e expressement, as dites cinquante libvres, e la peinne ou les painnes, si eles estaient commises, rendre. E à ce que icelui Gillebert e Aaliz sa fame, e Guerin e Alienor sa fame ne puissent, ne les hers d'icele, riens plus aveir ne demander ès dites chouses ou en aucune d'iceles, par reson de frareiche, si ce ne lor aveneit par reson d'eschaeste, si comm est dit, il obligent chescun por le tout audiz Girart e à Emme sa fame e as hers d'icele Emme, eus e lor hers e touz lor biens meubles, inmeubles, presenz e avenir, especiaument e expressement, e renoncient l'une partie vers l'autre à toutes excepcions e à toutes allegacions de tout dreit escrit e non escrit, à privilege de croiz doné e à doner, e à l'espitre de Divi Adrien e de deviser les actions; e de la partie as dites fames fut renoncié au benefice de Velleien, e en furent fetes certeinnes; e renoncierent lesdites parties, chescune por la soue, à toutes celes chouses qui contre cetes presentes letres, ou contre la forme ou contre la substance d'iceles porraient, de fet ou de dreit, estre dites, obicées ou opposées, especiaument e expressement. E de toutes cetes chouses e chescune par sey, feire, tenir e acomplir laiaument, chescun por sa partie, si comme eles sont moties e devisées, icelui Girart e Emme, por lor partie, e icelui Gillebert e Aaliz, e Guerin e Alienor, por lor partie, sont tenuz l'une partie vers l'autre par la fey de lor cors donée en noustre mein, e soumetent sey dou tout en tout quant à ce noustre juridicion; e nous, iceus en noustre cort en dreit presenz e consentanz e les chouses davant dites en dreit regehissanz, jugeames e condempnames as chouses davant dites enteriner chescun por sa partie, si comm est devisé. En tesmoig de laquele chouse, nous, à la req[ueste d'iceulx], avon mis à cetes presentes letres le seel de noustre cort d'Angers. Ce fut [fait] à Angers ès assises, ou mois de juingnet, le jor de mardi enprès les oictiev[es de] la feste de la Nativité seint Johan Baptiste, l'an de grace mil cc.lx e oict. — Joh[an].

XL

Donnoison faicte par dame Emme de Chasteaugontier à monsgr de Rays, son espoux [1].

Décembre 1268.

Universis presentes litteras inspecturis vel audituris, Emma, domina Castri Gonterii, salutem in Domino sempiternam. Noverint universi quod ego do et concedo, in puram et perpetuam elemosinam, Girardo Chaboz, valleto, domino Radesiarum, terciam partem tocius terre mee, ubicumque fuerit, eidem Girardo et suis heredibus tenendam, possidendam et habendam in perpetuum sine spe revocandi, post mortem Theobaldi filii mei, si decesserit sine liberis a legitimo matrimonio procreatis, transferens in ipsum Girardum ex nunc proprietatem, dominium et possessionem, et quicquid juris habeo vel habere debeo in premissis, per presentis instrumenti tradicionem, ita tamen quod terra mea de Veuz in dicta tercia parte computetur. Si vero dicta terra mea de Veuz ad terciam partem tocius terre mee non sufficiat faciendam, ego volo et eidem Girardo promicto et concedo quod de alia terra mea, terre predicte mee de Veuz proximiori, usque ad legitimam terciam partem tocius terre mee integre suppleatur. Quamdiu vero dictus Theobaldus filius meus vixerit, vel liberi ex eo de legitimo matrimonio procreati, dicto Girardo tantummodo dicte terre, partis tocius terre mee predicte, ut superius est expressum, do et concedo usumfructum, proprietate dicto filio meo et suis heredibus, post mortem dicti Girardi, ex donacione mea et voluntate pleno jure reservata ; renuncians, quantum ad hoc, dotis privilegio et donacionis propter nupcias, beneficio Velleyani, doli,

---

1. Publié d'après l'original.

metus et in factum excepcionibus, et omni allegacioni et excepcioni que contra presentem litteram vel ejus sustanciam possent obici vel opponi ; promictens bona fide, sacramento eciam a me solempniter prestito corporali, motu spontaneo, quod racione ingratitudinis neque alia quacumque racione, per me vel per alium non veniam in futurum contra premissa vel aliquid premissorum. Quod universis et singulis significo per presentes litteras, sigillo curie Nannetensis ad peticionem meam, una cum meo proprio sigillo sigillatas. Datum anno Domini M°CC°LX° octavo, mense decembris.

XLI

Donnoison faicte par madame Jehanne de Craon à monsgr de Rays, son espoux.

7 octobre 1284.

Sachent tous que nous Jehanne de Craon, dame de Rays, donnons et octroions, de nostre bonne volunté et de cler cour, sans esperance de jamès rapeler, à nostre cher seigneur et espoux à monsgr Girart Chabot, cher, sgr de Rays et de Machecoul, en pure et perpetuelle aumosne, le tiers de toute nostre terre et de tout nostre heritaige que nous avons et sommes à avoir, nous et noz hoirs par raison de nous, à sa plaine volenté en faire, son viaige tant seulement. Et encores lui donnons toutes noz conquestz que nous avons faictes et acquises, le mariaige de lui et de nous durant, en quelconques lieux, en quelconques fiefz et en quelconques seigneuries elles soient, à sa pleine volenté en faire, à mort et à vie. Et encores lui donnons tous noz boys de Brion et de toute celle chastellenie, c'est assavoir les boys sus terre, à vendre et faire vendre, à couper et faire couper toutes les foiz que il voudra, son viaige tant seulement. Et encores lui donnons toutes noz

bestes sauvaiges de lad. chastelenie de Brion et toute la
chace et tous les pourceaux que nous y avons et povons
avoir et devons, si comme monsour Charles, roy de
Sezille, conte d'Anjou, l'a confermée, à faire toute sa
planiere volenté, à mort et à vie. Et encores lui donnons
tout le remenant de noz meubles demourans de l'execucion
de nostre testament acomply. Et voulons et octroions que
toutes cestes choses dessusd. et chascune en sa maniere
soient fermes et estables en perpetuaulté, pour nous et
pour touz les noz ; et voulons et octroions que si toutes
cestes donnoisons dessusd., si comme elles sont specifiées,
ne valoient en tout, que elles vaillent en toutes les parties
que elles pouront valoir chascune en sa maniere, par droit
ou par coustume, ou par droit de codicille ou de derreniere volenté. Et à tenir et garder sans venir encontre,
nous obligeons especiaulment et expressement nous et
nous hoirs et tous noz successeurs, qui que ilz soient ; et
voulons et octroions et commandons especiaulment que
toutes cestes donnoisons, si comme elles sont dessus specifiées et escriptes, soient confermées et escriptes en nostre
testament et en nostre derreniere volenté. En tesmoign de
cestes choses nous avons donné aud. mons[r] Girart, nostre
cher seigneur et espoux, cestes presentes lettres seellées, à
nostre requeste, du seel nostre seigneur le roy de France
dont l'en use en la seneschaussie de Poictou à la Roche
sur Yon, ensemblement o le nostre seel et o le seel à
l'arcediacre de Nantes. Et je Guillaume d'Escuroles, clerc,
garde en celui temps du davantd. seel estably à la Roche,
à la requeste de lad. dame, cestes presentes lettres seellay
du davantd. seel, ensemblement o les autres seaulx dessus
nommez, sauve le droit nostre seigneur le roy de France
et l'autruy. Et à toutes cestesd. choses tenir et garder, la
davantd. dame presente et consentant, jugé et condempnay par le jugement de la court nostre seigneur le roy ;
garens à ce presens et appellez : le gardien des frères me-

neurs de Nantes [1], messire Guillaume des Bretresches, ch[er], Henry Blanchart, Guillaume Baulon [2]. Ce fu donné et fait le samadi après les octaves saint Michel, l'an de grace mil cc iiii[xx]iiii.

XLII

Respit octroié par le deen et chappitre d'Angers à mons[gr] de Rays.
16 janvier 1407.

Universis presentes licteras inspecturis et audituris, Johannes et cappitulum ecclesie Andegavensis, salutem in Domino. Cum nuper nobilis vir Guido de la Valle, dominus de Rays et de Blazon, magister Georgius de la Bozac, licenciatus in legibus, et Johannes de Maretes, dominus de Chemens, in parrochia de Blazon, nobis vendiderint ad usum bursarum anniversariorum et panis nostre ecclesie, mediatim, quadraginta libras annui et perpetui redditus, pro precio seu somma quatuor centum librarum, sibi solutarum in scutis auri, nobis persolvendas quolibet anno in terminis seu festis beate Marie Magdalene et Purificacionis beate Marie Virginis, mediatim, prout in licteris super hoc confectis lacius continetur [3], nobis postmodum suplicaverunt dicti venditores quod graciam redimendi seu retrahandi dictum redditum sibi dare et concedere dignaremur. Notum propterea facimus per presentes quod nos, in cappitulo nostro congregati, capitularem et capitulum facientes ut moris est, eorum supplicacioni annuentes, graciam dictum redditum redimendi

---

1. Il est appelé Robert de Signes au n° CXXVI du cartulaire.
2. Guillaume Baulon était, en août 1284, garde du sceau des contrats de Bouin pour Girard II Chabot, s[gr] de Rays (Arch. Loire-Inf., H 24, f. de l'abbaye de Buzay).
3. Nous n'avons pas retrouvé ces lettres, mais nous en connaissons d'autres, du 15 janvier 1407 n. s., par lesquelles les trois mêmes personnages avaient vendu une rente de dix livres aux « corbeilliers et maistres chappellains de l'eglise d'Angiers » (Arch. Loire-Inf., E 179 ; anc. Trésor des chartes D. B. 18).

seu retrahandi dedimus atque damus, eisque usque ad terminum incipiens a die vendicionis hujusmodi et finiens dicto termino revoluto, videlicet quod dum et quando ipsi nobis solvent, vel alter ipsorum solvet quatuor centum libras in scutis auri ad coronam, una cum arreragiis dicti redditus et pro tempore quo tunc lapsum fuerit, ipsi remanebunt quieti de dicto redditu erga nos et nostram ecclesiam, et ipsos quictabimus et quictos faciemus de eodem absque contradicione. In cujus rei testimonium sigilla nostra presentibus licteris duximus apponenda. Datum in capitulo nostro, die xvi^a mensis januarii, anno Domini millesimo quadringentesimo sexto.

Sic signatum : Per dominos decanum et capitulum. — JAC. TOUYN.

XLIII

Lettre de monsg^r de Rays faisant mencion de l'estang de Saint Estienne de Mallemort.

28 septembre 1415.

Sachent tous que par nostre court le duc à Machecoul, le rachat durant, Nous avons veu, leu et diligeanment examiné de mot à mot unes lettres non cancellées, non viciées, non corrompues, qui ains estoient saines et entieres, et seellées du seel de Guy, sires de Rays, desquelles la teneur s'ensuist :

Nous Guy, sires de Rays et de Blazon, A vous Robert du Parc, nostre chastelain, salut. Comme autrefoiz Sauvage du Boys soit venu par devers nous, disant avoir lettres de messeigneurs noz predecesseurs, seigneurs de Rays, faisans mencion que nous ne povons ne devons clore les ravayres de nostre estang et chaussée de Saint Estienne de Mallemort, ne icelle haussier ne alonger en son prejudice ; et que de nouveau et puix poy de temps nous avons fait clore et massonner lesd. ravaires, dont il dit l'eaive de nostred. estang se estre creue et eslargie plus que elle n'avoit acoustumé, sus ses fiez, domaines et heritaiges, et que, à cause de ce, il estoit et est très grandement endommagé, Nous suppliant de mectre et laisser la chose en l'estat ancien et en la maniere acoustumée, ou autrement le desdommager. Par nous, qui aud. Sauvage ne à nulz autres de noz hommes et subgiz ne voudrions souffrir leur estre fait tort, ainz leur voudrions faire droit, et tousdiz tenir bonne justice, avions sus ce commis de noz gens pour veoir sesd. lettres, et le dommage qu'il y a par le sumerge et creue de nostred. estang, pour lui en estre fait raison selon les lettres et au regard dud. dommage, de laquelle chose n'en a esté faicte nulle conclusion ; par quoy nous avons voulu et voulons que il cesse de nous paier toutes et chescunes les rentes que il nous doit et a acoustumé paier chascun an à cause de tous ses heritaiges que il tient en toute nostre chastellenie et terres de Faleron et de Froidefons ; En vous mandant et commandant de non prandre sus lui, à cause desd. rentes, jusques à ce que par nous et nostre conseil en soit autrement ordonné. Et aportant coppie de cestd. mandement à voz comptes, il vous vaudra acquit et descharge de toute la somme desd. rentes. En tesmoign desquelles choses, nous en avons donné aud. Sauvage ces presentes lettres seellées de nostre propre seel et signées de nostre main. Donné en nostre chasteau de Machecoul, le xxviiie jour du moys de septembre, l'an mil iiii^c et quinze. — Ainsi signé : Guion.

Donné par vidisse soubz le seel establi ès contractz de nostred. court, le premier jour du moys de fevrier, l'an mil iiii^c et quinze. — Ainsi signé : Brecigot passe par vidisse, Jehan Cadoret passeur de la court de Thovoye pour le duc, le rachat durant, presens furent à la colacion de lad. lettre.

XLIV

Arest d'un compte randu à monss^r de Rays par Geffroy Goion.
14 novembre 1357.

Le mardi après la saint Martin d'iver l'an mil III^c cinquante et sept, conta ès contes de nous Girart, s^{gr} de Rays, faiz en la presence de madame nostre mère et de messire Estienne Farssi, conta Geffroy Goion des receptes et mises qu'il a fait pour nous en la chastellenie de Machecoul, depuis le jeudi après la saint Nicolas de may, l'an dessusd.[1], que il avoit compté de son derroin compte. Et fut le compte de cest jour à telle fin. Restat que nous lui devons : xxxvii l. iii s. vi d., et xx l. de recepte de l'abbé de la Chausme, parce que il en a compté en recepte en cest compte present. Item, avoit compté en son autre compte precedant et nous doit lvii l. xiii s. xi d. ob. de son derrain restat, desquelles nous rabatons vii l. iii s. vi d. que nous lui devions, ainsi nous doit à cler x s. v d. ob. ; et lui devons xlvi l. iiii s., ou cas que il ne les pouroit avoir de certaine somme d'aide dont il a compté en son precedent conte de la somme de lad. aide, et est tenu à raporter ce qu'il en recepvra, et quelle monnoye, afin de nous valoir descharge xlvi l. iiii s., et lui devrions xxiii l. que l'en a mis en pos, c'est assavoir xx l. ou le sires de l'Aubraye, lx s. o Michau Groleau; que ilz estoient taxez, par ce que led. Geffroy en avoit compté en sa recepte ès comptes precedens en la somme des taxes ; et ou cas que led. Geffroy en seroit paié d'iceulx, nous en demourons quiptes vers lui. Ne compte pas led. Geffroy de xxvi l. v s. du demourant d'une amende de Thomas Foucher, lesquelles il doit ; et est led. Geffroy quipte de froment et de seigle de ce qu'il en a compté en sa recepte. Et nous doit

---

1. 11 mai 1357.

six sextiers, v boisseaux d'avoyne, desqueles l'en lui rabat viii b. pour le deché depuis les comptes, ainsi doit à cler v sextiers, xiii b. ; et est quicte de deux pors et de feins pour ce que ilz furent charreiez et conduiz partie en nostre chastel de Machecoul et partie en la maison Pierre Deleure, et doit ung bour[nay] d'abeilles qui est chés Guillaume Jardein à croissances, et quatre chappons ; et ne compte rien de l'aide du blé de la paroisse Sainte Croiz, de l'an lvi. Et est assavoir que nous ne lui avons rien compté pour ses gaiges, lesquelx nous lui devons maintenant ; ne n'a riens compté de boys de seic, et est en nostre chasteau de Machecoul, lequel couste v escuz qui sont deuz ; ne ne nous a rien conté de la mise de l'abbé de la Chausme faicte avancée au plet qu'il avoit esmeu contre nous, car ceste mise doit estre restituée. Et sont aud. Geffroy par son compte, viii l. v s. que Girart du Crousil doit du demourant de la ferme de la gabelle que il a eue l'an lvi, non obstant que nous ayons commandé que Perroit Gedeuz les reçoyve pour cause d'aucun residu que lui est deu de ses gages ; et si led. Geduz les reçoit dud. Girart, nous sommes tenuz à les randre aud. Geffroy Goion. Donné tesmoign le seau madame ma mère, l'an et le jour dessusd.

XLV

Le testament messire Geffroy de Pouencé, par coppie [1].

4 mai 1263.

Transcriptum. — In nomine Patris et Filii et Spiritus Sancti, amen. Anno Domini m°cc°lx° tercio, Ego Gau-

---

1. La transcription de ce document semble avoir particulièrement embarrassé le copiste du cartulaire. On y trouve des mots en blanc, des abréviations non résolues, des variantes inexplicables pour les mêmes noms, et vraisemblablement des fautes de transcription qui rendent ce texte un des plus incorrects du manuscrit.

fridus de Poenceio, laborans in extremis et cogitans de supernis, compos mentis mee, de rebus et bonis meis, die veneris post Invencionem Sancte Crucis, apud Martigneium, disposui in hunc modum. In primis ego commando animam meam omnipotenti Deo et gloriosissime beate Marie Virgini et omnibus sanctis, et corpus meum ecclesiastice sepulture. Volo quidam in mei principio testamenti et precipio quod omnia debita que debeo et que erunt inferius annotata, reddantur per manum executorum meorum ; super debitis non expressis in testamento presenti, super eciam injuriis aliquibus illatis, si que sint non expresse, legitimis probacionibus additis, conquerentibus satifiat[ur] competenter.

Debita mea sunt talia. Hec sunt que debeo in terra mea : Roberto Neret, xl libr., xviii sol. ; Guillelmo Mauhugan, xxviii lib. ; Garinno Mauhugan, l lib. ; au Fromontio, xvi l. et x s. ; Gaufrido Laur.., xxx l. ; Jameto Laur.., iiii l., iiii s. ; Petro Gebert, octo l. ; Mauricio Garemb.., xii l. ; Petro Cappelani, clerico, x l. ; Garino Begum, x l. ; Bitardo de Radanea, vii l. ; decano de Guircheia, xii l. ; Colino le Gaufrier, xi l. ; Esvillart, xxx s. ; ecclesie Beate Marie de Guircheia, centum sol. pro duobus pannis ; Sancte Juliane de Amponio, l s. ; Guillelmo l'Eprevier, octo l. et xii s. ; heredibus Nicholai de Radanea et heredibus ejus uxoris, xl l. ; Gaufrido Marr.., vii^{xx}x l. ; Cornucar[io], xi l. ; Gaufrido de Tusca, xl l. ; Petro de Alneto, l s ; Philipo de Aponeio, xxx s. ; Radulfo de Radanea, xxx l. ; Herveo le Peletier, centum l. ; Philipo de Ferc[eio], mille et quingentas lib. ; Matheo de Sancto Petro, vii l. ; au Camusso, Turonis, iiii^{or} lib. ; Bernardo Sergent, xxx l. ; Johanni Seon, xlvii l., si potuerit probare ; Guillelmo Ruissel, Andegavensi, xxxv s. ; Johanni Aleaune, vi l. ; Bugoni Blandel, lxx l. ; Solomani Alietar..., lxx s. ; Petro de Poulenne, xxxviii l. ; Berth[olomeo] de Luceio, xl s. ; Guillelmo le Converse, iiii^{xx} l. et illud quod poterit probare ultra ; Guillelmo de Pantesia, xiii l. ; Gaufrido de Chartres, illud quod probare poterit legitime ; heredibus Mathei le Pintier, xiiii^{xx} l. ; Egidio Pienel, iiii^{xx}v l. ; Gaufrido, presbitero de Coreis, xl l. ; Johanni Andegavensi, lx s. ; Guillelmo de Amentes, xxxi s. ; magistro Ricardo de Chinon, xx l. ; domino de Castro Briencii, centum l. ; Robino Morel, de Jalon, x l. ; Johanni Vernel, xlv l. ; Gaufrido et Guillelmo de Bur.., nepotibus meis, iiii^c l l., pro solvendis summis aducatis in licteris super hoc confectis.

Volo insuper et eligo sepulturam meam apud Fontem Char.., in ecclesia dicte domus. Preterea volo et precipio quod testamentum nobilis viri Gaufridi de Pouenceio, patris mei, ad consilium executorum meorum plenarie execatur. Volo et precipio quod emendaciones mee et emendaciones patris mei, probate legitime, ad consilium executorum meorum reddantur et fiat delens. Insuper et precipio quod si ego et pater meus sanctam ecclesiam de suo [.....] spoliaverimus, et aliquos et aliquas, tam de terra et redditibus et aliis, quod restituentur si a conquerentibus spoliacio probata fuerit competenter.

Hec sunt legata mea : In primis ego lego fratribus de Fonte Haouis duo[decim] libras annui redditus ad quamdam ecclesiam in ecclesia de Fonte Haouis a fratribus ibi commorantibus deserviendam, pro salute anime mee et ancessorum meorum, reddendas annis singulis dictis fratribus in passagio et in coustuma mea de Poencé, et per manum executorum dictorum passagii et coustume cujuslibet, hiis terminis : die Nativitatis Domini vi libras, et die Penthecostes alias vi libras. Iterum si predicti fratres voluerint unum stannum facere juxta suam pescam, volo et precipio quod faciant dictum stannum, [.....] de vii^{xx} et decem pedibus de longo et de xxx pedibus de alto. Item lego, pro salute anime mee et ancessorum meorum, canonicis et capelanis de choro ecclesie Beate Marie de Guirchia centum sol. currentis monete annui redditus, reddendos dictis canonicis et clericis annis singulis, in die Assumpcionis beate Marie Virginis, per manum domini de Nemore Buissonart, servientis mei de Traba [1], mea mansura, per manum ipsius servientis, et meng[erium] dictorum canonicorum et clericorum in vigilia et die Assumpcionis beate Marie Virginis. Item lego predictis canonicis et clericis de choro Beate Marie de Guirchia, [ad] aniversarium meum annis singulis in dicta ecclesia faciendum, vingiti sol. annui redditus in coustuma mea de Guirchia, per manum coustumarii percipiendos et habendos die aniversarii mei in dicta ecclesia celebrati.

Lego eciam ecclesie de Radanea v sol. annui redditus pariter in coustuma mea de Guirchia, per manum coustumarii ejusdem ville ad aniversarium in dicta ecclesia annis singulis celebrandum. Item lego ecclesie Sancti Petri de Poencé v sol. annui redditus, percipiendos in coustuma de Poencé per manum coustumarii ejusdem ville, ad aniversarium meum in dicta ecclesia annis singulis celebrandum. Item lego ecclesie Beate Marie de Poenceio v sol. annui redditus, percipiendos in coustuma de Poencé per manum coustumarii ejusdem ville, ad aniversarium in dicta ecclesia annis singulis celebrandum. Lego ecclesie Sancti Salvatoris de Lègio v sol. annui redditus, et ecclesie Beate Marie Magdalene ejusdem ville v sol. annui redditus, percipiendos in coustuma de Legeio per manum coustumarii ejusdem ville, ad aniversarium meum in dictis ecclesiis annis singulis celebrandum. Item lego abbatie Claris Montis LX sol. in denariis, et ad fabricam Beati Petri Redon[ensis] L [sol.] in denariis. Item lego fratribus minoribus And[egavensibus] XL sol. in denariis, et fratribus predicatoribus And[egavensibus] XL sol. in denariis, et fratribus minoribus Redon[ensibus] XL sol. in denariis,

---

1. On trouve au cartulaire les trois variantes : Traba, Taba, Tuba.

et fratribus de Sacis [1] And[egavensibus] xx sol. in denariis.

Item lego Herveo de Viseca, clerico meo, centum sol. annui redditus, vita comite, percipiendos et habendos annis singulis in coustuma mea de Segreio, in vigilia Purificacionis beate Marie Virginis, per manum coustumarii ejusdem ville ; et lego eidem Herveo, amore Dei et pro suo servicio, furnum de (*en blanc*), situm apud Guirchiam, cum jure suo de foresta Guirchie, habendum eidem Herveo et vita comite possidendum. Item franchisio Gaufrido Marse et ejus heredibus herbergeamentum cum pertinenciis et valeriis, et ortos sitos post dictum herbergeamentum, videlicet perrinum et domum recendam que est juxta pertinentem, sitam in burgo de Martigneio, reddendo mihi et heredibus meis annis singulis, in die Penthecostes, quedam calgaria deaurata. Dono eciam eidem Gaufrido Marse et ejus heredibus usagium de nemore mortuo in foresta Guirchie, habendum eidem Gaufrido Marse et ejus heredibus amore Dei et pro servicio dicti Gaufridi, ac in perpetuum pacifice possidendum libere, pariter et quiete. Item lego Gaufrido de Congereio, amore Dei et pro servicio suo, x libras annui redditus in coustuma de Poenceyo, per manum coustumarii ejusdem ville annis singulis in Media Kadragesima, vita ipsius Gaufridi comite, percipiendas pariter et habendas.

Item lego et dono Matheo de Gopillel, amore Dei et pro suo servicio, centum sol. annui redditus in coustuma de Guirchia, per manum coustumarii ejusdem ville annis singulis in festo Omnium Sanctorum, vita ipsius Mathei comite, percipiendos pariter et habendos. Item lego et dono Cornucello, pro suo servicio et amore Dei, L sol. annui redditus in coustuma de Poenceio, per manum coustumarii

---

1. Dix ans plus tard, en 1273, les Sachets ou Frères des Sacs furent supprimés au concile de Lyon (*Chronographia regum Francorum*, t. Ier, p. 2).

ejusdem ville annis singulis in festo Omnium Sanctorum, vita ipsius comite, percipiendos pariter et habendos. Lego et dono Henrico Coco centum sol. annui redditus in coustuma de Poencé, per manum coustumarii ejusdem ville annis singulis in festo Omnium Sanctorum, vita ipsius Henrici comite, percipiendos pariter et habendos. Insuper lego Matheo de Goupillel x libras in denariis. Item lego Radulfo de Trabá, militi, XL libras in denariis. Item lego Radulfo, presbitero de Mouceio, magistro scolarum de Guirchia, x l. in denariis et omne debitum quod mihi debet. Item lego Henrico Bertoni xx l. in denariis et palefredum meum. Item lego Robino de Armallio xx l. in denariis. Item volo èt precipio quod heredes Brandin habeant xx l. in denariis. Item lego Gaufrido Cohan x l. in denariis. Item volo quod fratres minores Nannetenses, executores testamenti Guillelmi Campel deffuncti, habeant XLVIII l. ad execucionem ipsius deffuncti faciendam. Item, volo et precipio quod executores Stephani de Fougerio, quondam capicerii de Guirchia, habeant illud quod poterunt probare me ab ipso habuisse, ad execucionem ipsius faciendam. Item lego, ad testamentum patris mei exequendum, mille libras; et insuper debitis meis que debeo cognitis et probatis, legatis meis superdictis prius solutis, ego capio mille libras ad exequendum testamentum meum. Item revoco omnes donaciones quas feci in aliis testamentis, sed volo et precipio quod legata que legavi in isto testamento teneantur pariter et exequantur.

Item volo quod ea que legavi Petro de Poencé, servi-[enti] meo apud Martigneium, cum pertinenciis, possideat vita comite pacifice pariter et quiete. Volo tamen quod idem Petrus renunciet juri sibi pertinenti racione beneficii a me traditi, tam apud Poencé, quam in massuris, quam apud Segreium, in censibus ville. Item volo et precipio quod parentes mei teneant et habeant in manu sua omnes proventus et exitus tocius terre mee, tam in Andegavia quam in Britania quam in aliis locis, videlicet vendiciones forestarum et nemorum, et herbergeamenta et peagia et passagia et coustumas et tallias mansurarum, et de villis et de castris, ad voluntatem, et pisces et stannos et alios redditus et exitus, ubicumque fuerint, et molendinorum exitus et avenagia, donec execuciones testamenti mei et patris mei integre, sicut dictum est superius, exequentur, salvo tamen dotalicio uxoris mee. Volo quod eciam, ad exequcionem testamenti mei et patris mei faciendam, in primis exponentur vendicioni foresta de (*en blanc*) et nemora de Lorseis et foresta de Guirchia, a Poencé dein usque ad fagum de Nuaide, a chemino de Man... usque ad Vaules de Restiers. Dono eciam executoribus meis, si opus habent, potestatem vendendi omne jus quod habeo in foresta de Juhagn... et in parrochia de Juhagn... et in coustuma de Chanceaus, si tamen omnia supradicta ad execucionem testamenti mei et patris mei sufficere non valerent.

Ad execucionem itaque testamenti istius faciendam seu adimplendam, constituo executores meos valabiliter, vid licet : dominum Guidonem de Valle, Robinum de Coimes veterem, Gillebertum de Moreac et Petrum de Poencé, militem, Hugonem et Theobaldum de Poencé, fratres meos, et Herveum de Visceca, capicerum Beate Marie de Guirchia. Ad majorem confirmacionem precor venerabiles viros patres in Christo Nicholaum, Dei gracia Andegavensem [1], et Mauricium eadem gracia Redonensem [2] episcopos, ut sint coadjutores et super hoc consiliatores.

Item volo et precipio quod si omnes executores mei ad hoc exequendum non poterint insimul interesse, tres vel quatuor ipsorum ad omnia exequenda supradicta alios non expectant. Item volo et precipio quod Gaufridus dictus Mou... et Radulfus de Traba, milites, habeant de meis denariis quingentas libras, videlicet quilibet illorum cen-

---

1. Nicolas Gellent (1261-1291).
2. Maurice de Trésiguidy (1260-1282).

tum marchas, ad portandam crucem meam in terram Jerusalem : ita tamen quod si aliquis illorum duorum in via decedere contingerit, quod residuum alii superstiti tradetur ad hoc ut predictum votum redimeret et compleret; et si dicti Radulfus et Gaufridus ad hoc non vellent consentire, Gaufrido de Plessiaco et Petro Coille Avalle, militibus, sub predicta pactione, predicta somma peccunie tradetur; si illi autem quatuor dictam sommam peccunie capere et dictum votum adimplere recusarent, volo quod executores mei fratribus milicie Templi Jerusalem, per manum preceptoris milicie Templi in Acquitania, mittent sommam peccunie supradictam. Precipio insuper quod filia mea primogenita sit in custodia domini Guidonis de Valle, militis, et consilio ipsius et aliorum executorum testamenti mei aliorumque amicorum meorum maritata. Et dono executoribus meis supradictis plenariam potestatem augendi vel diminuendi in testamento meo. Item lego ecclesie Sancti Petri de Martigneio v sol. annui redditus, percipiendos in coustuma Guirchie per manum coustumarii Guirchie, ad aniversarium meum in dicta ecclesia annis singulis celebrandum.

Ista clausula de domino Petro de Poenceio erat in subscripcione, quando sigillum nostrum apposuimus, videlicet : Volo tamen quod idem Petrus renunciet juri sibi pertinenti racione beneficii sibi a me traditi, tam apud Poencé, tam in massuris, quam apud Segreium, in censibus ville.

Istud testamentum vidimus sigillatum sigillo Guidonis de Lavalle, et sigillo Petri de Poenceio, Gilleberti de Moreac, militis, et sigillo domini Theobaldi de Poencé, et sigillo Hervei de Vissecha, cappicerii Beate Marie de Guirchia, executorum testamenti dicti deffuncti tunc temporis. Datum die martis ante festum beati Dyonisii, apud Radeneiam, anno Domini M°CC°LX° quarto.

Datum transcriptum die martis ante Concepcionem beate Marie Virginis, anno Domini M°CC°LX° sexto.

XLVI

Quictance de monsgr de Belleville à monsgr de Rays de la somme de IIIᶜ libvres.

27 décembre 1270.

Universis presentes litteras inspecturis et audituris, Mauricius de Bella Villa, dominus Ganapie et Montis Acuti, salutem in Domino. Noveritis nos habuisse et recepisse a dilecto nostro Girardo Chabot, valeto, domino Radesiarum et Castri Gonterii, trescentas libras currentis monete, quas nobis debebat racione cujusdam composicionis pacis facte inter nos, ex una parte, et dictum Girardum, ex altera, super castrum Machecoleii et pertinencias. Et cum dominus Guillelmus de Aspero Monte, dominus Briencius Bovis et dominus Reg. de Sancta Flava nobis fidejussores tenentur de dictis trescentis libris pro dicto Girardo, predictos fidejussores de dicta fidejussione remictimus penitus et quictamus, et tenemus nos de dicta somma peccunie plenarie pro pagato. In cujus rei testimonium dedimus dicto Girardo presentes litteras sigillo nostro sigillatas. Datum die sabbati post Nativitatem Domini, anno Domini millesimo cc° septuagesimo.

XLVII

Lettre de deux sols de rente aquis par madame de la Suze.

1ᵉʳ août 1401.

Comme autresfoiz Guillaume Seignorin, de la paroisse de Saint Michel de Chevecher, eust vandu et baillé et transporté par tiltre heritel de vendicion à Perrot de Vauze, qui de lui avoit achaté le nombre de deux solz de rente que celui Guillaume avoit promis et s'estoit obligé servir et continuer aud. de Vauze par chascun an, sur l'obligacion

de tous et chascuns ses heritaiges presens et avenir, pour
certaine somme de peccune à gré convenue entre eulx,
dont led. Seignorin s'estoit tenu à bien paié dud. Perrot.
Et eust celui de Vauze d'icelle rante fait faire troys bannies en lad. paroisse, au jour et ès lieux acoustumez, esquelles bannies et à icelle rente se fust tirée à presme, noble et
puissante dame, dame Katherine de Machecoul, dame de
la Suze et de la Benaste, par ses procureurs, receveurs et
officiers, en demandant, offrant faire leur devoir du paiement, avoir la presmesse d'iceulx deux solz, pour ce que
celle rente touchoit et estoit ès fiez d'icelle dame, comme
ilz disoient. Sur quoy et neantmoins tout ce, se compa-
rut et fut present en cest jour, en nostre court de la Muce,
led. Perrot de Vauze se submetant et touz ses biens en
nostre juridicion quant à tout le contenu de cez lettres,
lequel congneut et confessa par davant nous que les procureurs, receveurs et officiers de lad. dame s'estoient, ou
nom d'elle, tirez à presme à ceulx deux solz de rente, aux
bannies que en faisoit faire comme dit est, et que à icelle
rente il avoit congneu à presme celle dame, par sesd. officiers, pour ce que celle rente estoit ès fiez d'icelle dame.
Et uncores du jour duy, a led. de Vauze congneu et de
fait congneut à presme celle dame à ceulx II solz de rente,
et congneut que les officiers d'icelle lui avoient paié la
peccune que en avoit baillé aud. Seignorin et lui en
avoient fait suffisanment leur devoir du paiement, et s'en
tint à bien paié et content d'icelle dame, et l'en quicta ;
et volut et octroia led. Perrot que celle dame et ses hoirs
joïssent pour tout lui, d'iceulx II solz de rente, vers celui
Seignorin heritaument ou temps advenir, et que en face
faire ung riereban en son nom, afin de s'en aproprier à
la coustume, et promist et se obligea led. de Vauze cestes
choses et chascunes dessusd., en la forme et maniere que
dit est et divisé, tenir fermement et acomplir par touz articles ou temps avenir, sur l'obligacion de ses biens, et

jura par son serment non venir ne procurer encontre par lui ne par autres, et y fut, de son assentement et à sa requeste, jugé et condampné par le jugement de nostred. court. Donné tesmoign le seel estably ès contractz de nostred. court, le premier jour du moys d'aoust, l'an mil IIII^c et ung an.

Ainsi signé : Guillaume Corbeau, passe.

Ensuist une atache annexée avecques la lettre davantdite.

Present en nostre court de la Muce, Guillaume Grignon, soy disant estre receveur et officier de noble et puissante dame, dame Katherine de Machecoul, dame de la Suze et de la Benaste, lequel nous a suffisanment informez aujourduy par suffisant nombre de tesmoigns dignes de foy, que il, en nom d'icelle dame, avoit fait faire ung riereban par ung dimanche, au bourg Saint Michel, ès lieux acoustumez, des choses contenues ès lettres parmy lesquelles cestes sont ennexées, et que celui riereban estoit passé sans debat ne opposicion que nul ne nulle y meist ; et de ce fut faicte ceste lettre pour valoir à lad. dame ce que estre devra. Donné en tesmoign de ce le seel establi ès contractz de nostred. court, le XXIe jour du moys de fevrier, l'an mil IIII^c et ung an.

Ainsi signé : Guillaume Corbeau, passe.

XLVIII

Lettre de XVIII deniers et ung boisseau de segle de rente acquis par madame de la Suze.

27 juin 1401.

Sachent tous que en nostre court de Nantes à Saint Père en Rays, en droit personelment estably Perrot de Vauze, que comme il eust autresfoiz achaté, par tiltre de ranczon, de Guillaume Seignorin, de la parroisse de Saint Michel de Chevecher, dix et huit deniers et ung boisseau de seigle de rente, à paiez par la main dud. Seignorin chascun an au jour de la my aoust, sur l'obligacion de tous ses biens presens et advenir, pour la somme de quatre livres monnoie, et que, par la maniere du convenant d'entre eulx, celui Seigneurin avoit voulu que celui de Vauze s'en enparast par bannie, à la coustume ; aujourduy, present led. Vauze, lequel a quicté, renuncié led. convenant à Guillaume Gringnon, comme receveur et officier de noble dame la dame de la Suze, pour lad. somme de quatre livres monnoie dont icelui de Vauze se tint à bien paié dud. recepveur, oud. nom, et l'en quicta, et voult et octroia led. de Vauze que celui Gringnon, oud. nom, s'en aproprie par criz et bans acoustumez ; dont sur ce criz et bans feiz par troys dimanches ou bourg de Saint Michel, à l'essue des grans messes, solempnelment, sans nul debat ne opposicion que nul y meist, fors led. Gringnon, oud. nom, qui fut presme et y fut congneu comme dit est, et en fut fait ban [et] riereban, ou nom de lad. dame, lequel passa et oultra sans nul debat. Et en oultre fut confessant led. Perrot de Vauze lui avoir congneu à presme led. Gringnon, oud. nom, à l'achat de deux solz de rente que celui Seignorin avoit vandu aud. Vauze, comme plus à plain est contenu en la lettre de convenant d'entre eulx, pour la somme de quarante solz monnoie, dont celui de Vauze se tint à bien paié et vost que led. Gringnon, oud. nom, s'en aproprie par riereban acoustumé, et s'en dessaesit led. de Vauze desd. rantes, pour lui et ses hoirs, et, de sa bonne volenté, nostred. court en sesit et vestit lad. dame et ses hoirs. Et à ce tenir sans jamès venir encontre, fut led. de Vauze, par le serment de son corps, jugé et condampné. Donné tesmoign le seel establi aux contractz de nostred. court, le xxvii⁰ jour de juign, l'an mil iiii^c et un.

Ainsi signé : Guillaume Forestier, passe.

XLIX

Quitance pour mons⁺ʳ de Rays.
23 juillet 1284.

Sachent tous qui ces presentes lettres verront et oront, que je Guillaume de Derval, chevalier, ay receu par la main au sergent monsᵍʳ de Rays en l'isle de Boign, xx livres de monoie courant ; lesquelles xx l. je ay en la taille de Saint Gervais, par raison de mon mariaige. En tesmoign de veritez j'ay seellé cez lettres de mon seel. Ce fu fait et donné le dimenche devant la Saint Christofle, en l'an de grace mil ii^c iiii^{xx} iiii.

L

Lettre touchante certaine terre prinse à rente de mons⁺ʳ de Rays en la seigneurie de Brion en Valée par ung bourgeois dud. lieu [1].

21 août 1290.

Sachent touz presenz e avenir que en nostre court à Angers personaument en dreit establi Jehan Petrau, borgeys de Brion en Vallée, requenut e confessa, à ce non mie porforcié, que il avoit pris e receu, en pur e perpetuel heritage, de noble home Girart Chaboz, sire de Rays e de Maschecoul, chevalier, unes terres o lor apartenances qués que elles sayent, que ledit noble avoit, sises en la parroisse de Brion, les quelles furent jadis feu Colin Prehart, qui sunt appellées Eschangon, à quatre livres e dez souz de monaye corant d'anuel cens, rendables

---

1. Cette charte est publiée ici d'après l'original jadis scellé sur double queue. M. Marchegay l'a déjà éditée, d'après cet original, dans la *Bibliothèque de l'Ecole des chartes*, 1883, p. 293-294. Le scribe du cartulaire a maladroitement transcrit la date sous la forme : *mil II^c IIII^{xx} XII*; d'où la date erronée du 18 août 1292 que M. Marchegay a donnée à ce document dans sa *Table analytique*.

anuellement à touz jours mès audit noble e à ses heirs e à
ceux qui auront cause de luy en cestes chouses, en ces
termes emprès nomez, c'est assavoer : chacun premier
mardy de quaresme, quarante souz, e chacun an, lendemain de la Touz Sainz, cinquante souz. Le quel cens
devant dit icellui borgeys assiet e assigne audit noble e à
ses heirs e à ceux qui de luy y auront cause sus une
grange, o ses apartenances qués que elles sayent, que
il avoyt, si comme il disait, sise ou fé au priour de Brion,
la quelle est appellée Laleraye ; la quelle grange devantdite
ycellui borgeis, e toutes les apartenances d'icelle grange,
oblige e charge especiaument audit cens rendre anuellement ès termes devantdiz e les porseors e les detenors
d'icelles. E se il avenoit que icellui borgeis ou ses heirs
deffallayent en dit cens rendre en aucun des termes devantdiz, ledit noble e ses heirs, de lor propre autorité sanz
enpeschement, ou par il voudront, se porront vengier sus
la grange devantdite e sus ses apartenances, tant pour
le cens comme pour l'amente qui seroit deue par reson
d'icellui cens. Et vout onquores e se assentit e octroya ledit borgays que se il avenoyt que luy ou ses hers lesayent
ou guerpisayent lesdites terres d'Eschangon, que ladite
grange e ses apartenances remaigent e demuerent enterinement à touz jourz mès audit noble e à ses heirs, asem-
bleement o toutes lesdites terres d'Eschangon. E à cestes
chouses, si comme elles sunt desus devisées, enteriner,
acomplir e garder sanz venir-encontre, ledit borgays, en
nostre court en dreit present e consentant, jugames à sa
requeste ; e dona la fay de son cors en nostre main de non
venir encontre par reson de fraude, de barat, de decevance ne autrement en quelconque manere. En tesmoign
des qués chouses, nous avon mis à cestes lestres le seau
de nostre cort d'Angers, à la requeste d'icellui borgeis.
Ce fu fet e doné à Angers, ou jour de lundi emprès la
meaoust, l'an de grace mil doux cenz quatre vinz e dez.

LI

Denombrement randu à madame de la Suze par Guillaume Nau et Macé Martie.

5 mai 1402.

Par nostre court de Nantes à Saint Père en Rays congneurent et confesserent Guillaume Nau et Macé Martie ilz tenir, ou nom et comme aians cause de Olivier Nau, de très noble et puissante dame la dame de la Suze et de la Benaste, savoir est : ung herbregement ainsi comme il se poursoit o toutes ses apartenances de vingne, de courtilz et exsue, contenant une bouessellée de terre et dix hommées de vingne ou environ, siz celui herbregement en la parroisse de Saint Michel de Chevecher, entre le herbregement Perrot Nau, d'une part, et la vingne Jehan Nau, d'autre part. Item, quinze hommées de vingne ou environ, une hommée de pré ou environ et quatre boessellées de terre ou environ, tant en terres arrables que non arrables, sises ès fiez de lad. dame en la parroisse dessusd., entre le pont de Gastineau, d'une part, et la maison Jehan Gautier des Desers, d'autre part, et la Sochaie, d'une part, et le Rigollet, d'autre part. Item, xix deniers et maille de rante que Guillaume Seigneurin leur doit par chascun an au jour saint Michel. Item, ung denier de rante que Guillaume Dupuy leur doit aud. terme. Item, buit deniers de rante que Charles Aulbin leur doit aud. terme. Item, six deniers de rante que Jehan le Roy leur doit chascun an aud. terme. Item, la moitié d'un comble boisseau de segle de rante que Hervé Nau leur doit chascun an aud. terme. Item, demy boisseau de segle de rante que Thomas Aulbin leur doit chascun an aud. terme. Sur et à cause des choses dessusd., lesd. Nau et Martie furent et sont congnoissans et confessans devoir à lad. dame par la main de son receveur, tant à cause desd.

choses que comme aiznez de pluseurs, premier : au terme de la Saint Jehan, vIII deniers apellé coustume. Item, au terme de la Saint Michel, xvIII solz de rente. Item, au terme de Nouel, huit den. de rante appellé coustume, et quatre boisseaux de fromment de rente à celui terme. Item, congneurent ceulx Nau et Martie devoir à lad. dame, ou nom que dit est, par la main Guillaume Grossin, leur sire premier, au terme de la Saint Michel, xv den. de rante, et au terme de Nouel, troys dozaux de fromment de rente et cinq den. de rante appellez le cens de Goubeau. Item, congneurent par devant nous lesd. Nau et Martie estre deu à lad. dame par leur main, qui sont à parfaire et fournir les rantes dessusd. et en celles sommes, premier : Michel Nau, au terme de la Saint Michel, v solz de rente, et au terme de Nouel, ung boisseau et deux dozeaux de fromment de rente. Item, Perrot Thomas, comme garde de ses enffans, ung denier de rente appellée coustume, au terme de la Saint Jehan Baptiste, II solz vi den. de rante au terme de la Saint Michel, et le quart d'un boisseau de fromment de rente au terme de Nouel. Item, Guillaume Hervet, un den. de rante au terme de la Saint Michel. Item, Thomas Huet, vII den. obole de rante au terme de la Saint Michel, et demy dozau de fromment de rante au terme de Nouel. Item, Thomas Aubin, deux den. de rante au terme de la Saint Michel, et ung dozau de fromment de rente au terme de Nouel. Item, Jehan Fevrier, ung denier de coustume et quinze den. de rente au terme de la Saint Michel. Item, Hervé Nau, troys dozaux de fromment de rente au terme de Nouel. Item, Guillaume Marin, IIII den. de rante au terme de la Saint Michel, et un dozau de fromment de rente au terme de Nouel. Item, Guillaume Nuelle, quatre den. de rente au terme de Nouel. Item, des hoirs Guillon Nau, II solz, III den. de rante au terme de la Saint Michel, et les troys pars d'un boisseau de fromment de rente au terme de Nouel.

Item, de Jehan Butaut et de sa femme, à cause d'elle, II solz, III den. de rente au terme de la Saint Michel, et les troys pars d'un boisseau de fromment de rente au terme de Nouel. Et en oultre congneurent par davant nous lesd. Nau et Martie devoir à lad. dame, sur et à cause des choses et chascune dessusd., ferme droyt et obeissance à sa court, comme homme doit à son seigneur selon le cas et que les feiz le devent. Donné tesmoign le seel dont l'en use ès contractz de nostred. court, le quint jour du moys de may, l'an mil IIII^c II.

Ainsi signé : Passé par Guillaume Vivan.

LII

Lettre faisant mencion de XX livres de rente sur le port Durant, à asseoir par mons^{gr} de Rays à ung bourgeois de Nantes [1].

20 juillet 1275.

A touz ceus qui cestes presentes lettres verront ou orront, Durant Goymer, de Nantes, saluz en Nostre Sein-

---

[1]. Nous avons eu la bonne fortune de retrouver au chartrier de Thouars l'original de cette pièce, et c'est d'après lui que nous faisons notre publication. Le copiste du cartulaire a transcrit la date réelle : *M. CC. sessante et qinze*, d'une manière fautive, en donnant celle de : *MCC soizante et quatre*.

Comme ici Belle-Assez Chabot, sœur du sire de Rays, est dite défunte, et qu'au n° IV du cartulaire, du 27 février 1267, il est question d'elle comme vivant encore, il y avait entre cette dernière charte et le n° LII, qui, d'après le cartulaire, aurait été du 19 juillet 1264, une contradiction évidente. M. Marchegay, auquel cette anomalie n'avait pas échappé, avait préféré avancer la date du n° IV aux environs de 1263 et maintenir à 1264 celle du n° LII.

Dans nos *Observations sur quelques dates du cartulaire des sires de Rays* (p. 14-16), nous avons établi qu'il fallait au contraire conserver sa date au n° IV et reculer celle du n° LII, telle qu'elle était fournie par le cartulaire. En effet, le titre de sœur donné à Belle-Assez par le sire de Rays démontrait qu'il s'agissait, dans ce dernier numéro, de Girard II Chabot ; par suite, le qualificatif de chevalier qu'il y prend aurait constitué, en 1264, un anachronisme, car, jusqu'en 1271, il était dit seulement écuyer ou valet.

Au lieu de la date de 1264, nous proposions celle de 1274, qui se serait expliquée facilement par l'omission d'un X numéral. La découverte de l'original est venue démontrer le bien fondé de nos *Observations*, et nous permettre de restituer à ce document sa véritable date du 20 juillet 1275.

gnour. Nous façons savoir à touz que si einsit estoit que monseignour Girart Chabouz, chevalier, nouble baron, sire de Raes, eust asis ou aseist à Jahannot nostre fiuz, ou à nous en non de cil Jahannot, vint livrées de rende chescun an, à touz jourz mès, sur les chosses dou port Durant que lors tenoit Brient le Buef, chevalier, par resson de son maryage, de Belle Asez defuncte, jadis sa femme, suer audit Girart, ou sus les chousses que tenoit cil Girart en la paroesse de Coyron et sus les appartenances de celles chouses, dedanz trois anz procheins avenir encomanciez o jor do datte de cestes lettres, et que l'asisse d'icelles vint livrées de rendde fust fette bien et resnablemant, au dit de Johan le Saunyer, sus sa loiauté, ou au leial dit d'un autre home mis de nostre acort et de l'acort dodit Girart, si cil Johan à ce fere ne poet estre trovez, et que l'assise de celle vint livres de rende chescun an, à toz jourz mès, fust ausit resnablement asise sus un d'iceaus dous terrez, comme cil Girart l'a asisse audit Jahannot, èt à nos en son non, en son fié de la paroesse de l'iglise Seint Michiel de Cheveschier, il covendroit, l'asise fette, que nos li rendeissons ses lettres et li quitesons la rente asise en laditte paroesse de Seint Michiel, et nos et ledit Jahannot, por celles vint livres de rente qui asises nos seroient ou audit Jahannot en un desdiz fiez ; mès avant que nos li rendeisons celles lettres et feisons la qitance, aurions ausi bonnes lettres des vint livres de rente asisses en un des dous fiez devantdiz, comme nos li rendrions des vint livres de rente asises en la paroesse Seint Michiel de Cheveschier, seelées de son seiau et do seiau au seneschau de Nantes. Et si ceus trois anz trespassoient sanz celle asisse estre fete si comme il est dit desur, l'asisse des premieres vint livres de rende nos demoreroit, alnes[1] audit Jahannot à toz jorz. Et en

---

1. C'est à tort que le copiste du cartulaire a transcrit ce mot par : *à nous et*.

tesmoign de ce nos donnames audit Girart cestes lettres seelées de nostre seiau. Ce fut fet et seelé, ovec nostre seiau, do seiau Rialen do Temple, seneschau de Nantes, le samadi prochein devant la feste de la Madeleinne, l'an de grace m. cc. sessante et qinze.

LIII

Accort entre mons^{er} de Rays et la dame des Huguetieres.

14 mars 1310.

Sachent tous que comme entre nous Girart Chabot, ch^{er}, s^{gr} de Rays et de Machecoul, d'une partie, et nous Ysabeau de Machecoul, dame des Huguetieres et de Vioreau, de l'autre, tant pour nous que pour plúseurs de noz sergeans, eussions pluseurs contens et descors, Nous Girart et Ysabeau dessus nommez, nous sommes accordez en la maniere qui s'ensuist : C'est assavoir que nous avons voulu et octroié que Jehan de Craverreuc, ch^{er}, et Henry Blanchart, vallet, de la partie à nous Girart, Geffroy de Angringniac, ch^{er}, et Hervé du Sel, vallet, de la partie de nous Ysabeau, orront et congnoistront de tous les contens et les descors dessusd. ; et là où enqueste ou enquestes seront à faire, ilz les feront par qui parler en devra, et se enformeront de noz descors en toutes les bonnes manieres que ilz pourront, sauves toutes les raisons de chascune des parties là où informacion sera, la coustume de la terre gardée ; et metront les choses à fin en la meilleure maniere qu'ilz pourront. Et de là où les quatre personnes dessus nommées seront d'un gré, nous Girart et Ysabeau les croirons et tiendrons ce que ilz en feront ; et se ilz ne sont d'un gré, ilz porteront le descort à noble homme messire Guillaume, sire de Rex, ch^{er}, et là où il s'acordera, nous Girart et Ysabeau le tiendrons sans aler encontre. Et cez choses dessusd. nous avons acordées amiablement, sans deschance de fié ne de foy. Et pour ce que cez choses soient fermes et estables, nous avons cestes lettres seellées de noz propres seaulx. Donné au jour de samadi après la feste saint Gregoire, ou moys de mars, l'an de l'Incarnacion Nostre Seigneur mil iii^c et neuf.

LIV

Deposicion du seigneur des Bretraiches sur le charroy du foign [des Prez au Seigneur][1].

20 mars 1280.

A pourveable homme et saige, à sire Denis de Parée, baillif de Touraine, Guillaume, s^{gr} des Bretresches, salut et honneur. Sachez, sire, que je vy que les hommes de la parroisse de Saint Cire estoient semons par moy et les autres sergens feyaus, au temps messire Morice de Belleville et messire Olivier de Machecou, à charreier le feign des prez que l'on apelle les Prez au Seigneur, quant l'en leur commandoit, et mesmement ou temps messire Girart Chabot, après la mort dud. Morice; et que iceulx hommes charreoient celui feign quant ilz estoient partiz, c'est assaveir les deux parties là où mons^r Olivier commandoit, en la chastellenie de Machecoul, et la tierce partie là où les alouez dud. Morice commandoient. Ce fut fait, tesmoign mon seel, l'an mil ii^c lxxix, le mecredi après *Reminiscere*.

LV

Lettre faisant mencion de l'abbaïe de Bruillarbaut fondée par le s^{gr} de Faleron.

2 et 15 décembre 1414.

A tous ceulx qui cez presentes lettres verront et orront,

---

[1]. Publié, *Documents inédits*, par Paul Marchegay, dans *Bulletin de la Société archéologique de Nantes*, t. VIII, 1868, p. 312.

salut. Sachent tous que je Laurens Jaillart, clerc, juré passeur et notoire de la court du seel estably aux contractz en Aisenois pour très noble et puissant s^{gr} m^{gr} de Thors, de Payroux et dud. lieu d'Aisenoys, certiffie et foys assavoir à tous à qui il peut et doit competer et apartenir, que je ay veu et de mot à mot leu certaines lettres non viciées, non corrompues, seellées du seel du coffre de très noble et puissant s^{gr} m^{gr} d'Amboise, vicomte de Thouars, comte de Benaon et s^{gr} de Thalemont, et aussi seellée lad. lettre des seaulx de l'abbé et du convent de l'abaye de Nostre Dame de Bruillarbaut, de laquelle la teneur s'ensuit :

Pierre, sires d'Amboise, vicomte de Thoars, conte de Benaon, s^{gr} de Thalemont et de Brandoys, à tous ceulx qui cez presentes lettres verront, salut. Comme d'encienneté la chastellenie et terre de Faleron soit et ayt acoustumé estre mouvans et tenue de nous et de noz predecesseurs, par hommage, à devoir de rachapt par muance d'homme, à cause de nostre baronnie, chastelenie et terre dud. lieu de Brandoys ; et il soit ainsi que le seigneur ou seigneurs dud. lieu de Faleron fonderent ja pieça et en icelle terre de Faleron le moustier et abbaïe de Nostre Dame de Bruillarbaut, et icelle doterent de pluseurs biens inmeubles et heritaiges circonvoisins de lad. abaye, et autres qui estoient des apartenances et appendences dud. lieu de Faleron et dud. hommaige ; et lesquelz biens inmeubles et heritaiges nous disions nous competer, pour yceulx lever et exploicter à nostre prouffit et par droit de rachapt, par chascune foiz que lad. terre de Faleron court et chet en rachapt envers nous, comme de chose estans dud. hommaige et apartenances de lad. chastelenie et terre de Faleron. Savoir faisons que nous, tousjours desirans augmenter et acroistre les biens, choses et droiz de l'eglise, et aussi pour estre ès biensfaiz, prieres et commemoracions qui se font et se feront pour l'avenir oud.

moustier, et que les religieux estans et qui seront doresenavant oud. moustier facent, chantent et celebrent chascun an que lad. terre de Faleron ne cherra en rachapt, et en chascune feste de messieurs saint Pierre et saint Paul, pour l'arme de nous et de noz predecesseurs et sucesseurs, ung service, c'est assavoir vigille de neuf leçons et troys messes à note, à diacre et à soubzdiacre, et à chascune d'icelles faire commemoracion et remambrance de nous et de nosd. predecesseurs, et de noz sucesseurs après nostre decès. Et chascune année que lad. terre coura en rachapt envers nous et noz successeurs, lesd. religieux chantent et celebrent troys itelz et pareilz services que dessus est declairé, pour l'ame de nous et de nosd. predecesseurs et successeurs, c'est assavoir à chascune feste susd., et l'autre en chascune feste de la Chere monsieur saint Père, et l'autre en chascune feste de monsieur saint Père des liens. Avons voulu, consenti et octroyé, voulons et octroions que doresenavant perpetuaulment les abbé et convent dud. moustier levent, preignent et exploictent à leur prouffit lesd. choses et biens inmeubles autresfoiz donnez aud. moustier et ès religieux d'icelui par le seigneur ou seigneurs dud. lieu de Faleron. Et cez choses promectons tenir et non venir encontre par nous ne par nosd. sucesseurs, et y avons obligé et obligeons nous et nosd. sucesseurs et noz biens, parmy faisant par lesd. religieux les services dessusd. et par la maniere declerée; et lesquelz services l'abbé et religieux estans à present oud. moustier nous ont promis, pour eulx et leurs successeurs, faire et celebrer perpetuaulment par la maniere susd. Et en tesmoign de ce, nous en avons fait seeller cez presentes de nostre propre seel, le second jour de decembre l'an mil III^c XIIII.

Et nos Guillermus [1], abbas supradicti monasterii Beate

---

1. Ce Guillaume n'est pas nommé dans le *Gallia christiana* (t. II, col. 1433), qui n'a connu aucun abbé du Breuil-Herbaud au XVe siècle.

Marie de Broilliarbaudi, et totus conventus ejusdem loci, in capitulo nostro ad sonum campane hora capitulandi insimul congregati, ut moris est, considerantes et actendentes utilitatem et comodum predicti nostri monasterii, promisimus et promictimus nobilissimo et potentissimo domino domino de Ambosia, vicecomiti Touarcensi superius nominato, pro se et suis fucturis successoribus, servicia divina superius declarata, et hiis modo et forma quibus supra sunt declarata, expressa et retenta, pro predicto domino facere, dicere et celebrare in perpetuum, per nos et successores nostros, causa et racione donacionis seu largicionis predicte per predictum dominum nobis facte. Et hec promisimus et promictimus predicto domino, pro se et suis successoribus, sub ypotheca et obligacione bonorum predicti nostri monasterii. Et ut hec omnia obtineant robur imperpetuum, et nos predicti abbas et conventus has presentes litteras sigillis nostris, quibus utimur, fecimus sigillari in testimonium veritatis, die xv^a supradicti mensis decembris, anno supradicto millesimo cccc° xiiii°.

Donné par coppie, collacion faicte à l'original, soubz led. seel establi aux contractz aud. lieu d'Aisenois pour mond. s^{gr} dud. lieu d'Aisenoys, presens : André Milcendea et Guillaume le Blanc, le derroin jour du moys de janvier l'an mil iiii^c et quinze.

LVI

Accord entre mons^{gr} de Rays, Jehan de Bourneuf et Guiars de Surgeres [1].

14 octobre 1321.

A tous ceulx qui cez presentes lettres verront et orront,

---

1. Outre la transcription, d'après l'original, faite ici dans le cartulaire, celui-ci en renferme, sous le n° CIII, une autre exécutée d'après un vidimus du 5 juin 1337.

Girars Chaboz, ch^{er}, s^{gr} de Rays et de Machecoul, Jehan de Bourneuf, prestre, et Guyars de Surgeres, vallet, salut en Nostre Seigneur. Sachent tous que parlé est, pacifié et accordé entre nous Girart Chabot dessusd., d'une partie, et moy Jehan de Bourneuf dessusd., tant en mon non comme procureur Margarite ma fille, jadis femme messire Guillaume Chabot feu, ch^{er}, s^{gr} de la Mothe Achart, et moy led. Guiart, tant pour moy comme pour lad. Margarite ma femme, d'autre partie, en tant comme noz parties dessusd. apartient et chascun de nous, des choses dessobz nommées, en la maniere qui s'ensuit : C'est assavoir que led. messire Girart aura touz les blez et les vins et les molins à vent et toutes les hostiles [1] et armeures, draps, arches, tonneaux et toutes autres hostiles [1], pors, faingns, garnissons qui estoient et apartenoient aud. messire Guillaume Chaboz feu, et à lad. Margarite jadis sa femme, ou temps de la mort dud. messire Guillaume, quictez et delivrez, exceptez les joyaux et les robes à lad. Margarite, et ung lit garny, celui que led. maistre Jehan de Bourneuf ou autre pour lui eslira, et ung autre lit, celui que led. maistre Jehan eslira ou autre pour lui, après ung que eslira led. messire Girart, et exceptez les blez de Saint Hillaire le Voys qui demeurent ausd. monsour Jehan, Guyart et Margarite, mariez dessusd. Et est tenuz led. messire Girart à acquiter, descharger et delivrer lesd. monsour Jehan, Guyart et Margarite, mariez dessusd., de tous legatz et amandes contenues en testament et derreniere volenté dud. messire Guillaume Chabot feu, tant generalment que espiciaulment, et de toutes autres emendes queconques que elles soient ; et lesd. monsour Jehan et mariez auront quictez et delivrez tous les autres meubles dud. feu messire Guillaume Chaboz et Margarite jadis sa femme [2], [soient debtes, accions, peticions, obligacions

---

1. N° CIII : houstilles.
2. Tout le passage entre crochets a été omis au n° CIII.

quelconques, deniers, chevaulx et autres meubles quelconques apartenans ausd. messire Guillaume feu et Margarite jadis sa femme, en temps de la mort dud. messire Guillaume, excepté ce en quoy led. monsour Girart leur estoit tenu par avant la confeccion dud. testament ou povet estre tenuz. Et sont tenuz lesd. monsour Jehan et mariez acquiter et delivrer led. messire Girart de toutes debtes esquelles estoient tenuz lesd. messire Guillaume feu et Margarite jadis sa femme], par avant la confeccion dud. testament. Et est assavoir que led. monsour Girart est tenuz faire quipter et delivrer lesd. monsour Jehan et mariez de tous les coustz, despens et missions faiz pour raison de l'ensepulture et obseque et septime dud. messire Guillaume feu, pour la somme de II^c xv libvres, laquelle somme de pecune il a eu dud. messire Jehan et s'en tint pour paiez. Et est assavoir que fait a esté et accordé entre lesd. parties que led. monsour Girart est quictez et delivrez du retour du douaire à lad. Margarite, qui à elle devoit estre fait pour raison de ceste presente année pour cause du rachat; et sont tenuz lesd. monsour Jehan et mariez et chascun d'eulx randre aud. monsour Girart ce qu'ilz ont de lettres qui à lui touchent ou pevent toucher, si aucunes en ont ; et einsi de toutes autres choses, accions et peticions, tant reaulx, personnaulx et mobiliaux que les parties dessusd. avoient, avoir povoient et devoient les uns vers les autres, demeurent quictez et delivrez du temps passé, excepté le douaire à lad. Margarite à elle apartenant pour raison dud. messire Guillaume feu, lequel douaire elle aura en biens non meubles dud. monsour Guillaume feu, selon la forme des lettres confectes sur ce entre eulx. Lesquelles choses dessusd. et chascune d'icelles, en la maniere et en la forme qu'elles sont dessus specifiées, declairées et escriptes, nous Girart Chaboz, Jehan de Bourneuf et Guiart, parties dessusd., en non que dessus, promectons tenir et garder, sans venir encontre, enteriner et acomplir feaulment et leaulment, sus l'obligacion de tous noz biens meubles et inmeubles, presens et advenir; et avons renuncié nous parties dessusd., en cest nostre fait, à toutes excepcions de decepvance, de crainte, d'ingnorance, de barat, de tricherie, de circumvencion, à toute aide de droit, de canon et de civil, à tous privileges de croiz prins et à prandre, à tous establissemens de roy et de prince, faiz et à faire, et à toutes autres raisons, allegacions, opposicions et constitucions, tant de droit comme de coustume, qui nous pourroient aider à venir contre la teneur de cestes presentes lettres, et avons juré aux saintes evangilles Nostre Seigneur non venir encontre. En tesmoign de laquelle chose, nous personnes et parties dessusd., avons donné et octroié cestes presentes lettres seellées et doublées, à nostre requeste, du seel nostre seigneur le roy de France, estably à Fontenay, assembleement o le seau estably en la chastelenie du chasteau d'Aulonne pour noble homme messire Jehan, viconte de Thoars. Je adecertes Guillaume Maurissonneau, clerc, tenant et gardant en celui temps led. seel pour nostre seigneur le roy, et je Geffroy de la Buche, chasteleins de lad. chastelenie en celui temps pour celui noble, tenant et gardant led. seel, lesd. seaulx, à la relacion de Nicolas Renou, clerc, nostre juré, qui les choses dessusd. en lieu de nous oyt et enregistra, et les parties dessusd., par le jugement de la court nostre seigneur le roy et par le jugement de la court led. noble, condempna et adjugea, en presentes lettres aposasmes en tesmoign de verité. Garans à ce apellez : messire Geffroy de Syum, monsour Jehan de Crauaret, chevaliers, Regnault de Ste Flayve, valet, et maistre Jehan Cornet, clerc. Donné le mecredi avant la feste saint Lucas, l'an de grace mil iii^c xx ung.

Ainsi signé : Ranulphus.

LVII

Vendicion de certaines dismes faicte à Guy de Baussay.

31 janvier 1302.

Sachent tuit present et advenir que en la court au seigneur de Mirebeau, en droit personelment establyz Guyart Penneyt, de Blalay, et Ysabeau sa femme, ont congneu et confessé en lad. court par davant nous, de leur bonne volenté sans aucun pourforcement, que ilz ont octroié et vandu en pure et perpetuau vançon, à mès tousjours durablement, à monsour Guy de Baussay, ch^{er}, et à ses hoirs et à ses sucesseurs, pour le pris de trente et sept livres de la monnoye courant, dont lesd. vendeurs se tindrent moult bien parpaiez par davant nous, une leur desme laquelle ilz avoient en la parroisse de Noeville, tant en blez, en vin, en aigneaux, en laines, que en gorrons, et quelcunque chose de droit, de proprieté, de pocession et de seigneurie que lesd. vendeurs avoient, avoir povoient ou devoient avoir en lad. desme, sans ce qu'ilz en aient riens retenu à eulx ne à leurs hoirs ; laquelle dite desme est parçonniere en la desme au tresor Saint Hillaire de Poictiers, et la tenoient lesd. vendeurs en parage de Guillaume Pennet, frère dud. Guyart. Et ont promis lesd. vendeurs garir et deffendre toutes les choses dessusd. vendues, en tout temps, aud. chevalier et aux siens, quictes et delivres de tous devoirs, de toutes coustumes, de toutes veilles obligacions et de touz empetremens envers toutes manieres de gens, ou les deniers rendant dud. chevalier et des siens, aud. Guillaume Penneit et aux siens, qui lui en sont deuz, en la maniere que ilz ont esté acoustumé à randre, et amander aud. chevalier tous coustz, tous dommaiges que il auroit ou soustendroit par deffaulte du gariment dessusd., à son serment sans autre preuve. Et de toutes les choses dessusd. tenir, actendre, garder, enseigre, enteriner et acomplir feaument sans enfraindre et sans venir encontre en nul temps, s'en sont lesd. vendeurs liez et atrainz par la foy de leurs corps donnée en nostre main, et ont obligé eulx et leurs hoirs et touz leurs biens meubles et heritaiges, et ont renuncié quant ausd. choses, sus la foy et obligacion dessusd., à toute aide, à tout benefice de droit, de court d'eglize et de court laye, et à tous usages et à toutes coustumes, et à tous privileges et à tous establissemens faiz et à faire, et à tout droit qui est octroiez à femmes, en loy ou en canon; et à excepcion de lad. pecune non eue, non receue et à tout droit disant general renunciacion non valoir. Ce fut fait et donné en Mirebeau et seellé du seel de lad. court en garantie desd. choses, et jugé à tenir, à la requeste desd. vendeurs presens par davant nous, au jour de mecredi avant la feste de la Chandeleur, en l'an de grace mil iiie et ung. Presens à ce : Jehan Mareschau, Aleaume de Moncontour et Pierres Ayrault, clerc.

LVIII

Vendicion de deux sextiers de froment faicte à messire Guy de Baussay [1].

23 mars 1302.

Sachent tuit presenz et avenir que en la cort au seignour de Mirebeau, en dreit perssonement establi Jahan de la Cheverrie et Jahanne, fille jadis feu Pierres Lusanau et fame Gaudin Girart, unt queneu et confessé par davant nous, de lor bone valanté sanz aucun parforcement, que, ou l'assentement et ou la valanté dou dit Gaudin, ledit Jahan et ladite Jahanne unt otreié et vendu, par eaux et par lor hoirs et par lor successors, en pure et perpetuaul

---

1. Publié d'après le texte original.

vençon, à mon sor Guy de Bauçay, chevaler, par le pris
de sex livres de la moneie corant, dous quaus deniers les
diz vendeors sey tindrent enterignement et parfaitement
parpaiez par davant nous, dous sextiers de froment, à la
mesure de Mirebeau, de annuaul et perpetuaul rente; les
quex dous sextiers il unt assis et assigné audit chevaler et
au siens sus d'oes pieces de terres assizes à la Cheverrie, et
les unt pramis rendre audit mon sor Guy et aus siens toz
les anz, en chascune feste saint Michau, sus l'oubligacion
dos dites terres, à en faire toute lor planere valanté sanz
aucun contredit ; et les queles terres sont tenanz à la veye
par où l'an vait de Chevreox à Blalay, d'une partie, et à la
terres aus Cavaters do Codrey, d'autre partie. Et unt pramis les diz vendeors, par eaux et par les lor, lesdiz dous
sextiers de froment de rente garir et defendre audit chevaler et aus siens en tout temps, quiptes et delivres de toz
deveirs, de toutes costumes, de toutes veilles obligacions,
de toz enpaitremenz envers toute manere de gent. Et ledit Gaudin Girart à toutes les choses et chascune dessus
dites sey consssentit, de sa bone volanté sanz aucun parforcement, et les hot fermes, agraables et extables. Et à
celes toutes choses et chascune enssi tenir comme elles
sont dessus excriptes, en unt obligé les diz vendeors et
ledit Gaudin, tant come à chascun d'eaux apartient, eaux
et lor hoirs et lor successors et toz lor biens meubles et
heritages, et en unt doné fey corporaul en nostre mayn
de non venir encontre lesdites choses au temps qui est
avenir, par aucun dreit ou par aucune rayson; et unt renoncié quant aus dites choses, sus la fey et obligacion
dessus dites, à toute ayde, à tout benefice de dreit, de
cort d'iglise et de cort laye, et à toz usages et à toutes
costumes et à toz extablissemenz faiz et à faire, et à toz privileges donez et à doner, et à excepcion de ladite peccune
non heue, non receue, et à toutes excepcions et decepcions. Ceu fut fait et doné en Mirebeau, et seelé dou seel

de ladite cort en garantie dous dites choses, et jugé à tenir, à la requeste dous diz vendeors et dou dit Gaudin present par davant nous, au jor dou vendredi enprès le dimenche que l'an chantet *Reminiscere*, en l'an de graice mil treis cenz et un. Presenz à ceu : Pierres Pillaut, Pierres Chaucecheu et Pierres Chauceiau.

LIX

Lettre de deux sextiers de fromment de rente vandues à messire Guy de Baussay.

8 mai 1309.

Universis presentes litteras inspecturis, Michaël Amice, canonicus eclesiarum Beate Marie Majoris et Sancte Radegondie Pictavensis, gerens sigillum regium apud Pictavium constitutum, salutem in Domino. Noveritis quod in jure personaliter constitutus Perrotus Jaleti, valetus, parrochie de Sennescheio, confessus fuit se perpetuo vendidisse et concessisse, et adhuc vendidit et concessit pro se, heredibus successoribusque suis ab ipso causam habentibus et habituris, nobili viro domino Guydoni de Baucayo, militi, heredibus successoribusque suis ab ipso causam habentibus et habituris, precio octo librarum et trium solidorum parvorum turonensium, de quibus dictus Petrus tenuit se plenarie pro pagato, in bona peccunia fideliter numerata, videlicet, duo sextaria frumenti, boni, novi et recipialis, annui et perpetui redditus, ad mansuram de Chenecheyo, anno quolibet in festo beati Michaelis persolvenda et conducenda apud Chenecheyum, sita et assignata super una pecia terre ipsius venditoris que condam fuit de hereditate Ademari Jaleti, deffuncti, sita in parrochia de Blalayo, prope Ulmellum Benedicti, juxta terras de la Baraudiere, ex una parte, et juxta terras Hugueti Jaleti, valeti, que similiter fuit condam de hereditate predicti deffuncti

Ademari, ex altera parte, et juxta viam qua itur de Blalayo apud Chenecheyum; tenendum, habendum, possidendum et explectandum eidem militi et suis a dicto Perroto et a suis libere, quiete et in pace ab omnibus perpetuo. Et promisit dictus venditor pro se et suis, fide date corporali et sub obligacione omnium et singulorum bonorum suorum mobilium et inmobilium, presencium et futurorum, specialiter et expresse, sub obligacione predicta pecie terre predicte, duo sextaria frumenti ad dictam mansuram, annuatim in festo ante dicto reddere et solvere apud Chenecheium. Item, promisit similiter dictam vendicionem seu concessionem tenere firmiter, fideliter et inviolabiliter conservare, garire et deffendere eidem militi et suis perpetuo ab omnibus impedimentis, perturbacionibus, vendicionibus, allegacionibus et obligacionibus quibuscumque, ab omnibus et versus omnes et omnia dampna que dictus miles vel sui sustinuerent ob deffectum solucionis et garimenti, ad solum juramentum sui certi mandati istas presentes litteras defferentis, sine alia probacione, integro resarcire, et in contrarium per se vel per alium seu alios de cetero non facere vel venire, casu aliquo contingente; renuncians autem dictus Perrotus in hoc facto suo, sub virtute fidei date et ab obligacionibus ante dictis, omnibus excepcionibus, decepcionibus doli, mali, fraudis, circumvencionis, lesionis, omni juris auxilio canonici et civilis, omni crucis privilegio sumpte et assumende, omni beneficio a Veliani, omni juri dicenti generalem renunciacionem non valere, et omnibus aliis racionibus quibuscumque que possent dici contra istud presens instrumentum, per que vel quas posset destrui in toto [vel] in parte. Super quibus premissis dictus Perrotus presens, pectens et in hiis consenciens quoad observacionem premissorum, se et suos heredes et omnia bona sua mobilia et inmobilia, presencia et futura, juridicioni domini regis supposuit, judicio curie dicti domini regis mediante, per Robertum de Marceuvilla, dicte curie notarium juratum et ad hoc deputatum, fuit condempnatus et judicatus, qui nobis premissa retullit viva voce. Et nos, ad relacionem dicti notarii nostri, dictum sigillum hiis litteris duximus apponendum in testimonium premissorum. Datum, presentibus testibus : Hugueto Jaleti[1], valeto, Johanne Pepin ac me predicto Roberto scriptore presencium, die jovis in Assencione Domini, anno ejusdem M°CCC° nono.

Sic signatum : R. DE MARCEUVILLA.

LX

Obligacion de VI^c IIII^{xx} XII livres V sols III deniers deuz à messire Guy de Baussay.

19 janvier 1312.

Universis presentes litteras inspecturis et audituris, Guillelmus Demerii, clericus, gerens sigillum regium de senescaucia Pictavensi apud Pictavium constitutum, salutem in Domino. Noveritis quod, in nostra presencia constitutus, Petrus de Valle Viridi confessus fuit se debere nobili viro domino Guydoni de Baucayo, militi, sexcies centum quatuor vingiti duodecim libras, quinque solidos et tres denarios cum obolo, ex computo facto et habito inter dictum nobilem virum et dictum Petrum super levatis terrarum ipsius militis, videlicet de Sevret, de la Revestison et de Teilleyo ; et non computatur in ista peccunie somma bladum infrascriptum, quod recepit et habuit dictus Petrus de terris predictis dicti militis, de hoc anno, et alia videlicet novem sextaria, tresdecim boecellos frumenti ; item, octo sextaria, tres boessellos baillarge ;

---

1. Le ms. porte : Hugueto Uleti. Il est on ne peut plus probable qu'il s'agit ici de cet Hugues Jalet, valet, nommé précédemment et parent du vendeur.

mes biens quant à ce, sans autre seigneurie avouer, seella à ma requeste dud. seau. Et nous Geffroy Monnier dessus nommez, à la requeste dud. Aymery Boereau et à la relacion de Giraut l'Escripvain, auquel nous avon donné en commandement à oïr lesd. choses, et qui les en a jugé par le jugement de la court le roy et auquel nous adjoustons foy, avon apousé à ceste chartre led. seel. A ce veoir et octroier furent appellez à garanties : Jehan dau Prez, valletz, Jehan Achart et Lucas Guingnebeuf. Ce fu fait le lundi avant la Saint Jehan Batiste, l'an de l'Incarnacion Jhesucrist mil ccc dix et sept.

LXIII

Vidimus d'une quictance donnée à monsgr de Rays par le prieur de Grantmont touchant L s. de rente.

27 novembre 1284.

Universis presentes litteras inspecturis, Frater Petrus [1], humilis prior ordinis Grandimontis, salutem in Domino. Noveritis nos litteras bone memorie domini Fulcherii, predecessoris nostri, vidisse et diligenter inspexisse, non cancellatas, non abolitas nec in aliqua parte sui viciatas quarum tenor talis est : Universis presentes, etc. [2].

Nos vero predictas quictaciones et remissiones, factas prout superius est expressum, pro nobis et successoribus nostris, tenore presencium, in perpetuum confirmamus. In cujus rei testimonium, presentibus litteris sigillum nostrum duximus apponendum. Datum v° kalendas decembris, anno Domini millesimo cc°Lxxx° quarto.

---

1. Pierre de Causac (1282-1290).
2. Voy. le n° CCXLVIII.

LXIV

Delivrance de Machecou faicte par Ollivier, dit de Machecou, à messire Girart Chabot, s{sr} de Rays.

Septembre 1260.

A tous ceulx qui cez presentes lettres verront et oront, l'officiau de la court de Nantes, et le chantre de Nantes et l'officiau de l'arcediacre de Nantez, saluz en Nostre Seigneur. Sachent touz que nous avon veu et diligeaument esgardé les lettres à noble chevalier Olivier, dit de Machecoul, non pas efacées, ne enpirées, ne maumises ne tant ne quant, seellées du seel aud. Olivier, si comme nous creion, qui contienent toute ceste fourme :

A monsr Guillaume de Fresnay et à monsr Guillaume de Thoré et à monsr Raoul Manguy[1], chevaliers, et à tous mes autres hommes qui doivent ou gardes ou estages ou[2] chasteau ou en la ville de Machecou, Monsr Olivier dit de Machecou, saluz. Je vous pri et vous commant à touz que vous, des fez dont vous devez ou gardes ou estages en la ville et ou chasteau de Machecou, dont vous estiez mes hommes et en ma foy, que vous, à monsour Girart Chabotz en faciez la foy et l'ommage, ou point et en la maniere que vous estiez mes hommes, par la raison de la garde et de l'estage[3]; car je ay fait paiz o lui, et lui est remés à lui et à ses hoirs[4], par la paiz de lui et de moy, l'ommage et la foy de vous, de tant comme des fiefz davantd. se pourmectent[5]. Et pour ce que vous m'en creiez, et que la chose[6] vous port aussi bien, sinon meulx, comme

---

1. Variantes d'après un second vidimus, du 9 février 1268 (voy. plus loin, n° CXCIII) : Mangi.
2. Var. : el.
3. Var. : ostaige.
4. Var. : hommes.
5. Var. : parmetent.
6. Var. : cose.

si je le vous commandoye à bouche, je vous en envoy mes lettres seellées de mon seau. Ce fu fait[1] l'an de l'Incarnacion Nostre Seigneur mil ii^{e}Lx, ou[2] moys de septembre.

Et en tesmoign de ceste chose, nous en avon cez presentes lettres seellées de noz seaulx. Ce fu fait et seellé le jour du mardi avant *Isti sunt dies*, en l'an de grace mil ii^{e}Lx, ou moys d'avril (5 avril 1261).

LXV

Vidimus du compromis entre messire Olivier de Machecoul et messire Morice de Belleville.

Septembre 1260.

Universis presentes litteras inspecturis vel audituris, Officialis curie Nannetensis, salutem in Domino. Noveritis nos, anno Domini M°CC°LX° septimo, die jovis post Purificacionem beate Marie Virginis, litteras Oliverii dicti de Machecoul, militis, non cancellatas, non abolitas, nec in aliqua sui parte viciatas, sigillo vero et legitimo et contrasigillo sigillatas, diligenter legisse et inspexisse hunc tenorem continentes : Je Olivier, dit de Machecou, etc.[3].

In cujus rei testimonium, presentibus litteris sigillum Nannetensis curie duximus aponendum. Data hujus transcripti, sede vacante, dicta die jovis, anno septimo.

Sic signatum : J. de Rem... Per magistrum Johannem Picardi facta est collacio de transcripto.

---

1. Var. : en.
2. Var. : el.
3. Transcrite ici d'après un vidimus du 9 février 1268 n. s., la lettre d'Olivier de Machecoul l'a encore été plus loin, d'après l'original (cartulaire n° CXVI). C'est là que nous la publierons. Nous nous contentons de donner ici les formules vidimantes. Celles-ci ne sont pas dépourvues d'intérêt, l'expression *sede vacante*, au sujet du siège de Nantes, permettant de préciser, mieux que ne l'avaient fait les auteurs, les dates respectives des pontificats des évêques Jacques et Guillaume. Cf. dans notre introduction le paragraphe relatif aux évêques de Nantes.

LXVI

Donnoison faicte par Margarite de Baussay à messire Symon Burlé[1], chevalier.

26 juillet 1363.

Margarite de Baussay, dame de Seniché, à tous ceulx qui ces presentes lettres verront, salut en Dieu Nostre Seigneur. Sachent tuit que comme le roy de bonne memoire Phelipes, roy de France par celui temps, donnast et octroiast à mons^r Guy de Baussay, dit Goion, chevalier, en terres et en rentes, deux cens livres tournois d'annuelle rente, des quelles il lui donna sur son tresor, et voulu que elles lui fussent assizes ès lieux et en rentes que il manda à mons^r Pierre de Villeblouain, son seneschal en Poictou et en Lymosin par celui temps, que il asseist et assignast ès lieux et rentes qu'il lui manda par une cedule ; par vertu de laquelle cedule led. seneschal assist et assigna aud. mons^r Guy de Baussay lesd. ii^c liv. de rente par la maniere qui s'ensuist[2] : Premierement, au Brueil Maingou, qui est une terre toute distinguée de la terre d'Anguitart, xxvii liv., vi solz, ii deniers de rente assizes en boys de Breuil. Item, la maison du Brueil, tele part comme le roy y

---

1. M. Guérin (*Trésor des chartes pour le Poitou*, t. III, 381-382, 406 ; t. IV, 67-70, 129-131) a relevé un certain nombre de documents faisant mention de ce personnage. Il ne semble pas toutefois avoir connu celui-ci. Simon Burleigh, chevalier anglais, que des actes produits par notre savant confrère nous font voir, le 15 juin 1364 et en juillet 1369, comme l'époux de Marguerite de Bauçay, était-il déjà marié avec celle-ci lorsqu'elle lui fit l'importante donation publiée ici? Rien dans le texte ne le montre ; en tout cas, si le mariage n'était pas encore accompli, on peut en quelque sorte en voir les préliminaires dans le présent acte.
2. Le procès-verbal de cette assiette, dont la partie essentielle est insérée ici, mais sans sa date, est du 4 février 1308. Nous le savons d'autre part, puisqu'il a été conservé également dans des lettres du roi Philippe IV publiées au t. Ier du *Trésor des chartes pour le Poitou* (p. 21-24). Les variantes portant sur l'orthographe des noms de lieux et sur les prix d'estimation sont en général sans grande importance.

avoit, pour xxx solz de rente. Item, en menuz cens sus grant foueson de teneurs du Breil, xviii solz, viii den. Item, les reçoiz du terrour et des vingnes du Breil, tele part comme ly roys y avoit, pour x solz. Item, le pré de Vounuil sous le vilaige de la Fenestre, lequel est des apartenances du Brueil, tele part comme le roy y avoit, pour quarante solz. Item, le quint et le sixte panier des nouez des nouiers du terrour du Brueil, tele part comme lui roys y prenoit, iii solz. Item, li gelines et demie, apartenant au Brueil, pour xxv solz, ix den. Item, en rentes de blez et de vins apartenans au roy, pour tele part comme il avoit au Brueil, xxxii liv., xiiii solz, x den. obole. Item, le profit des ventes desd. lieux, pour tele part comme il en apartient au roy, pour x solz de rente. Item, la justice haulte et basse du Brueil et de sez apartenances, ce que en apartient au roy, pour lxxv solz de rente. Item, les peages de Rouacy[1], de Lavauceau, de Saint Philebert, d'Airaon, et de Vales, et la justice desd. peages tele que ly roys l'y avoit, pour xxxiiii livres. Item, à Frozes, sus les hommes de Frozes, xi liv. en deniers, et pour xlv sextiers de fromment deuz en icelle ville, xxvii liv. de rente ; au roy tele justice comme il avoit en lad. ville et en terrour, et xiiii sextiers d'avoyne qui sont paiez chascun an à Poictiers. Item, sur le manoir Jehan Pavet, retenue au roy toute justice et seigneurie, xv liv. de rente. Item, la vinée de Brueil Saint Martin, pour xx liv., xi solz, ix den. Item, sur la baillée Ferrant, de la parrouesse d'Airaen, en deniers, vi liv., ix solz, iii den. de rente, retenu au roy le sourplus, et toutes les autres choses qui au roy estoient en lad. baillie. Item, l'avoyne du chevage que le roy a en froust de Sainte Croiz de Poictiers, ès parroisses de Vales

---

1. On lit *Beuacy* ou *Benacy* sur le cartulaire. Nous avons cru pouvoir modifier cette leçon, étant donnée celle de Rouéçai (auj. Roussay, Vienne), qu'on trouve dans le document précité du *Trésor des chartes*.

et de Vaûserour, c'est assavoir dès Saint Philebert jusques à la Juderie, si comme se comporte led. froust de long et de lé en sesd. termes. Item, avec lad. avoyne, par led. chevaige, en dit froust et en yceulx termes, xi sextiers de segle, xi sextiers d'avoyne, ix deniers obole, xi gelines de rente, tout ce pour xvii liv., xv solz, vi den. obole. Item, la justice qui apartenoit par les rentes dessusd. tant seulement, et fut retenue au roy toute autre justice et tous autres esmolumens. Item, les pasquiers de Chiré, d'Auraon et de Vouillé, pour xxxv solz. Item, la justice, pour la rente tant seulement desd. pasquiers, pour v solz. Lesquelles chouses montent en somme deux cens livres tournois de rente annuau. Et fut retenu au roy sa souveraineté, son ressort, son ost et sa chevauchée.

Et depuis, il donna par autres lettres aud. monsour Guy deux cens liv. de rente, d'annuau et perpetuau rente, lesquelles il avoit donné au viaige dud. monsour Guy, lesquelles il avoit acoustumé à lever et prandre. Icelles iie livres de rente il lui donna à prandre et lever perpetuelment dud. chevalier et des siens et qui de lui auront cause, sur toutes les rentes, yssues et provenues, c'est assavoir : blez, vins, deniers, prez, aigues, molins, et sus toutes les yssues et revenues que led. roy avoit et avoir povoit et devoit en la prevosté de la chastelenie du chastel de Monstereul Bonin, et en icelle chastellenie et ès apartenances d'icelle ; pour lesquelles choses données, led. chevalier et ses successeurs et qui cause auroient de lui devoient faire hommage aud. roy et à ses successeurs ; lesquelles rentes led. roy manda par ses autres lettres à mons^r Jehan de Orrouer, son seneschal en Poictou, et à Jehan de Vaudruchelan, baillif de Touraine, qu'ilz feissent assiete aud. chevalier desd. rentes au plus prouffitablement de lui et mains dommageux du roy.

Par vertu desquelles lettres et selon la fourme et teneur d'icelles, lesd. seneschal et baillif firent assietes desd.

rentes aud. chevalier en ceste maniere [1] : Premier, le boys de Monbueil, si comme il se porte en longueur et en largeur, pour vi^{xx} xiii liv., x solz tournois de rente, sauve le droit de l'usage à l'abbé du Pin, tel comme il lui doit avoir, et rabatu l'usage que led. chevalier avoit oud. boys avant l'assiete de lad. rente. Item, le bois de Visay, pour x liv. de rente. Item, troys pipes et demy muy de vin de rente, assis tant à Visay que à Cissé que environ, pour xlviii solz. Item, xx gelines et sept poussins et ung chappon de rente deuz à Vizay et entour, pour xii solz, v den. Item, ix sextiers de segle de rente deuz à Vizay et entour, pour iiii liv., xii den. Item, sus Colin Billaut, à Brenc, en une vigne, demie mine seigle, pour xxvii solz de rente. Item, en la riviere Saint Philibert, x sextiers de segle, pour iiii liv., x solz de rente. Item, à Mourri, sur les hommes dud. lieu et sur une piece de terre, deux sextiers de segle, pour xviii solz de rente. Item, sur la baillie Ferrant et sur le moulin Caillon, en la parroisse d'Airaen, v sextiers et demy de seigle, pour xlix solz, vi den. Item, sur le molin de Beruge, iii boisseaux de segle, pour xiii den. obole. Item, sur une piece de terre assize ou moulin Caillon, demye mine de seigle, pour xxvii den. Item, sur les hommes de Voillé, xvi sextiers d'avoines que les chanoines Sainte Ragont randoient en chascune feste saint Michel. Item, aux Roches de Quinçay et à Rongeres, x sextiers d'avoine. Item, en la rue Saint Philibert, troys sextiers et demy d'avoyne. Item, à Beruge, un sextier d'avoine. Item, à Poictiers, deux sextiers et demy d'avoine que doivent bourgeois de la ville. Item, sus l'abbé du Pin et ses parsonniers, troys mines d'avoine. Item, à Millé, une mine d'avoine. Item,

---

1. Cet extrait du second procès-verbal d'assiette, sans date ici comme le précédent, est du 10 décembre 1317. Les lettres du roi Philippe V, qui nous l'ont également conservé, sont éditées dans le *Trésor des chartes pour le Poitou* (t. Ier, p. 182-186).

à Maillé, sur les hommes, une mine d'orge qui vault avoine : tout baillé pour xii liv., xvi solz, iii den. de rente ; lesqueulx grains furent plus baillés qu'ilz ne valoient selon l'ancienne coustume. Item, à Vizay, en cens, lendemain de la Toussains, vi liv. Item, à Yversay, iii liv. de cyre pour vi solz. Item, à Chiré, xv solz, vi den. de cens. Item, à Cissé, xxii solz, iii den. de cens. Item, xv liv. de rente que les chanoines de Sainte Ragont doivent le jour de la Saint Michel pour les hommes de Voillé ; desquelles xv liv., uit solz demeurent ausd. chanoines pour le menger de deux chanoines et de leurs clers. Item, cent solz que les hommes de Vouzailles doivent au roy en une boursse neufve. Item, à la Reaté, xv solz, vi den. Item, la vinée de Cissé pour vi solz. Item, troys pieces de prez assises à Mourri, pour viii solz. Item, le droit que le roy a à la Roidere et à Visay, pour v solz. Item, le jour Saint Symon et Jude, la ponée de Vayrnes, pour xxiiii solz, vi den. Item, en ung courtillage assis à Beruge, v solz de rente.

Lesquelles choses sur ce baillées et assises pour ii⁰ liv. tournois de annuelle et perpetuelle rente, adecertes, nous lad. Margarite, bien conseillée et avisée de nostre fait, et par ce que ainsi nous avons donné et octroié par cez presentes, donnons et octroions à tousjours mès perpetuelment, pour nous, noz hoirs et successeurs et qui ont et auront cause de nous, à noble homme messire Symon Burlé, chevalier, pour les bons et agreables services que il nous a faiz, et desquelx nous nous tenons et avons pour bien contente et paiée, et de preve desquelx nous deschargeons led. chevalier et tous les siens, toutes et chascunes les choses davant dites, si et par la maniere qu'elles sont cy dessus escriptes et furent baillées et assises aud. feu monsour Guy de Bauçay, nostre ayeul, led. monsour Symon present, prenant et aceptant au prouffit de lui et des siens, hoirs et successeurs et qui de lui ont ou auront cause ; à avoir, tenir, posseder et esploicter dud. monsour Symon et des siens, hoirs et successeurs et de ceulx qui ont et auront cause de lui, desoresmès perpetuelment, toutes et chascunes les choses dessusd., paisiblement sans contredit. Et avons, nous lad. Margarite, transporté, quicté et delaissé, pour noz hoirs et successeurs et qui ont et auront cause de nous, aud. monsour Symon, pour lui, ses hoirs et successeurs et qui ont ou auront cause de lui, à tousjours mès perpetuelment, tout ce, de droit, nom, raison, accion, pocession, proprieté, domayne et seigneurie que nous avons et avoir povons et devons ès chouses, toutes et chascunes dessusd., sans riens y retenir à nous ne aux noz pour le temps avenir; renuncians en cest nostre fait à toutes excepcions, decepcions de mal, de fraude, de barat et à toutes autres choses et faiz que nous sont ou pourroient estre creables à faire et venir contre la teneur de cez presentes. Lesquelles choses toutes et chascunes dessusd., par la maniere qu'elles sont cy dessus faictes et escriptes, nous avons promis et juré pour nous, nos hoirs et successeurs, par la foy et serment de nostre corps et sur l'obligacion de tous et chascuns noz biens meubles et inmeubles, presens et avenir, tenir, garder, enteriner et acomplir fermement et leaulment sans jamès faire ne venir encontre, par cause ne cas qui puisse avenir. Et en tesmoign desquelles choses et que elles soient fermes et estables à tousjours mès perpetuelment, nous avons mis et apousé à cez presentes lettres nostre propre seel. Donné le xxvi° jour du moys de juillet, l'an mil iii° LXIII.

LXVII

Coppie de la derreniere assiete faicte à madame de la Suze par maistre Nicolle le Damoisel, de III° livres de rente sur la terre de Brochessac.

15 février 1395.

A tous ceulx qui cez presentes lettres verront, Nicolas

le Damoisel, clerc, conseiller du roy nostre sire et commissaire en ceste partie, salut. Savoir faisons que comme par vertu de certain arrest ou jugé de la court de parlement, donné l'an mil iiiᶜ iiiiˣˣ xii, le xxᵉ jour du moys de juillet, au prouffit de noble et puissante dame madame Katherine de Machecoul, dame de la Suze et de la Benaste, demanderesse, d'une part, et messire Loys Larcevesque, chᵉʳ, sᵍʳ de Taillebourg, comme aiant le bail de Berthelon de la Haye, escuier, sᵍʳ de Passavant, et messire Guy Amenart, chᵉʳ, sᵍʳ de Chanzé, à cause de Loyse de la Haye, sa femme, et Aliete de Chemillé, en tant comme chascun d'eulx touchoit, deffendeurs, d'autre partie, Nous eussions voulu proceder à l'execucion de celuy arest, par vertu de certainne commission de nostred. seigneur à nous donnée le xxiᵉ jour d'octobre oud. an, eussions fait adjourner led. Berthelon par davant nous, au penultieme jour dud. moys d'octobre et aux jours ensuivans, pour veoir proceder en lad. execucion. Et messire Pierre Forestier, presbtre, procureur dud. Berthelon, se fust comparu par davant nous et se fust opposé, en tant comme touchoit led. Berthelon. Et nous, pour ce qu'il nous estoit mandé, eussions adjourné led. Berthelon en la personne de sond. procureur, à certain et competent jour oud. parlement, pour dire les causes de son opposicion, et avec ce nous eussions procedé à l'encontre desd. Amenart et Aliete, à faire l'assiete de viˣˣ livres de rente, non obstant lesd. opposicions faictes par lesd. Amenart et Aliete en et sur la terre de Brochessac, en tant comme se povoient monter les porcions que povoient avoir lesd. Amenart et Aliete en lad. terre de Brochessac, lesquelles estoient ypothequées par led. arest à faire lad. assiete. Laquelle assiete ayt esté aprovée par arest dud. parlement, donné l'an mil iiiᶜ iiiiˣˣ xiii, le xxviᵉ jour d'avril. Et ycelui Berthelon, par ung autre arest dud. parlement, lequel fut donné l'an mil iiiᶜ iiiiˣˣ xiiii, le viiᵉ jour de septembre, eust esté debouté de lad. opposicion et dit qu'il n'y faisoit à recepvoir, nous commissaire dessusd., par vertu de certaine commission de nostred. seigneur, dont la teneur est incorporée ou procès verbal baillé à lad. dame, fusmes commis pour faire execucion dud. premier arrest ; et, comme par vertu de lad. commission nous eussions fait adjourner, à l'instance de lad. dame de la Suze, led. Berthelon et maistre Jehan Moreau, procureur en parlement, son curateur donné par iceluy parlement, et led. Amenart et les hoirs ou ayans cause de feue Aliete de Chemillé, c'est assavoir messire Jehan [de] Brezé, ch^{er}, filz de lad. Aliete, et messire Geffroy de la Gresille, ch^{er}, et Guillaume Charbaie, escuier, à cause de leurs femmes, et led. de Taillebourg, s'il cuidoit que bon fust, en tant comme chascun touchoit, au iiiie jour de novembre l'an mil iii^c iiii^{xx} xiiii, pour veoir proceder à l'execucion de lad. assiete et des arrerages qui estoient deuz à lad. dame de la Suze ; et à icelle journée se fust comparu par davant nous messire Guillaume Balon, presbtre, procureur de lad. dame, d'une partie, et Guion Rallet, procureur dud. Berthelon, et Jehan Posson, dud. Amenart, et Jacquet Martin, dud. de Brezé, procureurs comparans, d'autre, lesd. de Taillebourg, de la Gresille, Charbaie non comparans, mis en deffault, nous commençasmes à proceder en lad. assiete.

Et le landemain, qui fut le ve jour dud. moys, icelles parties non mises en deffault comparurent ; et, après pluseurs altercacions eues entre lesd. parties, nous, non obstant icelles, meismes en la main du roy nostred. seigneur les chastel, chastellenie et terre de Brochessac, avec toutes ses apartenances, exceptez les molins, estancs et rentes sur lesqueulx nous avions autresfoiz assis vi^{xx} livres de rente, en tant comme touchoit les valeurs des porcions desd. Amenard et Aliette tant seulement, et la prevosté dud. lieu, pour faire l'assiete du residu à parfaire iii^c livres de rente selon ce que raison donneroit ; et uncores feismes commandement aud. Rallet qu'il nous aportast tous les registres vielz et nouveaulx des cens, rentes et revenues de lad. terre de Brochessac, pour nous instruire à faire lad. assiete. Item, le landemain, qui fut le vi^e jour dud. moys, se comparurent de rechef lesd. parties par davant nous ; et, après pluseurs altercacions et offres de manieres de proceder, led. Ralet, procureur dud. Berthelon, nous bailla ung registre escript nouvellement en papier et couvert de nouvel parchemin, ouquel papier led. procureur disoit estre contenu les cens, rentes, revenues, demaynes et autres apartenances de lad. terre de Brochessac, à prisager selon la coustume et usage du païs d'Anjou, avecques les oblacions et protestacions contenues ou commancement et en la fin dud. papier. Et pour ce que assez tost led. Berthelon après ala de vie à trespassement, delaissez pluseurs enffans maindres d'ans, contre lesquelx nous ne povions proceder se ilz n'avoient bail ou tuteur, nous, à l'instance de lad. dame, feismes adjourner led. mons^r Guy Amenard, comme le plus prouchain d'iceulx enffans à cause de sa femme, et qui, selon la coustume du païs d'Anjou, devroit estre bail desd. enffans, pour comparoir par davant nous au iiiie jour de decembre oud. an, pour veoir declerer c'il se voudroit tenir pour bail desd. enffans, ou non ; et, après pluseurs comparissions faictes par sond. procureur, led. Amenard nous fist dire par icelui son procureur que son entente n'estoit pas de soy tenir pour bail d'iceulx enffans, et par ce nous desistasmes de le poursuir. Et comme après nous voulissions proceder contre les auteurs plus prouchains desd. enffans pour savoir se aucun se voudroit tenir pour bail d'iceulx, de la partie de lad. dame nous fut presentée une commission de par le roy nostre seigneur, de povoir donner tuteur ausd. enffans. Par vertu de laquelle commission nous, apellez les amys charnelz desd. enffans et pluseurs autres saiges qui povoient et devoient estre appellez, et faicte sur ce informacion et acquisicion deue, si comme il apert par icelle, nous constituasmes, ordonnasmes et feismes tuteur desd. enffans Jehan Amenard, escuier, s^{er} de Boillé, filz dud. mons^r Guy Amenard ; lequel Jehan Amenard accepta et prist le fait de la charge de lad. tuicion, si comme il apert par lettre de tuicion par nous à lui donnée, l'an mil III^c IIII^{xx} xIIII, le IIe jour de janvier ; avecques lequel tuteur, Jehan Hubert son procureur, nous avons procedé en lad. assiete, et nous sommes informez par tourbes et tesmoigns singuliers, des aprisaigemens, cens, rentes, tant en argent comme grains, dommaines, terres, vingnes, prez, juridicion haulte, basse et moyenne, et autres choses apartenans à lad. terre, nous, toutes icelles choses avecques leurs charges considerées et actandues, avons fait assiete, assis et asseons par cez presentes à lad. dame de la Suze, en la personne dud. Ballon, son procureur, lad. somme de IX^{xx} livres de rente en et sur lesd. chastel et chastellenie et terre de Brochessac, en la maniere qui s'ensuit ; c'est assavoir sur les choses dessusd.

Et premierement, sur les cens deuz par les personnes qui s'ensuivent : Jehan Paris, pour une vuide place assis oultre la barriere, joingnant au grant chemin angevin et la maison Jehan Gaillart, doit aux festes de Nouel et de Saint Jehan, par moitié, III solz tournois cens. Jehan Garnier, pour sa maison assise sur led. chemin, joignant à la maison dud. Gaillard, à lad. Saint Jehan, xvIII deniers. Guillaume Paris, pour une vuide place assise en lad. barriere, joignant de sa meson où il demeure, à Nouel et à Saint Jehan par moitié, vI solz. Robin Constance, pour sa maison en lad. barriere, joignant de la maison Guillaume Abraham, à Nouel, v solz. Guillaume Manson, pour une vuide place qui fut au Breton de Mauny, tenant à une vuide place qui fut à ung apellé Garinneau, à Nouel, II deniers obole. Messire Georges de la Bossac, pour une vuide place avecques le courtil sur la grant rue, joignant à sa maison, à Nouel et à la Saint Jehan par moitié, x solz. Pierres Bonnet, pour sa maison neufve sur la grant rue, joignant à la place et maison Garite la Richarde, à la feste de la Nativité Nostre Dame, apellée l'Angevinne, iiii den. Georget de la Bretonniere, pour sa maison sur la grant rue avecques le jardrin joignant à la place Andry Tabart, à Nouel, vi den. Andry Renouard, pour une place sur la grant rue, tenant à la maison Andry Vielle, à l'Angevinne, obole. Andry Vielle, pour sa maison dehors et joignant de la porte de la ville, à la Saint Aulbin, xii den. Robert Chobille, pour sa maison avecques la croissance enprez, sur la grant rue, et messire Pierre Constance, presbtre, pour sa maison joignant à icelle par deriere, joignant à la rue de Mauconseil, lesquelles ilz tiennent de Yvon de Carolay, au dimanche après la Saint Jehan et au dimanche après Nouel, par moitié, xx solz. Michel Thomas, pour ung courtil qu'il tient dud. Carolay, qui fut Grosse Jambe, joignant aux courtilz Pierre Bonnet, ausd. dimenches par moitié, x s. Item, celui Thomas, pour la maison où il demeure, sur la grant rue, joignant à la rue de Mauconseil, et Robin Boulle, pour sa maison joignant à la maison dud. Thomas, et Jehan le Queu, pour sa maison joignant à la maison dud. Robin, et Jehan Angebaut, pour sa maison joignant à la meson dud. le Queu, lesquelles mesons ilz tiennent dud. Carolay, ausd. dimenches par moitié, xl s. Pierre Bonnet, pour sa maison où il demeure, sur la grant rue, joignant à la place davant l'eglise, à l'Angevinne, viii s. Guillaume Renouart, pour sa maison où il demeure, joignant à la maison messire Brient Fauvel, presbtre, davant la place du marché, laquelle il tient dud. de Caroley, ausd. dimenches par moitié, x s. Item, led. Guillaume, pour ung jardrin assis entre la maison dud. Fauvel et les mesons Gillet Blanchart, à la Saint Aulbin, iiii den. Raoul le Tort, pour ung apentiz et courtil joignant au pressouer Andry Renouard, et led. Andry pour led. pressouer, et Macé Viau pour ung apendiz avecques la place davant, joignant à la maison Estienne le Barbier, et Pierre le Mée pour ung apendiz davant la place et le courtil darriere, joignant à la maison dud. Barbier, lesquelz apentiz, courtilz, pressouer et places ilz tiennent dud. de Caroley, ausd. dimenches dessusd. par moitié, x s. Item, led. Pierre le Mée, pour une vuide place joignant à l'apendiz Macée la Riolaine, à la Toussains, v s. Les hoirs feu Colin Charuau, pour leur maison qu'ilz tiennent de Nicolas Rutaud assise davant l'aumosnerie, à la Saint Aubin, iiii den. Guillaume Boeteau, pour une creue de troys piez de lé, joignant d'une place où il fait edifier d'un cousté et d'autre à la place de la cohue, à Nouel et à Saint Jehan par moitié, xii den. Guillemette la Merciere, pour sa maison joignant à la maison de Yvonnet le Blanc, à lendemain de Nouel, iii den. Item, celle Guillemette, sur ung courtil seant près sad. meson, aud. terme, i den. Robin Petit, autrement dit Maygnen, pour sa maison joignant à la maison qui fut messire Thebaut de Billy, à la Saint Michel, iiii den. Item, celui Robin, pour ung jardrin devant la maison André Vile qui fut Jehenne de la Haye, à la Saint Michel, iiii den. Guillaume Boteau, pour lad. meson qui fut aud. de Billy, joignant à la maison dud. Robin, à la Saint Michel, iiii den. Les Thebaudeaux, pour ung courtil et caniere qu'ilz tiennent dud. de Carolay, assis soubz le chemin de la fontaine de Rollée, au dimenche après la Saint Jehan Baptiste, ii den. Juheau Loquete, pour ung courtil qu'il tient dud. de Carolay, assis près le courtil Jehan Dangée, aud. dimenche, iiii den. Yvon de Carolay, pour deux quartiers et demy de vigne assis au cloux de Chezelles entre les deux chemins de Quincé, aud. dimenche, ix den. Jehan Dangée, pour sa maison et courtil assis à Pute y Baille, emprès la fontaine de Rollée, à Nouel, iii s. Jehan Petit, pour les estables que tient Pierres Bonnet emprès la meson dud. Bonnet. Item, pour une maison avec ses apartenances que tient à present Gillet le Mareschal. Item, pour une place que tient à present Robert Chobille derriere la maison dud. Mareschal. Item, pour une place vuide qui fut feu Jolivet, joignant du jardrin au d. Mareschal. Item, pour une maison avecques le courtil et ses apartenances, appellée la Pillarderie, que tient Guillaume Renouard. Item, pour une place vuide où fut le pressouer Lucas Rogeron, que tient Thomas Doillie. Item, pour une meson avecques ses apartenances seant à la Pute y Baille, que tient Jehan Dangée. Item, pour une place qui fut Juheau Loquete et pour pluseurs places seans entre lad. place et la ruelle qui va à la fontaine de Rollée. Item, pour la maison dud. Jehan Petit, sur la grant rue, joignant à lad. ruelle. Item, pour une place qui fut Ambroise Rogeron, joignant à la ruelle par où l'en va au presbitere. Item, pour x boecellées de terre ou environ seans au Courant, que tient Jehan Gaschet. Item, pour une place qui fut Blanche Chappe, assise à la Chienerie, doit à Nouel LXXII s., VI d. Jehan du Dresnay, pour ung herbregement qui fut Jehan Rogeron, si comme il se poursuit tant en maison, prinssouer, courtilz, cloetures et autres apartenances, desquelles choses Pierre Bonet tient partie et Jehan le Lambart autre partie, assis entre la rue de Mauconseil d'une partie et l'eglise autre partie.

Item, pour la grant maison que tient Guillaume Boteau jouxte la maison qui fut Guillaume Roland. Item, pour les prez de la Congnie jouxte le grant estang, avec leurs apartenances. Item, pour la maison painte et pour ung mazeril joignant à lad. meson, avecques leurs apartenances. Item, pour une maison avecques ses apartenances que tint jadis feue Guillemette Laurilleuse, et la tiennent à present Gillet Blanchart et sa femme. Item, pour une place et mazeril avecques ses apartenances qui sont à Jehan de Cognessac, que tint jadis feu Regnault Constance, à l'Angevinne, XLIII s., II d. Guillaume Estiennot, pour sa maison et courtil assis en la ville de Quincé, qu'il tient de Jehan Petit, à l'Angevinne, ɪɪɪ s., x d. Geffroy de la Saulaye et Garite la Richarde, pour leur herbregement de la Saulaye avecques ses apartenances, joignant à la terre de Saint Blaise, à la Toussains, xɪɪ d. Jehanne de la Saulaye, pour une minée de terre assise jouxte la Nueau, qui fut Jehanne de la Bretonniere, à l'Angevinne, xɪ d. obole. Jehan de la Bretonniere, pour ung quartier de vingne assis au clox de la Bretonniere, à la Saint Martin de Vretou, ɪx d. obole. Item, icelui, pour ung demy quartier assis à la Jouidiotiere, aud. terme, ɪx d. Michel Texier et Perrot Gresillon, pour ɪx boessellées de terre assises près la vingne Morice Benaist, à Pasques et à la Saint Michel, ɪɪɪɪ d. Jamet Herbert, pour sa maison où il demeure à Quincé, avecques le courtil et une minée de terre assise jouxte les Nouvelles à Esmerand, à l'Angevinne, xɪ s. Jehan Gareau, pour une minée de terre assise entre les vingnes du Boys Renault et le boys de Montoger, à la veille de Nouel, ɪɪ d. obole. Jehan Coustau le genne, pour ɪɪɪ boessellées de terre assises à la Peigniere entre les deux mesons Geffroy de la Saulaye, à l'Angevinne, xvɪɪ d. obole. Monsour Jehan Gritier, curé de Quincé, à cause de sa cure, pour ung quartier de pré qui fut à Denis le Mercier, assis à la Chauviere, à l'Angevinne, vɪ s., vɪ d. Messire Robert de Livré, presbtre, pour une piece de pré assise soubz les vingnes de la Haye d'une part, et d'autre aux vingnes du curé de Brochessac, à l'Angevinne, ɪ d. Item, celui, pour une piece de terre assise enprès la justice de Brochessac, entre les vingnes de monsour Jehan Gritier, presbtre, à l'Angevinne, ɪɪ d. Item, celui, pour ɪɪɪ quartiers et demy de terre joignant à la terre de maistre Jehan Griault d'un cousté, et d'autre à la terre à la Cointelle, ɪɪɪɪ d. Jehan Grivier, pour xɪ bouecellées de terre assises joignant du petit clox de Tiffeigne d'une part, et d'autre à la vigne du curé de Quincé, à la Saint Gille, vɪɪɪ d. Morice Benoist, pour ɪɪ sexterées de terre apellées les Fontenelles, et ung journau apellé le pré du Fontenil, à la Saint Aubin, xii d. Georget de la Bretonniere, pour un courtil sis à la Peigniere, à la Saint Aubin, i d. Estienne de Blazon, à cause de Robine la Faucheresse sa femme, pour iii boessellées de terre assises à la Fresnaye, joignant aux terres de la gaingnerie de Paistmaigniere de tous coustés, au dimenche après Nouel, vii d. obole. Jehan de Bignon, pour iii boessellées de terre assises à lad. Fresnaye, joignant aux terres de lad. gaignerie, aud. dimenche, iiii d. obole. Thomas Martin, pour iii boessellées de terre assises à lad. Fresnaye, joignant aux terres Regnault Baudulier, aud. dimenche, vi d. obole. Estienne Bourgot, pour ung quartier de terre assis aux Groix de Litré, aud. dimenche, i d. obole. Macé Cobeon et Micher More, pour x boessellées de terre assises à lad. Fresnaie, joignant de touz coustez aux terres de lad. gaignerie, aud. dimenche, ii s., vi d. Guillaume de Vaux et Jehan Saumureau, pour sept boessellées de terre seans à la Barengiere jouxte le chemin de Texigné, au dimenche après l'Angevinne, vi d. Perrot Gahart et Macé de Mauny, pour deux journaux de prez assis à la Monardiere, joignant au molin du prieur des Aleus, à la Saint Aubin, iiii d. obole. Jehan Tesmer, pour deux quartiers de terre assis entre les terres de lad. gaignerie de Paistmaignie, au dimenche après Noel, i d. Colin Dupré, pour ung quartier de vigne joignant d'un cousté à la vingne feu Regnault Constance, à l'Angevinne, xiii d. Jehan le Bigot, à cause de Jehan le Bigot son filz, et Perrinelle li Chastrie, frereschaux, pour ung quartier de terre assis à la Fresnaye, joignant aux terres de lad. gaignerie, au dimenche après Nouel, obole. Jehan Garnier, de la parroisse de Saint Jehan Denesay, pour lui et pour tous les heritaiges du vilaige de Villeneufve Malart, à la Saint Michel, ii d. Le prieur de Saint Georges de Sept voies, pour son temporel, à la Saint Michel, obole. Jehan Laurilleux, pour les saulaies qui furent aux Mareschaux, assises à la Balliere, contenant demy quartier de terre, à l'Angevinne, IIII d. Item, Jehan de Cognessac, pour une piece de terre en fresche, assise à la Denison près Boys Renaud, à l'Angevinne, II d. Pierres de Chaorsses, pour une maison et courtil assis à Quincé, où demeure Jamet de Bruges et Jehan Trumeau, à l'Angevinne, IIII s. Jehan de Cognessac, pour ung herbregement et ses apartenances, apellé Maupertux, assis à Quincé, à l'Angevinne, XII d. Macé de la Groaie, pour une tousche de boys contenant quatre quartiers ou environ, assis à la Denison, à l'Angevinne, II d. Les hoirs Colin Charruiau, pour ung courtil assis jouxte la fontaine de Leart, à l'Angevinne, I d. Jehanne, femme de feu Laurens Thebaut, pour une meson apellée Pute y Baille, assise jouxte la fontaine de Rollée, à l'Angevinne, VI d. Katherine, veufve de feu Robin Gigoulier, pour deux boessellées de terre assises au Boys Renault, joignant à la terre Jehan Garreau, à la voille de Nouel, III d. Messire Jehan [de] Brezé, ch[er], pour V quartiers de vigne assis au Champ Rouge, jouxte les vingnes dud. de Brezé, à la Saint Michel, X s. Monsour Jehan Gritier, presbtre, pour ung herbregement avec le courtil, ung quartier de vigne et quatre boessellées, assis à Quincé au lieu apellé la Mauviere, à l'Angevinne, XII d. Somme des cens dessus declairez : XV livres, V solz, V deniers obole.

Item, c'ensuist les cens et rentes conjoins : Jehan le Monnier et Jehan aux Beufs, pour leur maison et courtil jouxte le petit estang, et pour ung autre courtil jouxte lad. meson, et pour une place jouxte icelle, où il y a cloies ou penteurs à draps, cens et rentes à Nouel et à Saint Jehan par moitié, IIII livres, VI solz. Andry Tabard, pour une place avecques les jardrins Jerr... [1], joignans à la boucherie, à Nouel, X s. cens et X s. rente, à la Saint

---

1. Les deux dernières lettres de ce mot sont surmontées d'un trait indiquant une abréviation.

Jehan, xx s. rente. Andry Vielle, pour ung jardrin joignant au jardrin de Guillemette la Merciere et aux murs anciens de la ville, à la Saint Michel, II d. obole cens, XII d. rente. Guillaume Guigant, pour une maison qui fut Guillemette la Merciere, joignant à une meson que tient led. Guigant, à la Saint Michel, II s. rente et à l'Angevinne, III d. Messire Georges de la Bossac, presbtre, pour ung quartier de vigne assis au cloux de la Petite Herche, qui furent Macé de Mauny, Pasquier Doyen et pluseurs autres, moitié cens et moitié rente, à Nouel et à la Saint Jehan par moitié, xx s. Jehan et Geffroy Orgueyens, Estienne Voury, Perrot Thomas, Michel le Texier et Perrot Gresillon, frereschaux, pour leur herbregement appellé Tissignie avec les terres et courtilz arables, contenant xvI boessellées de terre, joignant au chemin de la justice de Brochessac d'un cousté. Item, pour quatre quartiers de vigne ou environ assis au cloux de Tissignie, tenant aux vingnes de Maurice Benaist, à l'Angevinne, VIII d. obole cens, et à la Toussains, xv s. rente. Somme desd. cens conjoins à rentes : LXIII s., VIII d. Somme de tous lesd. cens : XVIII livres, IX solz, I denier obole. Et pour ce que nous avons trouvé par tourbe de gens coustumiers et advocaz, que deniers de cens enfeodez en haulte justice se doivent tierceer, nous, yceulx cens conjoins et non conjoins avons tiercez ; desquelx le tiercement se peut monter à la somme de xxvII liv., XIII s., VIII d., tiers de obole. Laquelle somme nous avons baillé et baillons en assiete à lad. dame sur lesd. IX^{xx} livres. Item, les rentes conjointes à iceulx cens se pevent monter à la somme de c. s., VI d.

Item, s'ensuist les rentes simples par foy : Jehan le Saige, pour sa meson qui fut à Jehanne la Guimare, joignant à la maison Jehan Garnier hors lad. barriere, à la Saint Jehan, v s. Guillaume Abraham, pour sa maison hors la barriere, où demeure Martin More, à la Saint

Jehan, iiii s., vi d. Guillaume Paris, pour sa meson et courtil qui furent Perrot Rousse, joignant aux fossés de lad. barriere, à Nouel et à Saint Jehan par moitié, ii s., vi d. Jehan Paris, pour sa maison à Jehanne la Mareschalle, assise dedens lad. barriere, ausd. termes par moitié, vi s. Item, celui Paris, pour ung courtil qui fut Jehan Garnier, ausd. termes par moitié, iii s. Gillet Gaillart, pour deux mesons l'une devant l'autre, joignant au pont leveiz de lad. barriere, à Nouel, viii s. Guillaume Noblet, dit le Clerc, pour sa maison dedens lad. barriere, joignant à la maison Jehan Paris, à Nouel et à la Saint Jehan par moitié, v s. Aliecte la Regnaulde, pour sa maison dedens lad. barriere, joignant à la meson Jehanne la Pochetiere, à lendemain de Saint Jehan, v s. Jehan Laurilleux, pour sa maison devant lad. barriere, joignant à la maison de lad. Pochetiere, à la Toussains, xv s. Guillaume Païs, pour sa maison dedans lad. barriere, joignant à la meson Gillet Gaillard, à Nouel et Saint Jehan par moitié, viii s. Guillaume Abraham, pour une vuide place dedans lad. barriere, joignant à sa meson, à Nouel iii s. Drouet Herbert, dit le Mercier, pour sa maison dedens lad. barriere, joignant au molin du grant estanc, à la Toussains, v s. Geffroy de la Saulaye, pour sa maison dedens lad. barriere, joignant par derriere à la maison Pierre Bonnet, à la Toussains, xv s. Jehanne la Chevaliere, pour son courtil dedens lad. barriere, joignant au courtil Jehan le Mosnier, à Pasques, v s. Thomas de Reneau, pour une vuide place sur la grant rue, après la maison qu'il tient à cause de sa femme, à Nouel et Saint Jehan par moitié, x s. Garite la Richarde, pour une place vuide, devant sur la grant rue, une meson et jardrin derriere, joignant à la meson neufve Pierres Bonnet, ausd. termes par moitié, xv s. Item, icelle Garite, pour une vuide place et jardrin emprès lad. meson, ausd. termes par moitié, xxv s. Messire Jehan Marcherey, presbtre, pour une vuide place assise emprès la meson Jehan de la Bretonniere apellée la Barberie, prinse par lui de nous nouvellement en presence desd. parties, ausd. termes par moitié, x s. Gillet Bernier, pour ung courtil qui tient à sa meson, à Nouel, v s. Messire Brient Fauvel, presbtre, pour sa meson et courtil joignant à la meson Guillaume Renoiart, à l'Angevinne, x s. Estienne le Barbier, pour une maison et courtil assis emprès la meson Macé Viau et pour une autre meson jouxte icelle, à la Saint Michel, vii s. Messire Georges de la Bossac, presbtre, pour les apentiz et courtilz qui furent feu Thomas le Prevost, joignant à la rue de Mauconseil, à Nouel et à la Saint Jehan par moitié, xv s. Eonnet le Blanc, pour une place vuide avecques l'apentiz derriere, joignant à la meson Guillaume Guingant, ausd. termes par moitié, xx s. Robin Petit, alias le Meignen, pour une place où il y a un rochereau, à Nouel, iii s., vi d. Jehan de la Bretonniere, pour deux places qui furent à Jehennin de la Haye, prinses par lui nouvellement comme dessus, à Nouel et à Saint Jehan par moitié, xxv s. Guillaume Manson, pour une place vuide qui fut à la Mongnée, auprès du marché aux draps, prinse par luy nouvellement comme dessus, ausd. termes par moitié, x s. Guillaume Renouard, pour une place assise davant la meson en laquelle fut le minnage, à Pasques et à la Toussains par moitié, xx s. Jehan Dangée, pour ung courtil joignant près de son hostel, à Nouel, ii s., vi d. Jehan Davy, pour ung courtil assis auprès du courtil de messire Pierre Constance, presbtre, à Nouel, iii s. Guillaume de Sens, pour son demayne apellé la Grange et sur pluseurs heritaiges joignans aud. demayne, à la Saint Michel, xlv s., ix d. Andry Viele, pour la meson qui fut aux Lambars, à la Saint Michel, iii s. Item, led. de Sens, pour sa maison de Quincé où demeure à present Jehan Jarry, à la Saint Jehan, x s. Jehan Ardy, Perrin Gachetier, Guillaume Bery et Guillaume Ponto, frereschaux, pour une meson avecques le jardrin, tenant à une place qui fut Raoul de la Ville, à Nouel, iiii s., iii d. et à la Saint Jehan, iiii s., vii d. Guillaume Bery, pour ung quartier de vigne en fresche joignant aux vingnes de feu messire Thebaut de Billi, ch^{er}, à Nouel, v s. Guillaume Estiennot, pour sa meson et courtil assis à Quincé, joignant à la meson Juliote More, à Pasques et à la Saint Jehan par moitié, xxv s. Juliote More et Jehan Jarry, frereschaux, pour leur meson de Quincé où demeure lad. Juliote, et demy quartier de vingne derriere icelle, à la Saint Jehan, x s. Perrin Paumier, pour sa maison et courtil contenant ii quartiers de terre, assis à Quincé, à Nouel et Saint Jehan par moitié, xxxii s.

Pasquer Doyen, pour ung herbregement, terres, courtilz et vingnes qui furent Fouquet Figue, à Pasques et à la Toussains par moitié, xviii s. Geffroy de la Saulaye, pour ung herbregement assis à la Peignerie, qui fut Raoul le Faucheurs, à la Toussains, iii s. Coline de la Saulaye, pour une piece de terre, une piece de pré assis à la Peignerie, à la Toussains, viii s. Guillaume Abraham, pour quatre quartiers de vigne assis ou cloux de la Herche, à la Saint Michel, xvi d. Item, celui Abraham, pour un quartier de terre assis jouxte le cymetere de Brochessac, ou fé de la abasse d'Angers, à l'Angevinne, xxii d. Drouet Herbert, dit le Mercier, pour ung quartier de vigne assis au bas fié de la Herche, à la Saint Michel, xxxii s. Michel Texier et Perrot Gresillon, frereschaux, pour deux mesons et courtilz assis à Tesignie, et viii boessellées de terre et ung journau de pré joignant ausd. mesons, à Pasques et à la Saint Jehan, xx s. Colin Pihourt, pour ung quartier et demy de pré avec la saulaye qui furent Thomas Pinchon, ausd. termes, xx s. Jehan Compagnon, pour ung quartier de vigne assis au cloux de Juppemalle, à la Saint Michel, v s. Jehan Charretier, pour deux quartiers de vigne assis aud. cloux, aud. terme, x s. Robert Chobille, pour quatre quartiers de vigne assis oud. cloux, aud. terme, xv s.

Jehan Renaud, pour ung quartier de vigne assis oud. cloux, aud. terme, v s. Gillet Bernier, pour deux quartiers de vigne assis au cloux de la Petite Sablonniere, joignant au chemin de Doué, aud. terme, xii s. Gillet et Jehan diz les Gaillars, pour deux quartiers de vigne sis à la Valiere, aud. terme, xii s. Messire Jehan Gritier, presbtre, pour vii boessellées de terre assis aux Varennes, à la Saint Aulbin, iiii s. Messire Robert de Livré, presbtre, pour la tierce partie du pré Herisson, tenant au grant pré de la Saulaye, à l'Angevinne, ii s., vi d. Item, celui deux, pour deux quartiers et demy de vigne apellé les Nouelles à Esmerand, aud. terme, ii s., vi d. Jehan Laurilleux, pour deux quartiers de vigne et terre assis au cloux de Leart, à la Toussains, xv s. Colin Guerionneau, pour deux journaux de pré et troys de pasture, apellé le pré du Deffais à l'Angevinne, xiiii s. Guillaume et Robin les Renoufs, pour un quartier de vigne en deux pieces assis ou cloux de la Rue, à la Toussains, ii s., vi d. Jehan Bordinnier, ou nom de ses enffans, pour deux quartiers de vigne et quatre boessellées de terre assis oud. cloux, à la Toussains, vii s., vi d. Item, celui ou nom que dessus, pour ung journau et demy de pré en deux pieces assis près des vignes Jehan Gachetier, à l'Angevinne, x s. Item, celui ou nom que dessus, pour x boessellées de terre joignans à la justice de Brochessac, et un quartier de vigne assis à la Magniere, à l'Angevinne, xiiii d. Jehan Roux, pour un journau de pré joignant au pré Jehan Petit, à l'Angevinne, ix s. Messire Hardoin de la Porte, ch^{er}, s^{gr} de la Mote Angelart, pour neuf quartiers de pré gaynieau, assis entre l'estang de Brochessac et les terres de la Hoche Contiere, à la Toussains, l s. Jehan de la Bretonniere, pour un quartier de terre assis ou cloux de la Bretonniere, à la Saint Martin de Vretou, ii s., vi d. Somme desd. rentes simples : xxxv livres, viii solz, i denier.

Item, s'ensuivent les vuides places de la ville de Brochessac, aprisaigées à simple rente tant seulement par gens jurez demourans en icelle ville et en presence de parties. Sur une place qui fut Perrot Fresneau, assise davant la dove du chasteau, joignant à la maison du fer, prisée xviii d. Item, sur une place joignant d'icelle, qui fut à la Dastine, vi d. Item, sur une place qui fut Phelipot de la Ferté, avec l'alée ancienne joignant à icelle place, ii s., vi d. Item, sur une place joignant à icelles places par derriere, v s. Item, sur une place qui fut Jehan des Fors, avecques le mur communal qui fut Raoul de la Ville, ii s., vi d.; lesquelles troys places derriere Jehan Davy a prins comme dessus aud. pris. Item, sur une place emprès icelle qui fut Raoul de la Ville, ii s., vi d. Item, sur une place que tint Guillaume Delebeau emprès icelles, joignant aux doves du chastel derriere le grant estang, xii d. Item, sur une place qui fut Jehan le Mosnier, joignant au grant chemin où est la croix, que le curé de Brochessac a prins de nouvel comme dessus, vi d. Item, sur une place derriere icelle jouxte led. chemin, qui fut Raoul le Tort, xviii d. Item, sur une place qui fut Estienne Jolivet, avec une autre place seant sur le grant chemin; lesquelles Thomas de Reneau a prinses comme dessus, v s. Item, sur une place derriere icelle, qui fut Colin Tironneau, vi d. Item, sur une place joignant à la place dud. Jolivet, qui fut à Garinneau, ii s., vi d. Item, sur une place dedens lad. barriere, qui fut Guillaume Gendrot, joignant à la bonde du grant estang, ii d. Item, sur une place dedens lad. barriere, joignant à la meson Drouet Herbert, laquelle led. Drouet a prinse comme dessus, xii d. Somme des rentes desd. places : xxvi solz, viii den. Somme de toutes rentes simples, c'est assavoir des rentes conjointes à cens et des non conjointes et desd. places : xli livres, xv solz, iii den. Et pour ce que nous avons trouvé par lad. tourbe que deniers de rente non infeodez valent denier pour denier, nous, icelles rentes non infeodées avons baillé et baillons en assiete à icelle dame pour lad. somme derraine.

Item, c'ensuivent les rentes qui sont deues en grains. Premierement les rentes deues en fromment : Guillaume Bery, pour deux quartiers et demy de vigne qui furent à messire Thebaut de Billy, ch^{er}, à l'Angevinne, 1 sextier. Jehan et Geffroy Orgens et les frereschaux, pour leurs choses declairées dessus ou chapitre des cens et rentes conjoins, à l'Angevinne, 1e mine. Jehan et Colin Pinhours, pour XVII bouessellées de terre assises à la Rouxeliere, à l'Angevinne, XVIII bouesseaux. Jehan Garnier, pour la terre dessusd. declerée ou chapitre des cens, à la Saint Gille, III boeceaux. Lucas et Perrot Gaussiches, pour III boessellées de terre assises près de la court de Parey, à l'Angevinne, III boeceaux. Robin et Guillaume Renoufs, pour VIII boessellées de terre, vigne et pré, assis à la Saulaye, à l'Angevinne, VIII boeceaux. Jehan Bordinier, ou nom que dessus, pour les choses dessus declairées ou chapitre des rentes simples, à l'Angevinne, V boeceaux. Item, icelui ou nom que dessus, pour XVI bouessellées de terre, la moitié seant à la Billotiere et l'autre jouxte les vingnes du curé de Quincé, au dimenche après l'Angevinne, IIII boeceaux. Guillaume de Brossay, pour une boessellée de terre assise entre les terres de la gaingnerie de Paistmaignie, à l'Angevinne, II pars d'un boeceau. Jehan Saumureau, pour III boissellées de terre assises à la Billotiere, à l'Angevinne, II boeceaux. Jehan Tesmer, pour deux quartiers de terre assis entre les terres de lad. gaignerie, à l'Angevinne, IIII boeceaux. Johanne la Pochetiere, pour une sexterée de terre assise emprès le puys de Texigné, à l'Angevinne, III boeceaux. Jehan le Bigot, à cause que dessus, pour la terre declairée dessus ou chapitre des cens, à l'Angevinne, II boeceaux. Guillaume et Robin Renoufs, pour un quartier de vigne en deux pieces qui fut Jehanne la Gantiere, assis ou cloux de la Rue, à l'Angevinne, III boeceaux. Somme dud. fromment : VI sextiers, VII boeceaux et les deux pars d'un boeceau. Et pour ce que nous avons trouvé par lad. tourbe que sextier de fromment contenant XII boeceaux à la mesure de Brochessac, vaut en assiete XII solz tournois de rente, nous avons avalué lad. somme de fromment à la somme de LXXIII solz, VIII deniers.

Item, c'ensuivent les rentes en segle : Jehan Bordinier, ou nom que dessus et pour les choses dessusd. declairées ou chapitre du fromment, au dimenche après l'Angevinne, IIII boeceaux. Guillaume Bouigneau, pour une minée de terre joignant à la terre aux Anoleaux, à l'Angevinne, V b. Jehan Samureau, pour une place de meson, courtil, III boesselées de terre et la noe emprès, joignant à la gaignerie de Brochessac, à l'Angevinne, X b. Pierre de Chaorses, pour deux quartiers de vigne assis ou cloux de Quincé, à l'Angevinne, I° mine. Somme dud. segle : II sextiers, VII boeceaux. Et pour ce que nous avons trouvé par lad. tourbe que sextier de segle contenant XII boeceaux à lad. mesure, vault en assiete VIII solz de rente, nous, lad. somme avons avaluée à la somme de XVI solz, VIII den. tournois.

Item, c'ensuivent les rentes en avoynes : Jehan Gigoulier, pour III journaux et demy de prez tenans au pré de Jehan de Cognessac, à l'Angevinne, XXVI boeceaux. Guillaume Giraud, à cause de sa femme, pour leur houstel de la Constanciere avecques les apartenances, à la Toussains, XII b. Jehan Roux, pour un quartier de terre joignant au pré de Fromaget, à l'Angevinne, VI b. Jehan du Perrin et Martin Viau, frereschaux, pour leur maison et courtil joignant au fié de Saint Florens, à la Saint Michel, III b. Item, celui Perrin, pour deux bouessellées de terre assises à Litrer et joignant dud. fié, aud. terme, III b. Tiephaine la Borgne, pour sa maison et courtil assis à la Marionniere, aud. terme, III b. Thomas Martin, pour son houstel et courtil assis à Faelles, aud. terme, II b. Item, icelui Martin et Guillaume Martin, son frère, pour leur maison et courtil assis à Faelles, en laquelle demeure led. Guillaume, aud. terme, II b. Jamet du Buignon et Guillaume le Rouier, frereschaux, pour leur maison et courtil appellez la Rateliere, aud. terme, VI b. Jamet Bouion, pour sa maison et courtil assis à Faelles, aud. terme, XIII b. Guion et Jehan les Manguis, frères, pour leur maison et courtil assis au Grant Beaumont, aud. terme, XII b. Jehan Bouton, pour sa partie du herbregement et courtil qui fut Michel Brient, assis à Martineau, aud. terme, I b. et demy. Richart le Monnier, pour sa maison et apartenances qui furent à feu Hamart, joignant à la meson Perrot du Huchon, aud. terme, V b. Pierres Archanbaut, Jehan Houssaye, Robin Galoys, Estienne Bordineau et Guillemette, femme feu Thomas Viau, valet, frereschaux, pour la gaingnerie de Mezgonnez, assise en lad. parroisse, aud. terme, XII b. Robin de Grant Ry et Jehan Marie, frereschaux, pour une meson, courtil et deux boissellées de terre assises à Martineau, aud. terme, IX b. Perrot Husson, pour pluseurs mazerilz et VIII boessellées de terre qui furent Gervaise de Challes, assis à Martineau, aud. terme, V b. Item, icelui Husson à cause de sa femme, pour une maison et courtil assis à Martineau, aud. terme, III b. Jehan le Varlet, Jehan Brient, Richart de la Ville, Perrin Auffroy et Perrin Chevalier, frereschaux, pour troys mesons et leurs courtilz qui furent Thomas Brient, assis à Martineau, aud. terme, VI b. Item, icelui Varlet, pour ung mazeril et courtil assis à Martineau, joignant à la maison Jehan le Mosnier, aud. terme, II b. Jehan Brient, pour un quarteron d'un quartier de vigne assis à Martineau jouxte la vigne Jehan de la Porte, aud. terme, III b. Perrot Sortaut, pour la moitié d'un herbregement qui fut Estienne Rennier, assis à Litré, aud. terme, II b. Macé Caillau et Guillaume de Brossay, pour l'autre moitié dud. herbregement, aud. terme, II b. Jehan Garnier, pour lui et pour tous les heritaux de la Villeneufve Mallart, aud. terme, II sextiers, IX b. Jehan Tusselin, pour sa maison seans à Sauné jouxte la terre au sire de la Bournée, aud. terme, II b. Item, celui, pour ung courtil et roche qui fut à la Hubarde, joignant de sond. courtil, aud. terme, VI b. Estienne Hubert, pour sa meson et courtil assis à Sauné, joignant à la meson Guillaume Tusselin, aud. terme, XII b. Jehan Chesneau, pour sa maison et roche assis à la Bournée, jouxte la meson Colin Chesneau, aud. terme, XII b. Jehan Gueraut, pour sa meson et courtil assis à la Bournée, joignant à la meson dud. Jehan Chesneau, à Nouel, XII b. Item, icelui, pour une meson qui fut Henry le Deslie jouxte sond. houstel, à Nouel, XII b. Colin Chesneau, pour sa maison assise à la Bournée, qui fut à feu Mercier, à la Saint Michel, VI b. Item, icelui, pour sa meson du Fournil joignant de sond. houstel, VI b. aud. terme. Perrot Tridureau, pour sa maison assise à la Bournée, joignant à l'oustel qui fut Raoul de Neuville, aud. terme, VI b. Sanson Lenou, pour deux roches et ung courtil assis à la Bournée jouxte l'oustel du seigneur de la Bournée, aud. terme, III b. Guillaume Pillorge, pour sa meson et apartenances assis à Sauné, qui furent à Jehanne la Blaye, joignant à la court de Sauné, aud. terme, XII b. Le prieur de Saint George des Sept voies, pour son temporel, aud. terme, XIII b. et demy. Les quatre chanoines de Saint Aubin de Blazon, pour leurs gaigneries et terres assises à Longueville, aud. terme, IIII sextiers. Thibaut Pigneau, pour une quarterée de boys assise au fé du cenelier de Saint Florent, aud. terme, II b. Jehan Horeau, pour quatre boessellées de terre assises oud. fé jouxte la terre dud. Thebault, aud. terme, IIII b. Jehan Gaultier, de Gennes, pour deux herbregemens assis à la Genevraye, aud. terme, un sextier. Geffroy Bouvier, de Gennes, pour son houstel de la Bonnère, aud. terme, XII b. Macé de Baire, de Gennes, pour son houstel apellé la Fourniere, aud. terme, vi b.

Le prieur de Saint Melaine, pour quatre gaigneries à cause de son prieuré, l'une apellée la Basse Gaignerie, l'autre la gaignerie du Portau, l'autre la gaignerie de Haulte Perche, l'autre la gaignerie de Princé, aud. terme, iiii sextiers. Laurens le Corvoisier, pour ung herbregement, roche et courtil assis à la Bournée, qui furent Jehanne la Baudouine, à la Toussains, vi b. Item, icelui, pour ung herbregement assis oud. lieu, que tint Perrin le Noir, aud. terme, xii b. Colin Bertin, pour son herbregement apellé Peaudoille, assis oud. lieu, aud. terme, xii b. Morice Betart, pour son herbregement assis oud. lieu, qui fut Yvon Leardeau, aud. terme, vi b. Estienne Fouchart, pour son herbregement assis oud. lieu, joignant du herbregement Colin Bertin, aud. terme, xii b. Jehan Gaucher, pour son herbregement qui fut Michel Oudin, assis oud. lieu, aud. terme, vi b. Jehan Cortineau, pour son herbregement assis aud. lieu, joignant à l'oustel Colin Chesneau, aud. terme, vi b. Jehan Glahet, pour son herbregement qui fut Guillaume le Tourneur, assis à Auguy, à la Saint Michel, xii b. Perrot Laiars, tuteur de Perrot Manceau, et Michel Levesque pour leur meson, courtilz et apartenances assis à la Borreliere, en la parroisse de Jugny, aud. terme, xiiii b. Hamon Cueur de Roy, pour les mesmes courtilz, terres et apartenances que tenoit Perrot Rideau, assis à la Borreliere, aud. terme, x b. Item, icelui Hamon et Thomasse Hamonne, pour leur herbregement et courtilz assis ou vilaige du Bourc en lad. parroisse, aud. terme, x b. et demy. Guillaume et Jehan diz Chauveteaux, pour leur herbregement et apartenances assis oud. vilaige, aud. terme, xiiii b. Estienne Oufray, pour les heritaiges qu'il tient oud. vilaige du Bourg, aud. terme, vii b. Item, icelui Aufray, Macé Perier et Jehanne la Beauvalete, frereschaux, pour les heritaiges, pastures et usaiges qu'ilz ont aud. Bourg, aud. terme, iii b. et demy. Roland du Pré et Perrote Bagaronne, sur les mesons, courtilz et apartenances du vilaige du Pré, sis en la paroisse de Mosé, à la Toussains, un sextier. Jehan Pineau et Guillaume Boucher et leur fraresche, pour les herbregemens des Mortiers et de la Baroyere, assis en lad. parroisse, aud. terme, un sextier. Jehan Chauveau et Agnès la Royne, frereschaux, pour leur herbregement et apartenances assis au pré Plesseiz Papin, qui furent Michel Perier, à la Saint Michel, vi b. Macé du Cercloz ayant le bail des enffans de feu messire Tristan de la Haye, ch^{er}, pour la gaingnerie du Plesseiz Papin, aud. terme, vi b. Messire Jehan Bonneau, ch^{er}, pour sa gaingnerie de Murs, aud. terme, un sextier. Nicolas Boileaive, pour son herbregement et apartenances de Chantelou, assis en la parroisse de Mosé, aud. terme, xii b. Perrin du Pré, pour son herbregement et apartenances qui furent Jehan le Grant Ry, assis à Rugny, aud. terme, viii b. Lucas le Tayoux, pour une meson, terres, courtilz apartenans à la chappelle du Bouchet, aud. terme, xii b. Estienne Jolain, Robert Creté, Guillaume Prestreau, Jehan Thevenot, Andry Denys, frereschaux, pour leur herbregement et terres qui furent Estienne Oriot, assis ou vilaige de la Bouriochere et sur tous les vilaiges, aud. terme, xii b. Perrot Harel à cause de sa femme, pour certeins mazerils, courtilz et terres assis à lad. Borreliere, aud. terme, v b. Alaire le Moyne, Perrot Jehan, Jehan Boulestriau et Perrot Pinaut, frereschaux, de la parroisse de Ligné, pour leur herbregement et apartenances qui furent aux Fauchiers de la Fresnaye, à la Toussains, xii b. Perrote la Plantiere, pour deux herbregemens, l'un apellé la Barberiere, l'autre l'Ernaudiere, assis en lad. parroisse, aud. terme, un sextier. Le prieur de Martineau l'Evesque, sur tout le temporel du prieuré, à la Saint Michel, v sextiers. Macé Gresillon, pour un herbregement assis à Burgalesme de Lictré, à la Toussains, iiii b. Laurens Drouet, pour son herbregement et ses apartenances assis oud. lieu, aud. terme, xii b. Clement Bechoule, pour ung herbregement qui fut Perrin le Gaigneur, assis oud. lieu, aud. terme, iiii b. Item, icelui, sur ung herbregement qui fut Michel Mesnaiger, assis oud. lieu, aud. terme, v b. Colart Drouet, pour son herbregement qui fut à Jehanne la Corvoisiere, assis oud. lieu, aud. terme, iiii b. Jehan Beraut, Perrin Chieramy, Phelipe, femme de feu Alaire Cousteau, pour leur herbregement apellé le Tusseau, assis oud. lieu, aud. terme, i sextier. Item, led. Perrin, pour ung herbregement assis oud. lieu jouxte la maison Macé Gresillon, aud. terme, iiii b. Jamet Touchet, Jehan Lecomte et Perrot Boutin, frereschaux, pour leurs herbregemens assis oud. lieu jouxte l'oustel du tresorier de l'evesque d'Angers, aud. terme, un sextier. Item, icelui Jamet ou nom de Laurance, fille Estienne Touchet, pour le herbregement de lad. fille, assis oud. lieu, joignant de la maison qui fut Alaire Coustau, aud. terme, iiii b. Estienne Manteau, pour son herbregement qui fut Jehan Troignet, assis oud. lieu, aud. terme, vi b. Somme desd. avoynes : xliiii sextiers, xvi boeceaux. Et pour ce que nous avons trouvé par lad. tourbe, que sextier d'avoyne contenant xxiiii boeceaux à lad. mesure, vault en assiete xii solz tournois, nous avons estimé lad. somme d'avoyne à xxvi livres, xvi solz tournois.

Item, s'ensuivent les rentes en chapons : Jehan le Mosnier et Jehan au Beufs, pour les choses dessus declairées ou chapitre des cens conjoins à rentes, à Noel, ii chapons. Messire Robert de Livré, presbtre, pour ung pré assis soubz les vingnes de la Haye, à l'Angevinne, ii chapons. Perrin Pausmier, pour les choses declairées dessus ou chapitre des rentes simples, à Nouel, ii chapons. Jehan Gigoulier, pour les choses declairées dessus ou chapitre des avoynes, à l'Angevinne, ii chapons. Jehan Saumureau, pour ses choses declairées dessus ou chappitre du segle, i chapon à l'Angevinne. Somme : ix chapons. Et pour ce que nous avons trouvé par lad. tourbe que chapon vault en assiete xii den. tournois, nous, icelle somme de chapons avons avaluée à ix solz. Somme desd. grains et chappons : xxxi livres, xiiii solz, viii den.; laquelle somme avons baillé et baillons en assiete à lad. dame.

Item, s'ensuivent les domaynes baillez pour mectre en assiete la gaignerie du Dehodeart avec ses apartenances, mesons, courtilz, terres, prez et pastures en l'estat en quoy elle estoit ou temps de la main du roy mise par nous, et sur la terre de Brochessac quelle nous fut baillée comme demaine pour mectre en assiete, contient les terres frommentaux qui s'ensuivent : Premierement, une piece de terre contenant xx boessellées, joignant aux fresches Jehan du Dresnay. Item, une piece de terre contenant iii boessellées, joignant à la terre Guillaume de Cens. Item, une piece de terre contenant xviii boessellées, joignant aux vingnes de la Gilletiere. Item, une piece de terre contenant vi boessellées, joignant du Buisson du Pelerin. Item, une piece de terre et de fresche contenant xii boessellées, joignant aux terres Jehan du Dresnay. Item, une piece contenant vi boessellées, joignant à la terre Jehan Laurilleux. Item, une piece de terre contenant xxx sexterées, joignant aux terres de la chappelle de Saint Nicolas et au fié de la Varenne. Item, une piece de terre contenant deux sexterées, joignant à la terre de Saint Blaise et aux vingnes du Codreau. Somme des terres frommentaux : xxxvi boessellées et six sexterées.

Item, s'ensuivent les terres non frommentaux, c'est assavoir à segle et à avoyne, apartenans à lad. gaignerie. Premierement, une piece de terre contenant xx boessellées, joignant aux terres de la dame de Belle Noe. Item, une piece de terre contenant v boessellées assises au Rebras de Brochessac. Item, une piece de terre contenant viii sexterées, joignant à la terre Guillaume de Cens. Item, une piece de terre contenant viii boessellées, joignant aux prez du Codray. Item, une piece de terre contenant vii sexterées, joignant au chemin de Gennes. Item, une piece de terre contenant viii sexterées, joignant aux terres à la dame de Belle Noe. Item, une piece de terre contenant xv boessellées, joignant au chemin de Brochessac. Item, une piece de terre contenant vi boessellées, joignant aux terres du curé de Brochessac. Somme des terres non frommentaux : xxvii sexterées et vi boessellées.

Item, s'ensuivent les prez apartenans à lad. gaingnerie. Premier, ung quartier de pré non gayniau joignant au grant estanc. Item, ung quartier de pré joignant aus prez du Codray. Item, un quartier de pré joignant au chemin de Gennes et aux mesons à lad. gaignerie. Item, ung quartier de pré apellé le pré de la Fontaine. Item, un quartier de pré apellé le pré de la Rencognie. Item, quatre quartiers de prez seans à la Petite Riviere, lesquelx quatre quartiers ont esté baillez par soubz croiz aux laboureurs de lad. gaignerie pour nourir les beufs neccessaires à labourer lesd. terres. Somme desd. prez : xvi quartiers.

Item, s'ensuivent les pasturages apartenans à lad. gaingnerie. Premierement, une piece de pasturage contenant vi sexterées de terre, avecques le pasturage du boys au seigneur de Brochessac joignant. Item, deux sexterées de pasturage, boys et buissons, seans à la Fontaine au Clerc. Item, les mesons de lad. gaingnerie qui sont en ruinne, la court et les jardrins, contenant environ une sexterée de terre.

Laquele gaignerie avec ses apartenances nous estimons, selon ce que nous avons trouvé par informacion sur ce faicte, à x beufs communs, desquelx beufs nous prenons vi pour terres frommentaux, pour ce que en lad. gaignerie a plus terres frommentaux que non frommentaux, la value de viii sexterées de terre, et les autres quatre beufs pour les terres non frommentaux. Et pour ce que nous trouvions par lad. tourbe que gaingnerie à quatre beufs en terres frommentaux fornie de prez et pasture, selon lad. coustume du païs d'Anjou, vault en assiete x livres tournois de rente, et en terres non frommentaux viii l. tournois de rente, nous, non obstant que lad. gaingnerie ne soit pas fornie de prez et pastures et que elle doie pluseurs charges, avons estimé lesd. six beufs en terres frommentaux à xv l., et les autres beufs en terres non frommentaux à viii l. Somme : xxiii livres ; laquelle somme nous avons baillée en assiete à lad. dame comme dessus.

Item, c'ensuivent les vingnes : Le grant clos de vingne contenant xxii quartiers a esté baillé en assiete, du consentement desd. parties, à ix livres, xv solz de rente. Item, le clos de Marnoil contenant xiiii quartiers de vigne, avecques la place du pressouer et le courtil joignant dud. cloux, a esté baillé dud. consentement à iiii livres de rente. Item, le clos de Jupemaille contenant xiii quartiers de vigne, desquelx vii quartiers ont esté baillez à pluseurs gens dessus nommez, des autres six quartiers nous estimons chascun quartier à iiii solz valans xxiiii solz de rente. Somme de la value desd. vingnes : xiiii livres, xix solz ; laquelle somme nous avons baillé à lad. dame comme dessus.

Item, s'ensuivent les prez : La piece de pré assize au Pont de Saé, apellé le pré du Fresne, non gayniau, contient vi quartiers. Item, le pré de Solaynes, non gayniau, contient quatre quartiers. Item, le pré du Leart, gayniau, contient x quartiers. Et pour ce que nous avons trouvé par lad. tourbe que le quartier de pré gayniau vault en assiete x solz, et le quartier de pré non gayniau v solz, nous avons estimé yceulx x quartiers du Leart à cent solz, et les autres x quartiers non gayniaus à cinquante soulz. Somme de la valeur desd. prez : vii livres, x solz ; laquelle somme nous avons baillé en assiete à lad. dame comme dessus.

Item, la juridicion et justice haulte, basse et moyenne

apartenans aud. chastel, chastellenie et terre de Brochessac, toutes les choses deduites, c'est assavoir les charges et despens de ceulx qui excercent lesd. juridicions et justice, peut valoir, selon ce que nous avons trouvé par informacion, chascun an x livres ; et à ce nous l'estimons. Item, le tabellionnage de lad. juridicion, selon lad. informacion, peut valoir XL solz ; et à ce nous l'estimons. Item, les homenayges sont xxx, desquelx il en y a III liges et les autres xxvII sont simples hommaiges ; et pour ce que nous avons trouvé par tourbe que hommenayge lige sans aucun devoir, vault en assiete x solz tournois et simple homenage v solz, nous avons estimé lesd. hommenaiges liges à xxx solz et lesd. homenages simples à vI livres xv solz. Somme de la value desd. hommenaiges : vIII livres, v solz. Somme de toutes les choses et sommes dessusd. : vIII^{xx} vI livres, xvIII solz, III den., tiers de obole. De laquelle somme totale nous rabatons x livres qui sont deues à l'abbé de Lancerval sur la terre de Brochessac. Item, II solz, vI den. de rente deuz à Jehan Glahet sur le pré du Pont de Sée. Reste : vII^{xx} xvI livres, xv solz, Ix den., tiers de obole.

Et pour ce que lad. somme de Ix^{xx} livres n'estoit pas complecte, ains s'en failloit la somme de xxIII livres, IIII solz, II den. et II tiers obole, Nous, icelle somme avons assis et asseons en et sur le chastel, devoirs d'ommaiges, se aucuns en y a, usage de boys ou d'autres choses, biains, servitutes, terres, prez, vignes, boys, garennes et autres droiz et choses apartenans à lad. terre, chastel et chastellenie de Brochessac, excepté la prevosté dud. lieu. Ceste presente assiete desd. choses et sommes dessusd., montans à la somme de Ix^{xx} livres de rente, nous commissaire dessusd. avons fait en la presence desd. parties et des tesmoigns cy desoubz nommez à ce apellez, c'est assavoir : messire Pierre Marchaix, curé de Brochessac, Jehan de Cognessac, tabellion de la royne de Jehrusalem, Jehan

Laurilleux, Guillaume Manson, Jamin de la Haye, Andry Viele, Guillaume Renouart, Jehan de la Bretonniere, Jehan Angebaut, Drouet Herbert, Georget de la Bretonniere, Yvonnet le Blanc, Guillaume Boeteau, Jehan le Goulu et pluseurs autres habitans de lad. ville de Brochessac. En tesmoign de ce, nous avons mis nostre seel à cez presentes lettres d'assiete. Donné à Brochessac, l'an mil iii^c iiii^{xx} xiiii, le lundi xve jour du moys de fevrier.

LXVIII

Vidimus de certains articles de contes randuz à mons^{gr} de la Suze par le chastelain de Boign [1].

9 avril 1399 [2].

A tous ceulz qui ces presentes lettres verront et orront, Guillaume Rolland, clerc, garde du seel royal establi aux contraiz en la ville de Saint Jehan d'Angeli pour le roy nostre sire, salut. Savoir faisons nous avoir veu et leu de mot à mot ung vidimus en parchemin seellé de deux seeaulx en cere vert et queuhe simple, non vicié, non cancellé et non corrompu en aucune partie de lui, mais sain et entier, comme il nous est apparu de prime face, duquel la teneur s'ensuit :

Sachent touz que je Guillaume Lambert, passeur et notaire de la court de Rays [3] en l'isle de Boign pour le

---

1. Nous publions ce numéro d'après l'original du vidimus du 1er octobre 1446. Bien que le copiste du cartulaire n'y ait pas transcrit les formules vidimantes du commencement et de la fin, c'est, à n'en pas douter, l'exemplaire même qui lui a servi de modèle : témoin l'ancienne cote XLII qu'on trouve simultanément au dos du vidimus et en tête de la transcription du cartulaire.

2. En l'absence de la mention pascale, on peut hésiter entre 1399 et 1400 pour la date de cette pièce ; nous préférons la première pour la raison donnée à la note suivante.

3. Le vidimus et le cartulaire, qui l'a suivi, donnent la leçon *Nayes*, manifestement fautive. On sait du reste que les sires de Rays et de Pouzauges étaient seigneurs de l'île de Bouin chacun pour une partie, et, en 1399, le sire de Rays était précisément un duc, comme

duc pour souverain seigneur, et je Jhaen Mareschal, prestre, juré et notaire de la court de m^gr de Pousauges en lad. ysle de Boign, estans en chastel du Loureux Bouterel, ensemble avons veu ung livre ancien escript en parchemin, rellié entre deux aes de boais couvertes d'une pea de megis blanche, en quel livre de parchemin sont escripz les comptez de plusieurs recepteurs du temps deffunct monsseur Girart de Maschecoul, jadis s^gr de la Benaste, tant des terres et revenues que led. monsseur Girart de Maschecoul avoit en l'isle de Boign que en plusieurs autres terres et lieux, selon que de prime face nous est apparu ; lequel livre aucuns des gens de noble dame, madame de la Ssuze et de la Benaste nous ont monstré. Et dedans icellui livre, entre autres choses nous avons veu et leu que ung nommé Virée randit compte aud. monsseur Girart de Maschecoul, l'an mil ccc trante et cinq, des receptes qu'il avoit fait pour ly en lad. ysle de Boign ; en quel compte entre autres chouses avoit une clause en la recepte dud. Virée dont la teneur s'ensuit : Item, ccxvii liv., xiii solz des desmes devers Thoars. — Item, en compte ensuivent dud. Virée, randu aud. monsseur Girart de Maschecoul en l'an ensuivant qui fut l'an mil cccxxxvi, avons veu et leu une autre clause en la recepte dud. Virée qu'il avoit fait en lad. ysle, des rantes dud. monsseur Girart, devers Thouars ; laquelle clause de moult à moult est teule : Premier, iiii^xx iii liv., xvi solz demourans de la somme de ccci liv., x solz de nouz desmes devers Thouars, qui ne furent pas parachevées de paer de l'an, et cetera (*sic*), xxxv. Et s'ensuit emproys oud. compte : Item saixante et troys liv., xviii

---

le dit la charte. Ce duc c'était Jean IV de Bretagne, mort le 2 novembre 1399. La date de ce décès nous porte à croire que le document est plutôt du 9 avril 1399 que du 9 avril 1400, date sur laquelle on pourrait hésiter en l'absence de la mention *avant* ou *après Pâques*, car Jean V, fils et successeur de Jean IV, n'a jamais été regardé comme baron de Rays.

solz, III den., de la somme de troys cens une liv., x solz de nous desmes devers Thouars de l'an, et cetera xxxvI; et demeure qui est à lever dud. an : ccxxxvII liv., xI solz, IX den. — Item, avons veu et leu endit livre ce qui cy aproys est escript : C'ensuit le compte Virée fait depuis son derrain compte, fait le lundi avent la Saint Simon et Saint Jude, l'an, et cetera xxxvI, jusques au dimenche avent la Saint Hillaire qu'il yssit hors de la chatellenie. Et en la recepte dud. Virée avons veu et leu la clause qui s'ensuit : Item, IX liv., VII solz, V den. des desmes devers Thouars, de l'an, et cetera xxxvI, depuis le compte dud. Virée jusques à la mort de monsseur Jhaen de Thouars qui morit en Caresme. — Et aproys avons veu et leu endit livre ce qui s'ensuit : Item, le jeudi emprès la Saint Lucas l'an mil cccxxxvIII, Jhaen Virée compta; et aproys nous avons veu et leu en sa recepte l'article qui s'ensuit : Item, IIII^{xx} I liv., xIIII solz, v den. obole des desmes devers Thouars, en rabatent de troys cens I liv., x solz, et demeure que l'on nous doit : ccxIx liv., xv solz, VII den. obole, dont l'on rabat IX liv., VII solz, v den. que nous eusmes de celles desmes de l'an xxxvII, depuis le compte aud. Virée jusques à la mort messeur Jhaen de Thouars, et l'oultre plus torna au rachat de mons^{gr} de Thoars; aincin demeure que l'on nous doit : ccx liv., vIII solz, I den. obole de cest an present. Item, nous doit l'on : ccxxxvII liv., IX solz, IX den. de l'an, et cetera xxxvI, en oultre LxIII liv., xvIII solz, III den. que nous eumes en celle somme que l'on nous doit de cestes desmes. — Item, par ung autre compte que fit led. Virée le mardi avent la Sainte Katherine l'an, et cetera xxxIx, dempuis son aultre compte qui fut l'an surdit, avons veu et leu une aultre clause en la recepte dud. Virée qui est teule : Item, vII^{xx} liv., II den. obole des desmes devers Thouars, en descomptant de Ix^{xx} III liv., xI solz, I den. obole que l'on nous devoit des arrerages de celles desmes de l'an xxxvii et de l'an xxxviii, dont son aultre rest fait mencion.

Lesquelles clauses sont cleres en escripture, non viciées, non effacées, non abolies, non corrigiées, ny en aucune partie d'elles suspectes et sens aucun vice. Et ce nous lesd. notaires certiffions estre vray à touz ceulz à qui il appartient et puet appartenir, par ceste presente sedule en laquelle, à la requeste de monssour Guillaume Balon, procureur de noble et puissante dame, madame de la Ssuze et de la Benaste, nous avons mis et escript nous seigns manuelz dont nous usons en noz offices de passemens ou notareries, et à nous relacions a esté seellée des seaulx d'on l'on use ès contraiz desd. cours et de chascune par nous ditz seigneurs. Ce fut fait et donné le neuf^{me} jour d'avrill l'an mil ccc quatre vingts et deiz et neuf. Ainsi signé : Guillaume Lambert, Jehan Mareschal.

En tesmoing de laquelle vision, inspeccion et lecture des lettres dessus transcriptes, nous led. garde à cest present vidimus ou vidisse led. seel royal que nous gardons avons mis et appousé, le premier jour d'octobre l'an mil cccc quarante et six. Collacioné par nous A. Defilz ; L. Devalée.

LXIX

Accord entre messire Loys de Machecoul, ès noms qu'il procedoit, et Pierre Mehé, Arze de Vair, sa femme, et autres, touchant le treul de l'Aleu près la Rochelle.

5 mars 1353.

A tous ceulx qui cestes presentes lettres verront et oront, Colin de Lussoy, clerc, procureur de noble homme mons^r Loys de Machecoul, chevalier, s^{gr} de la Benaste, tant en son nom que comme tuteur, curateur ou avant la garde ou le bail de Katherinne, sa fille et fille de fehue dame Jehanne de Baussay, jadiz sa femme, si comme il apert par une procuracion seellée du seel dud. noble, dont la teneur est cy dessoubz incerée, Pierre Mehé, en non et pour non de Arzent de Vair ma femme, deguerpie de feu Pierre Dardaine, jadis bourgeoys de la Rochelle, Helies Couveterre et Guillemette Dardeine sa femme, et Perrotin Dardaine, enffans et heritiers, chascun pour sa partie, dud. fehu Pierres Dardeine nostre père, salut en Nostre Seigneur pardurable. Sachent tous que je led. Colin de Lussoy confesse et recongnois que comme contens et debat fust esmeuz ou entenduz à esmouvoir entre moy, en non et comme procureur dessusd., d'une part, et lesd. Pierre Mehé, Guillemette Dardeine et Perrotin Dardeine, ès nons que dessus, d'autre part, sur ce que je, en non que dessus, leur demandoye et requeroye qu'ilz me deguerpissent et delessassent l'abergement et le treul de l'Aleu o toutes ses appartenances, comme de courtilz, vergers et autres choses quelxconques qui furent à feu maistre Laurens de Mastaz et aux siens et à messire Guy de Baussay, pour non d'eulx ou autrement. Item, et tous les biens et choses qui furent de feu Estienne Regnaudin et Hillaire sa femme, de Aymar, Pierre, Ozanne et Jouhenne, enffans de feu Jehan Regnaudin, se ilz et chascun d'eulx, ès noms que dessus, ne me amassent mieulx randre, en non que dessus, vingt et cinq livres de annuau et perpetuau rente et grant quantité de arrerages cheuz du temps passé d'icelle dite rente, que les dessus nommez avoient vendu aud. mons^r Guy de Baussay, dont led. noble a cause, et les avoient assis et assigné à prandre et recevoir chascun an perpetuaument aud. mons^r Guy et à ceulx qui de lui auroient cause, sur tous leurs biens et choses quelconques et sur chascune chose par soy et pour le tout, si comme il aparist et est plus planerement contenu en ung instrument seellé du seel royal establi en la Rochelle; et lesd. Pierre Mehé, Guillemette Dardeine et Perrotin Dardaine, ès nons et auctorité que dessus, deissent et respondissent pluseurs causes et raisons au controire, et que à eulx apartenoient et devoient demourer lesd. biens, pour ce que lesd. Estienne Renauldin et Hillaire, sa femme, et les autres dessus nommez avoient vendu à ceulx dont ilz ont cause dix sestiers de fromment de annuau et perpetuau rente, à la mesure de la Rochelle, et premierement et avant qu'ilz eussent faicte la vente desd. xxv liv. de rente.

Finanment, après pluseurs altercacions et debaz euz sur ce d'une partie et d'autre, pour eschiver ploit et debat et pluseurs dommaiges et despens qui s'en pouroient ensegre, et par le conseil et advis de pluseurs prodes hommes, amis d'une partie et d'autre, suis venu, je led. Colin de Lussay, en non que dessus, avecques les dessus nommez et eulx avecques moy, à transaccion, composicion, fin et accort de toutes les choses et demandes dessusd., par la forme, condicion et maniere qui s'ensuivent : C'est assavoir que aud. mons^r Loys de Machecoul et à lad. Katherine, sa fille, et à leurs hoirs et successeurs et à ceulx qui d'eulx auront cause, sont, soient et demeurent desoresenavant perpetuaument, pour cause de lad. transaccion et acort, et en solucion, satisfacion et paiement desd. xxv liv. de perpetuau rente et de tous les arrerages qui en sont et en pevent estre dehuz, les choses qui s'ensuivent : C'est assavoir, l'arbregement et le treul appellez l'Aleu, o toutes sez apartenances qui jadis y furent apartenantes. Item, et troys quarterons de vingnes poursseans près dud. arbregement. Item, ung quarteron de vingne apellé la Pinsonnelle. Item, ung quartier de vingne apellé la Vingne à la damme. Item, cinq quartiers de vingnes blanches tenans à la vingne sire Pierre de Tierzé. Item, et les terres desertes qui furent ausd. maistre Laurens et monsour Guy. Item, cent soulz en deniers de rente qui sont ou doivent estre sur les heritiers aux successeurs de feu Remond Morin. Item, demy quartier de vingne poursseant ou fié au prieur. Item, demy quartier de vingne blanche pourseant ou fié Herbaut. Item, et ung quartier de vingne pourseant ou fié de sur la mer. Lesquelles choses dessusd. ilz doivent et ont promis aud. mons^r Loys, en non que dessus, garantir et deffendre de tous empeschemens quelconques, qui, pour cause d'eulx ou de l'un d'eulx ou dud. feu Pierre Dardaine, leur seroient faiz, quis, mis ou trouvé tant seulement, jamès en nul temps par nulle maniere. Et toutes les autres chouses quelzconques qui furent ausd. Estienne Regnaudin et Hillaire, sa femme, et aux autres dessus nommez, excepté celles qui sont declairées et devisées, sont et seront et demouront desoresenavant perpetuaument ausd. Pierres Mehé et Arzent de Vair, sa femme, Guillemette Dardaine et Perrotin Dardaine, et à leurs hoirs et successeurs et à ceulx qui d'eulx auront cause, perpetuaulment, pour cause de ceste composicion et acort ; c'est assavoir : ung quartier de vingne blanche appellé la Levée ; deux pieces de vingne blanche contenant vii quartiers ou environ, appellé aux Guingnées ; une piece de vingne mellisse contenant ung quartier, appellé la Combe Boquart ; demy quartier de vingne appellé l'Erteze Visées ; une piece de vingne blanche apellée Froide Olive ; deux quarterons de vingne ou environ apellez Froide Olive ; demy quartier de vingne mellisse et demy quartier de vingne apelé le quartier dau Chiron ; et toutes autres choses comprinses en leur obligacion.

Bien est verité que lesd. Pierres Mehé, Arzent de Vair, maistre Helie Couveterre, Guillemette Dardeine sa femme, et Perrotin Dardeine, leurs hoirs et successeurs et ceulx qui d'eulx auront cause, et tous leurs biens et choses, pour cause de cest fait, sont, seront et demouront quiptes et delivrez perpetuaulment envers led. messire Loys et Katherine, sa fille, et les leurs, de tous les fruiz et de toutes les prinses, receptes et levées qu'ilz ont prins, levé, eu et receu de toutes et chascune les choses dessusd. et de chascune d'icelles, de tout le temps passé jusques au jour duy, sans ce que led. mons^r Loys et lad. Katherine, ne les leurs, y puissent riens avoir, prandre ne demander, ne leur en faire ne mouvoir accion, question ne demande, jamès en nul temps, par nulle maniere. Et est assavoir que je led. Colin de Lussay, en non et comme procureur dessusd., ay promis et promet et convenance expressement aux dessus nommez Pierre, Arzent, Guillemette Dardaine et Perrotin Dardaine, ès noms que dessus, sous l'obligacion de toutes lesd. choses qui nous demouront comme dit est, à tenir et garder fermes et estables perpetuaulment toutes et chascunes les choses dessusd., sans riens y enffraindre, et à leur garentir et deffendre perpetuaument envers tous et contre touz et contre ycelles dictes choses, toutes et chascune par soy, qui leur demorront comme dit est, franchement, quictement, paiziblement et delivrement de toutes debtes, charges et obligacions de toutes manieres, de evicion, de tous alienemens et de touz autres empeschemens quelzconques, qui en icelles choses dessusd. ou en aucunes d'icelles leur seroient faiz, quis, mis ou trouvé, pour le fait ou pour l'obligacion dud. mons^r Loys ou de lad. Katherine, sa fille, ou de l'un d'eulx tant seulement.

Item, la teneur de lad. procuracion s'essuit : Sachent tous que nous Loïs de Machecoul, s^{gr} de la Benaste, faisons, constituons, establissons et ordonnons, tant en nostre non que comme tuteur, curateur ou ayant la garde ou le bail de Katherine, nostre fille et fille de Jehanne de Baussay, nostre feue femme, Colin de Lussay, clerc, nostre procureur general et adecertes espicial, en toutes et chascune nos causes meues et à movoir, contre nous et contre noz adversaires, davant tous juges, de quelconque povoir et auctorité qu'ilz usent, et lui donnons plain povoir et espicial commandement de transiger, pacifier et acorder et eschanger, permuter et donner lettre ou lettres de quictance de fé, consentir ou benefice de absolucion, en nom et pour raison de nous, de substituer et de mectre les noms et receveurs en nostre terre, de recevoir leurs sermens, tant en non de nous que en non de nostred. fille, de passer et acorder unes lettres de roy soubz le seel roial establi en la Rochelle, des choses de l'acordance parlée et accordée entre nous et Pierre Mehé, maistre Helies Couvreterre et Pierre Dardeine, selon la forme et teneur d'un prothocole autrefoiz fait entre nous, lequel prothocole est et demoura par devers maistre Fremin de Villers, et de obliger noz biens et de faire le serment, en nom de nous, de tenir lad. accordance; et avons et promectons avoir ferme et estable et tenir lad. accordance en non que dessus, sous l'obligacion de noz biens, et generaument de faire toutes et chascune les choses que nous ferions et faire pourions si presens estions, et promectons à paier le juge si mestier est, et avons ferme et estable tout ce que par nostred. procureur sera faict, tant pour nous que contre nous, tant en non de nous que en non de nostred. fille. Et ce voulons et faisons assavoir à tous et à chascun par cez presentes lettres seellées de nostre seel, le samadi emprès le dimenche que l'en chanta *Reminiscere*, l'an mil iiie cinquante et deux (23 février 1353).

Et nous Pierre Mehé, Guillemette Dardeine et Perrotin Dardeine, son frère, dessus nommez, c'est assavoir je led. Pierre Mehé, en non et pour non de lad. Arzent, ma femme, et nous lad. Guillemette et led. Perrotin, son frère, en noz propres et privez noms, mesmement je lad. Guillemette, ou l'auctorité, volunté et assentement dud. maistre Helies Couvreterre, mon seigneur, tous troys ensemble faisons assavoir à tous et confessons et recongnoissons toutes les choses dessusd. et chascune d'icelles estre vraies, et aussi les voulons et octroions et nous plaisent en la maniere dessusd., et que aud. mons^r Loïs de Machecoul et à lad. Catherine, sa fille, et à leurs hoirs et successeurs et à ceulx qui d'eulx auront cause, sont, seront et demouront perpetuaument et à leur demaine led. arbregement, et toutes et chascune les autres choses à eulx devisées, specifiées et declairées ; toutes lesquelles choses dessusd. et chascune par soy, nous Pierre Mehé, Guillemette Dardeine et Perrotin Dardeine dessus nommez, ès noms et auctorité que dessus, avons promis et prometons et convenançons expressement ausd. mons^r Loys et à sad. fille, soubz l'obligacion de touz les biens et choses qui nous demourent comme dit est, à leur garantir et deffendre perpetuaument et à leurs hoirs et successeurs et à ceulx qui d'eulx auront cause, le devant dit arbregement et les autres choses dessus nommées, envers et contre tous, franchement, quictement, paisiblement et delivreement, de tous devoirs, de toutes debtes, charges et obligacion de toute maniere, de evicion, de tous aliennemens et de tous autres empeschemens quelzconques qui en icelles dictes choses leur y seroient faiz, quis, mis ou trouvé, pour le fait ou pour l'obligacion de nous ou de aucun de nous, ou dud. feu Pierre Dardeine tant seulement ; et leur promectons autresi, soubz lad. obligacion, à leur randre et amander touz les coustz, missions et dommaiges que il auroit ou soustendroit en pledoiant ou en autre maniere, par deffault de tenir et garder fermes et estables perpetuaument, acomplir et enteriner bien et loiaument toutes les choses devantd., en la maniere par devant declairée, à la declaracion de leur simple serment ou du porteur, de leur partie, de cez lettres, sans charge d'autre prouve. Et je, Helies Couvreterre dessus nommé, foiz assavoir à tous et confesse et recongnois toutes les choses dessusd. et chascune d'icelles estre vraies, et aussi le veil et octroy et me plaisent en la maniere dessusd., et que lad. Guillemette, ma femme, les a fait, passé et accordé, o mon assentement et voluntée, ancores et licence que je lui ay donné et donne en cez escripz, et prometz loiaument de non jamès venir encontre.

Encores est assavoir que [je] led. Pierres Mehé ay promis et prometz et convenance expressement, en nom que dessus, aud. procureur, soubz l'obligacion dessusd., à curer et procurer et faire o tout effet que lad. Arzent, ma femme, aura et tiendra fermes et estables perpetuaument lad. transaccion et accort, et toutes les autres choses devantd. et chascune d'icelles par soy, et les ratiffiera, louera et aprouvera et confermera, et prometra de non jamès venir encontre et en donera aud. mons^r Loys, ou nom que dessus, à sa requeste et à ses coustz, ou l'assentement, volunté et auctorité de moy, lettre bonne et souffisante, seellée de seel autentique. Et avons renoncié et renoncions en cest fait, en tout et pour tout, nous toutes les personnes dessusd., chascune pour tant que à chascune peut toucher et apartenir, planierement instruictes, à toutes coustumes et à tous usages, franchises et establiemens de villes et de païs, à tous privileges, benefices, indulgences, graces et escripz de la court de Romme et de la court royal, empetrées ou à empetrer, au privilege de croiz prise et à prandre, à toute excepcion de fait, de droit, de decevance, de fraude, de bordie, d'une chose faicte et dicte et autre chose escripte, à toute force et aide de loys et de canon, à toutes institucions faictes et à faire ; et mesmement je, lad. Guillemette, à l'aide du benefice de Vellerien, duquel je suis bien et diligentement adcertainée, et à touz autres droiz et benefices introduiz en faveur de femmes et par lesquelz femme peut venir encontre son propre faict ; et nous tous ensemble, au droit disant general renonciacion non valoir, fors en tant comme elle est expressée, à touz droiz escripz et non escripz et à toutes autres choses enterinement, qui de fait ou de droit nous pouroient aider à venir encontre la teneur de cez lettres, fust en court d'eglise ou en court laie ; et touz lesd. moz et articles contenuz en la teneur de cez lettres avons promis et juré aux saintes euvangilles Nostre Seigneur, touché corporaument le Livre, et tenir et garder fermes et estables perpetuaument, acomplir et enteriner bien et loiaument sans riens y enfraindre et sans jamès venir encontre, et chascun pour tant comme lui touche et apartient. Et en perpetuau garantie de toutes les choses devantd., nous en avons fait entre nous cestes presentes lettres et deux autres triplées, d'une mesme teneur, dont chascune par soy a et aura en soy force et vertu de instrument original, à faire planiere foy et prouve de toutes et chascune les choses devantd., seellées, à noz supplicacions et requestes, du seel roial establi en la Rochelle, en qui juridicion nous soubmetons tous les biens dessus obligez quant pour cest fait, sans autre seigneurie advouher.

Nous, Aymery de la Porte, garde dud. seel royal, à la feal relacion de Jehan Retaut, clerc, auditeur juré de la court dud. seel, par devant qui toutes les choses devantd. hont esté congneues et confessées, passées et acordées, et qui à les tenir et garder fermes et estables perpetuaument, acomplir et enteriner bien et loiaulment sans riens y enfraindre et de non venir encontre, en a condampnez et jugez toutes les personnes dessusd., par le jugement de la court dud. seel et de leur assentement, chascun pour tant comme lui touche et apartient, si comme led. auditeur nous a certiffié, auquel nous sur ce adjoustons planiere foy, avons apousé à cestes presentes lettres led. seel roial en tesmoign de verité. Ce fu fait, presens garens à ce appellez, priez et requis : Jehan Alemant, Jehan Bertin et Jehan Masson, clers, le cinquiesme jour du moys de mars, l'an de grace mil ccc cinquante et deux.

Ainsi signé : Johannes Retaudi, clericus.

LXX

Vidimus d'une lettre de don fait par le duc de Bretaigne à mons^{gr} de la Suze et à monse^{gr} de Rays [1].

28 septembre 1420.

A tous ceulx qui ces presentes lettres verront et orront, salut. Savoir faisons que au jour duy en nostre court de Champtocé, avons veu et leu de mot à mot unes lettres saines et entieres en seel et en escripture, non viciées ne corrompues en tout ne en partie, lesquelles sont seellées en laz de soye vert et en sire verte, dont et desquelles la teneur s'ensuit :

Jehan, par la grace de Dieu duc de Bretaigne, conte de Montfort et de Richemont, à tous ceulx qui cez presentes lettres verront et oront, salut. Comme autresfoiz, dès le xie jour du moys de juillet derrenierement passé [2], pour les bons et agreables services que nous avoient fait et font de jour en jour, et esperons que face de bien en meulx ou temps advenir, noz très chers et bien amez cousins et feaulx les sires de la Suze et de Rays, et aussi pour les grans charges et dommaiges qu'ilz ont souffert et porté, eulx et leurs subgitz, tant à la prinse et demolicion du chastel de Mote Achart, apartenant à nostred. cousin de Rays, faicte par le sire de Legle, que aussi pour ce que pluseurs de noz gens, durant led. temps que estions detenuz par noz adversaires, ont esté en garnison ès chasteaux et forteresses de nosd. cousins, et pluseurs qui ont vescu sur leurs hommes et subgitz par long temps, durant lequel temps ilz ont porté et souffert grant charge et dommaiges et leurs hommes et subgetz, nous eussions donné et octroyé à nosd. cousins toutes et chascunes

---

1. Publié par René Blanchard, *Lettres et mandements de Jean V, duc de Bretagne*, n° 1435.
2. Voy. le n° CCXLIX du présent cartulaire.

les terres, rentes et revenues et heritages que avoient et souloient tenir et avoir en leurs fiefz et seigneurie, en nostre duché, ceulx qui avoient et ont esté facteurs, secaces et adherans de Olivier de Bloys et Charles son frère, en la traïson apancée par eulx, ver[s] nous commise et faicte par la prinse et detencion de nostre personne, en alant au convy dud. Olivier à Chastouceaux, ainsi que plus à plain peut aparoir par noz lectres sur ce faictes. Savoir faisons que nous, eue consideracion ès choses dessusd. et pour autres causes qui à ce nous ont meu et meuvent, par la deliberacion de nostre general conseil, nostre general parlement tenant, desirant nosd. donnoisons sortir et avoir leur plain effect, avons voulu et octroié, voulons et octroions que nostred. cousin de la Suze, pour lui et ses hoirs, à jamès par heritaige, ait et se joïsse du nombre de cent livres de rente que Ponthus de la Tour avoit acoustumé prandre et lever de nostred. cousin, sur certaines ypotheques et obligacions de terres estantes en nostre duché, et lesquelles cent livres de rente estoient et sont confisquées parce que led. Ponthus s'estoit et est remonstré complice et adheré dud. Olivier de Bloys ; et aussi nostred. cousin de Rays ait et se joïsse du nombre de deux cens livres de rente que Jehan Harpedanne avoit acoustumé prandre et lever sur et de nostred. cousin, sur l'obligacion de sa chastelenie de Tesvoye et autres heritaiges appartenans à nostred. cousin ; et aussi nostred. cousin de Rays, de toutes et chascunes les terres, rentes et revenues que souloit avoir et tenir André Rouault, ch[er][1], en la terre et baronnie de Rays, et entre autres certaines terres appellées le Boys aux Treans, o ses apartenances et appendances quelzconques, quelles autresfoiz leur avions données et transportées, ainsi que plus à plain peut aparoir par noz lectres.

---

1. Le ms. porte Renault. C'est une mauvaise leçon qu'explique la similitude des caractères. Cette famille Rouault est bien connue, et l'on sait d'ailleurs qu'elle était possessionnée dans le pays de Rays.

Et en oultre les chouses et chascune dessusd. et icelles non comptées, et en declairant nostre entencion touchant le fait de la donnoison generale des terres que tenoient et souloient tenir lesd. complices, facteurs et adherez dud. de Bloys, ès fiefz et seigneuries de nosd. cousins, avons voulu et octroié, voulons et octroions que nosd. cousins aient et se joïssent du nombre de xii^{xx} livres de rente, à assiete et coustume des païs où elles sont situées et assises, ès fiefz et seigneuries de nosd. cousins, sur les terres et revenues desd. facteurs, complices et adherez, à en joïr par heritaige par cause de nosd. octroy et don general, en oultre et parçommet les choses et chascune dessusd. quelles ne sont comptées ne comprinses aucunement esd. doze vingts livres de rente, à choisir et eslire lesd. xii^{xx} livres de rente sur lesd. heritaiges desd. complices et adherez, estans en leursd. fiefz et seigneuries, en celle part et sur les quelx qu'ils voudront choisir, et ainsi qu'ilz verront l'avoir à faire. Et ainsi avons interpreté et interpretons nosd. donnoisons generales ; pour quoy, en tant et jusques à la somme desd. xii^{xx} livres de rente, avons nostred. donnoison generalle confermé, loué et aprouvé, et par cez presentes la confermons, louons et aprouvons, voulans que elle vaille en tout son plain effect, avecques et des choses et chascune dessus specifiées, sans ce que nous ne noz hoirs en puissons ès temps advenir faire aucune revocacion ; car ainsi le voulons et nous plaist. Donné en nostre ville de Vennes, nostre general parlement tenant, le xxviiie jour de septembre, l'an mil cccc et vingt.

Ainsi signé : [Par] le duc, de sa main. Par le duc, de son commandement, presens : le viconte de Rohan, les sires de Chastel[brient], de Ryeux, de Quemené Guingamp et autres.

Donné par vidimus, soubz les seaulx establiz aux contractz de nostred. court, le xxviie jour de decembre, l'an mil iiii^c xxii.

LXXI

Lettre du mariaige de messire Jehan Larcevesque avecques dame Jehanne de Rays[1].

8 juin 1379.

Sachent tous que en la court du seel orendroit establi à la Roche sur Yon, et duquel l'on use ès contractz en certaines parties en la seneschaussie de Poictou pour très noble et puissant s^{gr} m^{gr} le duc de Berry et d'Auvergne, conte de Poictou, en lieu d'icelui qui jadix y souloit estre establi pour nostre sire le roy de France, en droit personelment establi très noble et puissant s^{gr} m^{gr} Guillaume Larcevesque, s^{gr} de Partenay, lequel, de son bon gré, sans pourforcement, congneut et confessa avoir donné et octroié, et acertes donne et octroie à mons^r Jehan Larcevesque, son filz aisné, en la prolocucion et traictié du mariaige parlé et traictié dud. mons^r Jehan Larcevesque et de noble et puissante damoiselle Jehanne, dame de Rays, à l'avancement dud. mons^r Jehan, pour son estat tenir et maintenir jusques à tant que Dieu ait fait son commandement dud. sire de Partenay, son père, en faveur dud. mariaige et pour icelui faire et acomplir, les choses qui s'ensuivent : C'est assavoir les prouffiz, revenues et esmoluemens des chasteaux et chastelenies de Samblançay et de Saint Christofle en Touraenne, avecques toutes leurs appartenances et appendances, soient dommaines, rentes, dixmes, terrages, juridicions et autres choses quelzconques qu'elles soient. De rechef a voulu et consenti led. sire de Partenay, et encores veult et consent que s'il advient que led. mons^r Jehan, sond. filz, led. mariaige fait et consommé, aille de vie à trespassement paravant lad. dame, qu'elle ait, aura et prandra douaire ès biens et

---

1. Ce contrat a été publié par M. de la Nicollière-Teijeiro (*Bulletin de la Société archéologique de Nantes*, t. IX, 1869, p. 140-144).

heritaiges dessusd. et ès autres heritaiges dud. sire de Partenay, jasoit ce qu'il ne soit allé de vie à trespassement, tel douaire et en la maniere que l'usage et la coustume des païs où sont assis et receans lesd. biens donne et requert ; et aussi si led. mons^r Jehan aloit de vie à trespassement après la mort de sond. père, aura et prandra lad. dame douoire en ses biens et heritaiges, tel et en la maniere que lesd. usages et coustumes où seront lesd. biens assis donront et requerront. De rechef voulit, consentit et octroia led. sire de Partenay que si en aucune sentence d'escummange lesd. mons^r Jehan et lad. dame et autres encouroient pour cause et occasion dud. mariaige, fust par cause du lingnaige et sanguinité que l'on voudroit dire qui seroit entre lesd. mons^r Jehan et lad. dame, ou par cause et occasion dud. mariaige que l'on dit avoir esté parlé et traictié et convenancé de mons^r Roger de Biaufort avecques lad. dame, led. sire de Partenay est et sera tenu d'en faire donner et avoir absolucion et pardonnance de nostre saint père le pappe, ou autrement deuement, esd. mons^r Jehan et dame, et à tous autres qui par les causes et occasions des choses dessusd. ou aucune d'icelles, auront ou pourront en encourre sentence d'escummange, aux propres cousts et despens dud. sire de Partenay, sans ce que lesd. mons^r Jehan et dame ne autres auxquelz ils pouroit toucher et appartenir en soient tenuz de faire aucun retour ne satisfacion aud. sire de Partenay, ou temps present ne ou temps advenir. De rechef est et sera tenu led. sire de Partenay, led. mariaige de sond. filz avecques lad. dame fait et consommé, de tenir quiptez, deschargez et delivrez lesd. mons^r Jehan et dame et leurs biens, de certaine somme qui monte neuf mille livres, envers nostre saint père le pappe, sa chambre ou son collecteur, ou vers led. mons^r Roger de Beaufort et autres, qui aucunes choses de lad. somme et par raison d'icelle lui pouroient, ou aucuns d'eulx, querre ou demander ; laquelle somme l'on dit lad. dame, ou autres pour elle, avoir eues et receues le temps passé de nostre saint père le pappe derrain mort, que Dieux absoulle, ou d'autre par non ou commandement de lui, en faveur dud. mariaige dud. mons' Roger et de lad. dame ou autrement, si en lad. somme ou en aucune partie d'icelle lad. dame estoit ou povoit estre tenue, ainsi et par celle maniere que s'il advenoit que led. mons' Jehan Larcevesque aloit de vie à trepassement sans heritiers loiaulment procraiez de la chair de lui et de lad. dame, en celui cas seroit tenue lad. dame de Rays rendre et paier aud. sire de Partenay ou ès siens tout ce que led. sire de Partenay ou autres pour lui auront poyé de lad. somme à nostre saint père le pappe, à sa chambre, à ses legaz ou colecteurs, ou aud. mons' Roger ou à autres, par cause et occasion de lad. somme ou de partie d'icelle. De rechef voulit, promist et est tenu led. sire de Partenay à tenir, quicter et aquiter lesd. mons' Jehan et lad. dame des rachatz qui seront deuz des terres que lad. dame a en Poictou et en Anjou, par cause des mutacions des hommaiges qui advendront par cause dud. mariaige dud. mons' Jehan et de lad. dame, vers le seigneur ou seigneurs à qui ilz seront deuz et appartiendront lesd. rachaz desd. terres de Poictou et d'Anjou, ceste foiz seulement. De rechef veult, consent et octroye led. sire de Partenay que tout le profit de l'ayde en laquelle les hommes et subgitz dud. sire de Partenay qui lui sont tenuz de faire pour la nouvelle chevalerie dud. mons' Jehan, son filz, soit prins, levé et amassé sur lesd. hommes et subgiz dud. sire de Partenay, au proffit dud. mons' Jehan et pour l'avancement de lui et de son estat, sans ce que led. sire de Partenay en prengne ne puisse prandre et avoir en aucune chose à son prouffit. A tenir, garder, enteriner et loiaument et fermement acomplir toutes et chascunes les choses dessusd., par la maniere que dessus sont specifiées et declairées, a obligé et encorre oblige led. sire de Partenay esd. mons'

Jehan et dame, soy et ses hoirs et successeurs, avecques tous et chascuns ses biens meubles et inmeubles presens et advenir, le serment de son propre corps sur ce donné de non jamès venir encontre. Et renuncia sur ce led. sire de Partenay, en la vertu de sond. serment, à toutes excepcions, decepcion de mal, de fraude, de barat, de lesion, de circonvencion, decepvences, et à tout droit escript et non escript, canon et civil, et generalment à toutes autres excepcion, raison, allegacions, deffenses, tant de droit que de fait que de coustume, par quoy cez presentes lettres pourroient estre destruites, cassées, brisées ou anullées en tout ou en partie. En tesmoign des quelles choses, led. sire de Partenay en a donné esd. mons^r Jehan Larcevesque et dame cez presentes lettres seellées, à sa requeste, dud. seel de lad. seneschaussie. Et je adecertes Jehan Gaymart, clerc, garde et seelleur dud. seel, à la requeste et supplicacion dud. sire de Partenay, et à la faiau relacion de Jehan Avrillau, clerc, juré passeur et noctoire de lad. court, qui led. sire de Partenay jugea et condempna, de son consentement, par le jugement de lad. court ; auquel jugement et dicte court le sire de Partenay s'est soubmis et soubmet, soy et ses biens, quant pour cest fait, en cez presentes lettres, je led. seelleur ay aposé led. seel, sauve tout autrui droit, en garentaige de verité. Ce fu fait et donné, garans presens : nobles hommes mons^r Jouffroy d'Argenton, mons^r Johan Davin, mons^r Jehan Cherbaut, ch^{ers}, maistre Jehan Savari, Perrot Goion, Jehan d'Izé, Colin Chiron et Jehan Drocelin, le viiie jour du moys de juign, l'an mil iii^c lxxix. — Ainsi signé : Avrillea.

LXXII

Lettres de foy et hommages faiz à mons^{er} de Thouars par mons^{er} de Rays.

12 octobre 1409.

Pierre, sires d'Amboyse, viconte de Thouars, conte de

Banaon, sires de Tallemont et de Mauleon, à tous ceulx qui cez presentes lettres verront, salut. Savoir faisons que aujourduy nous avons receu Guy, sires de Rays et de la Mote Achart, à cause de nostre chastel et seigneurie de Tallemont, à la foy et hommage lige, en serment de feaulté en tel cas à nous apartenans, par raison du chastel et chastelenie, appartenances et appendences de la Mote Achart. Et en oultre avons receu led. Guy, à la cause que dessus, à la foy et hommage plain, en serment de feaulté en tel cas à nous appartenans, par raison du Fié Macla, appartenances et appendences d'icelui. Et aussi avons receu led. sires de Rays, à cause de nostre seigneurie de Brandoys, à la foy et hommage lige et serment de feaulté en tel cas appartenant, du chastel et chastelenie de la Marriere, appartenances et appendences d'icelle. Et en oultre avons receu et à cause de nostred. seigneurie de Brandoys, à la foy et hommage lige, en serment de feaulté en tel cas à nous appartenant, de la Sauzaye, appartenances et appendences d'icelle, sauve nostre droit et tout autruy. Et en oultre, en tant que nous faisions demander et disions contre led. Guy qu'il a cause desd. terres et chastelenies, et icelles estre tenues envers nous et en avoir rachat, ventes et honneurs, pour pluseurs causes et raisons, nous, desd. demandez nous departons et desistons, et en quictons led. Guy et les choses dessusd., par ce que led. Guy a finé et composé avecques nous, à cause des demandes et choses dessusd., à la somme de deux cens escuz ; laquelle somme led. Guy nous a promis et est obligé randre et poier par deux termes, c'est assavoir moitié à la feste de Nouel prouchaine venante, et moitié à Pasques prouchain ensuivant. Laquelle composicion nous avons acceptable et agreable, et voulons qu'il joïsse et use des prouffiz et droiz desd. demandez, et icelles et le droit d'icelles en cedons aud. Guy ; et si aucune main avoit esté mise et assize sur lesd. choses par deffaut donné, par les causes dessusd. ou aucune d'icelles ou autres, icelles avons levées et levons au prouffit dud. Guy et de ses subgitz, et mandons à tous noz justiciers, officiers et commis que ilz lessent joir, baillent et delivrent les revenues desd. choses, si aucunement estoient empeschées, tant du temps present que advenir, à cause des choses dessusd. Donné soubz nostre propre seel en tesmoing de verité, le xiie jour d'octobre, l'an mil iiii^c et neuf. Item, avons receu led. Guy à la foy et hommage, en serment de feaulté en tel cas apartenant, de la terre et chastellenie de Faleron, appartenances et appendences, à cause et au regart de nostre seigneurie de Brandoys.

Ainsi signé, du commandement de monseigneur : J. le Sacue.

LXXIII

Lettre de foy et hommage faiz par Raoul de Machecoul, doien d'Angers, comme tuteur des enffans de mons^{gr} de Rays, à mons^{gr} de Touars.

3 octobre 1344.

Le dimanche avant la Saint Denis l'an de grace mil iii^c quarante et quatre ans, à nous Loys, viconte de Touars, s^{gr} de Tallemont, fist Raoul de Machecoul, doyen d'Angers, tuteur des enffans Girart, sires de Rays deffunt, dont Dieu ayt l'ame, et comme tuteur de la fille aisnée dud. deffunt et en non et pour raison d'elle, ou en non du port de ventre de Philippe, deguerpie dud. Girart, si port y avoit et masle fust, foy et hommage lige de Faleron et des appartenances, et foy et hommage lige du chasteau et chastelenie de la Mote Achart et des appartenances, et foy et hommage lige du chasteau et chastellenie de la Marriere et des appartenances, et foy et hommage lige de la Sauzaye et des appartenances, et foy et hommage plain du Fié Maqueau et appartenances d'icelui. Et nous le receusmes, sauve nostre droit et l'autruy, et le investurasmes desd. choses en non que dessus, presens à ce : Renault, père en Dieu l'evesque de Luçon [1], Jehan de Touars, chevalier, nostre cher frère, Henry Encelin, Dreux Bonnet, Guillaume Baritaut, Jehan Jouceausmes, chevaliers, et pluseurs autres. Tesmoign nostre seel.

LXXIV

Certifficacion de l'ommaige de Chevecher fait au duc de Bretaigne par mons^{gr} de Rays.

28 mai 1415.

Je Tritan de la Lande, chambellan et grant maistre d'ostel du duc mon souverain s^{gr}, certiffie que aujourduy s'est comparu Guy, sires de Rays et de Blazon, lequel a fait la foy et hommage à mons^{gr} le duc de la terre de Saint Michel de Chevecher. Et ce je certiffie estre vroy, par cestes presentes signées de mes main et signet, le xxviiie jour du moys de may, l'an mil iiii^c et quinze.

Ainsi signé : Tritan.

LXXV

Lettre du don fait par le roy de Cecille à mons^{gr} l'admiral de tout le droit qui lui peut appartenir sur Champtocé et sur les biens de messire Jehan de Craon, Gilles et René de Rays [2].

31 mars 1443.

René, par la grace de Dieu roy de Jherusalem et de Cecille, duc d'Anjou, de Bar et de Lorranne, marquis du

---

1. Renaud de Thouars, évêque de Luçon (1334-1354).
2. Une copie du XVe siècle, sur papier, de ces lettres du roi René est conservée aux archives de la Loire-Inférieure (E 220 ; anc. Trésor des chartes P. F. 10). Nous avons suivi de préférence, sauf pour un ou deux mots sans importance, le texte du cartulaire, qui nous a paru meilleur que celui de la copie.

Pont, conte de Provence, de Forcalquier et de Pimont, à tous ceulx qui cez presentes lettres verront, salut. Comme ja pieça, à l'occasion de ce que feu nostre cousin Gilles, s^{gr} de Rays, ou temps qu'il vivoit, mareschal de France, avoit commis et perpetré en nostre duché et seigneurie d'Anjou pluseurs crimes et delitz, tant à l'encontre de nous que d'autres, et aussi fait pluseurs entreprinses contre nous, prins places à nous appartenantes, contre nostre gré et volunté et de feue nostre dame et mère la royne de Cecille, que Dieu absoille, aiant le gouvernement de nostre duché d'Anjou pour nous en nostre absence, et autrement commis et perpetré pluseurs crimes et delitz, tant à l'encontre de nous et de nostre seigneurie comme d'autres, desquelz feu Jehan de Craon, ch^{er}, avoit esté consentent, et aussi avoit René de Rays, s^{gr} de la Suze. Et, à ceste occasion, nostre procureur general en nostred. duché eust fait prandre, saesir et mectre en nostre main les terres, chasteaux et chastellenies de Champtocé, Ingrande et toutes les autres terres et seigneuries apartenantes aud. de Craon et à nostred. cousin et à son frère, tenues et mouvans de nous à cause de nostred. duché d'Anjou, avecques les fruiz et revenues d'icelles ; et, à la requeste de nostred. procureur, iceulx de Craon, sire de Rays et sond. frère eussent esté adjournez et mis en procès en nostre court d'Angers, pour lui respondre aux fins et conclusions qu'il voudroit tandre et eslire à l'encontre d'eulx et de chascun d'eulx sur lesd. cas et crimes et sur l'infraccion de nostred. main mise. En laquelle nostre court a esté par aucun temps procedé en lad. cause ou causes, et telement qu'il a esté declairé lesd. terres à nous apartenir, ou au moins que led. sire de Rays a esté condampné en grosses amandes et peines envers nous, ou que que soit sont lesd. declaracions, admandes et peines encores à declairer, lesquelles nous sont deues par nostre cousine Marie de Rays, fille et heritiere dud. de Rays. Et au regart dud. de la Suze n'y a depuis esté procedé. Et depuis, led. sire de Rays, non obstant nostred. main mise, a vandu ou transporté lesd. terres ou au moins celle de Champtocé à feu nostre cousin le duc de Bretaigne, lequel en a prins led. transport jasoit ce qu'il nous eust promis de non contracter avec led. sire de Rays desd. terres de Champtocé et Ingrande, ne d'autres terres que led. sire de Rays eust en nostred. duché et seigneurie ; et, à ceste occasion et autres, aions mis en procès nostred. feu cousin le duc de Bretaigne en la court du parlement de m^{gr} le roy à Paris, et fait à l'encontre de lui nos demandes et conclusions, et, parties oyes par lad. court, ayt esté donné certain arest à nostre proufit ; depuis lequel arest prononcé nostred. cousin le duc de Bretaigne est alé de vie à trespassement, à lui survivant nostre très cher et très amé frère et cousin le duc de Bretaigne qui à present est, son filz, et autres ses enffans ; et nostre amé et feal chevalier, conseiller et chambellain Prigent de Coectivy, admiral de France, a esté conjoint par mariaige avecques nostred. cousine de Rays ; Savoir faisons que nous, aians à memoire les bons, grans, loyaulx, agreables et recommandables services et plaisirs que led. de Coectivy, admiral de France, et ses parens et amis nous ont fait le temps passé, et à noz predecesseurs en pluseurs et maintes manieres, font chascun jour et esperons que plus facent ou temps advenir, à icellui de Coectivy avons donné, cedé, transporté et delaissé, et par cez presentes donnons, cedons, transportons et delaissons lesd. admandes, peines et confiscacions, commisses ou commissions de fié ou fiefz, multes et tous autres interestz, droiz et accions, poursuites, demandes, querelles, que avons et povons avoir et qui nous competent ou pevent competer et apartenir, en quelconque maniere que ce soit ou peut estre, tant à l'encontre dud. feu Gilles et de ses heritiers et successeurs, et de René de Rays, frère dud. Gilles, et leurs biens, terres et seigneuries, soit à l'occasion de feu Jehan de Craon, ch`er`, leur ayeul, ou autrement, comme à l'encontre de nostred. cousin le duc de Bretaigne ou autre detenteur desd. places, chastellenies, terres et seigneuries de Champtocé et Ingrande, en quelque maniere que ce soit ou peut estre, pour en joïr par led. de Coectivy, ses hoirs, successeurs et aians cause, et pour en faire perpetuelment et paisiblement leur planiere et delivre volunté, à vie et à mort, sans nul contredit et sans ce que nous ne noz heritiers, successeurs et aians cause, à l'occasion de lad. poursuite faicte ou à faire, ne dud. arest ne autres que pourions obtenir à l'encontre de nostred. cousin, dud. René de Rays ou autres detenteurs desd. places, terres et seigneuries apartenans ausd. de Craon, Gilles et René de Rays, peussons riens y querre ne demander en quelque maniere que ce soit ou puisse estre, ne que à l'occasion desd. crimes, delitz, confiscacions, commissions, peines, multes, amandes, main mise ou accions, nous en puissons faire accion, question, peticion ou demande aud. de Coectivi, ses heritiers, successeurs et ayans cause, ne à nostred. cousine ne autres quelzconques, en imposant sur ce silence perpetuel à nostred. procureur et à tous nos autres officiers. Si donnons en mandement par cesd. presentes à noz amez et feaulx conseillers les juge, gens de noz comptes, tresorier et receveur d'Anjou et à tous noz autres justiciers et officiers ou à leurs lieuxtenans, et à chascun d'eulx si comme à lui appartient, que led. de Coectivy, ses heritiers, successeurs et aians cause, de noz presens grace, don, cession, transport et octroy, ilz facent, seuffrent et laissent joïr et user plainement et paisiblement, sans lui mectre ou donner, ne souffrir estre mis ou donné, ores ou pour le temps advenir, ne aux siens ne ceulx qui de lui auront cause, aucun arest, destourbier ou empeschement au contraire. Et si pour occasion desd. crimes, delitz, confiscacions, commissions, amandes, peines, multes, transport et arest, main mise dessusd. ou autrement, lesd. chastel et chastellenies de Champtocé et de Ingrande, ou les autres terres et seigneuries qui furent dud. feu Jehan de Craon et dud. Gilles de Rays, ou qui sont dud. René, ou aucunes de leurs appartenances et deppendences, et les fruiz, revenues et esmolumens d'iceulx estoient prins, arestez ou mis en la main de mons^{gr} le roy ou en la nostre, à la requeste de nostred. procureur, ainsi que dit est ou autrement, facent houster et lever lesd. main mises et chascune d'icelles tantost et sans delay, au prouffit dud. de Coectivy, ses heritiers, successeurs et aians cause, et lui mectre à plaine delivrance. Et laquelle nostre main mise dès le present nous en avons levée et hostée, levons et hostons, et consentons que lad. main de mond. seigneur le roy en soit levée et ostée au prouffit dud. de Coectivi, ses heritiers, successeurs et aians cause, par cez presentes, non obstant quelconques ordonnances par nous faictes ou à faire de non aliener aucune chose de nostre demaine et de revocacions desd. aliennacions et lettres de mandemens, ordonnances ou deffences à ce contraires. Et par raportant cez presentes ou vidimus d'icelles, fait soubz l'un de noz seaulx, nous voulons lesd. declaracions, confiscacions, commissions, amandes, main mise, multes et peines, estre rabatues de la recepte de celui ou ceulx qui les devroient recevoir, et en randre compte par noz amez et feaulx gens de noz comptes et autres qu'il apartiendra; ausquelx nous mandons que ainsi le facent sans aucun contredit ou difficulté. En tesmoign de ce nous avons fait mectre nostre grant seel à cez presentes. Donné à Tholose, le derrenier jour de mars, l'an mil cccc quarante et deux, avant Pasques.

Ainsi signé : Par le roy; le seigneur de Beauveau, gouverneur des pays de Bar et de Lorrane, et le seigneur de Precingné, grant maistre d'ostel, presens. — G. Bernardi.

LXXVI

Hommage fait par mons^{gr} de Rays, admiral de France, au roy de Secile, du chasteau et chastellenie de Champtocé[1].

25 mars 1443.

René, par la grace de Dieu roy de Jherusalem et de Sicille, duc d'Anjou, de Bar et de Lorraine, conte de Prouvence, de Forcalquier et de Pymont, à noz juge, procureur, tresorier et receveur d'Anjou, et à tous noz autres justiciers et officiers ou à leurs lieuxtenans, salut. Savoir faisons que aujourduy nostre amé et feal chevalier, conseiller et chambellan, Pregent de Coetivi, sire de Rays et de Champtocé à cause de nostre amée cousine Marie de Rays, sa femme, nous a fait les foy et hommaige lige qu'il nous devoit et estoit tenu faire oud. nom, à cause et pour raison des chastel, terre et seigneurie dud. lieu de Champtocé, tenuz de nous à lad. foy et hommaige au regart de nostre chastel et ressort d'Angiers; ausquelz foy et hommaige l'avons receu, sauf nostre droit et l'autrui. Si vous mandons et commandons et à chascun de vous, si comme à lui appartendra, que si pour cause desd. foy et hommaige non faiz, lesd. chastel, terre et seigneurie de Champtocé ou revenuz d'iceulx avoient esté pour ce prins, saisiz ou aucunement empeschez en nostre main, vous, incontinent et sans delay, les faites mectre à plaine delivrance et remectre au premier estat et deu, sans lui faire, mectre ou donner, ne souffrir estre fait, mis ou donné aucun empeschement au contraire. Donné à Thoulouse, le xxvme jour de mars, l'an de grace mil cccc quarante deux.

---

1. C'est d'après l'original que les lettres du roi René ont été transcrites à cette place dans le cartulaire. Celui-ci (n° CCXXX) en renferme une autre copie faite d'après un vidimus du 22 mars 1445. Nous connaissons également un vidimus de la même pièce, du 18 janvier 1448 (Arch. Loire-Inférieure, E 220; anc. Trésor des chartes P. F. 2).

Ainsi signé : Par le roy ; les sires de Beauveau et de Pressigné, et maistre Clarambaut de Proysy avec plusieurs autres presens. — Bernardi.

LXXVII

Respit donné par le roy de Sicille à monsgr de Rays, admiral de France, touchant l'ommaige de Champtocé.

2 avril 1443 [1].

René, par la grace de Dieu roy de Jherusalem et de Sicile, duc de Anjou, de Bar et de Lorranne, marquis du Pont, conte de Provence, de Forcalquier et de Pymont, à noz amez et feaulx gens de noz comptes à Angers, juge d'Anjou, procureur, receveur et autres officiers en noz ville et ressort d'Angiers, salut. Comme nostre très cher et feal chevalier, conseiller et chambellan l'admiral de France, messire Prigent de Coectivy, sgr de Rays à cause de nostre amée cousine Marie de Rays, sa femme, fille de feu Gilles de Rays, nostre cousin, en son vivant mareschal de France, nous ayt nagueres fait la foy et hommaige lige que nous estoit tenu faire pour raison de la terre, chastel et chastellenie de Champtocé, tenuz et mouvans de nous à cause de nostre chastel d'Angiers, comme il poura aparoir par noz autres lettres [2] ; et pour ce que encores n'a eu pocession desd. terres, chastel et chastellenie, obstant les grans charges et occupacions qu'il a continuelment au service de monsgr le roy et autrement, comme il nous a remonstré, et aussi que ceulx qui tiennent de lui en fié ne lui ont encores baillé par escript le denombrement et adveu de

---

1. Les nos LXXV et LXXVI du cartulaire, sur la date desquels on ne saurait hésiter, prouvent que le n° LXXVII est également de 1443 en nouveau style. En effet, comme eux, il a été donné à Toulouse et on y trouve une allusion aux lettres du 25 mars 1443 (n° LXXVI).

2. Ces lettres, du 25 mars 1443, constituent le numéro précédent du cartulaire.

ce qu'ilz tiennent, par quoy ne peut bonnement savoir la valeur et declaracion de ce qu'il tient de nous, ne nous en bailler son adveu et denombrement, a requis sur ce nostre provision. Pour quoy nous, cez choses considerées, et autres à ce nous mouvans, à nostred. chambellain avons donné et octroié, donnons et octroions par ces presentes, terme, souffrance et respit de nous bailler led. denombrement et adveu, jusques à six ans prouchains venans, à compter du jour et date de cez presentes, pourveu qu'il face et paie les autres droiz et devoirs, s'aucuns en sont pour ce deuz, si paiez ne les a. Si vous mandons et à chascun de vous, si comme à lui apartiendra, que nostred. chambellan facez et souffrez joïr et user plainement et paisiblement de noz presens grace et respit, durant led. temps, et pour ce ne lui faictes ou donnez ou souffrez estre fait ou donné aucun arest, destourbier ou empeschement, et se lesd. terres, chastel et chastellenie, ou aucune part d'iceulx estoient empeschez par vous pour cause dud. denombrement et adveu non baillé, iceulx lui mectez ou faictes mectre tantost et sans delay à plaine delivrance, non obstans quelconques lettres ou deffences faictes ou à faire au contraire. Donné à Toulouse, le deux^{me} jour de avril, l'an de grace mil iiii^c quarante et deux.

Ainsi signé : le s^{gr} de Precingné, grant maistre d'ostel, present. — Gauquelin.

LXXVIII

Arrest de la court de parlement donné au prouffit de dame Katherine de Machecoul touchant iiie livres de rente sur Brochessac [1].

15 mai 1406.

Karolus, Dei gracia Francorum rex, Universis presentes

---

1. Une copie de cet arrêt se trouve également dans les registres du parlement (Arch. nat., X^{1a} 53, f°s 374-377). Cette copie nous a permis d'améliorer le texte du cartulaire.

litteras inspecturis, salutem. Notum facimus quod lite mota in nostra parlamenti curia inter dilectam nostram Katherinam de Machecoul, dominam de Suza et de Benesta, actrixem, ex una parte, et Johannem Amenardi, tutorem datum liberis deffuncti Bartheloti de Haya, quomdam domini de Passavant, necnon dilectos nostros Guidonem Amenardi, dominum de Chanzé, et Gaufridum de la Gresille et eorum uxores, ad causam ipsarum, et Johannem de Brezé, dominum de Varenna, milites, et Thomassiam de Brezé, relictam deffuncti Guillelmi de Escharbaye, sororem dicti de Brezé, heredes et causam habentes deffuncte Heliete de Chemilleyo, deffensores, ex altera, Super eo quod dicebat dicta actrix quod dudum in dicta curia nostra certus processus inter ipsam, ex una parte, et dilectum nostrum Ludovicum Archiepiscopi, militem, dominum de Taillebourg, ut habentem baillum Bertheloti de Haya, pro tunc annis minoris, dictos Helietam de Chemilleyo et Guidonem Amenardi, ad causam ejus uxoris, ex altera, racione trecentarum librarum turonensium annui et perpetui redditus, in quibus dicta actrix dictos deffensores, tanquam heredes deffunctorum Thome et Ludovice de Chemilleyo pro porcionibus suis hereditariis, sibi assidare in et super terra de Brochessac, ac in arreragiis plurium annorum eidem debitorum tenebantur, incoatus fuerat ; in quo tantum processum fuerat quod, per arestum dicte curie nostre vicesima die mensis julii, anno Domini millesimo trecentesimo nonagesimo secundo prolatum, dicti Ludovicus Archiepiscopi, nomine predicto, Guido Amenardi et Helieta de Chemilleyo, erga dictam actrixem ad sibi assidandum in et super dicta terra de Brochessac, pro porcionibus dicte successionis eos contingentibus, predictas trecentas libras annui redditus, videlicet dictus de Taillebourg, nomine quo supra, pro duabus partibus successionis predicte, tercia parte dictarum duarum parcium excepta, et dictus Guido Amenardi, ad causam prefate ejus uxoris, pro tercia parte dictarum duarum parcium, et dicta Helieta pro nona parte tocius successionis predicte, et ad sibi solvendum, pro porcionibus predictis, arreragia dicti redditus que, pendente dicto processu, obvenerant, condempnati fuerant, predictas porciones hereditarias pro premissis fore ypothecatas et obligatas ac vendicioni debere exponi declarando. Virtute cujus aresti deffunctus consiliarius noster magister Nicolaus Domicelli, a dicta curia nostra commissarius in hac parte deputatus, dictam terram de Brochesac ad manum nostram posuerat, et ad faciendam dictam assietam predicti redditus trecentarum librarum turonensium in et super dicta terra, secundum tenorem dicti arresti, incoaverat ; et cum expleto hujusmodi dicti deffunctus Berthelotus, Guido Amenardi et Helieta de Chemilleyo se opposuissent, idem consiliarius noster predictum Berthelotum ut opponentem dumtaxat admiserat, dictos Guidonem et Helietam ab eorum opposicione repellando, et eidem Bartheloto certam diem ad dicendum causas sue opposicionis in dicta curia nostra assignando. Dicebat insuper quod dictus consiliarius noster ad faciendam assietam predictam contra dictos Guidonem et Helietam, que nomine suo ad assidendum tringinta tres libras, sex solidos, octo denarios turonenses pro nona parte trecentarum librarum tenebatur, processerat, et facta informacione de valore terre predicte ac de porcionibus hereditariis ipsis contingentibus, sex vingiti libras turonenses annui redditus, videlicet centum libras in et super molendinis et stangnis et vingiti libras in denariis, ad dictam terram de Brochessac spectantibus, assidaverat, ac execucionem arreragiorum vingiti septem annorum eidem actrici ante tempus date dicti arresti, ut dicebat, debitorum in et super bonis dictorum Guidonis et Heliete incoare voluerat, unde prefati Guido et Helieta ad nostram parlamenti curiam appellaverant.

In qua curia, partibus auditis, predicte appellaciones,

per arestum xxvi^a die mensis aprilis, anno Domini millesimo trecentesimo nonagesimo tercio prolatum, adnullate fuerant, et dictam assietam per dictum consiliarium nostrum in et super dicta terra de Brochessac factam, bonam et validam fore, ac dictum commissarium quo ad execucionem predictorum arreragiorum pro quindecim annis dumtaxat in et super dictis hereditagiis ad dictos Guidonem et Helietam spectantibus, si sufficerent, et si non, super aliis eorum terris et hereditagiis procedere, et dictam execucionem perfici debere pronunciatum et declaratum fuerat, expensas in diffinitiva reservando ; dictusque Berthelotus dicturus causas sue opposicionis, certa die, in dicta curia nostra per dictum commissarium assignata, quamdam requestam civilem exhibuerat virtute cujus, non obstantibus in contrarium per dictam actrixem propositis, in integrum restitui petierat. In qua curia, partibus auditis, ipsia curia certam inquestam super propositis per utramque partem fieri ordinaverat. Qua facta et ad judicandum de consensu dictarum parcium recepta, dicta curia, per suum arestum xxii^a die augusti, anno Domini millesimo ccc° nonagesimo quarto prolatum, dictum Berthelotum ad suam opposicionem non esse admittendum, et dictam execucionem virtute primi aresti ad utilitatem dicte actrixis per dictum commissarium inceptam, perficiendam fore pronunciaverat. Cujus arresti ac eciam certarum aliarum litterarum nostrarum vigore, predictus consiliarius noster et commissarius pro exequendo dictum arrestum in quantum concernebat dictum Barthelotum, iterato in patria Andegavensi se transportaverat.

Quo tempore pendente, predictus Berthelotus, relictis pluribus liberis decesserat, et ob hoc, virtute certarum aliarum litterarum nostrarum, tutorem dictis liberis predictum Johannem Amenardi donaverat, et ad assidacionem predicti redditus trecentarum librarum turonensium, in quantum porciones dictorum liberorum concernebat, processerat, et ipsam assietam, decima quinta februarii, anno Domini millesimo ccc° nonagesimo quarto, videlicet pro summa novies vingiti librarum turonensium, in et super castro, terra et pertinenciis de Brochessac, pro dictis porcionibus eos contingentibus, perfecerat et compleverat. Quodque, predictis non obstantibus per dictum commissarium factis, dictus Johannes Amenardi, nomine predicto, certas litteras a nobis obtinuerat, virtute quarum prefata curia nostra magistrum Johannem le Hayer ad faciendum fieri proclamaciones et subhastaciones dictorum stangnorum, molendinorum et vingiti librarum randualium ad dictam terram de Brochessac spectancium, commiserat ; qui le Hayer predicta molendina, census et stangna, in locis ad hoc ordinatis, secundum usum et consuetudinem patrie ubi dicte terre situabantur observatos, proclamari et subhastari fecerat ; que molendina et stangna per predictum Johannem de Brezé ad summam ducentarum octoginta librarum annui et perpetui redditus, medietatem in festo Nativitatis Domini et aliam medietatem in festo beati Johannis, dicte actrici solvendarum posita fuerant. Et pro premissis adimplendis, Johannem d'Arzenay, scutiferum, dominum de Martineau prope Brochessac, in fidejussorem tradiderat, et in manibus dicti le Hayer ad hoc solvendum se obligaverat.

Quibus proclamacionibus et subhastacionibus per dictum le Hayer, necnon obligacionibus et submissionibus dictorum de Brezé et d'Arzenay factis, et per ipsum curie nostre reportatis, dicta curia nostra, per suum arrestum xxvi^a augusti, anno Domini millesimo ccc° nonagesimo sexto prolatum, dicta molendina et stangna pro ducentis octoginta libris turonensibus, ad quam summam dictus de Brezé ea posuerat, et ulterius vingiti libras de summa trecentarum librarum turonensium restentes, super pratis dicte terre de Brochessac, dicte actrixi, si ea pro dictis trecentis libris turonensibus habere vellet, adjudicaverat, et si non, dictus de Brezé, qui predicta molendina et stangna ad summam predictam posuerat una cum pratis predictis, pro predicta summa trecentarum librarum turonensium haberet, et de ea terminis predictis per eum assignatis in futurum dicte actrici solvenda, et eciam de furniendo se, ejusque bona et sue uxoris, presencia et futura, obligaverat et ypothecaverat ac eciam ydoneos fidejussores tradiderat, qui, pro predictis adimplendis eo modo quo predicti de Brezé et ejus uxor fecerant, se obligaverant ; et per dictum arrestum, predictis obligacionibus non obstantibus, dictum fuerat dictam terram de Brochessac pro predicta assieta trecentarum librarum turonensium semper obligatam et ypothecatam, virtute primi arresti predicti superius declarati, remanere debere, obstante quod dicto arresto dicta actrix dictum redditum trecentarum librarum turonensium seu fructus predicte assiete minime receperat seu levare debuerat. Dicebat ulterius dicta actrix quod predicta stangna, molendina et prata pro dicta summa trecentarum librarum turonensium habere noluerat, et ob hoc dictum de Brezé et ejus uxorem ac eorum fidejussores, pro dictis obligacionibus passandis, in dicta curia adjornari fecerat. In qua, predictis partibus comparentibus, dictus de Brezé et ejus uxor predictas obligaciones dicte actrici, anno Domini millesimo trecentesimo nonagesimo septimo, xvi^a die mensis julii, passaverant; et decretum de dictis molendinis, stangnis et pratis ad dictam terram de Brochessac spectantibus dicta curia nostra dicto de Brezé adjudicaverat.

Insuper dicebat dicta actrix quod in execucione primi arresti, anno Domini millesimo trecentesimo nonagesimo secundo prolati, usque ad tempus ultimi arresti, anno Domini millesimo trecentesimo nonagesimo septimo tunc sequenti dati, summam duarum millium librarum vel circa exposuerat, predictaque Helieta decesserat et eidem dictus Johannes de Brezé, pro duabus partibus, dictus de la Gresille, ad causam ejus uxoris, et dicta Thomassia, pro tercia parte successerant, et ob hoc eosdem et alios deffensores in dicta curia nostra adjornari fecerat. Quare petebat dicta actrix, in quantum tangebat, dictum Johannem de Brezé ad sibi solvendum et restituendum, pro porcione eumdem contingente, arreragia dicti redditus trecentarum librarum turonensium, a tempore vicesime diei mensis julii anni Domini millesimi trecentesimi nonagesimi secundi usque ad decimam quintam diem mensis februarii anni Domini millesimi trecentesimi nonagesimi quarti, et a die xx^a augusti anni Domini millesimi trecentesimi nonagesimi sexti usque ad xvi^{am} diem mensis julii anni Domini millesimi trecentesimi nonagesimi septimi, ac eciam eumdem Johannem, pro ea parte qua erat heres predicte Heliete, ad solvendum misias et expensas per ipsam in execucione dicti arresti, a dicta vicesima die mensis julii anni millesimi trecentesimi nonagesimi secundi usque ad duodecimam diem mensis novembris tunc proximo sequentis factas, condampnari, suamque porcionem successionis predictorum Thome et Ludovice de Chemilleyo pro predictis arreragiis ypothecatam et obligatam declarari, et dictum deffensorem in suis dampnis, interesse et expensis condempnari.

Dicto Johanne de Brezé, deffensore, ex adverso proponente et dicente quod, ex tenore litterarum adjornamenti per dictam actricem obtentarum, predicta actrix arreragia predicti redditus trecentarum librarum turonensium que obvenerant ante tempus anni Domini millesimi trecentesimi nonagesimi sexti, xxvi^a mensis augusti, petere non poterat aut debebat nec ad hoc dicere habebat, eo quod in predictis litteris adjornamenti de eisdem nulla mencio habebatur, nec dicta actrix conquerebatur, sed de predictis sibi fuisse satisfactum tacite in dictis litteris adjornamenti innuere videbatur, de omnibusque arreragiis et expensis occasione dicti redditus per dictam Helietam debitis et factis soluta fuerat et dictam Elietam quictaverat, dictaque actrix dictos redditus et emolumenta dictarum trecentarum librarum, a tempore predicto anni Domini millesimi nonagesimi secundi usque ad xv^{am} diem mensis februarii anni Domini millesimi trecentesimi nonagesimi quarti, receperat et habuerat, quodque dictus de Brezé cum deffuncto Bertheloto de Haya in processu contra dictam actrixem, ut heres dicti Bertheloti, non fuerat, propter quod ad predicta arreragia que dicta actrix, virtute sui primi aresti, pro tempore preterito petebat contra dictum deffensorem, petere non poterat. Et si predicta actrix de dictis arreragiis et expensis soluta non fuerat, actamen predicta arreragia a dicto de Brezé petere non poterat, eo quod primum arrestum per dictam actricem in predicta nostra curia obtentum, mense julii nonagesimo secundo prolatum fuerat, et mense octobris immediate sequente, dictus consiliarius noster predictas terras de Brochessac pro faciendo dictam assietam trecentarum librarum turonensium ad manum nostram posuerat, et pro porcionibus hereditariis ad dictos Guidonem et Helietam spectantibus dictam assietam dictarum trecentarum librarum in et super dicta terra fecerat, et arreragia vingiti octo annorum de dicto redditu debita estimaverat, molendina et stangna et vingiti libras censuales ad dictam terram de Brochessac spectantia, pro dictis porcionibus hereditariis dictos Helietam et Guidonem concernantibus, in valore sex vingiti librarum annui redditus predicte actrici tradiderat ; que stangna, molendina et vingiti libre censuales summam trecentarum librarum annui redditus et amplius valuerant et valebant, et que stangna, molendina et census predicta actrix perceperat et in usus suos converterat. Et ob hoc dicta actrix contra dictum de Brezé, nomine suo vel nomine hereditario dicte deffuncte Heliete, predicta arreragia a tempore primi arresti usque ad tempus predictum petere non poterat aut debebat, dictaque Helieta et dictus de Brezé predicta hereditagia de Brochessac usque ad dictum tempus anni Domini millesimi trecentesimi nonagesimi septimi nullatenus possederant, quodque dictus de Brezé predicta stangna, molendina et prata, titulo empcionis, anno nonagesimo septimo, auctoritate dicte curie nostre, facto possederat, et ob hoc, in arreragiis predictum tempus precedentibus, de usu et consuetudine patrie, nullatenus teneri poterat, et si predicta actrix fructus predictorum stannorum, molendinorum et pratorum, a tempore arresti anno Domini millesimo trecentesimo nonagesimo [sexto], xxvi^a mensis augusti prolati, usque ad annum nonagesimum septimum non perceperat, hoc per sui culpam et non per culpam dicti de Brezé fuerat, cum ipsa actrix, a dicto tempore dicti arresti xxvi^a augusti nonagesimi sexti prolati, retinendi dicta molendina, stangna et prata pro dicto redditu trecentarum librarum, si vellet, electionem haberet, dictaque actrix, a dicto tempore prolacionis dicti primi aresti, videlicet anni nonagesimi secundi, usque ad tempus tradicionis dictorum stangnorum, molendinorum et pratorum dicto de Brezé, anno nonagesimo septimo, per dictam curiam facte, non obstantibus proclamacionibus et subhastacionibus super dictis stangnis, molendinis et pratis per dictum le Hayer factis, continue predicta molendina, stangna et prata, que summam trecentarum librarum turonensium annui redditus et amplius valebant, virtute assiete per dictum magistrum Nicolaum commissarium, in quantum concernebat porcionem dicte Heliete facte, possederat et in usus suos converterat, et quolibet anno predicta stangna piscari fecerat ; propter que dictus de Brezé, neque nomine suo neque nomine hereditario dicte Heliete, in dictis arreragiis per dictam actrixem petitis, seu expensis occasione dicti arresti factis aliquatenus tenebatur, et si nomine hereditario tenebatur, hoc erat pro porcione ipsum contingente dumtaxat ; dictaque Alieta duas filias heredes suas ac sorores ejusdem habuerat, que sorores in presenti processu contra dictam actrixem defensatrices existebant, propter quod dictus de Brezé facta et raciones, nomine predicto, per ipsas propositas in quantum juri suo faciebant et non alias proponebat, dictusque de Brezé predicta molendina, stangna et prata per adjudicacionem decreti super hoc sibi facti possederat, quo tempore predicta actrix, virtute assiete per dictum commissarium facte, pocessor dictorum hereditagiorum et ypotheca confusa fuerat, et ob hoc, per tradicionem et consensum dicti decreti dicto de Brezé adjucati, dicta actrix omni juri et ypothece sibi super predictis competenti renunciaverat, propter quod arreragia dicta redditus trecentarum librarum ante tradicionem dicti decreti eidem actrixi debita, dicta actrix a predicto de Brezé petere non poterat aut debebat.

Dicebat insuper predictus deffensor quod de misiis et expensis per dictam actricem, a dicta vicesima die julii nonagesimo secundo usque ad duodecimam diem novembris proximo sequentem, teneri non poterat, eo quod per arrestum predictum xxvi^a mensis aprilis prolatum, expense occasione predicte assiete a predicta die vicesima julii nonagesimo secundo facte, in diffinitiva reservate fuerant, que reservacio, secundum usum et consuetudinem dicte curie nostre, in favorem dicte Heliete et non dicte actricis facta fuerat, cum dicta Helieta a dicto commissario, qui estimacionem vingiti octo annorum pro arreragiis precedentibus dictum primum arrestum anno nonagesimo secundo prolatum fecisset, apellasset, et que arreragia per dictam curiam nostram, in dicta appellacionis causa a dicto commissario per dictam Helietam emisse, ad quindecim annatas dumtaxat reducta fuerant, propter quod dicta actrix in expensis dicte Heliete et non econtra condempnari debuerat. Dictusque magister Nicolaus, consiliarius noster, incontinenti post primum arrestum anno nonagesimo secundo prolatum assietam predicti redditus trecentarum librarum super dicta terra de Brochessac, in quantum concernebat dictam Helietam, fecerat ; que assieta per dictum commissarium facta per dictam curiam, tamquam inique et injuste facta, adnullata, et demum per dictam curiam dicta molendina, stangna et prata ad dictam terram de Brochessac spectantia, in proclamationibus et subhastacionibus posita, et dicto de Brezé tanquam ultimo incariatori adjudicata fuerant, propter quod dictus de Brezé in expensis per dictam actricem factis dicto magistro Nicolao, qui nulliter et injuste egerat, aliquatenus teneri non poterat, dictaque actrix pro dicto arresto anno nonagesimo secundo prolato, contra dictos tutorem, Guidonem et alios deffensores execucioni demandando, misias et expensas fecerat et prorata, dicta Helieta dumtaxat tenebatur. Quare petebat dictus deffensor ab inpeticionibus dicte actrixis absolvi, et eamdem actricem causam et accionem non habere declarari et in expensis dicti deffensoris condempnari.

Dictaque curia nostra, partibus auditis, in quantum concernebat dictam actricem et dictum Johannem de Brezé deffensorem, ut heredem dicte Heliete, et in quantum concernebat porcionem ejusdem, habito respectu ad dictas expensas a dicta die xx^a julii anni nonagesimi secundi usque ad duodecimam diem novembris ejusdem anni per dictam actricem factas, necnon quoad arreragia dicti redditus a dicta die vicesima julii nonagesimi secundi usque ad decimam quintam diem februarii anni nonagesimi quarti, ac eciam eumdem deffensorem, ut emptorem, pro arreragiis dicti redditus a die xxvi^a augusti anni nonagesimi sexti usque ad xvii^{am} diem julii anni nonagesimi septimi per dictam actricem petitis, dictas partes sine factis contrariis expediri non posse pronunciasset, facerentque facta sua super quibus inquireretur veritas, et inquesta facta et curie reportata, fieret jus partibus antedictis, expensas in dicta causa hinc inde factas in deffinitiva reservando.

Facta igitur postmodum inquesta pro parte dicte actricis dumtaxat et curie reportata, processuque inter dictam actricem, ex una parte, et dictum Johannem de Brezé defensorem, ex altera, in statu quo erat ad judicandum recepto, eo viso et diligenter examinato, prefata curia nostra, per suum judicium, dictum Johannem de Brezé, ut heredem dicte Heliete, ad reddendum et solvendum, pro ea porcione qua est heres ejusdem, eidem actrici arreragia dicti redditus trinqinta trium librarum, sex solidorum, octo denariorum turonensium, que obvenerunt a dicta vicesima die julii anno nonagesimo secundo usque ad duodecimam diem novembris tunc proximo sequentem, condampnavit et condampnat, porcionem ex successione predictorum Thome et Ludovice de Chemilleio ad eumdem deffensorem spectantem pro predictis arreragiis affectam, ypothecatam et obligatam esse declaravit; ac eciam eumdem deffensorem, nomine predicto, ad solvendum eidem actrici, pro porcione qua est heres dicte Heliete, misias et expensas per dictam actricem factas occasione execucionis arresti dicta xx$_a$ die mensis julii anno nonagesimo secundo prolati, et assiete contra dictam Helietam facte a dicta vicesima die julii usque ad dictam duodecimam diem novembris proximo sequentem, et pro porcione qua dicta Helieta tenebatur, condampnavit et condempnat, earumdem misiarum et expensarum taxacione predicte curie nostre reservata. Et per idem judicium, prefata curia nostra eumdem deffensorem ab arreragiis dicti redditus que obvenerant a dicta duodecima die novembris anni nonagesimi secundi usque ad decimam quintam diem februarii anni nonagesimi quarti, ac eciam ab arreragiis dicti redditus que obvenerant a vicesima sexta die augusti anni nonagesimi sexti usque ad decimam septimam julii tunc proximo sequentis per dictam actricem petitis, absolvit, expensas in hac causa factas compensando. In cujus rei testimonium, presentibus litteris nostrum jussimus apponi sigillum. Datum Parisius, in parlamento nostro, die decima quinta maii, anno Domini millesimo quadringentesimo sexto, et regni nostri xxvi°.

Sic signatum : Per judicium curie. — Baye.

LXXIX

Accord fait entre le roy saint Loys et le duc de Bretaigne [1].

1231.

---

[1]. Au dire de M. Marchegay (*Table analytique*, n° 13), il existait dans le chartrier des sires de Rays plusieurs copies de cette pièce. Le scribe du cartulaire en avait sans doute sous les yeux deux exemplaires portant les dates différentes de 1231 et de 1232, puisqu'il a donné la seconde en variante.

On doit considérer ce document comme un hors-d'œuvre dans notre manuscrit, dont tous les actes se rapportent soit aux sires de Rays, soit aux terres qui, à un moment quelconque, ont fait partie de leur héritage ou de celui des femmes alliées à leur famille. Il serait par suite oiseux ici de disserter longuement sur un texte qui n'a aucun rapport avec nos seigneurs et que seul le hasard des circonstances a introduit dans leur cartulaire.

La plupart des historiens nient l'authenticité de ce traité (voy. notamment D. Lobineau, *Hist. de Bretagne*, I, 234, et Le Nain de Tillemont, *Vie de saint Louis*, t. II, p. 104-107). Il est bien certain que le considérant introduit dans l'exposé du traité relativement à un voyage outre-mer pour combattre les infidèles, constitue, en 1231, un anachronisme auquel n'a pas pris garde le rédacteur de la lettre. Le Trésor des chartes de France ne possède point ce prétendu traité et l'on a tiré de là, contre lui, un argument qui n'est pas sans valeur. Le Trésor des chartes de Bretagne (Arch. Loire-Inf., E 103 ; anc. Trésor des ch. F. A. 19) en conserve encore deux exemplaires, l'un en français, que d'Argentré a imprimé tout au long (*Hist. de Bretagne*, édit. de 1588, liv. IV, chap. 164, p. 306-309), l'autre, en latin, ne différant que par quelques variantes de celui qu'on lit dans le cartulaire de Rays. Les exemplaires des archives de la Loire-Inférieure ne sont autre chose que des copies du XVe siècle, non scellées et sans caractères faisant autorité.

Outre ces deux copies, les mêmes archives en renferment une troisième, en latin, placée en tête d'un cartulaire du XVe siècle (Arch. Loire-Inf., E 91 ; anc. Trés. des ch. T. A. 3). Cette copie a été faite d'après un vidimus du 4 mai 1456. Les formules vidimantes de l'acte de 1456 relatent que la charte de saint Louis a été transcrite à la requête de Pierre II, duc de Bretagne, d'après deux anciens manuscrits de la cathédrale de Tréguier dont l'un contenait le Procès de canonisation de saint Yves. Ils furent exhibés avec un luxe de précautions inouï et tellement théâtral — le tout relaté complaisamment dans les formules vidimantes — qu'au lieu d'y voir une preuve de l'authenticité des lettres royales (ce à quoi l'on visait manifestement en procédant ainsi), nous n'hésitons pas à y trouver un nouveau témoignage du contraire. Ce ne seront point par suite les copies du Trésor des chartes de Bretagne qui nous empêcheront

LXXX

Copie de l'abolicion donnée par le roy à mons^{gr} le duc de Bretaigne[1].

16 mars 1446.

Charles, par la grace de Dieu roy de France, à tous ceulx qui ces presentes lettres verront, salut. Comme nostre très chier et très amé nepveu François, duc de Bretaigne, congnoissant la proximité de lignaige en quoy il nous actient, soit puis pou de temps en ça venu en très bon vouloir devers nous ; et il soit ainsi que, soubz umbre de certaines confederacions et pactions que feu nostre frère le duc de Bretaigne derrenierement trespassé, son père, lui aussi estant en bas aage, et autres leurs parens et subgetz, pour preserver et garder leurs païs, terres et seigneuries des maulx et inconveniens qui par chascun jour advenoient à cause des guerres et divisions qui longtemps ont esté en nostre royaume, firent avec noz ennemis, en nous desadvouant et à eulx adherant, ainsi que on dit, icellui nostre nepveu se pourroit doubter que ou temps advenir, à ceste

---

de souscrire au jugement des historiens sur le traité en question, daté constamment de 1231 sur lesdites copies.

Les raisons qui précèdent (absence de relation entre le n° LXXIX et l'ensemble des pièces du cartulaire d'une part, défaut d'authenticité d'autre part) nous ont fait renoncer à donner ici cette charte, publiée d'ailleurs ainsi que nous l'avons dit.

1. Le Trésor des chartes de Bretagne renfermait autrefois deux originaux de ces lettres royales, sous les cotes T. E. 21 et K. B. 16. C'est le premier de ceux-ci qui a servi pour la présente publication ; il fait actuellement partie des arch. de la Loire-Inf. (E 94). Le second, aujourd'hui distrait de ce dépôt, a été employé par les Bénédictins (D. Lobineau, II, 1082-1083, et D. Morice, *Pr.* II, 1400) pour leurs éditions. Ils ont supprimé une grande moitié du texte en réduisant les clauses finales à leur plus simple expression. Ce qui est plus fâcheux, c'est l'omission qu'ils ont faite des souscriptions écrites sur le repli du parchemin. Signalons une légère faute des publications bénédictines : *impetrée* au lieu de *imputée* (cf. notre édition, p. 224, l. 2).

Bien qu'effectué sur une copie, le texte du cartulaire est néanmoins fort bon ; il ne présente avec celui que nous donnons que des variantes orthographiques sans importance.

occasion ou autrement, aucune charge peust estre donnée ou imputée à sond. feu père, lui et leursd. parens et subgetz, et mis ou donné destourbier ou empeschement en leurs biens, terres et seigneuries, et vouldroit bien que sur ce il nous pleust lui pourveoir et à sesd. parens et subgetz d'aucun gracieux et convenable remede. Savoir faisons que reduisant à memoire les grans, bons, notables et agreables services que nostred. feu frère son père, icellui nostre nepveu et leurs parens, vassaulx et subgetz nous ont faiz par plusieurs et diverses foiz et en maintes manieres, tant ou fait de noz guerres que autrement, et font encore par chascun jour ; considerant aussi la proximité de lignaige en quoy nostred. feu frère et icellui nostre nepveu nous actiennent et sont conjoincts avecques nous, la diversité aussi du temps qui a couru durant lesd. guerres, et le bon vouloir que savons certainement que icellui nostre nepveu a à nous ; voulans lui monstrer par effect la bonne amour et affection que avons à sa personne, de nostre certaine science, liberalité, plaine puissance, auctorité royal et grace especial, et en faveur et contemplacion de nostred. nepveu et des choses dessusd., tout ce en quoy nostred. feu frère, ses predecesseurs, icellui nostre nepveu, noz cousins le conte de Richemont, nostre connestable, et le conte d'Estampes, son frère, aussi nostre très chier et amé nepveu Pierre de Bretaigne, et tous leurs subgetz, officiers et serviteurs, et les serviteurs de leursd. subgetz, officiers et serviteurs pourroient avoir forfait ou mesprins envers nous et justice, soit à cause desd. adveuz, confederacions et pactions, que de plusieurs entreprinses, guerres et voyes de fait, faictes à l'encontre de nous et de noz subgetz, desobeissances, usurpacions sur noz droiz royaulx, païs, terres et seigneuries, prinses et emprisonnemens de noz officiers et serviteurs, desquelz ou des aucuns d'iceulx mort est ensuye, soubz couleur de justice ou autrement, emparemens de places et forteresses, assegemens et demolicions d'icelles ou d'autres, boutemens de feu, violences de femmes, pilleries, roberies, rançons et appatissemens, ès païs de Poictou, Anjou et aillieurs, et autres cas, crimes et excès quelzconques par eulx commis et perpetrez, lesquelz, jaçoit ce que cy ne soient declairez et speciffiez, ne aussi les lettres desd. adveuz et quelzconques autres paccions, aides ou faveurs de nosd. ennemis, et autres excès qui requissent plus ample declaracion, tenons pour recitez, et tout ce qui à ceste cause s'en peut estre ensuy à l'encontre d'eulx par procès ou autrement, avons quictez, remis, aboliz et pardonnez, quictons, remectons, abolissons et pardonnons, generalment, perpetuelment et à tousjours, par ces presentes, sans ce que, à l'occasion d'iceulx ou des aucuns d'iceulx, leurs deppendences, incidences et appendences, ores ne pour le temps advenir, on leur puisse aucune chose demander ou imputer, en corps ne en biens, ne faire poursuite, accusacion, accion, reprouche ou punicion, soit à instance de partie, noz procureurs et officiers royaulx, ou autrement en quelque maniere que ce soit. Et en tant que mestier est, de nostre plus ample grace, avons voulu et conscenti, voulons, conscentons et nous plaist que nostred. nepveu, sesd. parens, subgetz, serviteurs et officiers, et les serviteurs de sesd. parens, subgetz, serviteurs et officiers, tant d'eglise que seculiers, de quelque estat ou condicion qu'ilz soient, non obstant lesd. cas et crimes ou autres, le temps passé jusques à ores par eulx commis et perpetrez, et en quoy ilz pourroient avoir mesprins ou offensé envers nous et justice, joyssent de leursd. seigneuries et autres heritaiges, acquestz, rentes, revenues et biens quelzconques, meubles et immeubles, paisiblement et sans destourbier; et quant à ce avons icellui nostre nepveu et sesd. parens, subgetz, officiers et serviteurs, restitué en entier et restituons par ces presentes, tout ainsi comme se lesd. cas ne feussent oncques advenuz, en cassant et adnullant tous dons et

octroiz faiz au contraire, et tout ce que, à cause d'iceulx,
en pourroit estre ensuy par quelque maniere que ce soit,
et lesquelz quant à ce ne voulons valoir ne sortir aucun
effect ou prejudice de cesd. presentes, en imposant sur
tous les cas, crimes et choses dessusd. silence perpetuel à
noz procureurs, officiers et autres parties quelzconques, à
qui accion, accusacion, poursuicte, punicion ou reprouche
en compete et appartient, ou peut competer et appartenir,
sans ce que ores ne pour le temps advenir on puisse aucune
chose obicer contre ceste presente generale abolicion, ne
icelle redarguer de subrection, obrection, incivilité ne
autre deffault quelconque. Si donnons en mandement par
ces mesmes presentes à noz amez et feaulx conseilliers les
gens de nostre parlement, aux prevost de Paris, bailliz de
Vermendois, de Sens, de Touraine et des ressors et
exempcions d'Anjou et du Maine, aux seneschaulx de
Poictou et de Xainctonge, et gouverneur de la Rochelle,
et à tous noz autres justiciers et officiers, ou à leurs lieuxtenans presens et advenir, et à chascun d'eulx si comme à
lui appartendra, que contre la teneur de noz presente grace
et abolicion ne viengnent, facent ou seuffrent venir, ores
ne pour le temps advenir en aucune maniere, mais en faisant et souffrant joïr nostred. nepveu, sond. frère, nostred.
cousin le connestable, leursd. gens, aidans, adherans et
confortans, et autres de leurs païs, terres et seigneuries,
qui d'icelles se vouldront aidier, et qui pour les faultes
dessusd. commises ou les aucunes d'icelles seroient mis ou
detenuz en procès par devant eulx en nostre court de parlement ou autre part, les ostent et mectent hors desd.
procès, et leur mectent leurs terres et biens, se à ceste
cause avoient esté ou estoient empeschez, incontinent et
sans delay à plaine delivrance; car ainsi l'avons voulu et
nous plaist. En tesmoing de ce et afin que tousjours
demeure ferme et estable, nous avons fait mectre nostre
seel à ces presentes; au vidimus desquelles, fait soubz seel

royal, pour ce qu'on en pourra avoir à besongner en plusieurs et divers lieux, voulons plaine foy estre adjoustée, en jugement et dehors, comme à l'original. Donné à Chinon, le seziesme jour de mars, l'an de grace mil cccc quarante cinq, et de nostre regne le vint quatriesme.

(Sur le repli). Par le roy, le conte de Vendosme, Vous, les sires de la Varane, de Pressigny, de Maupas et plusieurs autres presens. — GIRAUDEAU.

LXXXI

Commandement fait par le duc de Bretaigne à monsgr de Rays, admiral de France, d'aler au Guilledou prandre messire Gilles de Bretaigne, son frère, et le lui amener prisonnier [1].

19 juin 1446.

Franczois, par la grace de Dieu duc de Bretaigne, conte de Montfort et de Richemont, à tous ceulx qui cez presentes lettres verront, salut. Savoir faisons que, pour certaines rebellions et desoboissances à nous faictes et commises par nostre frère Gilles de Bretaigne, avons à nostre très cher et bien amé le sire de Rays, de Coectivy et de Taillebourg, admiral de France, fait commandement, sur peine de desoboissance envers nous et sur la loiaulté qu'il nous doit, d'aler, comme nostre loial et oboissant subget, en la compagnie de plusieurs gens de guerre, mectre le siege devant la place du Guilledo, ou autre place seant en nostre duché et contez dessusd., en laquelle est ou sera nostred. frère, pour le prandre et icelui amener prinsonnier par dever nous, quelque part que soions. Auquel sire de Rays, qui par nostre adveu, ordonnance et commandement dessusd., fait ce que dit est, nous promectons en parole de prince et par la foy et serment de nostre corps et sur nostre

---

1. Publié, Marchegay, *Cartulaire des sires de Rays*, chartes choisies, à la suite de la *Table analytique*, p. 92.

honneur, le porter, soustenir, garantir et deffendre, avec tous les siens et ceulx de sa compagnie et leurs hoirs, envers nostred. frère et tous autres, quelz qu'ilz soient ou puissent estre; à ce faire, tenir et acomplir, obligeans nous et les nostres. En tesmoign de ce, nous avons signé cesd. presentes de nostre propre main. Donné à Razillé lez Chinon, le xixe jour de juign, l'an de grace mil cccc quarante et six. — Ainsi signé : Par le duc.

LXXXII

Relievement general donné par le roy à monss^r de Rays, admiral de France, de toutes les terres et seigneuries vendues et aliennées par feu monss^r de Rays, mareschal de France [1].

13 janvier 1446.

Charles, par la grace de Dieu roy de France, au premier huissier de nostre parlement ou nostre sergent qui sur ce sera requis, salut. L'umble supplicacion de nostre amé et feal chevalier, conseiller et chambellan, Prigent, seigneur de Rays, de Couectivy et de Taillebourg, admiral de France, tant en son nom que comme mary et curateur de nostre amée cousine Marie de Rays, sa femme, avons receue, contenant que feu nostre cousin Gilles, seigneur de Rays, mareschal de France, père de lad. Marie, après le decès et trepas de feu Guy de Rays, père dud. Gilles, demoura en bas aage et fut, sa minorité durant, ou gouvernement et administracion de feu Jehan de Craon, chevalier, son ayeul maternel, seigneur de la Suze et de Champtocé, lequel estoit vielz homs et de grant aage; et led. Gilles venu en aage de dix huit à vingt ans, par l'inducion et enortement d'aucuns qui desiroient eulx enrichir des biens dud. Gilles, print le gouvernement et administracion de ses terres et seigneuries, et dès lors en usa à son plaisir et sans prandre

---

1. Publié, Marchegay, *Cartulaire des sires de Rays*, chartes choisies, à la suite de la *Table analytique*, p. 77-84.

conseil de sond. ayeul ne le croire plus en riens ; et d'ilec en avant leva ung très grant et excessif estat, tant de gens, chevaulx, clers de chappelle que autres despences excessives et desraisonnables, et telement que les revenues dud. feu mareschal ne celles de nostre bien amée Katherine de Thouars, dame de Pousauges et de Thiffauges, lors sa femme, n'y povoient fornir, ainçois despendoit led. mareschal plus qu'il n'avoit de revenues et sans regle, ordre ne mesure, et estoit et fut tenu et reputé notoire prodigue, dissipeur et degasteur de biens.

Et pour entretenir lesd. oultraiges inutiles, et desraisonnables estaz et despences que faisoit led. mareschal, sans avoir quelque regart à ses revenues, et par l'inducion et ennortement desd. induiseurs qui estoient entour lui, vendit les terres, rentes et seigneuries de Champtocé et d'Ingrande, les terres du Loroux Botereau, de la Benaste et de Bourneuf en Rays; les terres et seigneuries de Blazon et Chemeiller; les terres et seigneuries de Fontaine Millon, de Gratecuisse, Seniché et de la Voste ; les terres d'Ambreeres et Saint Aubin ; la terre de Bruil Mangou lès Poictiers; les terres de Confolant et de Chabenays, de Chauroy lez Nyort et de Sevret ; sur led. Champtocé douze cens reaulx de rente; les terres de Boign, de Soché et les Jamonnieres; les terres du Coustumier, les Prez aux Seigneurs et les chastellenies de Pruingné et de Veux, le Boys des Treans, la chastellenie de Chevechier [1] et sept vingts livres de rente sur la chastellenie de Pornit; la maison de Rays, seant à Nantes, avecques les apartenances, coustumes et autres droiz; la terre de Faleron, les terres de la Mote Achart, la Mariliere [2] et les Chesnes; les dismes de

---

1. Le cartulaire porte *Chemelier*, faute manifeste ; car Chemellier, qui se trouve en Anjou, est déjà nommé plus haut. Il s'agit ici de Saint-Michel de Chevecher ou du Chevechier, dans le pays de Rays, aujourd'hui Saint-Michel-Chef-Chef, canton de Pornic.
2. *Alias* la Marrière, la Maurière ; aujourd'hui la Morière, commune de Vairé, canton des Sables-d'Olonne (Vendée).

Lodunnoys; sur les terres des Chesnes et de Longueville huit vingts dix reaulx de rente; sur toutes ses autres terres deux cens livres de rente; sur lad. Mote Achart cent autres livres de rente; sur Plusquepont, estant de la recepte de Machecoul, dix livres de rente; les terres, chasteaux et chastellenies de Prinçay et de Saint Estiene de Malemort; une maison saiant à Angers, appellée Belle Pongne; la terre de Mondon, près Champeigné sur Vide; sur Brochessac, troys cens soixante huyt reaulx de rente ou environ; et cent cinquante reaulx de rente sur tous ses biens; la terre de Savenay et huit vingts livres de rente sur la forest de Brecelien, et pluseurs autres ses terres et rentes, obligacions et ypotheques cy non exprimées et declairées.

Et pour faire lesd. vendicions ou la pluspart d'icelles, led. mareschal bailloit auxd. induiseurs procuracions et mandemens exprès pour vendre de ses terres et seigneuries, et que bon leur sembleroit et à telles personnes et pour tel pris et somme de deniers qu'ilz voudroient et qu'ilz adviseroient estre à faire; en quoy apert bien la prodigalité notaire et petit gouvernement dud. mareschal, qui bailloit et donnoit teles procuracions et mandemens pour vandre et engaiger tous lesd. heritaiges. Et qui plus est de toutes les ventes et autres que faisoit ou faisoit faire led. mareschal, il n'en recevoit riens, et si aucune chose en recevoit c'estoit très petit de chose; et si prenoit le plus des foiz, en paiement desd. terres, rentes et seigneuries qu'il vendoit, draps tant de laine que de soye, harnoys, chevaulx, coton, peleteries, vesselle d'argent, espicerie et autres bagues et marchandises, à plus grant pris des deux pars qu'elles ne valoient, et incontinent les faisoit vendre et souventefoiz n'en avoit pas la tierce partie de ce qu'ilz lui coustoient. Et en oultre, lesd. ventes que faisoit faire led. feu mareschal par lui et sesd. procureurs estoient faulces indiscrement, à rebost et à maindre priz de la moitié qu'elles ne valoient et que on en eust trouvé et peu trouver, qui l'eust signifié et fait assavoir, et que gens de bon gouvernement font et ont acoustumé de faire quant ilz sont contrains par neccessité à vendre de leurs heritaiges ou rentes sur leurs biens. Mais les devantd. serviteurs dud. mareschal, voyans la simplece, ignorance et prodigalité, doubtans en estre reprins s'il venoit à congnoissance de gens de bien, le faisoient et faisoient faire le plus secretement qu'ilz povoient, afin d'eulx conduire et entretenir en leur malice.

Et avec ce le induisoient à vouloir et cuider faire l'arquemie, pour laquelle conduire et cuider mener affin, il feist de moult grandes, excessives et desraisonnables et oultrageuses despences; et en tele maniere a esté led. mareschal gouverné et entretenu par la faulceté, cautelle et malice de sesd. serviteurs qu'il a vendu, gasté et discipé tous les biens devantd. et declerez, et autres pluseurs à declerer plus à plain, qui point ne sont venuz à la notice et congnoissance desd. suplians, sans cause raisonnable mais prodigalment, tant par frauduleuses inducions d'autruy que par ce qu'il estoit prodigue et homme comme sans gouvernement, regle ne mesure, comme il estoit tout notaire. Et en oultre a despendu indeuement et indiscretement tous les deniers que lui avons fait bailler, delivrer et assigner, tant pour ses gaiges à cause de sond. office de mareschal, que pour pluseurs dons et bienfaiz que lui avons faiz, sa vie durant. Et neantmoins a led. mareschal emprunté, et à pluseurs et diverses foiz, de grandes sommes d'or et d'argent esquelles il est obligé, tant par lettres passées soubz seaulx autentiques que par cedules signées de son seign et seellées de son seel, dont les aucuns, pour en estre paiez, en ont fait et font chascun jour poursuite en la court des requestes de nostre hostel et ailleurs, à l'encontre desd. supplians; lesquelx, et mesmement nostred. cousine, qui au temps du decès et trepas dud. Gilles, son père, estoit en l'aage de quatre à cinq ans et n'eut oncques riens de tous les biens meubles de son d. feu père, pour ce que feu nostre très cher et très amé frère le duc de Bretaigne derrenier decedé, les print avecques les terres dud. mareschal et s'enpara de celles qui estoient en sa terre et seigneurie de Bretaigne et d'autres qui sont ou duché d'Anjou, et les autres que led. mareschal avoit vendues et engaigées en la forme et maniere davantd.; et, après son trepassement, ne demoura à nostred. cousine, fille seulle et heritiere dud. mareschal, meuble ne heritage quelconque dont elle joist ne de quoy elle se peust aider, jusques à nagueres.

Et pour ce que, après ce que avons fait le mariaige de nostred. conseiller et d'elle, que icelui nostre conseiller, par nostre moyen, a recouvert une partie desd. terres et seigneuries, montans à la somme de sept à huit cens livres de rente ou environ, et les autres sont encores entre les mains de nostre très cher et très amé nepveu le duc de Bretaigne et ès mains d'autres, lesquelz, soubz umbre et couleur des contractz davantd., qui sont de soy iniques, mauvais, deceptis et desraisonnables, faiz par personne notaire prodigue, et à ce amenée et induite par la faulce cautelle et dampnable convoitise de sesd. serviteurs, auxquelx il avoit commis, baillé et delaissé son gouvernement du tout, sans y prandre ne avoir aucun regard, et sans vouloir ne souffrir que sad. femme ne autres de ses parens ne amys s'en entremeissent en aucune maniere, ne pour quelconque chose qui par eulx ne autres gens de bien lui fust dicte et raportée, soy retraire de sesd. folles, oultraigeuses et desmesurées despences, ne soy aucunement deffaire de sesd. serviteurs desquelz il estoit seduit et sourprins, que pour riens il n'eust fait ne volu faire autre chose que ce que ilz lui conseilloient.

Et depuis, ou moys de juillet l'an mil cccc trente et cinq, pour ce que led. mareschal perseveroit de tousjours dissiper et gaster de ses biens, à la requeste de ses parens et amys, nous, par noz lettres patentes données à Amboise, mandasmes autant que mestier estoit, à nos amez et feaulx conseillers les gens tenans nostre parlement que, s'il leur aparoit de la prodigalité dud. feu mareschal, ilz lui feissent interdicion de non alienner ne aucunement contracter de sesd. biens, et lui pourveissent de curateur; et pour ce que pendant led. temps il eust peu plus avant degaster desesd. biens, dès lors, en tant que besoing estoit, lui feismes interdicion de contracter de sesd. biens jusques à ce que par nostred. court autrement en fust ordonné; et lesquelles nos lettres furent publiées et deuement executées comme il appartenoit, au moins furent si notaires que aucun n'en povoit ne peut pretendre juste cause d'ignorance. Et pareillement requirent à nostred. frère le duc de Bretaigne les femme, parens et amis dud. feu mareschal de lui faire et faire faire interdicion par lui et sa justice; mais il differa le faire, soubz umbre de certains contractz qu'il avoit faiz ou avoit vouloir et entencion de faire, et que depuis il fist avec led. mareschal, nonobstant certain sien seellé par lui baillé, comme l'en dit, à beau frère le roy de Secille au contraire; par quoy lesd. supplians sont desnués et despouillez presque du tout de la succession dud. Gilles de Rays, qui povoit et peut valoir de vingt à vingt et deux mil livres de rente chascun an; et sont en voye d'estre à jamais forclos, privez et deboutez, en leur très grant grief, prejudice et dommaige, et plus seroit se par nous ne leur estoit sur ce pourveu de nostre grace, humblement requerans icelle.

Pourquoy nous, eue consideracion aux choses dessusd., et que raisonnablement telz contracz ainsi noctoirement deceptifz, faiz par inducion, malice et cautele, par personnes prodigues et de petit gouvernement, comme estoit led. mareschal, ne doient sortir aucun effect, et que piteuse chose seroit que, par telz moiens, une tele et si grande seigneurie fust du tout deffaite et mise au bas;

voulans à nostre povoir reprover et destraindre teles fraudes, cavillacions et malices comme raison est ; considerans mesment la personne, l'aage, l'estat, gouvernement et conduite dud. feu mareschal, et pluseurs grans et notables services qu'il nous a faiz ou fait de noz guerres, tant pour les sieges qui estoient davant les villes d'Orleans et de Laigny que à nostre coronnement et en pluseurs autres lieux et places, à l'encontre de noz ennemis ; et aussi les grans et notables services à nous continuellement faiz par nostred. conseiller, tant contre nosd. ennemis que au recouvrement de nostre seigneurie et autrement en maintes manieres ; consideré aussi que lad. Marie de Rays, femme de nostred. conseiller, est mineur d'ans, et que ausd. contraulx ou en partie d'iceulx y a decepcion d'oultre moitié de juste pris, par quoy sommes plus tenuz à lui conserver et garder son heritaige; Te mandons et expressement enjongnons, en commetant se mestier est, que, à la requeste desd. suplians, tu faces exprès commandement de par nous à tous les achateurs et autres detenteurs des terres et seigneuries, rentes, possessions et choses dessusd., et à chascun d'eulx, que tantost et sans delay ilz et chascun d'eulx se departent d'icelles choses, et en laissent et souffrent joïr et user plainement et paisiblement lesd. suplians, et leur rendent, baillent et restituent toutes les lettres et contractx par eulx ou autres, dont ilz ont cause, faiz avecques led. feu mareschal, comme vaines, casses et nulles, avecques les fruiz et revenues desd. terres et seigneuries par eulx prins et levez, ou la valeur ou extimacion d'iceulx. Et ou cas de refus, opposicion ou delay, adjourne les opposans, refusans et delayans à certain et competent jour ordinaire ou extraordinaire de nostre prouchain parlement à venir, nonobstant qu'il siée et que les parties ne soient des jours dont l'en plaidera lors, pour dire les causes de leursd. refus, contrediz, delay ou opposicion, et pour veoir, se mestier est, lesd. vendicion et contractz estre diz et declerez nulz et de nulle valeur, ou iceulx casser et recinder et anuller ; et en cas que lesd. contractz ou aucun d'eulx ne devroient estre anullez, à tout le moins en paiant par lesd. supplians tele somme ou sommes de deniers que par nostred. court, veuz lesd. contractz et les parties oyes, sera ordonné ; et pour oyr teles demandes, requestes et conclusions que lesd. suplians voudront faire à l'encontre d'eulx et de chascun d'eulx touchant lesd. ventes, aliennacions et contractx, leurs circonstances et deppendences, proceder et aler avant en oultre selon raison.

Et en oultre, apellé avecques toy sergent, ung noctaire ou tabellion de court laye, non suspect ne favourable à nulle desd. parties, informe toy diligenment, secretement et bien de et sur les ravissemens, faulcetez et cautelles desd. induiseurs et autres serviteurs dud. mareschal, et autres qui te seront baillez plus à plain par lesd. suplians, se mestier est ; et ceulx que tu en trouveras coulpables ou vehementement souspeçonnez, adjourne les à leurs hostelz et domicilles, s'aucuns en ont en nostre royaume où tu puisses avoir seur accès, aux personnes de leurs gens, serviteurs, domestiques et familiers ; et si non, adjourne les par cri publique, à son de trompe, ès plus prouchaines villes et lieux esquelx ilz ont acoustumé de demourer et converser, à estre et comparoir par devant nosd. conseillers, en personne ou autrement selon l'exigence du cas, pour respondre à nostre procureur general à telz fins et conclusions qu'il voudra eslire à l'encontre d'eulx et de chascun d'eulx, et ausd. suplians civillement tant seulement ; en renvoiant lad. informacion sur ce faicte aud. jour par devers nosd. conseillers, feablement close et seellée, et en leur faisant, en oultre de ce que fait auras sur ce, souffisante relacion ; auxquelx nous mandons et — pour ce qu'il est question de grans choses et entre grans et puissantes parties, et que jà sur semblable et pareille matiere lesd. supplians ont des procès, questions et debaz par devant nosd. conseillers en lad. court de parlement, en laquelle ceste matiere, qui est de grant poix, sera meulx, plus seurement et par meilleur conseil discutée et determinée que autre part — commandons que aux parties, icelles oyes, facent bonne et briefve expedicion de justice.

Et pour ce que les parties auxquelles led. mareschal, feu, vendit lesd. terres, cens, ypotheques et obligacions dessusd. et autres, sont demourans en pluseurs et divers lieux loingtains les ungs des autres, et que pour les adjourner et faire convenir convendra ausd. suplians envoier en chascun lieu ung executeur qui ayt avecques lui cez presentes, qui seroit comme chose impossible, au moins trop longue, voulons et nous plaist que au vidimus d'icelles, fait soubz seel roial, plainement foy soit adjoustée, et l'executeur en faire son exploit comme s'il avoit ce present original. Car ainsi le voulons et nous plaist estre fait, et ausd. suplians l'avons octroié par cez presentes, nonobstant lesd. contraulx et quelconques las de temps sur ce encouru, lesquelx, ou cas dessusd., nous ne volons valoir ne sortir aucun effect ; et, en tant que mestier est, nous en avons relevé et relevons lesd. suplians, en payant mesmement et refondant telle somme ou sommes que par nostred. court sera advisé, eu regart aux contractz ou ce que raison donra, et quelconques lettres subreptices impetrées ou à impetrer, à ce contraires; mandons et commandons à tous noz justiciers, officiers et subgetz que à toy, en ce faisant, oboïssent et entendent diligenment. Donné à Chinon, le xiiie jour de janvier, l'an de grace mil quatre cens [quarante] et cinq, et de nostre regne le xxiiiie.

Ainsi signé : Par le roy, à la relacion du conseil. — E. Duban.

LXXXIII

Lettres de respit donné à mons^{gr} de Rays, admiral de France, par le duc de Bretaigne, de non faire les foy et hommage de la seigneurie de Rays jusques à deux ans.

17 septembre 1443.

François, par la grace de Dieu duc de Bretaigne, conte de Montfort et de Richemond, à tous ceulx qui ces presentes lettres verront ou orront, salut. Savoir faisons que nous, à la priere et requeste de nostre bien amé et feal chevalier et chambellan, Prigent, pour le present s^{gr} de Rays, de Couectivy et de Taillebourg, et admiral de France, tant en son nom que comme curateur de Marie de Rays sa femme, fille de feu Gilles de Rays, en son vivant s^{gr} de Rays, lui avons donné delay, respit, estat et souffrance, jusques à deux ans prouchains venans, de non nous faire les foy et hommaige, ou foys et hommaiges et serment de feaulté qu'il nous est tenu de faire, esd. noms, à cause et par raison de ce que tenoit au temps de son decès led. feu s^{gr} de Rais, de[s] baronnies, chasteaux, chastellenies, terres et seigneuries de Rays, Saint Estienne de Mallemort, Bourgneuf, la Benaste, et aussi des terres et seigneuries de Souché, les Jamonnieres et partie de l'isle de Boign, que led. feu s^{gr} de Rays avoit vendues à Geffroy le Ferron, lesquelles led. admiral dit avoir rachatées et raquitées dud. Geffroy, et autres qu'il tenoit ou temps dud. decès, en nostre duché. Et nostre main qui mise avoit esté sur ce que tenoit led. feu s^{gr} de Rays, ou temps dud. decès, des terres, baronnies, chasteaux, chastellenies et seigneuries dud. feu s^{gr} de Rays, avon dès huy pour le temps advenir, en ce que nous touche, levée et ostée, levons et hostons au proufit dud. admiral, esd. noms; et ce que tenoit aud. decès, d'icelles baronnies, chasteaux, chastellenies, terres et seigneuries, lui avons baillées et delivrées, baillons et delivrons et mecfons à plainere delivrance par cez presentes, sans ce que par ce led. admiral puisse comprandre ne dire que nous ne puissons joïr des acqestz et ypotheques que nous avions en sur lesd. terres et seigneuries, au temps dud. decès, lesquelz et noz droiz, souverainetez et noblesses, avons reservez et reservons par exprès. Si mandons et commandons à noz amez et feaulx tresorier general, gens de noz comptes, à noz seneschal, procureur, tresorier ou receveur de Nantes, et à tous noz autres justiciers et officiers, et à leurs lieuxtenans et à chascun d'eulx qui requis en sera, qu'ilz facent, seuffrent et laissent led. admiral, esd. noms, ses gens, procureurs, officiers et commis de par lui, joïr et user plainement et paisiblement de ce que tenoit led. feu s^{gr} de Rays, au temps dud. decès, desd. baronnies, chasteaux, chastellenies, terres et seigneuries, o les reservacions dessusd., sans sur ce lui faire et donner, ne souffrir estre fait ou donné aucun empeschement ou destourbier au contraire ; ains, s'aucun lui est sur ce fait ou donné, ores ou pour le temps advenir, durant led. temps de deux ans, qu'ilz le lui ostent et facent oster à plain et du tout. Et à noz bien amez et feaulx Yvon de Karsaliou, de Machecoul, Pierres Chesnel, de Saint Estiene de Malemort, Gillebert Helegast, de Pornic, Thebaut de la Claretiere, de Prinçay, Georget de Maroil, de la Benaste, cappitaines à present desd. places, et autres, s'aucuns y estoient mis avant l'execucion de cestes, mandons icelles places lui delivrer sans destourbier ne empeschement. Et cestes ou leur coppie ou vidimus en vaudront garant et descharge envers nous et tous autres et à chascun d'iceulx ; ausquelz coppie ou vidimus faiz soubz seau autentique de l'une de noz courts, voulons plaine foy estre adjoustée comme à l'original ; et apparaissant icelles coppie ou vidimus, avecques les relacions pertinentes dud. admiral, les avon deschargez et deschargeons entierement, et avec ce les quictons des sermens et obligacions que avons sur eulx et leurs plegez, à cause de la garde desd. places. Donné en nostre ville de Redon, le xvıı° jour de septembre, l'an mil cccc quarante et troys.

Ainsi signé : Par le duc. — Par le duc, de son commandement. — BACHELIER.

LXXXIV

Lettres du duc de Bretaigne confirmatoires d'autres siennes lettres touchantes la delivrance des terres, chasteaux, chastelenies et seigneuries de Rays, au prouffit de monss^r l'admiral de France [1].

21 janvier 1444.

Françoys, par la grace de Dieu duc de Bretaigne, conte de Montfort et de Richemond, à tous ceulx qui cez presentes lettres verront ou orront, salut. Comme dès le moys d'octobre derrain passé, nous eussions receu en nostre homme Geffroy le Ferron, procureur et ayant exprès povoir quant ad ce de nostre très cher bien amé et feal chevalier messire Pregent de Couectivi, s^{gr} de Rays, de Couectivy et de Taillebourg, admiral de France, tant en son nom que comme à cause de nostre très chere et très amée cousine dame Marie de Rays, sa compaigne espouse, fille et seulle heritiere de feu Gilles, sires de Rays, de certaines terres et seigneuries declairées à plain par noz lettres, o les reservacions y contenues, et voulons qu'il en joïst au desir d'icelles, desquelles la teneur s'ensuist :

Françoys, etc. [2].

Et depuis, pour certaines causes qui pour present cessent, ayt esté différée l'execucion et enterinement de nosd. lettres, Savoir faisons que nous bien acertainé du contenu d'icelles, voulans qu'elles sortent leur planier effect, donnons en mandement à noz bien amez et feaulx conseillers les gens de nos comptes, seneschaulx, cappitaines,

---

1. Cf. n° CCXXXIX.
2. Voyez plus loin, sous le n° LXXXVI, le texte de ces lettres.

tresoriers generaulx, receveurs particuliers, justiciers et officiers, leurs lieuxtenans et à chascun d'eulx en droit soy, du contenu en nosd. lettres et au desir d'icelles, faire, souffrir et laisser joïr et user nostred. chevalier et sad. compaigne, plainement et paisiblement sans empeschement quelconques, non obstant lettres, mains mises, mandemens ou deffenses faictes au contraire. Et coppie ou vidimus de cestes en vaudra garant et descharge à qui mestier en aura. Car ainsi le voulons et nous plaist. Et quant à contraindre noz cappitaines et tous autres qui seront à contraindre, par toutes voyes licites et raisonnables, à bailler la reelle pocession des seigneuries et forteresses existentes en nosd. lettres, à nostred. chevalier ou ses commis, avons commis et commetons nostre bien amé et feal escuier Jacquet de la Tousche, nostre mareschal de salle, auquel voulons en ce estre oboy comme nous mesmes. Donné en nostre ville de Vennes, le xxie jour de janvier, l'an mil cccc quarante et troys.

Ainsi signé : Par le duc. — Par le duc, de son commandement, presens : Mgr Pierre, le conte de Laval, Vous, l'evesque de Saint Brieuc, le sire de Montauban, le grant maistre d'ostel, le doyen de Nantes, Yvon Rosserf et autres pluseurs. — Cador.

LXXXV

La delivrance du rachat des Huguetieres fait par le duc de Bretaigne à mons^{gr} de Rays, admiral de France [1].

7 janvier 1445.

Françoys, par la grace de Dieu duc de Bretaigne, conte de Montfort et de Richemond, à noz president, seneschal,

---

[1]. Outre sa transcription au n° LXXXV, ce mandement a encore été copié dans le cartulaire sous le n° CCXXIX. Nous en connaissons également (Arch. Loire-Inf., E 486) un vidimus du 24 août 1448, passé sous le sceau de Saint-Jean-d'Angély.

alloué et procureur de Nantes, à leurs lieutenans et à tous
autres à qui de ce peut appartenir, salut. De la partie de
nostre bien amé et feal chevalier et chambellain Pregent
de Coyctivi, sire de Raiz et admiral de France, ou nom et
comme curateur de nostre très chiere et amée cousine et
fealle Marie de Raïz, sa femme, nous a esté humblement
exposé que par la mort de nostre feal cousin Bertran de
Dinan, s^{gr} de Chasteaubrient, decedé en cest an present,
estoit escheu à lad. dame de Raiz le rachat de la terre et
chastellenie des Huguetieres, de laquelle, en son vivant,
led. s^{gr} de Chasteaubrient estoit s^{gr} et pocesseur, par ce
que nostred. chambellain, ses gens et officiers disoint
que lad. terre des Huguetieres estoit tenue prochement à
foy, homaige et à rachat de lad. damme de Raiz sa femme,
ainsi que autresfoiz ilz avoint offert et encores offroint
informer vallablement nous et nostre conseil ; et que, ce
neantmoins, nous avions fait prandre et saesir lad. terre
des Huguetieres en nostre main, par cause de rachat que
disions nous appartenir et non pas à lad. damme de Raiz ;
et soubz umbre et couleur de ce, noz officiers de Nantes
et aussi les officiers de nostre très chier et très amé frère
Gilles, o lequel le heritiere dud. s^{gr} de Chasteaubrient est
mariée, disant le faire comme subrogé en nostre droit par
cause de donnaison faicte à nostred. frère d'icellui rachat,
avoint mis et mectoint à nostred. chambellain et à ses
officiers pluseurs troubles et empeschemens sur le joysse-
ment dud. rachat, tant en l'exercice de la juridiction que
en la recepte des fruiz et revenues d'icelle terre, et y fait
pluseurs expletz grandement prejudiciables et endomai-
geux ausd. sire et damme de Raiz, et en actemptant contre
les plegemens et opposicions faiz de leur partie, comme
ilz dient ; de quoy ilz nous avoint fait pluseurs clameurs
et complaintes, en nous suppliant qu'il nous pleust faire
voirs et visiter en nostre conseil les droiz dud. suppliant,
et sur ce lui faire provision convenable. Pour quoy nous,

inclinez à lad. supplicacion et requeste, desirans faire reson et justice à ung chascun de noz subgietz, avons fait visiter et examiner par les gens de nostre conseil les droiz et enseignemens que ont volu produire et monstrer les gens et officiers desd. sire et dame de Raiz. Entre autres ont exibé ung aveu et baillée par escript dud. Bretran de Dinan, s^{gr} de Chasteaubrient, daté le xviiie jour de septembre l'an mil iiii^c vignt et huyt, contenant que led. sire confessoit et avouet tenir à foy, hommaige et à rachat du s^{gr} de Raiz, à cause de sa chastellenie de Machecol, la terre et chastellenie des Huguetieres. Item, ung papier de compte du rachat des Huguetieres, escheu en l'an mil cccc dix huit par la mort de Charles de Dinan, père dud. Bretran, rendu cellui compte par Pregent le Bloy, chastelain de Machecou, à messire Jehan de Craon, sire de la Suze, ayant la garde et gouvernement de Gilles, sire de Raiz. Item, la deducion dud. compte, seellée des seaulx desd. sires de la Suze et de Raiz, datée du xvie jour d'avril l'an mil iiii^c vignt et deux. Item, ont apparu ung rolle de taux, de l'an dud. rachat, et avecques ce certaines enquestes et inffirmacions faictes par noz bien amez et feaulx conseilliers maistre Guillaume de la Loherie, nostre president, messire Jehan Labbé, nostre chambellain, par laquelle informacion est trouvé que en l'an dud. rachat escheu par le deceps dud. Charles de Dinan, la jurisdiction de lad. terre des Huguetieres fut excercée de par led. sire de Raiz et par ses officiers, et la recepte des fruiz faicte et levée pareillement ; et aussi pluseurs autres exploiz suffisans et vallables à possession de rachat acquerir. Attendu lesquelz faiz, droiz et enseignemens, apparuz tant par lettres que par enquestes, de quoy nous a esté fait rapport par les gens de nostre conseil, avons esté et suismes souffisanment informez et acertainés que le rachat de la terre et chastellenie des Huguetieres appartient ausd. sire et damme de Raiz, à cause d'elle ; pour quoy à leur profit sourdons et levons la main qui de par nous avoit esté mise et assise sur lad. terre et chastellenie des Huguetieres par cause de rachat ; en voulant et voulons que, touz empeschemens cessans, ilz puissent, par eulx, leurs gens et officiers, joïr entierement dud. rachat et des droiz, proffiz et esmolumens y appartenans, tant en recepte que en juridiction, en faire les fruiz et levées, et les leur mectons à plaine delivrance, en deffendant par ces presentes à touz et chascun noz officiers et à tous autres qui soubz umbre et couleur de nous se y vouldroint avencer, de non plus y explecter ne touscher ; en mandant et par ces mesmes presentes mandons et commandons à touz ceulx qui aucune chose ont prins et levé des fruiz dud. rachat, les rendre et restituer ausd. sire et damme de Raiz ou à leurs officiers et commis ; en voulant que à ce faire ilz soint contrains par nostre justice s'ilz en estoint refusans ou deloyans ; et les expletz qui ont esté faiz par nous et en nostre nom en celle terre et seigneurie des Huguetieres, ou de par autres qui se dient subrogez en noz droiz, en l'an dud. rachat, soit en excercice de justice et juridiction ou recepte des fruiz ou levées, ou autrement en quelque maniere que ce soit, ne voulons qu'ilz soint traiz à consequance, ne qu'ilz portent aucun prejudice ausd. sire et dame de Raiz, ne à leurs droiz et noblesses pour le temps avenir, et les declairons et reputons comme pour non faiz et avenuz, en tant que nous tousche, sauff et reservé en toutes choses noz droiz, souveraintés et noblesses et droyt d'autruy ; et voulons que coppie de ces presentes vaille garant et descharge à tous ceulx qui mestier en auront. Donné en nostre ville de Vennes, le viie jour de janvier, l'an mil iiii^c quarante et quatre.

Ainsi signé : Par le duc. — Par le duc, de son commandement et en son conseil, ouquel : Mgr Pierre, le conte de Laval, Vous, les evesques de Dol, de Nantes et de Saint Brieuc, le grant mestre d'ostel, le president, messire Jehan Labbé, ch°ʳ, les seneschalx de Rennes, de Nantes, de Vennes et de Dinan et autres estoint. — Cador.

Au dox desquelles est escript ce qui s'enssuit : C'est mandement a esté leu, publié et fait savoir, sauf à passer de l'opposicion de Jehan du Masle, qu'il a fait ou nom et comme procureur de monsgʳ Gilles de Bretaigne, tuteur et garde de Margarite de Dinan, sa compaigne, dame de Chasteaubrient et de Beaumanoir, à en estre fait raison ès termes prouchains de seans ; et combien que le procureur de ceste court se fust opposé à la publicacion dud. mandement, toutesfois pour ce qu'il a dit ne savoir cause suffisante à soustenir lad. opposicion, a esté lad. opposicion mise hors. Ce fut fait ès generaux pletz de Nantes, le sixiesme jour de fevrier l'an mil iiiⁱᶜ xliiii. Ainsi signé : Estienne Halcuart.

LXXXVI

Recepcion de l'ommaige fait au duc de Bretaigne par monsgʳ de Rays, admiral de France, à cause de lad. seigneurie de Rays.
2 octobre 1443.

Françoys, par la grace de Dieu duc de Bretaigne, conte de Montfort et de Richemond, à tous ceulx qui ces presentes lettres verront ou orront, salut. Savoir faisons que nous avons receu nostre bien amé et feal chevalier, Prigent, sgʳ de Rays, de Coectivy et de Taillebourg, admiral de France, tant en son nom que comme curateur de Marie de Rays sa femme, fille et heritiere de feu Gilles, en son vivant sgʳ dud. lieu de Rays, en la personne de Geffroy le Ferron, son procureur souffisamment fondé, aux foys et hommaiges et serment de feaulté que led. admiral nous estoit tenu de faire à cause et pour raison des baronnies, chasteaux, chastellenies, terres et seigneuries de Rays, Saint Estienne de Malemort, Bourgneuf, la Benaste et autres terres et seigneuries que tenoit et possidoit led. feu sgʳ de Rays au temps de son deces, et des terres et seigneuries de Souché, les Jamonnieres et partie de l'isle de Boign, que led. admiral dit avoir rachatées et raquitées dud. Geffroy le Ferron, que l'on dit led. feu s^gr de Rays avoir ja pieça vendues aud. Geffroy ; lequel admiral sera tenu toutesfoiz et quantes qu'il vendra en nostre presence nous faire lesd. foyz et hommaiges et serment de feaulté en sa personne. Et nous, pour certaines et justes causes qui à ce nous esmouvent, nostre main qui mise avoit esté sur lesd. baronnies, chasteaux, chastellenies, terres et seigneuries, avons levée et ostée, levons et hostons à plain et du tout, au prouffit dud. admiral, esd. noms ; et icelles lui avons baillées et delivrées, baillons et delivrons, en personne de sond. procureur, et les lui mectons à plaine delivrance, reservé en tous endroiz noz droiz, souverainetez et noblesses et droit d'autruy, et reservé aussi nos acquestz et ypotheques, et les deffenses et raisons dud. admiral sauves à l'encontre. Si mandons et commandons à nos amez et feaulx tresorier general, gens de noz comptes, à noz seneschaux, procureur, tresorier et receveur de Nantes, et à tous nos autres justiciers et officiers, et à leurs lieuxtenans et à chascun d'eulx qui requis en sera, qu'ilz facent, seuffrent et laissent led. admiral, esd. noms, ses gens, procureurs, officiers et commis de par lui, joïr et user plainement et paisiblement desd. baronnies, chasteaux, chastellenies, terres et seigneuries, o les reservacions dessusd., sans en icelles ne aucune d'elles lui faire ne donner, ne souffrir estre fait ou donné aucun empeschement ou destourbier au contraire ; ains, si aucun lui en estoit sur ce fait ou donné ores ou par le temps avenir, qu'ilz le ostent ou facent hoster à plain et du tout. Donné en nostre ville de Redon, le deuxiesme jour d'octobre, l'an mil quatre cens quarante et troys.

Par le duc. — Par le duc, de son commandement. — J. Bachelier.

LXXXVII

Certifficacion des foy et hommages faiz par monsᵍʳ de Rays, admiral de France, au duc de Bretaigne, de la seigneurie de Rays.

4 novembre 1445.

Je Jehan Hingant, chevalier, conseiller et chambellain du duc mon souverain seigneur, certiffie que aujourdhuy messire Pregent, sire de Rays et de Coectivi, a fait foy et hommaige à mond. sᵍʳ, des terres, baronnies et seigneuries de Rays et autres terres que mond. sᵍʳ le duc a delivrées par avant cez heures à Geffroy le Ferron, comme son procureur, et de quoy led. Ferron autresfoiz lui fist hommaige ; auquel hommaige mond. sᵍʳ l'a receu, sauf son droit et l'autruy, et sans aucune acheson de deffault d'ommaige du temps passé. Et ce certiffie estre vroy par ceste relacion signée de mon signe manuel, le quart jour de novembre l'an mil iiiiᶜ quarante et cinq. Ainsi signé : Jehan Hingant.

Donné et fait par coppie par nostre court de Nantes, le xiiiᵉ jour de novembre, l'an mil iiiiᶜ xlv. Ainsi signé : Jehan Blanchet, passé par coppie. Jehan Guibert, passé par coppie.

LXXXVIII

Lettre du retraict fait par monsᵍʳ de Rays, admiral de France, de toutes les terres que feu monssʳ de Rays vandit ja pieça à Geffroy le Ferron [1].

1ᵉʳ juillet 1442.

A touz ceulx qui ces presentes lettres verront et orront, salut. Comme ja pieça noble et puissant seigneur messire

---

1. Publié d'après le cartulaire et d'après une copie du 28 août 1460, émanée de la cour du parlement (Arch. Loire-Inf., E 219; ano. Trésor des chartes R. A. 33).

Gilles, s^gr de Rays, eust vendu, cedé et transporté à touz jours mès et à perpetuité à Guillemette, vefve de feu Guillaume le Ferron et à Geffroy le Ferron, son filz, demourant en la ville de Nantes, en Bretaigne, les terres, chasteaux, chastellenies et seigneuries de Souché, les Jamonnieres, Saint Estiene de Malemort, les terres et seigneuries que feu messire Jehan de Craon, s^r de Champtocé et de la Suze, tenoit en l'isle de Boign, avec tout le droit, proprieté, nom, raison, seigneurie et action que led. feu m^gr de Rays y avoit et prenoit et devoit avoir, pour certaines sommes contenues ès lettres sur ce faictes et passées, que led. s^gr de Rays en eut et receut ; et, assez tost après lad. vante et transport, led. le Ferron eust donné terme, respit et delay aud. s^gr de Rays de ravoir et povoir recouvrer de lui, dedans certain temps encores advenir, lesd. terres et seigneuries, en lui baillant et paient roiaulment et de fait, les sommes et sort principal que led. Ferron en avoit baillé et paié aud. s^gr de Rays, avec les fraiz, mises, reparacions et loyaulx coustemens, despens, dommaiges et interestz que led. Ferron auroit fait en faisant lesd. acquisicions et autrement et pour occasion d'icelles, et aussi toutes les sommes que led. le Ferron mettroit en acquestz joignant et auprès desd. terres et ameliorement d'icelles, dont led. Ferron devoit par exprès convenant entre eulx fait, estre creu par la declaracion de son simple serment, sans charge d'autre preuve, comme tout ce l'en dit apparoir par lettres sur ce faictes. Et depuis, soit led. m^gr de Rays allé de vie à trepassement, delaissé noble et puissante dame madame Katherine de Thouars, sa femme, et Marie sa fille et heritiere seulle et pour le tout ; laquelle ait esté conjoincte par mariage avecques noble et puissant s^gr messire Pregent, s^gr de Coectivy, auquel, après ce qu'il a esté mary de lad. Marie, a eu droit et lui compette et appartient lad. action et droit de retraict ; par le moyen duquel il ait sommé et requis par plusieurs foiz led. le Ferron qu'il le voulsist recevoir aud. retraict, offrant lui bailler et paier led. sort principal avecques lesd. interestz et dommaiges, despens et autres loyaulx coustemens. A quoy, de la partie dud. le Ferron a esté respondu qu'il estoit vray que sad. mère et lui avoient fait lad. acquisicion et aussi avoient donné led. terme, respit et delay aud. s^{gr} de Rays, de icelles terres et seigneuries ravoir et recouvrer de lui en poiant et rendant lesd. sommes ; ce qu'il estoit content de acomplir de sa part, o ce que led. m^{gr} de Coectivy fournist de sa part.

Pour ce est il que par devant nous Jacques Charpentier, notaire et juré de la court du seel royal estably aux contractz en la ville de la Rochelle, chastellenie et ressort d'icelle, pour le roy nostre sire, personnelment estably led. m^{gr} de Coectivy, d'une part, et led. Geffroy le Ferron, d'autre part, lequel Geffroy le Ferron, sans fraude, decepcion et contraincte, non admonnesté de nully, mais de son bon gré, bonne, pure et aggreable voulenté, et car très bien lui plaist, a congneu et confessé avoir eu et receu dud. m^{gr} de Coectivy les sommes et sort principal contenuz esd. lettres de ventes, faictes aud. le Ferron par feu mond. s^{gr} de Rays, ensemble et toutes lesd. sommes qu'il a mis en repparacions, acquestz et amandemens esd. places, et aussi touz les fraiz, mises, despens, dommaiges et interestz et loyaulx coustemens que led. le Ferron a fait à cause desd. terres et seigneuries par lui achattées, comme dit est ; et pour ce a led. le Ferron receu et reçoit par ces presentes led. messire Pregent, tant en son nom que ou nom de mad. dame sa femme, au retraict et rescousse desd. terres et seigneuries, et icelles et chascune d'elles a led. le Ferron cedé et transporté, cede et transporte aud. m^{gr} de Coectivy, esd. noms, ensemble tout le droit, nom, raison, proprieté, action et seigneurie qu'il y avoit et a, peut et doit avoir, povoit et devoit, par quelque nom, tiltre, cause ou raison que ce soit ou peusse estre, sans à lui ne aux siens ne qui de lui auront cause, riens y retenir ores ou pour le temps avenir, pour en joïr et user plainement et paisiblement par led. m^gr de Coectivy, mad. dame sa femme, leurs hoirs, successeurs et ayans cause, et pour en faire perpetuelment leur plaisir et volunté, à vie et à mort, sans contredit. Et prie et supplie led. le Ferron par cesd. presentes aux seigneur ou dame de qui lesd. terres et seigneuries sont tenues, que ilz reçoivent led. m^gr de Coectivy à la foy et hommaige, ou foiz et hommaiges qui à cause desd. choses leur sont deuz ; et donne en commandement aux vassaulx et subgez desd. terres et seigneuries, et aussi à touz ceulx qui aucunes choses tiennent esd. terres et seigneuries, que ausd. m^gr de Coectivy et mad. dame sa femme ilz obeissent doresnavant comme à leur vray seigneur et dame, leur facent les foy et hommaige, paiant les droiz et devoirs deuz à cause d'icelles terres et seigneuries et sans difficulté aucune. Pour toutes et chascunes lesd. choses garder, tenir, enterigner et acomplir de point en point, sans en faillir, et pour garentir et deffendre perpetuelment aud. m^gr de Coectivy et mad. dame sa famme lesd. chasteaux, chastellenies, terres et seigneuries, leurs appartenances, appendences et deppendances, envers touz et contre touz, franchement, quictement et paisiblement, de touz devoirs, charges, debtes et obligacions qui à cause de son fait et obligacion, et du fait et obligacion de sad. mère, leur seroit fait ou mis ou temps advenir, et aussi envers ses frères, seurs et coheritiers, et pour rendre et admander touz coustz, mises, despens, dommaiges et interestz que, à cause des choses et gariment dessusd. non tenues, gardées et acomplies, led. m^gr de Coectivy, mad. dame sa femme, leurs hoirs, successeurs et ayans cause, auroient ou avoir pourroient, auront ou avoir pourront ou temps advenir; et à en croire led. m^gr de Coectivy et mad. dame sa femme par la declaracion de leurs simples sermens, sans charge d'autre preuve, led. le Ferron a obligé et oblige touz et chascuns ses biens meubles et immeubles presens et advenir quelxconques, et a renoncé et renonce led. le Ferron, en tout et par tout cest fait, à toute excepcion et decepcion de pecune non eue et non greantablement receue, et à toute autre excepcion, lesion et decepcion, au droit disant generalle renonciacion non valoir, se non en tant comme elle est expressée, et à tout autre droit escript et non escript, coustume, usaige et stille de pays, et a juré led. Ferron aux sainctes euvangilles Dieu Nostre Seigneur, tenir, garder et observer toutes et chascunes les choses susd., sans faire ne venir au contraire en aucune maniere. Desquelles choses et de chascune d'icelles led. notaire en a jugé et condampné led. le Ferron, de son consentement et volunté, par le jugement de la court dud. seel. Et nous Guillaume Guillaud, garde d'icelui seel pour led. seigneur, à la relacion dud. notaire, auquel nous sur ce adjoustons foy, led. seel que nous gardons y avons mis et apposé en signe de verité. Ce fut fait, presens tesmoigns à ce appellez et requis : honnorez et saiges maistres Pierre Brager et Ytier Voysy, conseillers du roy nostred. s^{gr}, le premier jour de juillet, l'an mil IIII^c XLII.

Ainsi signé : J. Charpentier.

LXXXIX

Coppie du partaige fait entre feu mons^{gr} de Rays et mons^{gr} de la Suze, son frère [1].

25 janvier 1434.

Sur la requeste, peticion et demande faicte de la part noble et puissant messire René de Rays, chevalier, à noble et puissant s^{gr} messire Gilles de Rays, baron et s$_g^r$ de Rays, frère aisné dud. René, enfans de feu Guy, en son

---

[1]. Publié pour la plus grande partie (*La Maison de Craon*, par Bertrand de Broussillon et Paul de Farcy, t. II, p. 109-113).

vivant s^r de Rays, et de feue Marie de Craon, fille de feu messire Jehan de Craon, jadis chevalier, en son vivant s^r de la Suze et de Champtocé, et de dame Beatrix de Rochefort, sa femme, aïeul et ayeulle en lingne maternel desd. Gilles et René de Rays, d'avoir celui René et lui estre baillé par led. Gilles, son frère aisné et heritier principal de leursd. père et mère, ayeul et ayeulle, sa partie et porcion luy apartenans ès terres et seigneuries demourées des eschoites et subcessions de leursd. predecesseurs, à la coustume des païs où lesd. terres sont situées et assises, dont, en ce que touche ce que y avoit ès pays de Normandie, France, Poictou et Xantonge, disoit led. René estre fondé à y prandre et avoir par heritaige, et ès autres pays, comme Bretaigne, Anjou et le Maine, à y prandre et avoir sa porcion par bien fait et à viaige. Pour lesquelles parties et porcions, eu esgart au grant des terres et seigneuries desd. subcessions, disoit led. René lui povoir bien competer par heritaige le nombre de treze cens liv. de rente ou environ, et par bien fait, à viaige, de cinq à six mil liv. de rente ou environ ; quelles sommes, ou ce que seroit regardé resonnablement lui povoir appartenir, supplioit et requeroit led. René aud. Gilles, son frère aisné, s^r et heritier principal, lui estre baillées et emplacées esd. terres, seigneuries et richesses ; lequel Gilles, confessant que led. René estoit son frère puisné et germain et que, ès terres, seigneuries et pocessions demourées de leursd. predecesseurs, il estoit bien fondé à prandre et avoir sa partie et porcion à la coustume des pays où les terres sont setuées, n'entendoit debatre ne contrarier de la lui bailler raisonnablement, non pas à tele valeur ne estimacion si grande comme estoit requis de la partie dud. René, mès, pour eschever aux doubtes, difficultés et debatz que entre eulx en povoit ensuir, et afin de demourer paisibles comme frères l'un vers l'autre, et mesmement celui Gilles vers led. René demourer quicte de tout ce

que il lui povoit ou poust querre et demander, par meuble
ou par heritaige, à cause des subcessions et eschoites davantd., ou autres quelxconques qui sont escheues et ave-
nues par quelque tiltre, moyen ou cause que se soit, reservé
aud. René son accion contre Anne de Sillé de tel don que
lui fist autresfois lad. Beatrix de Rochefort, son ayeulle,
ou cas toutesvoies que led. s^{gr} de Rays ne seroit tenu et
obligé à en garantir lad. Anne.

Sachent tous que par nostre court de Nantes, en droit
et personnelment etabliz lesd. frères devant nommez, soy
soubzmetans, eulx et leurs biens et par leurs sermens, aux
povoir, juridicion, cohercion et destroit de nostred. court,
quant au contenu en cez presentes tenir et accomplir,
lesquelz sont confessans estre et de fait sont venuz et
condescenduz d'un commun vouloir et assentement, à
fourme d'accord et apointement, en la forme et maniere
qui ensuit : C'est assavoir que led. Gilles, sire de Rays, a
octroié bailler aud. René son frère, pour tous les droiz,
partie, porcion et avenant qui lui povoient et puissent
compecter et apartenir ès terres, heritaiges, richesses et
successions de leurs predecesseurs, et pour demourer
quicte vers lui de tout ce qu'il y peut querir et demander
de tout le temps passé jusques à cest jour, le nombre et
somme de troys mille liv. de rente par heritage, en ce
comprins troys cens liv. de rente deuz sur la terre et
chastellenie de Brochessac, que par avant cest jour, led.
sire de Rays avoit transporté par certains moyens aud.
René, son frère ; et en assiete et assignacion du parssus,
qui se monte deux mil sept cens liv. de rente, led. sire de
Rays baille et transporte, assiet et assigne aud. René son
frère, les chasteaux, terres et chastellenies de la Suze et de
Briolay, ensemble la terre de Tiercé, joignant et deppen-
dant de lad. terre de Briolay, pour la somme de mil liv.
de rente, si comme lesd. terres et chastellenies prosurs se
comportent, avecques toutes et chascunes leurs aparte-

nances, appendences et deppendences quelzconques, tant en chasteaux, menoirs, mesons, demaines, mestaieries, prez, vingnez, boys, forestz, estangs, molins, pescheries, cens, rentes, fiez, feages, hommes, hommaiges, services tant en deniers, blez, vins, poulailles, biens, corvées, avenaiges, dismes, justices, juridicions haultes, moyennes et basses, prevostez, acquitz, coustumes et trepas, seaulx de contractz, et generalment tous les autres droiz quelzconques appartenans, mouvans et deppendans desd. terres et seigneuries et de chascune d'icelles; reservé à dame Anne de Sillé, veufve dud. feu sire de la Suze, son droit de douaire sur lad. chastellenie de Briolay et autres terres baillées et que baillera led. sire de Rays à sond. frère, ainsi qu'il declere' en cez presentes.

Item, a baillé led. sire de Rays aud. René, son frère, les terres et seigneuries qu'il a et lui appartiennent ès terres de France, à Laon et Lannays, ou pays de Champaigne et ailleurs esd. parties, ainsi et en la maniere que les tenoit led. feu sire de la Suze, en son vivant, et avecques tous et chascuns les droiz qu'il y avoit ou povoit avoir, sans riens y retenir sauff les collacions et presentacions, patronnaiges des benefices, comme dit est ; quelles terres et seigneuries ont esté et sont baillées par led. sire et prinzes, à gré dud. René son frère, pour cinq cens l. de rente. Et pour le rest des III^m liv., que est XII^c liv. de rente, led. sire de Rays a baillé dès à present aud. René, son frère, pour seurté et pour provision, les terres, chastel et chastelenie du Loroux Botereau o ses apartenances, appendences et deppendances quelzconques, en ce comprins le droit qu'il a et peut avoir en la terre de la Verriere que dame Katherine le Blanc tient par viaige; reservé aud. Gilles, sire de Rays, à tenir en sa main et par son cappitaine, led. chastel du Loroux Botereau jusques à troys ans, sauf aud. René à y avoir son logeis et retraict, pour lui et ses gens et biens, durant celui temps. Et aussi lui baille la terre et chastellenie de Boign o ses apartenances, en ce que touche la porcion qui fut aud. feu Guy de Laval, leur père, et en la forme et maniere qu'il la tenoit en son vivant, à tous les droiz, proffiz, revenues et emolumens quelzconques appartenans à icelles, sauf les droiz des patronnaiges, collacions et presentacions des benefices, comme dit est; et aussi reservé la forteresse dud. lieu de Boign, qui demour[r]a en la main et garde dud. sire de Rays et de son cappitaine durant le temps de troys ans, ainsi que elle est à present. Et est accordé entre lesd. frères que les chastellains et receveurs desd. lieux du Loroux et de Boign, qui à present sont de par led. sire de Rays, feront le serment aud. René de bien et loyaulment lui poyer et randre les fruiz, levées et revenues desd. terres, durant lesd. troys ans, et lui en rendre bon et loial compte et reliqua, sans en bailler ne distribuer à autre personne que à luy, si non de son consentement, durant lesd. troys ans.

Item, aura et prandra led. René deux cens liv. de rente par provision, durant ceulx troys ans, sur l'acquit et prevosté de Champtocé et d'Ingrande que led. sire de Rays luy baille et assigne, à estre paiées ès termes de Pasques et de Toussains par moitié; ainsi dit, octroié et accordé entr'eulx que, dedens led. temps de troys ans, led. sire de Rays poura bailler et asseoir, si bon lui semble, en bonne et loialle assiete, par heritaige, aud. René son frère, lad. somme de doze cens liv. de rente ou partie d'icelle, en terres et chastellenies ou seigneuries, ès païs d'Anjou, de Poictou, de Bretaigne, ou en marche, ou en l'un ou deux d'iceulx, laquelle assiete led. René ne poura refuser. Dit par exprès que si led. sire de Rays lui baille et delivre les terres de Blazon, de Chemeiller, Fontaine Millon et Gratecuisse, dedens lesd. troys ans, celuy René sera tenu les prandre pour neuf cens liv. de rente pour toutes prisaigées et avaluées, à valoir acquit sur lesd. xiie liv. de rente; et les troys cens liv. restans, demourront sur led. acquit de

Champtocé. Et ou cas que led. sire de Rays ne feroit lad. assiete de xiie liv. de rente aud. René son frère, dedens led. temps de troys ans, ainsi que dit est, lesd. terre, chasteaux et chastellenies de Loroux et de Boign, avecques lesd. ii[i]^e liv. de rente sur led. acquit, seront et demour-[r]ont, sont et demourent dès à present comme pour lors, perpetuelment par heritaige, aud. René, ses hoirs et cause ayans. Item, est accordé, octroié et appointé entr'eulx que si led. René retrairoit et aquerroit les terres de Blazon, Fontaine Millon, Ambrieres, Saint Aubin ou autres des pieces aliennées par led. sire de Rays ou aucunes d'icelles, led. René sera tenu les bailler aud. sire de Rays, en lui rendant son argent qu'il en auroit paié.

Et partant, fournissant et acomplissant les choses dessusd., led. René s'est tenu contant de touz les droiz, partie, porcion et avenant qu'il peust querir et demander vers led. sire de Rays, son frère, ès terres, heritaiges et richesses de leurs predecesseurs, et l'en a quicté et quicte, avecques de tout ce qu'il lui peut querir et demander de fait de meuble et de heritage, et de accion reelle et personnelle, de tout le temps passé jusques à cest jour, sauff son accion vers lad. Anne de Sillé, comme dessus est dit ; renoncians et de fait ont renoncié lesd. frères et chascun d'eulx à toute erreur, sourprinse ou circonvencion de oultre moitié de droit pris, à allegacion de dol, fraude, barat ou tricherie, à toutes dilacions de jour, juge, terme de parler, exoine mander, et autres quelxconques dilacions, excepcions, plegemens, opposicions, allegacions de serment, graces ou respiz de roys, princes ou autres seigneurs, à toute aide et remede de droit escript, coustumes, establissemens ou usemens de pays, et à toutes autres choses qui contre la teneur, divis, effect et execucion de cez presentes pourront estre dictes, obbicées ou oposées, et au droit disant general renunciacion non valoir. Et les choses dessusd. et chascune d'icelles tenir, garder, enteriner et acomplir de point

en point sans jamès aler encontre, ont promis et juré
lesd. parties et chascune pour ce que lui touche, par leurs
sermens; et quant à ce y ont obligé et ypothequé tous et
chascuns leurs biens meubles et heritaiges, et mesmement
led. sire de Rays à garantir aud. René son frère, delivrer et deffendre lesd. terres et choses baillées comme
dessus, de tous debatz et empeschemens au regart de lui
et de son fait ; et ausd. choses et chascunes tenir et loiaulment acomplir les avons, de leurs assentemens et requestes, jugez et condampnez, jugeons et condampnons par le
jugement de nostred. court. Donné tesmoign le seel establi
à noz contractz, assemblement o les seaulx desd. seigneurs,
qu'ilz ont promis mectre et apposer à ces presentes à grigneur
fermeté et apparissance, chascun pour ce que lui touche
et pour son fait. Ce fut à Nantes, le vingt et cinquiesme
jour de janvier, l'an mil quatre cens trente et troys.

Ainsi signé : P. Halouart passe, Jehan du Vigneau,
passe.

XC

Hommaige fait par monsgr de Rays à monsgr de Rohan.
18 octobre 1442.

Alain, viconte de Rohan, conte de Porthouet et sgr
de la Garnache, à tous ceulx qui cez presentes lettres
verront, salut. Savoir faisons que aujourduy est venu par
dever nous honnorable homme maistre Jehan Barbin,
conseiller et advocat fiscal de mgr le roy, en nom et
comme procureur de nostre très cher et amé cousin messire Pregent, sgr de Rays et de Coectivy, admiral de
France ; lequel Barbin, oud. nom, nous a offert à faire les
foy et hommaige lige et serment de feaulté que nostred.
cousin nous est tenu de faire à cause et par raison de ce
qu'il tient de nous en l'isle de Boign et ailleurs en nostre
chastellenie de la Garnasche, tant à cause de lui que à

cause de nostre très chere et amée cousine Marie de Rays, sa femme. Auxquelz foy et hommage et serment de feauté nous avons receu led. procureur, ou nom de nostred. cousin, sauf en autres choses nostre droit et l'autruy. Par protestacion que, pour avoir receu nostred. cousin ausd. foy et hommage et serment de feaulté par procureur, pour ceste foiz, il ne nous tourne en prejudice en autre cas pareil ou temps advenir; et à nostred. cousin, en la personne de sond. procureur, avons enjoint de bailler son denombrement dedens le temps de la coustume. Si donnons en mandement à noz seneschal, chastellain, procureur et receveur en nostred. chastellenie de la Garnasche, qu'ilz facent, souffrent et laissent joïr et user doresenavant nostred. cousin, desd. terres tenues de nous, et lui en hostent tout empeschement qui par nous ou nos officiers lui auroient sur ce esté fait, mis ou donné. Donné à Plermel, le xviii$_e$ jour d'octobre, l'an mil iiii$_c$ xlii, soubz nostre propre seel.

XCI

Delivrance de certaines choses en la seigneurie de Faleron faicte par le seneschal dud. lieu, et lesquelles estoient saisies en la main de mons^{gr} de Rays à cause de certains devoirs non faiz.

22 octobre 1412.

Aujourduy par devers nous Jehan Mainoeteau, seneschal de Faleron, et tenant les assises dud. lieu pour très noble et puissant mons^{gr} de Rays et de Blazon, est venu Nicolas Amouroux, lequel nous a fait exposer qu'il estoit homme de foy de mond. s^{gr} à cause de sa chastelenie et terre de Faleron, et qu'il estoit venu à sa notice que les officiers de la court de ceans avoient prins et saisi en la main de mond. s^{gr} les choses de sond. hommaige, et nous a requis que nous voulissons faire declairer la cause de sad. saisine. Après laquelle requeste, le procureur de mond. s^{gr} a declairé la cause de sad. saisine estre telle : Que led. Amoroux est homme de foy de mond. s_g^r à cause de sad. chastellenie et terre de Faleron, d'une certaine sergenterie ou bailliaige, et à cause de ce doit led. Amoroux servir mond. s_g^r et excercer sad. sergenterie en sa personne, et que, en deffaut dud. service non fait, mond. s_g^r a droit, tant par les usages et coustumes du pays de Poictou que autrement deuement, de faire mectre et saisir par ses gens et officiers, en sa main, les choses dud. hommaige et icelles prandre et lever à son prouffit, ou autrement en ordonner à son plaisir par deffaut dud. service ; et que led. Amoroux n'a pas servi mond. s_g^r en sa personne en excercent led. office de sergenterie, et ainsi par defaut dud. service non fait, ont esté lesd. choses prises et saisies ; et ainsi disoit led. procureur que à bonne et juste cause avoit esté faicte lad. saisine, offrant à prouver et monstrer les choses par lui proposées en cas de manée. Emprès laquelle cause declairée, led. Amoroux a congneu et confessé en jugement que, à cause de sond. hommage, il devoit et estoit tenu de servir mond. s_g^r en excercent en sa personne led. office de sergenterie dedens les fins et mectes de son bailliaige, et que à bonne et juste cause lad. saisine avoit esté faicte, et durans ces presentes assises a servi mond. s^{gr} en excercent sond. office de sergenterie ; et emprès ce nous a requis que, consideré qu'il confessoit les causes de lad. saisine estre vraies, et qu'il avoit excercé sond. office et offroit excercer ainsi que tenu estoit et qu'il confesse, nous lui voulissons mectre au delivre lesd. choses prises et saisies pour la cause susd. Emprès laquelle requeste, consideré que led. Amoroux conffessoit les causes de lad. saisine estre vraies, et qu'il a excercé sond. office de sergenterie et offri à l'excercer par l'avenir, à icelui avons mis et mectons au delivre lesd. choses saisies dès le jour duy en avant ; et au regard des choses sises et prises pour la cause susd. de par avant le jour duy, elles sont demourées en la main de mond. s^gr. Fait et donné esd. assises tenues par nous seneschal susd., le xxiie jour du moys d'octobre, l'an mil iiii^c et doze.

Ainsi signé : N. Arnault.

XCII

Accort entre mons^gr de Rays et Olivier de Machecoul, touchant ii^m livres de rente dont led. seigneur lui bailla iiii^c liv. de rente en Boign.

Janvier 1276.

Universis presentes litteras inspecturis et audituris, Oliverius de Machecolio, miles, dominus Benaste, salutem in Domino. Cum vir nobilis Girardus Chaboz, dominus Radesiarum, miles, tradiderit omnes redditus et exitus tocius terre sue de Boignio ad percipiendum et habendum ex eisdem per nos vel per quemcumque voluerimus, quolibet anno quinque annorum proxime futurorum, quatuor centum libras monete curentis, in acquitacionem et solucionem duorum millium librarum monete curentis in quibus idem Girardus nobis tenetur ex mutuo ; Noverint universi quod, in tradicione dictorum reddituum, concordatum est inter nos et eumdem Girardum quod ille quem nos constituerimus et posuerimus ad recipiendum predictos redditus et exitus, juramentum faciet eidem Girardo, vel mandato suo, quod ipse de omnibus redditibus, proventibus et exitibus dicte terre quos ipse recipiet, justam computacionem semel in anno cum eodem Girardo faciet, vel cum mandato suo, et eidem super hiis reddet legitimam racionem. Ceterum volumus, gratamus et concedimus eidem Girardo quod de ducentis libris annui redditus quas idem Girardus assignare et tradere tenetur Johanni, filio nostro, in maritagium cum Estachia, filia ipsius Girardi, in terra de Castro Gonterii vel in terra sua de Radesiis, si aliam non potuerint liberare, idem Girardus, pro expensis et labore quas et quem fecerit et substinuerit in placito pro persecucione juris ipsius terre de Castro Gonterii, habeat et percipiat exitus et proventus ac redditus dictarum ducentarum librarum redditus et suos faciat, de primo anno quo dictus Johannes, filius noster, dictas ducentas [libras] debebit percepere et habere. In cujus rei testimonium, presentes litteras dicto Girardo damus in sigillo nostro sigillatas. Actum anno Domini millesimo ii^c septuagesimo quinto, mense januarii.

XCIII

Mandement du duc de Bretaigne pour mons^{gr} de la Suze contre les frères mineurs de Bourgneuf en Rays[1].

11 juillet 1414.

Jehan, duc de Bretaigne, conte de Montfort et [de] Richemont, à noz seneschal et aloué de Nantes, salut. Comme certaine cause ou adjournemens soient pendans à noz prouchaines assignances, par davant nous en nostre conseil, en cas d'opposicions et autrement, entre nostre feal cousin le sire de la Suze et de Champtocé, d'une part, et les gardien et convent des frères mineurs de Bourcneuf en Rays, d'autre part, par cause de certains heritaiges et certaine quantité d'ayres de salinnez et de prez, sis en l'isle de Boign, que lesd. frères, gardien et convent tiennent et s'efforcent tenir, soubz umbre d'aucune baillée que Girard de Machecoul, jadis chevalier, et Aliennor de Thouars, sa compaigne espouse, desquelz led. sire de la Suze, pour representacion de dame Katherinne de Machecoul, sa mère, est heritier seul et pour le tout, si comme il dit, autresfoiz leur en firent sur certaine forme

---

1. Publié par René Blanchard, *Lettres et mandements de Jean V*, duc de Bretagne, n° 1176.

et condicion ; par cause desquelx heritages, lesd. parties sont à debat et ont aucunes d'icelles obtenu de nous certaines lectres, à l'execucion desquelles y a eu opposicions, si comme par relacion de noz commissaires en ceste partie plus plainement peut apparoir ; et lesd. heritaiges, dont contens est, soient situez soubz la jurisdicion de nostre court de Nantes, laquelle court est plus prochaine et à l'aise desd. parties, quelles y pourront trouver de bons et suffisans advocaz pour leurs droiz y garder et deffendre, et y estre briefment expediez à moins de froiz et de coustaiges, et aussi que nosd. assignances tiennent de loign à loign, par quoy lad. cause pourroit prandre long traict et à grans coustz et misions, Nous, cez choses considerées, et à la supplicacion dud. sire de la Suze et pour autres causes à ce nous movans, avons envoyé et envoions à noz generaulx pletz de nostred. court de Nantes lesd. causes et adjournemens avecques leurs sequelles et deppendances, en l'estat qu'elles sont à present, pour illec en estre fait raison entre lesd. parties, en deffendant et deffendons à tous autres la congnoissance. Si vous mandons et commandons, en commectant se mestier est, et à chascun de vous, que ce vous intimez et faictes savoir ausd. frères, gardien et convent ou à leur certain procureur, et que desd. causes et debatz, leurs sequelles et deppendances, entre lesd. parties vous congnoissez et determinez en nosd. generaulx plez de nostred. court de Nantes, en leur faisant sur tout le fait bon droit et brief acomplissement de justice, sans long procès, tous subterfuges et cavilacions de plet cessans et regectez. Car ainsi le voulons et nous plaist estre fait, de nostre grace especial, par ces presentes, se mestier est, non obstant lettres données au contraire ne autres quelconques subrectices ou derogatoires à cez presentes. Et de ce faire vous donnons et à chascun de vous plain povoir et mandement especial, mandons et commandons à tous noz subgetz en ce faisant vous oboïr et diligeanment entendre. Donné en nostre ville de Vennes, le xi° jour de juillet, l'an mil iiii° et quatorze. — Et si voulons, parmy ce que vous, nosd. seneschal et aloué, pourvoiez ausd. religieux de bon conseil par esgalle distribucion. Donné comme dessus. Ainsi signé : Fresero.

Par le duc, de son commandement, en son conseil, ouquel : l'evesque de Cornouaille, le sire de Chasteaugiron, le president, messire Henry du Juch, messire Regnaut de Basoges et autres estoient. — Fresero.

XCIV

Mandement du duc de Bretaigne pour monsr de la Suze contre les bourgeoys de Nantes [1].

11 juillet 1414.

Jehan, duc de Bretaigne, conte de Montfort et de Richemont, à noz cappitaine, seneschal, aloué et procureur de Nantes, leurs lieuxtenans, salut. Nostre amé et feal cousin le sire de la Suze et de Champtocé, nous a de present fait exposer en suppliant que ja soit ce que autresfoiz sur ce que de la partie des bourgeoys de nostre ville de Nantes ou d'aucuns d'iceulx, soubz umbre d'aucuns privileges qu'ilz disoient et dient avoir obtenu de nous et de noz predecesseurs, on s'efforçoit enpescher à nostred. cousin la vente à detail des vins de la creue de sa terre de Souché, sise à deux leues ou environ de nostred. ville de Nantes, laquelle terre il tient de nous ligement et prochement, et en est nostre homme et feal, nous, à la supplicacion de nostred. cousin, eussions volu que doresenavant il poust faire vendre et adenerez à detail, en nostred. ville de Nantes, sesd. vins de la creue de ses vingnes et heri-

---

1. Publié par René Blanchard, *Lettres et mandements de Jean V, duc de Bretagne*, n° 1175.

taiges qu'il a et tient de nous en nostre conté dud. lieu de Nantes, si comme par noz lettres sur ce faictes, estantes du xxiiii° jour de mars derroin passé [1], plus à plainement peut apparoir ; ce neantmoins, lesd. bourgeoys et habitans ont depuis obtenu de nous aucunes lettres [2], par vertu desquelles ilz se sont efforcez et efforcent enpescher, indeuement et contre raison, nostred. cousin et feal sur la vente à detail de sesd. vins en nostred. ville, en son très grant grief, prejudice et dommage, et du bien de la chose publique de nostred. ville, si comme il dit, supliant en ce par nous lui estre pourveu de remède convenable. Pour ce est il que nous, qui n'entendismes oncques ne ne voulons que par les privileges que lesd. bourgeoys et habitans de nostred. ville ont sur ce de nous ou de noz predecesseurs, soit au prejudice ne deroge aucunement aud. exposant ne de ses droiz et heritaiges, eue consideracion à ce que dit est et à la teneur de nosd. lectres sur ce autresfoiz octroiées aud. exposant, et pour autres causes à ce nous esmouvans, voulons et vous mandons et commandons, en commectant si mestier est, et à chascun de vous que vous faictes, laissez et souffrez led. exposant faire vendre et adenerer à detail, en nostred. ville de Nantes, ses vins de la creue de sesd. heritaiges qu'il tient de nous en nostred. conté, tous empeschemens cessans au contraire ; car ainsi le voulons et nous plaist estre fait de nostre grace especial, par cez presentes, se mestier est, non obstant quelconques lettres ou privileges de nous et de noz predicesseurs impetrées ou à impetrer au contraire. Et de ce faire vous donnons et à chascun de vous plain povoir, auctorité

---

1. Voy. le n° CLIX du présent recueil.
2. L'original de ces lettres, du 18 mai 1414, existe encore aux archives municipales de Nantes. Elles ont été publiées par M. de la Nicollière-Teijeiro, *Privilèges de la ville de Nantes*, 1883, t. Ier des *Archives de Bretagne*, éditées par la Société des Bibliophiles Bretons. Le même document est analysé sous le n° 1168 des *Lettres et mandements de Jean V, duc de Bretagne*.

de par nous et mandement especial, mandons et commandons et à touz nos feaulx et subgitz, en ce faisant vous oboïr et diligeanment entendre. Donné en nostre ville de Vennes, le xi° jour de juillet, l'an mil iiii° et xiii. — Et ce voulons durant nostre plaisir.

Par le duc. — Par le duc, de son commandement, presens : le sire de Chasteaugiron, messire Henry du Juch, messire Renaut de Basoges et pluseurs autres. — Fresero.

XCV

S'ensuivent certaines autres lettres ainexées o les lettres devant dictes.

19 juillet 1414.

Jamet Lamoroux, receveur de Nantes, commis et deputé de mon très doubté s^{gr}, m^{gr} le conte de Richemont, gouverneur de la conté de Nantes, quant afin de bailler lettres executoires de toutes celles qui seront à executer par les justiciers et officiers de lad. court, aux cappitaine, seneschal, alloué et procureur de Nantes, leurs lieuxtenans et à chascun d'eulx, salut. De la partie de nobles homs et puissant le sire de la Suze et de Champtocé, en la personne de Robin Boin son procureur, m'ont esté exibées et aparues les lettres et mandement du duc mon souverain seigneur, du dabte de le xi° jour de ce present moys de juillet, esquelles cez presentes sont atachées soubz mon signet ; et ay esté requis dud. procureur oud. non, que je, oud. non, lui voulisse donner lettres conformables ès lettres de mond. seigneur le duc ou executoires d'icelles. Pour quoy je, qui en ce et en toutes autres choses voudroye oboïr à mond. seigneur le duc et obtemperer à ses lettres et mandemens, ay voulu et me suis consenti, vueil et me consens par cez presentes, que les lettres de mond. seigneur esquelles cez presentes sont atachées, comme dit est, sortent et aient leur planier effect, et que icelles executez et mectez à excucion entierement de point en point selon le contenu d'icelles. Donné soubz mesd. signet et seign manuel, le xixe jour dud. moys de juillet, l'an mil iiii^c xiiii. — Ainsi signé : Jamet Lamoroux.

XCVI

Acquisicion de cent solz de rente faicte par monsgr de la Suze sur le Boys Baudet près Champtocé.

21 avril 1415.

A tous ceulx qui cez presentes lettres verront et orront, Jehan Guiot, sergent ou bailliaige et sergenterie de Candé, ressortant au ssiege et assise d'Angers pour très excellant et puissant prince le roy de Jherusalem et de Sicile, duc d'Anjou et conte du Maine, salut. Savoir faisons que le dimanche x^e jour de fevrier l'an mil iiii^c et quatorze, me furent presentées par Estienne Boureau, en non de noble et puissant seigneur messire Jehan de Craon, sire de la Suze et de Champtocé, comme ayant le droit et accion en ceste partie des doyen et chapitre de l'eglise collegial de Saint Père d'Angers, deux lettres obligatoires seellées, c'est assavoir l'une des seaulx establiz aux contractz de la ville et ressort d'Angers, et l'autre des seaulx desd. doyen et chappitre de l'eglise collegial de Saint Père d'Angers, avecques certaine requeste de lettre formée, par vertu de laquelle il m'a requis, oud. non, l'execucion, enterinement et acomplissement d'icelles lettres et requeste estre faicte aud. sire de la Suze ; et en icelle requeste me bailla et donna plege Jehan le Maczon, qui en ce le plega et l'en juge de par led. seigneur, en la presence de Guillaume Jodon, Guillaume Odion et pluseurs autres. La premiere lettre obligatoire contenant cent solz de rente, de laquelle la teneur s'ensuit :

Sachent tous presens et advenir que, en nostre court à Angers, en droit par devant nous personelment estably Jehan Petit Clerc, sire du Boys Baudet, parroissien de la Chappelle Saint Florent le Vueil, soubzmetant soy avecques tous et chascuns ses biens meubles et inmeubles, presens et avenir, au povoir, destroit et juridicion de nostred. court, quant à cest fait, confesse de son bon gré, sans aucun pourforcement, avoir vandu et octroyé et encores, par devant nous et par la teneur de cez presentes, vent et octroye dès maintenant et à present, à tousjors mais perpetuelment par heritaige, à honnorables et discretes personnes les doien et chappitre de Saint Père d'Angers, à leurs successeurs et ayans cause d'eulx, la somme de cent solz tournois monoye courant, d'annuel et perpetuel rente, randable par chascun an dud. vendeur, de ses hoirs et des ayans cause de lui, à ses propres coustz et despens, ausd. doyen et chappitre, à leurs successeurs et ayans cause d'eulx, en lad. eglise de Saint Père d'Angers, aux festes de Pasques et de la Toussains par moitié. Et icelle rente led. vendeur a assise et assignée, assiet et assigne dès maintenant et à present ausd. doyen et chappitre, à leurs successeurs et ayans cause d'eulx, generalment sur tous et chascuns ses biens et choses meubles et heritaiges et de ses hoirs, presens et avenir, quelz qu'ilz soient, et sur chascune piece seule et pour le tout ; et a voulu et esté d'assentement led. vendeur que lesd. doyen et chappitre et leurs successeurs se puissent faire asseoir et assigner lad. rente vendue toutes foiz et quant il leur plaira, en ung lieu ou pluseurs, sur lesd. choses ad ce obligées, ou prandre et eulx faire bailler, souldre et delivrer à une part, par telle justice comme bon leur semblera, des pocessions, rantes et revenues dud. vendeur et de ses hoirs, jusques au grant et à la value de lad. rente vendue et des arrerages qui deuz en seroient du temps passé, et pour tant de temps comme il en sera escheu depuis le derrenier terme passé jusques au jour que sera faicte lad. assiete, et pour tous les coustz, fraiz, misions et despens qu'ilz auroient et pouroient soustenir et où ilz pouroient encoure en et pour toute la prosecucion de lad. assiete et des appendences d'icelle, tant en salaires de sergens et de jurez, en coustz et mises de ventes et de lettres comme autrement, comment que ce soit ou puisse estre, en presence ou en absence dud. vendeur et de ses hoirs, à ce apellez ou non appellez, requis ou non requis, sans ce qu'il, ses hoirs ne autres pour lui se puissent en aucune maniere opposer au contraire. Et fut faicte ceste vencion pour le pris et somme de cinquante livres tournois monoye courant, poiez, baillez et nombrez en nostre presence, et dont led. vendeur s'est tenu pour bien paié et content. Et à ceste vencion et tout ce que dessus est dit tenir, garder et acomplir sans jamès venir encontre par aplegement, contre aplaigement, opposicion ne autrement en aucune maniere, et lad. rente rendre et poier ausd. doyen et chappitre aux termes et par la maniere que dit est, et à leurs dommages leur amander, si aucuns y avoient, par deffault de paiement ou autrement en aucune maniere, oblige led. vendeur soy, ses hoirs, avecques tous et chascuns ses biens meubles et inmeubles, presens et advenir, quelz qu'ilz soient, à prandre, à vendre et mectre à execucion tel feur, telle vente, de jour en jour et de heure en heure après chascun desd. termes passez, lad. rente non poiée aud. jour ou lendemain sans plus actandre, dillacion par droit ne par coustume, sans ce qu'il, ses hoirs ne autres pour lui se puisse opposer contre cez lettres, ne autrement empescher ne retarder la requeste ou execucion d'icelles en aucune maniere, en tout ne en partie, renoncians par devant nous à toutes et chascunes les choses qui de fait, de droit ou de coustume pourroient estre à cest fait contraires. Et de cest mesme fait et contract, confesse led. vendeur avoir donné et passé ausd. doyen et chapitre et à leurs successeurs unes autres lettres obligatoires, o amonicion de la court, à honnorable et discrete personne l'official d'Angers ; desquelles, avecques cestes et de chascunes par soy, tant conjointement que devisement, le porteur de cez presentes lettres se poura joïr et user toutes foiz que bon lui semblera, sans ce que par l'execucion des unes l'execucion des autres soit empeschée ne retardée en aucune maniere. Et à cest mesme contract maistre Jehan Conart s'est obligé en la forme qui s'ensuit : c'est assavoir que, troys ans passez, led. Conart sera tenu paier lad. somme de cinquante livres tournois ausd. doien et chappitre et les arrerages qui en seroient deuz du temps passé, si aucuns en estoient deuz, ou cas qu'il plaira ausd. doien et chappitre. Et de tout ce que dessus est dit et divisé, tenir, garder et acomplir sans jamès venir encontre, sont tenuz lesd. Petit Clerc et Conart par les foiz de leurs corps sur ce données en nostre main, et condampnez par le jugement de nostred. court, à leur requeste ; presens à ce : messire Michel Loir et Michel Ragot. Donné à Angers, le xx° jour de novembre, l'an de grace mil iiii^c et six. — Ainsi signé : P. Marteau.

Item, s'ensuit la teneur de l'autre lettre obligatoire : A tous ceulx qui cez presentes lettres verront et orront, les doyen et chappitre de l'eglise collegial de Saint Pierre d'Angers, salut. Comme Jehan Petit Clerc, seigneur du Boys Baudet, parroissien de la Chappelle Saint Florent le Vueil, ja pieça allé de vie à trepassement, ou temps qu'il vivoit eust vandu et octroié, à tousjours mais perpetuelment par heritaige, à nous et à noz successeurs, la somme de cent solz monoye courant d'annuel et perpetuel rente ; à laquelle rente randre et paier, parfaire et continuer s'estoit obligé led. Petit Clerc, ses hoirs et aians cause de lui, à tousjours mais doresenavant par chascun an, à nous et à noz successeurs et ayans cause de nous, en lad. eglise de Saint Père d'Angers, ès festes de Pasques et de Toussains par moitié, assise et assignée lad. rente generalment sur tous et chascuns les biens meubles, inmeubles ou heritaiges dud. feu Petit Clerc, de ses hoirs et ayans cause de lui ; et eust esté faicte lad. vencion pour la somme de cinquante livres en deniers tournois, monnoie courant, paiez, baillez, nombrez et livrez de par nous aud. vendeur, en presence de notaire, si comme tout ce peut apparoir par lettres autentiques seellées des seaulx des contractz d'Angers, parmy lesquelles cez presentes sont annexées, Savoir faisons que nous, estans en nostre chappitre, pour certaines et justes causes à ce nous movans, tendans à l'utilité de nous et de nostred. eglise, avons cessé et transporté, encores par cez presentes cedons et transportons, à tousjours mais perpetuelment par heritaige, à noble et puissant seigneur messire Jehan de Craon, sire de la Suze et de Champtocé, et à ses hoirs et à ceulx qui de lui auront cause, lesd. cent solz d'annuel et perpetuel rente, avecques les arrerages qui nous en sont deuz de deux ans escheuz au jour de la Toussains derrain passé, et depuis led. jour de la Toussains jusques au jour du dabte de ces presentes, et avecques tous et chascuns les droiz quelxconques que nous y avons et povons avoir, pour en faire hault et bas dud. sire de la Suze, à son vouloir, avecques les droiz et accions que nous y avons, en le constituant procureur en sa propre chose, pour le pris et somme de cinquante livres tournois monnoie courante, que led. sire de la Suze nous a aujourduy fait paier et bailler par les mains de Jehan le Cousturier et Guillaume le Peletier, ses procureurs et secretaires ; de laquelle somme nous nous tenons pour bien poiez et contens, et en avons quicté et quictons led. sire de la Suze et tous autres à qui quictance en peut apartenir. Ausquelles cession, transport et quictance tenir et garder fermement et loyaulment sans jamès venir encontre, et les cent solz de rente et arrerages dessusd. transportez, comme dit est, garantir, sauver et deffendre de touz quelxconques empeschemens aud. sire de la Suze et aux ayans sa cause, envers tous et contre tous, à tousjormès perdurablement, de nostre fait tant seulement, et à le garder sur ce de tous dommaiges, nous obligeons nous, noz successeurs et les biens de nostred. eglise, meubles et inmeubles, presens et avenir, quelx qu'ilz soient, et promectons en bonne foy de tenir et garder lesd. choses et de non venir jamès encontre. Donné en nostre chappitre soubz noz seaulx, le penultieme jour de janvier, l'an de grace mil IIII^c et quatorze. Et signées cez presentes à nostre requeste du signet manuel de Jehan Loheac, clerc, notaire juré des contractz d'Angers. — Ainsi signé, du commandement de mes seigneurs les doyen et chapitre : J. Loheac.

Item, s'ensuit la teneur de la requeste faicte sur ce : Requiert Estienne Bourreau, ou nom de noble et puissant seigneur messire Jehan de Craon, sire de la Suze et de Champtocé, que execucion de lettre soit faicte aud. sire, des arrerages de cent solz tournois de rente deuz aud. sire par chascun an, aux termes de Pasques et de la Toussains par moitié, de chascune des années mil IIII^c et treze et mil IIII^c et quatorze, et de ce que est escheu desd. arrerages de lad. rente depuis la Toussains derroine passée jusques au temps de ceste requeste, qui fut faicte le xe jour de fevrier l'an mil IIII^c et quatorze, et que assiete du principal de lad. rente soit faicte aud. sire. Et fait led. Bourreau, ou nom que dessus, ceste requeste de lettre sur les biens et choses de l'obligacion et selon le contenu de la lettre requise en laquelle se lia et obligea feu Jehan Petit Clerc, s^{gr} du Boys Baudet, au temps qu'il vivoit, envers les doyen et chappitre de l'eglise collegial de Saint Père d'Angers, desquelx led. sire de la Suze a le droit et accion en ceste partie, sauf toutes les raisons aud. sire à faire et dire, et à declerer en lieu et en temps tout ce que mestier lui sera au conduit de ceste requeste de lettre, en forme et en matere ; plege Jehan le Maczon.

Lesquelles lettres et requeste ainsi par moy receues et icelles veues, je, pour icelles mectre à execucion selon leur forme et teneur, considerant icelles estre bonnes et justes, me transportay celui mesme jour en la parroisse d'Ingrande, au lieu appellé le Boys Baudet, dont estoit seigneur en son vivant Jehan Petit Clerc nommé esd. lettres et requeste, et ne trouvé aucun qui se feist heritier dud. feu Petit Clerc à qui je peusse donner à entendre lad. requeste et obligacion et le contenu en icelles, et aussi n'y trouvay nulz biens meubles qui fussent ne apartenissent aud. feu Petit Clerc ne à ses hoirs, de quoy je peusse faire execucion des arrerages contenues en lad. requeste, et m'enquis secretement si aucuns en y avoit, et aucuns n'en pou trouver. Et pour ce, par deffault de biens meubles, je me transportay en et sur les heritages qui furent aud. feu Petit Clerc, comme l'en me dist, lesquelz seront cy après declairez, pour faire execucion desd. arrerages et pour faire l'assiete ou assietes du principal contenu en lad. requeste, si à ce povoient suffire, et appellé avecques moy Guillaume le Peletier, noctaire juré de la court des contractz d'Angers, et mené aussi avecques moy les personnes ci dessoubz nommées, c'est assavoir : Guillaume Odion, Guillaume Jodon, Michel le Barbier et Jehan Cornillau l'aisné, laboureurs, tous gens sçavans, expers et congnoissans de priser et avaluer heritaiges, et les fis jurer bien et solempnelment de bien et loyaultment priser et avaluer, à rente et autrement, les choses heritaux que je prandroye affin que l'execucion par moy encommancée et que j'entendoye parfaire fust bien et loiaultment faicte, et que bien justement et loyaulment en ce se porteroient et contendroient jusques en la fin de la besongne ; et estoient presens à tout ce: Jehan Fourmy l'aisné, Macé Ravary, Pasquer Queilleys, Estienne Souin et pluseurs autres. Et ce fait, dis et signifiay aux dessusd. jurez le contenu esd. lettres et requeste, et comment je vouloye faire execucion sur les heritaiges par default des biens meubles, tant pour les arrerages que pour faire assiete du principal de la rente contenue esd. requeste et obligacions, affin qu'ilz eussent bon advis sur ce. Et premierement, quant au regard des arrerages, se montent onze livres, sept solz, six deniers ; pour lesquelx je me transportay en et sur lesd. heritaiges que je trouvay avoir esté aud. feu Jehan Petit Clerc, lesquelx seront icy après declairez, comme dit est, les dessusd. jurez et autres en ma compagnie.

Et premierement me transportay en et sur deux pieces de terre contenant six bouecellées ou environ, sizes près le grant chemin comme l'en va de Champtocé à Ancenis par le hault chemin ; laquelle terre, en l'estat que elle est de present, a esté prisée et baillée par lesd. jurez à la somme de onze livres, sept solz, six deniers tournois une foiz paiez, que se montoient lesd. arrerages comme dit est dessus. Item, celui jour mesme, me transportay aud. lieu du Boys Baudet pour faire assiete du principal de lad. rente qui se monte cent solz tournois ; et pour ce pris, saisi et mis en la main dud. seigneur une piece de terre contenant xxi boissellées de terre ou environ, comprins une petite noe qui est au bout de lad. terre, prisée par lesd. jurez xxviii solz de rente. Item, deux quarterons de vigne sis en deux lieux, l'un ou cloux de Ville neufve près la vigne Jehan Greays, et l'autre appellé le quartier de la Combe, sis ou cloux de davant la porte du Boys Baudet, prisez par lesd. jurez vingt et quatre solz de rente. Item, la maison et herbregement dud. lieu du Boys Baudet avec l'issue et agout d'icelle maison, sauf une chambre en apendiz qui fut nagueres baillée aud. sire en assiete d'autre rente, et non comprins le pressouer estant en icelle dicte maison. Item, une grant place sise devant lad. maison et une piece de terre contenant les deux pars d'un quartier de terre joignant les murs de la porte dud. herbregement, le tout prisé vingt quatre solz de rente. Item, deux quartiers de vingne sis en troys pieces ou clox de davant la porte du Boys Baudet, prisez par les dessusd. jurez xxIIII solz de rente. Ainsi est somme desd. prisaiges cent solz de rente que se monte le principal de lad. rente contenue en lad. requeste et obligacions ; lesquelles toutes choses dessusd., avecques toutes les autres choses apartenantes aud. herbregement qui en assiete d'autre rente ont esté autresfoiz baillées aud. sire de la Suze, sont chargées de foy et hommaige et deux soulz de servige envers led. sire de la Suze à cause de sa chastellenie de Ingrande ; de laquelle charge lesd. choses dessus declairées demeurent chargées pour tant que leur touche.

Lesquelx prisaiges ainsi faiz, je signiffiay à Guillemette, femme de feu Jehan Jolivet, mère dud. feu Petit Clerc, et luy dis et signifiay que iceulx heritaiges, ainsi prisez comme dit est, je feraye crier et subaster et les metroye en criées et bannies à qui plus en voudroit donner de rente et de deniers à une foiz paier, ainsi qu'il est acoustumé de faire en tel cas, de huitaine, de quinzaine et de quarantaine, avant que decret fust autrement baillé ne delivré desd. choses ; et commenceroye au premier cry et subastacion le dimanche xxIII^e jour dud. moys de fevrier, en la ville d'Ingrande dont led. lieu du Boys Baudet est en la parroisse. Et led. dimanche me transportay en lad. ville d'Ingrande davant la porte de l'eglise, à l'issue de la grant messe de la parroisse, et illec fis crier, bannir et subaster lesd. choses divisement et declairement, ainsi que icelles choses estoient prisées et avaluées par les dessusd. jurez, led. cry et subastacion fait en la presence de Macé Riviere, Jehan Riviere, Guillaume Jodon, Perrin Chaumoite, Alain Fissot, Pierres le Bas et autres plusieurs ; et fut le premier cry de huitaine. Item, le second cry de quinzaine je fis faire en lad. ville d'Ingrande le dimanche x^e jour de mars l'an dessusd., davant la porte de lad. eglise, à l'issue de la grant messe de parroisse, en la maniere que dessus est dit, en la presence de Macé Ravary, Jehan Gauvaign, Guillaume Jodon, Perrot le Fevre, Macé Meignen et autres pluseurs. Item, le tiers et derrain cry quarantiesme je fis faire en lad. ville d'Ingrande le dimanche xxie jour d'avril, l'an mil iiii^c et quinze, après Pasques, davant lad. porte de l'eglise, à l'issue de la grant messe de parroisse, en la maniere que dessus est dit, en la presence de Guillaume Rigaut, Jehan Bossart, Alain Hurtaut, Jehan le Fevre, Perrin Sochart, Jehan Bereau, Gillet Tocquay et autres pluseurs. Durans lesquelx criz et subastacions ne depuis, n'est venu aucun pour encherir lesd. choses ne plus en offrir ; et par ce sont demourées aux pris davantd., chascune chose à ce que elle est prisée par lesd. jurez. Et pour ce m'a requis Jehan le Cousturier, procureur dud. sire de la Suze, après que la quarantaine fut passée, que iceulx heritaiges je voulisse bailler et delivrer aud. sire de la Suze, son maistre, ainsi que raison estoit.

Et pour celui mesme dimanche, xxie jour d'avril l'an mil iiii^c et quinze, après Pasques, me transportay de rechef sur lesd. choses par moy autresfoiz prinsé[e]s et fait priser comme dit est, et d'icelles et de chascune d'icelles lui baillay la pocession et saisine corporelle et reelle, en tant que je le povoye faire de raison, en la presence de Jehan le Maczon et Jehan le Peletier d'Ingrande, à tenir, à avoir, poursuir, user et exploicter doresenavant pour lui, ses hoirs, successeurs et ayans cause de lui, pour en faire à tousjours mès, en paix et sans contens, toute sa plaine volenté hault et bas, comme de sa propre chose, à tout droit de pocession et de saisine à lui acquise par droit heritaige, pour les sommes de rente et deniers une foiz paiez à quoy elles ont esté prisées, ainsi que dit et declairé est cy dessus ; et par tant les hoirs dud. feu Petit Clerc sont et demeurent quictes et deschargez envers led. sire de la Suze du principal de lad. rente qui se monte cent solz de rente, avecques lesd. arrerages contenuz en lad. requeste. Et sont encquores à paier les cousts, misions et despens faiz en ceste presente execucion, c'est assavoir : pour le coust de la lettre obligatoire, dix solz ; item, pour le coust de la requeste, quinze deniers ; item, pour le salaire et journées desd. jurez qui sont en nombre quatre personnes, à chascun vingt deniers, valans six solz, huit deniers ; item, pour le paiement et sallaire de moy, Macé Riviere et Jehan Riviere, mes recors, tesmoings à ce apellez, et dud. Guillaume le Peletier, clerc, tabellion à ce requis et apellé, et qui touz ensemble avons vacqué par ung jour aud. prisaige, et quatre autres jours que aux bannies que en mectre en pocession led. sire de la Suze, soixante cinq solz ; item, pour minuer et grosser cest present decret, quarante cinq solz : qui sont en somme six livres, sept solz, onze deniers ; et aussi sont encore à paier les ventes qui valent dix livres, quatre solz, sept deniers. Desquelx cousts, misions, despens et ventes je n'ay pou faire paier led. sire, pour ce qu'il n'y avoit aucuns biens meubles dont on peust faire execucion ne autres heritaiges que ce que dit est, par quoy je n'ay pou faire autre execucion ne assiete ; laquelle chose, en tant que je le puis et doy faire, je reserve aud. sire de la Suze et aux ayans cause de lui, à en demander à qui il devera de rayson toutes foiz et quantes foiz qu'il verra estre à faire. Toutes et chascunes les choses dessusd. et declairées je certiffie estre vrayes et avoir esté faictes en la maniere que dit est. Et en tesmoign de ce, j'ay mis et aposé à cez presentes lettres mon propre seel duquel je use en mond. office de sergenterie faisant, sauf tout autre droit en toutes choses ; et avecques ce y a esté mis, à ma requeste, le seign manuel dud. tabellion, lequel a esté present en ma compagnie à toutes et chascunes les choses dessusd. Et pour plus grant confirmacion et aprobacion, y ont esté mis lesd. seaulx desd. contractz d'Angers, à ma requeste et dud. tabellion. Donné le xxie jour d'avril, l'an mil quatre cens et quinze, après Pasques.

Ainsi signé : J. Guiot; Le Peletier.

XCVII

Accord passé en la court de parlement entre messire Jehan de Craon, s[gr] de la Suze, et dame Ysabeau, dame de Craon et de Sully, et messire Guy, s[gr] de la Trimoulle et de Sully, par lequel accord demoura à mond. s[gr] de la Suze les chasteaux de Champtocé, Ingrande, Briolay et l'erbergement [de Tiercé][1].

10 décembre 1389 [2].

Karolus, Dei gracia Francorum rex, Notum facimus universis presentibus pariter et futuris quod, de licencia et auctoritate nostre parlamenti curie, inter dilectos et fideles nostros Johannem de Credonio, dominum de Suza, suo nomine et ut se fortem facientem pro Katherina de Machecolio, matre, et Petro de Credonio, germano suis, propter hec in eadem curia nostra personaliter constitutum, ex una parte, et Ysabellim, dominam de Credonio et de Sulyaco, ac Guidonem, dominum de la Trinmoulle et de Suliaco, et Mariam de Suliaco, ejus uxorem, seu eorum procuratorum ex ipsis, ex altera, tractatum, con-

---

1. On trouve dans les archives du parlement (Arch. nat., X[1c] 59, pièce 203) une minute du présent accord. Les deux textes sont loin d'être identiques; celui des archives, beaucoup plus concis, semble le canevas sur lequel a été rédigé le texte du cartulaire.

Le même volume des Arch. nat. (X[1c] 59, pièce 204) renferme la procuration originale, jadis scellée sur simple queue, donnée par Isabelle de Craon le 12 nov. 1389, et dont la teneur est reproduite à la fin du présent accord.

2. La transaction confirmée par l'arrêt n'est pas du 1er décembre 1389, comme on l'a avancé (Marchegay, *Table analytique*, n° 178, et Bertrand de Broussillon, *La Maison de Craon*, t. II, p. 32, n° 743, et p. 91, n° 844). Sans date dans le document qui nous l'a conservée, ladite transaction est vraisemblablement de 1389 ; mais, en tout cas, elle est antérieure au 12 novembre de cette année, date de la procuration d'Isabelle de Craon pour la passer en parlement. C'est non l'accord lui-même, mais une autre procuration, insérée dans l'arrêt, qui est du 1er décembre 1389.

cordatum et pacificatum extitit, prout in quadam cedula per dictos dominum de Suza et procuratorem eidem curie nostre unanimiter et concorditer tradita continetur; cujus cedule tenor sequitur in hec verba :

Sur les debaz et procès pieça meuz en la court de parlement entre nobles et puissans personnes feu mons^{gr} Loys, s^{gr} de Sully derrain trepassé, et madame Ysabel, dame de Sully et de Craon sa femme, à cause d'elle, d'une part, et messire Pierre de Craon, pour lors s^{gr} de la Suze, tant en demandant comme en deffendant, d'autre part, durans lesquelx procès led. de Sully soit alez de vie à trepassement, et ont reprins les procès et arremens desd. causes lad. Ysabel sa femme, et aussi nobles et puissans messire Guy, s^{gr} de la Tremoulle, et madame Marie de Sully sa femme, fille et heritiere dud. s^{gr} de Sully. Et pareillement aussi est led. messire Pierre, s^{gr} de la Suze, alez de vie à trepassement, delaissez madame Katherine de Machecoul sa femme, et aussi messire Jehan et Pierre de Craon ses enfans, mendres d'ans; laquelle, tant en son nom comme ayant le bail de sesd. enffans, a reprins le procès et arremens desd. causes. Et depuis led. messire Jehan, à present s^{gr} de la Suze, aagié, a reprins le procès et arremens desd. causes seul et pour le tout, pour raison de ce que led. de la Suze disoit que feu noble et puissant messire Amaury, jadiz s^{gr} de Craon, ot deux femmes en son vivant, dont la premiere ot nom de Sainte More; et d'icelui premier mariaige nasqui ung filz appellé Maurice de Craon, lequel Maurice fu depuis conjoinct par mariaige avecques madame Margarite de Mello; duquel mariaige fu nez et procreez led. messire Amaury de Craon qui depuis fu s^{gr} de Craon, et lequel en cest present traictié sera appellé Amaury le jeune; et aussi en fut madame de Craon qui est à present, et leur ayeul dont dessus est faicte mencion sera apellé l'aisné. Disoit oultre led. demandeur que led. Maurice ala de vie à trepassement par avant messire Amaury de Craon l'aisné, son père, delaissé led. Amaury le jeune qui representoit sa personne, et pour ce, dud. messire Maurice ne failloit plus faire mencion. Disoit oultre led. demandeur que led. messire Amaury l'aisné fu marié seconde foiz avecques madame Beatrix de Roucy; au traictié duquel mariaige fu accordé que, ou cas qu'il n'y auroit que une fille dud. second mariaige, elle seroit heritiere de deux mil livres de rente tant seullement des heritaigés dud. messire Amaury l'aisné; et s'il y avoit pluseurs enfans dud. mariaige, fussent males ou femelles, ou qu'il y auroit ung enffant masle tout seul, yceulx enfans ou enffant masle sy auroient pour heritaige des heritaiges, pocessions, rentes et revenues dud. messire Amaury l'aisné, leur père, troys mil livres de rente, lesquelles leur seroient assises sur les lieux de Champtocé et d'Ingrande, et au plus près d'iceulx lieux ou cas que là ne pouroient estre parfaitez et acomplies. Et à ce tenir, enteriner et acomplir, obligea led. Amaury l'aisné tous ses biens et les biens de sez hoirs presens et avenir, et y fut condampné par le roy Phelippe, en la presence duquel led. traictié fu fait et accordé, comme par la teneur des lettres dud. mariaige, seellées en laz de soye et cire vert, ce et autres choses pevent plus à plain apparoir. Or disoit led. demandeur que d'icelui second mariaige issirent pluseurs enffans, c'est assavoir : Amaury, Pierre, Guillaume et Jehan, qui après fut arcevesque de Rains, et lesquelx survesquirent led. feu Amaury l'aisné, leur père. Disoit oultre que, le vivant dud. messire Amaury l'aisné, icelui messire Amaury l'aisné assist à ses enffans dessusd. dud. second mariaige lesd. troys mil livrées de terre sur les chasteaux, lieux, terres et appartenances de Champtocé et d'Ingrande dessusd., et de ce entra en foy et hommaige pour et ou nom de sesd. enffans, en acomplissant le convenant du traictié dud. second mariaige.

Disoit oultre que, après le decès dud. feu messire Amaury

l'aisné, Amaury son filz dud. second mariaige, comme aisné de tous ses frères dud. second mariaige, si entra en foy et hommaige d'iceulx chasteaux, terres et appartenances de Champtocé et d'Ingrande, et en print royaulment et de fait la pocession et saisine. Disoit oultre que led. Amaury, premier né dud. second mariaige, ala de vie à trepassement sans hoirs de son corps, et vint ausd. terres tenir messire Pierre de Craon, qui estoit second nez dud. mariaige et père dud. demandeur, lequel en fist foy et hommaige et en print royaulment et de fait pocession et saisine. Disoit oultre que, après ce que led. messire Pierre ot tenu et possidé par aucuns temps lesd. chasteaux et terres de Champtocé et d'Ingrande, il plot à messire Amaury de Craon le jeune, filz de messire Maurice, dont dessus est faicte mencion, comme heritier principal dud. feu messire Amaury l'aisné, à soy maintenir vestu et saisi desd. lieux de Champtocé et d'Ingrande, et empetra une complainte en cas de saisine et de nouvelleté pour raison d'iceulx lieux, à l'encontre dud. messire Pierre de Craon, son oncle de par père, contre laquelle complainte s'opposa led. messire Pierre ; pour le debat desd. parties furent lesd. chasteaux, chastelenies et lieux de Champtocé et d'Ingrande mis en la main du roy, et jour assigné davant la personne du roy ausd. parties, et après fu lad. cause renvoiée en parlement et en icelle court fut lad. cause plaidoyée. Disoit oultre que, pendant led. procès, par le moien d'aucuns leurs amis, furent lesd. parties à tel accord que led. messire Pierre tendroit tous lesd. chasteaulx et lieux de Champtocé et d'Ingrande et leurs appartenances et appendences, et en prandroit, leveroit et exploicteroit tous les fruiz, prouffiz et esmolumens, et en joiroit paisiblement par sa main et y metroit ses gens et officiers, sans ce que led. messire Amaury le jeune le peust empescher par soy ne par autre, jusques à ce que led. messire Amauri le jeune eust assis aud. messire Pierre deux mil livrées de terre, lesquelles deux mil livrées il lui promist à asseoir, par led. accord, ou chastel et chastellenie de Briolay et ès apartenances d'icelle, ainsi que elles estoient pour lors, sans y riens retenir, en parfaisant et achevant ou chastel et chastellenie de Precingny, sans y riens retenir, et devoit parfaire lesd. deux mil livres de rente, de ses terres au plus près ensuivant jusques à plain acomplissement desd. deux mil livrées de terre, sans conter en pris en lad. assiete yceulx chasteaux de Briolay et de Pressingny, et si devoit icelle assiete estre faicte par bon, juste et loyal pris et telement qu'elle peust valoir par chascun an lad. somme de deux mil livrées de terre ; et si lui devoit bailler lesd. deux mil livrées de terre, franches de tous partaiges de seurs et de tous douaires, de tous rachatz et de tous autres empeschemens, exceptées les charges ordinaires anciennes et acoustumées, lesquelles devoient estre deduites et rabatues en lad. assiete faisant. Et ce fait et acompli, avant toute euvre, led. messire Pierre devoit delaissier de prandre et joïr des fruiz desd. lieux de Champtocé et d'Ingrande, au prouffit dud. messire Amaury le jeune. Voulst encores et accorda led. messire Amaury le jeune à delivrer et acquiter led. messire Pierre envers messire Guillaume de Craon, viconte de Chasteaudun, frère dud. messire Pierre, de toutes accions, droiz et demandes que led. messire Guillaume povoit faire à sond. frère pour raison d'iceulx chasteaux et chastellenies de Champtocé et d'Ingrande. Et avecques ce, fu traictié et accordé entre eulx que se led. messire Amaury le jeune aloit de vie à trepassement sans hoir de son corps, ou ses hoirs sans hoir de leurs corps, que lesd. chasteaulx et chastellenies de Champtocé et d'Ingrande venissent et appartenissent purement et quictement aud. feu messire Pierre et à ses hoirs, et que, avecques ce, demourassent et deussent demourer et appartenir aud. messire Pierre et à ses hoirs et ayans cause lesd. lieux de Briolay et de Pressingny et les deux mil livrées de terre qui lui devoient estre assises. Et que aussi, par semblable maniere, se led. messire Pierre aloit de vie à trepassement sans hoirs de son corps, que lesd. chasteaux et chastelenies de Briolay et de Pressingny retournassent et deussent retourner et apartenir purement et quictement aud. feu messire Amaury et à ses hoirs procreez de sa char, avecques lesd. chasteaulx et chastelenies de Champtocé et d'Ingrande. Et vouldrent et accorderent encores que ilz ne aucun d'eux ne puissent aucune chose vendre ne alienner d'iceulx chasteaux et chastellenies de Champtocé, d'Ingrande, de Briolay ne de Pressingny, ne faire autres contractz quelxconques que lesd. chasteaux et chastelenies ne retournassent franches, quictes et delivres à celui d'eulx ou de leurs hoirs à qui elles devroient apartenir, selon les cas et condicions dessus declairées. Et en oultre vouldrent et accorderent que les choses dessusd. faictes et acomplies, ilz demourassent quictes l'un envers l'autre de toutes accions et demandes, tant reelles comme personelles, que l'un pouroit avoir contre l'autre pour quelconque cause que ce fust. Et lequel accord, traictié et convenance, led. messire Guillaume de Craon, viconte dud. lieu de Chasteaudun, en tant que led. accord le povoit toucher, le loua et accorda. Et fu led. accord passé par parlement; et à icelui tenir furent lesd. messires Amaury et Pierre et chascun d'eulx, de leurs consentemens, par arrest de la court ; et le roy nostre sire qui lors estoit, à la requeste desd. parties, à plus grant fermeté y interposa son decret, comme ce et autres choses sont plus à plain contenues oud. accord, qui fut fait et passé en lad. court le derrain jour de janvier, l'an mil ccc quarante et six.

Disoit oultre que led. messire Pierre, par vertu dud. accord, somma et requist par pluseurs foiz led. messire Amaury le jeune, son nepveu, qu'il lui baillast et delivrast les chasteaulx et chastellenies de Briolay et de Precingny avecques les deux mil livrées de terre qu'il lui devoit asseoir selon et par la teneur dud. accord, mès led. messire Amaury le jeune delaya tousjours de ce faire et acomplir, et par deffaut de ce, tint et possida tousjours led. messire Pierre, comme seigneur, les chasteaux et chastellenies de Champtocé et d'Ingrande dessusd. ; et ala led. messire Amaury le jeune de vie à trepassement l'an mil III^c LXXIII, ou moys de juign, sans hoirs de son corps et sans avoir baillé ne delivré aud. messire Pierre lesd. chasteaux et chastellenies de Briolay et de Pressingny avecques les deux mil livrées de terre qu'il lui devoit asseoir et bailler, delaissée. mad. dame de Craon et feu mons^{gr} de Sully son mary, à cause d'elle, ses principaulx heritiers, et par ce, selon la teneur dud. traictié et accord, lesd. chasteaulx et chastellenies de Champtocé et d'Ingrande apartindrent et deurent appartenir, et vindrent et escheurent, et deurent demourer de plain droit aud. messire Pierre et à ses hoirs, considerée que la condicion aposée oud. accord estoit avenue, c'est assavoir que led. messire Amauri estoit allé de vie à trepassement sans hoir de son corps. Et si fut lad. madame de Craon, comme heritiere dud. feu messire Amauri le jeune, son frère, par la teneur dud. traictié ou accord passé par arrest, tenue et obligée à bailler et delivrer aud. messire Pierre lesd. chasteaux et chastellenies de Briolay et de Precingny, et à lui asseoir en iceulx lieux deux mil livrées de terre au plus près, par la maniere que dit a esté cy dessus. Disoit oultre led. demandeur, que led. messire Pierre somma et requist lad. madame de Craon et de Sully et feu mons^{gr} de Suly, pour lors son mary, qu'ils lui baillassent et delivrassent lesd. chasteaux et chastellenies de Briolay et de Pressingny, et lui asseissent ausd. lieux ou au plus près deux mil livrées de terre. Et pour ce que lesd. seigneur et dame de Suly furent de ce faire delaians et refusans, led. messire Pierre de Craon obtint certaines lettres roiaulx, par lesquelles estoit mandé que on executast led. arrest selon la forme et teneur, et, en cas d'opposicion, que on donnast jour aux opposans aux jours de Touraine lors ensuivans. A l'execucion desquelles lettres lesd. s^{gr} et dame de Suli et de Craon se opposerent, et leur fut donné jour aux jours de Touraine du prouchain parlement avenir lors ensuivant, selon la teneur desd. lettres royaulx, lesquelles furent données le xxiie jour d'aoust, l'an mil iiie lxxiii. Auquel jour ou autre dependant d'icelui, led. messire Pierre de Craon, s^{gr} de la Suze, qui pour lors vivoit, fist sa demande, en requerant contre lesd. s^{gr} et dame de Suli et de Craon que, par arest ou jugement de lad. court, considerées les choses dessusd., il fust dit, pronuncié et declairé led. accord et arrest donné en parlement le derrenier jour de janvier l'an mil iiie xlvi, comme dit est, estre et devoir estre executé, et lesd. s^{gr} et dame de Suli et de Craon, par vertu dud. accord et arrest, estre contrains à asseoir, bailler et delivrer royaument et de fait aud. feu messire Pierre de Craon les deux mil livrées de terre en et sur lesd. chasteaux et chastellenies de Briolay et de Pressingny, ensamble toutes les appartenances et appendences, sans compter en ce lesd. chasteaulx, et à les parfaire de prouchain en prouchain, en requerant condampnacion d'arrerages, despens, dommaiges et interestz.

Et lesd. s^{gr} et dame disoient et deffendoient au contraire que, par les coustumes des païs d'Anjou, du Maine et de Touraine, et par espicial desd. lieux de Champtocé et de Ingrande, de Briolay et de Pressingny, les baronnies ne se devisent point ne ne pevent estre divisées par les seigneurs et vassaulx qui les tiennent, soit pour cause de mariaige, pour succession ou appenaige, pour donacion ou aliennacion ou autre cause quelconque, mesmement sans auctorité et consentement du roy nostre sire et du seigneur moyen duquel lesd. baronnies sont tenues, mès doivent lesd. baronnies demourer entieres et unes sans diminucion aucune ; et se de fait aucun baron en bailloit ou transportoit aucune partie par partaige, apenaige, taxacion, division ou autrement, l'eritier du baron de ce ne seroit en riens tenuz ne obligez, mès pouroit venir loysiblement à l'encontre et requerir que tout ce qui estoit separé de lad. baronnie fust conjoinct et remis ensemble ; et mesmement ne peut valoir tele alienacion de partie de baronnie quant le baron ne retient à soy la foy et hommage de ce qu'il desmembreroit de lad. baronnie. Disoient oultre lesd. deffendeurs que, se par auctorité du roy et du seigneur feodal dont la baronnie est tenue, aucun baron avoit baillé partie de sa baronnie à aucuns de ses enffans, frères ou prouchains, par partaige, appenaige ou autrement, si tost comme celui auquel avoit esté baillée partie de la baronnie seroit allé de vie à trepassement sans hoir de son corps, tout ce qui seroit parti de la baronnie, par la coustume et usage des païs et lieux dessusd., si retourneroit à plain droit à la table du baron et à ceulx qui seroient descenduz de lui, de droit escript, supposé qu'il fust loingtain en degré du deffunct que ung autre. Disoient encores lesd. deffendeurs que, par la coustume et usage des païs et lieux dessusd., representacion a lieu entre les nobles, et vient le filz ou la fille en representant son père, s'il estoit aisnez, à la succession de l'aïol, de l'oncle et du frère et d'autres du lingnaige, et use de telz prerogatives, privileges, preeminences que eust fait son père, s'il vesquit. Disoient oultre lesd. deffendeurs que, par la coustume et usage desd. pays et lieux, quant aucun baron va de vie à trepassement, delaissez pluseurs enffans, le filz ainsné ou celui ou celle qui represente l'aisné, soit malle ou femele, succede et doit succeder seul et pour le tout en toute la baronnie, sans ce que les puisnez, soient masles ou femelles, puissent ne doient succeder en la baronnie ne en partie d'icelle, par appenaige ne autrement, mais doivent les puisnez estre alimentez par les ainsnez selon leur estat, et les puisnez les doivent servir ; et s'il y a aucunes terres qui ne soient pas de baronnie, les puisnez pevent bien avoir d'icelles terres tel part et porcion comme l'usage et la coustume du païs le donnent. Disoient oultre, que en succession collateral entre les nobles en matiere de fief, se aucun va de vie à trepassement sans hoirs de son corps et il a pluseurs parens en pareil degré, l'ainsné d'iceulx ou celui qui represente l'ainsné doit avoir tous les fiefs, par la coustume et usage desd. païs et lieux, et est et doit estre preferez aux puisnez. Et disoient que lesd. coustumes et usages estoient bien raisonnables et conformes à droit et escript, car, par ce que les baronnies ne se divisoient point, les barons demouroient fors et puissans, conservent les nons et armes de leurs predecesseurs, servent le prince puissantement, soustiennent et deffendent tous ceulx de leurs lingnaiges et les droiz de la baronnie, et se lesd. baronnies se povoient diviser, elles viendroient ainsi comme à nient, qui seroit contre l'utilité du roy et de la chose publique. Disoient encores que, par la coustume et usage desd. païs, ung vassal, par mariaige, par partaige ou aultrement, ne povoit aliener oultre la tierce partie de son heritaige de ce qui n'est pas tenu en baronnie, et se plus en aliene, de fait l'aliennacion est nulle ou au moins doit estre mise au neant.

Disoient encores que, par la coustume et usage desd. païs, homme noble mineur de vingt ans, par vendicion, donnacion, transaccion ou autre contract quelconques ne povoit aliener partie de son heritaige, et se de fait le faisoit, tele aliennacion seroit nulle et de nulle valeur, mais convient qu'il ayt vingt et un an acompliz avant qu'il puisse faire aucun contract valable. Disoient oultre que, selon raison escripte et par la coustume et usage desd. païs, se aucun occupe de fait et violentement la chose que autre tient ou posside, il est tenuz de la delaisser et si pert tout droit qu'il povoit avoir en icelle, et est celui droit acquis au pocesseur à qui elle auroit esté tolue. Disoient encores lesd. deffendeurs que les coustumes dessusd. presuposées et la genologie dud. demandeur tenues pour vrayes, il estoit certain que à lad. dame et à sond. mari, à cause d'elle, comme representant et doivant representer le filz ainsné de feu messire Amauri l'aisné, s^{gr} de Craon, son aïeul, appartient et doit appartenir toute la baronnie et seigneurie de Craon entierement. Disoient oultre, que lesd. chasteaulx et chastellenies de Champtocé et d'Ingrande estoient de la baronnie et apartenances de Craon et tout tenu à une foy et hommage, par quoy aparoit que led. messire Amauri l'aisné n'avoit pou desmambrer sad. baronnie de Craon d'iceulx chasteaux et chastellenies de Champtocé et d'Ingrande, ne iceulx avoir baillé aux enffans de sond. second mariaige par la coustume et usage dessusd. Disoient oultre que, supposé qu'ilz eussent pou bailler, ce que non, si estoit il vroy que feu messire Amaury premier nez dud. second mariaige, si estoit alez de vie à trepassement sans hoir de sa chair, et par ainsi messire Amauri le jeune lui deut succeder, comme filz de l'aisné et usant de ses droiz et preeminences, et non pas led. messire Pierre demandeur, qui estoit frère puisné, par les coustumez et usages dessusd. ; et par ainsi tout tel droit que messire Amauri, frère dud. messire Pierre, povoit avoir esd. chasteaux de Champtocé et d'Ingrande, si vint et apartint aud. messire Amauri le jeune, et par le moien de lui apartient et doit apartenir à mad. dame qui estoit sa seur aisnée et sa principal heritiere. Disoient encores qu'il avoit bien esté pourveu aux enffans dud. second mariaige, car led. messire Amauri l'aisné, leur père, si avoit vendu grant quantité de ses rentes et heritaiges, et, des deniers qu'il en avoit eu, avoit achaté la terre et seigneurie de la Suze et pluseurs autres belles terres et possessions dont led. demandeur et ses frères avoient esté et sont heritiers, et telement qu'ilz s'en devoient tenir pour contens sans avoir lesd. chasteaulx de Champtocé et d'Ingrande. Disoient oultre, que le chastel et chastellenie de Pressingny si estoit venu à lad. dame de Craon et de Sulli par la succession de son aïeul paternelle, qui fu de ceulx de Sainte More, et lui fu baillé en mariaige avecques led. seigneur de Suli et en avoit esté receu en foy et hommaige, et en avoit joy et usé par l'espace de quatorze ans; si n'estoient tenuz de le bailler aud. demandeur. Et aussi esd. lieux de Pressingny et de Briolay ne demanda oncques riens messire Amauri, frère dud. demandeur, ne cause n'avoit d'en demander aucune chose. Disoient oultre que, pour ce que led. demandeur s'efforçoit après le decès dud. messire Amauri son frère, de tenir et occuper lesd. lieux de Champtocé et d'Ingrande contre raison, messire Amauri le jeune, nepveu dud. demandeur, en print une complainte en cas de saisine et de nouvelleté, comme dit a esté dessus ; et finablement il fu tenu et gardé en saisine et pocession d'iceulx et la main du roy nostre sire levée à son prouffit. Disoient oultre que, en tant que touche l'accord dont se aide led. demandeur, il ne doit valoir, car icelui auroit esté fait par menasses que fist faire led. demandeur aux advocaz et conseillers dud. messire Amauri le jeune, son nepveu, et si estoit led. messire Amauri de l'aage de xviii ans, et quoy que soit n'avoit pas vingt ans acompliz, si ne povoit pas faire aucun traictié ou accord en son prejudice, par la coustume et usage dessusd., et mesmement qu'il n'ot oncques led. traictié ou accord pour agreable, mais fut tout esmerveillé quant il oy dire que tel accord estoit passé ; et n'y avoit aucune cause raisonnable pour quoy led. demandeur deust gaingner deux mille livrées de terre se led. messire Amauri le jeune aloit de vie à trepassement sans hoir de sa chair. Disoient oultre, que led. demandeur, de fait et par force, avoit prins, detenu et occuppé le lieu de Briolay ; si devoit par ce avoir perdu tout le droit qu'il y povoit avoir, et aussi lad. rente devoit estre estainte puisqu'il s'estoit efforcé de soy faire seigneur dommainier, par les coustumes et usages dessusd., et si avoit tenu lesd. lieux de Briolay et de Pressingny par l'espace de doze ans paisiblement et plus depuis led. traictié tel quel, par quoy ilz avoient encores prescript. Et disoient que, pour les raisons dessusd., il apparoit que led. demandeur n'avoit cause ne accion, et se cause ou accion avoit, ilz en devoient estre delivrez et led. demandeur condampnez en leurs despens, et ainsi requeroient qu'il fust dit.

Et ainsi se meut certain plet et procès entre lesd. feu s^{gr} et dame de Suli et de Craon, à cause d'icelle dame, demandeurs et complaignans en cas de saisine et de nouvelleté, d'une part, et led. feu messire Pierre de Craon deffendeur, d'autre, sur ce que, supposez les coustumes, usages et faiz dont dessus est faicte mencion proposez par lesd. s^{gr} et dame de Sulli et de Craon, il estoit vray que led. feu Amauri, s^{gr} de Craon, après la mort dud. feu messire Amauri de Craon son aïeul, succeda à icelui aïeul comme representant la personne de messire Maurice de Craon son père, filz ainsné dud. aïeul, et par ce appartindrent à icelui s^{gr} de Craon derrain trepassé, de plain droit, lesd. chasteaux et chastelenies de Champtocé et d'Ingrande, comme heritier principal de sond. aïeul, et en fu saisiz et vestuz selon raison et par la general coustume du royaulme de France, par laquelle le mort saisist le vif ; et que desd. chasteaux et chastelenies led. s^{gr} de Craon derroin trepassé entra en foy et hommaige du conte d'Anjou qui pour le temps estoit, duquel ilz estoient et sont tenuz, et les avoit tenuz et possidez tout le temps de sa vie, et en estoit mort saisi et vestuz et en bonne pocession et saisine paisibles. Et que depuis, led. feu s^{gr} Amaury de Craon estoit alé de vie à trepassement sans hoir de son corps, delaissé lad. madame de Sulli et de Craon, sa seur ainsnée, principale heritiere seule et pour le tout ; et que par ce, lesd. chasteaux et chastelenies de Champtocé et d'Ingrande, avecques leurs appartenances et droiz quelxconques, furent, apartindrent et descendirent de plain droit à lad. madame de Suli et de Craon, sa seur germaine ainsnée, et heritiere principale et la plus prochaine dud. feu s^{gr} de Craon derrain trepassé ; après la mort duquel, et par lad. general coustume par laquelle le mort saisist le vif, elle en fut tantost saisie et vestue et en print et aprehenda la pocession, de couraige et de fait, civile et naturelle, et en fut receu led. feu s^{gr} de Suli et de Craon en foy et hommaige ou souffrance dud. feu mons^{gr} d'Anjou. Et disoient aussi et proposoient lesd. demandeurs qu'ilz estoient fondez de droit commun ; car, par la coustume toute notaire et generaulment gardée par tout le royaulme de France et par espicial ès lieux et païs où les choses contencieuses estoient et sont assises, s'aucun seigneur ou baron va de vie à trepassement, la premiere pocession de tous les biens tant meubles comme inmeubles desquelx led. seigneur mouru saisi et vestu, est et apartient à l'eritier principal et en peut et doit entrer en la foy et hommaige, et que, par la coustume, s'il y a aucun coheritier ou puisné avecques l'eritier principal, ce n'empesche point que icelui heritier principal n'ait, tantost après la mort dud. trepassé, la foy et hommaige de ce dont led. trepassé mouru saisi et vestu, et aussi vraye pocession et saisine ; et après, par sa main, les autres coheritiers auront ou pourront avoir leur porcion, si aucune leur compete, et fault qu'ilz la demandent à l'eritier principal et la requerent et somment, ou autrement icelui heritier levera et emportera toute la succession, fruiz et revenues quelxconques. Et que lesd. s^{gr} et dame de Suli et de Craon, tant selon raison comme par les coustumes dessus alleguées et autrement deuement, estoient en bonnes pocessions et saisines paisibles desd. chasteaux et chastellenies de Champtocé et d'Ingrande, avecques leurs appartenances et droiz quelconques, et leur en apartenoit la foy et hommaige, et sans ce que led. feu messire Pierre, en son vivant, madame sa femme, comme aiant le bail et garde de ses enffans après sa mort, ne led. mons^{gr} de la Suze à present, les peussent empescher en leursd. pocessions et saisines, dont ilz avoient jouy tant par eulx comme par leurs predecesseurs, de tel et si long temps qu'il n'estoit memoire du contraire. Et que, ce non obstant, led. feu messire Pierre de Craon en son vivant, de sa volunté, torçonnierement et contre raison, soy disant vray seigneur, proprietaire et domainier desd. lieux, s'estoit bouté esd. chasteaulx et chastelenies de Champtocé et d'Ingrande et en avoit prins et levé les fruz, prouffiz et esmolumens, et des apartenances et autres droiz quelxconques ; et s'estoit efforcié et aussi lad. madame sa femme, ès noms que dessus, de les lever de jour en jour, en troublant et empeschant lesd. feu s^{gr} et dame de Suli et de Craon en leursd. pocessions et saisines, à tort, sans cause, indeuement et de nouvel ; et que pour cez choses led. s^{gr} de Suli, à cause de lad. dame sa femme, avoit empetré certaines lettres en cas de saisine et de nouvelleté, lesquelles, ramenées à fait par davant certain executeur, led. feu messire Pierre de Craon, au temps qu'il vivoit, s'opposa et sur ce lui fu jour assigné en parlement ; et tendoit led. seigneur de Suli et de Craon, à cause de mad. dame sa femme, afin que par arrest il fust dit et pronuncié qu'il fust et deust estre tenu et gardé en pocession et saisine desd. chasteaux et chastellenies de Champtocé et d'Ingrande, avecques toutes les apartenances et apendances et droiz quelxconques, et que les empeschemens mis par led. feu messire Pierre de Craon ou temps qu'il vivoit, et depuis sa mort par lad. madame sa femme, ès noms que dessus, à tort et sans cause, indeuement et de nouvel, fussent ostez au prouffit dud. demandeur, et lad. madame de la Suze, ès noms que dessus, et led. mons^{gr} de la Suze son filz, contraint à en cesser doresenavant, et à laisser joïr et user led. demandeur de sesd.

pocessions et saisines, et que la main du roy nostre sire mise en icelle chose contencieuse pour le debat des parties, fust levée à plain et lui fust baillée et delivrée comme en main de partie ; en faisant toutes conclusions pertinens à la matiere, en requerant condampnacion de despens, dommaiges et interestz.

Led. feu messire Pierre de Craon deffendoit et proposoit au contraire, et maintenoit toutes pocessions et saisines contraires à celles dud. demandeur, ès noms que dessus, et entre les autres choses proposoit les choses contenues oud. accord et arrest passé et donné en parlement le derrain jour de janvier l'an mil iiie xlvi, dont cy dessus est faicte mencion, et que par pluseurs foiz icelui feu messire Pierre de Craon, en son vivant, avoit requis led. feu messire Amauri, s^{gr} de Craon derrain trepassé, son nepveu, qu'il lui asseist et baillast roiaulment et de fait lesd. deux mille livrées de terre, en et sur lesd. chasteaulx et chastellenies de Briolay et de Pressingny, selon la forme et teneur dud. arest ; dont il n'avoit riens fait et estoit alez de vie à trepassement sans hoir de sa chair et sans les asseoir. Et que depuis led. arrest et par avant grant temps, et vivant led. feu s^{gr} de Craon derrain trepassé, led. feu messire Pierre de Craon avoit prins, perceu et levé les fruiz comme de sa chose, desd. chastellenies de Champtocé et d'Ingrande et de toutes les appartenances, et en avoit joy et usé et exploictié et desd. chasteaux et de leurs apartenances, seul et pour le tout, et bien par xxxiii ans continuellement ou environ, et en avoit esté led. feu messire Pierre pour le temps qu'il vivoit en pocession et saisine continuelment, seul et pour le tout, et encores l'estoit lad. madame sa femme, ès noms que dessus, et qu'il aparoit clerement par ce que dit est et que contenu est oud. accord et arrest, et que led. feu messire Amauri, derrenier s^{gr} de Craon, estoit mort sans hoirs de sa chair, que lesd. chasteaux et chastellenies de Champtocé et d'Ingrande, avecques toutes leurs apartenances quelxconques, vindrent et apartindrent purement et quictement aud. feu messire Pierre de Craon, pour lui et pour ses hoirs, et qu'ilz lui avoient apartenu et apartenoient et en avoit esté et fu par le temps qu'il vivoit en bonne pocèssion et saisine, seul et pour le tout, et aussi lad. madame sa femme et enfans ; et que neantmoins devoient demourer et doivent aud. feu messire Pierre et à ses hoirs, purement et quictement, lesd. chasteaux et chastellenies de Precingny et de Briolay et leurs appartenances, lesquelles lui devoient estre assises et baillées pour lesd. deux mil livrées de terre, et parfaictes au plus près selon la forme dud. accord et arrest. Et que, après la mort dud. feu s^{gr} de Craon derrenier trepassé, lesd. s^{gr} et dame de Suli et de Craon avoient refusé et contredit asseoir et delivrer aud. feu messire Pierre lesd. II^m livrées de terre, comme plus à plain est dit cy dessus, et pour ce leur avoit esté jour assiné en parlement, en proposant toutes pocessions, saisines et conclusions pertinens, et contraires à celles dud. sire de Suli, à cause de mad. dame sa femme ; et tandoient afin que icelui messire Pierre de Craon et lad. madame de la Suze sa femme, après sa mort, comme aiant le bail et garde de sesd. enffans, et led. mons^{gr} de la Suze à present, comme ayant reprins lesd. procès et arremens, afin qu'ilz fussent tenuz et gardez en pocession et saisine, seulx et pour le tout, desd. chasteaux et chastellenies de Champtocé et d'Ingrande, de toutes leurs apartenances et appendances quelxconques, et de prandre, lever et exploicter et avoir tous les fruiz et esmolumens quelxconques desd. chastellenies, paisiblement, par leurs mains, et de y mectre et avoir leurs gens et officiers sans ce que lesd. s^{gr} et dame de Suli et de Craon les puissent empescher, par eulx ne par autres, et que le trouble et empeschement que led. s^{gr} de Suli, ou nom que dessus, mist aud. feu messire Pierre ou temps qu'il vivoit, et encores metoit en les troublant et empeschant en leursd. pocessions et saisines, à tort et sans cause, fussent ostez, la main du roy mise ès choses contencieuses levée à plain au prouffit dud. s^{gr} de la Suze à present, et que mal s'estoit complaint; et en faisant toutes conclusions contraires à celles dud. s^{gr} de Sulli et pertinens au cas, et requerant condampnacion des despens.

Et aussi se meut certain autre plait et procès entre lesd. mons^{gr} de Suli et madame sa femme demandeurs, d'une part, et led. feu messire Pierre de Craon, pour le temps qu'il vivoit, defendeur, d'autre, sur ce que led. mons^{gr} de de Suli requeroit par les moiens et choses dessusd. que, par arrest ou jugement, il fust dit, pronuncié et declairé lui devoir estre receu en la foy et hommaige dud. mons^{gr} d'Anjou ou des seigneurs ausquelx il appartiendroit, des chasteaux, chastellenies, terres et apartenances de Champtocé et d'Ingrande, et non pas led. mons^{gr} Pierre de Craon ne lad. madame sa femme, ès noms que dessus, et que aud. de Suli, à cause de lad. madame sa femme, comme heritier principal dud. feu mons^{gr} Amauri de Craon derrain trepassé, appartenoient la premiere foy et hommaige, seigneurie, saisine et possession desd. chasteaux, chastellenies et terres, et tout empeschement osté à leur proufit, en faisant conclusions de despens, dommages et interestz. Led. feu messire Pierre de Craon, ou temps qu'il vivoit, deffendant au contraire par les moiens par lui cy dessus touchez et tendant afin que lesd. s^{gr} et dame de Suli et de Craon ne fussent et ne deussent estre receuz en la foy, hommaige ne souffrance desd. chasteaulx et chastellenies de Champtocé et d'Ingrande, et quelque chose qu'ilz deissent ou proposassent à l'encontre dud. messire Pierre de Craon ou de lad. madame sa femme, ou nom que dessus, n'eust valu ne deust valoir ausd. s^{gr} et dame de Suli, et que torçonnierement et à mauvaise cause led. de Suli, à cause de lad. madame sa femme, avoit requis estre mis et receu en lad. foy et hommaige ou souffrance, et que à bonne et juste cause led. feu mons^{gr} Pierre de Craon s'estoit opposé, en requerant condampnacion de despens, dommages et interetz.

Sur toutes lesquelles trois causes, lesd. parties à plain oyes, elles furent apointées à escripre par maniere de memoire ; et fu par arrest la recreance desd. chasteaux de Champtocé et d'Ingrande adjugez aud. feu messire Pierre de Craon, et ou sourplus furent les parties appointées en faiz contraires et en enqueste. Et depuis, pendans lesd. procès, est alé led. messire Pierre de Craon de vie à trepassement, et reprint les arremens d'icelles causes madame Katherine de Machecoul, comme aiant le bail, garde et gouvernement et administracion de mons^{gr} Jehan de Craon et Pierre de Craon, ses enfans pour lors mineurs d'ans. Et depuis que led. messire Jehan de Craon a esté aagiez, il a reprins lesd. procès et arremens, et a tant esté procedé qu'elles ont esté faictes et parfaictes, raportées et receues pour jugiées en lad. court de parlement.

Finablement, traictié est et accordé entre lad. madame de Suli et de Craon, messire Guy de la Trimoulle et madame Marie sa femme, lesquelz ont reprins lesd. procès et arremens en tant qu'il leur povoit toucher après le trepassement dud. feu mons^{gr} de Suli, d'une part, et led. mons^{gr} Jehan de Craon, s^{gr} de la Suze, comme à lui apartenant tout le droit de ceste poursuite, et lequel a reprins aussi lesd. procès et arremens, et lequel se fait fort et a prins en main pour madame sa mère et son frère, cest present traictié avoir ferme et agreable, par le conseil et advis de pluseurs leurs parens, amis, affins et conseillers qui en ce ont vacqué par pluseurs et diversez foiz et en divers lieux, à Paris, à Angiers et ailleurs, s'il plaist à la court, ont traictié et sont à accord ensamble en la maniere qui s'ensuit :

C'est assavoir que iceulx dame de Suli et de Craon,

messire Guy de la Trimoulle et madame sa femme et chascun d'eulx, pour demourer quictes et deschargez envers led. sire de la Suze, ou nom que dessus, des demandes par lui faictes de ce qu'il lui povoit competer et apartenir à cause desd. chasteaulx, chastellenies et desd. deux mil livrées de terre ou rente qu'il requeroit lui estre assises sur Briolay, Precingny et les apartenances, et parfaictes comme dit est dessus, et de tous arrerages et accions dont ilz faisoient et povoient faire poursuite à cause desd. deux mil livrées de rente ou terre, iceulx madame de Suli et de Craon, messire Guy de la Trimoulle et sa femme et chascun d'eulx pour tant que à lui touche et peut toucher, baillent, cedent et transportent dès maintenant à tousjours mès perpetuelment, et promectent à garantir, delivrer et deffendre de tous troubles, debtes, obligacions, ypotheques et empeschemens et d'autres charges quelxconques, excepté des charges reelles et anciennes, se aucunes en y a, aud. s^{gr} de la Suze, ses hoirs et ayans cause, ou temps avenir, le chastel, chastellenie, terres, pocessions et droiz de Briolay, et le herbergement, rentes et revenues, fiefz, arrerefiefz, juridicions et terres de Tiercé, avecques leurs apartenances, appendances et droiz quelxconques et comment que elles soient nommées et apellées, noms, raisons et accions que les dessusd. madame de Craon et de Suli, messire Guy de la Trimoulle et sa femme avoient et povoient avoir esd. chastel et chastellenie de Briolay et lieu et herbergement de Tiercé et en leurs apartenances, entierement sans riens y retenir; et se d'iceulx lieux ou aucuns d'eulx ou de leurs apartenances aucune chose avoit esté aliené, donné ou transporté par lesd. madame de Craon, mons^{gr} de Suli ou madame sa femme, lesd. dame de Craon et de Suli, mon^{gr} Guy de la Trimoulle et madame sa femme les promectent à faire bailler et delaisser aud. de la Suze, ou le recompenser deuement ailleurs de ce que aliené seroit, en assiete de terre, bons lieux et convenables et au plus près de Briolay et de Tiercé que faire se poura. Et avecques ce, led. à present s^{gr} de la Suze seul et pour le tout, pour lui et ses hoirs et aians cause, sera tenuz et gardez en pocession et saisine desd. chasteaulx et chastelenies de Champtocé et d'Ingrande, et des apartenances et apendences quelxconques, comme vray seigneur, proprietaire et pocesseur d'iceulx, et tout empeschement qui mis y a esté, osté à son prouffit, et la main du roy qui mise aussi y a esté pour le debat desd. parties, levée à plain à son proufit, et lui demourent et demouront perpetuelment pour lui, ses hoirs et aians cause, ou temps avenir, avecques tout ce que sond. feu père, sad. mère et lui ou autres de par eulx en ont levé et perceu par tout le temps passé, par quelque maniere que ce soit, des fruiz, revenues et esmolumens quelxconques des choses dessusd., desquelx et de tout ce en quoy led. s^{gr} à present de la Suze, par quelque voye que ce fust, peust estre tenu aux dessusd. dame de Suli et de Craon, messire Guy de la Trimoulle et madame sa femme, le quictent de tout en tout, sans ce que lesd. dame de Craon et de Suli, messire Guy de la Trimoulle et madame sa femme et chascun d'eulx, leurs hoirs et aians cause ou temps avenir, y puissent desoresmais ne ou temps avenir aucune chose avoir, requerir ne demander, en saisine, en proprieté ne autrement, soit pour le temps passé, present ou advenir ; à debatre ne empescher par quelque voie que ce soit que led. sire de la Suze à present, ses hoirs ou ayans cause ou temps advenir, ne soient ou puissent estre receuz en foy et hommaige comme vrays seigneurs, pocesseurs et proprietaires d'icelles terres, chasteaulx et chastellenies de Champtocé et d'Ingrande, appartenances et appendances quelxconques ; et se aucun droit y avoient les dessusd. madame de Craon et de Suli, messire Guy de la Trimoulle et madame sa femme, ilz le transportent, cedent, quictent et delaissent aud. sire de la Suze à present, pour lui, ses hoirs et aians cause à tousjours mais. Et dès maintenant lesd. madame de Suli et de Craon, messire de la Trimoulle, sa femme et chascun d'eulx pour tant qu'il lui peut toucher, se dessaisissent de tout ce qu'ilz avoient ou povoient avoir, en saisine, pocession, proprieté ou autrement, esd. chasteaulx et chastellenies de Champtocé et d'Ingrande, Briolay, Tiercé, appartenances et appendances quelxconques, et en vestent et saisissent dès à present led. sire de la Suze, pour lui, ses hoirs et ayans cause, et veulent et consentent que led. sire de la Suze en preingne la pocession et saisine reaulment et de fait, sans eulx ou aucun d'eulx appeller ne actandre, et qu'il en entre et soit receuz en foys et hommaiges par le seigneur ou seigneurs de qui lesd. choses sont tenues, sans contradicion ne empeschemens aucuns.

Et d'abondant font et instituent procureurs, c'est assavoir : maistres Estienne Trochart, Jehan Dugué, Jehan Thahoreau, Jehan de Nyon et chascun d'eulx, pour eulx dessaisir et desvestir de toutes et chascuñes les choses dessusd. et en faire, saisir et recevoir ès foys et hommaiges led. sire de la Suze, reaument et de fait, comme de ses propres choses et heritaiges. Toutesfoiz n'est pas l'entencion desd. parties de renoncier par cest accord au droit de succession future, laquelle pour le temps advenir pourroit eschoir selon raison et coustume à l'une ou à l'autre partie. Et avecques ce demourent icelles terres aud. present sgr de la Suze, ses hoirs et aians cause ou temps avenir, francs, quictes, delivrez et deschargez envers noble et puissante dame, madame Margarite de Flandres, veufve de feu messire Guillaume de Craon, jadis viconte de Chasteaudun et sgr de la Ferté Bernart, leurs hoirs et aians cause, et envers lad. madame de Suli et de Craon, messire Guy de la Trimoulle et madame sa femme; et lad. dame de Craon, monsgr de Suly et madame sa femme, comme aians le droit d'iceulx femme, enfans et hoirs de feu messire Guillaume de Craon, si comme ilz disoient, ont promis et promectent et sont tenuz de garantir et delivrer led. sire de la Suze et ses hoirs, à la peine de vingt mille francs d'or, de tout le droit que led. feu messire Guillaume de Craon, sad. femme, hoirs ou ayans cause avoient ou povoient avoir et demander desd. deux mille livrées de terre ou rente, chasteaulx et chastellenies de Briolay et de Pressingny, dont cy dessus est faicte mencion, et de tous arrerages, dommages, interestz et despens; et à ce feront consentir et obliger lad. dame de Suli et de Craon, messire Guy de la Trimoulle et sa femme, les dessusd. femme et hoirs dud. feu messire Guillaume de Craon, et y renoncer dedens la feste de Nouel prouchaine venante en deux ans, sur lad. peine de vingt mille francs d'or, c'est assavoir la quarte partie aux prouffiz du roy nostre sire, et les troys parties au proufit dud. mons^{gr} de la Suze, ses hoirs et aians cause, ou cas que deffault y auroit, et que à ce lad. femme et hoirs dud. feu messire Guillaume de Craon ne s'i voudroient ou seroient consentiz dedens led. jour; lesquelles peines seront executées, le jour passé, sur lesd. dame de Craon et de Suli, messire Guy de la Trimoulle et sa femme et sur chascun d'eulx pour le tout, comme de chose deue et adjugée par arrest de parlement. Et neantmoins seront tenuz et chargez les dessusd. madame de Craon et de Suli, messire Guy de la Trimoulle et sa femme, de garantir, acquiter et descharger led. seigneur à present de la Suze, ses hoirs et aians cause, envers iceulx femme et hoirs dud. feu messire Guillaume de Craon, de tout le droit dont ilz peussent faire demande aud. s^{gr} de la Suze pour raison desd. II^m livrées de terre ou rente. Et avecques ce, paiera promptement lad. dame de Suli et de Craon aud. mons^{gr} de la Suze, en passant cest present accord, troys mille francs d'or, et deux mille à l'ordonnance dud. messire Guy de la Trimoulle; et si demeure l'accord fait l'an mil III^c XLVI, dont il est dessus fait mencion, en sa force et vertu et sans en faire aucune innovacion ou prejudice aucun, sauve en ce en quoy il est derogué en cest present accord.

Et parmy cest present traictié ou accord, lesd. madame de Suli et de Craon, mons^{gr} de Suli et madame sa femme et ceulx qui d'eulx ont ou auront cause, demourrent et demourront quictez, delivrez et absolz perpetuelment envers lesd. mons^{gr} de la Suze, madame sa mère et mons^{gr} son frère, desquelx il s'est fait et fait fort, de toutes demandes, poursuites, ypotheques, droiz de douaires et de partaiges et obligacions quelxconques que à eulx et à chascun d'eulx appartenoit et povoit apartenir, et dont ilz ont fait demande ou peussent avoir fait des choses dessus nommées et des appendances. Et led. de la Suze promet à garantir, delivrer et deffendre envers les dessusd. ses mère et frère, de toutes et chascunes les choses dessusd., lesd. dame de Suli et de Craon, mons^{gr} de Suli et dame; et aussi led. de la Suze, madame sa mère et son frère demeurent et demourront quictes, absolx et delivrez envers lesd. madame de Craon, mons^{gr} de Suli et madame sa femme, de toutes demandes, poursuites, droiz et accions quelxconques qu'ilz avoient et povoient avoir et apartenir, et dont ilz ont fait et peussent avoir fait demande pour occasion des choses dessusd. et deppendances. Et pour les choses dessusd. enteriner et acomplir sans jamès venir encontre, lesd. parties et chascune d'icelles obligerent eulx, leurs hoirs et aians cause, avecques tous leurs biens meubles et inmeubles presens et advenir, et renoncent à tout ce que, tant de fait comme de droit, valoir leur pouroit à venir à l'encontre, et à touz droiz introduiz en la faveur des femmes et au droit disant general renunciacion non valoir. Et veulent lesd. parties estre condampnées par arrest de parlement à tenir et acomplir les choses dessusd. et chascune d'icelles, et lequel arrest vuellent qu'il soit tousjours executé sans opposicion comme arrest de nouvel et freschement donné en icelle court de parlement, non obstant laps de temps, stille et usage à ce contraires.

Ad quod quidam accordum ac omnia et singula superius contenta tenenda, complenda ac firmiter et inviolabiliter observanda, dicta nostra curia partes predictas et earum quamlibet, quathenus unamquamque ipsarum tangit seu tangere potest, ad requestam et de consensu dicti domini de Suza, nominibus predictis, ipso hac in eadem curia, ut predicitur, personaliter presente, ex una parte, et magistri Johannis de Wairiaco, procuratoris dictorum Ysabellis, Guidonis et Marie ejus uxoris, virtute certorum procuratoriorum inferius insertorum, ex altera, per arrestum condampnavit et condampnat, et ea ut arrestum ejusdem curie teneri, compleri et observari, ac execucioni demandari voluit et precepit ; quo siquidem accordo inter dictas partes, ut premictitur, in eadem curia nostra passato et transacto, predictus dominus de Suza, dictis nominibus, summam trium millium francorum, per manum Johannis Garnerii, predicte domine de Credonio servitoris et clerici, ad causam seu in deducionem et racione premissorum recepit, ac eidem realiter et de facto numerati fuerunt tres millia franci.

Tenores vero procuratoriorum de quibus superius fit mancio seriatim subsequuntur.

A tous ceulx qui cez presentes lettres verront, Ysabel, dame de Suli et de Craon, veufve de feu noble et puissant s^{gr} mons^{gr} Loys, jadis s^{gr} desd. lieux, salut. Savoir faisons que nous, confians du sens, loyaulté et diligence de nos chers et bien amez messire Guy de Cleder, docteur en laix, arcediacre de Dinan en l'eglise de Saint Malo, nostre conseiller, maistre Jehan de Varri, procureur en parlement, et de Jehan Garnier, nostre clerc, iceulx et chascun d'eulx par soy et pour le tout, pour nous et en nostre nom, avons fait, constitué, ordonné et establi, et par cez presentes faisons, ordonnons, constituons et establissons noz procureurs generaulx et certains messagers espiciaulx en toutes et chascunes noz causes, querelles et besongnes meues et à mouvoir, tant pour nous comme contre nous, contre toutes personnes, par devant tous juges quelx qu'ilz soient et de quelque povoir, auctorité, mandement, commission ou juridicion qu'ilz usent ou soient fondez, en parlement et dehors, et en toutes autres cours d'eglise ou de siecle, en tele maniere que la condicion de l'un de nozd. procureurs ne soit pas meilleur ou pire de l'autre, mais ce que l'un d'eulx aura commancié l'autre puisse poursuir, demener et mectre à fin ; et donnons et octroions à nos devantd. procureurs et à chascun d'eulx par soy et pour le tout, plain povoir, auctorité et mandement espicial d'estre et comparoir pour nous en jugement et dehors, tant en demandant comme en deffandant, de nous et de noz causses poursuir, demener et deffendre, de nyer, congnoistre, de demander garant ou garans, prandre garantie, de eulx opposer en tous cas et à toutes fins, de jurer en l'ame de nous tous sermens que ordre de droit requiert et enseigne, de oïr droiz, arrestz, sentences interlocutoires et diffinitives, d'appeller, de transiger, pacifier et accorder. Et par espicial avons donné et octroié, donnons et octroions à nos davantd. procureurs et à chascun d'eulx par soy et pour le tout, plain povoir, licence, auctorité et mandement espicial de passer certain accort et traictié en la court de parlement, faiz et accordez entre nous et messire Guy, s$_g$^{r} de la Trimoulle et de Suli, ch^{or}, et Marie nostre fille, sa femme et fille de nostred. feu s^{gr} et espoux, d'une part, et nostre très cher et amé cousin messire Jehan de Craon, ch^{er}, s^{gr} de la Suze, d'autre part, pour cause de certains procès qui longuement ont esté pendans oud. parlement, tant pour les chasteaulx et chastellenies de Champtocé et d'Ingrande comme pour l'assiete de deux mille livrées de terre sur les lieux de Briolay et de Precigny, comme autrement, tant en demandant comme en defendant d'autre, de transiger, traicter et accorder de nouvel sur tous leurs debaz et discors, se mestier est, en tele maniere comme bon leur semblera, de bailler, ceder et delaisser de noz propres terres et lieux aud. messire Jehan, et de nous obliger envers lui en telle somme d'or ou d'argent et faire teles obligacions comme bon leur semblera, et generalment de faire et dire autant comme nous ferions et faire pourrions, se presente y estions en nostre personne, jasoit ce que la chose requerist mandement plus espicial ; et jurons par la foy et serment de nostre corps et nous obligeons et nos hoirs, et les biens de nous et de noz hoirs, meubles et inmeubles, presens et advenir, où qu'ilz soient veuz ne trouvez, à tenir et acomplir toutes et chascunes les choses dessusd. qui par nosd. procureurs ou l'un d'eulx sera fait, traictié, promis et accordé, sans jamais venir ou faire venir encontre, par nous ou par autres, par quelque voye que ce soit, et promectons à paier l'adjugie se mestier est. En tesmoign de laquelle chose nous avons fait mectre nostre propre seel à ces presentes, faictes et données le xiie jour du moys de novembre, l'an de grace mil iii^c iiii^{xx} et neuf.

Item, A tous ceulx qui ces presentes lettres verront, Guy, s^{gr} de la Trimoulle et de Suli, ch^{er}, chambellain du roy nostre sire, et Marie de Suli, dame desd. lieux, sa femme, salut. Savoir faisons que nous et mesmement nous Marie dessusd., du los, consentement et auctorité de nostred. s^{gr} et espoux, confians du sens, loiaulté et diligence de messire Ytier de Martroil, docteur en decrez, arcediacre de Dijon en l'eglise de Langres, conseiller et maistre des requestes de l'ostel du roy nostre sire, messire Guy de Clider, docteur en loys, maistres Jehan Garnier, chanoine d'Orleans, et Jehan de Varri, procureur en parlement, iceulx et chascun d'eulx par soy et pour le tout, pour nous et en nostre nom, avons fait, constitué, ordonné et establi, et par cez presentes faisons, constituons, ordonnons et establissons nos procureurs generalx et certains messagers espiciaulx en toutes et chascunes nos causes, querelles et besongnes meues et à mouvoir, tant pour nous comme contre nous, contre toutes personnes, par devant touz jugez quelx qu'ilz soient, de quelque povoir, auctorité, mandement, commission ou juridicion qu'ilz usent ou soient fondez, en parlement et dehors, et en toutes autres cours d'eglise ou de siecle, en tele maniere que la condicion d'un de nosd. procureurs ne soit pas pieur ou meilleur de l'autre, mès ce que l'un d'eulx aura encommancié l'autre puist poursuir, demener et mectre à fin ; et donnons et octroions à nos devantd. procureurs et à chascun d'eulx par soy et pour le tout, plain povoir, auctorité et mandement espicial de estre et comparoir pour nous et chascun de nous, en jugement et dehors, tant en demandant comme en deffendant, de nous et de noz causes poursuir, demener et defendre, de nyer, congnoistre, de demander garant ou garans, prandre garantie, d'eulx opposer en tous cas et à toutes fins, de jurer en l'ame de nous tous sermens que ordre de droit requiert et enseigne, de oïr droiz, arrestz et sentences interlocutoires et difinitives, d'apeller, de transiger, pacifier et accorder. Et par espicial avons donné et octroié, donnons et octroions à noz devantd. procureurs et à chascun d'eulx par soy et pour le tout, plain povoir, licence, auctorité et mandement espicial de passer certain accord et traictié en la court de parlement, faiz et accordez entre nostre très chere et amée dame madame Ysabel, dame de Suli et de Craon et mère de nous Marie dessusd., et nous Guy et Marie dessusd., d'une part, et nostre très cher et amé cousin messire Jehan de Craon, ch[er], s[gr] de la Suze, d'autre part, pour cause de certains procès qui longuement ont esté pendans oud. parlement, tant pour les chasteaulx et chastellenies de Champtocé et d'Ingrande comme pour l'assiete de deux mille livrées de terre sur les lieux de Briolay et de Precingny, comme autrement, tant en demandant comme en deffendant, de transsiger, traitier et accorder de nouvel sur tous leurs debatz et discors, se mestier est, en tele maniere comme bon leur semblera, de bailler, ceder et delaisser de noz propres terres et lieux et de chascun de nous aud. messire Jehan, et de nous obliger envers lui en tele somme d'or ou d'argent et faire teles obligacions comme bon leur semblera, et generalment de faire et dire autant comme nous ferions et faire pourions, se presens y estions en noz personnes, jasoit ce que la chose requerist mandement plus espicial ; et jurons par la foy et serment de noz corps et nous obligeons et chascun de nous, du los, consentement et auctorité que dessus, et nos hoirs et les biens de nous et de noz hoirs, meubles et inmeubles, presens et advenir, où qu'ilz soient veuz ne trouvez, à tenir et acomplir toutes et chascunes les choses dessusd. que par nosd. procureurs ou de l'un d'eulx sera faict, traictié, promis et accordé, sans jamès venir ou faire venir encontre, par nous ou par autres, par quelque voye que ce soit, et promectons à paier l'ajugie se mestier est. En tesmoign de ce, nous avons mis noz seaulx à cez presentes qui furent faictes et données le premier jour de decembre, l'an mil III^c IIII^{xx} et neuf.

Quod ut firmum et stabile permaneat in futurum, presentes litteras sigilli nostri munimine fecimus roborari. Datum et actum Parisius in parlamento nostro, anno Domini millesimo trecentesimo octogesimo nono, et regni nostri decimo, die decima mensis decembris.

Resigillatum fuit presens concordatum die vicesima octava mensis maii, anno Domini millesimo quadringentesimo quadragesimo sexto, sub sigillo nostri Karoli septimi, Francorum regis, ad factum justicie Parisius deputato.

Sic signatum : Concordatum in curia, JOUVENCE.

XCVIII

Coppie de la lettre par laquelle apert que madame Jehanne de Rays vandit à mons^{gr} de Laval la seigneurie de Brion en Valée pour le pris et somme de III^{м} francs d'or.

13 novembre 1389.

Sachent tous presens et avenir que, en la court du seel establi ès contractz en partie de la seneschaussie de Poictou à la Roche sur Yon pour très doubté et très puissant prince mons^{gr} le duc de Berri et d'Auvergne, conte de Poictou, en lieu de celui qui jadis souloit estre pour nostre sire le roy de France, en la presence de Jehan Fevre, clerc, juré et notaire de lad. court, en droit par davant lui personelment establiz noble dame Jehanne, dame de Rays et de la Mote Achart, soubzmetant soy et tous ses biens à la juridicion et cohercion de nostred. court quant à ce qui ensuist, sans adveu de nulle autre court, laquelle, de son bon gré et de sa bonne volenté, sans nulle crainte, doubte, fraude ne aucune machinacion, et sans nul pourforcement, vendit, bailla, livra et octroya pour elle, ses hoirs et successeurs, et pour ceulx qui d'elle auront cause perpetuelment, et soy avoir vandu, baillé, livré et octroié perpetuelment, purement et absolument, publiquement congneut et confessa, par tiltre de vente perpetuelle, à noble et puissant seigneur messire Guy, sire de Laval et de Vitré, à tousjours mais perpetuelment par heritaige, et à ses hoirs et successeurs et à ceulx qui de lui auront cause, sa chastellenie et terre de Brion en Valée, o toutes et chascunes ses appartenances, deppendences et circonstances d'icelle, si comme elle se poursuit, tant en domaines, mesons, prez, pastures, boys, hayes, ayves, moulins, estangns, pescheries, feaiges, cens, deniers, tailles, rentes en blez et en deniers, vignes, vingnaiges, garennes, voyrie, justice, seigneurie haulte, moyenne et basse, hommes, hommages et oboïssance, avecques toutes et chascune les autres choses quelconques apartenantes à lad. chastellenie et terre de Brion, quelconques elles soient et comment elles soient nommées, censées et appellées, bonnées et divisées, sans riens en retenir à lad. dame ne à ses hoirs; pour le pris et somme de troys mille francs d'or, du coign du roy nostre sire, de bon et juste pris, desquelx lad. dame se tint pour contente et bien paiée dud. seigneur de Laval, et l'en quicta et ses hoirs et successeurs perpetuelment. Desquelles toutes et chascunes les choses dessusd. lad. dame se desvetit et dessaisit, et en vestit et saisit led. sire de Laval, et l'en mist en saisine et pocession reaulment et de fait, et mesmement par la baillete et octroy de ces presentes lettres; à avoir, tenir, user, porssoier et exploicter toutes et chascunes les choses dessusd., dud. sires de Laval et de ses hoirs et successeurs, perpetuelment et desoresenavant, paisiblement, quictement et franchement, sans ce que jamais par le temps advenir, lad. dame, ses hoirs et successeurs, et ceulx qui d'elle auront cause, y puissent jamès riens prandre, querre ne demander en nulle maniere; cedans et transportans lad. dame aud. sire de Laval et à ses hoirs et successeurs, tous les droiz, noms, raisons, accions, saisine, possession et seigneurie, hommaiges et rachatz qu'elle avoit et avoir povoit et devoit, et qui lui povient competer et apartenir par quelconque cause et raison que ce soit. Lesquelles choses dessusd., avecques tous et chascuns les droiz apartenans à icelles, lad. dame promist et est tenue garir, garantir et deffendre perpetuelment envers tous et contre tous, de tous troubles, debatz, perturbacions et empeschemens, et de toutes charges et obligacions quelconques elles soient, tacites ou expresses, o rendant et paiant perpetuelment dud. sire de Laval et de ses hoirs et successeurs tous et chascuns les devoirs, terres et redevances, legatz, charges et oboïssances deuz anciennement à cause desd. choses et par raison d'icelles ; et en cas que lad. dame sera deffaillant de garantir aud. sire de Laval et à ses hoirs toutes et chascunes les choses dessusd. ou aucunes d'icelles, elle promist et est tenue à desdommaiger led. sire de Laval de tous les coustz, fretz, mises et despans que led. sire de Laval aura eu, fait et sostenu par deffaut dud. gariment non fait, jusques à la value du dommaige que il aura eu et soutenu par deffaut dud. gariment, comme par dessus est dit ; duquel desdommaigement led. sire de Laval ou son procureur aiant povair à ce, sera creu à son simple serment, sans autre preuve ne enseignement, du consentement, octroy et volunté de lad. dame. Et à toutes et chascunes les choses dessusd. et chascunes d'icelles faire, tenir, garder, enteriner et acomplir loiaulment et fermement sans enfraindre en nulle maniere, lad. dame obligea soy, ses hoirs et successeurs, et tous et chascuns ses biens et de ses hoirs et successeurs, meubles et inmeubles, presens et advenir, en quelconque lieu, fié, juridicion, povoir, destroit et seigneurie ilz soient ou puissent estre diz, nommez, trouvez, censez ou appellez, et renoncia en cest son fait à toutes excepcions, decepcions de mal, de fraude, de barat, de tricherie, de circonvencion et de lesion, à tous establissemens et constitucions de roy, de pape et de prince, faiz et à faire, à l'aide de droit escript et non escript, canon et civil, et au benefice de Velleyen, et generaulment à toutes les autres causes, faiz, raisons, allegacions et opposicions, tant de droit que de coustume, qui contre la forme et teneur de cez presentes lettres pourroient estre dictes, alleguées ou oposées, par lesquelles cez presentes lettres pourroient estre destruites, viciées et corrompues en tout ou en partie, et sur ce elle jura aux sainctes euvangilles Nostre Seigneur, la foy et serment de son propre corps sur ce donné, de non venir ne faire encontre cest son fait, par soy ne par autres, en nulle maniere. En tesmoign desquelles choses, lad. dame donna et octroia aud. sire de

Laval cez presentes lettres seellées à sa requeste dud. seel, ensembleement et du sien propre, en plus grant confirmacion de verité. Et je adecertes Pierres de la Gaubretiere, clerc, garde celui temps dud. seel dud. mons^gr le conte, à la requeste et supplicacion de lad. dame et à la feal relacion dud. noctaire, mon juré et commissaire quant à ce, à laquelle, sur ce que dit est par dessus et gangneur, je adjouste planiere foy, lequel, en lieu de moy, lad. dame present, consentant et confessant toutes et chascunes les choses dessusd. estre vraies, par le jugement de lad. court dud. seel jugea, et par sentence condempna à tenir, garder et acomplir lesd. choses et encontre non venir, si comme il m'a fait competent relacion, led. seel à cez presentes ay mis et apposé en garantie de verité. Donné, jugé, fait et passé, garans presens à ce cy apellez et requis : messire Jehan Niczon, prestre, et Jehan le Saintier, clerc, le xiiie jour du moys de novembre, l'an de grace mil troys cens quatre vingts et neuf.

Ainsi signé : J. Fevre. — Seellée à double queuhe et cire verd.

XCIX

Lettres de la fondacion d'une prebende desservie en l'eglise de Nostre Dame de Nantes.

7 février 1329.

A tous ceulx qui cestes presentes lettres verront et orront, Girart Chaboz, chevalier, s^gr de Rays et de Machecou, de la dyocese de Nantes, salut en Nostre Seigneur. Sachent tous que nous Girard Chabot dessusd., ès cours de mons^gr le duc de Bretaigne et mons^gr l'official de Nantes et mons^gr l'official à l'arcediacre dud. lieu, confessames et confessons par nostre serment que nous et noz predecesseurs avons eu et perceu, levé et esploicté enciennement noz propres fruiz, essues et obvencions de desmes dedens la parroisse de Boign, de Pruingné et en autres en la diocese de Nantes dessusd., et encore nous avoir, percevoir et lever et esploicter, et nous estre et nos predecesseurs, de tant de temps que memoire de homme n'est, en pocession de avoir, percevoir et lever les fruiz et les essues desd. desmes, en paiz et quictement ; lesquelles desmes nous affermons que elles furent donnèes et octroièes anciennement à noz predecesseurs en fié, et que les fruiz et les essues d'elles valent par chascun an, sans faulte, trante et deux livres de bonne terre perpetuelle, par commune estimacion ; lesqueulx fruiz et essues, nous led. Girart confessons avoir vandu et octroié, et encore vendons et octroions à discret homme monsour Jehan Couperie, prestre, chanoine de Nostre Dame de Nantes, de la prebende que André du Tample, clerc, a fondé de nouveau et funde en lad. eglise de Nostre Dame, pour y croistre le service de Nostre Seigneur et Nostre Dame, ou nom de lad. provende, et pour elle et pour qui cause aura d'elle et pour meulx lad. prebende fonder. Et quictons et delaissons, de la volenté et du consentement mons^{gr} l'evesque de Nantes, tout le droit, la seigneurie, la pocession et saisine, la tenance et la detenance que nous y avons, povons, devons et actandons avoir, par quelconque raison, occasion, permission, concession ou droit, ou par queconque occasion ou cause que ce fust, ès fruiz et ès yssues desd. desmes et en la recepcion d'elles ; et voulons et octroions, pour nous et pour nos hoirs, que led. chanoine, ou nom de lad. prebende, ou celui qui lad. provende tendra et aura cause d'elle, ayt et prengne liberalement, franchement et quictement les fruiz et les essues desd. desmes et la seigneurie d'elles, et se joïsse perpetuellement de tout le droit et la seigneurie que nous avions et povions avoir ès desmes davantd., ès fruiz et ès essues d'elles, sans ce que nous ne nos hoirs ne autre pour nous, quelx qu'ilz soit, y puisse mectre aucun empeschement, contredit ne debat ;

c'est assavoir pour le pris de deux cens livres de monnoye courante, laquelle somme de pecune nous confessons avoir eu et receu desd. chanoine et fondeurs en bonne peccune nombrée, et nous en tenons à bien paiez. Et d'icelles desmes et d'iceulx fruiz et de chascun d'iceulx, et de tout le droit, la proprieté et la pocession que nous led. chevalier avions et povions et actandions à avoir esd. desmes et fruiz et ès essues d'elles, nous nous descessissons et desvestons, et en saississons et vestissons led. chanoine, ou nom de lad. provende, pour elle et pour qui cause aura d'elle, par la baillée de cestes lettres, et promectons et sommes tenuz que si lesd. desmes, les fruiz et les essues d'elles ne valent par chascun an, par aucun cas, trante et deux livres de rente de monnoye courante, de les parfaire aud. chanoine ou à celui qui de lad. provende aura cause, et soupleter et enteriner tout ce que en deffaudroit, en autres desmes et ès fruiz d'elles et en mes autres biens en lad. diocese de Nantes dessusd. Et promectons et sommes tenuz lesd. desmes, les fruiz et les essues d'elles et toutes les choses et chascune d'elles, ainsi comme dessus sont dictes, garantir et deffendre aud. chanoine, ou nom de lad. provende, et pour elle et pour qui cause aura d'elle, de tous proesmesses, de tous et vers tous autres, et faire tant curer et procurer que lesd. desmes, les fruiz et les essues d'elles toutes et chascunes, demourent et seront faictes aud. chanoine, ou nom dessusd., ou à celui qui de lad. provende aura cause. Et si aucun empeschement, plait, contens ou arrestement y avoit led. chanoine ou qui cause auroit de lad. provende, par quelconque cause que ce fust, tant par raison de proesmesse, de douaire, de donnaison pour noces, ou de autres premieres obligacions, ou pour autres causes quelles que elles fussent, nous promectons et sommes tenuz à les leur oster et delivrer, toutes et chascunes, quictes et delivres, et à leur querre conseil tel comme ilz le voudront, à noz propres despens à ce faire.

Et est einsint toutesvoies fait et accordé entre led. chanoine, ou nom dessusd., et nous led. Girart Chaboz, en ceste convenance et en cest marché, que nous tiendrons, cuildrons et leverons par troys ans et par troys cuilletes, pour nous ou les nóstres, tous les fruiz et les essues desd. desmes, ou nom dud. chanoine ; et pour itelz fruiz nous sommes tenuz randre et paier aud. chanoine, ou nom dessusd., ou à celui ou ceulx qui de lui auront cause, ou à celui qui portera cestes presentes lettres sans monstrer aultre procuracion, portées à la place Saint Pierre, trante et deux livres de bonne monnoye courant, dedans chascune feste de Nouel prouchain, durant le temps desd. troys ans, s'il plaist aud. chanoine les nous laisser cuillir; ou poura led. chanoine ou celui qui de lad. provende aura cause, cuillir, lever et faire lever les fruiz et les essues desd. desmes. Et adecertes est aussi fait et accordé entre led. chanoine, ou nom dessusd., et nous led. Girart Chabotz, en ceste convenance et en cest marché, que si nous randions et paions ou avions randu et paié aud. chanoine, ou nom dessusd., ou à celui qui de lad. provende aura cause, ou à leur commandement portant cestes presentes lettres, deux cens livres de monnoye courant, dedens la feste de la Chandeleur qui sera celebrée en l'an de grace mil iii^c xxxi an, après la date de cestes lettres, et non pas avant, si ce n'estoit de la volunté dud. chanoine, et avions paié à plain et entierement lesd. trante et deux livres ès termes dessusd., et acompli toutes les choses dessusd. et chascune d'elles esquelles nous nous sommes obligez et obligeons par cestes lettres, qu'oltres pour le temps advenir lad. vencion, quictance, octroiance et delaissance desd. desmes, des fruiz et des essues d'elles saient et seroient nulles et de nulle fermeté, et que lesd. desmes, les fruiz et les essues d'elles demouront lors à nous et à noz hoirs, quictes et delivres. Et si ainsi avenoit que nous n'eussions acompli et enteriné toutes les choses dessusd. et chascune d'elles, ou que nous eussions defailli ou defaillissons en aucunes choses esquelles nous sommes obligez et nous obligeons par cestes lettres, dedens lesd. termes, à plain et enterinement, que lors lesd. desmes, les fruiz et les essues d'elles, toutes et chascune, demouront aud. chanoine, ou nom dessusd., et à celui qui de lad. provende aura cause en temps advenir (*un mot en blanc*) toutes avenances pour le pris desd. deux cens livres, à jamès perpetuelment, en paiz et en repos. Et est aussi fait et accordé entre led. chanoine, ou nom dessusd., et nous chevalier dessusd., en cest marché et en ceste convenance, que led. chanoine, ou nom dessusd., ou celui qui de lad. provende aura cause ou temps advenir, pourra estre tousjours en tous cas en sa volenté de deposcer, revoquer et rapeller toutes les convenances dessusd., et demander à avoir sa somme d'argent dessusd. si elle n'avoit esté paiée si comme dessus est dit.

Et pour entretenir et acomplir les choses dessusd., nous led. chevalier avons requis et requerons, obligé et obligeons Jehan Bien Entent, nostre receveur, et que il s'i oblige; et je Jehan Bien Entent, receveur dessusd., à la requeste dud. mons^{gr} de Rays, me suis obligé o lui et encore m'oblige de faire, tenir et acomplir toutes les choses dessusd., moy et le mien quelque part que il soit; et voulons adecertes, nous Girart Chaboz et Jehan Bien Entent dessusd. et chascun de nous, que si en cestes lettres avoit aucunes choses doubteuses, mot, clause ou choses obscures, que led. chanoine, ou nom dessusd., ou celui qui de lad. provende aura cause, les puisse à sa volenté et à son sen, espondre, corriger, amander, interpreter et declairer en la meilleur maniere que il voudra et verra que bon lui soit; et promectons et sommes tenuz, nous chevalier et Jehan dessusd. et chascun de nous pour le tout, donner, octroier et delivrer en noz propres despens aud. chanoine, ou nom dessusd., et à celui qui de lad. provende aura cause ou temps avenir, ou à leur commandement portant cestes lettres, bonnes autres lettres contenantes la forme et la maniere de cestes lettres, ou en la meilleur maniere que ilz voudront et verront que bon leur soit, seellées des seaulx de quelz juges que ilz voudront, à leur requeste, là où ilz verront que bon sera. Et promectons et sommes tenuz, nous Girart Chaboz et Jehan Bien Entent dessusd., et chascun de nous pour le tout, cestes choses dessusd. toutes et chascunes tenir, garder et fermement acomplir, et encontre non pas venir par nous ne par autres, par aucune raison ou cause ou temps advenir, et faire tout curer et procurer que la teneur de cestes lettres soit enterinement acomplie; et pour enteriner et acomplir la teneur et la substance de cestes lettres par tous articles, nous nous sommes obligez et obligeons, nous et nos hoirs, et chascun de nous et de nos hoirs pour le tout et tous nos biens, pour nous et pour nos hoirs, presens et avenir, meubles et inmeubles, quelque part et soubz quelque seigneurie que ilz soient, à prandre, vendre et esploicter du jour en landemain, tel feur, tel vente à qui plus en donnera, sans nous y adjourner, amonester ou requerre, et sans nous oïr alleguer quictance, transaccion, solucion ne autres raisons, ne faire plegement ne contre aplegement encontre la teneur et l'enterinence de cestes lettres, ne à ceulx qui auront cause de nous, si nous ne le povons maintenant à present monstrer et prover par bonnes lettres seellées des seaulx desd. courtz, des petiz ou des grans, ou du seau aud. chanoine, einsi que celui chanoine ou qui cause aura de lui poura assigner à celle partie desd. biens que il voudra et verra que bon lui soit.

Et promectons et sommes tenuz, nous et chascun de nous, randre noz corps à tenir hostaige en noz propres despens en une des villes mons^{gr} le duc dessusd., là où led. chanoine voudra, et y tenir hostaige sans en issir jusques à tant que la teneur de cestes lettres soit enterinée et acomplie par tous articles, et que tous les maulx, tous dommaiges, misions et despens que led. chanoine ou qui cause aura de lui en lad. provende fera, aura, soustiendra ou encoura par raison desd. choses et de aucune d'elles, leur soient renduz et paiez enterinement, sans nous adjourner ou requerre à les oïr desrener, sur lesquelx sera creu led. chanoine de lad. preuve, à son simple dit, ou celui qui portera cestes presentes lettres, à son simple serment de creinté sans autre prove. Et pour led. hostaige faire et tenir comme dit est, ne demoura pas que l'en executege et que l'en face execucion preste, sans delay, en nosd. biens, tant pour le principal comme pour les maulx et les dommaiges dessusd., sur lesquelles pieces que led. chanoine ou qui cause aura de lad. provende voudra et verra que bon lui soit, sans aler de prochain en prochain, s'il ne veult. Et renoncions en cest nostre fait, nous Girart et Jehan dessusd., à toutes excepcions de fraude, de barat, de tricherie, de decepvance d'oultre la moitié de droit pris et dedans, à tout privilege de pappe et de prince, [octroié] et à octroier, et à requeste de partie et sans requeste, ou de quelconque volenté de souzerain, et à ce que nous ne puissons empetrer lettre de priere ne faire (*un mot en blanc*) nous estoit faictes, que nous n'en userons ne demanderons relachement de noz sermens, ne denoncierons ne feron denonciacion à souverain juge; et si aucun privilege ou relaxacion nous estoit faicte de apostole ou de prince ou de aucun souverain, que nous n'en pourions et n'en userons contre la teneur et l'enterinance de cestes lettres, tant par raison de croiz prinse et à prandre que par raison de guerre, à toute excepcion de fraude, de barat, à toute excepcion de peccune non contée, non eue, non receue, non bonne, à toutes coustumes, bans et establissemens de laix, de païs et de prince, à tout benefice de divisions, de accions, à tout droit escript et non escript, espiciaulment à tout droit disant general renunciacion non valoir, et à toutes autres raisons et allegacions qui pourroient empescher et destourber la teneur et l'enterinement de cez presentes lettres, sans ce que nous ne nul de nous nous en puissons aider de nulles ne d'aucunes, ne deffendre les sermens de nos corps sus cestes choses, toutes et chascunes, tenir sans venir encontre de cez corporelment. En tesmoign des choses dessusd., nous Girart Chaboz et Jehan Bien Entent dessusd., donnasmes cestes lettres aud. chanoine, ou nom dessusd., seellées des seaulx desd. cours, avecques les noz propres que nous y avons mis et apposez. Et suplions à maistre Pierre Lespervier, garde des seaulx dont l'en use pour mons^{gr} le duc dessusd. ès contractz de Nantes, que à toutes les choses dessusd. et chascune d'elles tenir, garder et acomplir sans venir encontre par nous ne par autres ou temps avenir, nous condampne et chascun de nous pour le tout, et apouse les seaulx des contractz dessusd. à cestes lettres, [à] certaineté des choses dessusd. Et nous maistre Pierres Lepevrier dessusd., à la requeste dud. sire de Rays et de Mathé Ouil et dud. Jehan Bien Entent, aposames les seaulx des contractz dessusd. à cestes lettres, sauf le droit mons^{gr} le duc dessusd. et à tous autres; et à cestes choses dessusd. toutes et chascunes tenir et acomplir sans venir encontre, furent lesd. sire de Rays et de Machecoul et Jehan Bien Entent et chascun pour le tout, jugez et condampnez par le jugement mons^{gr} le duc dessusd., par les sermens de leurs corps. Donné le mardi après la feste de la Chandeleur, l'an de grace mil III^c XXVIII. Et voulons adecertes, nous lesd. Girart et Jehan, pour nous et pour nos hoirs, que pour le deffault de chascune de cestesd. choses, lesd. officiaulx de Nantes et de l'arcediacre dud. lieu, de par lesquelz officiaulx nous et chascun de nous pour le tout avons esté amonnestez, et confessons sur ce avoir esté ammonestez premiere foiz, seconde foiz, tierce, et une foiz pour toutes, et nous en tenons pour ammonestez canoniquement, metre sentence d'excomuniement en nous et en chascun de nous, et en noz hoirs et en chascun d'eulx, et de entredit en nostre terre.

Nos vero officiales predicti, ad preces dictorum militis et Johannis Bien Entent, sigilla curiarum Nanetensis et archidiaconi dicti loci predictarum, una cum sigillis ipsorum militis et Johannis apositis presentibus duximus aponenda ad majorem certitudinem premissorum, ipsosque militem et Johannem coram nobis presentes, premissa omnia et singula vera esse confitentes et in hiis expresse consentientes, ad hec tenenda, complenda et ad non veniendum contra, sub virtute suorum super hiis prestitorum juramentorum corporaliter coram nobis, in hiis scriptis condampnamus, et ipsis super hiis monuimus viva voce, primo, secundo, tercio, canonice, ut premissas, modo et forma quibus supra, faciant, compl[e]ant et observant, et ut dictas tringinta duas libras reddent et solvent dicto canonico aut de dicta prebenda causam habenti, Nativitatis terminis ante dictis. Hinc est quod vobis capellanis de Chemereyo, de Prugneio et de Macheco, et omnibus aliis nobis subditis ad quos presens mandatum pervenerit, mandamus quatinus nisi dicti miles et Johannes reddiderint et solverint dicto canonico dicte prebende, aut causam habenti et habituris ab ipsa, dictas tringinta duas libras monete curentis, nisi quindeciam terminorum antedictorum, Nannetis, dicto termino durante, et omnia et singula adimplerint ut superius est expressum, dictos militem, videlicet dominum Radesiarum et de Macheco, et Johannem Bien Entent, jam a nobis super hoc primo, secundo, tercio et canonice monitos, quos ob hoc ex tunc et ex nunc in hiis scriptis excomunicamus, et excommunicatos a nobis palam et publice nuncient, cum ipsi miles et Johannes in hoc concenserint coram nobis. Datum die martis et anno Domini millesimo ccc° vicesimo octavo predictis.

C

Lettre de pluseurs terres et salinnes baillées par certains moiens à madame de Rays par Jehanne Alixandrine, fille de feu Donnat Alixandrin.

10 septembre 1386.

Sachent tous que, par nostre court de Rays à Machecoul, avons veu, leu et examiné de mot à mot une lettre non viciée, non corrompue, non cancellée, ains saine et entiere, seellée en cire verte du seel madame de Rays, dont la teneur s'ensuit :

A tous ceulx qui cez presentes verront et orront, nous Jehanne, dame de Rays, de la Mote Achart et de la Meuriere, salut. Comme Jehanne Alixandrine, fille et heritiere seulle et pour le tout de feu Donnat Alixandrin, soit venue par dever nous et nous a dit et exposé que nous, par nos gens et officiers, avions prins et mis en nostre main pluseurs biens heritaiges qui furent aud. feu Donnat, son père, assis iceulx heritaiges en l'isle de Boign, et lesquelx biens lad. Jehanne disoit à elle estre et apartenir comme heritiere de sond. père, et que d'iceulx biens nosd. gens et officiers avoient prins et levé pluseurs prouffiz et levées, et nous suplioit et requeroit lad. Jehanne qu'il nous pleust iceulx biens lui mectre à delivre et l'en laisser joïr. A quoy nous lui respondions que led. feu Donnat avoit esté par long temps nostre chastellain et receveur en l'isle de Boign, des choses, droiz, prouffiz, revenues et esmolumens à nous apartenans oud. isle, et qu'il n'en avoit randu compte final, et nous en povoit bien estre tenuz au temps de son trepassement en la somme de troys cens livres monnoie courante, et que, pour cause de ce, nous avions fait prandre et mectre en nostre main les biens et heritaiges que led. Donat avoit oud. isle et les exploicter par aucun temps, et offrions à lad. Jehanne Alixandrine à lui delaisser tous les biens heritaiges que nous avions et tenions en nostre main, qui avoient esté dud. Donat, en nous paiant lad. somme de iiiᶜ livres, ou que elle nous randist compte et paiast ce en quoy le compte le reprandroit. Savoir faisons que, après pluseurs choses proposées tant par nous que par lad. Alixandrine, icelle Jehanne Alixandrine a finé et composé avecques nous pour tout ce que nous peut estre deu par elle comme heritiere dud. Donat, et qu'il nous povoit estre tenuz au temps de son trepassement, fust à cause de sond. office ou autrement, touchans meuble et accions personelle, à la somme de iiiᶜ livres monnoie courant, et laquelle composicion nous avons eue agreable; et pour icelle somme avons voulu et voulons que lad. Jehanne Alixandrine, comme heritiere dud. Donat, et tous autres à qui quictance en apartient et pouroit apartenir, soient quictes envers nous et les nostres des choses dessusd. et chascune d'icelles, et parmy ce, avons mis et mectons à lad. Alixandrine à plaine delivrance tous et chascuns les biens et choses quelxconques qui furent aud. feu Donat. Et aussi parmy ce, icelle Alixandrine, pour ce que elle n'avoit lad. somme de iiiᶜ livres à nous paier presentement, elle nous a baillé, par maniere d'engaige, quinze journaulx de prez ou environ assis oud. isle, en deux pieces, c'est assavoir huit journaulx ou tenement de la Claye, joignant d'une part la charrau par laquelle l'on vait du bourg de Boign au port de lad. Claye, et d'autre le maroys Estienne Virée, à cause de sa femme, que tient à present Plantine Marchande, par douaire, et les sept journaulx demourans des quinze, sont assis en ung pré apellé la Pelatiere; et viiˣˣ aires de maroys o lours apartenances assises en deux pieces, c'est assavoir quatre vingts aires en ung maroys Eurnaux, et les soixante aires demourans desd. viiˣˣ, sont en ung maroys apellé Danrau; lesquelles choses, xv journaulx de prez et viiˣˣ aires de maroys dessus specifiées et declairées, nousd. dame de Rays tandrons pour gaige de lad. somme de iiiᶜ livres et les exploicterons jusques nous soions paiée d'icelle somme et non autrement. Et avons promis et promectons, avons voulu et voulons que toutes foiz que lad. Alixandrine ou les siens nous randront et paieront lad. somme de troys cens livres, que lesd. xv journaulx de prez et vii^{xx} aires de maroys o lours apartenances, leur soient et demeurent perpetuelment et paisiblement sans empeschemens, et en pouront prandre reaulment et de fait saizine et pocession et en joïr delivrement. Et ces choses nousd. dame de Rays promectons en bonne foy et soubz l'obligacion de noz biens, tenir et garder et loiaulment acomplir sans faire ne venir encontre. En tesmoign de ce, nous en avons donné à lad. Jehanne Alixandrine cez presentes lettres seellées de nostre propre seel, le xe jour du mois de septembre, l'an mil iii^c iiii^{xx} et six.

Donné et fait par coppie et o vidisse, soubz le seel establi aux contractz de nostred. court, le xxvie jour du moys de mars, l'an mil iiii^c et quatre. Ainsi signé : Collacion faicte à l'original et o vidisse, par G. Noeau.

TABLE DES MATIÈRES

CONTENUES DANS CE VOLUME

	Pages.
Liste des membres de la Société des Archives historiques du Poitou.	i
Notice sur M. Ledain, par M. Richard.	v
Les Sires de Rays et leur Cartulaire, par M. Blanchard.	I
Texte du Cartulaire.	1

Poitiers. — Typographie Oudin et Cie.

www.ingramcontent.com/pod-product-compliance
Lightning Source LLC
Chambersburg PA
CBHW071936240426
43669CB00048B/1695